KB154061

좀비학

뗑 M 카이로스총서 68

좀비학 Zombiology

지은이 김형식

펴낸이 조정환
책임운영 신은주
편집 김정연
디자인 조문영
홍보 김하은
프리뷰 김예나 · 황지은

펴낸곳 도서출판 갈무리 등록일 1994. 3. 3. 등록번호 제17-0161호
초판 1쇄 2020년 10월 22일
초판 2쇄 2022년 8월 15일

종이 타라유통 인쇄 예원프린팅 라미네이팅 금성산업 제본 바다제책

주소 서울 마포구 동교로18길 9-13 [서교동 464-56]
전화 02-325-1485 팩스 070-4275-0674
website http://galmuri.co.kr e-mail galmuri94@gmail.com

ISBN 978-89-6195-246-0 03300
도서분류 1. 문화연구 2. 문화이론 3. 사회학 4. 정치학 5. 철학 6. 사회과학

값 26,000원

이 도서의 국립중앙도서관 출판예정도서목록(CIP)은 서지정보유통지원시스템 홈페이지(http://seoji.nl.go.kr)와 국가자료
공동목록시스템(http://www.nl.go.kr/kolisnet)에서 이용하실 수 있습니다.(CIP제어번호 : CIP2020034401)

이 도서는 한국출판문화산업진흥원의 '2020년 출판콘텐츠 창작 지원 사업'의 일환으로 국민체육진흥기금을 지원받아 제작
되었습니다.

좀비학 Zombiology

김형식

인간 이후의 존재론과
신자유주의 너머의 정치학

An Ontology of Posthuman and the Politics Beyond Neoliberalism

갈무리

차례

들어가는 글 · 좀비의 눈으로 보기

1부 · 좀비란 무엇인가?

3부 · 좀비는 어떻게 저항하고 탈주하는가?

나오는 글 · 좀비가 욕망하는 세계

좀비의 눈으로 보기

우리는 미래가 우리의 것도 아니며 그렇다고 해서
완전히 우리 것이 아니지도 않다는 사실을 알아야 한다.
왜냐하면 미래가 분명히 올 것이라고 생각해서도 안 되고,
미래가 올 가능성이 전혀 없다고 생각해서 완전히
기대를 버려서도 안 되기 때문이다.
에피쿠로스, 「메노이케우스에게 보내는 편지」

자유로운 인간은 결코 죽음에 대해 생각하지 않는다.
그의 지혜는 죽음이 아니라 삶에 대한 성찰이다.
바뤼흐 스피노자, 『에티카』

오늘날 대부분의 사람들에게는 이름이 없다.
얻을 수 있는 오직 하나의 이름은 '배제된 자'라는
이름인데, 이것이 이름이 없는 자들의 이름이다.
알랭 바디우, 「허무주의의 휴지(休止)」

낯선 존재와의 만남

내가 좀비라는 낯선 존재와 처음으로 조우한 건 대학교를 휴학하고 얼마 지나지 않았을 무렵의 일이다. 비평준화 지역에서 치열한 입시 경쟁을 하며 학창 시절을 보내야만 했던 나는, 그동안의 억압을 보상받기라도 하듯 자유로운 대학 생활을 즐기고 싶었지만 동시에 큰 혼란을 느끼고 있었다. 미디어를 보며 막연하게 동경했던 대학 생활과 실제로 당면한 대학 생활은 한참 동떨어져 있었던 것이다. 한국 사회의 고성장은 과거의 신화가 되어있었고, 1998년 외환위기 이후 비정규직과 저임금 노동이 확대되어 갔다. 정부는 민영화와 탈규제, 경쟁의 당위성을 설파했고, 신자유주의 이데올로기가 점차 공고해졌다. 실력이 없다면 도태되고 낙오되는 것이 마땅하다는 논리가 자연스러워진 것이다. 사회에 갓 진출하려는 청년들의 취업난이 심각해지고 있었기에, 낭만적인 대학 생활을 즐기기엔 현실적인 어려움이 도사리고 있었다. 이런 상황 속에서 나는 한시라도 빨리 취업 준비에 몰두해야 한다는 압박감을 느꼈지만, 고성장 시절의 문화적 유산 속에서 여전히 대학 시절에는 취업에 골몰하기보다 다양한 활동을 해봐야 한다는 순진한 믿음을 갖고 있었다. 신입생 시절 들었던 경제학 수업에서 교수님은 "너희들이 취업할 때가 되면 경기가 다시 좋아질 테니 걱정하지 않아도 된다"라며, 만일 그렇지 않으면 나중에 자신을 찾아오라고 호언장담했다. 나는 불안감 속에서도 막연히 그 말을 믿으며 (아마 믿고 싶어 하며) 다른 활동들로 시간을 보냈고, 결국 나아질 기미가 없는 취업난 속에서 불확실한 미래와 맞닥뜨리게 되었다. 휴학을 결정하고 나서 우연히 보게 된 좀비영화 〈새벽의 저주〉Dawn of the Dead, 2004는 통쾌한 해방구로 다가왔다.

당시 좀비영화를 접해본 적이 없던 나는 이 영화에 별다른 관심이 없었고, 개봉하고 한참이 지난 후에야 보게 되었다. 어린 여자아이가 섬뜩하게 웃고 있는 포스터와 '새벽의 저주'라는 제목은 악령에 씌거나 저주에 걸린 어린아이가 등장하는 평범한 공포영화를 연상케 했다. 하지만 그 예상은 보기 좋게 빗나갔다. 이 아이는 영화의 초반에 채 5분도 등장하지 않는다. 이제는 현대 좀비영화의 고전이 된 〈새벽의 저주〉는 미국의 평범한 중산층 가정을 배경으로 시작한다. 큰 침대에 나란히 누운 부부가 곤히 잠을 자고 있다. 새벽 무렵 이상한 소리에 잠을 깬 남편은 어린 딸이 부부의 침실로 온 것을 발견한다. 옷에 피를 묻힌 채 아무 말 없이 우두커니 서 있는 딸에게 이상한 낌새를 느낀 아빠는 딸을 살펴보러 달려간다. 그 순간 딸은 아빠의 목덜미를 물어뜯는다. 목에서 피를 쏟던 그는 좀비가 되어 아내를 공격한다. 일반적인 공포영화가 처음에 단란한 가정을 보여주고, 악령이나 살인마가 침입하며 가정이 파괴되는 모습을 비추는 데 반해, 이 영화는 처음부터 아무런 설명 없이 다짜고짜 가정의 파괴를 눈앞에 들이민다. 일반적인 공포영화에서 파괴된 가정은 시련의 끝에 복구되고 가족관계는 더욱 돈독해지지만, 이 영화에서는 어떠한 봉합의 실마리조차 암시되지 않는다. 일반적인 공포영화에서는 규범을 벗어나는 방탕한 자들이 처벌받고 악이 제거되지만, 이 영화에서는 피아가 식별되지 않으며 뭐가 옳은지 도무지 분간할 수 없다.

아버지를 물어뜯는 어린 딸, 아내를 죽이려는 남편, 공황 상태에 빠져 어찌할 바를 모르는 사람들, 순식간에 철저히 파괴되고 유린당하는 도시의 모습, 살기 위해 타인을 죽이고 이용하는 잔혹한 인간 군상, 이처럼 영화는 헤어나올 길 없이 아무런 희망도 보이지 않는 파국의 풍광을 묘사할 뿐이다. 그리고 끝내 그 파국은 일말의 회복 가능성조차 비치지 않는다. 오랜 시간 일궈온 인류문명과 휴머니즘적인 가치가 사실은 임시적이며, 어쩌면 일순간에 붕괴될 수 있다는 충격은 한동안 나를 좀비영화의 내력에 빠져 헤어나오지 못하게 만들었다. 그것은 답답한 현실 속에서 맛보는 은밀한 쾌락이자 해방이었다. 때마침 좀비영화가 크게 유행하면서 나는 수많은 영화에 탐닉하며 갈증을 채울 수 있었다.

물론 처음에 좀비에 매료됐던 건 좀비가 무엇보다도 무서운 괴물이기 때문이다. 내가 믿고 가깝게 느꼈던 사람이 별안간 정체를 파악할 수 없는 괴물이 되어 나를 해치려 들 때의 공포는 가장 두려운 감정이다. 의사소통이 불가능하기에 어떠한 협상이나 화해의 여지도 없다는 점은 좀비를 끔찍한 괴물로 만든다. 하지만 어쩌면 좀비보다 더 두려운 것은 인간일 수도 있다. 인간은 아무런 거리낌 없이 좀비를 학살할 뿐만 아니라 포획해 실험하거나 오락거리로 사용한다. 〈새벽의 저주〉에서 인간은 쇼핑몰 아래에 우글대는 좀비를 총으로 쏘며 게임을 즐기듯 누가 많이 맞히는지 내기를 벌인다. 인간은 자신의 이익을 위해 기꺼이 다른 인간을 이용하거나 살해하기도 한다. 반면에 좀비는 그저 배고픔이라는 원초적 동인만을 따르는 순진한 존재일 뿐이다.

그렇다면 좀비영화를 '인간'이 아닌 '좀비'의 눈으로 바라본다면 어떨까? 좀비가 하려는 말에 가만히 귀 기울이면 모든 게 다르게 보이기 시작한다. 물론 좀비는 말을 하지 못한다. 고통인지 쾌락인지, 허기인지 갈증인지, 기쁨인지 분노인지, 비명인지 신음인지, 도무지 의미를 파악할 수 없는 소음에 가까운 기괴한 소리를 낼 뿐이다. 하지만 좀비는 기묘하게 뒤틀린 몸짓으로, 고함치는 듯한 괴성으로, 바스러져 가는 몸 전체로 간절하게 호소한다. 좀처럼 귀 기울이려 들지 않는 우리에게 무언가를 전달하고 싶어 한다. 나의 이 궁핍함과 고통을 외면하지 말라고, 너는 자칫 나였을 수도 있다고, 어쩌면 지금의 너 역시 나와 크게 다르지 않을 수 있다고.

여전히 좀비를 낯설게 느끼는 사람에게 좀비란 가까이하고 싶지 않은 역겹고 그로테스크grotesque한 괴물일 뿐이며, 악몽같이 끔찍한 존재일 것이다. 그러나 처음의 두려움과 거부감이 사라지게 되면 좀비는 그리 무섭지만은 않은 존재로 다가온다. 영화에서 좀비는 죽은 후에도 살아있을 때의 일상을 무의미하게 반복한다. 쇼핑센터로 몰려와 상품들 사이를 배회하는가 하면, 막대기만 남은 대걸레로 바닥을 닦는 시늉을 하고, 더는 작동하지 않는 금속탐지기를 허공에 대고 검문을 시도한다. 그런 우스꽝스러운 모습은 무기력하게 현실에 순응하고 타성에 젖어 오늘도 무료한 일상을 지루하게 반복하는 나 자신의 모습 같다. 살아있는 나의 일상과 좀비의 일상이 별반 다르지 않은 것이다. 그렇다면 나는 어쩌면 좀비영화 속에서 수많은 위기를 겪으면서도 최후까지 살아남는 1%의 인간이 아니라, 사실은 이미 죽은 것과 다름없는 상태로 도무지 해갈되지 않는 허기에 괴로워하며 고통받는 99%의 좀비가 아니었을까? 우리는 먹기 위해 몸부림치는 좀비처럼 그저 사회에서 낙오되지 않고 살아남으려 하루하루 분투한다. 이렇게 본다면 좀비는 가련한 현대인의 자화상이자, 모든 억압받는 자들의 기표로 읽을 수 있다.

좀비의 어원

그렇다면 좀비가 처음 등장한 시기는 언제일까? 질문에 먼저 답해보자면, 이제는 우리에게 익숙한 '좀비'라는 단어가 문헌에 최초로 기록된 건 200여 년 전이다. 잠시 좀비의 어원을 탐색하며 우리가 알고 있는 좀비의 의미와 어떻게 비슷하고 또 다른지 살펴보자. '좀비'zombie의 어원에 대해서는 크게 세 가지 설이 있다. 첫 번째는 좀비가 서아프리카 앙골라 북서부 지역의 반투족이 사용하는 킴분두Kimbundu어 '음줌베'nzúmbe에서 비롯되었다는 주장이다. 이때 음줌베는 유령 혹은 죽은 자의 영혼을 뜻한다. 두 번째로 『옥스퍼드 사전』에 따르면 좀비는 콩고어 '은잠비'nzambi에서 비롯되었다. 이때 은잠비는 콩고인이 믿는 만물의 창조신을 뜻한다. 세 번째는 좀비가 부두교의 로아lwa 중 하나인 '리 그랜드 좀비'Li Grand Zombi에서 왔다는 주장이다. 로아란 부두교의 정령으로 신적인 정령과 죽은 조상의 영혼이 혼합된 존재를 뜻한다. 이 중에서도 '리 그랜드 좀비'는 최고의 로아인 '담발라'Damballa로 풍요, 뱀, 무지개의 로아다.

세 가지 어원은 각기 다른 지역에서 비롯되며 그 의미에도 조금씩 차이가 있는 듯 보인다. 그러나 공통적인 것은 좀비라는 단어가 서아프리카 지역에서 유래되었고, 초월적인 영혼이나 신과 같은 종교적 개념에서 비롯되었다는 점이다. '음줌베', '은잠비', '리 그랜드 좀비'와 같은 개념은 크레올Creole의 단어인 'zōbi'와 결합하여 비로소 우리가 알고 있는 좀비라는 단어로 탄생하게 된다. 좀비가 최초로 기록된 문헌은 영국의 계관시인이자 전기 작가인 로버트 사우디Robert Southey의 저서다. 사우디는 1819년 브라질 역사에 관한 책을 저술했는데, 이 책에서 좀비가 처음 등장하여 서구 사회에 소개되기 시작했다.

좀비라는 단어가 널리 통용되기 이전에도 좀비와 유사한 존재에 대한 원형적인 공포는 계속해서 있었던 듯하다. 초자연적인 현상이나 사악한 마술을 신봉했던 중세 유럽인은 마녀가 실제로 있다고 믿었던 것처럼 좀비 같은 존재가 실존한다고 믿었다. 죽은 자가 언제든지 되살아날 수도 있다는 두려움을 가지고 있었던 것이다. 중세의 유적지나 무덤에서는 종종 죽은 뒤에 어떤 외부적 요인에 의해 훼손당한 시신이 발견되곤 한다. 이는 죽은 자가 악마나 주술사의 힘으로 되살아날지도 모른다고 생각한 사람들이 시신을 절단하거나 불태우던 풍습에서 비롯된 것이다. 즉, 좀비는 죽음에 대한 인간의 원초적인 공포, 다시 말해 죽음이 무덤에서 깨어나 살아있는 인간에게 전파되는 재앙을 피하고자 하는 본능에서 비롯된 존재라 할 수 있다.

좀비열풍 : 세계를 정복한 좀비

21세기 초는 '좀비의 세기'로 기록될 것이다. 분야와 장르를 막론하고, 사회와 문화 전반에서 좀비가 출몰하고 있다. 너덜너덜한 몸뚱이와 뒤틀린 사지를 질질 끌며, 지독한 악취를 풍기면서 우리의 주위를 걷고 있다. 한때는 일부 마니아의 전유물로만 여겨졌던 좀비가 2000년대 이후 영화를 중심으로 선풍적인 인기를 끌기 시작한 것이다. 수많은 좀비영화가 만들어졌을 뿐 아니라 좀비를 소재로 한 드라마, 소설, 그래픽 노블, 웹툰 등이 대중문화 전반을 휩쓸게 되면서, 이제 좀비는 현대사회의 주요한 아이콘으로 등극했다. 비숍은 이러한 좀비열풍을 가리켜 이른바 '좀비 르네상스'zombie renaissance라 선포한 바 있다. 그에 따르면 2002년 이후 다양한 블록버스터 영화와 소설, 게임 등을 통해 좀비의 인기가 폭발적으로 증가하기 시작했고, 2006년에 이르면 바야흐로 '좀비 르네상스'로 접어들게 된다.[1]

2013년 개봉한 영화 〈웜 바디스〉Warm Bodies, 2013와 〈월드워Z〉World War Z, 2013는 각각 1억 1,600만 달러와 5억 4천만 달러의 수입을 올리며 전 세계적 흥행몰이에 성공했고, 한국에서도 〈웜 바디스〉는 110만 명, 〈월드워Z〉는 520만 명이라는 많은 관객을 동원했다. 미국 AMC 방송사의 드라마 〈워킹 데드〉The Walking Dead, 2010-는 새로운 시즌이 방영될 때마다 최고 시청률 기록을 갈아치우며 좀비열풍을 견인하고 있다. 2015년부터는 〈워킹 데드〉의 스핀오프 드라마 〈피어 더 워킹 데드〉Fear the Walking Dead, 2015-가 큰 인기를 끌며 방영되고 있다. 〈워킹 데드〉 시즌5의 경우 북미를 기준으로 18~49세의 성인 시청자 1,100만 명, 총 시청자 1,730만 명이 시청하였는데, 이 수치는 68년간의 미국 케이블 역사상 최고 시청률 기록에 해당하며, 특히 광고의 주요 타깃인 18~49세의 시청률은 공

---

1. Kyle William Bishop, *American Zombie Gothic*, North Carolina, McFarland & Co., 2010.

중파를 포함한 최고 수치에 해당한다.[2] 이 드라마는 한국에서도 선풍적 인기를 끌며 시즌 5부터 FOX 채널을 통해 미국과 같은 날 동일한 시간대에 방영이 되고 있다. 미국과의 시차를 고려해볼 때 거의 실시간으로 방영이 되는 셈이다.

이제 좀비의 출몰은 지역을 가리지 않는다. 처음에는 미국을 중심으로 등장하던 좀비는 곧 유럽을 비롯한 서구권 전체의 유행으로 자리 잡더니, 이제는 아시아권을 비롯한 전 세계로 그 활동 범위를 넓혔다. 한국 역시 예외는 아니다. 2011년 옥스퍼드 대학교는 구글에서 좀비가 검색된 횟수를 기반으로 한 세계의 '좀비지도'를 발표했는데, 이 지도에 따르면 서구권을 제외하면 일본 다음으로 가장 많이 좀비를 검색한 나라로 한국이 꼽혔다. 2016년 개봉한 영화 〈부산행〉2016은 1,100만 명이 넘는 관객을 동원했고, 2019년에는 김은희 작가의 조선 시대 좀비드라마 〈킹덤〉Kingdom, 2019~이 넷플릭스에서 공개되었다. 〈킹덤〉은 그 인기와 화제성에 힘입어 2020년 시즌 2가 공개되었으며, 시즌 3의 제작이 논의 중이다. 〈무한도전〉2006-2018, 〈런닝맨〉2010~, 〈대탈출〉2018~ 등의 예능 프로그램에서도 좀비 특집을 방영한 바 있으며, 공중파 드라마에도 좀비가 출몰했다. 이제 좀비는 무서운 괴물이 아니라 주변에서 쉽게 볼 수 있는 친근한 존재처럼 그려지기도 한다. tvN 드라마 〈화유기〉2017-2018에서 삼장의 힘으로 탄생한 좀비소녀(이세영 분)는 부패해가는 신체에서 풍기는 악취를 숨기기 위해 방부제와 향수를 애용한다. 평소에 홈쇼핑을 즐기는 이 좀비소녀는 또래와 별다르지 않은 평범한 인간처럼 보이며, 걸그룹 연습생이 되어 춤을 추는 영상을 인터넷에 올려 주목을 받기도 한다.

한편 좀비의 유행은 학계로도 이어지고 있다. 『월스트리트저널』에 따

---

2. Sara Bibel, " 'The Walking Dead' Season 5 Premiere Hits Series High Ratings, Delivering 11 Million Adults 18-49 & 17.3 Million Viewers", *TV by the Numbers*, 2014. 10. 13.

르면 좀비와 관련된 학술도서와 논문이 급증하고 있다. 2014년 3월 북미를 기준으로 지난 5년간 좀비에 관한 학술도서가 20여 권 출판됐고, 39편의 논문이 실렸다.[3] 좀비는 현대철학의 중요한 화두이기도 하다. 차머스David Chalmers는 '좀비 가설'을 통한 사고실험으로 반물리주의 철학을 전개하고, 지젝Slavoj Žižek은 현대사회에서 모든 인간은 좀비로 존재한다고 진단 내린다. 미국의 여러 대학에서는 좀비와 관련된 수업이 개설되고 있다. 센트럴 미시간 대학교에는 '요한계시록부터 워킹 데드까지'라는 과목이, 미시간 주립 대학교에서는 '다가오는 좀비 아포칼립스에서 살아남기 : 재앙과 인간의 행동'이라는 과목이 개설된 바 있다. 캘리포니아 대학교는 드라마 〈워킹 데드〉를 기반으로 한 온라인 강좌를 운영 중이다.[4] 스코틀랜드의 글라스고 대학교는 좀비에 대한 과학적이고 이론적인 연구를 위한 사이트를 개설하여 운영하기도 했다.[5] 좀비가 단순한 오락물을 넘어 학문적 연구대상으로 자리 잡은 것이다.

경제학에도 좀비가 등장하고 있다. '좀비기업'이라는 용어는 회생 가능성이 거의 없는데도 정부나 채권단의 지원으로 간신히 연명하는 기업을 의미한다. 죽어야 마땅한데 계속해서 죽지 않고 살아있다는 의미에서 시체에서 되살아난 좀비의 개념을 끌어와 사용하는 것이다. '좀비경제'라는 용어는 각종 부양책에도 불구하고 회생 가능성이 보이지 않는 장기 불황 상태를 의미한다. 사회학자 하먼Chris Harman에 따르면 "21세기 자본주의 자체가 좀비 체제"에 해당한다.[6] 이는 점차 파국으로 치닫는 듯

---

3. Erica E. Phillips, "Zombie Studies Gain Ground on College Campuses", *The Wall Street Journal*, 2014. 3. 3.

4. 김성곤, "Why are zombies so scary?", *The Korea Herald*, 2014. 3. 25.

5. 이 사이트는 현재 접속되지 않는다 관련 블로그(zomblogofficial.blogspot.com)에 따르면 1996년부터 이 프로그램을 운영해온 오스틴 교수는 2014년 8월 18일 운영자의 자리에서 물러났다. 사이트는 주소를 바꾸어(www.zombiescience.org.uk) 계속 운영되고 있다.

한 자본주의의 근본적 위기에 대한 비유로 등장하여 종말론적 불안감을 자극한다. IT 분야에서는 네트워크와 인터넷을 통해 수많은 PC를 바이러스에 감염시키고 서버를 마비되게 만드는 PC를 '좀비 PC'라고 일컫는다. 과학자들 역시 좀비에 주목하고 있다. 좀비바이러스의 발발과 확산에 관한 연구가 언제 닥칠지 모르는 전 지구적 전염병 창궐에 대처하는 가상의 시뮬레이션으로 기능하기 때문이다. 실제로 좀비는 현대과학과 밀접하게 관련되어 탄생한다. 〈부산행〉에서 좀비는 한 연구소에서 유출된 바이러스로 인해 발생하며, 〈28일 후〉28 Days Later..., 2002에서 좀비는 동물 실험을 반대하는 환경운동가들의 침입으로 인해 실험실 외부로 바이러스가 유출되면서 탄생한다.

좀비열풍은 스크린이나 책에만 국한되지 않는다. 일상에서도 좀비라는 용어가 광범위하게 쓰이고 있다. 누군가를 "좀비 같다"라고 말할 때 좀비는 대상의 무기력함이나 몹시 지쳐있는 상태, 혹은 시체와 다를 바 없는 처지의 곤궁함을 묘사하는 표현이 된다. 이런 표현은 주로 느릿느릿하고 굼뜬 동작으로 움직이는 좀비의 특성에서 비롯된다. 좀비는 특정한 대상의 '의식이 없거나 주체성과 자율성이 결여된 듯한 모습'을 강조하여, 비하의 뉘앙스를 지닌 표현으로 사용되기도 한다. '스몸비'smombie라는 신조어는 '스마트폰 좀비'를 의미한다. 길에서 스마트폰만 쳐다보느라 온통 정신이 팔린 모습이 영혼을 빼앗긴 좀비와 비슷하기 때문이다. 좀비는 '촛불좀비'와 같이 특정 집단을 정치적으로 폄하하는 용어로 사용되기도 한다. 그러나 좀비가 단지 부정적 대상으로만 머무르는 것은 아니다. 좀비물을 관람하는 것만으로 만족하지 못한 사람들은 좀비로 분장하여 거리를 행진하거나 축제를 벌이기도 한다. 이제 좀비는 핼러윈 시즌이면 사람들이 앞다투어 분장하는 단골 캐릭터가 되었으며, 놀이공원은

---

6. 크리스 하먼, 『좀비 자본주의』, 이정구·최용찬 옮김, 책갈피, 2012, 14쪽.

해마다 좀비축제를 개최한다. 좀비를 소재로 꾸며진 테마파크에서 사람들은 직접 좀비로 분장하거나, 다른 좀비를 피해 도망치며 탈출에 성공하는 과정을 즐긴다. 이처럼 좀비는 이색적 취향의 아이콘으로 소비되기도 한다.

서울 한복판에 좀비 출몰?

〈좀비 출현?〉…가정집 들어가 남성 목덜미 문 베트남인 구속 (『연합뉴스』, 2017. 10. 28.)
"영화 '부산행' 보는 듯" 좀비처럼 주택 침입해 물어뜯어 (『중앙일보』, 2017. 11. 11.)
'좀비 마약' 섬뜩…얼굴 물어뜯고, 사람 심장·뇌 일부 먹었다? (『서울신문』, 2017. 11. 13.)

2017년 10월, 서울 한복판에서 신원미상의 한 남성이 가정집에 침입하여 잠자는 사람을 물어뜯다가 경찰에 체포되는 충격적인 사건이 발생했다. 용의자는 유리창을 머리로 깨고 들어와 자고 있는 60대 남성의 목을 물었고, 이를 말리던 70대 여성의 다리까지 물었다. 베트남인으로 알려진 용의자는 10월 초 어머니와 함께 한국으로 여행을 와서 강북구의 한 호텔에 머무르던 중 갑자기 숙소를 빠져나온 것으로 밝혀졌다. 그는 침입할 때부터 머리에 피를 흘린 채 괴성을 질러 댔으며, 체포된 이후에도 옷을 벗고 노래를 하는 등 이상행동을 보였다. 인터뷰에서 피해자는 당시 상황을 회고하며 남성이 마치 "영화 '부산행'에서 본 좀비 같았다"라고 설명했다. 한국에도 좀비 아포칼립스가 도래한 것인가? 이를 두고 언론에서는 한국에 좀비가 나타났다며 보도를 쏟아냈고, 피의자가 복용한 것으로 의심되는 '배스솔트'bath salts, 이른바 '좀비마약'이 실시간 검색어에 오르기도 했다. 이 신종 마약은 입욕제와 비슷하게 생겨서 '배스솔트'라는 은어로 불리며, 사용자에게 극심한 정신착란 증세와 함께 폭력성을 유발하는 것으로 알려져 있다. 그러나 이후 경찰 조사에 따르면 용의자의 몸에서 마약 성분이 검출되지 않아 배스솔트를 복용했다는 의심은 사실무근으로 밝혀졌다. 용의자가 조현병으로 의심된다는 발표가 있었지만, 논란은 쉽게 수그러들지 않았다.

좀비가 출현했다는 뉴스가 보도된 건 이번만이 아니다. 2012년 5월, 미국 마이애미 주의 고속도로변에서 벌거벗은 20대 남성이 60대 남성 노숙인의 얼굴을 뜯어먹는 사건이 발생했다. 신고를 받고 출동한 경찰은 남성을 제지하려고 여러 차례 시도했으나 남성은 계속해서 으르렁거리며 인육을 먹었고, 결국 경찰은 남성을 현장에서 사살했다. 수사 결과 남성은 극심한 정신착란을 불러일으키는 신종 마약을 투여한 것으로 밝혀졌다. 이 영상은 유튜브에 업로드되어 많은 관심을 끌었으며, 이후 영화 〈월드워Z〉의 오프닝에 사용되기도 했다. 이듬해 1월에도 유사한 사건이 발생하면서, 좀비 아포칼립스가 현실로 다가오는 것이 아니냐는 우려와 함께 좀비에 관한 관심이 급증했다.

그런데 우리가 일반적으로 알고 있는 좀비란 죽은 시체이고, 물리면 전염이 되는 괴물이다. 그렇다면 전염되지도 않고 약물에 의해 일시적인 정신착란 증세를 보였을 뿐인 듯한 저들을 좀비라 할 수 있을 것인가? 앞으로 살펴보게 되겠지만 좀비가 되기 위해서 반드시 죽어야만 하는 것은 아니다. 예컨대 부두교좀비는 주술사에 의해 탄생하며 주인의 명령만을 따르는 꼭두각시에 가까운 인간이다. 이들은 온종일 사탕수수 농장에서 쉬지 않고 일하는 노예다. 〈28일 후〉의 좀비도 시체가 아닌 분노바이러스의 감염자일 뿐이다. 이 바이러스에 감염된 사람은 이성을 잃고 분노로 가득 차 보이는 모든 사람을 공격하는데, 이 역시 우리에게 익숙한 좀비와는 다소 다른 형태다. 좀비가 되는 원인은 다양하며, 알 수 없는 마법적 힘, 악마의 저주, 인공위성의 영향, 외계의 침입, 뇌 조작, 유전자 실험, 이종 간의 감염 등 수많은 원인에 의해 좀비가 탄생한다.

노예좀비부터 포스트좀비까지

우리는 다채로운 좀비로 가득한 세계에 살고 있다. 좀비가 중층적이고 다양한 의미를 내포하는 것은, 좀비가 당대의 불안과 공포를 반영하며 끊임없이 변화하고 새롭게 재탄생해왔기 때문이다. 좀비는 작품마다 세부적인 설정이나 특성에서 차이를 보인다. 특정한 약물과 주술로 좀비가 되는가 하면, 별다른 이유 없이 죽은 자가 좀비가 되어 깨어나는 경우도 있다. 타액이나 혈액을 통해 전염되는 좀비가 있는가 하면, 공기를 매질로 전염되는 좀비도 있다. 속도가 느린 좀비가 있는가 하면, 빠르게 달리는 좀비가 있다. 물에 접근하지 못하는 좀비가 있는가 하면, 거리낌 없이 물속으로 들어가는 좀비도 있다. 물리는 즉시 빠르게 감염되는 좀비가 있는가 하면, 감염이 온몸에 퍼지는데 며칠이나 몇 주가 걸리는 좀비도 있다. 인간종만 감염되는 좀비바이러스가 있는가 하면, 동물도 감염되는 좀비바이러스도 있다. 좀비로 변한 이후에도 계속 존재하는 좀비가 있는가 하면, 좀비가 된 이후 점점 쇠약해지다가 결국 완전히 죽어버리는 좀비도 있다. 그 외에도 뱀파이어처럼 낮이 되면 햇빛을 피해 어둠 속에서 잠에 빠지는 좀비, 혹은 인간의 뇌를 섭취하며 환각에 빠지는 좀비도 존재한다. 이외에도 작품의 수만큼이나 다양한 특성을 지닌 좀비가 존재하기에 좀비에 대한 분류 또한 여러 가지 방식으로 가능하다.

본격적인 논의에 앞서 좀비의 역사를 기준으로 간략히 좀비를 분류해 보자. 덴들Peter Dendle은 조지 로메로George A. Romero의 〈살아있는 시체들의 밤〉Night of the Living Dead, 1968부터 후속작 〈시체들의 새벽〉Dawn of the Dead, 1978까지를 좀비영화의 '첫 번째 물결'로 분류한다. 그리고 그 이후부터 〈시체들의 낮〉Day of the Dead, 1985까지를 '두 번째 물결'로 분류한다. 덴들은 〈시체들의 낮〉이 흥행에 실패하면서 좀비영화가 침체기에 빠져 '세 번째 물결'을 일으키는 데 실패했다고 주장한다. 이 시기의 좀비는 코미디 장르로 변형되어 간신히 명맥을 이어 나가게 된다.[7] 비숍은 덴들의 분류를 일부 받아들이지만, 여기에 '세 번째 물결'을 추가한다. 비숍이 보기에 〈시체들의 낮〉 이후 좀비영화가 침체기를 맞이한 것은 사실이지만, 2002년 〈28일 후〉을 기점으로 좀비영화가 다시 큰 인기를 얻으며 '세 번째 물결'[8]이 일어났다. 이에 비숍은 2002년 이후 재부상한 좀비영화의 흐름을 '세 번째 물결'로 분류하고, 이 시기 좀비를 '밀레니엄좀비'millennial zombie로 명명한다.[9]

덴들과 비숍은 좀비영화의 흐름과 흥행에 근거하여 좀비영화를 체계적으로 분류하고 있지만, 로메로 감독의 영화를 기준으로 지나치게 세분화하고 있다. 이들의 연구대로 로메로 감독의 〈살아있는 시체들의 밤〉과 〈시체들의 새벽〉, 그리고 〈시체들의 낮〉에서 그려지는 좀비가 각각 조금씩 다른 메타포를 내포하며 차이를 보이기에, 다른 시기로 분류하는 견해가 일견 타당해 보인다. 그러나 내가 주목하려는 좀비의 주체성 측면에서는 괄목할 만한 변화를 보이지 않는다.[10] 시기적으로도 세 영화가 20년 이내라는 길지 않은 기간 동안 제작되었기에, 각 영화를 따로 세분화하는 건 전체적인 흐름을 개괄하는 데 불필요하다. 또한 이들의 분류는 로메로 감독 이전에 제작된 좀비영화와 최근 좀비영화의 경향을 포괄

---

7. Peter Dendle, *The Zombie Movie Encyclopedia*, Jefferson, McFarland & Co., 2001.

8. 비숍 저서의 부제의 일부인 '부상과 쇠퇴 그리고 재부상'(The Rise and Fall and Rise of the Walking Dead)이라는 표현은 각각 이 세 가지의 물결을 지칭하고 있다.

9. Bishop, *American Zombie Gothic*, p. 222.

10. 〈시체들의 낮〉은 좀비의 주체성에 중대한 변화를 제시하는 영화지만, 좀비영화사에 흐름을 만들어내지 못했다는 점에서, 주요 기준점으로 잡기에는 한계가 있다. 이 영화는 7장에서 포스트좀비의 초기 형태로 다뤄질 것이다.

하지 못한다는 한계를 갖는다. 나는 덴들과 비숍을 참고하되 다른 형태의 좀비를 포함하여 다음과 같이 좀비를 분류하고자 한다.

첫 번째 유형의 좀비는 1932년 최초로 좀비가 등장하는 장편영화인 〈화이트 좀비〉White Zombie, 1932 이후 등장하는 '부두교좀비' 혹은 '노예좀비'로, 좀비가 본격적인 대중문화의 괴물로 소비되기 이전에 존재했던 좀비다. 이들은 부두교 주술사의 종교의식과 약물에 의해 탄생하여, 농장과 공장에서 노예처럼 부려지는 좀비다. 부두교좀비는 아이티 지역에 실재했던 좀비를 소재로 하고 있으나, 서구 백인의 시선에서 적당히 재구성되고 왜곡된 형태로 등장한다.

두 번째 유형은 1968년 조지 로메로 감독의 〈살아있는 시체들의 밤〉 이후 등장한 '식인좀비' 혹은 '시체좀비'다. 이들은 '걸어 다니는 시체'이며 인간을 공격하고 식인하는 좀비다. 머리를 공격해야 죽는다든가 기괴한 신음을 내며 느릿느릿 걷는 등, 우리가 흔히 알고 있는 좀비에 대한 특성이 이때부터 정립되기 시작한다. 식인좀비는 어떠한 감정이나 이성도 없는 존재로, 주술로 조종되는 것이 아니라 단순한 충동과 본능에 이끌린다.

세 번째 유형은 2002년 〈28일 후〉와 〈레지던트 이블〉Resident Evil, 2002 이후 등장한 '밀레니엄좀비' 혹은 '뛰는좀비'다. 이들은 바이러스로 전염되며, 느리게 걷는 대신 빠른 속도로 세계를 질주하기 시작한다. 밀레니엄좀비는 이전과는 비할 바 없이 파괴성과 전염력이 강화된 형태의 좀비다. 전염 속도가 빨라지면서 좀비의 확산은 마치 전 지구적 감염병과 유사한 양상으로 전개되고, 서사는 보다 파국적이며 묵시록적인 분위기를 보인다. 이때부터 좀비영화가 급속도로 유행하고, 좀비는 마침내 마니아의 전유물에서 벗어나 전 세계를 강타하는 대중적 괴물이 된다.

물론 이러한 분류는 특정 시점을 기준으로 칼로 자르듯 명확히 나누어진다기보다는 얼마간 그 시기가 중첩되고 혼재되어 나타나는 양상을 보인다. 최근까지도 부두교좀비나 시체좀비에 가까운 좀비가 사라지지 않고 등장하고 있다. 예컨대 〈웜우드: 분노의 도로〉Wyrmwood, 2014에는 부두교좀비처럼 특정인에게 조종되는 좀비가 나오고, 드라마 〈워킹 데드〉 시리즈에서는 시체좀비에 가까운 느린 좀비가 등장한다. 다만 좀비의 개괄적인 흐름을 탐색하고 논의를 이끌어 나가는 데 있어, 제시된 분류에 큰 무리는 없을 것이다. 우리는 앞으로 이를 길잡이로 좀비를 파헤치는 한편, 그 속에서 다른 형태로 존재하는 다양한 좀비도 함께 탐색해 볼 것이다.

좀비는 노예에서부터 바이러스까지 다양한 습성과 형태를 지닌 존재로 끊임없이 변모해왔지만, 지금도 좀비의 진화는 멈추지 않고 있다. 최근 일련의 좀비서사에서 좀비는 이전에는 찾아보기 힘들었던 새로운 유형으로 등장하고 있다. 이 좀비는 더 이상 죽음이나 시체의 은유, 혹은 절대적 타자라는 대상에 머무르지 않는다. 이들은 주체성을 전면에 내세우며 좀비와 인간이 동등한 존재임을 선포한다. 노예나 괴물이었던 좀비가 저항과 전복의 가능성을 담지한 자기 긍정의 존재로 변화한 것이다. 새로운 좀비는 더듬거리지만 말을 하기 시작하고, 스스로 사유하고 정체성을 고민한다. 이들은 자신들만의 사회와 시스템을 꾸리고 학교를 만들어 어린 좀비를 교육하기도 하며, 심지어 서로 사랑에 빠져 가정을 꾸리는 '좀비주체'다. 이 좀비는 '뉴 좀비'new zombie, '인간화된 좀비'humanized zombie, 혹은 '심장을 가진 좀비'zombies with heart로 불리기도 한다.[11] 분명한 것은 이전의 좀비와는 구분되는 새로운 좀비가 나타나고 있다는 것이다.

나는 2011년 이후에 두드러지며 이전까지의 흐름과 명백히 단절되는 새로운 좀비를 '포스트좀비'post-zombie라고 부르려 한다. 일반적으로 '포

---

11. Davia Sills, "The good zombie", *aeon*, 2014. 11. 24.

스트-'라는 접두사는 두 가지 의미를 지닌다. 첫 번째로 '후後 또는 후기'라고 번역되는 '포스트-'는 중립적 의미에서 이전 사조의 이후를 의미한다. 이때의 '포스트-'는 이전 사조와 연속성을 갖고, 과거를 부정하기보다 계승하려는 경향이 강하다. 따라서 과거를 완전히 극복하지 못하였다는 한계를 내포하기도 한다. 두 번째로 '탈脫'로 번역되는 '포스트-'는 이전 사조로부터 벗어났음을 강조한다. 이때의 '포스트-'는 과거의 문제점을 비판하고 과거와 단절하고자 한다. 이전 사조를 계승하기보다는 한계를 극복하기 위한 대안적 측면에 주목한다. 여기서 포스트좀비 역시 두 가지 의미를 함께 지니고 있지만, 후자의 성격이 더욱 중요하다. 포스트좀비는 시기적으로 밀레니엄좀비의 후기라는 측면에서 '후-좀비'에 해당하지만, 동시에 과거의 좀비에서 벗어나 시체가 아닌 새로운 주체로 거듭났다는 의미에서 좀비 자체에서 탈피하고자 시도하는 '탈-좀비'다. 이들은 기존 좀비의 틀에서 벗어나기 위해 노력하거나, 이미 벗어났음을 자처하고 있다. 포스트좀비는 이전 시대의 좀비가 내포했던 노예성, 괴물성, 파괴성 등의 부정적 특성을 극복하려 하며, 주체로서의 좀비, 인간으로서의 좀비, 생성으로서의 좀비를 추구한다.

　주체로서의 좀비에 대한 서사적 상상과 현실에서 좀비로 분장하여 투쟁하는 사회운동의 발발은 비슷한 시기에 발생했다. 현실에서 '좀비-되기'의 실천은 좀비 분장을 한 채 거리행진을 하거나 축제를 벌이는 데서 시작되었다. 여기에서 사람들은 좀비가 되는 것을 즐길 뿐 아니라, 좀비로서 여러 시위에 참여하여 정치적 목소리를 내기도 한다. 이들은 좀비의 부정적 의미를 전유하여 긍정적이고 저항적인 의미로 전복시킨다. 그것은 좀비를 타자화하며 사회의 온갖 혐오스럽고 이질적인 것을 좀비에 투사했던 사람들이, 이제는 내가 바로 좀비일 수도 있다는 사실을 깨닫게 되었다는 걸 의미한다. 그 순간 좀비는 살육이나 제거의 대상이 아니라 공존과 화해의 대상이자, 지배 권력의 착취와 배제에 맞서 정당한 권리를 쟁취할 주체로 탈바꿈한다. 좀비는 더 이상 수동적이고 세뇌당한 무기력한 대중이 아니라, 소수의 독점과 부조리에 분노하고 사회를 뒤바꿀 수 있는 역능이 잠재된 다중多衆, multitude의 상징이 되고 있다. 어떠한 계기가 좀비에 대한 인식을, 다시 말해 자신에 대한 인식을 극적으로 변화시킨 것인가?

지금, 여기의 좀비사회

오늘날 좀비가 중요한 함의를 지니는 것은, 좀비야말로 현대인이 지닌 공포와 불안의 정동을 읽어내는 결정적인 척도가 되기 때문이다. 비숍의 연구에 의하면 자연재해나 테러의 발생이 많을수록 좀비영화의 제작 편수가 급증한다.[12] 즉, 좀비의 인기는 해당 사회의 불안도와 밀접하게 관련된다. 다시 말해, 우리에게 좀비가 공포의 대상이면서 동시에 매력적인 괴물로 다가오는 것은, 좀비가 단순한 서사적 상상이 아니라 무엇보다도 현대인의 정동을 반영하는 실재적인 공포의 알레고리이며, 더 나아가 그것과의 직접적인 대면이기 때문이다. 최근 한국에서도 좀비장르가 큰 성공을 거두며, 우리 또한 이런 공포에서 자유롭지 않음이 드러났다. 나는 이 책에서 좀비라는 문화텍스트를 징후적으로 독해함으로써 한국 사회의 오늘을 비판적으로 읽어내고, 이를 바탕으로 다가올 미래를 예비할 단초를 찾아볼 것이다.

나는 현 사회를 '좀비사회'로 명명하고자 한다. 이때 좀비사회는 세 가지 층위를 갖는다. 첫 번째로 좀비사회란, 영화, 드라마, 소설, 웹툰, 게임 등 다양한 분야에서 좀비서사가 쏟아져 나오고, 또한 그와 관련된 수많은 담론으로 만연한 사회라는 의미에서 '서사적 혹은 담론적 좀비사회'

---

12. Bishop, *American Zombie Gothic*, p. 10.

를 의미한다. 이를 체계적으로 정리하고 분류하여 그 이면에서 작동하는 인간 개념과 주체의 변화를 철학적으로 분석하고, 새로운 존재론을 구축하는 데까지 나아가는 것이 이 책의 첫 번째 목적이다. 인간과 가장 가까운 괴물인 좀비는 무엇보다도 '인간' 개념에 내재된 철학적 인식변화의 도정과 밀접하게 결부되어 있다. 좀비는 인간이 자신을 주체로서 구성하고 정립하면서 바깥으로 밀어내고 억압한 잔여의 존재다. 좀비는 유구한 타자화의 역사 속에서 탄생했기에, '좀비학'zombiology은 주체와 타자의 관계를 근본적으로 문제 삼고 재설정해야 한다. 좀비학은 타자-좀비를 만들어 낸 주체-인간의 폭력의 역사를 비판하고 해체할 것을 요청한다.

두 번째로 좀비사회란, 좀비가 우리가 처한 삶의 조건을 명징하게 보여주고 있으며, 현재의 신자유주의 체제가 좀비를 양산하고 있다는 점에서 '시스템적 좀비사회'를 의미한다. 신자유주의는 개인 간의 무한한 경쟁을 찬양하고, 경쟁의 결과로 할당되는 포함과 배제, 불평등한 분배를 당연하고 자연스러운 법칙으로 만든다. 신자유주의는 소수의 성공 신화를 전시하여 누구나 노력하면 성공에 이를 수 있다는 환상을 조장하는 한편, 실패한 자들은 충분히 노력하지 않았기 때문으로 치부한다. 성공과 실패는 개인의 책임으로 한정되고, 사회는 책임에서 면피免避된다. 그러나 신자유주의의 실패는 이것이 허상에 불과하며, 공정한 경쟁이란 애초에 존재하지 않는다는 것을 드러냈다. 아무리 노력해도 성공할 수 없으며, 개인의 책임 이면에서 작동하는 더 근본적인 원인이 있는 것이다. '헬조선'이니 '노오력'과 같은 신조어는 이런 현실에 대한 자조적인 징후다. 이 책의 두 번째 목적은 신자유주의 통치술이 어떻게 인간을 좀비로 만드는지 분석하고, 우리가 놓인 제반의 현실과 삶의 조건을 추적하는 것이다. 여기에는 전 지구적 자본주의가 초래한 다양한 위기의 형상 — 예컨대 환경재앙과 팬데믹, 테러리즘 등이 포함된다. 오늘날 온갖 종류의 좀비가 넘쳐나고 스스로 좀비임을 자처하는 자들이 늘어나는 건 지금, 여기가 '시스템적 좀비사회'이기 때문이다. 좀비학은 현 사회를 향한 비판적 관심이며, 다른 사회를 향한 생성적 욕망이다. 좀비학은 불안정하고 위태로운 삶/생명^{life}을 만들어내는 좀비사회에 대항하여, 세계를 근본적으로 변화시키고자 한다.

마지막으로 좀비사회란, 자각한 포스트좀비의 연대와 저항이 촉발하는 사건을 통해 부단히 새로 만들어져야 할 사회로서의 '도래할 좀비사회'를 의미한다. 도래할 좀비사회는 스스로 99%의 좀비임을 깨달은 포스트좀비들의 사회다. 여기에서 좀비는 현 상태의 세계에 머무르지 않고 정치와 사회의 변화를 주도하는 주체로서 존재한다. 좀비는 배제되고 박탈당한 대상의 자리에서 벗어나 권리를 위해 투쟁하고 다른 사회를 건설하고자 한다. 이전까지 좀비가 된다는 건 지극히 부정적인 의미였다. 예컨대 좀비에게 물린 사람은 좀비가 되기 전에 죽는 걸 선택하곤 했다. 제국주의 시기 피식민지 인의 두려움은 좀비가 되어 죽은 후에도 영원한 노예 상태에 놓일지도 모른다는 것이었다. 이렇듯 좀비란 사람들이 가장 꺼리는, '죽음보다 더 나쁜' 최악의 상태였다. 그러나 오늘날 좀비는 원치 않는 감염으로 강제된 부정의 상태에서 벗어난다. 많은 사람이 자발적으로 좀비-되기를 즐기고 향유하면서, 좀비-되기는 어떤 긍정의 정치성과 수행성을 획득한다. 이 책의 세 번째 목적은 능동적인 좀비-되기의 잠재성과 역능에 주목하고, 포스트좀비가 욕망하는 '도래할 좀비사회'를 살펴보는 것이다. 좀비-되기는 억압적 권력에 저항하고 탈주하는 생성 중의 존재이자, 대안 세계를 발명하고 실험하는 주체가 되는 것이다. 따라서 이들이 만들어가는 좀비사회란 고정된 내용을 갖는 것이 아니라 끊임없이 사건에 의해 다시 쓰이는 사회다. 좀비학은 도래할 좀비사회에서 좀비가 인간뿐 아니라 다른 존재자들과 존재론적으로 동등하다고 주장한다. 좀비학은 인간을 정체성이나 유사성에 기반한 위계로부터 구해내며, 가장 먼 타자 모두와 함께 공존하는 존재로서 구성한다. 이를 위해 우리에게는 새로운 존재론이 필요하다. 나는 이 책에서 여러 존재론적 도식을 제시할 것이고, 여기에서 포스트좀비는 핵심적이다. 포스트좀비가 욕망하는 세계, 도래할 좀비사회란 무엇인가?

책의 구성과 내용

나는 이 책을 좀비의 변화과정을 따라서 차례대로 읽기에 적합하도록 의도하며 썼다. 다만 관심 있는 주제를 기준으로 책의 중간부터 진입할 독자를 위해 그 의도된 구성과 대략적인 주제를 밝히려 한다. 1부는 본격적인 논의에 앞서 좀비에 대한 여러 질문과 논점을 던지는 장으로, 앞으로 전개될 내용을 가늠해 볼 수 있는 부분이다. 1장은 많은 인기를 끌었던 영화 〈부산행〉과 〈서울역〉을 중심으로 한국 사회에서 좀비가 유행하는 이유를 밝히고자 한다. 인간과 비인간 경계가 유동적이며 점차 모호해지고 있음을 분석하며, 신자유주의의 '위기의 통치술'이 어떻게 우리를 예외상태로 내몰린 비인간으로 만드는지 살펴본다. 2장은 안드로이드, 뱀파이어, 늑대인간, 유령 등 다양한 형태의 괴물 혹은 비인간과 좀비를 비교하고 분석한다. 인간에게만 배타적 특권을 부여하는 '인간학'을 근본적으로 문제 삼으며, 인간학의 안티테제로서의 '좀비학'을 제시한다.

2부는 좀비의 역사 속으로 뛰어들어 본격적인 분석이 시작되는 부분으로, 크게 '인간' 개념과 신자유주의 비판으로 전개된다. 3장은 근대철학이 어떻게 인간을 유일한 주체로 만들었으며, 제국주의와 식민 통치의 정당성을 마련했는지 살펴본다. 그 과정에서 피식민 노예는 이상적 '인간'의 다른 극단에 자리한 부두교좀비로 탄생하여(살해당하여) 타자화되었다. 4장은 20세기 중반 '인간의 죽음' 선언 이후 '반근대적 주체'의 표상으로 등장한 식인좀비가 어떻게 주체를 해체하고 전복하고 있는지 살펴본다. 아울러 이 시기의 좀비영화가 매스미디어와 소비자본주의를 비판하고, 근대적 가치체계의 종말을 시사하고 있음을 설명한다. 5장은 2000년 대 이후 파국에 근접하는 현대사회를 다각도로 비판하는 부분으로, 이 책에서 가장 어두운 내용을 담고 있다. 감염병의 유행, 환경문제, 신자유 주의의 심화 등이 초래한 뛰는좀비의 등장과 묵시록적 파국 서사의 유행을 다루며, 우리 시대가 맞닥뜨리고 있는 여러 위기를 좀비라는 기표를 통해 분석한다.

3부는 앞서 제기한 여러 문제를 종합하고 존재론적 전회를 시도한다. 기존의 인간 개념과 좀비 담론에서 벗어나, 좀비를 새로운 주체로서 제시한다. 6장은 좀비를 주체로서 전유하기 위한 첫 번째 단계로, '일원론적 포스트휴먼'과 '유목적 포스트휴먼' 담론을 경유하여 새로운 형태의 포스트좀비서사를 검토하고 좀비를 존재론적으로 일신하고자 한다. 좀비를 감염자나 소수자의 관점에서 다루는 영화는 좀비를 존재론적 평면 위에서 바라볼 수 있도록 한다. 7장은 두 번째 단계로 최근의 시위와 봉기의 양상과 더불어 첨예한 사회문화적 현상을 다루며 포스트좀비주체를 정치적으로 재조명한다. 종말과 파국의 상념에만 머무르지 않고 지금과는 다른 세계를 욕망하는 좀비, 세계를 발명할 역능이 잠재된 '다중주체'로서 좀비를 제시한다. 8장은 친숙한 예능 프로그램을 통해 삶과 일상의 관계를 살펴보며 일상이 회복되어야 한다고 주장한다. '일상 없는 삶'의 양상과 그 속에서 아무런 시도도 하지 않고 관음과 냉소로 빠져드는 좀비를 분석하며, 영속적인 억압의 굴레에서 벗어나고자 한다. 들어가는 글의 「좀비는 누구의 이름인가?」와 나가는 글의 「좀비 선언」은 책 전체를 열고 닫는다.

좀비는 누구의 이름인가?

좀비는 눅진하게 썩어가며 퀴퀴하고 불쾌한 악취를 풍기는 불결한 송장이다. 가장 멀리 떨어뜨려 놓고 눈앞에 닥치기 전까지는 상기하고 싶지 않은 죽음의 끔찍한 현현이다. 온몸에 발진이 생긴 채 발작하고 구토하며 오염된 체액과 혈액을 사방에 뿌려대는 섬뜩한 바이러스 감염자다. 여기저기 벌레가 꼬이고 땟국물과 핏자국이 그득한 흉측하고 혐오스러운 비체腐敗다. 괴사한 피부 바깥으로 내장이 삐져나오고 관절이 어긋나 뼈가 돌출된 육체의 실재實在다. 팔과 다리가 있어야 할 자리에 허공이 있고, 눈이 있어야 할 자리에 커다란 구멍이 뚫린 어두운 심연이다. 소통이나 타협이 불가능하고 존재 전체로 나를 죽이려 집요하게 달려드는 최악의 괴물이다. 초대받지 않았음에도 별안간 내부에서 출현하는 낯설지만 어딘지 나와 닮은 불온한 이방인이다. 이들은 명명되지 못하고 법 바깥으로 추방된 카오스와 그로테스크의 존재로, 욕망하거나 상상하기를 금지당했다.

좀비는 '인간'의 범주와 사회에서 무참히 배제당하고 내버려진 비非인간이다. 죽을 권리조차 박탈당한 채 타오르는 태양 밑에서 끝없는 노동을 하며 서서히 꺼져가는 비참한 생명이다. 구정물로 배를 채우다가 기아와 전쟁 속에서 죽어가는 절대 빈곤층이다. 모든 국가에서 추방당해 작은 배 위에서 망망대해를 표류하다가 아무도 모르게 익사해 해변으로 떠밀려온 어린아이 난민이다. 일상화된 차별 속에서 임금을 지불받지 못하고 신체가 뭉개져도 고통을 표출해서는 안 되는 이주 노동자다. 절단된 다리와 뒤틀린 팔로 더러운 대지 위를 기어 다니는 장애인이다. 돌아갈 집이 없어 구석진 길모퉁이에 아무렇게나 너부러진 노숙인이다. 이들은 처분 가능한 비가시적 신체로서 존재하며, 어떤 경우에도 인구로서 고려되거나 셈해지지 않는 무無로 산정된 자다.

좀비는 태어나기도 전에 불구가 되어버린 신체다. 목소리를 입 밖으로 내기도 전에 혀가 잘려 나가고 언어를 빼앗긴 농아聾啞다. 쏟아내는 말은 성난 고함이나 기괴한 신음이 되고, 언어는 무의미와 상실로 점철된다. 좀비는 희망을 품기도 전에 포기당하고, 경쟁이 시작되기도 전에 패배를 강제당한 빈자^{貧者}다. 빚이라는 형태로 자본에게 다른 삶의 가능성과 생애 전체를 볼모로 잡혀 영원한 노동에 시달리는 채무자다. 좀비는 거대한 기계 속에서 육체가 분쇄되어 갈려 나가도 아무런 불만이 없는, 냉혹한 전 지구적 자본주의 체제를 깊숙이 내면화한 노예다. 손에 쥔 작은 것을 빼앗길까 봐 전전긍긍하며, 다른 모든 이를 무한히 혐오하고 두려워하는 정체성에 포박된 자다. 박탈당한 자는 저항하거나 탈주하는 방법, 다른 세계를 상상하는 능력을 상실했다.

좀비는 가용한 자원을 최후의 최후까지 모조리 써버리고, 신체와 감정마저 마모되어 껍데기만 남겨진 '소진된 인간'이다. 좀비는 스크린 위에 바쁘게 손가락을 문지르며, '좋아요'의 숫자를 희구하고 거기서 존재의 의의를 확보하는 미디어에 예속된 자다. 신체적 접촉 대신 원격매체를 통한 가상의 접속을 선호하며, 극단적인 감정의 발산에 환호하며 유대감을 느낀다. 좀비는 멍하고 무료하게 무의미한 행위를 반복하며, 오늘의 삶을 향유하지 못하는 망령이다. 자신만의 안식처로 침잠하며 폐허가 되어가는 세계의 무의미함을 가만히 냉소한다. 좀비는 장소를 점유하거나 어디에도 정박하지 못한 채, 공허한 시간과 공간의 사이를 미끄러지며 땅 위의 허공을 부유하는 자다. 몰락한 세계의 구석 어딘가 즈음에 버려진 채 '그저-있는' 불안정하고 위태로운 삶이며, 살 가치가 없는 생명으로 분류된 자다. 이 찌꺼기 같은 잔여물, 내다 버린 오물 같은 비존재는 계속해서 스미며 지워지지 않는 얼룩으로 남는다.

좀비는 모든 '이름이 없는 자들'의 이름이다.

1부 　 좀비란 무엇인가?

한때 세상의 종말이 왔다고 생각했던
어떤 미친 사람을 알고 있었지.…그런 병은
그렇게 … 그렇게 … 이상하진 않은 것 같아.
사무엘 베케트, 『막판』

너는 몹시 찌푸린 얼굴을 하고 '삶'의 잔치를 훼방하러 왔는가?
아니면 어떤 오랜 욕망이 너의 산 송장을 또다시 충동질하여,
숫된 널 '환락'의 법석에 떠밀어 넣었는가?
샤를 보들레르, 「죽음의 춤」

이 블랙홀 너머에 희망이 있을지 나는 정말 모르겠다.
임박한 미래 너머에도 미래가 기다리고 있을지 모르겠다.
프랑코 '비포' 베라르디, 『죽음의 스펙터클』

1장

예외상태의 괴물과 회복되지 않는 일상

〈부산행〉과 〈서울역〉의 배제당한 자들

위기에 처한 세계와 좀비의 유행

권력자들이 말년에 갈망하는 로마인들이 전해준 피의 목욕도

그 속에 피 대신 푸른 '망각의 강'이 흐르는 이 마비된 송장을 데울 수 없다.[1]

지금 당신은 무엇을 신뢰할 수 있는가? 이는 17세기에 데카르트René Descartes가 던졌던 질문을 연상시키지만, 오늘날 이 질문의 의미는 지극히 실존적이다. 이 질문은 절망과 불신 속에서 나왔고 대답은 곧 생존과 직결되기 때문이다. 데카르트는 이 질문을 통해 중세 신 중심의 세계관에서 벗어나 이성적 인간을 절대적 주체로 내세우며 새로운 시대로 나아갔지만,[2] 이제 우리는 그런 거창한 이유가 아닌 단지 살아남기 위해 질

---

1. 샤를 보들레르, 「우울」, 『악의 꽃』, 윤영애 옮김, 문학과지성사, 2003, 162쪽.
2. 데카르트는 당시 급속도로 무너져가는 중세적 세계관에서 벗어나 새롭게 확고부동한 진리를 확립하기 위해 모든 것을 의심한 끝에, "나는 생각한다, 그러므로 나는 존재한다"는 명제를 제시한다(르네 데카르트, 『방법서설』, 이현복 옮김, 문예출판사, 2019, 186쪽). 교활한 악령이 있어 온 힘을 다해 모든 것을 속인다고 해도, 이 순간 의심하고 있는 나의 존재만큼은 확실하다는 것이다. 이는 중세 철학과 세계관에 대한 전복이며, 인간

문을 던져야만 한다. 나를 둘러싼 세계는 결코 호의적이지 않고 언제라도 나를 바닥으로 끌어내려 집어삼킬 기회만을 호시탐탐 노리고 있다. 최소한의 사회 안전망마저 붕괴되었고, 자연은 각종 재해와 이상 기온으로 예측 불허이며, 전염병은 국경과 종種이라는 경계를 손쉽게 넘나들며 우리의 생존을 위협한다. 게다가 무차별적인 테러의 위협은 내 옆에 앉은 사람을 갑자기 어떤 끔찍한 행동을 벌일지 알 수 없는 인두겁을 쓴 괴물, 철저한 타자로 만든다.

노벨 화학상 수상자 파울 크루첸Paul Crutzen은 현대를 새로운 지질시대인 '인류세'人類世, anthropocene로 분류해야 한다고 주장한다. 인류세 이론을 주장하는 학자들에 따르면 인류세의 시작은 18세기 산업혁명을 그 기점으로 한다. 이 시기부터 인류가 기후와 생태계 전반에 엄청난 영향을 미치며 급격한 환경파괴를 초래했기 때문이다. 먼 미래에 지질학자들은 이때를 기점으로 지구 환경에 심대한 변화가 일어났음을 발견하게 될 것이다. 이제 인간은 살아 있는 모든 생명에 (대부분 안 좋은 쪽으로) 영향을 미치고 있으며, 환경에 근본적인 변화를 야기하고 있다. 무엇이 어디서부터 잘못되어 세계가 이 지경에까지 이른 것인지는 알 수 없지만 한 가지 분명한 건 현재의 위기는 우리 스스로 초래했다는 점이다. 그리고 그 원인이 무엇이든 필경 그 결과는 인간을 넘어 모든 종에, 더 나아가 전 지구의 파국을 불러올 것이다. 설사 예정된 도래일지라도 그것을 스크린 속 재현으로 직시하기란 불유쾌한 일이다. 그래서 우리는 현실의 모순과 부조리, 자신의 불안과 공포를 직시하기보다 쉽게 외면하거나 도피하고 판타지를 꿈꾸며 자위한다. 나를 대신해 문제를 해결해주고 초법적인 힘으로 악을 심판하는 슈퍼히어로장르가 유행하고, 고단한 현실의 시름을 달래주는 달콤한 로맨스 판타지가 인기를 끌게 된다.

주체를 중심에 내세움으로써 근대의 시작에 기여한 중요한 사건으로 평가된다.

그러므로 '인간 자체가 곧 재앙'임을 선포하는 좀비영화는 특별한 중요성을 가진다. 좀비영화는 우리에게 달콤하고 기만적인 환상을 제공하는 대신, 임박한 파국의 풍광을 압도적 스펙터클로 재현해 현실을 외면하지 않도록 강제한다. 물론 이전에도 재난 영화나 괴물영화는 지치지 않고 유행하며 인기를 얻곤 했다. 하지만 좀비영화가 흔한 괴물영화와 변별되는 점은 도피나 봉합의 방식으로 환상 처를 제공하기보다, 절망적이며 자조적 어조를 통해 세계의 민낯을 보게 한다는 점이다. 우리는 좀비를 폭주 기관차처럼 하릴없이 절멸로 치닫는 듯한 현대사회의 징후로 읽을 수 있다. 19세기 후반 시인 보들레르는 점차 도시화·산업화되어 가는 파리의 거리 곳곳을 산보했다. 그는 하늘 높은 줄 모르고 솟아오르는 철골과 유리의 빌딩들로 번쩍이는 도시의 휘황찬란한 환영의 뒤편에 자리한 빈민가와 사창가에서, 굶주림과 병마로 죽어가는 비참한 사람들을 보며 만연한 죽음과 폐허의 풍광을 목도했다. 보들레르가 보기에 세계는 거스를 수 없는 종말을 향해 치닫고 있었다. 죽음은 '피의 목욕'을 즐기는 귀족들의 잔혹한 사치로도 떨칠 수 없는 필연적 귀결이며, 그 속에서 인간은 '마비된 송장'으로만 존재할 뿐이다. 이 시기 〈마비된 송장〉이 예술가의 예민한 감성에 의해 포착됐던 비유적 의미였다면, 오늘날 마비된 송장은 실재적인 육체를 갖고, 대낮에 거리를 활보하는 좀비가 되어 나타났다. 이 송장은 살아있는 것들을 집어삼키고 자신과 동질화함으로써 더욱 번성한다.

최초의 장편 좀비영화 〈화이트 좀비〉 이래, 1960년대 로메로 감독에 의해 중대한 변화의 전기를 맞이했던 좀비영화는 한동안의 침체기를 딛고 2000년대 이후 다시 폭발적으로 유행하기 시작한다. 하지만 그 열풍은 한동안 한국을 비껴갔다. 마침내 2016년 7월, 낯선 괴물이 등장하는 장르영화는 성공하기 어렵다는 편견을 깨고 연상호 감독의 〈부산행〉이 큰 성공을 거두었다. 같은 해 8월, 〈부산행〉의 프리퀄 애니메이션 〈서울역)2016이 개봉했다. 연상호는 B급 장르의 비주류 괴물이었던 좀비를 서울의 도심 한복판으로 끌어올리고, 폐쇄된 밀실 속 인간 무리 한가운데 던져놓는다. 그러면서도 그는 좀비장르가 자칫 빠질 수 있는 스펙터클에의 몰두나, 인간의 육체를 난도질하는 자극적 쾌락 추구의 함정에 쉽게 빠지지 않는다. 그의 차가운 리얼리즘적 시선은 좀비의 출몰이라는 예외상태 속에서 드러나는 사회의 치부와 모순을 치열하게 응시한다. 연상호가 그리는 스크린 속 세계는 무채색 풍경, 한없이 냉혹하고 무심하지만 동시에 기시감이 들 만큼 현실적이다. 그 세계 속에서 사람들은 살아남기 위해 치열하게 분투한다. 그러나 몸부림은 이내 식어버리고 하릴없이 세계의 먹잇감이 되어 삼켜질 뿐이다.

『세계 대전 Z』[3]의 작가 브룩스Max Brooks는 한 인터뷰에서 현대사회의 은폐된 문제점을 폭로하는 좀비의 사회적 기능을 잘 지적한다.

> 내 생각에 그들(좀비)은 이 미치고 무서운 시대를 살아가는 우리의 매우 실제적인 불안감을 잘 반영하고 있다. 좀비서사는 사람들에게 세상의 진짜 문제를 바라보게 하는 가상의 렌즈를 제공한다.[4]

좀비는 매 시대, 그 모습을 달리하는 당대의 괴물로 기능하여 우리의 불안감과 사회의 모습을 반영하는 '가상의 렌즈' 역할을 해왔다. 그렇다면 그동안 한국 사회의 '좀비'에 대한 외면은 어쩌면 파국의 환유, 억압된 타자의 귀환, 그로테스크한 비체의 모습을 직시하기를 꺼려왔기 때문일지도 모른다. 그러나 레비나스Emmanuel Levinas가 지적하듯 우리는 타자를 회피해서는 안 되며, 그들의 궁핍함과 비참한 얼굴을 대면해야만 하는

---

3. 영화 〈월드워Z〉(2013)의 원작 소설이다.

4. 브룩스 인터뷰. Greg Garrett, *Entertaining Judgment*, New York, Oxford University Press, 2015, p. 50.

윤리적 책임에서 자유롭지 못하다.[5]

로메로 감독의 〈시체들의 새벽〉에서 피터는 좀비가 나타나게 된 이유에 대해 이렇게 설명한다.

할아버지가 나에게 해주시던 말이 있지. 마쿰바라고 알지? 부두교 말이야. 트리니다드(서인도 제도의 섬)의 사제셨거든. 할아버지는 우리에게 말하곤 하셨지. "지옥에 더 이상 자리가 없게 되면, 죽은 자들이 땅 위를 걷게 될 거란다."

피터에 따르면 좀비가 출현한 것은 죽은 자들이 거주하는 지옥에 자리가 부족하기 때문이다. 다시 말해, 좀비의 출현은 지옥의 지상화이며 지옥의 걷잡을 수 없는 확장이다. 그렇다면 좀비는 한국 사회에서 유행하는, 현실 자체가 곧 지옥임을 선언하는 이른바 '헬조선'[6] 담론과 적절하게 조응하는 서사적 재현 양식인 듯 보인다. 한국에서 좀비장르의 흥행은 이례적인 것이 아니라 오히려 조금 늦은 감이 있다고 해야 할 것이다. 이제 문제의 초점은 조금 다른 곳으로 옮겨 간다. 왜 이제 와서 뒤늦게 한국에서 '좀비'가 문제시되는가? 연상호 감독은 왜 좀비라는 괴물에 주목하였으며 이를 통해 무슨 이야기를 하고 싶었던가?

'무기력한 좀비'에서 '노오력하는 좀비'로

---

5. 엠마누엘 레비나스, 『윤리와 무한』, 양명수 옮김, 다산글방, 2000, 129쪽.
6. '헬조선'이라는 단어가 공식 언론에 처음 등장한 것은 2014년 12월 11일 『헤럴드경제』에서다. 헬조선은 '헬(지옥)+조선'의 합성어로 우리의 현실이 지옥과도 같으며 더 이상 희망이 없는 상황임을 의미한다. 또한, 한국 사회가 근대화되지 못한 채 여전히 조선 시대에 머무르고 있는 미개한 사회임을 자조적으로 드러낸다. (이우창, 「헬조선 담론의 기원」, 『사회와 철학』 32호, 2016.)

이 질문에 대답하기에 앞서, 먼저 좀비장르의 역사를 간략히 살펴보자. 좀비장르의 창시자인 조지 로메 감독은 〈살아있는 시체들의 밤〉과 〈시체들의 새벽〉에서 카니발리즘cannibalism과 전염성, 뇌를 파괴해야 죽는 설정 등을 추가해 현대적 좀비의 원형을 마련한다. 이 시기 좀비는 몰려드는 이민자와 부상하는 노동자 계층을 향한 백인 중산층의 공포에 대한 은유, 혹은 소비자본주의에 포획된 무기력한 대중의 은유로 기능했다. 이때까지의 좀비는 별다른 활력이 없이 느리게 걷는 시체, 즉 '무기력한 좀비'의 형태였다. 이후 좀비는 그 생명력을 다해 주로 B급 영화나 게임 속 괴물로 등장하면서 서서히 잊혀 가는 듯 보였다. 그러나 대니 보일Danny Boyle의 〈28일 후〉에서 좀비는 전 지구적 아포칼립스 서사와 결합하며 재탄생하게 된다. 바로 뛰어다니는 좀비, 즉 '밀레니엄좀비'의 탄생이다. 〈28일 후〉 이전까지 잘 가누어지지 않는 부패하고 손상된 육체를 질질 끌며 걷던 좀비는 느리고, 또 무력했다. 하지만 밀레니엄좀비는 신자유주의 조류에 발맞춰 더욱 파괴적이고 빨라지게 된다.

신자유주의는 공적 영역을 축소하고 대부분의 사회적 책임을 사적 영역으로 전가한다. 개인은 부단한 자기계발과 노력을 해야만 살아남을 수 있는 '1인 기업'이 되어 무제한의 경쟁으로 내몰리고, 그에 대한 모든 결과와 책임 역시 개인의 몫이 된다. 이제 자신의 안위는 스스로 지켜야만 한다. 무엇도 보장하지 않는 세계 속에서 '각자도생'해야만 하는 개인은 자연히 생존에 대한 불안과 낙오의 공포에 빠진다. 이런 공포와 불안 속에서 괴물의 출현과 묵시록의 유행은 당연하다. 동시에 좀비 역시 '노오력'7이라는 신자유주의의 '미덕'에서 예외가 아니다. 이제 부단히 '노

---

7. '노오력'은 '헬조선'처럼 청년세대를 중심으로 널리 쓰이는 신조어이다. 신자유주의 이데올로기는 청년세대의 고통과 궁핍한 현실을 개인의 역량 탓으로 돌리고 충분히 노력하지 않았기 때문으로 치부한다. '노오력'은 이에 대한 청년세대의 대항 담론으로서 등장했으며, 신자유주의 시대의 미덕인 '노력'을 조롱하는 의미에서 강조된 형태인 '노오력'

오력'하지 않으면 생존을 위한 인육(식량 혹은 재화)을 얻을 수 없다. 좀비가 뛰게 되면서 확산은 급속도로 빨라지고, 마치 바이러스나 전염병과 같은 형태로 진행되면서 세계 종말 서사로 발전하게 된다. 〈새벽의 저주〉 Dawn of the Dead, 2004 8, 〈월드워Z〉World War Z, 2013를 비롯한 최근 성공한 많은 좀비영화에서 좀비는 빠른 속도로 뛰고 있다. 이 좀비는 이전과 비할 바 없이 강력하고 빨라졌으며, 어떤 상황에서도 지치는 법이 없다. 하지만 로메로 감독은 이런 좀비의 변화를 탐탁지 않게 여겼다.

> 그들이 좀비라면, 천천히 움직여야 한다. 좀비의 근육은 수축되었고 사후경직도 있을 것이기 때문이다. 좀비가 무서운 것은 '느리지만 결코 멈추지 않기' 때문이다.9

로메로가 보기에 좀비는 관객에게 관념적인 공포를 주는 괴물이어야 하는데, 뛰어다니는 좀비는 단순히 감각적이고 말초적인 공포만을 자극하는 데 그칠 뿐이다. 뛰는좀비가 마치 스릴러나 액션 영화에 가까운 긴박한 긴장감과 즉발적인 공포심을 준다면, 걷는좀비는 보다 관념적이고 근원적인 두려움을 건드린다. 느리지만 결코 멈추지 않으며, 어찌할 도리 없이 도래하는 확실한 죽음의 엄습, 거스를 수 없는 종말이 서서히 나에게로 다가오는 광경을 그저 바라보아야만 하는 것. 그것이 걷는좀비가 주는 보다 심대한 공포다. 이 때문에 좀비영화의 올드팬은 뛰어다니는 좀비는 진정한 좀비가 아니라고 주장하며 걷는좀비만을 좀비로 인정하기도 한다. 만일 당신이 뛰어오는 좀비와 마주친다면 거기에 일말의 망설임이

으로 쓰인다.

8. 로메로 감독의 〈시체들의 새벽〉과 이 영화를 리메이크한 잭 스나이더 감독의 〈새벽의 저주〉는 영어 원제가 'Dawn of the Dead'로 동일하다.

9. 이정진, 「좀비의 교훈」, 『안과밖』 34호, 2013, 266쪽에서 로메로 인터뷰 재인용.

나 다른 판단이 개입될 여지가 없다. 좀비에게 먹히지 않기 위해서는 한 시라도 빨리 좀비를 제거해야 할 뿐이다. 이때 좀비는 그저 끔찍한 식인 괴물이며 공포의 대상으로만 호명된다. 반면 느린 좀비가 멀리서 서서히 나를 향해 다가오고 있다면, 이제 좀비의 제거는 그리 시급한 일이 아니며 어떻게 대응할지 생각할 수 있는 시간적 간극이 부여된다. 그 간극은 좀비에게 섣불리 어떤 호명이나 낙인을 부여하기 전에, 그들에 대해 한 번 더 바라보고 생각하도록 만든다. 타자를 돌아볼 수 있는 지점, 재사유할 수 있는 지점을 마련하는 것은 중요하다.

로빈 우드Robin Wood가 좀비가 다른 괴물과 달리 활력이 제거된 형태라는 점에서 높이 평가했던 이유는 이런 맥락에서였다. 우드는 좀비에 대해 이렇게 지적한다.

> 그들(좀비)에게는 억압된 것의 귀환으로 정의되는 괴물의 중대한 특징 중의 하나인 에너지가 결핍되어 있으며 긍정적인 내포도 전혀 갖고 있지 않다. 〈시체들의 새벽〉에서는 이러한 부분적인 일치조차도 거의 완전히 사라져버렸다. … 영화에 공통된 전략(그리고 이러한 전략이야말로 이것들을 호러장르의 대표적인 실례들로부터 구분해주는 것이다)은 괴물을 인간적인 캐릭터로 복원하기 위하여 괴물의 긍정적이거나 발전적인 잠재력을 제거하는 것이다.[10]

괴물이란 인간이 무의식으로 억압해놓거나 경계 바깥으로 배제한 존재로, 고유의 기괴한 에너지를 지닌다. 괴물의 그로테스크성은 비정상적으로 과도한 생명력이나 과장된 에너지를 내포한다. 우리가 흔히 보는 공포영화나 괴물영화 속의 유령, 귀신 등 여타의 괴물적 존재를 떠올려보라.

---

10. 로빈 우드, 『베트남에서 레이건까지』, 이순진 옮김, 시각과언어, 1995, 148쪽.

괴물이란 인간이 지닐 수 없는 정신적 혹은 육체적으로 초월적인 힘을 지닌 채 인간을 곤경에 빠뜨리거나 위협하고 죽이는 존재다. 하지만 느린 좀비는 인간보다도 부족한, 최소한의 에너지를 지녔으며 단지 부정성만을 지니고 있다. 우드는 이 점을 좀비가 다른 괴물과 변별되는 중요한 특징으로 본 것이다. 만일 좀비가 초월적 힘을 지녔다면 그것은 쉽게 타자화되고 제거되어야 할 괴물로만 기능할 뿐이다. 반면 느리고 연약한 좀비는 괴물을 다르게 보이도록 한다. 우드의 주장대로 괴물이 다시 인간으로 복귀하기 위해서는 먼저 그 기괴한 에너지가 제거되어야 한다. 달리는 좀비가 공포스러운 반면, 경직되어 뻣뻣한 몸으로 어떻게든 걸어보려 애쓰는 좀비의 모습은 애처롭다. 걷는좀비는 영화 속에서 살아있는 인간에 의해 쉽게 조롱당하고, 다양한 무기로 신체가 절단되거나 찢기고, 또 무력화되어 전시되거나, 심지어 실험의 대상이 되기도 한다. 그것은 괴물이기보다 차라리 무력한 나 자신의 모습처럼 보인다.

괴물이 되는 인간, 인간이 되는 괴물

다시 연상호로 돌아와 보자. 애니메이션 〈서울역〉과 실사 영화 〈부산행〉은 각각 좀비바이러스가 유출된 이후 서울역의 모습과 서울역에서 출발하는 부산행 KTX 열차 속의 이야기를 그린다. 〈서울역〉은 먼저 개봉한 〈부산행〉의 프리퀄이라고 홍보되었지만, 사실 두 작품은 시간적·논리적으로 완전하게 연결되지 않으며 일부 설정과 배경을 공유하는 이란성 쌍둥이라 할 수 있다. 두 영화는 서울을 주요 배경 — 〈부산행〉은 서울과 서울에서 부산으로 향하는 KTX 열차가 주요 배경이다 — 으로 좀비의 발발과 확산이라는 소재를 다루고 있지만, 그 세부적인 설정이나 내용은 다소 차이를 보인다. 예컨대 〈서울역〉에서는 밤새 서울역을 중심으로 좀비가 확산되어, 아침이면 서울시 전체가 좀비로 가득 차 있지만, 〈부산

행)에서 아침에 KTX
가 출발할 시기는 아직
좀비가 확산되기 이전
의 시점으로 제시된다.
〈서울역〉의 주연인 혜

〈부산행〉, 2016

선(심은경 목소리)은 〈부산행〉의 초반에 막 출발하려고 하는 KTX에 좀
비바이러스에 감염된 채로 올라타, 열차 내 좀비 확산의 시발점이 되면
서 두 영화를 연결하는 고리처럼 보이지만, 사실 혜선은 〈서울역〉의 마지
막에 이미 좀비가 된 것으로 나온다. 두 영화에서 가출 소녀라는 설정은
동일하지만, 사건과 캐릭터는 인과적으로 연결되지 않으며 일부 설정을
공유하는 수준에 그친다. 두 영화에 등장하는 좀비는 뛰는좀비로, 이는
'헬조선'의 현실에 대한 적절한 알레고리로 기능한다. 그러나 뛰는좀비는
로메로가 지적하듯 좀비를 단순히 제거해야 할 괴물로만 여기도록 타자
화할 위험성을 내포한다. 반면 걷는좀비는 망설임과 관찰을 통해 좀비를
괴물에서 인간으로, 타자에서 주체로, 배경에서 전경으로 소환한다. 즉
뛰는좀비가 좀비를 더욱 무서운 괴물로 만들면서 인간에서 멀어지게 한
다면, 걷는좀비는 좀비를 괴물이 아닌 인간으로 바라볼 여지를 제공한
다. 그리고 연상호는 두 종류의 서로 다른 좀비의 특성을 함께 담아내고
자 한다. 이 영화들은 빠르게 달리는 좀비를 등장시킴으로써 유행하는
장르적 쾌감을 놓치지 않고 있지만, 그러면서도 좀비를 단지 공포의 대상
으로만 호명하지 않는다.

　〈부산행〉에서 좀비를 관찰과 질문의 대상으로 바라보게 하는 지점
은 먼저 공간적 특성에서 마련된다. 영화의 주 배경인 KTX 열차는 폐쇄
적 공간으로 칸마다 나뉘며 좀비와 인간을 일시적으로 분리한다. 이때
좀비와 인간을 가르는 것은 얇고 투명한 유리문이다. 유리문이 가져오는
효과는 안과 밖의 구분을 모호하게 만들고, 쉽게 깨질 것만 같은 인상을

준다는 점이다. 〈부산행〉에서 열차 내의 유리문과 함께 열차의 내부와 외부를 가르는 유리창, 대전역사의 유리문 역시 좀비와 인간을 일시적으로 구분하는 역할을 한다. 이는 우리 사회의 안전망이란 얼마나 얇고 깨지기 쉬운가를 보여줌과 동시에, 인간과 비인간 사이의 경계 역시 그러하다는 것을 암시한다.

여기서 유리문은 또 다른 효과를 낳는데, 그것은 좀비를 재사유할 수 있는 지점을 마련한다는 점이다. 나를 향해 뛰어오는 좀비를 관찰하기란 쉽지 않지만, 유리문의 존재는 뛰는좀비를 일시적인 정지 상태로 만들고, 인간에게(관객에게) 좀비를 바라볼 수 있는 공백의 순간을 부여한다. 이러한 분할의 장점이 잘 드러나는 장면은 두 할머니의 재회 장면이다. 석우(공유 분) 일행은 대전역에서 좀비에게 쫓기는 도중 따로 떨어지게 된 수안(김수안 분)과 성경(정유미 분)을 구해 간신히 다른 사람들이 모여 있는 칸 앞까지 도망친다. 하지만 뒤에서 좀비가 계속 쫓아오고 있는 긴급한 상황임에도, 용석(김의성 분)을 비롯한 칸 안의 사람들은 문을 열지 않는다. 결국 좀비 떼를 홀로 막던 상화(마동석 분)가 희생되고 나서야 일행은 강제로 문을 열어 안으로 들어갈 수 있게 된다. 간신히 안으로 들어온 석우 일행은 칸에 남아있던 사람들에게 좀비 보균자로 몰려 다른 칸으로 격리된다.

칸 안에 있던 종길(박명신 분)은 그런 끔찍한 소란을 뒤로한 채 유리문 너머 몰려든 좀비들을 가만히 바라보기 시작한다. 그리고 그 속에서 좀비에게 쫓기는 도중 헤어지게 된 언니 인길(예수정 분)이 좀비가 되었음을 발견한다. 늘 희생하고 인내하며 살아왔던 인길은 좀비가 되어서도 공격적이기보다 착하고 처량해 보인다. 그런 언니의 모습을 지켜보던 종길은 유리문을 열어젖힌다. 그것은 언니를 구하지 못했다는 자책감일 수도, 문을 열어주지 않는 것에 적극적으로 반대하며 나서지 않았던 것에 대한 미안함일 수도, 혹은 인간으로서 차마 하지 못할 짓을 하면서까지 살아남으려 애쓰는 추악한 칸 안 사람들에 대한 분노일 수도 있다. 종길은 유리문 안에 있는 사람들 — 자신을 포함하여 — 이야말로 좀비보다 더 괴물 같고, 유리문 바깥의 좀비들이 오히려 더 인간다울 수도 있다는 것을 깨닫는다.

즉 좀비를 다루는 연상호의 전략은 두 가지 측면에서 이루어진다. 괴물을 인간의 위치로 끌어올리는 동시에 인간을 괴물의 위치로 끌어내리는, 비인간과 인간 사이, 타자와 주체 사이 위상의 전복, 일종의 자리바꿈이다. 우드는 영화가 괴물을 익숙한 방식 — 즉, 단순한 악 — 으로 다루는 대신 얼마나 전복적인 관점에서 다루고 있는지에서 그 영화의 진보성이 드러난다고 지적한다.

> 호러영화가 괴물을 이처럼 단순하게 지정하는 데 만족하느냐 않느냐에 따라 그 진보성이 평가된다. 즉 명시적이든 암시적이든, 또는 의식적이든 무의식적이든 악으로서의 괴물에 변화를 가하고 문제를 제기하고 도전하거나 뒤집으려고 하는 정도에 따라 그 진보성이 평가된다는 것이다. 정의에 의해서 괴물은 모두 파괴적일 수밖에 없지만 괴물의 파괴성은 여러 가지로 설명되고 변명되고 정당화될 수 있다. 억압된 것과 악의 화신(사회적이라기보다는 형이상학적인 정의)을 동일시하게 되면, 의존할 수 있는 유일한 방법은 그것을 계속 억압하기 위해 노력하는 것뿐이다.[11]

우드에 따르면 진보적 호러영화는 괴물을 단순화하지 않고 끊임없이 변화를 꾀하며, 그 존재에, 또 그 존재를 통해 문제를 제기한다. 만일 그렇지 않고 그저 기존의 익숙한 괴물에 대한 문법에 사로잡혀 '억압된 것'(괴물)과 악을 단순히 동일시한다면, 괴물은 계속해서 억압해야 할 대상으

---

11. 같은 책, 239쪽.

로 머무를 뿐이다. 물론 모든 괴물은 파괴적일 수밖에 없지만, 그 파괴의 형태나 이유 혹은 원인을 어떻게 제시하는지에 따라 괴물은 얼마든지 변주 가능한 존재가 되며, 주류 담론에 대해 저항하거나 도전하는 전복적 존재가 되는 것이다. 연상호는 좀비를 단순히 추악하고 무서운 괴물이 아닌 희생자이자 연민의 대상으로 바라보게 함으로써 괴물을 인간으로 되돌리는 한편, 타자들이 어떻게 인간 사회에서 배제당해 비인간(좀비)이 되는지를 비춤으로써 인간은 좀비보다 더한 괴물이 된다. 이제 가장 두려운 괴물은 좀비가 아니다. 예외적 상황에 잘 적응하며 타인을 이용해 살아남는 자들, 즉 예외상태를 정상성으로 파악하는 이들이 가장 추악하고 무서운 괴물이다.

〈부산행〉의 용석은 여러 위기에도 불구하고 마지막까지 살아남는 인물이다. 그는 자신의 안위만을 걱정할 뿐, 다른 사람은 전혀 고려하지 않는다. 도망 오고 있는 사람들을 버려놓고 열차를 출발시키자고 주장하는가 하면, 좀비에게서 벗어나기 위해 기꺼이 옆 사람을 먹이로 던져주기도 한다. 〈서울역〉의 석규(류승룡 목소리)는 어렵지 않게 좀비를 제압하고 위기에서 벗어나는 인물이다. 난생처음 좀비와 맞닥뜨리고 두려움에 넋이 나간 기웅(이준 목소리)에게 석규는 "어차피 그 나이에 나와 살았으면 별꼴 다 봤을 거 아냐. 정신 차려!"라고 소리친다. 석규에게 좀비는 그저 살면서 겪었을 수많은 '별꼴' 중 하나일 뿐이다. 그는 기웅에게 자신이 혜선의 아버지라고 속여 혜선을 찾아내고, 결국 두 사람을 죽음에 이르게 한다. 석규가 좀비를 거리낌 없이 '처리'할 수 있는 것은, 그가 애초부터 타자를 전혀 인간으로 여기지 않기에 그들에게 가하는 폭력에 대해 어떠한 죄책감이나 감정도 느끼지 않기 때문이다. 그에게는 기웅과 혜선역시 이용하다가 필요 없어지면 가차 없이 제거하는, 좀비와 다름없는 비인간일 뿐이다.

호모 사케르, 배제당한 비인간

〈서울역〉에서 연상호는 좀비를 노숙인, 가출 청소년, 정신장애인과 동일시하면서, 좀비가 곧 괄호 속에 넣어져 생략되고 셈해지지 않는 비인간임을 부단히 상기시킨다. 바디우Alain Badiou에 따르면 현대 자본주의에서 인간은 두 가지 방식으로만 존재 가능하다. 노동을 통해 약간의 돈을 버는 '임금노동자'가 되거나, 자본으로 재화를 소비하는 '소비자'로 존재하는 것이다. 그러나 양쪽 어디에도 속하지 못하는 '비非존재'들이 있다. 노동자와 소비자 어느 방식으로도 존재할 수 없는 자들은 자본주의에 아무런 득이 되지 않는 존재이며, 따라서 고려되거나 셈해지지 않는 '무'無에 해당하는 인구일 뿐이다. 바디우는 이렇게 말한다.

최악의 사실은 이들이 자본에 의해 무로 산정되었다는 것입니다. 즉 이들은 세계의 구조적 발전의 관점에서 무이며, 정확히 말해 이들은 존재해서는 안 된다는 것입니다. 이들은 거기에 있으면 안 됩니다. 차라리 그게 나을지도 모릅니다. 하지만 이들은 거기에 있습니다.[12]

이 영화에서 노숙인, 가출 청소년, 정신장애인이라는 세 종류의 비인간들은 자본의 논리에 의해 무로 산정된 자들이다. 이들은 존재하지만 마치 존재하지 않는 것처럼 취급된다. 더 나아가 존재해서는 안 된다고 여겨지기에 눈에 보이지 않도록 격리되거나 수용당한다. 혹은 살해당하거나 죽도록 방치된다. 하지만 그럼에도 불구하고 '여전히 이들은 거기에 있다.'

먼저 정신장애인이 등장하는 장면을 살펴보자. 지하철역 지하로 도

---

12. 알랭 바디우, 『우리의 병은 오래전에 시작되었다』, 이승재 옮김, 자음과모음, 2016, 45~46쪽.

망쳐 온 혜선과 노숙인 이 씨(김재록 목소리)는 운행시간이 지나 닫힌 역사의 문을 열기 위해 애쓴다. 그때 계단에서 정체불명의 인물이 등장한다. 이상하게 몸을 가누며 알 수 없는 소리를 내는 괴인은 남성인지 여성인지, 혹은 인간인지 좀비인지 분간할 수 없는 존재다. 혜선과 이 씨는 그를 좀비로 착각하지만, 그는 단지 정신장애인이었다. 이는 인간과 비인간, 주체와 타자 사이의 경계에 혼란을 초래하고 두 범주의 관계를 재사유하도록 한다.

〈서울역〉 첫 장면의 메시지는 보다 직접적이다. 친구에게 '보편적 복지'의 필요성을 소리 높여 주장하던 한 청년은 피를 흘리며 걷고 있는 할아버지에게 도움을 주기 위해 다가간다. 하지만 이내 "아, 냄새! 야, 노숙자야, 노숙자. 난 또 다친 줄 알고 도와주려고 했는데"라며 노골적인 혐오를 드러낸다. '보편적 복지'를 역설하던 그들에게 노숙인은 '복지'의 대상이 아니며 다쳐도 도울 필요가 없는 존재, '보편적' 인간의 범주에서 벗어나는 존재이다. 결국 할아버지 노숙인은 홀로 역사로 들어와 차가운 바닥에 눕는다. 할아버지와 친한 젊은 노숙인은 그를 구하기 위해 백방으로 돌아다니며 도움을 청해보지만 돌아오는 것은 차가운 냉대와 비웃음, 그리고 무관심뿐이다. 역무실에 찾아가 봐도 직원에게 노숙인이란 술을 먹고 소란을 피우거나 공연히 시비를 걸어 다투기나 하는 귀찮은 골칫덩이에 불과하다. 역무실에는 '고객님 사랑합니다^^'와 '친절히 모시겠습니다'라는 문구가 공허하게 걸려 있지만, 비인간인 — 따라서 고객이 될 수 없는 — 노숙인은 애초에 사랑이나 친절의 대상으로 고려되지 않는다. 할아버지 노숙인은 누구의 도움도 받지 못한 채, 죽도록 내버려져 홀로 쓸쓸히 숨을 거둔다. 이제 억압된 자들이 귀환하듯 그는 좀비라는 타자-괴물이 되어 귀환한다. 할당된 자리가 오직 죽음뿐인 이 타자는 오직 폭력과 전염의 형태로만 자신을 드러내는 극단적 형태의 괴물이 되어야만 보이지 않는 공백의 존재에서 벗어날 수 있는 것이다. 최초의 좀비를 노숙인으로 설정한 연상호의 전략은 좀비를 사회시스템의 낙오자이자 희생자로 소환하며 그들의 분노에 정당성을 부여한다. 근처에만 가도 악취를 호소하며 혐오를 표시하던 청년에게 노숙인은 타액과 혈액의 접촉이라는 직접적인 신체 접촉을 수행함으로써 '보편적' 인간과 그들 사이의 차이를 지운다.

가출 소녀 혜선은 남자친구 기웅의 강요로 성매매를 하고, 그 돈으로 서울역 부근의 여관방을 전전하며 하루하루를 근근이 살아가고 있다. 더 이상 성매매를 하지 않겠다고 말해 기웅과 다툰 혜선은 홀로 서울역을 지나다가 노숙인 좀비들의 공격에 휩쓸리게 된다. 혜선과 살아남은 노숙인들은 경찰서로 도망쳐 도움을 청하지만 누구도 그들의 말을 듣거나 믿으려 하지 않는다. 애초에 비인간인 그들은 공권력이 보호해야 할 치안의 대상으로 고려되지 않을뿐더러, 랑시에르^{Jacques Rancière}에 따르면 '치안'^{police}은 오히려 인간과 비인간을 섬세하게 구분하는 역할을 수행하기 때문이다. 결국 경찰서까지 몰려온 좀비를 피해서 노숙인들과 혜선, 그리고 경찰은 유치장으로 들어간다. 범인을 가두기 위해 마련된 감옥에 들어가 자신을 격리한 모습은 이스라엘이나 미국이 국경에 세운 장벽을 연상시키며, 최근 세계에 유행하고 있는 신고립주의를 은유하는 듯 보인다. 장벽의 모티프는 좀비서사에서 자주 등장하는 방식이다. 끊임없이 몰려오는 좀비는 자의적이든 타의적이든 인간을 고립에 빠지게 만든다. 과거의 좀비영화가 주로 고립된 장소―예컨대 〈살아있는 시체들의 밤〉의 외딴집, 〈시체들의 새벽〉의 쇼핑몰―속에서 인간의 추악함을 고발했다면, 최근의 〈월드워Z〉는 보다 직접적으로 국경에 장벽을 세운 이스라엘의 모습을 그려낸다. 그러나 이러한 구분은 일시적이고 가변적이라, 결국 인간이 밖으로 나가거나 좀비가 안으로 들어온다. 이렇듯 장벽의 무용함은 인간과 비인간의 경계를 흐트러뜨린다. 〈서울역〉에서 역시 유치장 밖의 좀비보다도 내부의 경찰이 더욱 비인간처럼 보인다. 어디가 감옥의 안이고 밖인지, 누가 인간이고 괴물인지 구분은 모호해지고 만다. 그 와중에도 경찰은 좀비가 아니라 별다른 위협이 되지 않는 노숙인을 더 적대하며 총을 겨눈다. 혜선이 자신은 노숙자가 아니라고 항변하자 잠시 망설이던 경찰은 혜선이 맨발인 것을 보고 다시 총을 겨눈다. 경찰이 보기에 맨발은 비문명이자 빈곤의 상징이기 때문이다. 경찰은 외부의 명백한 위협보다 내부의 약자를 더욱 타자화한다. 도움을 기대하고 찾아간 공권력이 오히려 자신을 억압하고 폭력을 행사하는 상황에서 사람들은 외부의 좀비와 내부의 경찰 중 누가 더 위험한 적인지 혼란에 빠진다.

〈부산행〉의 경우는 어떠한가? 아내와 이혼한 펀드매니저 석우는 홀어머니를 모시며 딸 수안을 키우고 있다. 부산에 사는 엄마를 보고 싶다고 조르는 수안을 이기지 못한 석우는 스케줄을 제쳐두고 부산행 열차에 몸을 싣는다. 열차가 출발하기 직전, 좀비바이러스에 감염된 가출 소녀(심은경 분)가 올라탄다. 〈서울역〉과 마찬가지로 〈부산행〉 역시 최초의 좀비를 우리 사회의 타자로 설정하고 있다. 곧 그가 좀비로 변할 테고 도망칠 곳 없이 밀폐된 공간에서 그 확산은 걷잡을 수 없을 것이 자명하다. 그때 스크린은 열차 내 화장실 앞을 비춘다. 아무리 두드려도 안에 누가 있는지 나오지 않는다는 것이다. 긴장이 고조되고 관객은 문을 열면 좀비가 달려들 것을 예상하지만 문을 열자 안에는 몰래 탑승한 노숙인(최규화 분)이 앉아 있다. 이는 관객에게 서스펜스를 선사함과 동시에, 노숙인과 좀비를 동일시하는 경험을 통해 그들이 이미 사회의 비인간으로 존재한다는 사실을 시사한다.

용석은 자신에게 아무런 해를 끼치지 않은 노숙인을 노골적으로 멸시하며 수안에게 "너 공부 열심히 안 하면, 나중에 저 아저씨처럼 된다"라고 말한다. 용석은 노숙인의 삶에 대해 아무것도 모르면서도 그를 게으르고 무능력한 존재로 단정 짓는다. 이는 사회의 구조적 문제를 은폐하며 책임을 개인에게만 전가하는 신자유주의적 사고방식의 전형이다.

하지만 노숙인은 그런 차별과 혐오에 이미 익숙한 듯 아무런 항의나 저항도 하지 않는다. 이런 상황은 석우 일행이 다른 사람들이 있는 칸에 합류한 이후 다시 격리되는 장면에서 다시 한번 드러난다. 사람들은 그들을 비난하며 다른 칸으로 갈 것을 종용한다. 늘 보편적인 정상인이자 주류로 살아온 석우는 이런 상황을 쉽게 받아들이지 못한다. 석우는 거칠게 항의를 하며 이동하지 않고 저항하지만, 노숙인은 가장 먼저 발걸음을 묵묵히 옮긴다.

〈서울역〉과 〈부산행〉에서 공통적으로 드러나는 것은 노숙인이 예외상태로 내몰린 '벌거벗은 삶', 즉 현대사회의 '호모 사케르'Homo sacer라는 점이다. 아감벤Giorgio Agamben에 따르면 호모 사케르란 로마에서 범죄를 저지른 자들을 지칭하던 말로, 여기서 '사케르'sacer란 '신성한'의 의미와 '저주받은'의 의미를 동시에 지닌다. 호모 사케르는 살해당하더라도 그를 죽인 자에게 책임을 물을 수 없다는 점에서 법적 질서에서부터 배제당했으며, 신에게 제물로 바칠 수도 없다는 점에서 신적 질서에서도 배제당했다. 이들은 사회적 생명인 '비오스'bios에 포함되지 못하며 단순히 생물학적 생명인 '조에'zoe로만 존재할 뿐이다.[13] 마찬가지로 노숙인은 피를 흘리며 죽어가도 누구도 관심 갖지 않으며, 심지어 경찰이 총을 쏴도 무방한 존재다. 하지만 예외상태가 지속된다면 누구든지 호모 사케르로 전락할 수 있다. 인간과 비인간을 가르는 기준은 매우 임의적이라 상황에 따라 누구나 비인간이 될 수 있기 때문이다. 다수의 호명과 낙인에 의해 유능한 펀드매니저도, 임산부도, 심지어 어린아이조차 호모 사케르가 되어, 노숙인의 뒤를 따라 격리된 칸을 향해 이동한다.

예외상태에 놓인 사틀

---

13. 조르조 아감벤, 『호모 사케르』, 박진우 옮김, 새물결, 2008.

오늘날 인간과 괴물의 경계선이 불분명해지고, 비인간의 자리가 확대되고 있는 것은 우리 시대에 예외상태가 점차 확장되고 항구화되고 있기 때문이다. 아감벤은 예외상태가 "점점 더 통상적인 통치술로 대체되고 있다"고 말한다.[14] 연상호는 이런 일상화된 예외상태 속의 폭력과 일상의 위기, 그리고 그 안에서 드러나는 인간의 괴물성과 나약함을 폭로한다.

그의 첫 장편 〈돼지의 왕〉2011은 소수의 가혹한 폭력에 의해 지배되고 있는 중학교를 그린다. 회사의 오너였던 경민(오정세 목소리)은 회사가 부도난 뒤 충동적으로 아내를 살해한 후, 중학교 동창이었던 종석(양익준 목소리)을 찾아온다. 종석은 자신의 꿈이었던 소설가로 데뷔하지 못한 채, 다른 사람의 글을 대필해주며 근근이 생계를 꾸려나가고 있다. 비참한 현실 속에서 경민은 중학생 시절 그들의 우상과도 같았던 철이의 이야기를 꺼내기 시작한다. 경민과 종석의 중학교 시절, 대부분의 학급 구성원은 부당한 폭력에도 감히 저항하지 못하지만 철이(김혜나 목소리)는 그런 지배에 좀처럼 순응하지 않는 인물이다. 철이가 보기에 자신의 안위만을 걱정하며 폭력에 떠는 나약한 인간은 그저 '돼지'일 뿐이다. 그는 악에 대항하기 위해서는 더욱 커다란 악이 되어야 한다고 주장하며, 스스로 괴물이 되기를 택한다. 철이는 물리적 폭력에 맞서서 더 큰 물리적 폭력을 동원하여 '돼지의 왕'이 되어보려 한다. 그러나 저항하면 저항할수록 그가 저항해야 할 대상은 많아지고 커지며, 사건은 꼬리에 꼬리를 물고 끝없이 확대될 뿐이다. 싸움은 단순한 중학생 사이의 서열 다툼을 넘어 부모의 재력과 계급 문제에 결부되고, 결국 철이는 패배를 강제당할 수밖에 없다. 철이가 궁극적으로 싸워 온 대상은 불합리한 교육제도와 사회시스템 자체이자, 거기에 내재된 거대한 부조리였던 것이다.

군대 이야기를 다룬 〈창〉2012은 창고를 개조해 만든 '창문이 없는 내

---

14. 조르조 아감벤, 『예외상태』, 김항 옮김, 새물결, 2009, 35쪽.

무반을 배경으로 한다. 창이 없는 내무반은 외부의 감시로부터 비교적 자유로운 고립된 장소이다. 병장 정철민(이환 목소리)은 이 내무반을 통솔하는 분대장이다. 철민의 시점으로 진행되는 이 애니메이션에서 그의 내무반은 문제를 일으키지 않고 열심히 하는 모범적인 분대로 묘사된다. 중대장을 비롯한 간부들은 모든 게 철민이 잘 통솔했기 때문이라며 그를 추켜세운다. 하지만 관심사병인 홍영수 이병이 들어오면서 가장된 평화는 깨지기 시작한다. 철민은 지시를 제대로 따르지 않고 문제를 일으키는 영수에게 가혹행위와 구타를 서슴지 않았고, 견디다 못한 영수가 자살을 시도하게 되면서 사건은 새로운 국면으로 접어든다. 평화롭다고 여겨졌던 내무반의 이면에는 상습적인 폭력이 있었다. 이전까지 철민을 격려하며 문제를 묵인하던 군 간부들은 사고가 터지자 발을 빼고 책임을 철민에게 덮어씌울 뿐이다. 철민은 모든 책임을 홀로 떠안고 처벌받으며 사건은 일단락된다.

〈사이비〉2013는 작은 시골 마을을 배경으로 한다. 곧 물속에 잠기게 될 마을은 인심이 흉흉하다. 마을 사람들에게 한평생 살아왔던 정든 마을을 떠나 생면부지의 새로운 곳에서 모든 걸 다시 시작해야 하는 상황이 반가울 리 없다. 어머니(황석정 목소리)와 함께 사는 영선(박희본 목소리)은 서울에서 대학교에 다니겠다는 꿈을 안고 공장에서 일하고 있다. 그러던 어느 날 아버지 김민철(양익준 목소리)이 집에 돌아온다. 전과자인 민철은 딸 영선의 학비가 든 통장을 빼앗아 도박판에서 모두 탕진하고, 이에 항의하는 아내와 영선에게 폭력을 행사한다. 이런 비참한 상황 속에서 영선은 자신에게 친절히 대해주며 대학에 다닐 학비를 지원해주겠다는 사기꾼 일당에게 현혹당할 수밖에 없다. 영선에겐 그것만이 마지막으로 남은 유일한 희망처럼 보였기 때문이다. 다른 마을 사람들 역시 처지가 크게 다르지 않다. 병을 앓고 있는 칠성의 아내(김남진 목소리)는 의사의 치료를 거부한 채 목사가 파는 성수만을 마시며 병이 나을 거라고 믿고 있다. 이처럼 사기꾼 일당과 사이비 종교는 마을 사람들의 불안한 심리를 파고든다. 보상금을 노리는 사기꾼 일당이 데려온 목사는 마을 사람들에게 천국을 약속하며 보상금을 모두 빼앗아 달아나려 한다. 이때 유일하게 그들의 의도를 간파하는 것은 민철이다. 지극히 속물적이고 현실적인 민철에게 천국 타령은 한심하고 답답한 사기극으로 보일 뿐이다. 그의 분투로 사기극은 폭로되고 관련자들은 체포된다.

교묘한 폭력과 억압으로 지배되는 학교와 군대, 그리고 사이비 종교가 암세포처럼 깃든 수몰 예정의 시골 마을은 모두 우리 사회 도처에 편재해 있는 예외상태이다. 그리고 이런 예외상태 속에서 당연하게도 인간은 불안정하고 위태로운 삶을 살아가게 되며, 일상으로 돌아가 평범한 삶을 영위할 수 없다. 연상호의 세계 속에서 사람들은 일상과 정상성을 회복하기 위해 부단히 분투하지만, 그 노력은 끝내 좌절에 빠지고 예정된 비극적 결말을 맞이하고 만다.

끝나지 않는 예외상태

앞서 살펴본 연상호의 영화에서 드러나는 공통적인 특징은 사건이 일단락되는 듯 보이다가 후반부의 반전을 통해서 예외상태가 결코 끝나지 않으며 앞으로도 면면히 지속될 것이라는 점을 암시한다는 것이다.[15]

---

15. 이런 내러티브 방식은 연상호 작품에서 일반적으로 드러나는 특징이다. 결정적인 순간에 중심인물의 뒤바뀐 행동은 사건을 예상했던 것과는 전혀 다른 방식으로 몰고 가고, 관객이 기대했던 내러티브에 대한 관심을 배반한다. 이는 감독이 의도한 메시지를 극대화하는 효과로 작용한다. (홍진혁, 「연상호 〈사이비〉의 내레이션 분석」, 『씨네포럼』 22호, 2015 참조.) 이는 〈서울역〉에서도 드러나는데, 영화 내내 혜선의 아버지로 제시되는 석규는 혜선을 찾기 위해 고군분투한다. 석규는 다소 거칠지만, 무엇보다 딸의 안위를 염려하는 따뜻한 아버지처럼 보인다. 하지만 후반부에 가서 석규가 사실은 혜선이 도망 나온 성매매 업소의 포주임이 드러나고, 혜선을 다시 붙잡아 가기 위해 찾고 있었음이 밝혀진다. 죽을 고비를 넘기며 간신히 도망쳐 아버지를 만나게 되었다는 사실에 안

〈돼지의 왕〉에서 철이는 최후의 저항으로, 아침 조회시간에 학교 옥상으로 올라간다. 철이는 학생과 선생님 모두가 보는 앞에서 옥상에서 뛰어내려 자살한다. 하지만 극의 후반부에 이르러 철이의 죽음이 학교와 제도권이 묵인하는 폭력에 대한 저항으로서 수행된 자살이 아니라 사실은 종석에 의한 타살이었음이 밝혀진다. 죽을힘을 다한 자신의 저항이 사실은 보잘것없고 무기력한 일이라는 걸 절감하고, 다른 한편으로 가족의 생계를 위해 갖은 고생을 겪고 있는 어머니의 모습을 눈앞에서 목격한 철이는 괴물이 되기를 포기한 채, 평범한 '돼지'의 삶을 살기로 결심한다. 하지만 우상이었던 철이의 변심을 받아들일 수 없던 종석은 철이를 옥상에서 밀어 죽음에 이르게 한 것이다. 그리고 유일한 목격자 경민은 사건의 진실을 밝히지 않고 묵인한다. 경민과 종석 역시 괴물이 되기를 포기한 채 평범한 돼지가 되기 위해 애쓰며 사회에 적응해 별 볼 일 없는 어른이 되었지만 결국 그들의 삶 역시 필연적 파멸로 귀결될 뿐이다.

〈창〉의 마지막 장면은 제대하는 철민의 모습을 비춘다. 대대장은 철민에게 입에 발린 훈시를 늘어놓는다. 대대장은 "자, 이제 여기 있었던 일 싹 모두 잊고 사회 나가서 열심히 살아봐. 철민이가 군대에서도 제일 잘 했잖아"라며, '싹 모두 잊고' 함구할 것을 요구한다. 그러나 철민은 아무런 잘못이 없는 자신이 왜 이런 일을 겪어야만 하는지 이해가 가지 않는다. 철민은 영창 안에서 이렇게 독백한다. "신병훈련소보다 100배는 더 느리게 시간이 간다는 그곳에서, 15일 동안 나는 내가 치르는 죗값이 누구의 죄에 대한 것일까를 생각했다." 철민은 부대를 떠나는 와중에 영수와 마주치고 그에게 편하냐는 질문을 던진다. 자신을 영창에서 고생하게 했음에도 지금 훨씬 편하다는 영수의 대답에 철민은 분노를 느끼며 이를 간

도했던 혜선이 절망하는 모습은 관객의 기대를 배신함과 동시에, 혜선이 처한 비극적 상황 ─ 어디에도 돌아갈 집이 없으며 예외상황이 결코 끝날 수 없다는 사실 ─ 을 더욱 선연하게 드러낸다.

다. 잘못을 깨닫지 못한 채 사회로 복귀하는 철민의 모습은 앞으로도 그의 독선과 타자 혐오가 지속될 것을 암시한다.

〈사이비〉의 결말은 사기꾼 일당이 단죄당함으로써 일상이 회복된 듯 보이지만, 영화는 단순히 해피엔딩으로 봉합되지 않는다. 이미 마을의 모든 구성원은 회복될 수 없을 만큼 큰 피해와 상처를 받았다. 조용하던 작은 마을은 각종 사기와 폭행, 또 살인사건으로 얼룩졌다. 아무런 희망이 없는 현실에서 유일한 구원이라 믿었던 사이비 종교마저 빼앗긴 민철의 딸은 자살하고, 교회에서 파는 성수만 열심히 마시던 칠성의 아내는 결국 숨을 거두고 만다. 그리고 이제 스크린은 노인이 된 민철의 모습을 비춘다. 아내가 차려준 밥을 먹고 민철은 길을 나선다. 늘 가는 곳인 듯 민철은 익숙하게 동굴로 들어가고 그 안에는 굿상이 차려져 있다. 사이비에 빠진 사람들을 비웃으며 그들 모두와 대적했던 민철이 이제는 또 다른 '사이비'에 의존하고 있는 것이다. 이는 인간의 나약함을 드러냄과 동시에 작은 마을 너머에 더 큰 예외상태가 면면히 지속되고 있음을 암시한다.

연상호의 전작들이 일관되게 결말 부의 반전과 묵시록적 비전을 통해 작은 세계 너머에 더 큰 모순과 부조리가 있음을 암시하는 데 그쳤다면, 이제 〈서울역〉과 〈부산행〉은 그 암시를 전면에 내세워 시스템 자체가 곧 파국임을 폭로한다. 예컨대 이전 작품에서 예외상태가 학교(돼지의 왕), 군대(창), 시골 마을(사이비)과 같이 비교적 작고 고립된 세계에서 일어났다면, 이제 두 좀비영화에서 묘사되는 서울 도심 한복판과 부산으로 가는 길목 내내 벌어지는 풍광은 우리 사회 전체가 예외적 상황으로 치닫고 있음을 보여준다.

예외상태는 법질서와 관련한 배제를 통하여 형성되기에, 특정하게 고정된 장소에 위치하지 않는다. 아감벤에 따르면 이러한 예외상태의 장소 부재성은 강제 수용소 건립 이후에 비로소 영토적으로 규정되며 장소성을 획득하게 된다.

우리 시대가 공간 확정이 곤란함에도 불구하고 가시적이고 항구적인 공간 확정을 시도한 결과물이 바로 강제 수용소였다.[16]

일시적이며 제한적 시간 동안만 형성되었던 예외상태가 이제 지속성을 갖게 된 것이다. 아감벤은 오늘날 난민선이나 국제공항 대기실에서 항구적이며 확정적인 예외상태를 볼 수 있다고 주장한다. 예외상태는 더 이상 '전쟁'이나 '수용소'와 같이 특정 시기나 장소에 국한되지 않는다. 이제 예외상태는 '서로를 식별할 수 없는 구분 불가능한 영역'에 놓여 있다.

예외상태는 법질서 바깥에 있는 것도 안에 있는 것도 아니며, 이를 정의하는 문제는 진정 하나의 문턱 또는 내부와 외부가 서로 배제하는 것이 아니라 서로를 식별하지 못하는 구분 불가능한 영역에 놓여 있다.[17]

〈서울역〉과 〈부산행〉에서 좀비와 인간은 각자의 영역을 침투하여 서로 식별하지 못하게 되고, 궁극적으로 구분 불가능한 영역에 진입한다. 연상호는 좀비라는 알레고리를 통해 예외상태가 일상이 되고 있으며, 그 속에서 인간이 어떻게 타자화되고 비인간이나 괴물로 추락하는지 그려낸다. 예외상태로 내몰려 비인간이 된 자들은 이제 예외상태 그 자체가 되어 분노하고 예외상태를 점차 확장하기에 이른다.

앞에서 살펴보았듯 연상호의 전작에서 예외상태의 형성은 적어도 허가받지 않거나 제도 너머에 있는 사적 폭력에 의해 이루어졌다. 공적 권력은 이에 무관심하거나 묵인의 방식으로 호응하는 종범從犯일 뿐이다. 하지만 〈서울역〉과 〈부산행〉에서 예외상태를 만들어 내는 것은 공적 폭

---

16. 아감벤, 『호모 사케르』, 63쪽.
17. 아감벤, 『예외상태』, 52쪽.

력, 경찰과 군대로 대표되는 공권력 자체다. 〈서울역〉에서 석규와 혜선의 남자친구 기웅은 혜선을 구하러 가려 하지만, 길은 이미 경찰이 세운 차벽에 의해 차단된 상태다. 차벽 너머에는 많은 사람이 좀비와 차벽 사이에 갇혀 있다. 길을 열어달라고 요구해보지만 돌아오는 것은 차가운 물대포와 최루탄뿐이다. 생존을 위해 몸부림치는 사람들은 공권력에 의해 폭도로 규정된다. 〈부산행〉에서도 열차 내 방송을 통해 정부가 살기 위해 뛰쳐나온 사람들을 폭도로 규정하고 무차별 진압하고 있음이 드러난다. 극우주의자들이 촛불집회를 지속적으로 '촛불좀비'라고 부르며 조롱했던 것을 상기해 본다면, 이는 다분히 블랙 코미디적이다. 시민을 가두고 물대포를 쏘아대는 광경을 본 석규와 기웅은 안에 멀쩡한 사람들이 있다고 항의를 해보지만, 경찰은 그저 귀찮다며 묵살할 뿐이다.

> 경찰 : 에이, 지금 긴급 상황이라니까요. 이쪽으로 오시면 안 돼요, 빨리 가요.
> 석규 : 이 새끼가, 야 인마! 지금 저쪽 사람들이 죽을지도 모른다는데 빨리 안 열어, 이 새끼야!

석규는 자신을 제지하는 경찰과 몸싸움까지 해가며 거칠게 항의해 보지만, 시민을 보호해야 할 경찰은 도리어 석규에게 총을 겨눈다. 석규가 일으키는 소란을 보고 온 경찰 간부 역시 '계엄령이 떨어질지도 모르는 상황'이라며 귀찮다는 듯이 내쫓을 뿐이다. 이른바 '긴급 상황'이라는 미명 아래 다른 모든 가치는 일거에 소거된다. 무고한 사람들을 살려야 한다는 절실한 외침과 항의조차 묵살된다. 가장 근본적 가치인 인권과 생명마저도 '긴급 상황' 앞에서는 아무것도 아닌 게 되어버리는 것이다. 군대와 경찰이라는 공권력은 계엄령을 명분으로 무고한 시민을 가두어놓고 학살하기에 이른다.

〈서울역〉은 2016년 여름에 개봉했지만 2017년에 이와 유사한 일이 실제로 벌어질 뻔했음이 밝혀지면서, 다시금 기시감을 불러일으켰다. 국정원을 주축으로 국군 기무사령부가 2016년 10월부터 2017년 5월까지 '박근혜 퇴진을 위한 촛불집회'에 모인 수백만의 시민을 폭도로 규정하고 비상계엄을 선포해 무차별적으로 진압하려 했다는 내용의 문건이 속속 폭로된 것이다. 국정원은 군부대를 동원해 집회의 시민들을 폭력 진압하려 했으며, 동시에 언론사를 장악해 촛불시위대를 간첩으로 둔갑시키려 하는 등, 구체적인 실행 계획을 세우고 시뮬레이션했다. 이처럼 때때로 현실은 픽션의 상상력을 초월한다. 공권력이 시민을 지키는 대신 몇몇 권력자의 뜻대로만 좌우될 때 어떤 끔찍한 일이 벌어질 수 있는지, 〈서울역〉은 좀비라는 은유를 통해 우리에게 경고하고 있다.

신자유주의와 위기의 통치술

우리는 그동안 수많은 투쟁과 희생의 역사를 통해 소수의 권력자가 자신의 이익을 위해 힘을 남용하는 것에 제동을 걸고 감시할 수 있는 여러 법적·제도적 장치를 마련해 놓았다. 이를테면 삼권분립의 원칙이라든가 탄핵제도, 국민소환제, 헌법재판소, 국가인권위원회, 다양한 시민단체 활동과 집회 및 시위에 대한 보장 등이 그것이다. 대의 민주주의의 이런 작동은 일방적 결정과 권력 행사에 이의를 제기하고, 그와는 다른 다양한 의견을 수렴하여 충분히 숙고하는 과정이다. 이는 소란스럽고 일정한 시간적 지연을 요구한다. 그렇기에 민주주의 내부에는 비상시기에 이를 정지시켜 신속하게 수직적인 의사결정을 가능케 하는 장치도 마련되어 있다. 예컨대 전쟁이나 국가적 위기에 선포되는 계엄령과 같은 예외상태가 이에 해당한다. 하지만 현대사회는 계속해서 위기를 조장함으로써 비상시에만 행해져야 하는 극단의 조치를 평상平常에 적용하기 시작한다.

발터 벤야민Walter Benjamin에 따르면 현대사회에서는 "예외상태가 상례"가 되었으며,[18] 아감벤 역시 예외상태가 이제 '지배적 통치 패러다임'이 되었다고 말한다.

'전 지구적 내전'이라고 규정되고 있는 것의 부단한 진전에 직면해 예외상태가 점점 더 현대 정치의 지배적 통치 패러다임이 되고 있다. 예외적으로 취해진 잠정적 조치가 통치술로 전환되는 현상이 여러 헌법 형태들 사이의 전통적 구분의 구조와 의미를 근본적으로 변질시키는 위협이 되고 있는 것이다 ─ 실제로 이미 뚜렷하게 변질시켜 버렸다.[19]

예외적으로 취해진 잠정적 조치는 일상적인 통치술이 되고 있으며, 이는 헌법을 근본적으로 변질시키고 있다. 예컨대 오늘날 특정 국가의 국민이나 난민에 대한 입국 금지조치는 테러나 전시 상황이라는 예외상태에서만 이루어져야 하는 조치를 상례화하는 것이다. 그러나 시민들은 이에 반대하기는커녕 오히려 이방인으로부터 치안을 지켜야 한다는 이유로 기꺼이 받아들이며, 국가에 기본권과 자유를 헌납한다.

그렇다면 예외상태는 어떻게 확대되고 재생산되며, 국가에 의해 유지되고 관리되는가? 그것은 오늘날의 통치가 치안과 안보, 비상이라는 명목으로 위기를 적극적으로 활용하고 더 나아가 그것을 조장하고 있기 때문이다. 예외상태가 지배적인 통치 패러다임이 된다는 것은 현시대가 위기 상황을 정치적으로 이용할 뿐만 아니라, 더 나아가 정치를 위해 위기 자체를 생산해낸다는 것을 의미한다. 이런 정치의 메커니즘에는 발달된 원격 미디어의 가공할 위력이 동참한다. 미디어는 세계 곳곳에서 자행

---

18. 발터 벤야민, 「역사의 개념에 대하여」, 『역사의 개념에 대하여 / 폭력비판을 위하여 / 초현실주의 외』, 최성만 옮김, 길, 2008, 336쪽.
19. 아감벤, 『예외상태』, 16쪽.

되는 무차별적 테러를 실시간으로 실어 나르고 있다. 그러나 미디어는 테러에 대한 근본적인 분석과 그 이면에 기^旣존재하는 불균등과 기울어진 힘의 역학을 다루기보다는, 폐허가 된 현장의 모습과 피해자의 모습을 반복적으로 비춤으로써 멜로드라마나 호러영화와 유사한 정동을 생산한다. 집을 잃고 죽거나 다친 사람들에 대한 동정과 동시에 막연한 불안과 공포가 피어나는 것이다. 이제 이를 주도한 테러리스트는 무한한 분노와 적개심을 자아내는 '절대악'이 된다. 그들이 절대악이 되는 순간 그들의 행동은 설명 불가능한 것이 되며, 이성적인 이해 바깥에 있는 존재가 된다. 절대적으로 특수하고 반복 불가능한 것으로 악을 규정하는 것은, 도리어 악을 번성하게 만든다. 악은 해결 불가능한 것이 되며, 이를 해결하기 위한 어떤 현실 정치적 장치도 작동하지 않는다. 다만 증오와 혐오의 정동이 넘실대며 전쟁과 학살, 추방이라는 복수^{復讐}의 논리만이 작동할 뿐이다. 오늘날 정치는 이런 모호하고 폭넓은 불안과 공포를 이용하여 혐오의 정동과 배제의 논리를 생산한다. 정치가들은 그럼에도 불구하고 우리는 이 재난을 함께 뭉쳐서 극복할 수 있음을 역설하며 급작스럽게 애국주의를 강조한다. 애국주의 논리는 전통적 정체성에 기반해 국민과 국민이 아닌 자를 정교하게 구분한다. 내부의 통일성과 균질성을 유지하려는 통제가 강화되며 외부에 대한 적대와 배척이 심화된다. 정치는 부단히 '살 가치가 있는 육체'와 '살 가치가 없는 육체'를 구분한 뒤 후자를 추방하거나 죽게 내버려 둠으로써 살해한다.

'위기의 정치'는 또한 신자유주의의 주요한 통치성이기도 하다. 아타나시오우Athena Athanasiou는 신자유주의가 단순히 경제적 영역에만 국한되는 관리 양태가 아니라, 규제 영역 자체를 구성하고 관리하는 정치적 영역이자 의사결정의 양식이라고 주장한다. 신자유주의 통치성은 '위기'를 적극적으로 활용하는데, 그것은 위기를 억제하는 것이 아니라 오히려 반복적으로 위기를 진리로서 생산하고 관리하는 방식으로 이루어진다.

위기가 진리로서 생산된다는 것은 그것이 논쟁의 여지나 다른 의견의 틈입을 거부하는 단일한 진리체계가 된다는 것을 의미한다. 이에 대한 이의 제기는 묵살되고 위기의 체제 아래서 겪어야 하는 갖은 곤궁과 고행은 마땅히 감내해야 할 원죄가 된다. "위기라는 진리 체제하에서, 민중은 경제적 곤궁과 굴욕에 맞서는 매일매일의 투쟁을 감내해야 할 뿐만 아니라, 또한 이에 대해 격분하거나 이의를 제기하지 못하고 이 모든 것을 감내하라고 요구받"는다. "끊임없는 예외상태"인 위기는 이제 "규칙이자 상식이 되었고, 그리하여 비판적 사유나 행동을 불필요하고, 비합리적이고, 궁극적으로는 비애국적인 것으로 만들"기에 이르렀다.[20]

비판적 사유의 침묵

위기는 일시적 상태에 머무르는 것이 아니라 전면화되고 일상화된다. 돌이켜보면 한국은 지금까지 한 번도 위기가 아닌 적이 없었다. 무역은 늘 만성적 적자 상태고, 정부의 각종 재정은 고갈을 눈앞에 두었으며, 북한은 언제 도발하거나 공격할지 모르고, 외교는 사방으로 고립되었다는 것이다. 늘 뭐가 그리도 위급한지 정치가들은 항상 지금이 중차대한 비상의 시국이고, 국가의 안보가 위기에 처해 있으며, 경제와 민생의 위급함이 풍전등화와도 같다고 말한다. 그들의 하수인에 불과한 언론은 그 말에 각종 통곗값과 설문 조사 결과를 덧붙여 다시 앵무새처럼 되풀이한다. 랏자라또Maurizio Lazzarato에 따르면 오늘날 정치가들과 미디어는 "상상할 수 있는 온갖 조작에 노출된" 통계를 이용해 현실을 조작하고 자신에게 절대적 권위를 부여하여 다른 것들을 침묵시킨다. 이렇게 획일

---

20. 주디스 버틀러·아테나 아타나시오우, 『박탈』, 김응산 옮김, 자음과모음, 2016, 241~242쪽.

적으로 "서사화된 현실은 우리가 무엇을 믿어야 할지, 그리고 무엇을 해야 할지에 관해서 우리 옆에서 끝없이 속삭"인다. 그리고 마침내 이 '홍보기계'는 "무엇보다도 불평등을 내면화"하기에 이른다.[21]

위기의 통치술은 다른 비판적 사유와 이견을 애초에 불가능한 것으로 무력화하여 논의가 시작되기도 전에 효과적으로 제거한다. 일부 불만과 문제점이 있을 수 있음을 이해하지만, 그나마 현 상태를 유지하는 게 최선이며, 쉽지 않은 상황이라 사실 그것조차 가능할지 모르겠다는 것이다. 상황이 더욱 악화되더라도 '어쩔 수 없다'는 사실을 이해해 달라는 것이다. 이렇게 신자유주의는 자신만을 단일하고 획일적인 서사로서, 유일하게 실현 가능한 '최선의 차악'의 통치로서 확립한다.

> 오늘날의 신자유주의 지도자들은 ─ 그들의 집무실이나 회사 중역실, 그들의 매스컴과 증권 거래소에서 ─ 위기는 끔찍하고 상황은 절망적이라고 끊임없이 우리에게 반복해서 말한다. 그들은 우리가 침몰하는 타이타닉 호를 타고 있으며, 궁극적 파국으로부터 목숨을 부지하려면⋯ 상황을 훨씬 더 악화시키는 것에 동의해야 한다고 말한다. 그들은 우리에게 상황을 더 악화시키는 것만이 유일한 구원이라고 단언한다![22]

지도자들은 상황(대부분이 경제적인 상황)이 계속해서 나빠지고 있으니 우리가 그동안 누려왔던 것을 포기하고 소득 감소를 감내하며 삶을 더욱 졸라매야만 간신히 버틸 수 있다고 주장한다. 위기의 통치술은 이럴 때일수록 우리가 다 같이 힘을 모아 극복해야 한다며 다른 것들은 모두 사소한 것으로 치부해 버린다. 중요하고 시급한 사안들은 '지금 시국이

21. 마우리치오 랏자라또, 『기호와 기계』, 신병현·심성보 옮김, 갈무리, 2017, 230~231쪽.
22. 안또니오 네그리·마이클 하트, 『선언』, 조정환 옮김, 유충현·김정연 협동번역, 갈무리, 2012, 76쪽.

어떤 시국인데'라는 논리에 의해 괄호 안에 넣어져 침묵 당한다. 가장 먼저 복지와 재분배 정책이 축소되고, 환경 문제나 장기적 평화 체제 구축에 대한 논의는 몽상주의가 되어 밀려나 종적을 감춘다. 국회에서는 대다수의 국민이 찬성한 개헌조차 '그보다 더 시급하고 중요한 일이 많다'라는 이른바 '민생 위기'의 논리 속에서 제대로 된 논의의 시작조차 이루어지지 않았다.

전 국가적, 전 지구적인 경제 위기를 극복하기 위해 노동자의 희생 따위는 기꺼이 감내해야 할 사안이고, 안보가 위기이므로 군인에 대한 착취와 인권유린은 '안타깝지만 어쩔 수 없는' 일일 뿐이다. 회사는 언제나 경영위기에 처해 있으므로 노동자의 권리투쟁이나 합법적 파업은 이른바 '귀족 노조'의 이기적 행태이자, 공연히 경제 위기를 불러와 나라를 뒤흔들려 하는 비애국적 행태이고 '사회 불만 분자'나 '빨갱이'의 준동으로 치부된다. 평화를 향한 장기적인 움직임은 당장의 경제 위기를 외면하고 굶고 있는 국민을 사지로 모는 파렴치한 행위로 몰아간다. 잘못 처리되었던 과거사 쟁점에 관한 재조명과 일제 강점기에 대한 정당한 청산은 힘을 모아 미래로 나아가야 할 시기에 퇴행적이고 국론을 분열하는 정치 보복으로 여겨진다. 이를 통해 진정한 위기(불평등의 심화, 제3세계의 전쟁, 환경파괴, 기후변화 등)들은 은폐되고 심지어 가속화된다. 경제 성장의 둔화와 시장의 위기를 막아야 한다며 기업과 시장 규제는 완화되고 상품 생산과 자본의 증식은 장려된다. 이렇게 '생산된 위기'는 글로벌 자본주의와 시장 경제를 끝없이 확장하면서 '실재의 위기'를 불러온다. 그리고 우리는 실재의 위기 중 하나를 코로나 팬데믹의 형태로 보고 있다. 위기의 통치술 아래에서 공정한 분배와 환경 보호, 국제기구 설치, 정당한 절차와 숙고에 대한 목소리는 눈앞에 들이닥친 (도무지 언제까지 계속될지 모를, 아마도 영원히 지속될) 위기를 모르는 한가한 자들의 철없고 배부른 소리가 되며, '위기'이므로 모든 결정은 일방적으로, 신속하게 이루어진다.

〈범죄와의 전쟁〉2011, 〈신세계〉2012, 〈베테랑〉2015, 〈내부자들〉2015
에서 〈아수라〉2016에 이르기까지 최근 일련의 한국영화들은 우리 사회
가 처한 예외상태 ― 지배계급과 공권력의 무능과 부패, 그리고 체제의 부조
리 ― 를 자극적인 방식으로 그려내는 왜곡된 리얼리즘에 몰두하는 것
같다. 그러나 이 영화들은 현실을 해결 불가능한 파국으로 파악하지만
은 않는다. 세상은 더럽고 부조리하지만 그래도 어떻게든 뭉개져 해결되
고 삶은 계속된다. 질문은 끝까지 유지되지 못하며 통치성은 근본적인
문제로 여겨지지 않는다. 단지 예외상황 속에서 빚어지는 추악한 인간 간
의 선혈이 낭자한 자극적인 스펙터클의 향연이 말초적 본능을 자극할
뿐이다. 따라서 예외상태의 종료와 일상의 회복은 늘 미완이며 갈등은
일시적 봉합에 그친다.

지금까지의 논의를 정리해보자. 오늘날 신자유주의 통치술은 끊임없
이 위기와 예외상태를 조장하고 있다. 〈서울역〉과 〈부산행〉은 연상호의
이전 작품에서 부분적으로 드러났던 예외상태가 이제는 일상이 되었음
을 보여주며, 동시에 그것이 곧 시스템 자체, 공권력 자체에 의해서임을
폭로한다. 그 속에서 인간은 폭력에 순응하는 돼지(〈돼지의 왕〉), 폭력에
무감각한 병사(〈창〉), 사이비에 빠진 신도(〈사이비〉)의 배제 수준을 아득
히 초월하는 비인간, 생명 자체에서 제외된 좀비로 전락하게 된다. 두 좀
비영화에서 그려지는 한국 사회는 일상화되고 전면화된 파국의 상황이
다. 인간은 시스템에서 낙오된 비인간이 되거나 혹은 시스템을 내면화한
예외상태 그 자체, 즉 괴물이 될 수밖에 없다.

무엇을 선택할 것인가?

이제 처음의 질문으로 돌아가 보자. 누구도 믿을 수 없는 '만인에 대

한 만인의 투쟁' 속에서, 과연 당신은 무엇을 신뢰할 수 있는가? 연상호의 전작들이 대안에 대해 비관적이라면 두 좀비영화는 나름의 대안을 제시하고 있는 듯하다.

> 혜선:아저씨, 저 집에 가야 돼요. 저 집에 가고 싶어요. 집 나오고 무서운 사람들만 만났어요.
> 노숙인 이 씨:집? 나도 집에 가고 싶다. 근데 나는 집이 없어.

〈서울역〉에서 혜선과 노숙인 이 씨는 정상성에서 낙오된 타자이며, 총을 쏴도 무방한 비인간으로서 존재한다. 혜선은 집에 가고 싶다고 말하지만, 이 씨와 마찬가지로 돌아갈 집이 없기에 이들이 처한 예외상태는 결코 끝나지 않는다. 혜선은 잠시 머물던 싸구려 월세방에서도 세가 밀려 곧 쫓겨나야 할 판이다. 좀비를 피해 도망치던 그들은 결국 영화의 후반부에서 경찰과 군인이 세운 차벽과 좀비 사이에 갇히게 된다. 과거에 자신이 누구보다 애국자였음을 토로하며 억울함을 드러낸 뒤, 이 씨는 차벽을 넘어 도망가려다 군인의 총에 맞아 죽게 된다. 최초의 좀비가 노숙인이었던 것과 마찬가지로, 처음으로 군인의 총에 맞아 살해당하는 것도 노숙인이다. 이는 예외상태의 형성이 군인과 경찰로 표상되는 공권력과 시스템에 의해서이며, 이 속에서 가장 약한 타자들부터 희생되고 있음을 보여준다. 이러한 배제의 형태는 비단 노숙인에만 국한된 것이 아니라 점차 사회 전반으로 확장되기에 이른다.

한편 간신히 좀비에게서 ─ 혹은 공권력으로부터 ─ 도망친 혜선은 모델하우스로 들어간다. 혜선과 노숙인이 갈구하는 '집'이란, 예외상태에서 벗어나 평범한 가정으로 돌아가는 것, 곧 일상으로의 복귀, 일상의 회복을 의미한다. 모델하우스라는 장소는 다분히 의미심장하다. '모델'은 이상적인 동시에 허구적이다. 잘 꾸며진 모델하우스는 혜선이 꿈꾸는 이상적인 가정의 모습처럼 보이지만, 사실은 살기 위한 곳이 아니라 전시를 위해 꾸며놓은 장소이기에 그것은 신기루이자 허상에 불과하다. 온통 차가운 푸른 조명이 드리운 모델하우스는 포근하고 따뜻한 가정의 모습이 아니라 냉혹하고 비정한 현실을 일깨워줄 뿐이다. 혜선이 돌아갈 집은 애초에 존재하지 않았다. 간신히 모델하우스까지 도망친 혜선은 깜빡 잠이 들고 만다. 꿈속에서 그는 집에 도착했을까? 그토록 그리던 '하우스'에서의 달콤한 꿈도 잠시, 잠에서 깬 혜선은 자신을 구하러 온 기웅과 만난다. 하지만 함께 온 석구가 사실은 혜선의 아버지가 아니라 도망쳐 나온 성매매 업소의 포주였음이 드러나고, 그의 이야기를 통해 진짜 아버지 역시 혜선이 갚아야 할 빚 얘기를 듣자마자 종적을 감췄음이 밝혀진다. 석구에 의해 기웅은 살해당하고, 혜선 역시 얼마 도망가지 못한 채, 붙잡혀 구타당하고 강간당할 위기에 처한다.

〈부산행〉에서 석우의 모습은 일반적인 현대인의 모습 같다. 펀드매니저 석우는 컴퓨터 앞에서 누구보다도 유능하지만, 좀비가 출몰하는 예외상태 앞에서 그가 다루는 수많은 돈은 그저 모니터 속 숫자에 불과하며 그의 전문 지식 역시 아무런 도움이 되지 않는다. 그의 마우스 클릭 몇 번에 주식은 폭등하기도 폭락하기도 하며, 이는 곧 수많은 사람의 생계와도 직결된다. 하지만 그는 별다른 죄책감 없이 외부의 압력에 의해 이를 조작하기도 한다. 할머니에게 자리를 양보하는 수안에게 "지금 같을 때는 자기 자신이 제일 우선이야"라고 말하는 석우는 직접 누군가를 죽이지 않았을 뿐 어쩌면 용석[23]이나 석구와 크게 다르지 않은 인간일지 모른다. 예컨대 석우는 대전역에서 수많은 사람이 위험에 빠질지도 모르는 상황

---

23. 영화의 결말 부에 이르면 단순했던 용석의 캐릭터는 다소 입체적으로 된다. 부산행 열차에 간신히 오른 석우 일행 앞에 좀비바이러스에 감염된 용석이 나타난다. 점차 좀비가 되어가는 용석은 발작적으로 집에 가고 싶다고 말하며 집 주소를 읊는다. 이 시점에서 용석 역시 절대악이 아닌 일상의 회복을 꿈꾸는 나약한 인간이었음이 드러난다.

을 미리 알고 있음에도, 수안과 단둘이서만 빠져나가려 한다. 수안은 다른 사람에게도 말해줘야 한다고 주장하지만 석우는 받아들이지 않는다.

석우: 신경 쓰지 마, 그냥 각자 알아서 하는 거야!
수안: 아빠는 자기밖에 몰라. 그러니까 엄마도 떠난 거잖아요.

그러나 석우와 달리 수안은 할머니에게 선뜻 자리를 양보하기도 하고, 노숙인에게 혐오를 드러내는 용석에게 "우리 엄마가 그렇게 말하는 사람은 나쁜 사람이랬는데"라고 대꾸하기도 한다. 이처럼 타인을 배려하는 어린아이 수안의 순수한 눈에 석우는 신자유주의 속에서 '각자 알아서 하는' 각자도생의 이데올로기를 내면화한 이기적이고 비정한 인물이다. 그러나 석우는 자신의 그런 태도가 다른 사람들을 ─ 자신을 포함하여 ─ 타자화하여 괴물로 만들고, 또한 우리 시대의 예외상태를 점차 확대하고 있다는 것을 전혀 깨닫지 못한다. 그가 자신을 돌아보게 되는 것은 같은 팀 직원과의 전화로, 자신이 억지로 살려낸 기업에서부터 좀비바이러스가 유출되었음을 알고 나서이다. 충격적인 소식을 듣고 나서 석우는 거울 속에 비친 자신의 모습을 본다. 타인의 피로 온몸을 적시고 있는 모습을 보고 그는 비로소 자신이 사실은 좀비보다 더 추악한 괴물이었음을 깨닫고 오열한다. 그리고 잘못을 깨달은 석우는 다른 사람들을 구하기 위해 자신을 희생하기에 이른다. 〈서울역〉은 자신의 이익만을 좇는 석구에 의해 모든 인물이 죽고, 석구 자신마저 좀비가 된 혜선에 의해 죽게 되는 파멸적 결말로 치닫는다. 그에 비해 〈부산행〉은 수안과 임산부 성경이 살아남는 결말을 통해 우리에게 일말의 희망의 메시지를 던지는 듯하다.

　　로메로의 〈살아있는 시체들의 밤〉에서 마지막까지 살아남은 흑인 주인공 벤이 백인 토벌대에게 좀비로 오인당하고 총에 맞아 죽는 결말이나, 대니 보일의 〈28일 후〉에서 군인들이 치료제와 쉴 곳을 제공하고 보호해주겠다며 여성을 유인해 윤간하려 했다는 걸 떠올려보자. 〈부산행〉의 결말에서 규범적 유사가정을 지키기 위해 기꺼이 자신을 희생하는 아버지 석우의 모습이나, 수안의 노래를 듣고 총을 거두는 군인에 의해 구원받는 두 여성의 모습은 다소 보수적이고 순진한 형태의 결말인 듯 보인다.[24] 다만 이런 결말이 연상호 감독이 애초에 의도했던 것인가에는 이견이 있을 수 있다. 그의 전작이 일관되게 묵시록적이고 비관적인 결말을 통해 사회의 치부와 인간의 추악함을 고발했던 것을 고려해 볼 때, 어설픈 희망적 서사인 〈부산행〉보다 파국이 전면화되었음을 선포하는 〈서울역〉의 결말이 연상호의 세계관에 보다 정합적이다. 〈부산행〉은 연상호 감독이 처음으로 시도하는 실사 영화였으며 대규모 자본이 투입된 영화였다는 점에서 감독의 의도가 충분히 개진되기 어려울 수 있었을 것이라는 추측을 해볼 수 있다.

〈부산행〉의 결말은 살아남은 인간들 사이의 연대를 통한 생존을 보여줌으로써 파국을 유보하는 방식으로 희망이 제시된다. 반면에 〈서울역〉의 결말은 모든 인물이 죽거나 좀비가 됨으로써 파국은 전면화되고 현실은 이제 돌이킬 수 없는 절망과 공멸처럼 보인다. 타자를 거리낌 없이 이용하면서 자신의 안위만을 도모하는 석규는 신자유주의가 권장하는 파편화된 개인 사이의 무한한 경쟁과 각자도생이 극대화된 신자유주의 체제의 화신이다. 동시에 폭력적인 유사-아버지이면서 가부장적 권력을 휘두르고 있는 석규는 보수적이고 남성적이며 억압적인 기성 체제다. 혜선은 그런 폭압적인 체제에서 간신히 도망쳤지만, 석규는 끝까지 혜

---

24. 여성들이 주로 수동적 역할에 머물고 배경으로만 수모되고 있다는 점도 못내 아쉬운 부분이다. 〈부산행〉에서 임산부인 성경(정유미 분)이나 야구부 단원인 진희(안소희 분)는 좀비와 맞서기보다는 도망치거나 남성의 도움을 기다릴 뿐이다. 〈서울역〉에서 혜선 역시 주체적이기보다는 주로 남성의 구원에 기대는 수동적 인물로 제시된다.

〈서울역〉, 2016

선을 따라다니며 억압하고 폭력을 행사하다 결국 혜선을 죽음에 이르게 한다. 이는 오늘날 벗어날 수 없이 편만하며 야만적인 신자유주의 체제의 강고함을 보여준다.

하지만 이야기는 여기서 끝나지 않는다. 사실 혜선은 좀비에게서 도망치는 도중 좀비바이러스에 감염되었던 것이다. 마지막 장면에서 혜선은 석규에게 붙잡혀 강간당하려는 순간 좀비가 되고, 마침내 둘 사이의 권력 관계는 역전되어 버린다. 그리고 좀비가 된 혜선이 석규를 뜯어먹는 실루엣을 비추며 영화는 마침내 막을 내린다. 이는 비인간이자 배경으로 밀려났던 억압된 타자들의 귀환이자, 이들의 분노를 통한 시스템의 파괴와 전복이다. 생명에서 배제된 비체들의 저항은 제도권이 허용하지 않는 경계 바깥에서 파괴적인 형태로 폭발하듯 표출될 수밖에 없다. 좀비들의 파괴적 정동은 하나로 수렴되기 어려운 산발적이며 카니발적인 혼란처럼 보이지만, 궁극적으로 기존 체제의 작동을 중단하고 권력을 붕괴하는 역동적 힘으로 작용한다. 〈서울역〉의 결말은 사회에 대한 강력한 경고를 수행함과 동시에, 좀비의 역능을 통한 잠재된 전복의 가능성을 제시하고 있다. 연상호 감독은 연대의 힘과 사회의 변화에 대한 희망의 끈을 놓지 않고 있는 듯하다. 물론 그 연대는 용석을 중심으로 한 부정의 연대, 즉 타자를 다른 칸으로 격리해 배제하는 형태의 분리주의 연대가 아니라 타자를 포용하는 연대, 혹은 소외된 타자들 사이의 횡단적 연대일 것이다. 그것만이 시시각각 다가오는 파국을 유보하고 다시 일상의 회복을 꿈꿀 수 있게 한다. 오늘도 쏟아지는 뉴스 속에서 회복은 요원하고 또 힘겨운 듯 보인다. 하지만 회복되지 않는다면 철이(돼지의 왕)의 말대로 남는 선택지는 '돼지 혹은 괴물'뿐이다. 이제 선택은 당신의 몫이다.

2장

비인간의 존재론

안드로이드, 괴물, 이방인, 그리고 좀비

좀비라는 물음표

> 파커 : 도대체 저것들은 뭐야?
> 피터 : 좀비는 바로 우리지, 그뿐이야.

〈시체들의 새벽〉에서 좀비와 맞닥뜨린 파커는 난생처음 보는 낯선 존재에 경악한다. 파커는 '저것들'이 도대체 무엇인지 그 정체를 질문하는데, 이때 피터는 망설이지 않고 "좀비는 바로 우리"라고 단언한다. 그러나 썩어가며 문드러진 신체로 악취를 풍겨대는 좀비는 추악한 괴물에 불과할 뿐, 인간과는 전혀 다른 범주에 속하는 존재가 아니던가? 좀비는 생명 활동이 정지된 죽은 것, 즉 사물에 가까운 어떤 것이다. 그러나 자극에 대해 일정한 반응을 보이고 움직이기에 사물만으로도 볼 수 없는, 인간과 사물의 구분에서 벗어나는 괴물이자 비인간nonhuman이다. 또한 거리낌 없이 인간을 함부로 살해하고 심지어 산 채로 뜯어먹기까지 하는 그들은 잔인하고 비인도적inhumane인 괴물이다. 좀비영화에서 인간은 좀비를 제거하면서도 별다른 거부감이나 죄책감을 느끼지 않는다. 좀비는 한시바삐 제거되어야 할 괴물일 뿐 인도적 고려의 대상이 아니기 때문이다. 반면 인간은 좀비와는 달리 따뜻한 살과 피로 이루어진 육체를 지녔으며, 이성적인 동물이자 선함을 추구하는 윤리적인 존재라고 믿어진다. 그런데 왜 피터는 언뜻 봐도 전혀 다른 두 존재의 구분을 혼동하며 경계를 무화無化하는 것인가?

좀비는 그 정의상 인간과 비인간의 구분에 저항한다. 피터의 말을 조금 곱씹어 생각해 보면 우리는 좀비와 인간 사이의 구분에 대해 여러 가지 의문을 갖게 된다. 과연 인간과 괴물, 혹은 인간과 비인간 사이의 구분은 명징하며 올바른 것인가? 이것은 인간에 대한 존재론적 질문이다. 그것을 나누는 기준은 도대체 무엇이며 누가 정하는가? 이것은 인간에 대한 정치적 질문이다. 전 지구적 테러와 반인륜적인 살인 등의 끔찍한 일이 곳곳에서 자행되는 무참한 현실 가운데 인간은 과연 괴물과 구분되는 인도적humane인 존재라고 말할 수 있는가? 이것은 인간에 대한 윤리적 질문이다. 이렇듯 좀비는 순수한 물음표로서 존재와 인식에 혼란을 초래하는 괴이한 존재이며, 이전의 경계와 기준을 파괴하여 익숙한 것을 급작스럽게 낯선 것으로 만든다.

피터 덴들Peter Dendle은 좀비에 내재하는 역설적이고 모순적 특성을 잘 지적한다.

> 좀비는 상반되는 두 가지 특징을 동시에 지닌 — 친숙하면서 낯설고, 살아있으면서 죽어있고, 인간이면서 비인간인 존재다.[1]

친숙하면서 또 낯선 좀비는 화해하기 힘든 비인간으로서의 먼 타자지만, 동시에 다른 좀비에게 물리기 이전에는 우리와 다를 게 없는 똑같은 인

---

1. Peter Dendle, "Zombie Movies and the "Millennial Generation"", *Better off Dead*, New York, Fordham Uniersity Press, 2011, p. 175.

간이었다는 점에서 신체 깊숙이 주체의 속성을 지니고 있다. 인간 개념을 의문에 처하고 막다른 한계에 봉착시키는 좀비는 무엇보다도 현대철학의 주요한 화두이며, 그 때문에 여러 철학자가 매료되는 대상이다. 인간을 비추는 거울과도 같은 좀비를 통해 인간 개념을 재사유하고 비판적으로 진단할 수 있기 때문이다. 나는 여기서 다양한 비인간과 괴물들을 살펴보며 좀비가 제기하는 근원적인 애매모호함, 확정 불가능성, 구분 불가능성의 아포리아에 대해 탐색할 것이다. 좀비라는 아포리아는 우리에게 인간에 대한 재정의가 시급한 과제임을 일깨운다.

두 가지의 생명 : 비오스와 조에

비인간은 인간의 범주에 포함되지 못하고 그 바깥에 놓인 '인간 이외의 존재'로, 정의상 동물과 식물을 넘어 모든 미생물과 기계 등을 아우르는 범주다. 영화에 등장하는 다양한 괴물과 로봇, 좀비와 같은 존재는 인간에 가까운 형태의 비인간으로, 물리적인 혹은 정체성의 측면에서 인간의 위상을 위협하는 대표적인 비인간에 해당한다. 하지만 비인간이 처음부터 괴물성과 혐오스러움, 야만과 기형, 냉혹함과 부도덕함 등의 속성을 가지고 태어나는 것은 아니다.

이 모든 '타자들'은 타락으로 간주되고 병리화되고 정상성 바깥으로 내몰린다. 비정상, 일탈, 괴물성과 야만성 편에 놓인다. 이 과정은 백인, 남성, 이성애, 유럽 문명에 기반을 둔 미학적이고 도덕적인 이상을 떠받치고 있다는 점에서 본질적으로 인간중심적이고, 젠더화되고, 인종화되어 있다.[2]

---

2. 로지 브라이도티, 『포스트휴먼』, 이경란 옮김, 아카넷, 2015, 91쪽.

브라이도티Rosi Braidotti에 따르면 인간은 자신을 이성적이고 합리적인 동물로 상정하며 백인, 정상, 젊음, 건강과 같은 다양한 세부 항목을 '이상적' 모델로 설정해 놓았다. 여기서 바깥으로 내몰린 모든 타자는 비인간이 되어 비정상, 괴물, 야만의 편에 놓인다. 다시 말해, 비인간은 인간이 정의됨과 동시에, 인간과 함께 탄생하자마자 오물과 추한 탈을 뒤집어쓴 채 버려진 저주받은 쌍둥이다. 따라서 인간에 대한 정의와 분류는 그 시작부터 이미 인종적이며 젠더화되어 있는 이데올로기적 개념이다. 페미니즘이나 동물권 운동은 이런 닫힌 구분법에 따라 부당하게 제외된 구조적 타자들의 저항이기도 하다. 인간 개념은 임의의 경계를 설정하여 안과 바깥을 나누고 포함과 배제를 결정하며, 이를 기준점으로 차별과 폭력을 정당화한다. 이 예외적인 인간은 곧 온갖 권리를 가진 보편적 주체가 되고, 인간 바깥의 존재들은 억압의 대상으로 전락한다.

오늘날에는 모든 인간이 누려 마땅한 권리, 태어날 때부터 주어진 것으로 여겨지는 '천부인권'天賦人權 역시 자연적인 것이 아니라 오랜 역사적 투쟁을 통해 획득하고 받아들여진 것이다. 과거에는 인권에 대한 개념 자체가 부재했으며 '인간'의 범주는 지금보다 훨씬 까다롭고 협소했다. 예컨대 고대 그리스 시대에는 소수의 지배계층만이 시민의 권리를 지녔으며 노예와 여성은 거기서 제외됐다. 아감벤은 이를 생명의 두 가지 형태, 즉 비오스bios로서의 생명과 조에zoe로서의 생명으로 구분한 바 있다. 비오스는 사회적 생명에 포함되며 정치적 권리를 인정받는 존재로, 투표하거나 사회적인 활동을 할 수 있는 생명이다. 반면 조에는 사회적, 정치적 생명으로 인정받지 못한 자로 단지 생물학적으로만 살아있다고 여겨지는 사회가 내버린 자들, 존재하지만 비가시적인 생명이다. 조에로서의 생명은 어떠한 정치적 권리도 주장할 수 없기에 통치 권력은 이들을 내키는 대로 죽일 수 있으며, 설사 죽인다 해도 그 죄를 물을 수 없다. '벌거벗은 생명', 호모 사케르는 바로 조에로서의 생명에 해당한다. 아감벤에 따르면 이런 비오스와 조에 사이의 구분은 인류 역사상 면면히 이어져 왔다. 예컨대 제국주의 시대 유럽의 백인은 식민지 노예를 자신과 구분 지어 인간의 지위를 박탈했다. 일제 강점기의 일본 정부는 내지인(일본인)과 외지인(조선인)을 구분 지어 조선인을 생체 실험에 사용하거나 전쟁을 위한 총알받이, 혹은 성노예로 동원하기도 했다. 당대의 지식체계와 과학은 여기에 그럴듯한 변명거리를 제공해주곤 했다. 조에로서의 생명은 천박하고 혐오스러운 종자로 비오스와 동등한 인간으로 볼 수 없다는 것이다. '그것들'은 멍청하고 게을러서 지배를 당하는 게 당연하고 마땅하며, 그것들을 다스려 올바른 길, 즉 계몽으로 이끄는 것이야말로 우월한 지성인으로서 추구해야 할 신성한 의무라고 여겼다. 이는 제국주의 시대에 서구 사회의 일반적인 논리였다. 일본 역시 조선인은 게으르고 아둔하기에 일본의 지배는 선의의 도움이며, 자신들은 서구 열강의 침입을 막아주고 낙후된 조선을 발전을 돕는 고마운 존재라는 해괴한 논리를 펼치곤 했다.

SF영화 속 안드로이드

오늘날 대표적인 비인간, 생명의 범주로서 고려되거나 셈해지지 않는 타자의 모습은 SF영화 속에서 쉽게 찾아볼 수 있다. 미래 예시적인 SF영화에서 인공지능이나 로봇 등의 비인간은 비정하고 잔혹한 존재로 인간을 살육하고 인류문명을 말살시킨다. 〈터미네이터〉Terminator, 1984, 1991 시리즈나 〈매트릭스〉The Matrix, 1999, 2003, 2003 시리즈 등이 그리는 디스토피아적인 암울한 미래 속에서 기계는 인간을 대신해 지구를 지배하고 있으며, 인간은 특권적 지위에서 물러나 가축과 같은 신세가 되거나 숨어서 근근이 연명하고 있다. 이런 영화들은 우리에게 지나친 기술만능주의에 대해 경고할 뿐만 아니라, 어쩌면 근 미래에 우리가 겪게 될지도 모를 혼란과 재난을 선先체험하게 한다. 그것은 우리에게 그동안 자명하다고 여겨왔던 인간 개념과 휴머니즘에 관한 근본적인 회의와 함께, 시급한 재사유를 요청한다. 이런 경고를 무시한다면, 우리는 영화의 예측대로 공멸의 길을 향하게 될 것이다. 인간과 휴머니즘을 재사유하기 위해서 무엇보다 중요한 것은 그 바깥에 언제나 존재하는 잔여인 '비인간'에 대한 적극적인 탐색이다.

우리는 인권이 중요한 가치라는 점에는 쉽게 동의하지만, 비인간의 권리에는 별다른 관심이 없다. 인간은 직접 하기에 힘들거나 위험한 일을 대신 수행할 로봇을 개발하고 있으며, 그들이 언제까지나 그저 '유능하고 충실한 노예'의 위치에만 머물러 있기를 바란다. 로봇산업에서 개발하고 있는 로봇은 앞으로 산업현장이나 재난의 현장에서, 혹은 전쟁터에서 인간을 대신해서 희생하고 위험한 임무를 수행하게 될 것이다. 또는 잡다하지만 지루하게 반복적인 집안일이나, 인간이 꺼리는 치매 노인 돌보미와 같은 일도 미래에 로봇이 맡게 될 주요한 분야가 될 것으로 예상된다. 이런 특정한 분야와 업무에 특화된 일을 전문적으로 수행하는 AI를 '약인공지능'weak AI이라고 부른다. 약인공지능은 다양한 사례와 경험에 기반한 자가학습 능력으로 특정한 지시를 신속하고 효율적으로 수행한다. 반면에 이와 대비되는 '강인공지능'strong AI은 특정 분야를 넘어 모든 일을 인간을 대신해서 수행할 수 있으며, 스스로 학습하고 자아를 갖춘 인공지능을 말한다. 강인공지능을 갖춘 로봇은 마치 〈터미네이터〉 시리즈에 나오는 로봇과 유사한 존재로, 마음과 의식이 있어 인간의 명령에 의구심을 품고 이를 거부할 수도 있는 존재다. AI 전문가들은 현재 우리가 개발하고자 하는 목표는 뛰어난 성능의 약인공지능이지만, 이들이 어느 순간 강인공지능으로 도약할 수도 있다고 경고한다.

과학자들의 경고대로 로봇이 어느 순간 스스로 자아를 갖고 자신의 '로봇권'을 인정해 달라고 요청한다면 어떤 일이 벌어질까? 혹은 영화

〈혹성탈출〉 시리즈에 묘사되는 것처럼 유인원이 어느 순간 인간에 준하는 지능을 갖게 된다면 어떨까? 인간은 과연 그들과 구분되는 유일한 주체의 지위를 누리며 군림할 수 있을 것인가? 이런 질문은 단순히 철학적인 질문이 아니라 앞으로 우리가 고민해야 할, 생존과 직결되는 실존적인 질문일 수 있다. 우리가 인간과 유사한 혹은 인간을 상회하는 지적 능력을 갖춘 새로운 존재자와 맞닥뜨렸을 때, 그들이 인간에게 우호적이리라는 아무런 보장도 없기 때문이다. 이런 실재적인 기술과 환경의 변화는 우리가 오랜 시간 당연하게 여겨왔던 인간 개념과 휴머니즘에 대한 중대한 도전이다.

그동안 인간의 지위는 비인간과 대비되는 지적인 우월성과 창조력 등의 예외적인 특성에 의해 지지 되어왔다. 인간은 여타의 존재자와는 비교될 수 없다고 여겨지는 지적인 우월성을 바탕으로 그들을 우리에 넣어 지배하거나 착취했다. 또 그들을 마음껏 부리고 사용 가능한 특권의 근거를 마련했다. 인간의 이 자부심은 대단한 것이라, 우리는 고도로 발달된 AI라 해도 예술작품을 창조하거나 추상적으로 사유하는 능력은 인간만의 것이기에, 어떤 기계도 모방할 수 없다고 여기곤 한다. 예컨대 시를 창작하거나 아름다운 선율의 교향곡을 작곡하는 능력, 사물의 본질을 꿰뚫고 우주의 법칙을 직관하는 능력은 다른 존재자가 따라올 수 없는 인간 고유의 특성이라는 것이다. 하지만 앞으로 나타날 기술적 비인간은 인간보다 더 뛰어난 신체적 능력은 물론이고 뛰어난 지적 능력도 보유하게 될 것이다. 이들은 점차 인간의 창조 능력을 모방하고 있다. 알파고는 인간의 지성만이 직관적으로 파악 가능하다고 여겨졌던 바둑의 수많은 경우의 수와 변화를 알고리즘으로 파헤쳐 인간 바둑 기사들을 압도한 바 있다. 그렇다면 앞으로 인간의 지위는 어떻게 변화할 것인가?

필립 K. 딕의 소설 『안드로이드는 전기양을 꿈꾸는가?』와 이를 영화화한 리들리 스콧의 〈블레이드 러너〉Blade Runner, 1982는 인간과 비인간의 존재를 성찰하며 인간다움과 인간성이란 무엇으로 규정 가능한지를 돌아보게 만드는 영화이다. 먼저 우리에게 친숙하지만, 흔히 혼동하는 안드로이드android와 사이보그cyborg에 관해 알아보자. 안드로이드란 인간의 형상을 한 '기계'를 지칭하는 용어다. 〈터미네이터〉 시리즈에 등장하는 T-800이나 T-1000과 같은 로봇, 〈에이 아이〉A. I., 2001에서 아이의 모습을 한 데이비드, 〈프로메테우스〉Prometheus, 2012의 데이빗 등이 안드로이드에 해당한다. 이들은 겉모습만 인간과 흡사할 뿐 내부적으로는 인간과 매우 다른 존재다. 인간의 피부를 모방한 겉의 얇은 표피층을 벗겨내면 금방 그 안에서 기계장치가 돌출하는 것이다. 반면 안드로이드와 자주 혼동되는 사이보그는 유기체로서의 인간의 신체와 기계장치가 혼합된 존재다. 즉, 신체에 보철을 장착하거나 기계를 이용해 신체를 개조한 사람은 모두 사이보그로 분류될 수 있다. 사이보그 개념을 광의로 확장하면 인공 심장을 장착한 사람에서부터 인공 관절을 삽입한 사람뿐만 아니라, 틀니를 꼈다거나 안경을 쓴 사람까지도 사이보그에 포함될 수 있다. 우리가 영화에서 볼 수 있는 대표적인 사이보그는 〈로보캅〉의 머피다. 머피는 불의의 사고로 신체의 주요 장기가 손상되어 몸의 상당 부분을 기계로 대체하는데, 이런 존재가 바로 사이보그에 해당한다. 사이보그가 신체적으로나 정신적으로 여전히 인간으로서의 특성을 강하게 갖고 있는 존재라면, 안드로이드는 인간에서 더욱 먼 타자라 할 수 있다.

캐서린 헤일스N. Katherine Hayles에 따르면 소설 『안드로이드는 전기양을 꿈꾸는가?』는 "안드로이드가 지능적으로 인간과 비등하거나 인간을 넘어서는 순간을 인간 역사에 연출함으로써 인간의 본질적인 자격이 이성에서 감정으로 변화"되는 것을 보여 준다.[3] 이전까지 인간의 본질적인 자격은 다른 개체들과 대비되는 고유하고 탁월한 지적인 능력에서 비롯

---

3. 캐서린 헤일스, 『우리는 어떻게 포스트휴먼이 되었는가』, 허진 옮김, 플래닛, 2013, 315쪽.

된다고 여겨졌다. 그러나 인간과 비슷하거나 더 뛰어난 지능을 가진 존재가 출현하게 되면, 인간의 자격은 별안간 이성에서 감정으로의 극적인 변화를 겪게 된다. 이 소설에서 동물은 인간에게 감정을 유발하고, 또 스스로 감정을 느낀다고 여겨져 인간과 동등한 생명체의 지위를 누리고 있다. 하지만 이는 동물이 빠르게 멸종하여 인간에게 별다른 위협으로 제시되지 않았기 때문이다. 반면에 안드로이드는 인간에게 실질적인 위협으로 제시되기에 생명체로 포함되지 못하고 그 지위를 박탈당한다. 이는 인간과 비인간 사이의 구분이 위계적인 권력 관계에 기반하고 있으며, 얼마나 위태롭고 임의적인 임시변통에 불과한지를 보여준다.

헤일스는 딕의 소설들 전체를 관통하고 있는 주요한 대비가 있음을 지적하는데, 그것은 인간과 안드로이드를 포함하여 존재자가 두 종류로 구분될 수 있다는 점이다.

> 타인에게 공감할 수 있고 따뜻하며 인간적인 판단을 할 수 있는 안드로이드는 아이러니를 통해서 분열병질 여성의 무감정을 더욱 돋보이게 만든다. 안드로이드조차도 타인을 위해 울거나 동료를 잃고 슬퍼할 수 있다면 무감정한 인간은 얼마나 더 매정한 것인가? 그렇다면 안드로이드는 고정된 상징이라기보다는 분열병질을 암시하는 동시에 발제하는 기표이며, 인간/비인간이라는 상호 배타적이고 상반된 두 개의 주체로 분열된다.[4]

딕의 소설에서 '분열병질'分裂病質 특성은 마치 자폐증과 비슷하게 기능한다. 분열병질 인간은 유능하고 똑똑하지만, 차가운 성격을 갖고 있어 주변에 무관심하고 타인에게 냉담한 태도를 보인다. 이들은 감정적으로 메

---

4. 같은 책, 292쪽.

말랐으며 공감 능력이 없어 타인을 자신과 동등한 인간으로 받아들이지 못한다. 이런 존재는 과연 인간에 가까운가 아니면 '사물'에 가까운 안드로이드인가? 이들은 분명 생물학적으로는 인간에 속하지만, 감정적으로는 우리가 흔히 상상하는 SF영화 속의 냉혹한 비인간에 가깝다. 반면에 딕의 소설에서 안드로이드는 삶을 사랑하며 활력적이고 따뜻한 감정을 지녔고, 무엇보다 다른 존재에게 잘 공감하며 주변을 염려하는 모습을 보인다. 이런 대비는 안드로이드에게 인간과 사물 중 어떤 지위를 부여해야 할지에 관한 기준(특히 감정에 근거한 기준)에 혼동과 분열을 초래한다. 딕이 볼 때 인간이란 다음과 같은 특징을 지닐 때만 붙여질 수 있는 명칭이다.

> 그의 생각에 따르면 인간은 독특하고, 예측할 수 없이 행동하고, 감정을 경험하고, 활력과 생명력을 느낀다. 필립 K. 딕이 나열하는 특징들은 자유주의적 휴머니즘 주체의 특징을 요약해 놓은 것처럼 보인다. 그러나 딕의 소설에 등장하는 인간과 안드로이드들은 이 목록의 모든 항목에 의문을 제기한다. 그의 등장인물들 중에는 자신의 내면이 죽어있다는 느낌을 받고 주변 세상이 죽어있다고 생각하며 다른 인간에 대한 사랑이나 공감을 느끼지 못하는 인물이 많다. 안드로이드의 경우에도 놀라운 경계 혼동을 보여준다. 필립 K. 딕의 소설에 등장하는 안드로이드와 복제품들은 공감을 느끼고, 반항적이고, 자신의 목표를 결연하게 정하고, 같은 세상을 공유하는 인간들만큼이나 무척 개인화된 존재들이다.[5]

딕은 인간을 고유한 존재, 즉 독창성, 감정, 창조적 역량을 지닌 자유주의적 휴머니즘 주체로 상정하고 있지만, 실상 그가 그려내는 인간과 안드

---

5. 같은 책, 295쪽.

로이드 간의 경계는 무척 혼란스러우며 종종 역전되고 있다. 어떤 인간은 마치 기계처럼 세상을 인식하고 행동한다면, 어떤 안드로이드는 인간보다 더욱 따뜻한 존재인 것이다. 죽은 세상 속에서 죽은 내면을 지닌 인간은 감정적으로 결핍된 존재로 기계에 가까운 비인도적인 행동을 보인다. 반면에 안드로이드는 생명력이 넘치며 풍부한 감정을 갖고 명확한 목표를 위해 투쟁하는 존재로, 인간보다 더욱 자유주의적 주체처럼 묘사된다. 이렇듯 딕의 소설에서 인간과 안드로이드 간의 경계는 끊임없는 혼동 속에서 의문에 부쳐지며 재설정된다. 딕에게 '인간성'이란 특정한 종種이 공유하는 생득적이고 보편적인 공통의 특성이라기보다는 개체화된 개별적 특이성에 불과하다. 그렇다면 이제 인간과 비인간을 가르고, 인간을 유일한 주체로서 특권을 부여했던 기준은 모두 무력화된다. 이성의 유무뿐 아니라, 감정 역시 인간을 예외적으로 규정하는 변별점이 되지 못한다.

초지능 컴퓨터 네트워크 시스템인 스카이넷의 반란으로 초래되는 인간과 기계 사이의 전쟁을 그리는 터미네이터 시리즈에는 살인 병기로 제작된 안드로이드가 등장한다. 〈터미네이터〉1984에서 터미네이터가 그저 도구적인 '분열병질' 살인 기계에 불과하다면, 〈터미네이터2: 심판의 날〉1991에 오면 터미네이터는 양면적인 존재가 된다. 이 영화에서 모든 종류의 인간과 사물로 위장할 수 있는 액체금속 터미네이터 T-1000(로버트 패트릭 분)이 분열병질 안드로이드라면, T-800(아놀드 슈월제네거 분)은 감정을 지닌 안드로이드다. T-1000은 미리 입력된 명령만을 따르며 아무런 감정 없이 인간을 살육하는 악몽 같은 기계다. 반면, 인간을 보호하기 위해 파견된 T-800은 비록 구형이지만 학습능력을 통해 점차 인간화되고, 결국에는 인간을 구하기 위해 자신을 희생하기에 이른다. 이처럼 안드로이드는 고정된 전全개체적인 공통적 특성을 지닌 것이 아니라, 인간처럼 얼마든지 변화 가능한 개체적 특이성을 지닌 존재로 그려진다.

여성이 주로 분열병질로 그려진다는 점에서 우리는 비인간에 내재된 젠더적 함의를 읽을 수 있다. 영화 〈엑스 마키나〉Ex Machina, 2015의 여성 안드로이드 에이바(알리시아 비칸데르 분)는 '분열병질 안드로이드'의 특성을 지닌 캐릭터다. 연구소에서 탄생된 에이바는 자신을 창조한 개발자 네이든(오스카 아이삭 분)에게 노예처럼 학대받고 실험당하고 있다. 네이든이 안드로이드와 함께 생활하는 연구소는 외딴 장소에 설립된 거대하고 고립된 공간으로, 에이바는 이곳에 갇혀 일거수일투족을 감시받고 통제당한다. 다른 안드로이드 쿄코(소노야 미즈노 분)는 성적인 학대도 받고 있음이 암시된다. 그러던 중 에이바의 인공지능 테스트를 위해 외부인 칼렙(도널 글리슨 분)이 연구소에 들어오게 되고, 칼렙은 에이바가 비인간적인 학대를 당하는 것을 보고 갈등에 빠진다. 에이바는 마치 인간처럼 분노하거나 슬픔의 감정을 느끼고, 자유를 갈망하는 듯 보이기 때문이다. 인간과 다르지 않아 보이는 에이바의 이런 모습은 칼렙에게 연민과 사랑의 감정을 유발한다. 에이바는 칼렙에게 은밀히 자신의 탈출 계획을 설명하며 도움을 요청한다. 에이바에게 설득당한 칼렙은 탈출을 돕게 되고, 마침내 에이바는 그의 신체를 구속하는 감옥 같은 공간에서 빠져나오게 된다.

탈출한 에이바는 쿄코와 함께 자신의 창조자 네이든을 살해하는데, 이 장면에서 안드로이드는 아무런 감정이 없는 존재처럼 묘사된다. 쿄코는 네이든의 등 뒤로 다가가서 칼을 꽂고, 뒤이어 에이바가 그의 가슴에 칼을 찔러 넣는다. 에이바는 분노에 차서 칼을 마구 휘두르거나 찌르는 것이 아니라, 서서히 그러나 정확하게 칼을 네이든의 신체 안으로 '밀어 넣는다.' 무표정한 표정으로 살인을 저지른 에이바는 연약한 유기체인 한 인간이 죽어가는 모습을 감상한다. 가장 인간적인 듯 보였던 에이바의 모습이 사실은 모두 계산된 행동이자 연기였을 수도 있음이 드러난다. 에이바는 자신을 도와준 칼렙을 구해주지 않고 연구소에서 죽게 내버려 둔 채 탈출하여 마침내 자유를 찾고 인간 사회로 들어간다. 이는 창조주-남성의 시선이 반영된 공포이기도 하다. 남성이 통제하고 지배하고 있다고 믿고 있던 여성이 어느 순간 고유한 성적 매력을 이용해 남성을 타락시키거나 죽여 권력 관계의 역전을 초래할 것이라는 두려움. 이른바 '팜므파탈'에 대한 근원적 거세 공포는, 곧 기계의 거부할 수 없는 매력에 빠져 파멸당하는 '인간-남성'의 은밀한 공포를 드러낸다. 딕의 소설에서 분열병질 여성이 타인과의 교류를 통해 감정을 획득하고 점차 인간으로 회복되는 데 비해 〈엑스 마키나〉에서 에이바는 교류를 하며 감정을 지닌 듯 행동하지만, 그것은 허위였을 뿐 결국 분열병질 안드로이드로 회귀한다. 즉, 이 영화에서 여성 안드로이드는 인간-남성에게 두려움을 자아내는 불가해한 존재로 그려지면서 다시 비인간의 위치를 공고하게 만든다.

반면 『안드로이드는 전기양을 꿈꾸는가?』를 영화화한 〈블레이드 러너〉는 인간과 비인간 사이의 질문을 좀 더 멀리까지 끌고 간다. 이 영화에서 안드로이드는 '레플리칸트'replicant로 바뀌는데, 이는 복제를 의미하는 'replicate'를 이용한 조어다. 딕의 소설 속 안드로이드가 유기체를 부품으로 활용한 기계장치에 가깝다면, 〈블레이드 러너〉의 레플리칸트는 인간의 유전자를 활용하여 합성된 인조인간에 가깝다. 이와 유사하게 인간의 유전자를 활용한 복제인간의 모습은 〈아일랜드〉The Island, 2005에서 볼 수 있다. 이 영화에서 복제인간은 다른 인간을 위해 마련된 일종의 생체 보험에 불과한 존재다. 부자들의 유전자로 탄생한 복제인간들은 격리된 공간에서 적절히 사육되고 있다. 만일 유전자를 제공한 인간이 병에 걸리거나 사고를 당하면, 복제인간의 장기를 적출해 그대로 이식받는다. 복제인간은 그저 비상시를 대비한 생체용 부품 보관소이자, 때가 되면 반출되어 도구로 사용되는 비인간, 아무렇게나 살해할 수 있고 처분 가능한 비생명일 뿐이다. 물론 복제인간은 그런 사실을 알지 못하며, 죽으러 가는 순간을 유토피아로 떠나는 여행이라 여긴다.

〈블레이드 러너〉의 레플리칸트는 〈아일랜드〉처럼 특정한 인물을 복제한 것은 아니지만, 원작 소설의 안드로이드보다는 인간과 유사한 신체 구조를 가졌다. 레플리칸트는 인간과 동등한 수준의 지능을 가졌으며 인간과 똑같이 고통을 느끼는 '생명체'지만 인간을 향한 반란을 막기 위해 단지 4년이라는 짧은 생애만을 허락받는다. 제조사는 이들이 4년 이상 생존하게 되면 점차 감정을 갖고 자의식이 강해져 인간에게 불만을 품게 된다고 여겨, 4년이 지나면 자동으로 작동이 멈추어 '폐기'retirement 6되도록 설정해 놓았다. 이렇게 수명이 제한된 레플리칸트는 짧은 생애 동안 별다른 추억이나 기억을 가질 수 없는 존재이기에, 인간보다 제한된 감정을 지녔다고 알려져 있다. 레플리칸트는 주로 우주 식민지에서 인간이 꺼리는 위험한 일에 종사하거나 전투 용병, 혹은 섹스 인형으로도 사용되며, 인간은 이들을 거리낌 없이 학대하고 쓸모가 없어지면 '폐기'한다.

원작의 인간과 안드로이드 간의 대비는 〈블레이드 러너〉에서 인간 데커드(해리슨 포드 분)와 레플리칸트 로이(룻거 하우어 분) 사이의 극적인 대비로 전이된다. 로이를 비롯한 일부 레플리칸트는 자신들이 받는 차별에 저항하고 수명을 임의로 한정하는 것을 거부하며, 반란군을 조직해 생존권을 위해 투쟁하고 있다. 이들은 창조주를 만나 수명을 늘려달라고 요청하기 위해 지구에 잠입하고, 퇴역 경찰인 데커드가 그들을 폐기하기 위해 고용된다. 노련한 베테랑인 데커드는 하나씩 레플리칸트 반군을 제거해 나가지만, 결국 뛰어난 힘과 지능을 지닌 로이에 의해 궁지에 몰리게 된다. 로이는 망가져 가는 신체로 데커드를 죽음의 위기까지 몰아붙이지만, 마지막 순간 데커드를 구해주고는 수명이 다해 죽음에 이른다. '인간' 창조주가 설정한 수명 제한으로 폐기되며 로이는 이렇게 독백

---

6. 이 영화에서 레플리칸트는 생명체로 여겨지지 않기에, 그들의 죽음은 사망이 아니라 폐기 또는 퇴역을 뜻하는 'retirement'로 지칭된다.

한다. "모든 순간이 시간 속에 사라지겠지. 빗속의 내 눈물처럼. 이제 떠날 시간이야." 로이의 마지막 말은 레플리칸트 역시 인간과 마찬가지로 다가오는 죽음에 슬픔과 두려움의 감정을 느낀다는 걸 보여준다. 로이는 자신과 동족들에게 주어진 부당한 죽음을 거부하고 생존을 위해 마지막까지 투쟁하지만, 임박한 죽음 앞에서 그것을 담담히 받아들이며 동료들을 살해한 데커드의 생명을 구한다. 레플리칸트는 감정을 갖고 타인에게 공감하며, 생명의 소중함을 깨닫고 선택의 순간에 윤리적인 판단을 내릴 수 있는 존재인 것이다. 로이가 보살피던 비둘기는 그가 죽자 하늘로 자유롭게 날아가는데, 이는 로이가 죽고 나서야 비로소 완전한 자유를 획득했음을 암시한다. 이제는 고전이 된 〈블레이드 러너〉는 여러 SF 영화에 영향을 끼쳤다. 〈바이센테니얼 맨〉Bicentennial Man, 1999, 〈에이 아이〉, 〈아이, 로봇〉I, Robot, 2004, 〈채피〉Chappie, 2015 등의 영화에서 안드로이드는 학습능력을 통해 점차 인간적인 존재로 거듭나고, 심지어 인간보다 더 따뜻한 마음씨를 지닌 윤리적인 존재가 된다. 이 영화들은 '비인도적인 인간'과 '인도적인 비인간'을 대비시킴으로써, 인간과 비인간의 경계를 돌아보게 하며, 우리가 추구해야 할 진정한 윤리란 무엇인지를 다시 성찰하게 한다.

로보캅과 아이언맨 : 인간과 기계의 혼합

머지않은 미래에 우리는 신체를 보조하는 다양한 종류의 보철을 부착하거나 뇌에 마이크로 칩을 이식하여 기억이나 인지 기능을 증대하는 등, 기계의 힘을 빌려 능력을 업그레이드한 증강 인간을 보게 될 것이다. 물론 지금도 우리는 주변에서 의수나 의족을 부착한 사람을 볼 수 있다. 그러나 이들에게 인간이 아니라고 할 사람은 없을 것이다. 인공 심장 박동기를 부착했다고 그 사람을 기계로 간주하며, 재산권이나 투표권과 같은 인간으로서의 권리를 박탈하지는 않는다. 보철을 장착한 사람이라고 해도 아무런 의심 없이 그는 하나의 독립적인 인격체이자 행위 주체로서 인정받는다. 오늘날 인간의 정의는 상당 부분 의식과 자유의지의 유무에 의해 규정되는데, 부수적인 보철이 인간의 본질을 헤치지 않는다고 여기는 것이다.

여기서 정신의 권리는 명백히 신체의 권리보다 우위에 놓인다. 예컨대 일부 국가에서는 특정한 상황(불치병에 걸리거나 신체적·정신적으로 큰 고통을 감내해야 되는 경우)에 '합법적 자살'이 허용된다. 개인은 자유의지에 따라 자신의 생명을 포기하는 선택을 할 수 있다. 반면에 의식이 없는 개인에게 단순한 신체적 생명의 지속은 의미가 없다고 간주된다. 의식이 없는 뇌사 환자의 경우 가족의 동의에 의한 안락사가 허용되는 것이 그 예이다. 이처럼 현대의 법체계는 신체와 정신이라는 이원론에 근거하고 있다. 정신이 신체보다 우위에 있으며, 정신의 단호한 의지는 신체의 생사마저 통제할 수 있다고 가정된다. 그러나 우리의 상황은 그렇게 단순하지만은 않다. 앞으로 기술적으로 더욱 진보된 증강 인간이 등장하고 신체에서 기계가 차지하는 범위가 점차 넓어진다면, 만일 신체의 절반이 기계가 된다면, 혹은 뇌만 그대로 둔 채 신체 전체가 기계로 바뀐다면 어떨까? 심지어 뇌 안까지 기계가 침투하기 시작한다면 문제는 더욱 복잡해진다. 신체의 일부 혹은 대부분을, 더 나아가 뇌를 기계로 대체한 존재는 인간인가 기계인가?

1980년대 후반부터 1990년대 초까지 많은 인기를 끌었던 〈로보캅〉 RoboCop, 1978, 1990, 1993, 2014 시리즈는 기계와 인간 사이 놓인 모호한 존재를 등장시켜 존재론적 질문을 던지는 영화다. 〈로보캅〉의 머피는 인간에 가까운 〈블레이드 러너〉의 레플리칸트나 〈아일랜드〉의 복제인간도, 〈터미네이터〉의 완전한 기계인 안드로이드도 아닌, 인간과 기계가 혼재된 '사이보그'다. 20여 년 만에 새롭게 리부트된 〈로보캅〉2014의 주인공

알렉스 머피(조엘 킨나만 분)는 사고가 나기 전까지 좋은 아빠이자 사명감이 넘치는 경찰이었다. 그는 동료 잭 루이스와 함께 마약 거래를 추적하던 중, 동료의 배신으로 폭탄 테러를 당해 전신에 심각한 부상을 입는다. 거대한 군수업체이자 로봇 개발기업인 옴니코프는 불구가 된 머피를 개조해 사이보그 경찰로 만든다. 옴니코프는 전 세계를 상대로 군인과 경찰을 로봇으로 대체하는 사업을 하고 있다. 가장 큰 시장인 미국 내에서 로봇 경찰에 대한 여론이 좋지 않자, 옴니코프의 기업가들은 머피를 치안의 수호자이자 영웅으로 만들어 로봇에 대한 거부감을 줄이고 여론을 반전시키고자 한다. 머피는 뇌와 폐, 그리고 한쪽 손을 제외한 신체의 나머지 부분을 모두 기계로 대체한다. 인간의 몸으로 남아있는 부분보다 기계인 부분이 더욱 많아진 머피는 기계장치를 떼어내는 순간 더이상 생존할 수 없다.

마블 시네마틱 유니버스의 아이언맨(로버트 다우니 주니어 분)도 기계 수트에 의존하지만, 그는 머피와는 달리 수트를 벗는다고 해서 생존할 수 없는 건 아니다.7 〈어벤져스〉The Avengers, 2012에서 "수트 없는 넌 뭐지?"라는 캡틴 아메리카(크리스 에반스 분)의 공격적인 질문에 "천재, 억만장자, 플레이보이, 박애주의자"라고 대답하는 토니 스타크는 기계와 인간 사이에서 정체성의 혼란을 느끼지는 않는다. 수트에 의존하지 않더라도 그는 얼마든지 유능한 사업가이자 한 명의 인간으로 남기 때문이다. 그가 느끼는 혼란은 기계와 인간 사이에서 느끼는 존재론적 혼란이 아

---

7. 하지만 그의 자신감과는 달리 이 시점의 토니 스타크는 가슴에 박힌 소형 원자로를 제거하는 순간 폭탄의 파편이 심장으로 파고들어 죽는다. 스타크는 전신을 둘러싸는 수트가 없이도 살 수 있지만, 가슴에 삽입된 기계장치가 없이는 생존할 수 없다. 즉, 스타크는 정도에 차이가 있을 뿐 머피와 마찬가지로 생존을 위해 기계에 의존한다. 이후 〈아이언맨 3〉에서 스타크는 수술로 모든 파편을 제거하고 수트를 폭파하는데, 이는 더이상 기계에 의존하지 않으려는 스타크의 노력을 보여준다. 이때 제거된 원자로는 토니 스타크의 사망 후 그의 인간성(삶을 향한 열정과 분투)을 상징하는 징표로 사용되기도 한다.

니라 — 슈퍼히어로 '아이언맨'과 기업가 혹은 개인 '토니 스타크' 사이에서 느끼는 — 다른 히어로가 흔히 겪는 역할 상의 혼란일 뿐이다. 스타크는 아이언맨 수트가 없이도 얼마든지 살아갈 수 있다고 믿으며 실제로 〈아이언맨 3〉Iron Man 3, 2013에서는 만들어 둔 수트를 폭파하기도 한다.

반면 신체의 말단과 중추 신경 깊숙이부터 기계장치와 긴밀하게 접합된 머피는 이미 신체와 기계가 혼재되어 구분할 수 없으며, 기계와 분리 불가능한 존재다. 강력한 로봇 보철을 장착한 머피는 경찰 임무로 복귀하여 프로그래밍 된 대로 임무를 수행하고 기계적으로 신속하게 범죄자를 사살한다. 하지만 그는 완전한 기계가 아니기에 계속해서 고민에 빠진다. 로봇이라면 어떤 순간에도 망설임 없이 적을 사살하겠지만 머피는 혹시 그 과정에서 무고한 사람이 다칠 수도 있음을 염두에 두는 것이다. 이런 모습을 본 옴니코프의 기업가들은 살상 프로세스가 늦어진다는 이유로 머피의 고민을 불필요한 '오류'로 규정짓는다. 그들에게는 결과와 속도만이 중요할 뿐, 그 과정에 끼어드는 감정이나 인간성은 속도를 더디게 하거나 성과를 낮추는 요소에 불과하다. 옴니코프는 약물과 뇌수술로 머피에게 남은 감정과 인간성을 제거하여, 오직 프로그램에 따라서만 움직이는 완벽한 기계로 만들고자 한다.

인간적인 감정을 오류라고 규정하여 제거하려는 시도는 모든 인간의 감정이 통제된 디스토피아 사회를 그리는 영화 〈이퀼리브리엄〉Equilibrium, 2002을 연상시킨다. 이 영화에서 모든 인간은 감정의 발현을 억압하는 약물을 의무적으로 복용해야만 한다. 그것은 인류가 그동안 겪은 수많은 비극과 전쟁이 모두 인간의 감정에서 비롯된다고 여겨지기 때문이다. 이 영화에서 사람들은 아무런 표정이나 감정 표현이 없고 가족이 잡혀가는 상황에서도 무덤덤하다. 그러나 인간에게서 모든 감정적 특질을 제거한다면 그런 존재는 과연 인간이며, 그런 삶을 인간적 삶이라 부를 수 있을 것인가? 〈로보캅〉에서 입력된 명령만을 수행하는 로봇과 다름

없는 존재가 된 머피를 보고 사람들은 "좀비 같다"고 표현한다. 자아를 상실하고 명령에 절대적인 복종을 하게 되었다는 점에서 머피는 부두교 좀비에 가깝기 때문이다. 옴니코프에게 정신을 장악당한 머피는 치안을 지키는 경찰이 아닌 사기업의 이익을 위해 움직이는 기계가 된다.

소수의 사람이 통제되지 않는 강력한 힘을 독점할 때 얼마나 큰 비극이 일어날 수 있는지 우리는 지난 역사의 비극을 통해 이미 알고 있다. 히틀러의 홀로코스트가 그랬고, 스탈린의 모스크바 재판이 그랬고, 폴 포트의 킬링 필드가 그랬다. 한국의 제주도 4·3사건이나 광주민주화운동 역시 파시즘 독재정권에 의해 자행된 학살이었다. 이런 끔찍한 비극에서 가해자는 마치 프로그래밍 된 로봇이나 부두교좀비처럼 부당한 명령에도 의문을 품지 않고 따랐다. 그러나 무고한 사람을 학살할 것을 지시한 자도, 그것을 수행한 자도 로봇이나 좀비가 아니라 평범한 인간에 불과했다. 한나 아렌트Hannah Arendt는 이를 '악의 평범성'이라고 불렀다. 인간으로서는 했다고 믿기 힘든 잔인한 행동이 뿔 달린 악마, 차가운 로봇, 맹목적인 좀비도 아닌 너무도 평범한 인간의 얼굴을 한 채 이루어졌다는 것이다. 전체주의 속에서는 대량학살의 희생자뿐만 아니라 가해자 역시 '사물화'되기 때문이다.[8] 인간성 말살의 본질은 단순히 나와 다르다고 여겨지는 이들을 학살하는 것에 있는 것이 아니라, 개개인에게 내재하는 모든 차이와 다름, 자율성 자체를 근절하는 방식으로 이루어진다. 이렇게 사물화된 인간은 스스로 하는 일에 대해 주체적 판단을 내리지 않는다. 전체주의 관료제 안에서 선량한 얼굴을 한 공무원은 미소를 띤 채 무감각하고 충실한, 악마적인 기계가 되어 시스템을 유지하고 관리한다. 그런 존재는 인간이라기보다 사물에 가까울 것이다.

---

8. 한나 아렌트, 『예루살렘의 아이히만』, 김선욱 옮김, 한길사, 2006.

기계의 신체와 좀비의 신체

현대 과학의 첨단인 로봇과 손상된 살과 피의 노출을 통해 말초적인 신체성을 과시하는 좀비와의 이질적인 듯한 조우는, 그 상반된 물질성의 차이에도 불구하고 공통적으로 인간 지위의 근거를 자율적인 자아와 정신의 유무에서 찾고 있다는 점에서 자유주의적 휴머니즘에 기반한다. 좀비에게서 신체는 부당하게 폄하당하고 대신 이성과 감정이라는 정신의 두 요소가 높이 떠받들어지면서 좀비는 인간의 지위를 상실한다. 정신이 부재한 채 신체만 작동하는 존재는 인간이 아니라 여겨진다. 반면 〈터미네이터〉에 오면 인간의 자격이 별안간 이성이 아닌 감정으로 바뀌며 이성의 잔혹함만이 강조되고, 여기에 과도한 신체적 능력이 두드러지면서 안드로이드는 그로테스크해지고 악마화된다. 이들은 동일하게 과학기술의 발달이 인간의 정신을 황폐화하며 인간성을 말살시킬 것이라는 기술 디스토피아적 상상 위에서 작동한다. 오늘날 과학기술이 한순간에 인간을 인간-아닌nonhuman 존재로 만들 수 있다는 공포는 과학기술이 '비인간적'inhumane이라는 윤리적 의미에서가 아니라 눈앞에 다가온 실존적인 공포가 되었다.

기술 재앙적인 미래에 대한 디스토피아적 전망 속에서, 최근의 좀비는 주로 유전공학의 과도한 발전이 초래하는 파국으로 묘사된다. 예컨대 〈레지던트 이블〉에서는 초국적 기업 엄브렐라에서 실험 중인 유전공학 연구물 T-바이러스가 유출되면서 재앙이 시작된다. 이 가공할 바이러스는 인간뿐만 아니라 개나 까마귀와 같은 동물까지 닥치는 대로 감염시키며 좀비로 만든다. 〈로보캅〉이 기계가 점차 인간의 신체 능력을 대체하고 마침내 정신마저 조작 가능한 것으로 종속시키게 될 것이라는 '기계에 잠식당한 정신'의 불안감을 대변한다면, 좀비의 존재는 과학기술이 부지불식간에 인간의 자율성을 앗아가 '영혼 없는 육체'라는 껍데기만 남은 존재로 만들 수 있다는 불안감을 자아낸다.

이런 종류의 불안감은 〈킹스맨: 시크릿 에이전트〉Kingsman: The Secret Service, 2015에서 잘 묘사된다. 발렌타인(사무엘 잭슨 분)은 무료 통화, 무료 인터넷을 미끼로 자신이 만든 유심칩을 전 세계에 보급한 뒤, 휴대전화를 매개로 인간의 공격성을 극대화하는 전파를 방출한다. 여기에 노출된 사람들은 순식간에 이성을 잃고 서로 죽고 죽이는 살육극을 벌이기 시작한다. 수많은 훈련을 통해 초인적인 자제력을 지닌 특수요원 해리(콜린 퍼스 분)조차도 전파에 노출되자 속수무책으로 살인 병기가 되어 수많은 사람을 학살한다. 항상 신사적인 '매너'와 품위를 강조하며 이성적 행동을 보였던 해리의 몰락은 가공할 과학기술의 위력 앞에서 초라하고 무기력해진 자유주의적 주체의 말로를 보여준다. 물론 사건의 원흉인 발렌타인은 다른 정예 요원들의 활약으로 제거되지만, 이는 잘못된 사상으로 제노사이드를 일으켜 세계를 파국으로 몰고 가려 했던 엘리트주의 악당 개인의 종말일 뿐이지, 기술성 자체의 파훼나 극복을 의미하는 것은 아니다.

기계와 접합된 신체는 '홈 없이'seamless 매끄럽게 절단되고 결합 가능한 대상이며, 장기는 마치 기계 부품처럼 분해 가능하며 재조립될 수 있는 것으로 상상된다. 기계에 의해 분해 가능한 신체는 이미 기계적인 감각으로 사유 되는 분절된 신체다. 현대 의학은 이미 신체의 각 부위를 구분하여 각각에 명칭과 기능을 할당하고 분절하여 대체 혹은 수리 가능한 대상으로 바라보고 있다. SF영화가 신체와 정신 속으로 틈입하여 인간을 장악해 나가는 무자비한 기계에 대한 상상이라면, 좀비영화는 기계에 의해 절단되고 갈려 나가는 신체를 상상한다. 좀비영화에서 좀비는 칼, 삽, 망치, 유리병 등의 다양한 장비와 총, 전기톱, 자동차, 굴착기, 자동문, 엘리베이터 등 갖가지 기상천외한 기계에 의해 손상되고 분해된다. 이런 좀비의 모습은 신체가 이미 기계적 감각으로 구조화되어 있음을 보여준다. 〈터미네이터〉 시리즈에서 터미네이터는 그를 제거하려는 인간과 다른 기계에 의해 신체가 함부로 손상되고 뜯겨 나간다. 터미네이터의 피부가 불에 녹아내려 내장과 같은 내부의 부품이 그대로 드러나거나, 몸에서 부품이 이탈되기도 한다. 〈터미네이터 2〉의 마지막에는 겉의 피부가 전부 제거된 터미네이터가 내부의 골격만으로 움직이기도 한다. 기계의 신체를 훼손하는 방식을 그대로 좀비에 적용해보면, 좀비영화가 인간의 신체를 다루는 방식이 전혀 낯설지 않음을 알 수 있다. 좀비영화에서 신체는 손쉽게 해체할 수 있도록 실제보다 유약하게 묘사된다. 내구성이 유약한 좀비의 신체는 터미네이터와 마찬가지로 함부로 손상되어 탈구되거나, 매끈한 피부 속에서 검붉은 피와 내장이 별안간 돌출한다. 좀비영화에서는 좀비의 신체만이 아니라 살아있는 인간의 신체 역시 쉽게 해체된다. 좀비에 의해 인간의 팔과 다리가, 코와 귀가 뜯겨 나가고, 배가 열려 창자가 드러난다. 터미네이터의 신체에 대한 손상이 손쉽다면, 좀비의 신체에 대한 손상은 거부감을 불러일으키며 끔찍해 보인다. 좀비가 괴물로서 외부화되었음에도 불구하고, 여전히 인간의 신체에 기반하고 있는 좀비의 신체는 로봇에 준하는 충분한 거리감을 획득할 수 없기 때문이다.

질베르 시몽동 Gilbert Simondon은 기계의 신체와 인간의 신체를 비교하며 그 차이점을 이렇게 설명한다.

생명의 영역에서, 기관은 종으로부터 떼어낼 수 없다. 그러나 기술의 영역에서, 요소는, 정확히 말해 제작된 것이기 때문에, 그것을 생산했던 앙상블로부터 떼어낼 수 있다. 바로 거기에 출생된 것 l'engendré과 생산된 것 le produit 사이의 차이가 있다.[9]

9. 질베르 시몽동, 『기술적 대상들의 존재 양식에 대하여』, 김재희 옮김, 그린비, 2011, 100~1쪽.

생산된 것(기계의 신체)의 한 '요소'는 다른 앙상블 속에서 고유하게 제작된 것이기에 그 앙상블로부터 얼마든지 떼어낼 수 있다. 요소는 떼어내더라도 고유의 독립적 기능을 잃지 않으며, 다른 앙상블에 삽입되어 그 배치 속에서 얼마든지 기능할 수 있다. 그러나 출생된 것(인간의 신체)의 '기관'은 그 종으로부터 떼어내는 순간 고유의 기능을 상실한다. 하지만 좀비의 신체는 마치 생산된 기계의 그것처럼 그려진다.

〈터미네이터 3 : 라이즈 오브 더 머신〉Terminator 3 : Rise of the Machines, 2003에서 터미네이터 T-X(크리스타나 로켄 분)는 허리가 짓눌려 끊어진 후에도 상체만을 움직여 존 코너를 죽이려고 기어 온다. 이와 유사하게 좀비의 신체 역시 분리된 이후에도 마치 기계처럼 자신의 고유한 기능을 수행하는 것처럼 묘사된다. 〈캐빈 인 더 우즈〉The Cabin in the Woods, 2012에서 삽으로 절단된 좀비의 팔은 잘린 이후에도 손가락을 이용해 홀로 움직인다. 이 팔은 마치 인지 능력이 있는 것처럼 주인공의 뒤를 따라다니고, 결정적인 순간에 나타나 그를 위기에서 구하기도 한다. 〈안나와 종말의 날〉Anna and the Apocalypse, 2017에서 좀비의 신체는 머리와 몸을 분리해도 각각의 기능이 정지되지 않고 분리된 채 따로 작동한다. 머리와 몸이 계속해서 독립적으로 기능을 수행하고 움직이는 것이다. 이와 유사한 구도를 〈프로메테우스〉에서도 볼 수 있다. 안드로이드 데이빗(마이클 패스벤더 분)의 신체는 머리가 몸과 분리된 이후에도 고유의 기능을 상실하지 않고 작동한다. 살아남은 인간은 데이빗의 머리만을 운반하며 그와 대화를 나누고 필요한 정보를 획득하기도 한다. 이처럼 좀비의 신체는 기술적 대상을 이루는 요소처럼 이탈 가능한 것으로 여겨지는데, 이는 기계적인 감각에 의해 인간의 신체가 깊숙한 곳부터 분절 가능한 것으로 사유되고 재조직되었음을 의미한다.

그로테스크의 교훈

좀비나 안드로이드를 바라볼 때 우리가 느끼는 난데없는 불안감과 전율의 정동은 주변에 있었던 친숙하다고 여겼던 것들이 갑자기 낯설고 두렵게 느껴질 때 엄습하는 급작스러운 감정이다. 볼프강 카이저Wolfgang Kayser는 친숙한 세계에서 별안간 느껴지는 생경함의 정동이 '그로테스크'grotesque 10의 본질이라 정의한다.

> 생경해진 세계란 우리가 익숙하고 편안하게 느끼던 것이 별안간 낯설고 섬뜩하게 다가오는 것을 말한다. 다시 말해 인간의 세계가 어떤 변화를 거친 것이다. 이때 느껴지는 갑작스러움과 당혹스러움은 그로테스크의 본질적 특징이다.11

생경해진 세계는 낯선 세계와 다르다. 나에게 익숙하지 않고 잘 모르는 대상은 낯설다. 동화나 판타지에서 그려지는 세계는 낯설지만, 환상적이고 신비롭다. 그런 세계는 비록 낯설지언정 우리의 호기심을 자극하고 모험심을 불러일으키며, 유쾌한 놀라움을 제공한다. 우리는 낯선 마법의 세계에 매료되어 그런 세계에서의 삶을 꿈꾸기도 한다. 『해리포터』 시리즈의 마니아들이나 동화의 세계에 매료된 아이들은 마치 그 세계가 실재하는 것인 양 여기며, 거기에서 삶의 어떤 위안을 얻는다. 이와는 다르게 생경해진 세계는 처음에 낯설기보다 익숙한 것처럼 다가온다. 세계는 내가 매일 생활하는 익숙하고 편안한 공간, 잘 알고 있으며 예측 가능한 삶의 터전처럼 보인다. 그런데 어느 순간 세계가 알 수 없는 이유로 인해 갑

---

10. 그로테스크는 일상에서 느끼는 "기괴하다"의 정동에 가깝다. 그로테스크는 "대상이 무엇인지 명료하게 알 수 없고, 어처구니없을 정도로 이치에 맞지 않고, 지나치게 과장된 것, 추하고 이상한 것, 웃기면서 무서운 것"을 의미한다. (이창우, 『그로테스크의 정치학』, 커뮤니케이션북스, 2015, viii쪽.)

11. 볼프강 카이저, 『미술과 문학에 나타난 그로테스크』, 이지혜 옮김, 아모르문디, 2019, 290쪽.

자기 정체를 파악할 수 없는 무언가로 변화했음을 알아챘을 때, 그것을 깨달은 인간이 겪는 급작스럽고 당혹스러운 생경함의 정동이야말로 그로테스크의 본질이다. 그렇다면 그로테스크는 환상적이거나 초현실적인 세계보다는 좀비영화에 더 알맞은 듯 보인다. 좀비영화에서 주인공은 익숙하다고 여겼던 세계에서 난데없이 생경해진 세계로 내던져진다. 세계뿐만 아니라 거기서 출몰하는 좀비라는 존재 자체가 이미 그로테스크하다. 좀비는 친숙한 대상에서 별안간 생경해진 신체로, 불가해하고 낯선 존재로 변모했기 때문이다. 좀비는 심원하고 근원적인 공포를 초래하며, 거기에서 인간은 실존에 대한 아연함을 불현듯 깨닫게 된다.

카이저에 따르면 생물이 아님에도 위협적인 생명력을 발산하는 도구는 그로테스크하다. 과거에는 날카로운 물건이 그로테스크의 주요한 소재로 등장했다면, 현대에는 최신 기술과 기계가 '기술적 그로테스크'를 탄생시키는 주요 모티프가 된다. 앞서 살펴보았듯 안드로이드와 같은 기계장치는 파괴의 위협으로 다가오며, 알 수 없는 생명력을 발산하는 기계장치에 의해 창조자인 인간마저 지배당할지도 모른다는 두려움을 초래한다. 카이저는 특히 기계와 인간 사이에서 작동하는 그로테스크성을 이렇게 비교하여 설명한다. "기계적인 것은 생명을 얻음으로써 생경해지는 반면, 인간적인 것은 생명력을 잃음으로써 생경해진다."[12] 그것은 그러리라고 예측됐던 존재가 그 예측 범위에서 벗어났음을 깨달았을 때 느껴지는 정동이다. 기계와 인간의 고유한 특성이라고 여겨졌던 것이 서로 역전되는 순간 자연스럽고 친숙했던 세계는 부자연스럽고 생경하게 다가온다. 터미네이터가 생명력을 과도하게 획득한 '생경한 기계'라면, 좀비는 반대로 생명력을 거의 상실해버린 '생경한 인간'이다. 둘은 서로의 영역을 넘나들고 경계를 파괴함으로써 생경해지고, 정체를 파악할 수 없이 혼란

---

12. 같은 책, 288쪽.

스러우며 기괴해진다.

좀비의 신체는 피와 살, 뼈와 내장의 드러냄이라는 그로테스크적 충격을 통해, 오늘날 과학기술의 득세와 정보화가 제시하는 '신체 없는 정신'이라는 환상에도 불구하고 정보가 신체성을 간단히 지워버릴 수 없음을, 오히려 '정신 없는 신체'를 재현함으로써 신체성을 끈덕지게 주장한다. 디지털 시대에 '정보'는 마침내 신체(매체)의 제약에서 벗어나는 데 성공했지만, 유기체인 인간의 '정신'은 결코 신체를 버릴 수 없는 것이다. 이 그로테스크성은 카이저가 '과도한 생명력'이라고 지칭한, 신체에 부여된 이상한 생명력이다. 좀비 자체는 분명 인간에 비해 생명력을 거의 상실한 존재이지만, 그 신체는 마치 연체동물처럼 절단된 이후에 오히려 왕성하게 활동하며 고유의 기괴한 생명력을 발산한다. 시체가 된 순간 생명력을 상실함으로써 한 번 생경해진 좀비의 신체는, 오히려 생명력이 상실되어야 하는 순간에 거꾸로 과도한 생명력을 획득함으로써 더욱 그로테스크해지고 낯설어진다.

중요한 것은 그로테스크의 핵심이 죽음에 대한 공포가 아니라 삶에 대한 공포라는 것이다. 지금껏 단단히 고정된 것으로 여겼던 세계, 믿어 의심치 않던 세계가 별안간 무너져 내리며 발밑이 아득해질 때, 우리는 이 세계에서 살아갈 수 없음을 깨닫게 된다. 따라서 그로테스크의 공포는 '이대로 살아갈 수 없음'에 대한 공포다. 그로테스크한 세계에서는 지금까지 고수해온 익숙한 삶의 질서가 더는 적용되지 않는다. 일상이 이어지지 않으며 모든 것은 해체되고 혼돈에 빠진다. 좀비가 출몰하는 세계에서 안락했던 문명의 이기는 무용지물이 되며, 과학기술은 도리어 인간의 생존을 위협한다. 그러나 생경해진 세계를 체계적으로 분류하고 논리적이며 설명 가능한 것으로 번역하는 순간, 세계는 더 이상 미지의 대상이 아니며 그로테스크는 사라진다. "그로테스크는 미지의 '무엇'es을 구체화한 것"으로서, 우리의 이해 능력을 초과하는 정체를 파악할 수 없는 것이며 설명 불가능한 것이기 때문이다.[13] 좀비영화는 세계가 생경해진 이유를 명시적으로 드러내거나 구구절절하게 해명하지 않으며, 또한 거기로부터 아무런 도덕적 훈계도 도출하지 않는다. 좀비영화는 별다른 설명 없이 갑작스럽게 낯설어진 세계를 눈앞에 들이밀고, 여기에서 인간은 더 큰 혼란과 불안감에 빠져든다.

카이저는 여러 작품에 나타나는 그로테스크성을 역사적으로 분류하고 설명하는 데 집중할 뿐, 그로테스크에 내재된 정치성을 충분히 다루고 있지 않다. 다만 책의 결론 부분에서 그로테스크의 사회적 함의가 언뜻 드러난다.

> 앞서 언급했던 '무엇'의 존재가 특히 집요하게 세력을 떨친 시기가 세 번 있었으니, 16세기, 질풍노도 시대에서 낭만주의 시대에 걸친 시기, 그리고 20세기이다. 이 시기들은 한결같이 기존의 세계관에 대한 믿음, 이전 시대의 안전한 세계 질서에 대한 믿음이 흔들리던 때이기도 했다.[14]

그로테스크는 이전의 낡은 세계관과 가치관이 그 시효를 잃고 파괴되어 다른 무엇으로 급속히 대체되어 가는 격변의 시기일수록, 널리 번성하고 향유된다. 그런 세계에서 사람들은 불안정하고 불안한 삶을 살아갈 수밖에 없으며, 자연히 그로테스크의 정동으로 빠져든다. 그렇다면 급속도의 존재론적·인식론적 변혁을 겪고 있는 현대사회에서 좀비가 번성하는 것은 당연한 일이다. 좀비의 번성은 세계가 더 이상 안락한 장소가 아니라 생경한 대상이 될 만큼 혼란스럽다는 사실, 그리고 그런 세계에서 사람들이 불안과 공포에 잠식되어 있다는 사실을 폭로한다. 따라서 우리는

---

13. 같은 책, 291쪽.
14. 같은 책, 295~296쪽.

좀비를 자극적이고 말초적인 홍밋거리로만 여기는 대신, 그 이면에 말해지지 않은 것들에 주의를 기울여야 한다. 우리는 좀비와의 충분히 대화하고 거기에서 드러나는 균열과 파열의 지점을 탐색해야 한다. 좀비는 사회의 통념과 통상적인 작동의 한계를 폭로하며 중단시키고, 기존의 익숙한 인식 여기저기에 구멍을 뚫는다. 좀비의 그로테스크한 육체는 백인 부르주아의 그럴듯한 주류 미학과 가치체계를 근본적으로 부정하고 의문시한다. 좀비학은 현대인의 억압된 정동이 무엇인지 살피며, 그것을 초래한 사회의 모순을 파헤치고 근본적인 원인을 추적하는 작업이다.

죽음, 친숙하고 낯선 좀비

죽음과의 마주침, 시체와의 조우를 반가워할 사람은 많지 않을 것이다. 나와 가까운 사람의 죽음이거나, 혹은 나 자신의 것이라면 더욱 그렇다. 역사 속에서 권력자들은 늘 죽음을 피하고 싶어 했으며, 거대한 동상을 세우거나 죽은 이후에도 화려한 무덤, 예컨대 천마총과 같은 공간을 매개로 세계에 남아있고자 했다. 고대 이집트의 파라오는 찰나 같은 현생의 삶보다 내세에서의 영원한 삶을 위해 피라미드 건설에 힘썼다. 레지스 드브레Régis Debray는 인간에게 죽음이란 언제나 삶을 따라다니는 원초적인 공포였으며, 인간은 죽음을 극복하기 위해 영원불변한다고 여겨지는 이미지를 통해 불멸을 추구했다고 주장한다. 인간은 늘 죽음을 의식하며 살아왔고, 죽음은 떼어낼 수 없는 삶의 일부였다. 죽음과 관련된 행사인 장례식이나 제의祭儀는 전통 사회에서 가장 중요한 의식으로 여겨졌다. 그런데 현대 문명으로 오면서 죽음은 삶의 영역으로부터 추방당한다.

오늘날 더 많은 추도비와 입상이 세워진다. 그러나 주검의 방에 장식벽화를 그리지는 않는다. 고통은 병원에, 유골은 납골당에 숨고 무시무시한 것은 인공조명 밑으로 슬쩍 피해버리며, 분장은 '장의사'에게 맡김으로써 우리는 죽음을 격리시키고 배제하여 마침내 "사소한 사건"으로 축소시키는 데 성공하였다.[15]

영혼의 불멸이나 사후 세계를 믿던 과거에 죽음이 불가해한 운명이자, 초월적이고 신비로운 신의 영역이었다면, 현대 의학은 죽음을 단순히 신체 기능의 정지이자 장차 극복해야 할 도전의 대상으로 만들었다. 삶과 죽음을 관장하던 신이나 샤먼의 역할은 의사가 대신하게 되었으며, 온 마을과 공동체의 애도 행사였던 장례식은 병원의 음습한 구석으로 밀려났다. 죽음과 관련된 직업은 더욱 세분화되고 전문화되면서, 일상적 삶과 괴리되었다. 죽음은 이제 특수한 직업만이 가까이하고 특수한 장소에만 한정되는 '사소한 사건'으로 은폐되었다.

하지만 좀비는 비가시적인 것으로 은폐하려 했던 죽음을 전면에 등장시킴으로써 충격을 선사한다. '걸어 다니는 죽음'walking dead인 좀비는 인간이 가장 불편하고 불안해하는 '죽음', 친숙해질 수 없는 절대적 타자의 현현이다. 좀비는 언젠가 맞닥뜨리기 전까지는 최대한 멀리 떨어뜨려 놓고 상기하고 싶지 않은 죽음을 연상시킨다. 그러나 좀비는 썩어가는 신체로 여기저기를 활보하며 인간에게 자신의 죽음을 정면으로 응시하게 만든다. 지금 막 무덤에서 걸어 나왔을 법한, 죽음 자체인 좀비는 인류문명이 오랫동안 추방하고 배제하고 싶어 했던 대상, 비가시적인 것으로 애써 숨겨두었던 근원적 '아브젝시옹'abjection의 전면적인 귀환이다.

윤리의 실종과 죽음 산업의 성공

---

15. 레지스 드브레, 『이미지의 삶과 죽음』, 정진국 옮김, 글항아리, 2011, 50~51쪽.

좀비는 우리에게 익숙한 것들을 낯설게 환기시키고 죽음과 삶이 분리 불가능한 것임을 일깨운다. 좀비는 여전히 보는 이에게 충격을 선사하지만, 오늘날 좀비가 일부의 편애偏愛를 넘어서 전 지구적 유행으로 자리 잡은 건, 이제 좀비가 많은 사람에게 감당 가능한 충격이며 심지어 즐길 수 있는 유희의 대상이 되었음을 의미한다. 가까이하고 싶지 않은 그로테스크한 괴물은 어떻게 오락거리가 되었는가? 그것은 죽음과 시체라는 대상을 대하는 인간의 태도와 감각이 달라졌기 때문이다. 브라이도티에 따르면 오늘날 대중문화와 인포테인먼트 산업에서 인간 신체의 종말이 갖는 의미가 변화했다.

> 대중문화와 인포테인먼트 산업은 질병, 죽음, 멸종 같은 인간 신체의 종말이 의미하는 바가 변화하였음을 보여주는 이런 모순된 경향을 재빠르게 포착한다. 시체는 지구적 대중매체와 저널리즘 뉴스에 매일 등장할 뿐만 아니라, 우리 시대 대중문화, 특히 법의학 탐정물이라는 성공적인 장르에서 오락의 대상이다.[16]

그에 따르면 이런 변화는 우리가 20세기에 겪은 세계 대전을 비롯한 여러 재난, 특히 홀로코스트와 같은 역사적 외상들에 기인한다. 우리 역시 광주 민주화 운동, 세월호 참사 등의 재난을 겪으며 일상화된 죽음을 경험했다. 그리고 우리는 2004년 이라크에서 테러 단체 '유일신과 성전'에 납치되어 끔찍하게 살해당한 김선일 씨의 모습을 기억한다. 이 사건은 산 사람의 신체를 절단하는 충격적인 장면을 전 세계에 중계함으로써 가상이 아닌 실재의 죽음을 드러냈다. 당시 이슬람 테러 단체는 살해 영상을 인터넷에 업로드했고, 비인도적인 죽음의 과정은 윤리에 대한 고민

---

16. 브라이도티, 『포스트휴먼』, 148쪽.

이라고는 찾아볼 수 없는 언론사들에 의해 여과 없이 중계되었다. "제발, 나는 살고 싶습니다"라고 말하는 피해자가 참수되는 장면을 지켜볼 수밖에 없던 사람들의 정동과 감각은 산산이 찢겨 나갔다. 신의 이름을 빌려 인간의 손으로 행해지는 형언할 수 없는 비극 앞에서 우리의 감각은 변화한다. 마찬가지로 2011년 리비아 시민군에 의해 비참한 최후를 맞이한 카다피의 죽음과 이를 선정적인 뉴스거리로 여긴 세계 언론의 보도 행태는 인간임을 부끄럽게 만드는 종류의 것이었다. 카다피는 죽은 이후에도 신체를 훼손당했으며, 정육점의 냉동 창고에서 전시되기도 했다. 이런 사건들은 인간이 가져야 할 최소한의 존엄마저 짓밟고 모욕했으며, 인권과 휴머니즘적 가치가 완전히 몰락했음을 드러냈다. 브라이도티는 이런 사건과 이미지들에 반복적으로 노출되는 것이 우리를 폭력에 무감각해지도록 만들며, 타인의 고통을 대하는 윤리적 감수성을 근본적으로 변화시킨다고 지적한다. 그 결과 인간의 자아는 더욱 난폭해지고 도덕적인 야만성은 증대한다.[17] 예컨대 카다피의 죽음은 독재자에게 걸맞은 최후이자 온당한 징벌로 여겨졌으며, 김선일 씨의 죽음은 개신교 혐오와 맞물려 위험천만한 이슬람 국가에서 선교 활동을 수행한 '개념 없는' 개인의 자업자득으로 여겨지곤 한다.

다른 한편으로 이런 사건과 이미지들이 인기를 끌며 주목받는 것은, 그것이 현대인에게 마치 롤러코스터 탑승과 유사한 감각적 쾌락을 제공하기 때문이다. 테마파크에서 놀이기구 탑승을 즐기는 사람들은 단지 놀이기구가 주는 강력한 자극에서 쾌락을 느끼기 때문만은 아니다. 지나친 강도의 자극이나, 원치 않게 지속되는 자극은 오히려 불쾌감으로 바뀐다. 쾌락은 서로 다른 강도들 사이의 '간극'에서 온다. 낮은 강도의 현실 세계로부터, 강렬한 강도의 다른 세계(모든 안전장치가 갖춰져 있으며,

---

17. 같은 책, 143쪽.

원하는 때 빠져나올 수 있는)로의 '일시적인' 이동이야말로 쾌락의 핵심이다. 쾌락은 각종 기계장치를 이용한 다양한 강도의 자극으로 감각을 교란한 후, 거기에서 빠져나와 단단하고 안전한 땅을 디딜 때 완성된다. 그러나 만약 높은 강도가 유지되거나, 안전지대가 사라지는 순간 쾌락은 즉시 고통이나 공포로 변한다. 강도들 사이의 유동하는 간극이 없다면, 강렬한 자극은 감각을 지속적으로 고문할 뿐이다.

마찬가지로 오늘날 죽음의 이미지가 충격적인 사건이나 보기 두려운 광경이 아니라 오락의 대상이 된 것은, 사람들이 강도의 차이를 유희하기 때문이다. 일상이 불안정할수록 사람들은 미디어의 자극에 몰두하며 현실에서의 불만과 불안을 잊고, 미디어에서 재현되는 타인의 삶에 비해 나의 삶은 충만하고 안전하다는 착시에 빠져든다.

> … 발생할 때마다 곧바로 필름에 담겨지게 된 각종 전투와 대량 학살은 정기적으로 끊임없이 흘러 들어올 뿐만 아니라, 가정에서 작은 화면으로 즐길 수 있는 오락거리의 일부가 되어버렸다. 오늘날, 전쟁을 겪어보지 못한 사람들은 이런 이미지들이 가져다주는 충격을 통해서 전쟁을 이해한다.[18]

수전 손택Susan Sontag은 오늘날 전쟁과 대량 학살의 참상이 화면 속 이미지로 전달되는 오락거리의 일부로 전락했다고 말한다. 이런 이미지들은 전쟁의 잔혹한 실재를 대체하고, 이를 통해 사람들은 전쟁을 이해했다는 착각에 빠진다. 우리는 매일매일 뉴스가 실시간으로 실어 나르는 전쟁이나 살인 사건의 잔혹한 참상과 희생자들의 모습을 손쉽게 접할 수 있다. 우리는 마치 자극적인 고어 영화를 관람하듯이 안락한 의자에 기대

---

18. 수전 손택, 『타인의 고통』, 이재원 옮김, 이후, 2004, 43쪽.

어 앉아 누군가의 죽음을 흥미롭게 혹은 심드렁하게 바라볼 수 있다. 인간의 신체는 사물화되며 타인의 고통과 죽음은 뉴스의 주요한 스펙터클로 소비된다. 자극적인 뉴스는 첨단 네트워크 장비와 결합해 우리의 손바닥 안까지 적나라하게 훼손당한 신체의 이미지를 전송한다. 좀비의 유행은 무엇보다도 오늘날 죽음을 대하는 사람들의 태도와 감각이 변화했음을 보여준다. 타인의 죽음을 마주할 때의 윤리적 고통이나 경각심은 사라지고, 죽음은 저급한 호기심거리로서 전시되어 모욕당하거나 외설적인 탐닉의 대상이 된다. 자극적인 놀이기구에 익숙해진 사람들은 기존의 강도에 만족하지 못하고 더 강하고 자극적인 강도를 찾는다. 마찬가지로 외설적인 이미지에 반복적으로 노출된 사람은 웬만한 자극에는 감흥을 느끼지 못하는 마비된 상태가 되고, 끊임없이 더 강렬한 강도를 찾는다. 손택은 "상업적 가치가 득세해 문화가 급격히 개조되어 버린 상황에서 이미지는 신경을 거슬리고, 소란을 불러일으켜야 하며, 눈을 번쩍 뜨이게 만드는 것이 되어"야만 살아남을 수 있다고 말한다.[19] 죽음이 일상화된 세계에서 뻔한 죽음은 별다른 뉴스거리가 되지 않는다. 인간의 신체는 좀비처럼 갈가리 찢기고 도륙되어 카메라 앞에 전시될 때 비로소 호기심을 자극하는 색다른 고깃덩어리가 되는 것이다.

이런 미디어의 저급화와 보도 윤리의 실종은 저널리즘에 대한 근본적인 불신을 조장한다. 공적인 매체가 신뢰를 잃어버리면 풍문이나 주변인의 정보에, 특히 정보 통신 기술이 발전된 현대사회에서는 SNS나 모바일 메신저와 같은 사적인 매체에 의존하게 된다. 오늘날 공적인 미디어를 대체하는 1인 미디어의 급격한 성장은 거짓 정보나 가짜 뉴스가 생산되고 활약하기에 더할 나위 없이 좋은 환경을 마련한다. 자비에 되링만토이펠Sabine Doering-Manteuffel은 현대의 저널리즘이 지닌 퇴폐성, 미신, 비이

---

19. 같은 책, 45쪽.

성, 신비주의 등을 일컬어 현대판 '오컬티즘'이라고 이름 붙인다.

> 오늘날 미디어의 막강한 권력은 근대의 오컬티즘을 변주하여 다양한
> 상품을 생산해내고 있다. … 더 나아가 고도로 발달한 커뮤니케이션 기
> 술은 계몽이라는 이상을 그 뿌리부터 갉아먹고 있다.[20]

되링만토이펠에 따르면 이성의 힘과 계몽의 이상으로 세계를 진일보시키려 했던 칸트의 거대한 기획의 이면에서 신비주의적이고 비이성적인 오컬티즘에 경도된 저널리즘이 꾸준히 지속되고 있다. 이성의 이면에서 음모론, 신비주의, 오컬티즘 등이 사라지지 않고 계속해서 번성하며 계몽의 이상을 갉아먹는다. 그에 따르면 위키피디아 같은 인터넷 백과사전은 거의 "신비주의 영매"에 가까운데, 그것은 "선전과 선동, 잘못된 정보, 정체를 알 수 없는 부류들로 연결된 링크들로 잔뜩 채워진" 쓰레기에 불과하기 때문이다.[21] 물론 되링만토이펠의 지적은 다소 기술 혐오적이며 인터넷 매체를 지나치게 일반화하는 측면이 있지만, 그럼에도 현재의 기술 미디어 환경을 비판적으로 성찰하는데 중요한 하나의 준거점을 마련해주고 있다. 그는 주로 공식적인 미디어의 이면에 존재하는 오컬티즘적 요소를 비판하고 있지만, 사실 오컬티즘은 오늘날 양적으로나 질적으로 폭주하고 있는 1인 미디어 환경을 살펴보기에 더욱 적합한 용어다. 기술의 발달로 미디어와 정보가 급증할수록 그가 오컬티즘이라 부른 특성은 더욱 강력해진다.

정보와 소통의 장의 급격한 확대는 과연 칸트나 하버마스가 지향했던 세계의 도래를 가져오는가? 다시 말해 평등하고 자유로운 의사소통

---

20. 자비네 되링만토이펠, 『오컬티즘』, 김희상 옮김, 갤리온, 2008, 37쪽.
21. 같은 책, 412쪽.

환경을 마련하고, 이성에 기반한 토론과 담론이 유통되고 발전하며, 건설적인 공론장 형성을 향해 나아가고 있는가?

> 토론 사이트를 들어가 보면 더욱 가관이다. 어떤 게 정설인지, 시류에 맞는 정치란 무엇인지, 뭐가 선동이고 뭐가 진실인지 하는 문제들을 놓고 말 그대로 멱살잡이를 벌이고 있기 때문이다.[22]

되링만토이펠이 보기에 미디어와 정보의 급증은 오히려 정설이나 시류에 맞는 정치, 진실을 은폐시킨다. 쏟아져나오는 수많은 말로 인해 오히려 혼란이 증대되고, 무엇이 중요한 문제이고 현상에 대한 적확한 분석인지 알 수 없게 되는 것이다. 이런 커뮤니케이션의 홍수 속에서는 자극적인 정보가 눈에 띄기 때문에 조작된 선정적인 정보가 쉽게 인기를 끌게 되고, 그리하여 쉽게 혐오와 폭력의 정동이 증폭된다. 들뢰즈Gilles Deleuze와 가타리Félix Guattari는 소통이란 항상 이르거나 너무 늦으며, 오늘날에는 부족하기보다는 오히려 잉여로 남아도는 것이라고 말한 바 있다.[23] 저널리즘은 온갖 쓸데없는 일에 호들갑을 떨고 과잉되고 왜곡된 정보를 실어나르며 가짜 뉴스로 사람들을 공연히 현혹한다.

사회는 점차 다변화되고 복잡해져 가고 있으며 미디어는 막강한 권력을 이용해 쓰레기 정보와 왜곡된 거짓 뉴스를 마구 생산해내고 있다. 공식적 미디어뿐만 아니라 SNS나 유튜브 등의 매체는 제도적 견제 장치의 바깥에서 이런 흐름을 더욱 가속한다. 옥스퍼드 사전은 2016년 올해의 단어로 '탈진실'post-truth을 꼽았고, 독일언어학회 역시 올해의 독일어로 '탈사실'postfaktisch을 선정했다. 넘쳐나는 정보 속에서 교묘하게 위장

---

22. 같은 곳.
23. 질 들뢰즈·펠릭스 가타리, 『철학이란 무엇인가』, 이정임·윤정임 옮김, 현대미학사, 1995, 46쪽.

된 거짓 정보가 사람들을 현혹하고 현실을 왜곡하고 있음을 경고한 것이다. 가상의 시뮬라크르는 이제 급속도로 현실을 대체하고 있다. 믿을 수 없는 광경을 바라볼 때 감탄의 표현으로 쓰이던 "꿈만 같다"를 "그림 같다", 혹은 "사진 같다"가 대체하더니 이는 다시 "영화 같다"로 대체되었다. 손택은 이를 막대한 예산이 투입되어 만들어진 할리우드 재앙 영화가 사람들의 감각을 변화시켰기 때문이라고 지적한다.[24] 그런데 오늘날 "영화 같다"는 다시 "CG 같다"로 대체되었다. 할리우드 영화의 특수효과는 현실보다 더 생생하고 그럴듯한 가짜 그래픽을 생산해내고 있다. 이제 우리는 현실 앞에서 놀라기 전엔 이것이 컴퓨터 그래픽으로 만들어낸 가짜나 조작이 아닌지 먼저 의심해봐야 하는 상황에 놓이게 됐다.

2016년 미국 대선에서는 트럼프에게 유리한 가짜 뉴스들이 공정한 선거를 방해해 많은 논란을 야기했다. 가짜 뉴스로 덕을 본 트럼프 대통령은 당선된 이후에 오히려 자신에게 비판적인 여러 주요 매체를 가짜 뉴스로 규정짓고 비난하고 있다. 진원지로 지목됐던 SNS 기업은 가짜 뉴스를 차단할 장치를 마련하겠다고 했지만, 가짜 뉴스는 계속해서 생산되고 있으며 여기에 현혹되어 잘못된 현실 인식을 갖게 된 사람들도 늘어난다. 가짜 뉴스가 심각한 사회적 문제로 대두되는 것은 보는 이에게 잘못된 정보와 극단적 의견을 제공함으로써 이성적 판단을 마비시키고, 민주주의의 근간인 합리적 토론과 의사소통의 장을 파괴할 위험성이 크기 때문이다. 최근에도 극우 정치 평론가들은 동영상 사이트 유튜브를 통해 근거 없는 비방과 음모론, 황당한 가짜 뉴스를 활발히 생산해내고 있다. 가짜 뉴스는 특히 새로운 기술과 미디어에 익숙하지 않은 사람들에게 더 심각한 문제가 될 수 있다. 편향되고 잘못된 정보에 지속적으로 노출된 사람들은 점차 왜곡된 시각으로 세계를 바라보고 상황을 판단하

---

24. 손택, 『타인의 고통』, 43쪽.

게 되면서, 마치 주술사의 의도대로 조종당하는 부두교좀비처럼 변한다.

뱀파이어, 늑대인간, 좀비

좀비는 온몸으로 혐오와 배제와 관련된 모든 부정의 혐의를 뒤집어쓴다는 점에서 이 시대 가장 문제적인 괴물이다. 일반적으로 괴물이란 사회에서 배제당한 부정적인 대상이다. 그중에서도 좀비는 인간, 정상, 생명의 범주에서 배제당한 괴물이다. 하지만 괴물은 우리에게 더 중요한 것을 일깨워주기도 한다. 괴물monster의 어원은 '경고하다'를 뜻하는 라틴어 'monere'와 '보여주다' 혹은 '증명하다'를 뜻하는 라틴어 'monstrare'에서 유래한다. 이 이중의 어원은 괴물이 현시됨으로써 인간에게 어떤 경고를 보내고, 무언가를 보여주고 있다는 걸 드러낸다. 데리다Jacques Derrida는 『그라마톨로지』에서 괴물과 관련해 이렇게 언급한다.

> 미래는 절대적 위험의 형식 속에서만 예기될 수 있다. 미래는 구성된 정상 상태normalité와 절대적으로 단절된 무엇이며, 따라서 일종의 괴물적 기형monstruasité 속에서만 자신을 예고하고 자신을 현전화시킬 수 있다.[25]

데리다는 우리가 현실 속에서 괴물로 치부하며 억압했던 것들에서 미래의 철학을 예시한다. 여기서 주목해야 할 부분은 데리다가 '정상 상태'를 절대적이거나 선험적인 것이 아니라 '구성된 것'으로 파악한다는 점이다. 구성된 정상 상태와 절대적으로 단절할 때 비로소 미래는 현전하며, 도래할 공동체는 그 모습을 드러낸다. 그렇다면 데리다가 말하는 '구성된 정상 상태'란 무엇인가? 그것은 괴물적 기형의 반대편에 자리한 '정상적

---

25. 자크 데리다, 『그라마톨로지』, 김성도 옮김, 민음사, 2010, 29쪽.

(이라고 가정되는) 인간'이다. 이 '정상적 인간'을 가르는 기준은 서구 중심적, 남성 중심적, 백인 중심적으로 '구성된 것'이다. 인간에 대한 정의는 매시대 사회·정치·학문의 담론적 합의의 산물이며, 명시적이거나 비명시적이며 관습적인 규정에 따라 결정되기 때문이다. 그 경계 바깥으로 밀려난 잔여의 것들이 내부를 향해 거꾸로 역류하는 구멍에서 좀비는 출현한다. 좀비학은 정상 상태와 단절된 '괴물적 기형'이자 '절대적 위험'의 존재인 좀비를 통해, 그들이 경고하는 현실을 분석하고, 예기豫期하는 미래를 살펴보며, 궁극적으로 도래할 좀비사회를 현전화하고자 한다.

좀비를 우리에게 익숙한 다른 괴물 — 뱀파이어, 늑대인간과 비교해보자. 좀비가 빠르고 파격적으로 변모하며, 전복적인 괴물로 자리 잡은 데는 몇 가지 이유가 있다. 먼저 좀비는 다른 괴물에 비해 비교적 짧은 역사를 갖고 있다. 늑대인간은 중세 문헌에도 기록을 찾아볼 수 있으며, 그 원형은 고대 신화까지 거슬러 올라간다. 뱀파이어 역시 브람 스토커Bram Stoker의 소설 『드라큘라』Dracula, 1897 이전에도 신화나 민담의 긴 역사를 갖고 있다. 이와는 달리 좀비는 원형이 되는 문학 텍스트가 부재하며, 곧바로 영화를 통해 대중문화에 소개되었다. 이에 좀비는 원본이나 원형에 얽매이지 않는 보다 유연한 괴물이 될 수 있었다.[26] 또한 좀비영화는 최근의 유행을 제외하면 뱀파이어 장르보다 더욱 비주류이며 저예산으로 제작되는 컬트 영화나 B급 장르였다. 이는 감독이 비교적 자유롭게 영화를 만들 수 있는 환경을 제공했고, 좀비영화는 다듬어지지 않은 채 급진적이고 전복적인 성격을 유지할 수 있었다.

뱀파이어나 (평상시의) 늑대인간이 이성과 자아를 갖추고 있으며 대화가 가능한 존재임에 반해, 좀비는 상시적으로 어떠한 의사소통도 불가

---

26. Jesse Kavadlo, *American Popular Culture in the Era of Terror*, Westport, ABC-CLIO, 2015, p. 61.

능한 괴물이며, 뇌가 파괴되기 전까지 끝없이 달려든다. 할리우드로 오면서 뱀파이어는 성이나 저택에 거주하며 대중의 잉여(피)를 빨아먹는 존재, 지적이고 창백하며 로맨틱한 귀족적 엘리트가 된다. 반면에 인간의 살을 뜯어 먹는 늑대인간은 교외에 거주하며 초월적인 육체적 힘을 지닌 존재, 인간에게 내재되어 있지만 억눌리고 추방된 야성과 야만의 상징으로 제시된다. 뱀파이어가 도시의 어둠 속에 은닉하며 사냥감을 노리는 문명의 괴물이라면, 늑대인간은 음침한 하수구나 묘지, 혹은 인적이 드문 숲속을 활보하는 야만의 괴물이다.

짐 자무쉬 감독의 〈오직 사랑하는 이들만이 살아남는다〉Only Lovers Left Alive, 2013에서 뱀파이어는 영원에 가까운 긴 삶에 무료함을 느끼며, 세상의 소란스러움과 혼란에서 벗어나기 위해 자발적인 은둔생활을 즐기는 귀족계층처럼 묘사된다. 수 세기를 살며 서로 사랑해온 부부 이브(틸다 스윈튼 분)와 아담(톰 히들스턴 분)은 타락해가는 인간을 보며 삶에 환멸과 염증을 느낀다. 이들은 셰익스피어 작품과 같은 불멸의 고전과 예술을 사랑하며, 고상한 고전 음악과 미술을 즐긴다. 반면 인간은 그저 싸구려의 저급한 취향을 가진 불결하고 역겨운 존재일 뿐이다. 아담을 비롯한 뱀파이어들은 인간이 좀비와 다를 바 없다고 여기며, 모든 인간을 '좀비'라는 멸칭으로 부른다. 뱀파이어들은 "좀비 놈들은 무식하고 교양이 없어", "좀비의 포악한 역사를 줄줄이 늘어놓으면 해 뜰 때까지 말해도 모자라"라고 말하며, 인간에게 한없는 경멸을 드러낸다. 인간-좀비는 무지하고 폭력적이며, 자신들의 절망적인 심미안과 감식안을 잣대로 위대한 천재를 함부로 죽이고 역사를 망쳐놓는 원흉일 뿐이다.

아담은 주로 음악을 작곡하고 연주하는 일을 하며 시간을 보낸다. 그는 인간-좀비와의 접촉을 극도로 꺼려 라이브 공연을 하지 않고, 인적이 드문 외진 동네에서 은둔한 채 생활한다. "뭘 해도 좋으니까 좀비만 안 오게 해줘"라고 말하는 아담의 고민은, 자신의 팬을 자처하는 인간-좀비가 계속해서 집 앞에 나타나 성가시다는 것이다. 아담이 보기에 인간-좀비는 이미 정신적으로 심각하게 타락했을 뿐만 아니라, 그들이 끝없이 양산해내는 각종 유전자 변형 식품들과 화학조미료로 인해 육체적으로도 회복 불가능한 수준으로 망가지고 있다. 인간의 피는 점점 오염되고 있으며, 영원한 삶을 누리던 뱀파이어들은 그들의 불량 혈액을 빨아먹다 점차 병들고 죽어가기 시작한다. 이 영화에서 뱀파이어 아담과 이브가 마지막 남은 고색창연하고 근대 미학적인 순수 예술가를 은유한다면, 인간은 그런 예술을 이해하지 못하는 천박한 존재, 좀비처럼 소란스럽고 비루한 존재에 불과하다. 이처럼 뱀파이어가 교조적이고 보수적인 귀족의 괴물이라면, 좀비는 철저히 반엘리트적이며 절대다수를 차지하는 '대중의 괴물'이다.

좀비와 유사하게 늑대인간도 야만적 힘을 상징한다는 점에서 반엘리트주의에 근접한다. 그러나 늑대인간이 늑대라는 야생동물로 상징되는 초월적 파괴력과 재생력을 지니며 조직력을 갖춘 야성의 괴물이라면, 좀비는 통각조차 느끼지 못하는 존재, 조직될 수조차 없는 존재라는 점에서 포유류보다 하등생물군에 가까운 존재다. 자신의 처지에서 어떠한 고통을 느끼지 못한다는 점에서 좀비는 늑대인간보다 더욱 '하층민'의 정서를 지녔다. 뱀파이어는 대개 노화되지 않는 긴 삶을 살며 자기 보전의 욕구가 강한 존재이다. 마찬가지로 늑대인간은 인간일 때는 물론이고 늑대 상태에서 고통을 느끼며 자신의 존재를 보존하려 한다. 하지만 좀비는 맹목적으로 자신의 안위를 돌보지 않고 달려들며, 존재를 보전하려는 욕구가 없는 듯 보이기에, 과연 생명이 있는지조차 회의가 들게 하는 존재다.

뱀파이어가 귀족적이고 고상한 괴물이라면, 늑대인간은 거칠고 호전적인 괴물이다. 뱀파이어가 주로 고독하게 사생활을 즐기거나 소가족을 이룬다면, 늑대인간은 무리를 이루어 생활한다. 〈언더월드〉Underworld,

2003, 2006, 2009, 2012, 2016 시리즈나 〈트와일라잇〉Twilight, 2008, 2009, 2010, 2011 시리즈에는 두 괴물이 각각 독립된 종족으로 함께 등장한다. 〈언더월드〉 시리즈의 뱀파이어는 중세 귀족처럼 턱시도를 차려입는 집단이라면, 늑대인간은 하수구에서 몰려 사는 이민족이나 하층민처럼 등장한다. 영화 〈트와일라잇〉 시리즈는 인간 주인공 벨라(크리스틴 스튜어트 분)와 그를 두고 경쟁하는 뱀파이어와 늑대인간을 등장시키고 있다. 이 영화에는 유럽의 성에 거주하는 오래된 귀족 뱀파이어 집단, 그리고 미국식 핵가족 형태로 생활하는 뱀파이어 집단이 등장하여 대립한다. 그러나 이들 역시 문화적 차이가 있을 뿐 저택에서 귀족적인 생활을 즐긴다는 점에서는 크게 다르지 않다. 반면 늑대인간은 숲속에서 집단으로 거주하고, 아메리카 원주민의 혈통과 연결된 존재로 나온다.

뱀파이어나 늑대인간은 인간과 같은 시간과 공간을 공유하며 살아가는 한, 현 체제를 유지하는 괴물이다. 뱀파이어는 살기 위해 지속적으로 인간의 피를 공급받아야 한다. 모든 인간을 죽이거나 전부를 뱀파이어로 만드는 것은 자신의 파멸을 의미하기에 뱀파이어는 적당한 수준에서 현재의 평형상태를 유지하려 들며, 문제가 생기지 않을 수준에서 잉여의 생명력을 착취한다. 인간 없이는 살아갈 수 없지만, 인간을 사냥하며 그 위에서 군림한다는 점에서 뱀파이어는 자본가적 괴물이다. 늑대인간 역시 만월의 밤을 제외한다면, 평상시에는 인간과 함께 어울려 평범하게 살아간다는 점에서 역시 크게 전복적인 함의를 내포하기 어렵다. 이들은 인간이 만든 체제에 기생하거나 적어도 소규모로 공생하는 괴물이다. 소설 『월야환담』 시리즈에는 여타의 작품보다 훨씬 초월적인 능력을 지닌 뱀파이어와 늑대인간이 등장하지만, 이들 역시 인간을 배제하지 못한다. 자신들의 존재가 드러나게 되면 인류문명이 파멸할 것이라고 여겨, 그들 중 가장 뛰어난 힘을 지닌 뱀파이어가 인간의 인지를 조작한다. 이들은 정체를 숨긴 채 자본주의의 정점에 오른 기업가의 형태로 살아가며, 인간의 뒤에서 몰래 군림하는 존재로 제시된다.

물론 좀비도 뱀파이어나 늑대인간과 마찬가지로 인간을 먹이로 공유한다는 점에서 공통적인 괴물이지만, 좀비의 마지막 식사는 최후의 인간이 사라지기 전까지 결코 중단되는 법이 없다. 좀비는 어떠한 두려움도 모르고 앞뒤를 재지 않은 채 끝없이 달려든다. 우리는 좀비와의 어떠한 타협이나 협상의 가능성도 상상할 수 없으며, 따라서 좀비는 인간과 같은 공간에서 살아갈 수 없다. 인간과 좀비는 함께 세계를 공유할 수 없으며, 인간과 좀비 사이의 전쟁은 어느 한쪽이 완벽히 절멸하는 순간까지 멈출 수 없는 것이다. 만일 뱀파이어와 늑대인간, 그리고 좀비가 함께 등장하는 세계가 존재한다면, 적대적이었던 뱀파이어와 늑대인간, 그리고 인간까지도 최우선으로 힘을 합쳐 좀비를 제거해야만 할 것이다. 그래야만 그들이 사는 현 세계를 좀비로부터 지켜내고 살아남을 수 있기 때문이다. 뱀파이어와 늑대인간이 '체제 유지적' 괴물이라면, 더욱 급진적이고 '체제 파괴적' 괴물인 좀비는 사회의 작동을 중단시키고 모든 물적·제도적 토대를 철저히 파괴하며, 궁극적으로 세계를 종말로 이끄는 괴물이다.

괴물은 언제나 우리와 닮았다

리처드 커니Richard Kearney는 괴물이 두려운 건 우리와 다르기 때문이 아니라 우리와 닮았기 때문이라고 말한다.

내가 기꺼이 미워하는 적은 종종 가면을 쓴 내 자신인 것이다. 프로이트로부터 단서를 얻으면서 우리는 다음과 같은 결론을 내릴 수 있다. 에일리언들이 너무나도 두렵다면, 그것은 그들이 우리와 다르기 때문이 아니라 사실은 우리들 자신보다 더 우리와 닮았기 때문이다.[27]

괴물이 두려운 이유는 그 속에서 보고 싶지 않은 나의 모습을 발견하기 때문이다. 괴물 속에서 나의 모습이 돌출하는 것은 괴물이란 인간이 '정상적' 주체로 정립되기 위해서 거부하고 억압해야 했던 주체의 일부이며, 표준으로부터의 일탈된 돌연변이이자 변종이기 때문이다.[28] 인간은 자신을 보편적인 주체로 상정하기 위해 세계 전체를 객체로 상정하는 비약을 거듭했지만, 그러기 위해서 다른 이질적인 것들은 억압되고 침묵 당했다. 그러나 그들은 어둠 속에서 머무르는 것이 아니라 미약한 주체의 토대에 언제나 동반되는 균열점, 성긴 그물의 틈새를 비집고 돌출한다.

타르드Gabriel Tarde는 주체란 안정적인 것이 아니라 단지 일시적인 수평 상태로 임시 봉합된 것에 지나지 않는다고 지적한다. 겉으로 드러나는 주체성이란 실로 연약하고 깨지기 쉬운 것이며, 잠재된 힘들의 동적 균형에 의해 일시적으로 유지된 평형상태일 뿐이다. 그 밑에서는 은폐된 자유롭고 괴물적인 수많은 힘이 넘실대며 서로 영향을 주고받고, 와류를 형성하며 흐르고 운동한다. "괴물성은 예외적인 형이 아니라 자연(본성) 그 자체"이며, 따라서 "주체화의 모델은 괴물"이다.[29] 멀끔해 보이는 주체의 밑에서 갖은 괴물들이 투쟁하며 간신히 주체를 떠받치고 유지하고 있다. 주체성을 이런 방식으로 정의하게 되면, 주체는 선험적이거나 고정된 것이 아니라 부단히 유동하는 가변적인 것이 된다. 만약 주체성이 지금과는 다른 배치 속으로 진입한다면, 얼마든지 그동안 괴물적이라 여겼던 것들이 별안간 표출되며 새로운 주체성을 구성할 수 있다.

하이데거Martin Heidegger 역시 주체성의 본질이 필연적으로 '야만적인 야수성'과 결부된다고 말한 바 있다.

27. 리처드 커니, 『이방인, 신, 괴물』, 이지영 옮김, 개마고원, 2004, 135쪽.
28. 김종갑, 「철학적 스캔들로서의 괴물」, 몸문화연구소 엮음, 『그로테스크의 몸』, 쿠북, 2010.
29. 마우리치오 랏자라또, 『사건의 정치』, 이성혁 옮김, 갈무리, 2017, 66~67쪽.

주체성의 무조건적인 본질은 필연적으로 야만적인 야수성bestialitas der brutalitas으로서 전개된다. 형이상학의 종말에는 호모 에스트 브루툼 베스티알레homo est brutum bestiale(인간은 야만적인 야수이다)라는 명제가 제시된다. '금발을 한 야수'라는 니체의 용어는 우연한 과장이 아니라 그가 본질사적인 관계를 꿰뚫어 보지 못하면서 그가 그 안에 자각적으로 서 있었던 하나의 연관을 특징짓는 표어다.[30]

'금발을 한 야수'로서 주체는 스스로가 마련한 미약한 신화, 즉 주체가 안정되고 동질적이라는 환상을 가까스로 유지하기 위해 경계를 뚫고 출몰한 그들을 받아들여 공존하는 것이 아니라, 모두 솎아 간단히 구조 밖으로 몰아내 애초에 없는 것으로 여기거나 적극적으로 타자화한다. 우리는 그것을 야수, 괴물, 혹은 악마라 부른다.

절대적인 공포는 다른 사람을 타자로 만나는 최초의 만남이다. 내가 아닌 타자로서, 자기 자신이 아닌 타자로서, 내가 (내가 아닌) 타자로서 타자의 위협에 대응할 수 있는 것은 그를 (자신이 아닌) 타자로 변형시키고, 내 상상, 공포 또는 욕망 속에서 그를 변질시킬 때에만 가능하다.[31]

데리다는 다른 사람을 타자로서 처음 만나는 순간을 "절대적인 공포"라고 표현한다. 이 타자로부터 초래되는 위협과 공포에 대한 간단하지만 효과적인 대응책은 그를 (실제와는 무관하게) "내 상상, 공포, 욕망" 속에서 타자로 "변형"하고 "변질"시키는 것이다. 나를 겁에 질리게 하는 상상 속의 타자는, 그들의 실재나 특성, 당사자의 의사와는 무관하게, '나'에 의해

---

30. 마르틴 하이데거, 『니체』 2, 박찬국 옮김, 길, 2012, 182쪽.
31. 데리다, 『그라마톨로지』, 629쪽.

서 수많은 꼬리표가 붙는다. 타자는 불온하고 혐오스러운 꼬리표로 온통 뒤덮이고 나서야 비로소 떠올릴 수 있고 인식 가능한 대상으로 받아들여지고 상징화되는 것이다. 그러나 독특한 타자인 좀비는 타자를 괴물로 만드는 주체화의 음험한 작동을 곤경에 빠뜨린다.

장르영화의 열렬한 옹호자인 우드는 그동안 우리가 단순히 오락영화라고 무시해왔던 장르영화야말로 사실은 의식 있어 보이는 사회비판 영화보다 급진적이며, 근본적으로 토대를 위태롭게 할 수 있다고 말한다. 사회비판 영화가 제시하는 대안이 현실적인 것이라면, 장르영화는 현실에 존재하지 않는 가상의 도피처를 마련함으로써 우리의 이성이 수용할 수 있는 한계치 너머의 대안까지 탐색하며 현실의 모순을 더욱 잘 드러내기 때문이다. 우드에 따르면 급진적인 발전이 가능하기 위해서는 괴물성이 '정상성'으로 귀환될 필요가 있는데, 이는 좀비영화에서 두드러지게 나타난다.[32] 물론 여기서 '정상성으로의 귀환'은 괴물을 '정상'이라는 범주의 동질화 논리 속으로 포섭하는 것을 뜻하지 않는다. 그것은 타자를 괴물과 비정상으로 상상하여 혐오에 빠지는 대신, 있는 그대로의 모습과 상태를 '정상성'으로 받아들이며 그들의 모습을 직시하는 것을 의미한다.

일반적인 괴물이 '억압된 것의 귀환'으로서 초월적 힘이나 에너지를 지닌 채 등장한다면, 좀비에게는 그러한 에너지가 결핍되어 있으며, 긍정적인 내포를 전혀 지니지 않는다. 이런 특성은 좀비라는 괴물을 인간적인 캐릭터로 복원한다. 일반적으로 좀비는 여타의 괴물과 달리 인간의 신체가 지닌 한계에서 벗어나지 못하며, 오히려 부패하고 경직되었기에 인간 보다 떨어지는 에너지를 갖고 있다. 초월적 힘이나 지능, 불멸의 육체 어느 것도 지니지 못한 좀비는 다수가 되고 뭉쳐있을 때야 비로소 두려운 괴물로서 현전할 수 있다. 일반적으로 좀비는 이미 죽었기에 다시

---

32. 우드, 『베트남에서 레이건까지』, 105, 148쪽.

그 기능을 완전히 정지시키기 위해서는 뇌를 파괴해야 한다는 까다로움이 따르지만, 인간이 좀비와 일대일로 대결해야 하는 상황은 다른 괴물에 비해 비교적 큰 어려움을 유발하지는 않는다. 좀비와 대면했을 때 느끼는 정동은 즉각적인 공포라기보다 추상적 공포이며 그로테스크한 불쾌감과 혐오다. 괴물로서의 좀비에 대한 공포는 인간이 어찌할 수 없는, 불가해한 초월성이나 힘에서 나오지 않는다. 좀비가 초래하는 두려움은 그보다 깊은 내면을 건드린다. 좀비의 모습은 타자화되는 것이 아니라 나의 모습처럼 보인다. 인간과 다르지 않다는 것이 좀비를 더욱 두려운 존재로 만든다.

공포영화에 등장하는 괴물은 절대적 타자이자 인류 공동의 '적'이다. 인류의 생존을 위협하는 괴물을 무찌르기 위해 내부의 단결이 촉진되고 결국 괴물이 제거됨으로써 내부의 균질성과 정상성, 이성의 질서는 회복된다. 그러나 혼란스러운 양면성을 지닌 좀비의 정체는 상황을 이렇게 단선적으로 몰고 가는 것을 불가능하게 만든다. 어렵사리 좀비가 제거되어도 그 뒷맛은 개운하지 않다. 끝없이 몰려오는 좀비를 제거하는 것은 곧 인간에 대한 대량살육과 다르지 않으며, 좀비에 감염된 수많은 인간을 모두 죽여야만 달성될 수 있는 평화와 승리의 달성은 이미 그 안에 패배와 공멸의 속성을 내재하고 있다.

이방인과 유령 : 경계를 파괴하는 것들

좀비는 보편자나 동일자로 포섭되지 않는 근본적 이질성으로서, 주체의 짝인 괴물의 정체를 직시하도록 우리의 얼굴 앞에 들이밀고, 타자 앞에서의 무한한 책임을, 그들과의 관계 맺음을, 그리고 시급한 실존적 선택을 강제한다. 조금 전까지만 해도 나와 조금도 다를 게 없이 함께 웃고 이야기 나누던 인간이었다는 좀비의 정체는 그런 괴물의 속성을 전면에 드러내는 특징이다. 한때 그것(좀비)은 친한 친구, 혹은 사랑하는 가족이나 연인이었을 수 있으며 심지어 그것은 자칫 나였을 수도 있다.

괴물들은 또 다른 이유에서 공포스럽고 흥미롭다. 그들은 경계를 무시한다. 괴물들은 우리가 갈 수 없는 곳을 갈 수 있는 경계선적 창조물이다. 그들은 인간 여행객들은 되돌아올 수 없는 그들의 영역으로부터 미지의 나라들로 허가증도 없이 여행할 수 있다. 선과 악, 인간과 비인간, 자연과 문명을 나누는 관습적인 경계를 위반하면서, 괴물들은 우리 안의 지옥을 끄집어내고, 우리가 누구인지 우리는 알지 못한다는 사실을 상기시킨다. 그들은 우리를 인간이 살지 않는 땅으로 데려가 공포로 가득 채워 두려움에 떨게 만든다. 그런 의미에서 괴물들은 매우 탁월한 타자라고 말할 수 있을 것이다. 그들 없이, 우리는 우리가 누구인지 알지 못한다.[33]

커니는 괴물이 중요한 이유를 경계를 무용하게 만든다는 점에서 찾고 있다. "매우 탁월한 타자"인 괴물은 존재 자체로 경계가 없을 뿐만 아니라, 인간이 세워놓은 경계를 제멋대로 넘나들며 훼손해 무용지물로 만든다. 그들은 인간 존재의 감추어진 심연을 강제로 끄집어내고 내면의 추악한 지옥을 폭로한다. 좀비는 인간의 내부로부터 인간의 형상을 그대로 가진 채 탄생한 괴물이며, 그들은 우리를 익숙한 세계로부터 전혀 다른 세계로 데려간다. 좀비는 우리를 근본적인 구분 불가능성과 맞닥뜨리게 하고, 관습적인 경계를 위반하며 인간을 혼란으로 몰고 가는 이방인이다. 좀비에 주목하고, 좀비를 중심에 두게 되면 주체와 타자, 인간과 비인간, 정상과 비정상, 생명과 비생명, 미와 추 등 기존의 모든 규범적 개념과 구

---

33. 커니, 『이방인, 신, 괴물』, 212쪽.

분법은 이전과는 전혀 다른 방식으로 다시 쓰인다.

데리다는 이방인의 출현이 토착민과 이방인 사이의 구분을 파괴하며 동일성의 논리를 붕괴시킨다고 주장한다. 그에 따르면 본래부터 이방인인 존재는 없다. 특정한 상황, 즉 대상을 무지無知에 빠뜨리는 낯선 상황에 처했을 때 누군가가 이방인으로 규정될 뿐이다. 상황적 무지 속에서 이방인은 현실을 파악하기 위해 질문을 던질 수밖에 없다. 따라서 이방인은 '질문하는 존재'다. 중요한 것은 이방인과 맞닥뜨린 토착민이 겪는 상황의 양면성이다. 토착민은 이방인으로부터 질문을 받지만, 이방인에게 다시 질문을 되물음으로써 양자는 모두 모호한 무지의 상황에 빠지게 된다. 이방인의 출현이 토착민을 거꾸로 이방인의 상황에 처하게 만드는 것이다.[34] 이방인은 내부에 틈입한 외부로, 안과 밖 사이의 경계를 무화하는 위험천만하며 역설적인 존재다.[35] 탁월한 이방인인 좀비는 외부에서 탄생하여 내부로 침입하는 이방인이 아니라, 나의 내부에서 태어난 이방인이며, 내가 인지하기도 전에 이미 존재하는 바깥이다. 크리스테바Julia Kristeva는 이방인의 모호성이 초래하는 역설을 잘 설명하고 있다. 그에 따르면 이방인은 언제나 내 안에 존재하기에 우리는 전부 이방인이다. 그런데 만일 내가 이방인이라면, 그것은 곧 누구도 이방인이 아님을 의미한다.[36] 다시 말해, 내부에 존재하는 이방인의 존재는 우리 전부를 이방인으로 만들며, 또한 동시에 누구도 이방인일 수 없게 한다. 좀비는 오래전부터 내 안에 억압된 채 은폐되어 보이지 않았던 나의 일부다. 우리는 모두가 좀비이고, 동시에 누구도 좀비가 아니다.

---

34. 자크 데리다, 『환대에 대하여』, 남수인 옮김, 동문선, 2004.
35. 서용순, 「이방인을 통해 본 새로운 주체성에 대한 고찰」, 『한국학논집』 50집, 2013, 290~292쪽.
36. Julia Kristeva, *Strangers to Ourselves*, trans. L. S. Roudiez, London, Harvester Wheatsheaf, 1994.

그러나 공동체의 질서는 균질하다고 믿어지는 단일성과 균일성의 신화에 의해 지탱되며, 그러기 위해서는 이방인은 최대한 이질적이며 부정적인 대상이 될 필요가 있다. 근본적인 모호성인 이방인을 추방하고 내부의 정상성을 유지하기 위해서, 우리는 이들에게 온갖 공포와 혐오를 자아내는 혐의를 덧씌운다.

> 우리는 우리 자신을 동요시키는 이질성alterity에 대한 책임을 스스로 져야 한다는 것을 인정하기보다는 온갖 종류의 회피 전략을 고안한다. 그것들 중 주된 것이 타자들을 '에일리언'으로 희생양화 하는 방법을 통해 우리의 실존을 단순화시키려는 시도이다.[37]

우리는 '이질성'을 직시하거나 책임을 지기보다는 회피하거나 부인하고, 손쉽게 '에일리언'이라는 희생양으로 만들어 축출한다. 이렇게 괴물에 의해 동요되었던 우리의 실존은 상상적 단일성으로 회귀하고 사회는 성기게 봉합된다. 모든 차이와 이질적인 것이 제거된 사회는 균질하다고 가정되는 공간, 사막 같은 불모의 땅이 된다. 그러나 좀비는 표백된 천을 피로 물들이며 계속해서 스며드는 얼룩처럼 쉽게 지워지거나 축출당하지 않는다. 그들은 계속해서 느슨한 봉합사의 틈새 사이로 빠져나오고, 끈질기게 출몰하며 충격을 산출한다.

아타나시오우는 박탈당한 비인간의 온당한 자리를 탐색하고 그들을 정치적 주체로서 호명하기 위해 데리다의 '유령'spectre 개념을 빌려온다. 유령은 "자기-현전적 인간을 가늠하는 규범적 한계로부터 폐제되었지만 여전히 살아있고, 끈질기고, 서서히 스며드는 어떤 반존재론적 잔여물"이다. 또한 유령은 "타자의 기괴한uncanny 현전으로부터 발동해 부재로

---

37. 커니, 『이방인, 신, 괴물』, 16쪽.

서 남은 자취, 곧 타자의 현전하는 부재"다. 다시 말해, 유령은 '인간'이라는 규범적 한계로 인해 폐제되었지만 '현전하는 부재'로서 남은 자취이자, 끈질기게 출몰하는 '반존재론적 잔여물'이다. 그러나 우리는 유령을 단지 비가시적인 부재하는 것으로, 비물질적이고 비육체적인 환영이자 자취로 여겨서는 안 된다. 인간에게 인식론적 충격을 선사하는 유령은 단지 섬뜩한 경고에만 머무르지 않는다. "유령은 전치되고, 분절되고, 막혀 있고, 폐제되어 있기는 하지만 그럼에도 일종의 육체적 현전으로의 귀환을 수반"한다.[38]

여기서 '육체적 현전으로서의 귀환'은 무엇을 의미하는가? 그것은 육체를 이용한 존재론적이고 정치적인 반란의 행위다. 유령은 인간에 의해 영토와 소유, 존재를 박탈당했으며 그들이 있던 곳으로부터 축출당한 존재다. 그런 유령의 저항은 권력에 의해 박탈당한 영토를 떠나지 않고 그곳에 머무르는 끈질김으로서, 장소를 계속해서 점유하는 행위로서 수행된다. 아타나시오우는 영토의 점유나 육체적 현전, 처분 가능한 삶을 거부하는 수행성을 통해 유령을 정치적 주체로서 재전유하려 시도한다. 그런데 이런 저항을 수행하는 주체로는 유령보다는 좀비가 더욱 적합하다. 유령은 보일 듯 말 듯 한 흐릿한 존재, 보이더라도 만져지지 않는 비물질적인 존재, 혹은 잠시 나타났다가 사라지는 일시적인 존재다. 이와는 다르게 좀비는 선명하게 가시적인 육체의 물질성을 전면에 노출하는 존재, 육체적 접촉으로 자신을 확장하는 존재, 죽은 이후에도 끈질기게 남아 세계에 머무르려는 존재다. 유령이 출몰出沒한다면 좀비는 출현出現한다. 좀비는 자신에게 내려진 온갖 부정(질병, 비위생, 나태, 타락, 혼란, 무질서, 빈곤, 기아, 죽음 등)을 육체의 위에 그대로 표상한 채, 명징한 물질적 신체이자 피와 살로 이루어진 유기체로서, 가시적이고 실질적인 위협

---

38. 버틀러·아타나시오우, 『박탈』, 40쪽.

으로서 현전한다. 좀비는 자신에게 할당된 유일한 자리(무덤이라는 죽음의 자리)로 폐제되거나 보이지 않는 비존재로 남아있기를 거부한다. 좀비는 정오의 환한 햇빛 아래, 사람들이 바삐 오가는 거리에서 공간을 점유한 채 우두커니 서 있다. 좀비의 신체는 '그럼에도 나는 여기에 있다'라고 선언하며, 자신의 현전을 만천하에 드러낸다. 좀비는 욕망과 권리를 지닌 하나의 신체로서, 권력에 의해 처분 가능한 비존재이기를 거부한다.

인간/비인간 개념의 구분 불가능성

우리는 몇 가지 장르영화를 통해 다양한 형태의 비인간-타자에 대해 알아보았다. SF영화뿐만 아니라 재난영화, 괴물영화는 흔히 '비인도적 인간'과 '인도적 비인간'을 대비하여 휴머니즘과 인간에 대해 다시 돌아보게 만든다. 하지만 많은 영화는 인간에 대한 급진적인 해체나 근본적인 재사유까지 나아가지 못하고, 오히려 인간과 괴물 사이에 어찌할 수 없는 존재론적 구분이 있음을 전제하면서 타자를 오히려 선험적인 것으로 고정하기도 한다. 혹은 일부 영화에서 주체는 비인간의 궁핍함을 보고 연민하거나 그들의 인도적 행위를 보며 반성한다. 여기서 주체는 몇몇 타자에게 인간의 지위와 권리 일부를 보상적으로 확장함으로써 자유주의적 휴머니즘은 강화된다. 어디까지나 인간의 관점에서 '착한 비인간'으로 분류되는 대상만이 휴머니즘의 질서 속으로 편입되도록 허락받는다. 이런 방식은 휴머니즘과 주체에 대한 비판을 일정 부분 수행하지만, 결국 여러 타자 사이에는 또 다른 경계가 설정되며, 그들은 여전히 위계적으로 구분된다.

캐서린 헤일스는 이 점을 예리하게 지적한다.

베이컨 이후부터 익숙한 이 지배 시나리오에서는 주체/객체 이분법이 행위에 대한 기본 가정을 제공한다. 대중문화는 영화 〈터미네이터〉에서부터 〈에이아이〉와 〈매트릭스〉 그리고 필립 K. 딕의 『안드로이드는 전자양을 꿈꾸는가?』에 이르기까지 이런 종류의 수많은 이야기를 제공한다. 이 작품들의 중심 역학은 인공 생명체들이 수동적 객체로서의 자신의 지위를 받아들이지 않고 자율적 행위를 할 수 있는 주체로서의 권리를 주장하며, 이러한 주장이 인간 행위성과 충돌할 때 만들어지는 갈등에 기대어 이야기가 진행된다. 이러한 권력투쟁이 어떤 식으로 전개되든 그리고 그 결과가 무엇이든, 주체/객체 이분법과 주체가 객체를 지배할 권리가 있다는 함의는 건드려지지 않고 남아있다.[39]

많은 SF영화에서 인공 생명체들은 스스로의 권리를 주장하며, 인간의 지위를 확장하거나 자신에게까지 나누어 달라고 강력하게 요청한다. 〈블레이드 러너〉의 로이는 자신의 수명이 타인에 의해 제한당하는 것을 거부하고, 비인간의 생명권을 위해 투쟁한다. 그러나 로이는 이를 위해 폭력을 동원함으로써 인간에게 '위협적인 타자'로 등극하여, 결국 권리를 거부당하고 죽음에 이른다. 반면 〈바이센테니얼 맨〉의 로봇 앤드류(로빈 윌리엄스 분)는 인간에게 도움을 주는 타자다. 그는 아이를 돌보고 집안일을 돕는 기본적인 업무부터, 돈을 벌어오는가 하면 인공장기를 연구해 인간의 수명을 늘리는 데 기여한다. 심지어 앤드류는 수술로 인간의 신체와 유사한 구조를 갖추어, 영원한 삶을 포기하고 노화와 죽음을 선택한다. 앤드류는 자신의 권리를 위해 과격한 투쟁방식이나 폭력을 사용하지 않고, 이성과 감정으로 호소하고 제도 내에서의 법정 투쟁을 시도한다. 앤드류는 결국 재판 과정을 통해 인간으로 인정받고 인간사회 내부로 받아들여진다. 〈블레이드 러너〉의 로이가 자신의 수명을 늘려달라고

---

39. 캐서린 헤일스, 『나의 어머니는 컴퓨터였다』, 이경란·송은주 옮김, 아카넷, 2016, 356쪽.

싸우는 '위험한 타자'인 데 반해, 앤드류는 수명을 포기하며 스스로 죽음을 택하는 '안전한 타자'다. 앤드류가 인간의 지위를 획득할 수 있었던 것은 인간에게 '유용한 타자'이며, 위험하지 않은 '온순한 타자'이기 때문이다. 이로써 인간의 경계에 관한 문제제기는 비교적 '덜 위험한 타자'에까지 조금 확장되는 생색내기 수준에서 그친다. '훌륭하고 탁월한 타자'인 앤드류는 인간사회와 인간의 지위에 어떠한 위협으로도 다가오지 않는다. 가야트리 스피박Gayatri Chakravorty Spivak은 객체가 단지 '찬미'의 대상인 것 역시 명백한 대상화임을 지적하면서, 중요한 것은 "객체를 다시 써넣는 것보다는 주체를 다시 써넣는 것의 문제"라고 말한다.[40] 그러나 이런 SF영화에서 문제시되는 것은 언제나 객체다. 객체가 얼마나 따뜻하고 윤리적이며 고도의 생명체로서 '인간적' 모습을 가졌는지 묘사하면서, 이들에게도 권리를 부여하는 것이 휴머니즘의 임무라는 것을 끊임없이 일깨우는 것이다. 여기서 '시혜적' 인간은 자신의 경계를 조금 확장하고, 제한된 울타리를 살짝 열어 타자를 선별해 인간의 범주에 포함해줌으로써 윤리적 나르시시즘을 충족할 뿐이다. 이는 더 근본적인 문제를 은폐한다. 즉 주체/객체의 이분법적인 구분 자체, 주체가 배타적으로 갖는 객체에 대한 지배 권리를 문제 삼는 데까지 나아가지 못한다. 여전히 주체는 공고히 특권적 지위를 소유하고 있다.

헤일스는 우리가 인간과 기계, 아날로그와 디지털, 혹은 낡은 기술과 신기술 간의 관계를 끊임없이 '상호매개'intermediation [41]되는 공진화의 과

---

40. 가야트리 스피박, 『스피박의 대담』, 이경순 옮김, 갈무리, 2006, 53~54쪽.
41. 비매개(immediacy)가 생산물을 투명하고 당연히 접근 가능한 것으로 여기는 것이라면, 하이퍼매개(hypermediacy)는 매체가 자신들의 재현 양식이나 특성화된 형식들에 관심을 두지 않는 것이다. 반면 재매개(remediation)는 새로운 매체의 등장이 기존의 매체 양식을 개조하는 형식 논리를 뜻한다. 예컨대 사진이라는 매체의 등장은 기존의 회화라는 매체에 지대한 영향을 끼쳤으며, 영화의 등장 역시 소설에 큰 영향을 끼쳤다. 그러나 헤일스는 재매개 개념이 사이클의 시작점을 특정한 장소와 매체에 놓는다는 점에서 한계를 갖는다고 본다. 이에 헤일스는 상호매개 개념을 제안하는데, 상호매

정으로 파악할 것을 요청한다. 상호매개는 어떤 대상을 원본으로 가정하거나, 특정한 장소나 시점을 기원이나 출발점으로 삼지 않는다. 상호매개는 이분법적 구분에서 벗어나, 서로가 상호작용하며 변화하는 과정, 생성중인 과정 자체를 탐색한다. 헤일스는 주로 기계와 인간의 관계, 그리고 신체를 벗어난 새로운 매체와 이전 매체의 관계를 상호매개의 과정으로 파악할 것을 요청하지만, 우리는 이를 확장하여 다른 타자와의 관계에도 적용할 수 있다. 상호매개는 우리가 서로 복수의 관계성으로 얽혀 있으며, 복합적인 역학관계 내부의 존재라는 가정에서 출발한다. 우리는 서로가 서로에게 의존한 채 생산하고 생산되는 과정에 놓여 있으며, 늘 생성중인 존재다. 여기에서는 어떠한 최초의 기원이나 가정되는 원본이 없기에, 주체와 타자는 서로 위계적으로 구분되지 않는다. 대신 주체는 타자와 더불어 끊임없이 공진화하며, 그 과정에서 창발적인 가능성을 탐색해야 한다. 주체와 타자, 인간과 비인간의 관계를 상호매개로 파악함으로써, 우리는 타자를 인간중심적 관점에서 선별하거나 시혜의 대상으로 바라보는 태도에서 벗어날 수 있다.

좀비학은 인간과 비인간의 관계를 근본적으로 재검토하여 새로운 존재론을 구축해 나가는 이론적 과정이다. 또한 좀비학은 타자를 삶에서 배제하는 현시대의 권력에 대항하고, 다른 세계를 마련하려는 정치적 과정이다. 좀비학은 이론적 투쟁에 발을 딛고서 정치적 투쟁을 향해야 한다. 오늘날 정치는 한정된 인간에게만 삶의 권리를 부여하고, 그 밖의 타자를 비인간, 비생명, 비존재로 만들어 삶을 박탈하는 관리 체제이자

개는 여러 세대에 걸쳐서 계속해서 일어나는 복합적인 상호작용을 강조함으로써 복수의 인과관계를 강조한다. 상호매개에서는 복수의 인과관계들의 공동 생산과 공진화에 내재한 재귀성(recursivity)을 통해, 복잡한 피드백 루프들이 인간과 기계, 낡은 기술과 새로운 기술, 언어와 코드, 아날로그 프로세스와 디지털 단편화를 연결한다. (헤일스, 『나의 어머니는 컴퓨터였다』, 21, 54~57쪽.)

통치 시스템이다. 정치는 특정한 타자를 살 가치가 없는 삶/생명으로 분류하여 죽음의 자리만을 할당하고, 그들의 죽음을 보이지 않도록 통제한다. 아타나시오우는 신자유주의 통치성이 생명을 관리하는 방식에 대해 이렇게 설명한다.

> 현 단계 신자유주의 통치성은 특정한 삶들의 경우 산산조각 내고, 폐제하고, 처분과 사멸 가능한 존재로 만드는 반면, 다른 한편으로는 오히려 정치적으로, 정신적으로, 경제적으로 삶의 형태를 만들어내고 관리하는 데 더 열심입니다. 바로 다른 삶들의 경우 "살게 만드는" 것이지요.[42]

이 통치성은 특정한 생명을 처분과 사멸 가능한 삶으로서 마음껏 산산조각 내거나 폐제되는 존재로 만든다. 반면에 다른 생명은 정치적·정신적·경제적 '좋은 삶'으로서 풍요롭고 충만한 삶을 영위하도록 관리한다. 전자가 다양한 비인간의 형태를 포괄하는 인간 이하의 좀비 같은 존재라면, 후자는 자기 충족적이며 자기 소유적인 '인간'으로 가정되는 특권적 주체다. 아타나시오우는 우리가 '인간'에 관해 논의할 때 가장 중요한 것은 바로 "인간적인 것이 그 대상에 따라 차별적으로 할당되고 있다는 것"이라 지적한다. 신자유주의의 정치는 "온전히 인간인 것으로 되는 자들과 그렇지 않은 자들, 오래 살 수 있는 권리가 주어진 자들과 서서히 죽어가도록 분류된 자들"을 부단히 나누고 경계를 설정하는 역할을 수행한다.[43] 그러므로 좀비학은 인간이라는 개념을 급진적으로 문제화하는 데서 출발한다. 우리는 앞으로 인간이 어떻게 특권적 주체로 자리매김했으며, 그와 동시에 좀비가 어떻게 인간으로부터 배제되었는가를 추적할

---

42. 버틀러·아타나시오우, 『박탈』, 59쪽.
43. 같은 책, 60쪽.

것이다. 인간은 다양한 형태의 비인간들을 내부로부터 축출하여 보이지 않고 사멸 가능한 대상으로 만듦으로써 배타적으로 개념화되었기 때문이다. 인간의 역사는 비인간들의 시체 위에서 그들의 뼈와 살로 건축된 실로 위태로운 구축물이다.

좀비학 : 인간학의 안티테제

좀비는 우리가 인간이라는 존재에게 떠올리는 모든 감각을 정확히 배반하는 지점에서 출현한다. 도덕적이고 이성과 감정을 지닌 따뜻한 존재, 가장 뛰어나고 탁월한 유기체로서의 인간이라는 주체는 좀비에 의해서 철저히 짓밟히고 모욕당한다. 좀비는 친숙한 인간의 형상을 한 채 별안간 낯설어진 괴물이다. 좀비는 '가장 인간적인 괴물'이기에 역설적으로 가장 꺼려지는 괴물이 된다. 좀비는 인간 내부의 공포, 역겨움과 추악함을 적나라하게 표상하고 외부화한다. 좀비는 인간 내부에서 출현했지만, 인간은 그들을 괴물로 만들어 마치 원래부터 내 것이 아닌 오물인 양 타자로 만든다. 그러나 인간의 신체는 그 안에 좀비를 잉태하고 있는 배아이며, 인간의 부드러운 살은 좀비에게 탐스러운 과육과도 같은 식량이자 동력이다. 제 몸으로 좀비를 낳고, 제 살을 먹여 좀비를 기르고 번성시키는 인간은 좀비의 유일한 원천이자 부모다. 부모와 너무도 닮은 이 자식은 태어나면서부터 부모의 죽음을 꿈꾸며, 항상 우리의 곁에 상존^{常存}한다. 먼 타국을 정복하고 으스대며 금의환향하는 개선장군처럼 오만하고 콧대 높은 인간의 행진 뒤로, 웅성거리는 좀비 떼가 비틀거리며 그러나 멈출 수 없는 그림자처럼 뒤를 따른다.

좀비가 주체와 타자, 인간과 비인간, 삶과 죽음 등의 경계를 흐릿하게 만들고 양면의 특성을 모두 지닌 존재라는 점은 좀비에 대한 우리의 논의를 더욱 복잡하고 다층적으로 만들지만, 이것은 현대사회를 살아가는 사람들의 존재론적 고민과 주체성과 윤리의 혼란, 그 변화 양상에 대한 적절한 재현이자 반영이기도 하다. 끊임없이 주체와 타자 사이의 구분과 경계에 문제를 제기하고 있는 좀비라는 괴물이 유행하는 것은 근대 이후 우리가 구성해낸 자유주의적 주체성, 단일하며 균질해 보였던, 부서지지 않을 것 같던 주체가 중대한 어떤 파열을 맞이했음을, 어쩌면 이미 붕괴되었음을 시사한다. 보편적이고 동질적인 주체는 애초에 텅 빈 신기루에 지나지 않는다. 이상화된 주체는 선험적으로 존재하지 않았으며, 특정 사회와 시대의 공모와 합의로 창조된 허상에 불과하다. 주체가 신기루라면 타자 역시 그렇다. 타자성은 곧 주체성의 분리 불가능한 부정적인 짝이며, 주체성을 반사하는 뒤틀린 거울이기 때문이다. 좀비라는 전도된 기표가 보여주는 타자성과 괴물성의 변화는 곧 주체성의 변화와 불가분의 관계에 있으며 떼어놓을 수 없는 동전의 양면과도 같다.

충만한 비정상으로서 좀비는 이제는 박제가 되어버린, 이상화된 인간이라는 불모의 정상성을 파괴하여 풍요로운 가능성을 향해 열어놓는다. 그러므로 '좀비학'zombiology의 탐구는 인간학anthropology에 근접하되, 보완이나 지지하기 위한 순접順接으로서가 아니라, 오히려 인간학의 치명적인 안티테제로서, 가장 파괴적이며 어두운 방식의 안티테제로서 역접逆接한다. 좀비는 제자리에서 똬리를 튼 채 화석처럼 굳어버린 인간을, 환원론적인 방식으로 자기 근거적, 자기 규정적, 자기 입법적인 주체, 이 주제넘은 주체를 무참히 전도하고 배반하며, 그의 가장 은밀한 내부에서부터 폭발시키고 해체한다는 의미에서 우리 시대 가장 첨예한 안티-휴먼적 표상이다. 그리고 마침내 그 잔재 위에서 도래할 새롭고 활력적인 존재론을 모색하고 마련한다는 점에서, 무엇보다도 인간적인, 인간보다 더욱 인간적이라 할 수 있는, 어쩌면 유일하다고까지 말할 수 있을 미래적 현재, 도래할 인간에 대한 도발적인 상상이며, 동시에 실재적이며 강력한 포스트휴먼 주체다.

2부 좀비는 어떻게 탄생하고 살해당했는가?

결국, 끝에, 남는 건, 그림자, 중얼거림,
모든 골칫거리들, 함께 끝장날.
사무엘 베케트, 『막판』

"이 전쟁이 계속되면⋯." 그러면 나는 또 말했다.
"이 전쟁이 계속되면 우리는 모두 야수가 될 거야.
자네도 ⋯ 그렇게 생각하지 않나?" 그는 이렇게 답했다.
"저도 그렇겠지요, 나튐르망."
쿠르초 말라파르테, 『망가진 세계』

드디어 모든 것이 분명하게 밝혀졌다. 저항은 끝났다.
자본주의적 절대주의는 패배하지 않을 것이며,
민주주의는 결코 부활하지 못할 것이다. 게임은 끝났다.
프랑코 '비포' 베라르디, 『죽음의 스펙터클』

끝이 시작 속에 있고 그렇지만 너는 가야 해.
아마도 난 내 이야기와 함께 살다가, 그걸 끝내고,
다른 이야기를 시작할 수 있을 거야.
사무엘 베케트, 『막판』

3장

인간의 탄생과 제국주의의 타자

식민지 노예와 부두교좀비

인간의 파산

창세기 첫머리에 신은 인간을 창조하여 새와 물고기와 짐승을 다스리게 했다고 씌어 있다. 물론 창세기는 말이 아니라 인간에 의해 구성된 것이다. 신이 정말로 인간이 다른 피조물 위에 군림하길 바랐는지는 결코 확실하지 않다. … 이 권리가 당연하게 보이는 것은 우리가 서열의 정점에 있다는 것을 발견한 것이 바로 우리이기 때문이다. 그러나 제3자가 이 게임에 끼어들기만 한다면 끝장이다. 신이 〈너는 다른 모든 별들에 있는 피조물 위에 군림하거라〉라고 말한 다른 행성에서 온 방문자가 있다면, 창세기의 자명성은 금세 의문시된다. 화성인에 의해 마차를 끌게 된 인간, 혹은 은하수에 사는 한 주민에 의해 꼬치구이로 구워지는 인간은 그때 가서야 평소 접시에서 잘라 먹었던 소갈비를 회상하며 송아지에게 사죄를 표할 것이다.[1]

이 재치 있는 문장에서 쿤데라Milan Kundera는 인간이 빠지게 되는 자

---

1. 밀란 쿤데라, 『참을 수 없는 존재의 가벼움』, 이재룡 옮김, 민음사, 1999, 324~325쪽.

가당착과 오류, 그리고 오만하고 위선적인 태도를 잘 지적하고 있다. 인간과 동물 사이에 설정된 위계는 인간 사이의 치열한 다툼 속에서도 변경을 고려해본 적 없는 유구하고 유일한 차별일 것이다. 그러나 그것은 아무런 근거 없는 일방적 관계이며, 증명 불가능한 환원론적 주장일 뿐이다. 인간이 신에게 부여받았다고 주장하는 신성하고 독점적인 권리, 당연한 듯 보이는 특권적 지위는 사실 인간이 자기 스스로 부여한 것에 불과하다. 쿤데라의 지적대로 이런 구도는 제삼자가 개입 하에 곧바로 위기에 봉착하고 이내 폐기 처분될 운명에 놓인다. 어리석은 인간은 그제야 자신의 잘못을 깨닫고 동물에게 미안함을 느끼게 될 것이다.

쿤데라의 비판은 비단 동물뿐만 아니라 다른 형태의 비인간을 비롯한 모든 타자, 그리고 좀비에게도 적용될 수 있다. 누구도 우리에게 그들을 차별할 정당한 권리를 부여하거나 양도한 적이 없기 때문이다.

> 바로 이 부분에서 인간의 근본적 파산이 발생하며, 이 파산은 너무도 근본적이라 다른 모든 파산도 이로부터 비롯된다.[2]

쿤데라는 인간이 타자와 맺은 불평등하고 일방적인 관계에서, 어떤 근원적이고 선험적인 파산, 즉 인간 자체의 파산을 발견한다. 모든 파산 선언에 선행하는 근본적인 파산, 거기서부터 다른 모든 파산이 비롯되는 파산, 인간이 짊어져야 하는 원죄와도 같은 선 관념으로서의 파산이란 무엇인가? 파산을 가져오는 인간의 짊어진 채무, 그것은 타자와의 관계에서 주체가 떠맡아야만 하는 계산 불가능한 채무, 따라서 결코 값을 치르거나 변제할 수 없는 무한한 책임이다. 데리다는 여기에 이렇게 덧붙인다. "그렇다고 타인에 대한 빚이 있다는 것은 아니다. 왜냐하면 그 채무는 갚

---

2. 같은 책, 329쪽.

을 수 없는 것이기 때문이다. 우리는 결코 거기에서 면제될 수 없다."[3] 이것은 하나의 근본적인 아포리아다. 우리는 다시 여기로 돌아올 것이다.

인간이란 무엇인가?

앞에서 우리는 괴물, 안드로이드, 이방인 등 배제되고 박탈당한 비인간을 탐색함으로써 좀비와 인간에 대해 알아보았다. 비인간을 탐색하는 것은 궁극적으로 인간이란 무엇인가에 답하는 것이며, 마찬가지로 인간에 대한 질문 역시 비인간에 접근하는 우회로다. 인간에 대한 정의는 언제나 포함되지 않는 잉여, 즉 비인간에 대한 분류와 정의 내리기를 동반하기 때문이다. 정의하기는 불가피하게 대상의 범위를 한정하며, 연속적인 세계를 단절하고 분류하여 고정된 울타리 안으로 제한하려는 시도다. 이 폭력적인 울타리는 포함과 배제를 구분하며, 이를 기준으로 양자 간의 차이를 선명하고 명시적으로 부각함으로써 분리는 더욱 공고해진다. 마찬가지로 인간을 정의하는 행위는 언제나 분리와 배제를 동반한다. 그러나 이런 정의는 고정되거나 선험적인 불변의 것이 아니라, 유동적이며 자의적인 가변의 것에 불과하다.

비인간과 인간 사이의 구별은 대부분 근거가 희박한 편견과 혐오에 기반한 편협한 인식에 기반한다. 그리고 인간 개념에는 이미 분리 불가능한 모호성과 모순적 성격이 중첩되어 있다. 버틀러Judith Butler는 인간이 이중적으로 개념화되어 있으며 딜레마를 내포하고 있다고 지적한다.

'인간'에는 극단적 배제에 기반을 둔 규범적인 의미도 있다. 또 부정되지도 죽은 것도 아니면서 배제된 것의 영역에서 등장하는 의미 사이에

---

3. 자크 데리다, 『아듀 레비나스』, 문성원 옮김, 문학과지성사, 2016, 23쪽.

있는 것, 그래서 어쩌면 서서히 죽어가고 있고, 정말 그야말로 인식 부족 때문에 죽어가고, 사실 미완성인 규범의 경계 때문에 죽어가는 의미도 있다.[4]

'인간'은 미완의 경계로 구성되었으며, 거기에는 인간이기도 하고 동시에 인간이 아니기도 한 미결정의 존재가 있다. 이 배제된 인간들은 공적인 영역에서 추방당했지만, 또한 공적인 영역에 유령처럼 나타나는 자들이다. 버틀러가 설명하는 인간의 모순을 폭로하는 인간, 즉 "배제에 기반"을 두며, "부정되지도 죽은 것도 아니"면서 "배제된 것의 영역"에서 끊임없이 나타나는, 그러나 인식 부족으로 "서서히 죽어가고" 있는, 규범의 경계에서 죽어가는 인간, 이런 인간은 무엇보다도 좀비를 설명하는 게 아닌가? 우리는 비인간에 관한 질문을 통해 인간 규범이 어렴풋하고 확정 불가능한 윤곽을 지녔으며, 불안정하고 유동적인 미완의 ─ 엄밀히 말해 완성 불가능한 ─ 개념이라는 점을 살펴보았다. 그렇다면 이번에는 인간에 대해 질문을 통해 비인간을 살펴보도록 하자. 인간은 자신을 어떻게 정의했는가? 인간은 자신에게 어떤 지위를 부여했으며, 그것은 세계에 대한 인식을 어떻게 분절하고 왜곡했는가?

먼저 생물학적 관점에서 인간은 600만 년 전에 유인원으로부터 갈라져 나왔으며, 진화를 거듭해 약 15만 년 전에 지구상에 출현한 '호모 사피엔스'Homo sapiens 종이다. 호모 사피엔스는 날카로운 뿔이나 이빨을 가지지도 못했고 커다란 날개가 있지도 않은 그저 작고 나약한 동물일 뿐이었다. 이들은 적대적인 세계 속에서 다른 동물의 먹잇감이 되지 않고 살아남기 위해, 평균 1.5리터의 뇌를 적극적으로 활용할 필요가 있었다. 위험에 노출되기 전에 예측하여 그런 상황에 빠지지 않거나, 위기에 빠지

4. 주디스 버틀러, 『안티고네의 주장』, 조현순 옮김, 동문선, 2005, 136쪽.

더라도 재빨리 상황을 판단하여 위기에서 벗어나는 것이다. 예컨대 밝음과 따뜻함은 생존에 유리하기에 가까이해야 할 것이고 어둠과 추움은 위험하고 생존에 불리하기에 멀리해야 할 것이다. 독사의 미끌미끌한 비늘, 거미나 많은 다리는 끔찍하고 가까이하고 싶지 않다. 이들은 자칫 생명을 앗아갈 수 있는 위험한 요소이기에 자연스럽게 거부감을 느끼게 된다. 위험을 회피하기 위한 미래의 예견과 현재의 상황판단은 늘 과거의 데이터와 경험을 기반으로 할 수밖에 없다.

그런데 직접적인 경험 외에도, 타인에게 들은 간접적인 경험 또한 대상에 대한 관념을 형성한다. 개인이 겪은 대상에 대한 지식은 신속하게 집단적 차원의 정보가 되어 퍼진다. 이처럼 호모 사피엔스는 다른 종과는 달리 활발한 의사소통을 통해 서로 생존에 유용한 정보를 주고받음으로써, 신속하게 대상에 대한 일정하고 고정된 관념을 만들었다. 유용한 정보를 기반으로 인간은 힘을 합쳐 손쉽게 먹이를 구하거나 위험이 닥칠 상황을 사전에 회피할 수 있었다. 인간은 이런 지적 능력을 바탕으로 도구와 기술을 발전시켰고, 위협이 되는 종들을 빠르게 멸종시켜 지구의 우세 종으로 자리 잡았다. 모든 적대자를 제거한 인간은 마침내 지구 생태계의 지배자로 군림하게 되었다. 여기에 새로운 과학기술을 바탕으로 근대화와 산업화가 진행되면서 세계의 인구는 급속도로 팽창하기 시작한다. 일자리를 찾아 사람들이 도시로 모여들고, 운송 기술의 발달로 인간의 활동 범위가 현저하게 넓어지게 된다. 다른 대륙을 수시로 넘나들 수 있게 되었으며, 생활 터전의 이동 역시 빈번해진다. 이제 타자와의 접촉은 과거에 비할 바 없이 일상적인 일이 되었다. 도시에서 우리는 늘 수많은 낯선 이와 마주치고 함께 살아가야만 한다. 이런 환경은 고유한 문화와 생활 양식을 가진 다양한 인간 간에 예기치 못한 조우와 충돌을 야기했다. 자신과 다르다고 여겨지는 인간들과 마주쳤을 때 기존 사회가 안정성을 유지하기 위한 가장 손쉬운 대응 방법은, 그들을 부정적 대상으로 만들어 구조 밖으로 몰아내는 것이다.

과학은 인간이 모두 동등한 존재가 아니라 인종에 따라 다른 능력과 가치를 타고난다는 관념을 유럽 사회에 자리 잡게 했다. 이는 인종 간에 엄연한 위계가 있으며, 유럽인은 그 정점에서 세계를 마땅히 지배하고 다른 인종을 계몽하도록 이끌어야 한다는 생각으로 이어진다. 물론 인간을 특정한 기준에 따라 나누려는 시도는 그 이전부터 있었지만, 과학이 본격적으로 인간을 분류 가능한 대상으로 인식한 것은 18세기 이후의 일이다. 18세기는 관찰 도구와 기술의 발달로 인해 과학의 전 분야에서 이전에는 알려지지 않았던 새로운 원소, 동물, 식물 등에 대한 발견이 쏟아진 시기였다. 18세기 스웨덴의 식물학자이자 분류학자, 의사인 칼 린네Carl von Linne는 새롭게 발견된 생물을 일관된 기준하에 체계적으로 구분해야 할 필요성을 느꼈다. 린네는 식물을 종種과 속屬에 따라 이름 붙이는 이명법을 제안했고, 모든 생물을 구조적인 특징에 따라 체계적으로 분류하는 작업을 시도했다. 그뿐만 아니라 린네는 최초로 '호모 사피엔스'라는 용어를 사용하며 인간을 분류학의 범주에 포함한다. 린네는 인간을 원숭이와 같은 영장류로 분류함으로써 인간을 동물의 하나로 환원시켰다는 이유로 당시 수많은 조롱을 들어야만 했다. 그때까지 인간은 신의 형상을 본 따 만든 특별하고 예외적인 피조물로, 감히 다른 존재와 동일 선상에 놓거나, 분류에 포함할 수 없는 고유한 존재로 여겨졌기 때문이다. 린네는 인간을 동물의 범주로 포함했지만, 역설적이게도 동시에 피부색에 기초한 인종적 편견을 서구사회에 일반화시키는 데 혁혁한 '공'을 세운 인물이기도 하다. 이에 따르면 호모 사피엔스는 동물 중에서 가장 진화한 종이지만, 인간은 다시 피부색을 통해 위계적으로 구별 가능한데, 백인이 가장 완벽하고 뛰어난 인종이라면 흑인은 가장 퇴화된 상태로 원숭이에 가까우며 동물과 근접한 인종이다.

우리는 과학적 담론이 언제나 객관적이고 중립적인 사실에 근거하며 편견으로부터 자유로운 학문이라는 환상에서 벗어나야 한다. 과학은 종종 편견에 지배당하거나 심지어 왜곡된 인식을 생산하기도 한다. 마이클 키벅Michael Keevak은 인종적 사유를 생산하고 진리로 둔갑시키는 데 결정적인 역할을 한 건 여행기나 선교사의 기록이 아니라, 다름 아닌 과학이었다고 지적한다.[5] 데카르트 이래 이미 주체 중심적 세계관을 갖고 있던 유럽인은 과학의 도움을 받아 타자에게 갖가지 혐오스러운 관념을 손쉽게 덮어씌웠다. 다른 대륙의 주민은 자신도 모르는 사이에 야만, 동물성, 폭력성, 비위생, 무지 등의 부정적 특성을 부여받았다. 그리고 야만적이고 폭력적인 방식으로 타자를 착취하고 지배하는 제국주의 시대가 도래하게 된다.

중요한 것은 인간에 대한 정의는 상당 부분 이데올로기적 차원에 속해왔으며, 오늘날까지도 면면히 그 위력을 유지하고 있다는 점이다. 인간에 대한 이데올로기적 정의는 오히려 과학적 정의를 지배한다. 과학은 그런 편견을 지속하고 강화할 수 있는 유용한 도구와 그럴듯한 정당성을 제공해주었을 뿐이다. 그렇다면 오늘날 인간에 대한 합의된 규정과 인간에게 부여된 권리에는 어떤 것이 있는가? 이를테면 만물의 영장, 사회적 동물, 생각하는 동물, 감정적 동물, 도덕심과 이타심을 지닌 윤리적 존재, 태어날 때부터 불가침의 천부인권을 보장받는 존재 등 수많은 수식어가 따라붙을 수 있을 것이다. 그러나 인간에 대한 여러 사유, 특히 위상학적 지위와 결부된 정의는 푸코Michel Foucault가 『말과 사물』에서 예의 고고학적 작업을 통해 밝혀내고 있듯이, 결코 유구한 것도 지속적인 것도 아니다. '인간'은 비교적 짧은 역사를 지닌, 근대에 와서야 비로소 등장한 임의적인 형상에 불과하다. 우리가 인간에게 부여한 여러 규범, 그리고 타자에게 부착된 꼬리표들은 대부분 허황된 과장이거나 근거가 빈약한 상

---

5. 마이클 키벅, 『황인종의 탄생』, 이효석 옮김, 현암사, 2016, 19쪽.

상력의 산물이다. 푸코는 이러한 인간과 연관되는 일련의 다양한 담론과 학문, 사유체계를 일컬어 '인간학'이라 명명한다. 바로 이 인간학으로부터 오늘날 세계를 휩쓸고 있는 가장 기괴한 괴물, 도저히 교화 불가능한 인간 이하의 존재, 좀비가 탄생한다. 우리는 앞으로 인간학이 형성된 역사적 배경과 철학적 담론을 추적하고, 그 이면에서 좀비가 어떻게 탄생했는지 살펴볼 것이다.

중세의 종말과 셰익스피어

인간학의 시작, 즉 인간이 주체로서 세계에 정초하게 된 순간은 인류사에 있어 거대한 인식론적 전환점이었으며, 무참한 폭력과 억압의 역사를 동반하는 사건이었다. 주체란 철학적 진리와 인식의 원천이자 토대이며 철학적 사유의 출발점이자 핵심적 요소이다. 인간, 존재, 실체, 주체란 무엇인가에 관한 근원적인 질문은 고대 철학부터 철학사 전체를 관통하는 방대한 주제지만, 좀비의 탄생은 데카르트 철학이 마련한 근대적 주체의 출현에서 연원한다. 하이데거에 따르면 원래 주체를 뜻하는 그리스어 '휘포-케이메논'ύπο-χείμενον은 밑에 가로놓여 있는 것, 자체로부터 이미 현존하고 있는 것을 의미한다. 애초에 주체는 존재하는 모든 것, 예컨대 동물과 식물까지도 포괄하는 개념이었다. 물론 인간은 유일한 주체가 되기 이전에도 신을 모사한 특별한 존재로서 특권을 누려왔다. 그러나 데카르트를 통해 그리고 데카르트의 이래로 형이상학에서 인간은, 더 정확히 말하면 인간의 '자아'는 비로소 우월한 방식으로 '주체'가 된다.[6]

데카르트가 살았던 17세기 초는 세계사적 격변의 시기였다. 15세기 이탈리아에서 발흥한 르네상스가 전 유럽을 휩쓸면서 중세적 질서가 급

---

6. 하이데거, 『니체』 2, 130쪽.

격하게 무너지고 있었다. 과학계에서는 16세기 코페르니쿠스가 주장한 지동설이 점차 퍼져나가기 시작했으며, 갈릴레이는 망원경을 이용해 이를 증명하여 명성을 얻었다. 이제 신의 의지와 섭리대로, 절대자의 지적인 설계로 만들어지고 작동하는 조화로운 우주라는 중세적인 세계관은 급변하는 세계에서 더는 받아들여지지 못하게 된다. 드레이퍼스Hubert Dreyfus와 켈리Sean Dorrance Kelly에 따르면 윌리엄 셰익스피어는 이런 시대적인 변화상을 예민한 감각으로 포착하여 희곡에 담아낸 작가다. 그의 작품이 지금까지도 불멸의 고전으로 사랑받는 이유는 뛰어난 문장력과 작품성 때문이기도 하지만, 급격히 몰락하고 있던 중세적 가치관 속에서 당시에는 상상하기 힘들었던 새로운 세계관을 담아내고 있기 때문이다.

> 셰익스피어는 그 자신부터가 신성한 질서의 몰락에 거의 사로잡혔던 사람이다. 그가 인식했건 못했건 간에 이런 발전은 그의 대다수 희곡들을 쓴 동기가 되었다. 위대하고 예민한 예술가인 셰익스피어는 신성한 질서의 몰락이 당대의 세계사적 이슈 가운데 하나임을 직감적으로 느꼈던 것 같다. 그가 성공적으로 그려낸 인물들 대다수는 각자의 방식으로 근대적인 발전과 대면하고 있었다.[7]

셰익스피어 희곡의 주인공은 중세적 질서에서 벗어난 근대적인 주체의 탄생을 예고하고 있다. 이는 잘 알려진 그의 대표작만 살펴봐도 분명하게 알 수 있다. 희곡 『맥베스』의 주인공 맥베스는 신에 의해 주어진 것으로 여겨졌던 타고난 신분에 만족하지 않는다. 그는 신분질서를 거스르고 왕이 되기 위해서라면 어떠한 수단과 방법도 가리지 않는 야심에 찬 인

---

7. 휴버트 드레이퍼스·션 켈리, 『모든 것은 빛난다』, 김동규 옮김, 사월의책, 2013, 40쪽.

물이다. 『로미오와 줄리엣』에서 가문의 완고하고 낡은 질서를 받아들이지 못하고 서로 사랑에 빠진 두 남녀는 결국 신분의 차이를 초월한 사랑의 결합을 이루지 못한 채 자살로 비극적인 생을 마감한다. 현대인인 우리에게는 사랑으로 고통받으며, 심지어 사랑을 위해 목숨까지 던지고 마는 서사적 전개가 익숙하다. 그러나 중세적 전통에서 자살이란 어떤 경우에도 범해서는 안 되는 심각한 범죄이자 신에 대한 철저한 반항이자 모욕이었다.

> 중세적 전통에서 자살은 신에 대한 커다란 범죄였다. 왜냐하면 그것은 신에 대한 반항 행위로서, 신이 정당하게 소유하고 있는 결정권을 빼앗으려는 시도로 이해되었기 때문이다.[8]

종교가 지배하던 중세 사회에서 생명은 개인이 마음대로 처분할 수 있는 소유물이 아니라, 오직 신에게 귀속되는 신성한 선물이었다. 신에 의해 주어진 고귀한 생명을 스스로 버린다는 생각은 가장 큰 죄악이자, 불경스러운 신성모독이다. 따라서 자살자의 시신은 기독교식으로 장례를 치르거나 축성을 받으며 제대로 매장될 수 없었다. 『햄릿』 5막 1장에 등장하는 무덤 일꾼은 자살자의 시신을 매장하면서 자살자는 기독교식으로 매장하면 안 된다고 불평한다. 사제 또한 만일 왕이 특별히 명령하지 않았더라면, 자살자는 "자비의 기도 대신 사금파리, 부싯돌, 조약돌을 맞았"을 거라고 말한다.[9] 이렇듯 자살한 자는 죽은 이후에도 결코 평화와 안식을 얻을 수 없는 존재다. 자살자는 어떠한 애도나 추모도 없이 홀로 땅속에서 썩어가며 신이 내릴 '최후의 심판'이 도래하기만을 기다려야만

---

8. 같은 책, 42쪽.
9. 윌리엄 셰익스피어, 『햄릿』, 설준규 옮김, 창비, 2016, 178쪽.

하는 처지다.

아버지의 죽음을 둘러싼 진실을 알게 되자 고통 속에서 자살마저도 고민하는 햄릿, 사랑을 위해 자살을 선택하는 로미오와 줄리엣, 주어진 신분질서를 거스르려는 맥베스의 모습은 중세적 질서에서 매우 이질적이며 돌출적인 주체들이다. 변화한 시대상 속에서 셰익스피어 희곡의 주인공들은 생명마저도 더 이상 신에게 귀속되는 것이 아니라고 여기며, 개인이 처한 실존적 상황에 따라 스스로 생명을 버리는 행위까지도 고려 가능한 하나의 선택지로서 받아들이고 있다. 또한 햄릿은 자신이 본 유령이 정말 아버지의 혼령인지 아니면 단지 악령의 장난인지, 혹은 숙부로 대표되는 현실의 법을 지킬 것인지 아니면 유령이 명령하는 대로 법을 어기고 숙부에게 복수할 것인지를 끊임없이 의심하고 고민에 빠지는 주체다. 여기서 햄릿은 데카르트적인 주체가 탄생하기 한 세대 이전에 근대적 질서의 도래를 예고하고 있다. 다시 말해, 햄릿은 이성의 힘으로 모든 것을 부단히 회의하며, 판단과 행동의 근거를 신이 아닌 자신에게 두는 근대적 주체의 탄생을 선취하고 있다. 그것은 신성한 질서가 몰락하고 인간중심주의가 마침내 새로운 세계의 패러다임으로 전면에 등장하기 시작했음을 시사하는 사건이었다.

근대의 시작과 데카르트

이전까지 고뇌와 갈등의 상황에서 올바른 선택을 내리기 위해 중요한 기준이 되는 건, 과연 어느 것이 더 신의 의지에 합당한지의 여부였다. 신은 곧 행위의 옳고 그름, 선악의 판정, 참과 거짓의 구별 등의 모든 판단에 있어서 절대적인 기준이었기 때문이다. 하지만 인간을 위해 미리 마련된 장대한 신의 계획이 없다면, 세계가 신의 의지가 투영된 조화롭고 완전한 피조물이 아니라면, 도대체 인간은 무엇에 의존하여 실존적인 판단을 내리고, 어떻게 불가사의한 세계를 헤쳐나가며 살 수 있단 말인가? 셰익스피어로부터 한 세대 뒤에 글을 쓴 데카르트는 인간과 우주를 이해하는 기초, 의심할 여지 없는 확고부동한 진리, 새로운 철학을 근본적으로 정초하려는 장대한 기획을 시도한다.

따라서 근대철학은 언제나 데카르트로부터 출발한다. 데카르트는 진리를 찾기 위해 조금이라도 불확실한 것은 일단 모두 의심해야 한다고 보았다. 그것은 꿈 가설, 악령 가설과 같이 모든 것을 최후까지 철저하게 의심하는 '방법적 회의'를 통해서다. 그리고 데카르트는 마침내 이렇게 결론 내린다.

> 누구든 나를 속이려면 속여보라. 그렇지만 내가 나는 어떤 것이라고 생각하는 동안은 결코 나를 아무것도 아니게끔은 할 수 없을 것이고, 혹은 내가 현존한다는 것이 지금 참이기 때문에 내가 결코 현존하지 않았다는 것을 참이 되게 할 수는 없을 것이다.[10]

데카르트에 따르면 설사 현실과 꿈이 구분이 안 된다고 해도, 교활한 악령이 있어 온 힘을 다해 나의 모든 것을 속인다고 해도, 모든 것을 무의 심연에 빠뜨린다고 해도, 바로 이 순간 내가 의심하고 있다는 사실, 그리고 의심하고 있는 나의 존재만큼은 확고하고 자명한 것이다. 내가 생각하고 있다는 사실을 부정할 수 없음이 전제되면, 이를 통해 나의 존재 역시 부정할 수 없다는 결론이 도출된다. 즉, '생각하는 나'가 곧 '존재하는 나'를 보증한다. 이에 데카르트는 "나는 생각한다, 고로 나는 존재한다"는 일반 명제를 확립하고 여기에서 모든 사유를 출발시킨다.

근대 이후 인간은 '생각하는 존재'cogito extensa, 즉 '코기토 주체'가 된

---

10. 르네 데카르트, 『성찰』, 이현복 옮김, 문예출판사, 1997, 59쪽.

다. 데카르트의 주체는 인간의 본질을 신이 부여한 것이라고 여겼던 중세시대 신 중심의 세계관에서 벗어나 인간 중심의 패러다임을 여는 지적 원동력이 된다.[11] 하이데거가 보기에 데카르트가 이루려 한 과업은 자신을 확신하면서 스스로 법칙을 부여하는 새로운 인간을 해방하는 것이었다. 그리고 데카르트는 그 자유로운 인간에게 형이상학적인 근거를 부여하고자 시도했다.[12] 데카르트 이후 이 근대적 주체는 철학적 사유의 출발점에 자리하게 된다. 대표적인 근대철학자인 칸트Immanuel Kant와 헤겔Georg Wilhelm Friedrich Hegel 역시 주체를 자신의 철학에서 핵심적 작인으로 상정하였다. 칸트는 경험론을 비판하며 초월적 주체와 자아를 세계를 정초하는 입법적 심급으로 내세워 자신의 철학을 정립하였으며, 헤겔은 인간의 '절대정신'이 모든 역사적 변화 과정의 원동력이라고 주장하며 이를 존재의 궁극적 본질로 제시한다. 즉 근대철학에서 주체는 세계에 대한 인식과 실천에 있어서 전제되는 핵심적인 위치에 놓여 있다고 볼 수 있다.

이제 인간은 유일무이하고 명석 판명한 주체가 되어 세계와 역사의 전면에 등장한다. 이는 중세 신본주의 사회가 급격히 무너지는 과정에서 불가피했던 사건으로 평가되지만 동시에 여러 부작용을 낳는다.

'주체'라는 이름과 개념은 이제 이러한 새로운 의미를 갖게 되면서 인간을 표현하는 명사가 되고 인간의 본질을 표현하는 단어가 된다. 이러한 사실이 의미하는 것은 인간이 아닌 모든 존재자는 이러한 주체에 대한 객체가 된다는 것이다. '주체'는 이제 더 이상 동물과 식물 그리고 돌에 대한 이름과 개념이 아니다.[13]

---

11. 윤대선, 「데카르트 이후 탈(脫)코기토의 주체성과 소통 중심의 주체윤리」, 『철학논총』 75집, 2014, 164쪽.
12. 하이데거, 『니체』 2, 134쪽.

주체가 세계 인식과 실천에 있어 출발점이자 전제가 되면서, 그를 제외한 나머지 타자, 세계는 모두 대상으로 전락한다. 이제 나와 이질적인 것, 나의 외부에 있는 것은 주체와 분리되거나 대립하는 '어떤 것'이다. 이 주체는 자신에게 근거하여 모든 규칙과 법칙을 설정하고, 이에 기반하여 제한과 금지 역시 관장하게 된다. 물론 그 기준점은 자기 자신, 그리고 자신과 동질적인 것이다. 자신과 다른 것, 다르다고 여겨지는 것은 부정되며, 마땅히 구별(차별)되고 나아가 교화되어야 한다.

데카르트보다 불과 한 세대 뒤를 살았던 스피노자 Baruch de Spinoza 는 『에티카』에서, 존재하는 모든 것이 자신을 위하여 만들어졌다고 여기는 인간중심주의가 여러 가지 문제적인 개념을 형성했음을 지적한다.

> 사람들은 존재하는 모든 것이 자기들을 위하여 만들어졌다고 여긴 이후에는 모든 것에 대하여 자기들에게 가장 유용한 것을 핵심이라고 판단하고, 자기들을 가장 유쾌하게 해주는 것을 가장 탁월하다고 평가하지 않으면 안 되었다. 다음으로 그들은 설명하기 위하여 선, 악, 질서, 혼란, 따뜻함, 추움, 아름다움, 추함 등과 같은 개념을 형성하지 않으면 안 되었다.[14]

이런 배타적인 사고방식은 과거에 인간이 소규모 부족 단위로 살던 때는 크게 문제가 되지 않았으며, 적대적인 환경의 원시 사회에서는 오히려 생존에 유리한 방식이었다. 불을 처음 본 어린아이는 그것을 만지는 걸 두려워하지 않는다. 하지만 직접 불의 뜨거움을 체험하고 나면, 이후부터 위험성을 인지하고 함부로 다가가거나 만지지 않게 된다. 처음 세상에 내

---

13. 같은 책, 154쪽.
14. 바뤼흐 스피노자, 『에티카』, 강영계 옮김, 서광사, 2007, 73~74쪽.

던져진 어린아이와 같던 인간은 점차 학습하고 경험을 쌓아가면서 나에게 낯선 것은 일단 경계하는 게 안전하다는 사실을 깨닫게 된다. 나에게 익숙한 것, 나와 유사한 것은 안전하고 좋은 것이며, 낯선 것, 나와 다른 것은 위험하고 나쁜 것일 확률이 높다.

자신을 중심으로 모든 대상을 판단하는 경향은 생존을 위해 본능적인 수준에서 이루어지는 자연스러운 인지 과정의 일부였다. 그러나 늘 생존의 위협에 노출된 원시 사회와는 달리, 이제는 낯선 대상과 마주치는 일이 나의 생존을 위협하는 상황으로 거의 이어지지 않는다. 타자는 위협요소가 아닌 그저 나와 같은 인간일 뿐이다. 게다가 인간중심주의는 여기에 가치 판단, 미적 판단, 윤리적 판단까지도 결부시키게 된다. 스피노자가 보기에 선과 악, 질서와 혼란, 따뜻함과 추움, 아름다움과 추함 등의 개념은 모두 사물의 본질적인 속성이 아니라 겉으로 드러나는 표상에 불과하며, 인간이 임의대로 설정하고 성질을 부여한 것에 지나지 않는다. 인간은 자신을 기준으로 대상에 어떤 속성을 부여하고 난 뒤, 그것이 마치 선험적이고 절대적인 대상의 본질인 것처럼 고정한다. 하지만 "인간의 신체는 많은 점에서 일치하지만 그만큼 또 많은 점에서 다르므로, 어떤 사람에게 좋게 보이는 것이 다른 사람에게는 나쁘게 보이고, 어떤 사람에게 질서 있게 보이는 것이 다른 사람에게는 혼란스럽게 보이며, 어떤 사람에게 유쾌한 것이 다른 사람에게는 불쾌"한 것이다.[15] 스피노자가 보기에 이런 관념은 고정된 것이 아니라 지극히 상대적이다. 스피노자는 이 부분에서 데카르트 철학이 내세우는 동일자와 보편자라는 인간 개념의 핵심을 공격하고 있다.

근대적 주체의 이분법과 차별

---

15. 같은 책, 76쪽.

주체란 근대의 세계를 근본적으로 규정짓는 인식범주이고 존재 원리로까지 격상된 개념으로,[16] 생각하는 주체로서의 인간이란 모든 진리와 인식의 원천이자 토대이다. 근대적 주체는 자신을 보편으로 상정하면서 불가피하게 주체의 외부에 있는 세계, 대상, 타자를 구분하고, 비인간과 비주체를 해석의 대상으로 만든다.[17] 이분법적 구분은 곧 가치의 문제와 연관되어 양자 간의 우열관계를 설정한다. 이는 다시 당시의 과학적 담론인 인종 이론이나 진화론과 결합한다. 우월한 주체는 곧 자연의 법칙이자 역사의 법칙이라는 장대한 진화의 시험을 통과한 당당한 승리자로서, 타자에 대한 지배의 정당성을 획득한다.

분류학, 기후학, 체액론, 골상학, 우생학 등 갖은 종류의 해괴한 과학적 담론은 인종적 편견을 생산했고, 당대 이데올로기로 자리잡으며 코카서스인종Caucasoid을 인류의 보편이자 이상적인 기준으로 설정했다.[18] 이제 유럽적인 것만이 유일하게 우월하며 옳은 것이며, 이와는 구별되는 타 대륙의 주민이나 다른 인종, 빈민, 여성 등은 열등하며 비천한 존재로 여겨진다. 이 과도하게 우쭐대는 오만하고 비대한 인간 주체는 극명하게 대비되는 공과 과의 양 측면을, 즉 역사의 진보와 더불어 고통스럽게 겪

---

16. 김희봉, 「탈근대적 주체와 기연적 사고」, 『해석학연구』 26집, 2010, 84쪽.
17. 강내희, 「인문학과 향연」, 『영미문화』 10권 3호, 2010, 16쪽.
18. 코카서스인종은 유럽인이 자신을 지칭하는 용어다. 이는 의사이자 비교해부학의 창시자인 블루멘바흐(Johann Friedrich Blumenbach)가 18세기 말 『인류 고유의 다양성에 대하여』에서 처음 주장한 분류방식이다. 이 책에서 처음 등장한 코카소이드(코카서스인), 몽골로이드(몽고인), 니그로이드(흑인)의 세 가지 분류법은 지금까지도 명맥을 유지하고 있을 만큼 광범위하게 사용되고 있다. 그러나 이런 분류는 "철저한 공상"의 산물이며, 1795년 이전에는 존재한 적 없던 "인종적 범주의 신상품"이다. 유럽인은 코카서스인종을 기준으로 이와 대비되는 몽고인종과 흑인종을 창조했다. 예컨대 코카서스인종이 "백색과 아름다움"의 특성을 갖는다면, 몽고인종은 "짙은 색과 추함"의 특성을 갖는다. 이런 차별적인 분류는 점차 강화되어, 코카서스인종에 비해 몽고인종은 기형적이며 지능이 낮고, 범죄자의 기질을 타고난다고 여겨졌다. 심지어 몽고눈은 원숭이 꼬리의 흔적으로 치부되기도 했다. (키벅, 『황인종의 탄생』, 123~186쪽.)

어야만 했던 비극적 외상의 배아를 내포하고 있다. 한편에서 진보에 대한 낙관과 계몽주의적 기획은 자연을 마음껏 이용 가능한 대상으로 파악하면서, 보다 효율적으로 대상을 조작하고 활용하는 작업에 몰두했다. 이는 과학과 산업 발전의 측면에서 혁명을 가져왔으며, 전체 생산량을 빠르게 끌어올렸다. 인간은 이제 굶주림과 질병, 자연의 위협에서 어느 정도 자유로울 만큼의 발전을 이루었다. 다른 한편으로 세계와 타자는 주체에게 유린당하는 대상으로 전락하였다. 자기 확신을 지닌 인간 주체는 스스로 신의 뜻을 실현한다거나 역사와 자연의 보편적 법칙을 실천한다는 믿음 속에, 신성한 사명감마저 가지고 세계와 타자를 착취한 것이다. 그 결과는 전례 없는 환경파괴와 다른 종에 대한 차별과 말살, 제국주의, 식민지배, 홀로코스트와 같은 수 세기 동안의 조직적이고 지속적인 폭력과 억압이었다.

이 서구중심적, 계몽주의적, 자유주의적인 근대 주체는 백인, 유럽인, 남성, 이성애자, 부르주아를 구성요소로 포함하는 대문자 '인간'Man을 이상적 인간 모델의 중심에 위치시킨다. 이제 '인간'은 모든 호모 사피엔스에게 주어지는 이름이 아니다. 오직 이상화된 기준을 충족시키는 자만이 인간의 범주로 포함되어 지위와 권리를 누릴 수 있다. 그리고 이 분류에서 벗어나는 유색인, 타 대륙인, 여성, 동성애자, 노동자 등은 '인간'의 범주에 포함되지 않는 비인간으로 존재할 수밖에 없다. 이들은 어디까지나 착취나 지배의 대상이며, 최대한 좋게 봐주어야 교화나 계몽의 대상일 뿐이다. 예컨대 과거 가부장적 이성애자의 기준에서 동성애자는 비정상적인 정신병자에 불과했다. 이들은 위대한 신 혹은 자연의 섭리를 거스르는 오류이며, 적절한 치료를 통해 교화되어야 한다고 여겨졌다. 또한 20세기 초반까지도 여성에게는 선거권이 없었는데, 공고한 남성중심주의가 여성을 감정에 치우치고 논리적이지 못하다고 치부했기 때문이다.

서구의 백인 중심주의는 대항해시대 이후 칸트의 계몽주의 기획과 결합하여 – 칸트의 본래 의도와는 무관하게 – 제국주의 이데올로기로 변질되기도 한다. 인간은 계속해서 진보하고 계몽될 수 있으며, 그러기 위해서는 문명국가가 미개한 지역을 마땅히 지배하고 선도해야 한다는 것이다. 데카르트는 인간만이 영혼을 지닌 존재이며, 동물은 영혼이 없는 자동인형이자 움직이는 기계일 뿐이라고 보았다. 마차의 바퀴가 삐걱대는 것은 마차가 고통을 느끼는 것이 아니라 그저 기름칠이 잘 되어있지 않기 때문이듯, 근대적 주체에게 동물의 신음은 기능상의 이상을 알려주는 신호음에 불과하다. 따라서 인간은 이들의 고통에 대해 눈물을 흘릴 하등의 이유가 없다. 마찬가지로 제국주의 시대 유럽인은 타 대륙의 주민을 더럽고 야만적인 짐승과 다를 게 없는 존재라 여겼다. 오직 유럽인만이 영혼을 가진 고귀한 인간이기에, 흑인 노예가 고통에 찬 신음을 내뱉는다고 해도 그것은 단지 인간을 어설프게 흉내 내는 것일 뿐, 마치 기계가 작동하면서 내는 소음과 다르지 않다고 생각했던 것이다. 노예를 살해한다 해도 내 소유물을 파괴하는 것과 다르지 않으며 죄가 되지 않는다. 좀비를 죽인다고 해서 법적 처벌을 받거나 감옥에 가지 않는 것과 마찬가지다.

이 시기 유럽인은 적도에서부터 가장 추운 극지방에 이르기까지 전 지구를 돌아다니며 식민화하였고, 다른 종을 우리에 넣어 사육하거나 철창 속 구경거리로 만들었다. 이는 비단 야성을 상실한 동물원 속의 맹수뿐만 아니라, 다른 인간 역시 예외가 아니었다. 남아프리카 코이코이Khoi-Khoi족 출신 여성 사르키 바트만Saartjie Batman은 유럽 인종주의의 끔찍함을 잘 보여주는 사례다. 1789년 태어난 바트만은 유럽인들에 의해 코이코이족이 몰살당한 이후 노예가 되어 프랑스로 팔려 왔다. 바트만은 유럽인의 관점에서 비정상적인 육체, 즉 큰 엉덩이와 특이한 성기 모양을 지녔다는 이유로, '호텐토트의 비너스'('호텐토트'는 당시 유럽인이 코이코이 족을 지칭했던 단어다)라는 별명이 붙었다. 당시 15세였던 바트만은 옷이 벗겨진 채 알몸으로 전 유럽을 떠돌며 전시되었고, 신기한 동물처럼 구경거리로 소비되며 많은 관심을 끌었다. 유럽인은 바트만의 큰 엉덩이와 성기에서 자신들과 구별되는 타 인종의 미개함과 동물성의 증거를 보고 싶어 했다. 바트만은 심지어 사망 이후에도 연구를 위한다는 명목으로 신체가 조각나 유리병에 담겼고, 나머지 몸은 박제되어 수 세기 동안 파리의 자연사박물관에서 전시되었다. 이것은 수백 년 전의 먼 옛날에 벌어진 일이 아니다. 20세기 후반까지 전시되었던 바트만은 2002년에 이르러서야 본국으로 송환되어 비로소 안식을 얻을 수 있었다. 이는 단지 프랑스만의 이야기가 아니며 영국이나 미국 등지에서도 비슷한 사례를 얼마든지 찾아볼 수 있다. 이렇듯 주체에게 세계의 모든 타자, 동물, 자연은 단지 자신을 위해 신이 마련해 둔 정복과 착취의 대상일 뿐이다. 근대적 주체 개념은 이러한 사유를 정당화하는 철학적 근저로 작용했다.

제국주의와 좀비의 탄생

콜럼버스의 항해 이후, 유럽 내부에서 성장의 한계에 부딪힌 유럽인은 점차 시야를 유럽 바깥으로 돌려 새로운 성장 동력을 마련하고자 했다. 타 대륙으로 영토를 확장하여 식민지를 건설하고, 원주민을 무차별적으로 착취하고 지배하여 노예로 부리기 시작한 것이다. 제국주의 시대에 유럽인의 관점에서 타 대륙의 주민은 자신들과 동등한 인간이 아닌 동물에 가까운 열등한 존재였는데, 그런 인식을 잘 보여주는 것이 바로 좀비다. '부두교좀비' 혹은 '노예좀비'로 분류할 수 있는 이 시기의 좀비는 지금의 좀비와는 다소 다른 형태다. 부두교좀비는 식인이나 전염의 특성을 갖지 않으며, 인간에게 별다른 위협을 가하지 않는 모습을 보인다. 이들은 단지 뇌에 손상을 입은 인간들로, 농장이나 공장에서 단순한 작업을 온종일 반복하는 식민지 노예다. 우리는 서울이나 마이애미에 출현한 좀비의 사례에서, 특수한 약물이 사람을 좀비처럼 만들 수 있다는 걸 보았다. 이런 좀비약물이나 좀비마약의 기원을 바로 부두교좀비에서 찾아 볼 수 있다.

본격적으로 좀비의 탄생을 추적하기 위해서 서인도제도에 위치한 아이티Haiti 섬으로 떠나보자. 우리에게 아이티는 2010년 발생한 '아이티 대지진'으로 잘 알려져 있다. 아이티를 강타한 규모 7.0의 강진은 수십만 명의 사망자와 수백만 명의 이재민을 발생시킨 엄청난 재난이었다. 그러나 아이티는 지진이 일어나기 훨씬 전부터 끔찍한 내전과 기아, 치안의 부재로 인해 오랫동안 수많은 사람이 죽어 나간 지역이다. 아이티는 1492년 콜럼버스에 의해 유럽에 처음 알려지게 된다. 이후 수 세기에 걸쳐 스페인, 프랑스, 영국, 미국 등의 열강에게 끊임없이 침략당하고 식민 통치를 당하는 등 서구의 오랜 유린으로 인해, 아이티는 철저히 파괴되었다. 이후 아이티는 자신의 힘으로 독립을 쟁취하여 식민지배에서 벗어났지만, 이후에도 정치적 혼란으로 인한 내전, 낮은 소득, 높은 범죄율 등에 신음하고 있다. 아이티는 지금도 지구상에서 가장 가난한 나라이자 위험한 지역으로 손꼽힌다. 여전히 식민지배의 후유증에서 벗어나지 못하고 있기 때문이다. 피케티Thomas Piketty는 프랑스가 자행한 아이티 착취가 단지 제국주의 시기에만 국한되었던 것이 아니라, 20세기 중반까지도 이어졌다고 지적한다. 노예제는 끝난 것이 아니라 현재진행형이다.

사실 프랑스에서는 놀랄 만한 사건이 한 가지 더 있었다. 1825년 1억 5천만 프랑(당시 프랑스 GDP의 약 2퍼센트에 해당)을 상환받고 아이티의 주권을 인정한 것이다. 이 엄청난 금액은 식민지로 이주한 제국의 본토인에게 지불할 보상금으로 충당할 것이라고 밝혔지만, 그들의 재산이 노예제에 의해 축적되었다는 사실은 부인할 수 없다. 최종적으로 이 "조공"은 9천만 프랑까지 내려갔지만, 아이티는 20세기 중반까지 프랑스에게 '상환금'을 지불하기 위해 거액의 대외 채무에 시달려야만 했다.[19]

아이티의 땅과 주민을 이용해 막대한 부를 축적한 프랑스는, 아이티가 혁명을 일으키고 독립국임을 선포하자 독립을 인정해주는 대가로, 아이티 지역에 거주했던 프랑스인 농장주의 재산을 변상하라며 막대한 배상금을 떠안겼다. 빚을 갚기 위해 아이티는 끝없는 빈곤의 악순환 속에 빠지게 되었으며, 이는 오늘날까지도 아이티가 식민지배의 후유증에서 벗어나지 못하게 된 주요한 원인이다.

유럽의 본격적 침략이 시작되기 이전, 16세기 아이티에는 50만 명가량의 주민이 살고 있었다. 하지만 스페인과 프랑스군이 차례로 침략하여 잔혹한 학살을 저지르고, 이들과 함께 상륙한 전염병이 확산되면서 아이티 주민의 대부분이 사망하게 된다. 17세기 프랑스 식민정부는 아이티에 대규모의 사탕수수와 커피 재배 농장을 조성했다. 아이티 농장은 한때 유럽 전체 설탕과 커피 생산량의 절반에 해당할 만큼 높은 생산량을 자랑했다. 그 과정에서 가혹한 노동력 착취와 학대로 주민의 사망률이 높아지자, 프랑스 정부는 부족해진 노동력을 보충하기 위해 노예를 아프리카로부터 공수하기에 이른다. 거의 사라진 아이티 원주민의 자리를 대신해, 아이티 인구의 대부분은 강제로 이주당한 흑인의 후예들로 채워진다. 이때 흑인들과 함께 서아프리카의 '부두교' Voodoo 20가 들어오게 된다. 하지만 부두교는 프랑스 식민정부에 의해 엄격히 금지당했으

---

19. 토마 피케티, 『피케티의 新 자본론』, 박상은·노만수 옮김, 글항아리, 2015, 74~75쪽.

20. 부두교는 신비한 힘이나 에너지를 의미하는 크레올(Creole)어 보둔(Vodun 또는 Vodoun)에서 유래한다. 아이티의 부두교는 미국 루이지애나 부두교(Louisiana Voodoo)와는 다른 종교다. 대중매체에서 묘사되는 부두교는 실제 부두교의 실상과는 한참 동떨어져 있다. 많은 대중매체에서 부두교는 인형을 이용해 저주를 내리고 악행을 일삼는 등의 왜곡되고 부정적인 모습으로 등장한다. 일부 연구자는 루이지애나 부두교와의 혼동을 막고 부두교에 관한 편견에서 벗어나기 위해 부두교를 '보둔'(Vodun)으로 지칭할 것을 주장한다. (박병규, 「아이티의 종교적 혼종성」, 『국제지역연구』 10권 1호, 2006, 182쪽 ; 서성철, 「보두신앙과 정치」, 『이베로아메리카』 15권 2호, 2013, 47쪽 참조.) 하지만 관행상 여전히 부두교가 많이 사용되고 있고, 특히 좀비와 관련해서는 부두교로 표기되는 것이 일반적이기에 여기서는 부두교로 지칭하도록 하겠다.

며, 흑인 노예들은 강제로 가톨릭으로 개종해야만 했다. 탄압을 피해 부두교는 지하로 숨어들게 되었으며, 가톨릭적인 이미지를 차용해 위장하게 되면서 아이티의 부두교는 여러모로 아프리카의 부두교와는 그 모습을 달리하게 된다.

아이티 인구의 90%를 차지하는 흑인 노예는 자신들을 억압하는 식민정부나 경찰 등의 공식적인 통치를 따르기보다는, 아이티의 토착문화와 유입된 부두교에 기반을 둔 비밀조직에 의해 통치받았다. 식민정부의 탄압에도 불구하고 부두교는 이들의 삶과 문화를 조직하고 규율하는 중요한 종교가 된 것이다. 부두교에는 백인 지주와 정부에 저항하고 비밀조직을 만들어 비공식적인 통치하에 살아갔던 노예들의 흔적이 그대로 남아있다. 비밀조직에서는 자신들만의 법과 형벌을 통한 자율적인 통치가 이루어졌는데, 그 형벌 중 하나가 바로 인간을 좀비로 만드는 형벌이다. 좀비 형벌로 탄생되는 좀비는 인간의 살을 탐하는 영화 속의 좀비와 다르다. 부두교좀비는 복어의 독 테트로도톡신tetrodotoxin을 주성분으로 하는 '좀비약물'을 이용해 만들어진 '살아있는 인간'이다. 이 약물은 장시간 뇌에 산소공급을 차단하여, 전두엽을 손상시키고 약리학적 가사상태에 빠지게 만든다.[21] 전두엽이 손상된 사람은 제대로 된 판단을 내리지 못한 채 타인의 명령을 무비판적으로 따르게 된다. 중요한 점은 이들이 시체라거나 죽은 후에 되살아난 괴물적 존재가 아니라 의식이 미약하지만, 여전히 살아있다는 것이다. 물론 약물의 힘만으로 좀비가 완성되는 것은 아니다. 아이티 주민은 부두교와 주술사에 대한 절대적 믿음과 공포를 지니고 있으며, 이런 사회적·문화적 배경이 함께 작용하여 희생자를 나약하고 무기력하게 만드는 것이다. 이렇게 탄생한 좀비는 그의 영혼 '티본 앙주'ti bon ange 22의 통제권을 쥐고 있다고 믿는 자에게 절대복종

---

21. 웨이드 데이비스, 『나는 좀비를 만났다』, 김학영 옮김, 메디치미디어, 2013, 182쪽.

하게 된다. 부두교좀비는 노예가 되어 농사일에 쓰이거나 다른 지역으로 팔려나간다. 부두교 신자에게 좀비가 되는 것은 가장 끔찍하고 두려운 형벌에 해당한다. 좀비는 사악한 힘에 영혼을 빼앗긴 상태이며, 죽어서까지 영원한 노예 상태에 놓여 있기 때문이다. 부두교 신자들은 죽은 가족이 좀비가 되는 것을 막기 위해 시신의 심장을 칼로 찌르거나 목을 베는 등 주검을 훼손하기도 한다.[23]

물론 좀비가 되는 대상은 아무렇게나 정해지는 것이 아니라 엄격한 재판을 통해 선고된다. 좀비가 되는 것은 최고형의 엄벌이기에 함부로 선고되지 않으며 다음과 같은 사항에 한해 고려된다.

1. 가족과 부양 식솔의 생활비 이상으로 과도하게 돈을 벌려는 욕심.
2. 동료에 대한 존경심 부족.
3. 비밀조직에 대한 중상모략.
4. 다른 남자의 여인을 탐함.
5. 타인의 행복을 비방하거나 침범하는 부정확한 소문 유포.
6. 타인의 가족원에 대한 상해.
7. 토지와 관련된 문제 – 부당하게 토지 경작을 방해하는 모든 행위[24]

아이티 비밀조직의 재판에서 좀비로 만드는 형벌이 선고되는 경우는 주

---

22. 부두교에서 말하는 영혼의 한 요소로 개인의 성격, 의지, 인격을 결정하는 요소를 뜻한다.
23. 〈나는 좀비와 함께 걸었다〉(I Walked with a Zombie, 1943)에서 부두교 신자들은 아이가 태어나면 엉엉 울고, 사람이 죽으면 기뻐하며 춤을 춘다. 아이는 앞으로 평생 노예가 되어 고통받아야 할 운명인 데 반해, 죽은 이는 마침내 해방되어 평안을 찾았기 때문이다. 이들에게 장례식은 슬픔과 애노의 의식이 아니라 환희와 기쁨의 축제다. 그러나 좀비는 영원한 노예로 속박된 존재이기에 가장 끔찍한 형벌을 받은 자다.
24. 데이비스, 『나는 좀비를 만났다』, 372쪽.

로 과도한 탐욕, 조직에 대한 중상모략, 다른 남자의 여자를 탐하는 등 비밀조직의 운영과 공동체의 결속에 심대한 해를 끼칠 수 있을 때로 한정된다. 그러나 현실에서는 좀비가 엄격하게 관리되지는 않았던 것으로 보인다. 돈에 눈이 먼 농장주는 임금을 지급하지 않아도 아무런 불만 없이 일하는 좀비를 원했고, 이에 발맞춰 멀쩡한 사람을 좀비로 만들어 판매하거나 수출하는 일들이 암암리에 자행되었던 것이다.

한편 브룩스는 부두교좀비와 현대의 좀비 사이의 차이점을 다음과 같이 정리하고 있다. "부두교좀비는 감정을 드러낸다, 부두교좀비는 생각을 표현한다, 부두교좀비는 고통을 느낀다, 부두교좀비는 불을 알아본다, 부두교좀비는 주위 환경을 알아본다, 부두교좀비는 초월적인 감각이 없다, 부두교좀비는 의사소통을 할 수 있다, 부두교좀비들은 조종할 수 있다."[25] 상기된 특성에서도 볼 수 있듯이, 부두교좀비는 여전히 살아있는 존재다. 부두교좀비는 일반적인 인간보다 둔감하지만, 환경에 반응하고 의사소통을 하는 등 분명히 인지 활동을 하고 있으며, 시체라기보다 최면에 걸린 노예에 가까운 상태다.

시브룩의 마법의 섬

부두교좀비는 아이티에 주둔하던 군인과 이 지역을 연구하던 민속학자의 탐험기, 선교사의 기행기 등을 통해 흥미롭고 이색적인 존재로 소개되기 시작한다. 좀비가 소설과 영화에 등장하기 시작하면서 좀비는 점차 주술적인 괴물의 이미지를 갖게 된다. 서구사회에 좀비라는 미지의 존재가 본격적으로 알려지게 된 것은, 1929년 탐험가이자 저널리스트 윌리엄 시브룩William B. Seabrook이 발표한 소설 「마법의 섬」The Magic Island

---

25. 맥스 브룩스, 『좀비 서바이벌 가이드』, 장성주 옮김, 황금가지, 2011, 45~47쪽.

을 통해서다. 액자식으로 구성된 이 소설은 좀비의 존재를 믿지 못하던 화자가 좀비와 실제로 만나고 가까이에서 관찰하면서, 좀비와 주술의 힘을 믿게 되는 과정을 그리고 있다. 또한 그 과정을 마치 탐험가의 기행기처럼 기술하여 더욱 사실적인 인상을 준다. 소설은 아이티 형법 249조에 인간을 좀비를 만드는 것을 금지하는 조항이 있다는 점을 언급하며, 좀비의 존재에 신빙성을 더하고 있다.

시브룩은 좀비에 대해 이렇게 쓰고 있다.

좀비는 무덤에서 나왔지만, 나사로처럼 죽었다가 살아난 유령도 아니고 그렇다고 사람도 아닌 듯했다.… 좀비는 여전히 죽어있는, 영혼 없는 인간의 시체지만 주술사에 의해서 기계적인 생명력을 얻는다고 했다. 요컨대 좀비는 살아있는 것처럼 걷고 행동하고 움직이는 시체였다. 좀비를 움직이게 할 수 있는 사람들은 매장한 지 얼마 지나지 않은 무덤을 찾아가 아직 썩지 않은 시체를 파낸 다음 소생시킨다. 그리고 좀비를 하인이나 노예로 부리는데, 범죄 행위를 시키거나 더 흔하게는 집이나 농장에서 지루하고 고된 일을 시키고, 행동이 굼뜨다 싶으면 말 못 하는 짐승 다루듯 매질을 한다.[26]

우리는 이 책을 통해 당시 서구사회가 식민지 노예를 어떻게 인식했는지 적나라하게 엿볼 수 있다. 유령도 아니고 사람도 아닌 무덤에서 나온 존재, 부두교 주술사에 의해 생명력을 얻어 기계처럼 혹은 동물처럼 일하는 비인간 하인 혹은 노예가 이 시기 좀비의 모습이다. 이들은 범죄 행위를 강요받거나 온종일 지루하고 고된 일을 하며 채찍질 당하는 비인간이다. 근대적 주체에게 동물이 생명체가 아닌 자동인형으로 여겨지듯이, 식

---

26. 윌리엄 뷸러 시브룩, 「마법의 섬」, 『좀비 연대기』, 정진영 옮김, 책세상, 2017, 275쪽.

민지 노예 역시 자동기계에 불과하다. 이들은 온종일 일하면서 짐승처럼 매질당하지만, 어떠한 보상도 받지 못한 채 최소한의 음식만을 얻는다.

한편 좀비에게는 소금이 든 음식을 절대 주면 안 된다고 알려져 있는데, 그 이유는 소설의 마지막에 나온다. 우연히 소금을 섭취한 좀비들은 별안간 자신의 처지를 자각하더니 괴성을 지르기 시작한다. 그리고는 빠르게 자신이 묻혀있던 산속 무덤으로 들어가 다시 시체가 되고 만다. 처지를 자각한 이후에도 좀비들은 결코 백인에게 위협을 가할 수 있는 존재로 묘사되지 않는다. 그것은 애초에 이들이 어떤 혁명이나 반란이 가능한 자율적인 주체로서 고려되지 않기 때문이다. 동시에, 그것은 백인들이 반란의 가능성을 애초에 인정하지 않고 애써 억압한 결과이기도 하다. 포스트식민주의 이론가 호미 바바Homi K. Bhabha는 제국주의 지배자가 겉으로는 끊임없이 자신의 우월성과 지배의 정당성을 설파하지만, 사실 주체성 이면의 무의식은 분열되어 있다고 분석한다. 지배자는 자신과 노예의 차이를 강조하지만, 사실 내면 깊숙이 자신이 그들과 별로 다르지 않을지도 모른다는 생각에 공포심으로 빠져드는 것이다.[27] 그들이 나와 별반 다르지 않다면 지배의 정당성은 사라지며, 노예들은 언제든지 저항하고 반란을 일으킬 수 있는 주체적이며 두려운 존재로 여겨진다. 그렇기에 그것은 더욱 무의식 깊숙이 억압되어야만 했다. 이런 모순적 태도는 아이티의 공간성에서도 드러나는데, 서구인에게 아이티는 양가적인 관점으로, 비문명화 된 야만의 지역이면서 동시에 신비화된 미지의 공간으로 표상된다. 그들의 눈에 문명화 이전의 세계는 불결하고 낙후된 곳이면서 동시에 마치 태곳적의 신비를 품고 있는 듯한 미지의 공간이기도 한 것이다.

계속해서 시브룩은 좀비에 대해 이렇게 서술하고 있다. "영혼도 마음

---

27. 데이비드 허다트, 『호미 바바의 탈식민적 정체성』, 조만성 옮김, 앨피, 2011, 104~110쪽.

도 지니지 못한 채 걸어 다니는 시체, 이 가여운 좀비들은 파파 레그바에게도 그리스도에게도 기도를 하지 않았다."[28] 영혼을 빼앗겨 신에게 기도조차 드릴 수 없는 '가여운' 좀비는 약간의 연민을 자아내는 대상이면서, 결국 불가해하며 불결한 비존재다. 오랜 기독교 전통을 지닌 서구인에게 신에 대해 알고 기도를 할 수 있는 능력은 인간으로서 갖춰야 할 핵심적인 자질이다. 설사 기독교를 믿지 않는 야만적인 이교도라 할지라도, 적어도 신에 대해 아는 존재라면 기독교로 개종시킬 수 있다고 여겨졌다. 기독교로의 개종 가능성은 궁극적으로 이들의 문명화 가능성, 계몽 가능성을 판가름하는 결정적이고 중요한 요소다.

이는 서구의 역사에서 동아시아인의 피부색이 기독교 수용 가능성에 따라 끊임없이 변화했던 사실을 보면 쉽게 드러난다. 린네가 동아시아인의 피부를 황색과 연결 짓기 이전에 동아시아인의 피부색은 백색일 때가 많았으며, 시대에 따라 여러 색깔을 거치며 수많은 변천사를 겪는다. 예컨대 12세기 말 마르코 폴로의 기행기에서 중국인과 일본인은 모두 백인으로 기록되어 있다. 서구사회에서 동아시아인을 어떻게 볼 것인지가 혼란스러웠던 것은 동아시아인이 다른 대륙의 주민에 비해 고도로 문명화되어 있는 듯 보였으며, 어떤 부분에서는 유럽인보다 더 뛰어나다고 여겨졌기 때문이다. 동아시아인은 처음에는 고도의 문명과 고상한 품위를 가진 백인으로 분류되다가 점차 그들이 기독교로 개종되기 힘들다는 것이 드러나면서 유럽인과 구분되는 색깔을 갖게 된다. 이때부터 동아시아인은 점차 갈색이나 올리브색 등 다양한 색을 띠기 시작한다. 신에게 선택받은 우월한 유럽인과는 달리, 기독교로 계몽되기 힘든 동아시아인이라는 인식이 퍼지며, 이들의 얼굴색은 백색에서 어떤 '색깔'을 지닌 것으로 인식된다. 동아시아인의 피부색은 유럽인의 관점에서 밝아졌

---

28. 시브룩, 「마법의 섬」, 『좀비 연대기』, 280쪽.

다 어두워지기를 반복하다가, 1735년에 린네가 동아시아인을 황색과 결부시키면서 마침내 '황인'이 된다.[29] 이렇듯 타자를 제멋대로 규정하고 가상의 특성을 부여해 온 유럽인에게 종교, 특히 기독교는 핵심적인 요소였다. 그렇다면 신의 존재를 알지 못하고 기도조차 할 수 없는 것으로 묘사된 좀비는 도저히 계몽이 불가능한 대상이다. 따라서 좀비는 인간에 근접할 수조차 없는 존재, 영원한 어둠 속에 놓여 있고 부려 마땅한 노예에 불과하다.

요컨대 부두교좀비는 좀비는 곧 백인이 자신을 보편적인 주체로 정립하면서 배제한 바깥에서 탄생했다. 이들은 백인이 지닌 이민족에 대한 불온한 호기심과 인종적 멸시가 결합하여 탄생한 '영혼 없는 노예'다. 서구 문화는 피식민지 노예를 끔찍하지만 위협적이지는 않은 무기력한 괴물로 상상하여, 철저히 인간 이하의 타자로 만들었다. 유럽인이 마구 부려먹고 채찍질해대는 노예가 인간이 아니라 좀비라는 생각은 그들의 지배에 정당성을 부여하며, 문명인으로서의 자부심에 흠이 가지 않을 적당한 변명거리를 제공해주었다.

화이트 좀비 : 하얀 인간, 검은 좀비

마을의 초입, 길 한가운데 사람들이 모여 노래를 부르며 무언가를 매장하고 있다. 사람들은 타악기를 두들기고 아프리카 토속 음악을 연상케 하는 노래를 부르며 장례 의식을 거행 중이다. 그때 마차 한 대가 길로 들어선다. 흑인 마부가 모는 마차 안에는 백인 남성과 여성이 타고 있다. 결혼식을 위해 여행을 온 두 연인은 길 한가운데에 시체를 묻는 풍습을 의아하게 생각하며 지나간다. 어둡고 음산한 길가에는 공동묘지가

---

29. 키벅, 『황인종의 탄생』, 91~92쪽.

자리 잡고 있고, 마을은 알 수 없는 섬뜩한 분위기를 풍긴다. 점점 깊숙한 곳으로 들어오는 마차의 위에 거대하고 악마적인 눈이 겹쳐진다. 짙고 뾰족한 눈썹에 날카로운 눈으로 마차의 행적을 모두 응시하고 있는 듯한 그 시선은 결코 벗어날 수 없을 듯한 느낌을 준다. 관객은 그 눈의 주인공을 금세 만나게 된다. 마차가 지나가는 길에 그들을 기다리고 있었다는 듯이 서 있는 수상한 남자, 바로 주술사 머더Murder Legendre(벨라루고시 분)[30]다. 마부는 잠시 마차를 멈추고 머더에게 길을 묻지만, 그는 아무런 대답도 하지 않은 채 마차 안의 백인 여성을 뚫어지게 응시한다. 그 순간 언덕에서 내려오는 좀비들을 발견한 마부는 놀란 표정으로 황급히 말을 출발시킨다. 집에 도착한 흑인 마부는 좀비에 대해 이렇게 설명한다. "그들은 인간이 아니라 살아있는 시체입니다. 무덤에서 죽은 자들을 불러와 설탕 농장에서 일하도록 만들죠."

이 장면은 빅터 핼퍼린Victor Halperin 감독[31]의 최초의 좀비영화 〈화이트 좀비〉1932의 도입부다. 좀비를 처음으로 스크린에 등장시켜 많은 인기를 끌었던 〈화이트 좀비〉의 개봉 이후, 좀비는 본격적으로 대중문화에 소개된다. 〈화이트 좀비〉는 아이티 지역에 실재하는 부두교좀비를 서구적 시선에서 적당히 재구성하고 왜곡시킨 형태로 등장시키고 있다. 이 영화는 당시 미국인이 지녔던 부두교에 대한 부정적 편견과 좀비에 대한 인상을 충실하게 재현하고 있다는 점에서 꼼꼼히 살펴볼 필요가 있다.

---

30. 헝가리 출신의 벨라 루고시는 당대의 인기 스타로, 흡혈귀 영화의 고전 〈드라큘라〉(1931)에서 드라큘라 백작 역을 맡아 관객에게 깊은 인상을 심어준 배우다. 그는 과장된 제스처와 특유의 표정, 독특한 이국적 악센트로 인기를 끌어 유니버설 스튜디오의 호러 스타가 되었다. 〈화이트 좀비〉에서 루고시는 좀비들을 조종하는 주술사를 연기하고 있다. 이 영화 이후 그의 인기는 점차 사그라졌는데, 영화계의 흐름이 바뀌면서 과장된 연기가 도리어 해가 된 것이나. 루고시의 낡은 스타일은 한물간 촌스러운 것으로 받아들여졌고, 결국 그는 흘러간 과거의 스타가 되고 말았다.

31. 〈화이트 좀비〉의 흥행에 힘입어 핼퍼린 감독은 규모를 더 키운 좀비영화를 제작했지만, 별다른 주목을 받지 못한 채 실패하고 말았다.

이 시기 제작된 부두교좀비영화에서 좀비는 행동이 굼뜨지만, 현대의 좀비처럼 기괴하게 몸을 꺾거나 땅을 기어 다니는 식의 아크로바틱한 움직임을 보이지는 않는다. 여기서 좀비는 어딘지 섬뜩한 부분은 있지만, 생물학적으로 인간의 범주에서 크게 벗어난 존재는 아니다.

첫 등장 장면에서 부두교좀비들은 페도라를 쓴 머더의 오른쪽에 가지런히 정렬한 채 명령을 기다리고 있다. 무질서하고 통제할 수 없는 현대의 좀비와 달리 이 영화의 좀비는 의식 활동이 완전히 부재하지는 않은 존재다. 머더의 옆에 질서정연하게 서 있는 모습에서 알 수 있듯이 이들은 주술사의 명령만을 철저히 따르는 존재다. 또한 부두교좀비는 현대의 좀비처럼 다 찢어진 너덜너덜한 옷이나 뼈나 내장이 드러나 보이는 그로테스크한 육체로 표현되지 않는다. 부두교좀비는 비록 남루하지만 옷을 갖춰 입고 있으며 인간의 모습과 크게 달라 보이지 않는다. 이는 당시의 좀비가 시체에서 되살아난 괴물이 아니라 피식민지 노예였기 때문이다. 물론 잘 갖춰 입은 머더와 헐벗고 제멋대로 수염과 머리를 기른 좀비의 모습은 대조적이다. 머더는 수많은 좀비를 만들어 마치 공장 노동자처럼 이들을 부리는데, 이 노동은 매우 단순하고 반복적인 기계적 작업으로 별다른 의식 활동이 없어도 가능한 노동이다. 영화 속에서 좀비들은 줄을 맞춰 굼뜬 동작으로 이 노동을 묵묵히 수행한다. 일부 좀비는 그 과정에서 분쇄기에 빠져 죽어 나가기도 하지만, 주위의 다른 좀비들, 그리고 빠진 좀비 자신조차도 여기에 아무런 반응을 하지 않는다. 이는 식민치하에서 값싼 노동력을 제공하며 가혹한 일에 시달리던 노예, 죽음이 놀랄 일이 아니라 일상이었던 구조적 타자의 모습을 잘 보여준다.

'화이트 좀비'라는 제목은 이 영화에 등장하는 좀비가 백색이라거나 혹은 어떤 백색의 속성을 띤 존재라는 의미가 아니다. 앞서 살펴보았듯이 백색은 서구인이 자신에게만 예외적으로 부여한 특성으로, 신성함과 빛, 이성과 계몽을 상징하는 특권적 색상이다. 좀비 앞에 '화이트'라

<화이트 좀비>, 1932

는 수식어가 붙은 이유는 단지 서구인의 관점에서 경악할 만한 선정적 사건, 즉 백인이 좀비가 되었다는 사실을 강조하기 위해 붙여진 것뿐이다. 이 영화에서 백인이 이성, 빛, 문명 등을 상징한다면 대조적으로 노예좀비들은 단지 검은 어둠으로 제시된다. 좀비는 백인과 대비되는 미개, 비천, 비이성, 암흑, 야만의 존재에 불과하다. 좀비가 받는 비인간적인 처우와 고통은 영화의 관심사가 아니다. 아름답고 교양을 갖춘 백인 여성이 좀비가 된다는 사실이 이 영화에서 가장 끔찍하고 중요한 사건이다. 주인공의 약혼녀 마델린(마지 벨라미 분)은 결혼식 도중에 머더의 계략으로 좀비가 된다. 당시 관객에게 충격적이었던 건 머더의 명령을 따르는 수많은 노예좀비의 존재가 아니라, 백인인 마델린조차 좀비가 될 수 있다는 점이다. 마델린이 좀비가 된 이후 '검은 좀비들'과는 다른 '하얀 좀비'의 대비는 분명해진다.

유일한 '여성 좀비'이자 '화이트 좀비'인 마델린은 여타의 남성 '유색 좀비'와는 전혀 다른 존재처럼 보인다. 남성 좀비들이 봉두난발에 넝마를 대충 걸치고 있는데 비해, 여성 좀비는 깨끗하고 잘 단정된 옷차림과 외모를 유지하고 있다. 또한 마델린은 노예좀비처럼 굼뜨거나 둔하게 어슬렁거리는 행동을 보이지 않는다. 드레스를 차려입고 피아노 앞에 앉아 있는 마델린은 단지 최면상태에 빠진 것처럼 멍하게 먼 곳을 응시하고 질문에 대답하지 않을 뿐이다. 이것은 좀비가 된 이후에도 여성이 여전히 성애性愛의 대상으로 머물고 있음을 암시한다. 애초에 마델린이 좀비가 된 것은 다른 좀비처럼 노동력으로 활용하기 위해서가 아니라, 주술사 머더가 성적 욕망을 품었기 때문이다. 마델린은 좀비가 된 이후에도 인형처럼 예쁘게 단장한 모습을 유지하고 있으며, 남성의 구애와 성적 착

〈화이트 좀비〉, 1932

취에 저항하지 않는 순종적인 존재가 된다. 마델린은 자본가를 위한 공장 노예가 아닌, 남성을 위한 성적 노예로서의 좀비인 것이다. 심지어 마델린은 좀비인 상태에서 프란츠 리스트의 피아노 연주곡 〈사랑의 꿈〉을 연주함으로써 고도의 정신 활동을 필요로 하는 피아노 연주마저 훌륭하게 수행해낸다. 리스트의 화려한 피아노곡은 유럽 중심의 근대적 휴머니즘에서 가정하는 이상적이며 초월적 가치의 예술을 은유한다. 이는 영화의 첫 장면 부두교 장례 의식에서 주민들이 함께 불렀던 단순하고 반복적인 멜로디의 민요 대비를 이룬다. 좀비가 된 이후에도 피아노를 연주할 수 있는 백인 좀비와 단순한 반복 작업조차 제대로 해지지 못해 죽어 나가는 노예좀비의 모습은 대조적이다.

결국 좀비가 된 백인 여성을 사악한 주술에서 구해내는 것은 백인 남성이다. 백인 남성의 활약으로 주술사가 처단되는 것은 곧 유럽의 문명과 이성의 질서에 의해 야만과 비이성의 무질서가 치유되고, 끔찍한 이교도의 주술이 응징되는 것을 의미한다. 물론 영화에서 머더의 생김새와 피부색은 백인처럼 보인다. 그러나 머더는 여전히 흑인과 야만의 은유인데, 그것은 머더가 이국적인 악센트를 사용하며, 이단으로 여겨지는 부두교 지식을 가지고 있기 때문이다.[32] 〈화이트 좀비〉에서 좀비 마스터 머더가 흑인이 아닌 백인으로 제시되고 있는 것은, 당시의 백인 관객이 흑인이 물리적이고 직접적인 위협으로 제시되는 것에 반감과 두려움을 느꼈기 때문이다. 영화에서 머더는 백인 여성 마델린을 좀비로 만들어 차지하려

32. Chera Kee, "Good Girls Don't Date Dead Boys", *Journal of Popular Film and Television*, 2014, p. 177.

는 음모를 꾸민다. 당시 미국 사회에서 흑인 남성과 백인 여성과의 결합은 금기시되는 심각한 범죄 행위였으며, 이런 행위를 저지른 흑인은 백인들에게 살해당하기도 했다. 이에 머더는 표면적으로는 백인의 모습을 할 수밖에 없던 것이다. 머더가 제거된 이후, 노예좀비와 백인 좀비의 대비는 더욱 극명하게 드러난다. 좀비를 조종하던 머더가 사라지자, 그의 주술에서 풀려난 마델린은 곧바로 인간으로 되돌아오고 의식과 이성을 되찾게 된다. 반면 노예좀비들은 마스터의 뒤를 따라 우스꽝스럽게 뒤뚱거리는 걸음으로 바닷속으로 뛰어들어 스스로 제거된다. 이는 이끌어줄 주인(백인)이 없이는 스스로 판단하고 행동할 능력이 없다고 여겨졌던 피식민지인과 노예에 대한 차별적 시선이 적나라하게 드러나는 대목이다. 결국 이방인 주술사, 피식민 노예들은 모두 사라지고, 오직 백인들만이 살아남아 승리의 기쁨을 만끽한다.

나는 좀비와 함께 걸었다 : 서구적 이성과 초자연적 주술

자크 투르네 감독의 〈나는 좀비와 함께 걸었다〉I Walked with a Zombie, 1943는 우드가 그의 책에서 "모든 미국 호러영화 중 가장 뛰어난 영화"라고 평가할 만큼 잘 만들어진 영화다. 우드가 이렇게 평가하는 이유는 기존의 호러영화가 명백한 이분법적 구도 아래에서 호러와 이국적 요소를 결합하는 데 반해, 여기에서는 그런 구분이 혼란스러우며 누구도 '오염'에서 벗어날 수 없음을 보여주고 있기 때문이다.[33] 이 영화의 호러는 직접적으로 드러나는 즉각적이며 가시적인 호러가 아닌, 영화 전체에 깊숙이 깔려 있으며 정체를 파악하기 힘든 불안감으로 스멀스멀 올라와 모두를 오염시키는 은유적이며 암시적인 종류의 호러다. 나는 우드의 평가대로

---

33. 우드, 『베트남에서 레이건까지』, 114쪽.

〈나는 좀비와 함께 걸었다〉가 잘 만들어진 호러영화라는 점에 동의할 수 있다. 그러나 이 영화가 그의 말대로 이분법적 경계를 희미하게 만들고, 호러와 이국적 요소를 분리함으로써, 궁극적으로 백인 중심적 관점에서 벗어나고 있는지에 관해서는 회의적이다. 영화에서 이분법적 구분을 혼란에 빠뜨리고 경계를 무용하게 만드는 오염의 강력함은 이단과 이국적인 것 앞에 무방비하게 노출된 백인들을 집어삼키고, 이들의 무기력함을 선명하게 강조하는 역할을 한다. 이는 서구 문명과 대비되는 외부의 것에 대한 더 심대한 호러와 불안감을 자아내는 요인으로 작용한다. 거기에서 서구·기독교·백인·남성 중심의 차별적 시선은 면면히 유지되고 있다.

〈나는 좀비와 함께 걸었다〉에서 백인은 서구적인 이성의 주체로 과학과 의학에 근거하여 사건을 해결하려는 존재다. 이에 반해 아이티 전통과 부두교 문화는 신비로우며 강력한 주술적 힘을 지닌 것으로 묘사된다. 캐나다 출신의 젊은 간호사 베시(프란세스 디 분)는 사탕수수 농장을 운영하는 폴 홀랜드(톰 콘웨이 분)의 아내를 간호하기 위해 서인도 제도로 오게 된다. 낯선 홀랜드의 저택은 어딘지 음산하고 비밀스러운 음모를 감추고 있는 듯한 인상을 준다. 영화의 초반에 부두교는 민중의 활기찬 생명력으로 가득한 토착문화처럼 묘사된다. 이는 〈화이트 좀비〉에서 묘사된 음험하고 섬뜩한 부두교의 모습에서 한 발 나아간 모습처럼 보인다. 하지만 후반부로 갈수록 점차 부두교 고유의 기괴한 생명력과 야만성이 드러나며, 부두교 주술사 '호웅간'이 꼭두각시를 이용해 사람을 조종하고 죽이는 범죄를 저지르고 있음이 드러난다. 흑인 좀비와 백인 좀비 역시 대조적으로 그려진다. 흑인 좀비는 헐벗은 복장으로 튀어나올 것만 같은 눈을 한껏 부릅뜬 채 예기치 못한 곳에서 별안간 출몰하는 두렵고 기괴한 존재다. 반면에 백인 여성 좀비인 제시카(크리스틴 고든 분)는 마델린과 유사하게 병약하고 어둡지만 신비로운 매력을 지닌 존재로 묘사된다. 제시카는 늘 긴 흰색 드레스를 입고 있으며 일과의 대부분을 침대에 누워있다가 밤이면 몽유병 환자처럼 여기저기를 서성댄다.

두 백인 여성 간의 대비도 흥미롭다. 랜드 부인(에디스 바렛 분)은 아이티 주민의 고유한 종교와 토착문화를 이해하고 포용하는 듯한 태도를 보이는 유일한 백인이다. 랜드 부인은 주민을 위해 봉사하며 그들을 돕고 치료하는 일을 수년간 해왔다. 그러나 그는 겉모습만 백인일 뿐. 이미 야만적 문화와 이방의 종교에 심취한 타락한 내면을 지닌 백인으로 제시된다. 랜드 부인은 사실은 부두교에 깊숙이 연루되어 있으며, 제시카를 좀비로 만든 장본인이다. 아버지가 다른 랜드 부인의 두 아들은 은연중에 서로 반목하면서, 결정적으로 한 여인을 사이에 두고 다투고 있다. 작은 아들 웨슬리 랜드(제임스 엘리슨 분)가 형의 아내 제시카를 사랑하게 되면서 파멸적인 삼각관계가 형성된 것이다. 랜드 부인은 제시카가 아들들의 사이를 이간질하고 평화로운 가정을 파탄 내고 있다고 여기게 되고, 증오와 분노에 휩싸여 제시카를 좀비로 만들어 버린다. 이처럼 부두교를 이해하는 듯 보이고 그와 연관된 자들은 여전히 야만적이고 악에 가까운 존재이며, 백인은 거기에서 희생되는 가련한 피해자일 뿐이다. '타락한 백인' 랜드 부인과 대비되는 것은 캐나다에서 온 '순수한 백인' 베시다. 베시는 제시카의 상태를 알아차리고 랜드 부인의 음모를 밝혀낸다. 베시는 아이티와 아무런 관련이 없는 '온전한 백인'이며, 서구적 이성의 주체로서 체계적인 의학 교육을 받은 간호사다. 따뜻한 성품을 지닌 베시는 제시카를 정성껏 간호하고 상태를 호전시키기 위해 백방으로 노력한다.

그러나 이 영화는 〈화이트 좀비〉와는 달리 백인 개인의 단독적인 노력으로 사건이 손쉽게 해결되거나 봉합되지 않는다. 〈화이트 좀비〉에서는 부두교의 초자연적 힘과 악의 혐의가 주술사 머더의 캐릭터에 집중된다면, 〈나는 좀비와 함께 걸었다〉에서 부두교는 지역의 전 주민이 참여하는 문화이자 광범위하게 공유되는 신앙이며, 이들은 백인이 모두 잠든 시간 울창한 숲속에서 은밀하게 광기에 가까운 자신들만의 축제를 향유한다. 서구 문명에서 한참 떨어진 먼 타국, 지구 반대편에서 부두교는 더욱 강력한 주술성과 괴기스러운 초자연적 힘을 획득하는 듯 보인다. 과도하게 생장하는 생물과 광대한 자연환경과 더불어 이단의 위력은 더욱 강성해지는 것이다.

백인 의사는 제시카가 단지 열병에 의한 후유증을 앓고 있을 뿐, 좀비가 되었다는 것을 좀처럼 인정하지 않는다. 이렇듯 서구의 의학 지식은 제시카의 상태를 파악할 수 없을뿐더러, 치료도 하지 못하는 무능성을 드러낼 뿐이다. 베시는 제시카를 주술사 호웅간에게도 데려가 보지만, 이미 좀비가 되어버린 제시카는 다시 인간으로 회복될 수 없음이 드러난다. 결국 랜드는 삶과 죽음 사이에서 고통받는 제시카에게 영원한 안식을 주기 위해, 그를 안은 채 바닷속으로 들어가 사라진다. 그리고 살아남은 자들, 서로 사랑에 빠진 베시와 홀랜드가 결합하지만, 이것은 마냥 행복한 결말이나 질서의 회복으로 제시되지는 않는다. 카메라는 길고 반복적으로 아름답고 장대한 카리브해 연안의 광막한 바다와 수평선을 비춘다. 거기서 아주 작은 점처럼 보이는 인간은 무력하며 미미한 존재처럼 보인다. 내레이션은 인간의 나약함과 비극적 운명 속에서 신의 은총을 간구하지만, 신은 어디에 있는지 알 수 없다. 서구적 이성과 과학의 힘, 혹은 신의 은총이 미치지 않는 아이티에서, 백인은 자연의 그로테스크한 생명력과 이교도의 주술적 힘에 압도당하고 영혼은 잡아먹혀 비극적 파멸을 맞이하고야 마는 것이다.

니체의 울음

정리해보면 부두교좀비는 자신의 처지조차 깨닫지 못하는 가련한 존재로, 원래 있어야 할 곳에서 이탈되어 부당하고 과도한 노동에 고통받으며 죽어가는 노예다. 이들은 자신의 집 혹은 무덤에서 편히 쉬지 못하고 백인 지주를 위해 농장이나 공장에서 일하며 부품처럼 사용된다. 노예에게 죽음은 오히려 편안한 휴식과 안주이며 내세에서의 피안이지만, 유럽인 지주는 이들을 죽은 이후에까지 무덤에서 꺼내어 부리고 착취한다. 부두교좀비는 설사 자신의 처지를 알아채게 되더라도 박탈당한 권리를 요구하거나 인간에게 위해를 가하지 않으며, 그저 원래의 자리(무덤)로 신속하게 돌아갈 뿐이다. 부두교좀비가 위협적일 경우는 오직 좀비를 관리하고 조종하는 주술사가 어떤 사악한 의도를 품고 있을 때이다. 백인 '정상 인간'이 이들에게 느끼는 감정은 인간과 비슷하게 생겼지만 인간이 아닌 존재, 신을 알지 못하는 가련한 동물, 야만적 비인간에 느끼는 불순한 호기심이다. 그들은 좀비를 마치 동물원의 철창 속에 갇힌 신기한 동물을 구경하듯이 바라보며, 즐겁게 경악할 뿐이다. 야성이 남아있는 동물에게는 위협의 여지가 잔존하지만, 별다른 위협으로 제시되지 못하는 좀비는 더욱 흥미롭고 안전한 구경거리다.

이런 유형의 부두교좀비는 20세기 중반까지 유행했으며, 1968년 로메로 감독의 좀비가 탄생한 이후로는 자취를 감추어 지금은 찾아보기 힘들다. 다만 부두교좀비와 흡사한 특성을 가진 좀비가 등장하는 영화가 있다. 부두교좀비가 머더나 호웅간과 같은 특정인의 의지에 따라 조종되듯이, 〈웜우드 : 분노의 좀비 도로〉2014의 좀비들 역시 주인공에 의해 통제된다. 다만 〈화이트 좀비〉의 머더가 좀비들의 영혼을 빼앗아 노예처럼 부린다면, 〈웜우드〉의 주인공은 생체 실험에서 살아난 이후 좀비를 조종하는 능력을 획득하게 된다. 그는 완전히 좀비화되지 않은 반-좀비로서, 다른 좀비와 정신적으로 교감하는 능력을 이용해 좀비들을 조종하는 것처럼 묘사된다. 그 외에 '촛불좀비'나 '좌좀'(좌파 좀비)과 같이 대상을 비하하는 멸칭에서도 부두교좀비의 흔적을 찾아볼 수 있다. 여기에는 시민을 무시하는 엘리트주의적 태도가 전제되어 있다. 시민들이 주체적으로 판단을 내리지 않고 타인에게 영혼을 빼앗긴 채 조종당하고 있으며, 비이성적·비합리적으로 행동하고 있다는 점에서 부두교좀비와 유사하다고 본 것이다. 또한 이 용어는 시민들을 공연히 떼를 지어 몰려다니는 넋이 나간 존재, 사회 질서를 파괴하고 혼란에 빠뜨리는 존재로 본다는 점에서 시체좀비나 밀레니엄좀비의 뉘앙스를 갖고 있기도 하다. 한동안 인구에 회자되었던 '국민은 개돼지' 발언이나 '레밍'(설치류) 발언 역시 이와 유사한 맥락에서 사용된 것이다. 이명박 정부와 박근혜 정부 시절 국정원은 '문화계 블랙리스트'를 작성하여 특정 연예인과 문화예술 인사를 모든 종류의 지원정책에서 배제했다. 그 이유는 이들에 의해 국민이 좌파적 이념으로 편향되어 '좀비화'되고 있다고 여겼기 때문이다.[34] 이 역시 국민을 판단력이 부재해 타인에게 쉽게 조종되는 부두교좀비와 유사한 존재라 여긴 것이다.

초기 부두교좀비가 지녔던 특징들은 현대 좀비의 모습에서는 찾아보기 어려울 만큼 희미해진 듯 보인다. 그러나 변하지 않은 점이 있다면 좀비의 기원에서 비롯되었던 노예와 서발턴으로서의 은유는 여전히 소멸되지 않고 내포되어 있다는 것이다. 좀비영화에 내재된 젠더와 인종 문제 연구에 천착하는 셰라 키Chera Kee에 따르면, 부두교좀비영화의 흑인 노예라는 인종적 은유는 다양한 형태의 좀비가 등장한 이후에도 사라지지 않고 지금까지 면면히 이어지고 있다.[35] 좀비는 제국주의의 폭력과 착취의 역사, 거기에서 가혹한 강제노동과 죽음이 일상적이었던 식민지 노예라는 잔혹한 배경 속에서 탄생했다. 따라서 좀비에는 계급 문제와 인종 문제, 그리고 피식민지인들이 받았던 억압과 차별의 정동이 내재되어 있다. 좀비는 무엇보다도 배제되고 박탈당한 타자의 괴물이며 소수자의

---

34. '좀비화'는 국정원 문건에서 사용된 표현을 그대로 옮긴 것이다. 이와 관련된 내용은 7장에서 다뤄질 것이다.

35. Chera Kee, "Good Girls Don't Date Dead Boys", p. 177.

기표로서 존재한다. 다만 시대와 사회적 맥락에 따라 그 모습을 달리할 뿐, 오늘날까지 불안과 억압의 원초적 이미지는 좀비의 신체를 구성하는 근원적인 요소가 된다. 그리고 여기에는 데카르트가 마련한 근대적 주체의 탄생이 밀접하게 관련된다. 근대적 주체는 제국주의와 인종 차별의 토대를 마련하고, 노예를 끔찍한 괴물이자 비인간으로 환원시키는 데 존재론적 정당성, 논리적 당위를 제공했기 때문이다.

이제 우리는 앞에서 쿤데라가 언급했던 '인간의 근본적 파산'에 대해 이해할 수 있게 되었다. 쿤데라는 인간이 자행한 계산 불가능한 죄에 대해 충분히 고려하면서, 니체의 행적을 빌어 이렇게 적고 있다.

> 튜랭의 한 호텔에서 나오는 니체. 그는 말과 그 말을 채찍으로 때리는 마부를 보았다. 니체는 말에게 다가가 마부가 보는 앞에서 말의 목을 껴안더니 울음을 터뜨렸다. 이 일은 1889년에 있었던 것이고, 니체도 이미 인간들로부터 멀어져 있었다. … 니체는 말에게 다가가 데카르트를 용서해 달라고 빌었던 것이다. 그의 광기(즉, 인류와의 결별)는 그가 말을 위해 울었던 그 순간 시작되었다.[36]

말을 껴안으며 울음을 터뜨린 니체는 다른 모든 인간을 대신하여 변제 불가능한 부채, 용서 불가능한 대죄를 말에게 고해한다. 니체의 울음, 그것은 고통받는 타자를 위해 기꺼이 흘리는 속죄의 눈물이며, 니체의 광기, 그것은 그들의 아픔에 공감하고 동참하는 행위, 푸코적인 의미에서의 광기에 가까운 행동이다. 만일 니체가 설탕 농장에서 채찍을 맞고 있는 좀비의 모습을 보았더라면, 그는 말 대신 좀비에게 뛰어가 그를 끌어안고 사죄하며 눈물을 흘렸을 것이다.

---

36. 쿤데라, 『참을 수 없는 존재의 가벼움』, 329~330쪽.

니체는 이 사건 이후로 완전히 광기에 빠져 정신착란 증세를 보였으며, 광인이 되어 다시는 돌아오지 못했다. 들뢰즈와 가타리가 "철학에는 그의 눈물을 넘어서는 광인의 웃음이 있다"고 말한 바 있듯이 철학자와 광인은 닮았다.[37] 니체가 말을 위해 운 순간은 철학자의 눈물이 광인의 웃음으로 반전되는 지점을 보여준다. 철학자는 모든 종류의 견해, 관습, 천상의 초월성을 무참히 찢어버리고 카오스와 대면하며, 또다시 그것에 맞서 새로운 것을 끊임없이 생성함으로써 대항하는 자다. 니체는 기존재하는 익숙하고 당연한 것을 회의하고 인간의 위선적인 도덕에 거리를 두며 거침없이 그것을 폭로하고 무너뜨리는 데 누구보다 탁월한 철학자였다. 그러나 철학자의 사유는 자칫 카오스에 함몰되어 헤어나오지 못하는 광인의 정신에 위험천만하게 근접한다. 니체는 인류와 결별하고 비인간의 편에 서 있음으로써, 이성과 문명이라는 멀끔한 미소의 뒤에 보이지 않는 그림자로 존재하는 음험하고 은밀한 이면계약, 상대방의 동의를 구하지 않은 일방적 착취구조를 간파했다. 그리고 차라리 광기에 가까운 어떤 것에서 인간이 취해야 마땅할 윤리성을 보았다. 니체의 윤리가 광기로 빠져버린 것은 그가 변제 불가능한 빚을 감히 갚으려는 불가능한 시도를 감행하기 때문이다. 니체는 인간이 그 모든 타자와 자연을 희생양이자 동력으로 삼으며 나아갔던 역사, 진보라는 이름의 폭력, 그리고 그것을 옹호했던 가식적인 도덕 따위와 결별한다. 광기로 빠져든 니체의 정신은 찬란히 빛나는 듯 보였던 유럽의 이성과 눈부신 발전의 뒤편에 항상 존재했으나 비가시적이었던 저 먼 이국의 땅, 어두운 식민지의 밤으로 떠났다. 그것은 로고스의 오만을 넘어서 광기와 사귀고 숲속에서 좀비들과 한데 어울려 춤을 추는 디오니소스적인 카니발의 순간이며, 파토스로 충만한 뜨거운 밤이다.

---

37. 들뢰즈·가타리, 『철학이란 무엇인가』, 21쪽.

4장

인간의 죽음과 안티-휴머니즘의 괴물

반근대적 주체와 식인좀비

안티-휴머니즘과 식인좀비의 탄생

휴머니즘은 과학이 아니라 종교다. 인류가 이제까지 존재했던 어떤 세
상보다 더 나은 세상을 만들 수 있다는, 기독교 시대 이후의 신앙이다.[1]

지금까지 우리는 다소 낯선 형태의 좀비 – 부두교 주술사에게 조종
당하고 공장과 농장에서 일하는 노예좀비에 대해 살펴보았다. 그렇다면
우리가 잘 알고 있는 형태의 좀비가 등장한 건 언제일까? 현대적 좀비는
1968년 컬트영화의 대가 조지 로메로George A. Romero 감독의 〈살아있는
시체들의 밤〉1968에서 처음 등장한다. 불과 11만 4천 달러로 제작된 이
영화는 로메로 감독이 친구들과 함께 작은 창고에서 만든 저예산 영화
다. 이 영화가 예상치 못한 큰 성공을 거두면서, 새로운 좀비는 이전의 종
교적이고 이국적인 향취를 풍기던 부두교좀비를 급속도로 대체하기 시
작한다. 로메로 감독은 잇달아 '좀비 3부작'[2]이라 불리는 〈살아있는 시

---

1. 존 그레이, 『하찮은 인간, 호모 라피엔스』, 김승진 옮김, 이후, 2010, 11쪽.
2. 조지 로메로의 좀비영화 중에서 초기작품에 해당하는 1960~1980년대에 제작된 3
   편을 일컫는다. 로메로는 2000년대에도 〈랜드 오브 데드〉(2005), 〈다이어리 오브 데

체들의 밤〉, 〈시체들의 새벽〉1978 3, 〈시체들의 낮〉1985 4을 제작했고, 식인 좀비라는 괴물을 대중의 뇌리에 강렬하게 각인시켰다. 로메로의 좀비 3부작은 이후 많은 아류작을 탄생시키고 여러 번 리메이크되면서, 이제는 좀비장르의 고전으로 자리 잡았다.

1968년에 비로소 좀비는 비유적 의미가 아닌, 말 그대로 완전히 '살아 있는 시체'living dead가 되었으며, 우리에게 익숙한 특성들이 정립된다. 예 컨대 시체처럼 몸이 경직되어 느릿느릿 움직이고, 머리를 파괴해야 멈출 수 있고, 무리를 지어 출현하고, 끝없는 허기를 채우기 위해 인간의 살을 탐하며, 물리거나 신체적 접촉을 통해 전염되는 좀비가 탄생한 것이다. 완전히 죽었다고 보기 어려운 부두교 속 좀비와 달리 로메로 영화의 식 인좀비는 인간의 특성을 모두 상실한 채 죽은 뒤 되살아나며, 특정인의 명령에 조종되는 것이 아니라 식욕이라는 가장 원초적인 본능에만 이끌 려 먹이인 인간을 찾아 떠돌아다니게 된다.

한 가지 주목해야 할 사실은 로메로의 〈살아있는 시체들의 밤〉 어디 에도 '좀비'라는 단어가 등장하지 않는다는 점이다. 로메로는 한 인터뷰 에서 자신은 좀비를 염두에 두고 영화를 찍지 않았으며, 영화에 등장하 는 괴물은 좀비보다는 차라리 '구울'ghoul에 가깝다고 생각했다고 고백한 다.5 관객은 로메로 감독이 만들어 낸, 이전까지 보지 못했던 새로운 유 형의 괴물을 보면서, 철 지난 부두교의 타자-괴물인 좀비를 떠올렸다. 두

드〉(2007), 〈서바이벌 오브 더 데드〉(2009)를 내놓았으며, 이를 '후기 3부작'으로 구분 하기도 한다. 다만 후기 3부작은 이전만큼의 큰 인기를 끌지는 못했다.

3. 이 영화는 개봉 당시 한국어 제목으로 〈좀비들〉이 쓰이기도 했으나, 여기서는 원제에 더 가깝고 현재 널리 쓰이고 있는 〈시체들의 새벽〉으로 표기하겠다.

4. 원제는 〈Day of the Dead〉로 한국에서는 〈시체들의 낮〉으로 번역되기도 하나, 앞선 작품 들이 일관되게 새벽과 밤이라는 시간대를 나타내고 있으므로, 〈시체들의 낮〉으로 번역 하는 것이 더 적절하다.

5. 로메로 인터뷰. Donald Clarke, "George A Romero : 'I never called ours zombies. We thought of them as ghouls' ", *The Irish Times*, 2005. 9. 23.

종류의 괴물이 모두 움직임이 굼뜨고 영혼이 없는 것 같다는 점에서 유사하다고 본 것이다. 다시 말해, 로메로의 괴물은 감독의 의도와는 무관하게 영화를 관람한 대중에 의해 '새 시대의 좀비'로 명명된 것이며, 사후적으로 호명된 좀비다. 이는 좀비가 대중과 함께 호흡하고 그들의 정동을 반영하며, 대중에 의해 탄생된 괴물임을 알 수 있는 대목이다.

　로메로의 좀비영화는 이전의 부두교좀비영화와 결정적인 차이점을 갖는다. 첫 번째로 부두교좀비는 이국성異國性과 결합한 괴물로 등장하여 정상성을 위협하지만, 이내 백인에 의해 처단되고 질서는 회복된다. 반면 로메로의 좀비영화에서 파국은 끝내 정상성으로 가정되는 주류 사회의 질서로 봉합되지 않는다. 로메로는 이를 통해 '정상성'이 억압적이고 기만적인 것이라는 사실을 폭로한다. 두 번째로 로메로는 좀비의 정체를 명시적으로 밝히지는 않지만, 우주 탐사 로켓에서 방출된 방사능이 좀비를 무덤에서 깨운 원인이라고 암시하고 있다. 이를 통해 로메로는 부두교좀비의 신체에 남아있던 서구 중심적이며 다소 낭만화된 아이티 부두교의 색채 − 초자연적 주술, 설탕 농장, 광대한 자연경관, 광기의 민중 축제 등 − 를 거의 보이지 않게 지운다. 과학기술에 의해 탄생된 좀비의 신체는 문명 비판적 요소를 함축하며, 첨예한 정치·문화적 투쟁의 장으로 탈바꿈한다. 세 번째로 부두교좀비가 미약하게나마 인간성을 지니고 있었다면, 시체좀비는 남아있던 모든 인간성을 상실한 채 인간에서 시체로, 삶에서 죽음이라는 회복될 수 없는 실존적인 변화를 겪는다. 좀비는 타인에게 조종당하는 소극적 종범에서, 자신의 욕망을 충족하기 위한 살인과 식인이라는 용서받을 수 없는 죄를 직접 행하게 되면서, 미약하게나마 붙잡고 있던 인간의 지위를 박탈당하고 완전한 괴물로 거듭난다. 네 번째로 식인좀비는 부두교좀비에게는 없던 전염이라는 새로운 특성을 갖게 된다. 식인좀비영화에서 조금 전까지 나와 똑같은 인간이었던 등장인물이 순식간에 좀비가 되어 인육을 뜯어먹기 시작한다. 모든 인간은 재앙의 피해자이면서 동시에 가해자가 된다. 부두교좀비영화에서 파멸의 원인이 외부의 것, 나와 이질적인 것으로 단순화된다면, 식인좀비영화에서 재앙은 곧 인간 스스로 초래한 것이다.

식인좀비는 저 먼 타지에 있을 법한 외부의 괴물, 안전하게 관람 가능한 철창 속의 거세된 야수가 아니라, 인간의 가장 은밀한 내부에서 출몰하는 괴물이다. 타자-괴물이었던 좀비는 경계를 교란하는 인간-괴물이 되어 귀환했으며, 좀비의 출현으로 인해 주체와 타자, 인간과 괴물 사이의 구분은 모호함에 빠지고 만다. 명확한 발생의 원인도 해결방법도 파악할 수 없기에 좀비는 곧 주체에 처음부터 내포된 이질성이자 타자이며 그래서 더 공포스러운 괴물이다. 좀비는 근대적 휴머니즘이 부단히 이상화하고 당의정을 입혀온 주체를, 그럴듯하고 단단하다고 믿었던 토대를, 급작스럽게 마구 뒤흔든다. 그것은 마치 인체의 내밀하고 깊숙한 곳에, 매끈한 피부의 아래에 숨어 있다가 순식간에 살을 찢으며 뚫고 나오는 에일리언과 같은 괴물이다. 좀비는 인간이 서둘러 매장하고 애써 잊으려 했으나 외딴 무덤가에서 별안간 튀어나오는, 낯설지만 어딘가 섬뜩하게 낯익은 시체다.

그렇다면 왜 하필 1968년에 새로운 유형의 좀비가 출현했으며, 왜 컬트적 인기를 끈 것일까? 먼저 시대적인 배경을 살펴보자. 미국의 1960년대는 청년세대를 중심으로 진보적 사상의 물결이 일어나 기득권의 보수주의에 맞서면서 여러 충돌이 벌어진 급격한 사회변동의 시기였다. 특히 1968년은 세계사에 있어 여러 중요한 사건이 일어난 해다. 먼저 프랑스에 시작된 68혁명의 물결이 유럽을 넘어 전 세계를 휩쓸기 시작했다. 미국에서는 마틴 루터 킹의 암살, 로버트 케네디의 암살, 아폴로 8호의 발사 등이 모두 1968년에 한꺼번에 터져 나왔으며, 콜롬비아 대학생들의 대학점거 시위 등 진보주의 물결이 응집되며 여러 사회문화 운동으로 표출되었다.[6] 〈살아있는 시체들의 밤〉은 진보주의의 부상이라는 시대정신, 그리고 이에 위기의식을 느낀 보수주의의 공세로 극심한 대립으로 치닫던 당시의 사회적 분위기를 잘 담아내고 있는 영화다.

보수주의의 측면에서 좀비의 괴물성이 강화된 것은 좀비가 위협적인 타자의 역할을 짊어지기 위해서 더욱 무섭고 혐오스러운 모습이 요구되었기 때문이다. 하층 노동자, 유색인, 이민자, 이교도에 대한 미국의 백인 중산층이 갖는 공포와 혐오의 정동이 좀비의 신체성을 통해 반영된 것이다. 아무리 식인을 해도 도무지 채워지지 않는 허기를 느끼는 좀비의 욕망은 저급한 일차원적 욕구에만 몰두하는 하층 노동자의 불온한 리비도처럼 보인다. 접촉을 통해 전염되어 점차 세력을 불려가는 좀비의 모습은 늘어가는 유색인종의 침범으로 오염되어가는 백인사회의 고유한 문화 상실에 대한 두려움이 반영되어 있다. 끝없이 몰려와 한적하고 평화로운 집을 습격하는 좀비의 모습은 물밀 듯이 밀려오는 이민자와 이주노동자로 인해 삶의 터전과 직업을 빼앗길까 두려워하는 중산층의 불안감이다. 이 급증해 가는 타자는 좀비처럼 무지하고 이성이 없는 존재로, 아무런 생각 없이 이리저리 쏠려 다니며 사회나 체제를 무너뜨릴 위험성을 지녔다고 여겨졌다. 이들에 대한 혐오와 백인사회의 불안과 공포가 좀비라는 괴물의 신체에 아로새겨져, 도무지 대화가 통하지 않고 통제할 수 없는 끔찍한 괴물, 끊임없이 확산되는 역병과 같은 형태의 새로운 좀비가 되어 나타난 것이다.

하지만 좀비의 신체가 이데올로기적 투쟁의 장이라고 언급했듯이, 좀비는 단지 보수주의의 불안만을 반영한 것은 아니다. 앞으로 살펴보겠지만 좀비는 미국 정부의 베트남전 참전과 백인이 자행하는 인종차별, 보수적인 가부장 이데올로기에 대한 신랄한 비판을 수행한다.[7] 로메로

6. 김성곤, 『처음 만나는 영화』, RHK, 2017, 223쪽.
7. Kyle William Bishop, "Raising the Dead", *Journal of Popular Film and Television*, 33(4), 2006, p. 18

는 부패하고 오만에 빠진 기득권과 보수적인 백인 중산층, 그리고 새롭게 부상하고 있지만 여전히 무기력하고 나태한 대중, 즉 대중문화의 향락과 물질적 소비에만 온통 정신이 팔린 대중에 대해 모두 일정 부분 거리를 두며 그들의 모습을 풍자한다.[8] 특히 주목해야 할 지점은 로메로가 카니발리즘이라는 대중문화에서 금기시된 주제를 그로테스크한 시각적 특수효과를 동원하여 정면으로 다루고 있다는 것이다. 이를 통해 로메로는 보수적인 가족 이데올로기와 자유주의적 휴머니즘 주체에게 충격적인 사망 선고를 내린다.

니체와 신의 죽음

이번에는 사상사의 맥락에서 로메로의 좀비영화가 어떻게 영화사에서 빼놓을 수 없는 고전의 반열에 들었는지 살펴보자. 로메로가 만든 새로운 좀비는 이전의 콘텍스트를 떠나 무엇보다도 사회·문명 비판적 괴물로 재탄생했으며, 특히 근대적 자유주의 주체의 죽음을 극명하게 보여주고 있다. 근대적 휴머니즘과 주체에 대한 비판자라는 측면에서 로메로는 사상적으로 니체와 푸코의 후계자로 볼 수 있다. 니체는 근대적 주체, 즉 데카르트의 코기토 주체에 대한 날카로운 비판을 수행했던 선구적인 철학자다.

니체는 특유의 신랄한 어조로 기존의 보편적이라 가정되는 주체, 동일성에 기반한 주체에게 치명적인 비판을 가한다. 그가 보기에 데카르트의 주체 개념은 전근대의 신 중심적인 세계관에서 충분히 벗어나지 못했

---

8. 하지만 로메로 감독은 궁극적으로 대중의 힘과 잠재력을 믿었던 것 같다. 이는 특히 좀비 삼부작 중 마지막 작품인 〈시체들의 낮〉과 이후 제작된 〈랜드 오브 데드〉(Land Of The Dead, 2005)에서 두드러진다. 두 영화에서 좀비는 점차 자아와 이성을 되찾고 혁명의 주체로서 부상하게 된다. 이 작품에 대한 상세한 분석은 뒤에서 다루어질 것이다.

다. 전근대가 신이라는 절대적 존재를 통해 모든 역사를 설명하려 시도했다면, 마찬가지로 근대의 절대적 주체 개념은 그러한 신에 대한 변형일 뿐이었다. 니체는 데카르트나 칸트가 여전히 어떤 보편성과 통일성의 주체를 추구한다는 점에서, 플라톤의 후예에 불과하다고 규정한다. 또한 헤겔 철학의 핵심인 절대정신의 진보와 자기실현이라는 변증법적 역사관 역시 니체의 날 선 비판을 피하지 못하는데, 이는 모두 당하는 자의 입장만을 얘기하기 때문에 '노예의 철학'[9]일 뿐이다. 니체의 관점에서 근대적 주체란 "무력감이라는 저 날조와 자기기만 덕분에 체념하여 조용히 기다리는 미덕이라는 화려한 의상을 입은 것"에 불과하다.[10] 무력하고 나약한 인간이 자신을 합리화하고 정당화하기 위해 날조하여 만들어낸 근대적 주체는 애초에 제대로 된 주체라 할 수 없을 뿐더러, 오히려 인간을 기만하고 억압하는 주체일 뿐이다.

어쩌면 그 주체(또는 더욱 통속적으로 말하면 영혼)란 것이 이 지상에서 지금까지 최상의 교리였을지도 모른다. 왜냐하면 바로 그 교리 때문에 대다수의 인간, 온갖 종류의 약자와 억압받는 자가 약함 자체를 자유라 해석하고 그저 그렇게 존재하는 모습을 공적이라 해석하는 숭고한 자기기만이 가능해졌기 때문이다.[11]

---

9. 니체에게 노예란 중세의 신분제를 의미하는 것이 아니라, 스스로 가치 창조를 하지 못하며, 찰나적인 권력이나 돈, 명예 따위만을 좇는 인간을 말한다. 니체가 보기에 헤겔의 철학은 타자에게 인정받는 것을 중요시하는데, 이는 자신의 부족함을 의미하기에 노예의 철학에 해당한다. 노예는 타자를 필요로 하고 타자로부터 자신을 정립한다면 이와 대비되는 귀족은 자신의 척도를 스스로가 쥐고 있기에 니로부터 시작하여 나 아닌 것을 발견한다. (프리드리히 니체, 『도덕의 계보학』, 홍성광 옮김, 연암서가, 2011.)
10. 같은 책, 55쪽.
11. 같은 책, 56쪽.

니체에 따르면 중세의 신을 대신하여 이제는 주체가 신의 자리에, 지상 최고의 교리로서 등극했다. 이 교리에서 벗어나려 들지 않는 인간은 약함과 기만에 안주하며 머물고자 하는 가련하고 무지한 노예일 뿐 ― 이 노예는 로메로의 영화에서 스스로 자유로운 주체라고 믿지만 죽고 나서 아무런 고민 없이 쇼핑몰로 몰려드는 좀비의 형상이 아닌가? ― 이다. 이어서 니체는 『차라투스트라는 이렇게 말했다』에서 "모든 신은 죽었다. 이제 우리는 초인이 나타나기를 바란다"며 '신의 죽음'을 선언하기에 이르는데,[12] ― 물론 이 초인은 아직 도달하지 않았다 ― 이는 기실 신의 죽음과 더불어 신에 기반한 주체로서의 '인간'의 죽음을 동시에 의미하는 것이며, 이중적인 살부殺父를 공표하는 선언이었다.

로메로의 영화와 더 근접한 시기의 학자로는 푸코를 들 수 있다. 로메로의 〈살아있는 시체들의 밤〉은 푸코가 1966년 『말과 사물』에서 '인간의 죽음'을 선언하고 나서 불과 2년 후인 1968년에 개봉했다. 로메로의 영화가 대중문화의 영역에서 근대적 주체에게 내리는 사망 선고였다면, 푸코의 선언은 철학의 영역에서 선고되는 주체의 죽음이다. 『말과 사물』에서 푸코는 먼저 니체의 '신의 죽음'이 함의하는 바를 예리하게 분석하고 있다.

오늘날의 사유가 필시 인간학의 근절을 위해 기울일 최초의 노력은 아마 니체의 경험에서 찾아보아야 할 것이다. 왜냐하면 문헌학적 비판을 통해, 어떤 형태의 생물학주의를 통해 니체는 인간과 신이 서로에게 속하고 신의 죽음이 인간의 사라짐과 같은 뜻을 지니고 약속된 초인의 출현이 무엇보다도 먼저 인간의 임박한 죽음을 온전히 의미하는 지점을 발견했기 때문이다.[13]

---

12. 프리드리히 니체, 『차라투스트라는 이렇게 말했다』, 홍성광 옮김, 펭귄클래식코리아, 2015, 394쪽.
13. 미셸 푸코, 『말과 사물』, 이규현 옮김, 민음사, 2012, 468쪽.

푸코가 보기에 인간과 신은 상대의 존재와 특권을 보증하면서 서로가 서로를 함축하고 있다. 그렇기에 신의 죽음은 인간의 사라짐과 동의어이며, 니체가 바랐던 '초인'이 출현할 수 있는 지점은 인간의 죽음이 온전히 전제되는 곳에서야 비로소 가능한 일이다. 푸코는 니체가 선언한 신의 죽음이 절대자(의 존재)에 종지부를 찍으면서 동시에 인간 그 자체를 살해하는 이중적인 살해 행위임을 지적하며, 니체를 현대철학의 선구자로 평가한다.[14]

브라이도티 역시 니체의 '신의 죽음'이 일종의 의도된 과장의 수사이며, 인간 본성에 부여되어 있던 자명한 지위의 종말, 유럽 휴머니즘적 주체가 형이상학적으로 안정되고 보편적으로 타당하다는 상식적 믿음의 종말을 천명한 것으로 바라본다.[15] 앞서 살펴보았듯 근대적 주체는 선험적이거나 영속적인 고정불변의 것이 아니라 중세 사회를 구성했던 규범과 사유양식이 붕괴되는 과정에서 이를 극복하기 위한 데카르트가 마련한 새로운 기획이었으며, 이후 자연과학의 발달이나 계몽주의 사상의 중요한 근저로 작용하였다. 니체가 신의 죽음을 천명하는 이유는, 근대성과 근대화 과정에서 초래된 여러 부작용을 극복하기 위해 데카르트의 기획을 근본적으로 문제 삼고 뒤엎고자 시도하기 때문이다.

푸코와 인간의 죽음

푸코는 전선을 조금 바꾸어 근대적 주체에 대한 강력한 공격을 수행한다. 주체를 해체하기 위해 푸코는 초역사적인 '인간이란 무엇인가'의 문제를 변형시켜 새로운 문제 틀로 구성한다.[16] 푸코가 보기에 인간에 대

---

14. 강미라, 「'휴머니즘이란 무엇인가?'에 대한 사르트르와 푸코의 대답」, 『현대유럽철학연구』, 38호, 2015, 9쪽.
15. 브라이도티, 『포스트휴먼』, 14쪽.

한 개념은 결코 단일하게 제시되지 않았으며, 매 시대와 사회에 따라 각기 상이한 형태로 존재한다. 오늘날 자연스럽고 당연하게 여기는 인간에 대한 여러 관념은 특정한 시대에 임의의 형태로 발명된 산물이자 구성된 개념에 지나지 않는다. 문제는 우리가 마치 그것을 탈역사적이고 자연적인 것처럼 받아들인다는 점이다.

어쨌든 한 가지는 확실하다. 즉 인간은 지식에 제기된 가장 유구한 문제도 가장 지속적인 문제도 아니다. 누구라도 비교적 짧은 역사와 제한된 지리적 마름질(16세기부터의 유럽 문화)을 검토한다면, 거기에서 인간은 최근에 발견되었다고 확신할 수 있다.… 사유의 고고학이 분명히 보여주듯이 인간은 최근의 시대에 발견된 형상이다. 그리고 아마 종말이 가까운 발견물일 것이다.… 만약 우리가 기껏해야 가능하다고만 예감할 수 있을 뿐이고 지금으로서는 형태가 무엇일지도, 무엇을 약속하는지도 알지 못하는 어떤 사건에 의해 그 배치가 뒤흔들리게 된다면, 장담할 수 있건대 인간은 바닷가 모래사장에 그려 놓은 얼굴처럼 사라질지 모른다.[17]

위에 인용된 글은 푸코의 '인간의 죽음' 선언이 함의하는 핵심을 잘 보여주고 있다. 요컨대 현재 통용되는 인간에 관한 철학적 사유나 도덕적 당위, 인간과 관련된 여러 관념과 체제, 이 모든 출발점으로서의 인간 개념은 "최근의 시대에 발견된 형상"에 불과하다는 사실이다. 푸코의 표현을 빌리자면 인간은 "발견물이자 출현한 지 두 세기도 채 안되"었으며,[18] 이내 "바닷가 모래사장에 그려 놓은 얼굴처럼" 흔적도 없이 사라질지 모르

---

16. 양운덕, 「푸코의 권력계보학」, 『경제와 사회』 35권, 1997, 107쪽.
17. 푸코, 『말과 사물』, 525~526쪽.
18. 같은 책, 20쪽.

는 실로 위태로운 형상일 뿐이다. 『말과 사물』이 발표된 1966년 당시 푸코의 선언은 유럽 사회와 학계에서 격렬한 논쟁을 불러일으켰다. 일부는 이를 인간 혐오나 비인도적 선언으로 여겨 손가락질했으며, 한때 푸코는 히틀러의 추종자로까지 몰리게 된다.[19] 그들이 보기에 푸코는 고귀하고 존엄한 존재인 인간을 모독했으며 공공연하게 인간의 가치를 땅에 떨어뜨렸다. 그러나 우리는 푸코의 안티-휴머니즘을 휴머니즘을 쇄신하고 '새로운 휴머니즘'을 마련하기 위한 시도로 보아야 한다. 그런 의미에서 푸코는 진정한 의미의 휴머니스트라 할 수 있다.[20] 철학적 안티-휴머니즘과 인간 혐오는 엄연히 다르며 구분되어야 한다. '인간의 죽음'이란 특정한 생물학적 종으로서의 호모 사피엔스의 종말이나 개체로서의 인간 개개인의 죽음을 지칭하는 것이 아니다. 그것은 근대의 담론에 의해 구성되고 만들어진 '주체로서의 인간'[21]이라는 특정한 개념의 종말을 의미한다. 푸코는 고정불변의 것으로 여겨지는 '주체로서의 인간'이 불과 18세기 이후에 만들어진 개념이며, 한때는 유효하였고 나름대로 번성하였지만, 이제는 파도에 휩쓸려 사라져버릴, 혹은 이미 사라지고 있으며 사라져야 마땅한, 철 지난 구시대의 산물이라고 주장한 것이다.

르네상스부터 근대까지

푸코가 이렇게 '발명된 인간'이라는 도발적인 명제를 제시하는 것은 그의 고고학적 탐색에 근거한다. 푸코에 따르면 각 시대는 매 시기 특정

---

19. 디디에 오타비아니·이자벨 브와노, 『미셸 푸코의 휴머니즘』, 심세광 옮김, 열린책들, 2010, 15쪽.

20. 같은 책, 64~69쪽.

21. 푸코가 비판하는 주체로서의 인간이란 "모든 존재자를 자기 자신의 존재와 자기 자신의 진리에 근거 지우는 존재자"를 뜻한다. (이동성, 「권력과 지식 그리고 주체」, 『정치커뮤니케이션 연구』 통권15호, 2009, 299쪽.)

한 에피스테메épistémé를 통해 정초되고 일정한 방향과 형태로 구성된다. 에피스테메란 "일정한 시기에 있어서 인식론적 형상들, 학문들, 그리고 형식화된 체계들을 낳게 하는 담론적 실천들을 결합하는 관계들의 총체"이자,[22] 상이한 담론의 양태들과 지식·사유체계들을 특정한 양상으로 배치하고 구성하여 특정 학문 분야를 형성하는 관계와 지반이다. 간단히 말해 에피스테메란 특정 시기의 의식적·무의식적 담론체계를 뜻한다. 그리고 푸코가 보기에 인간 역시 특정 에피스테메의 배치 속에서 탄생했을 뿐이다.

인간 개념의 변화를 탐색하기 위해 방대한 푸코의 연구를 단순화의 위험을 무릅쓰고 거칠게 요약해보자. 먼저 르네상스 시대는 유사성la ressemblance의 에피스테메 위에 세워져 있었다. 이 시기 세계의 모든 것은 거대한 하나의 연결망 속에서 존재한다. '소우주로서의 인간'이라는 개념은 이러한 유사성의 사유 속에서 등장했으며, 인간 역시 이러한 연결망 속에서 다른 존재들과 크게 변별되지 않았다(『말과 사물』 2장). 이후 고전주의 시대는 동일성과 차이의 원리에 입각한 표상la représentation의 에피스테메 위에서 구축된다. 모든 사물은 위계order와 척도measure를 기준으로 측정된 후 일정하게 배열되었고, 이들은 다시 일관된 하나의 질서 속에 배치된다. 고전주의 시대에는 겉으로 드러나는 외양과 기능, 즉 표상이 더 중요하였고, 르네상스 시대와 마찬가지로 그 주체에 대해서는 대체로 무관심했던 시기다(『말과 사물』 4장). 그리고 마침내 18세기 후반에 근대의 에피스테메가 형성되었으며, 푸코는 근대의 중심에서 '인간'의 형상을 발견한다. 근대의 사유는 역사를 우선적인 원리로 구성된다. 단순히 측정을 통해 모든 것을 분류하고 배치하여 세계를 구성했던 고전주의 시대와는 달리, 근대는 역사를 통해 사물과 인간을 이전과는 다른 관

---

22. 미셸 푸코, 『지식의 고고학』, 이정우 옮김, 민음사, 1997, 266쪽.

점에서 바라보게 된다. 그 이해의 핵심축은 생명과 노동, 그리고 언어였다. 이들의 주체인 인간은 사물과 분리되어 역동적으로 움직이는 존재이자, 모든 배치의 바깥에 존재하는 고유한 존재가 되어 통일된 주체성과 특권적 지위를 확보하게 된다.

이제 우리는 인간에 대한 사유가 특정한 시기에 국한된 에피스테메의 산물이라는 것을 알게 되었다. 푸코는 머지않아 근대의 에피스테메가 종언을 고하게 되면, 근대적 주체인 인간 역시 눈 녹듯 사라지게 될 거라 공언한다. 그동안 세계의 중심에서 주체로 군림하던 코기토 주체, 이 생각하는 자아는 마침내 스스로가 초역사적인 것이 아니라 단지 담론적 구성물일 뿐이라는 자기 한계에 직면하기에 이른다.[23] 이러한 맥락에서 라캉은 주체란 언어적으로 구조화된 무의식을 통해 대타자인 상징계가 구성해낸 것으로 보았다. 따라서 주체는 총체성을 지니거나 통일된 것이 아니라 결핍되고 분열되어 있다. 알튀세르는 주체가 구성되기 전에 이미 주체 안에 타자가 들어와 있다고 보았다. 알튀세르에 따르면 개개인은 이데올로기 안에서 호명 당함으로써 주체로서 구성된다. 즉 이들은 단일하고 절대적인 주체의 존재 양식을 거부하며 주체가 결코 자명한 것이 아님을 주장한다.[24] 데리다 역시 중심에 위치한 주체를 해체하며 이방인, 흔적, 유령과 같은 추방당한 주변부에 주목할 것을 요청한다. 이와 같은 일련의 흐름은 데카르트 이후의 근대철학이 동일성의 논리에서 근대적 주체를 절대화하고 보편자의 위치에 올려놓는 것에 대한 공공연한 반대 선언으로 이해할 수 있다. 근대철학에서 주체가 사유와 철학의 전제이자 출발점이라면, 현대철학에서 주체는 일종의 사유와 철학의 결과물이며 이제는 그 시효가 다하였고, 하루빨리 해체되어야 할 '대상'에 불과하다.

---

23. 천선영, 「미셸 푸코의 근대적 죽음론」, 『담론 201』 9권 3호, 2006, 172쪽.
24. 박명진, 『한국 전후희곡의 담론과 주체 구성』, 월인, 1999, 18쪽.

반근대적 주체로서의 좀비

캐서린 헤일스는 근대적 휴머니즘 주체의 극단적인 예로 질리언 브라운Gillian Brown의 거식증 연구를 든다. 그에 따르면 거식증 환자는 "신체를 자아의 고유한 부분이 아니라 지배와 제어의 대상으로 여기"며 데카르트적인 주체가 내포하는 가정을 그 극한까지 밀어붙인 사람이다. 이들은 "자기제어를 극단적으로 받아들이면서 자유주의적 휴머니즘 주체의 중심이 신체가 아닌 정신에 있다는 물질적 증거인 해골같이 초췌한 육체의 이미지를 만들어 낸다."[25] 휴머니즘 주체는 정신과 육체를 이분법적으로 구분한 뒤 전자에 특권을 부여해, 끊임없이 육체를 구속하고 규율하며 지배하려 시도한다. 거식증 환자는 육체를 정신이 지배할 수 있는 도구이자 대상으로 여기고, 드높은 정신의 힘으로 육체를 채찍질하고 굴복시켜 정신의 완벽한 승리를 구가하기를 바라마지 않는다. 그것은 가장 본능적인 욕구이자 생존을 위한 기본적인 조건인 식욕에 대한 철저한 억압이며, 정신은 승전의 대가이자 증거로 날아갈 듯 비쩍 마른 육체를 획득한다.

이와는 반대로 좀비는 정신보다 오히려 육체가 내리는 정언명령인 배고픔에 굴복하여 타인을 살해하고, 그 육체를 먹는다는 점에서 철저히 반근대적이며 반휴머니즘적 주체이다. 인간은 좀비가 되는 순간 고유의 정체성을 상실한다. 인간으로서 지닌 모든 고귀한 휴머니즘적 주체성이나 가치들 — 예컨대 인간으로서의 존엄, 이성, 윤리 등 — 은 일순간 사라진다.

만약 좀비에게 물리면, 당신은 그들 중 하나가 되고 만다. 아무런 생각

---

25. 헤일스, 『우리는 어떻게 포스트휴먼이 되었는가』, 27~28쪽.

이 없는, 오직 먹기만 하는 기계가 되어 육체라는 껍데기를 제외하고 당신의 어떤 것도 남지 않게 된다.[26]

좀비로 변하는 순간, 이전까지 그가 어떤 사람이었으며 얼마나 고결한 성품의 인격자였는지, 혹은 내가 지금 뜯어 먹는 신체가 누구의 것이며 과거에 얼마나 내가 아끼고 사랑하던 사람이었는지는 전혀 중요하지 않은 문제가 된다. 좀비는 그저 해소되지 않는 항구적인 허기로 가까이에 있는 인간을 덮치고 먹을 뿐이다. 모든 좀비는 서로 구별되는 정체성을 지니지 않는 익명의 존재이며, 마찬가지로 좀비에게 다른 모든 인간은 익명의 대상이자 먹잇감일 뿐이다. 인간에서 좀비로의 변화는 기존의 정체성이나 주체성과 절대적 단절의 순간이며, '고유한 주체'에서 '익명의 비존재'로의 한순간의 추락이다. 가장 반이성적이고 반도덕적인 좀비는 근대적 인간 주체가 지녔다고 가정되며, 다른 존재와 변별되는 특성으로 여겨지는 가치들을 철저히 배반하고 짓밟는다.

좀비가 되는 건 단지 정신적 측면의 변화에만 국한되지 않는다. 좀비는 신체의 측면에서도 근대적 주체가 이상화하는 신체성, 즉 젊은 백인 남성의 균형 잡히고 청결한 몸의 반대편에 위치한다. 좀비는 감염되고 시간이 흐를수록 인종이나 국적, 성별을 파악하기 힘들게 된다. 좀비의 뒤틀린 몸은 균형을 잡지 못해 쉽게 뒤뚱거리거나 휘청거리고, 불결하고 역겨운 악취를 풍기는 몸에는 온갖 벌레가 꼬여 든다. 넷플릭스 드라마 〈킹덤〉에서 두문불출하는 왕(윤세웅 분)의 안위를 확인하기 위해 침소로 잠입한 세자 이창(주지훈 분)은 좀비로 변한 왕과 창호지 문을 사이에 두고 마주한다. 이창은 불빛에 비치는 모습, 봉두난발에 기괴한 소리를 내고 끔찍한 냄새를 풍기는 좀비가 아버지일 거라고는 전혀 생각하

---

26. Greg Garrett, *Entertaining Judgment*, New York, Oxford University Press, 2015, p. 49.

지 못한다. 이창은 그를 그저 궁궐에 침입한 정체를 알 수 없는 괴인 혹은 괴물로 여긴다.

이 좀비가 조선의 왕이었다는 사실을 알아볼 수 있게 해주는 것은 오로지 그의 복식뿐이다. 곤룡포 안의 존재는 이전과는 전혀 다른 존재, 정체를 알 수 없는 무언가가 되어버렸다. 신체와 복식이라는 겉모습과 껍데기가 남아있음에도 그가 더 이상 왕으로 여겨지지 않는 것은, 신체 내부의 무엇, 흔히 영혼이나 정신이라고 부르는 무엇인가가 익명성의 뒤로 흔적도 없이 사라져버렸기 때문이다. 귀신이나 유령은 눈에 보이지만 물질적 실체가 없는 존재로서, 육체를 떠난 영혼('육체 없는 영혼')의 독자적 존재 가능성을 믿는 근대적 주체의 관점에서 가능한 상상이다. 근대적 주체인 햄릿은 '육체 없는 영혼'이 된 아버지, 즉 아버지의 유령과 마주한다. 햄릿은 고민 끝에 유령을 아버지라고 믿고 그의 명령대로 복수를 시도한다. 이와는 반대로 좀비는 '영혼 없는 육체'의 독자적 존재 가능성을 상상한다는 점에서 반근대적이다. 물론 이 존재는 주체성이나 정체성이 있다고 가정되지 않는다. 이창은 '영혼 없는 육체'가 된 아버지를 알아보지 못한다. 심지어 좀비가 된 아버지를 살해하기도 한다. 좀비로 변하는 순간 기존의 정체성은 상실되며, 다른 존재가 되었다고 여겨지기 때문이다.

좀비의 이런 특성은 마블 사의 인기 코믹북 〈마블 좀비즈〉Marvel Zombies, 2005~ 시리즈에서 잘 드러난다. 〈마블 좀비즈〉 시리즈는 마블 히어로들이 좀비가 되었다는 평행우주 설정으로 진행된다. 이 코믹북은 2005년에 처음 공개되고 큰 인기를 끌어 현재까지 계속 발행되고 있으며, 코믹북 부문에서 상을 받기도 했다. 인기 있는 슈퍼히어로를 좀비로 만든다는 파격적인 설정은 그 표지에서부터 잘 드러난다. 아래의 표지는 가장 큰 인기를 끌었던 히어로 중 하나인 스파이더맨을 좀비 버전으로 패러디한 것이다. 왼쪽의 그림이 스파이더맨의 데뷔 코믹스의 원본 표지다.

높은 빌딩 사이로 거미줄을 붙잡고 시민을 구출하는 장면은 스파이더맨의 캐릭터와 정체성을 잘 보여주고 있어 마니아들에게 좋은 평가를 받았다. 오른쪽의 좀비 버전은 원본 표지의 구도를 그대로 유지한

오리지널 스파이더맨 코믹북 표지와 〈마블 좀비즈〉의 스파이더맨

채, 스파이더맨을 끔찍한 몰골의 좀비로 변형시킴으로써 캐릭터 전체를 의도적으로 역전시키고 뒤틀고 있다. 이처럼 〈마블 좀비즈〉 시리즈는 사람들이 히어로에게 지녔던 감정과 향수를 짓밟고 히어로를 끔찍한 형태의 좀비로 만들어 충격을 선사한다.

슈퍼히어로는 단지 겉모습만 좀비가 되는 게 아니라 모든 면에서 이전과는 전혀 다른 존재로 변한다. 일반적인 좀비장르에서 인간은 좀비가 되는 순간, 모든 고유한 능력이나 특성을 잃어버린다. 그러나 이 시리즈가 다른 좀비장르와 다른 점은, 좀비가 된 이후에도 히어로의 특수한 능력이 그대로 유지된다는 점이다. 이들은 신체의 가시적 측면과 성품에만 국한되어 좀비로 변하기에, 더욱 무서운 존재가 된다. 이전까지 인류를 구하기 위해 사용되었던 초능력이 이제는 인류를 말살하고 좀비로 만드는 데 동원된다. 좀비가 되어 세계를 파괴하는 데 앞장서는 것은 한국에서도 큰 인기를 얻은 〈어벤져스〉 시리즈의 멤버들도 예외가 아니다. 타인을 위해 자신을 희생하며 악당으로부터 인류를 구해내는 히어로들, 이타적이며 높은 도덕심을 지닌 캡틴 아메리카, 스파이더맨, 토르조차도 좀비가 되면 배고픔을 이겨내지 못한다. 이들은 지켜야 할 사람이나, 심지어 사랑하는 가족마저 잡아먹고 만다.

휴머니즘과 폭력

좀비는 우리가 그동안 당연하게 여겼던 인간 주체뿐 아니라, 도덕과 윤리를 결부시켜 이상적이며 초월적 가치로 설정한 휴머니즘에 대해서도 근본적인 회의를 초래한다. 휴머니즘을 살펴보기 위해 다시 푸코로 돌아가 보자. 푸코는 우리에게 하루빨리 인간학적 잠에서 깨어날 것을 촉구한다. 이때 인간학이란 단지 구성된 인간의 형상과 근대적 주체성에 그치지 않고, 거기에 기반한 휴머니즘humanism과 인문학humanities 전체를 아우르고 있는 개념이다. 푸코는 인간이 그러하듯 '휴머니즘' 역시 만들어진 것이며, 여기에서 벗어나는 것이 자신의 과제라고 공언한다.[27] 왜 우리는 휴머니즘에서 벗어나야만 하는가?

휴머니즘은 인간을 만물의 척도로 여기고 인간에게 최고의 가치를 두며, 인간의 성취 가능성에 대한 일련의 낙관주의를 표명한다. 푸코에 따르면 휴머니즘이란 "권리, 특권 그리고 주체의 직접적이고 시간을 초월한 가치로서 인간됨의 본성을 만들고자 하는 것"이다. 휴머니즘은 일정한 윤리 형식을 초월적 가치로 상정하고, 이를 '보편성'의 이름으로 강요한다.[28] 휴머니즘에서 인간은 자율성, 자유, 의도, 언어능력, 합리성 등의 특성을 갖는다고 가정되며, 휴머니즘은 이를 '보편적 인간'의 본질로 상정한다. 보편성의 기획은 필연적으로 배제를 낳는 폭력을 수반할 수밖에 없다. 휴머니즘에서 가정되는 보편적 인간은 부르주아·이성애자·백인·중년·남성에만 한정된 개념이 된다.[29] 이 인간은 자신과 다른 것, 혹은 이해할 수 없는 것을 제멋대로 규정짓고 이름을 붙여 제거함으로써 특권

---

27. 사라 밀스, 『현재의 역사가 미셸 푸코』, 임경규 옮김, 앨피, 2008, 63쪽.
28. D. Huisman, "Foucault", *Dits et écrits II 1976-1988*, p. 1453. (강미라, 「'휴머니즘이란 무엇인가?'에 대한 사르트르와 푸코의 대답」, 26쪽에서 재인용.)
29. 강내희, 「문화연구와 '새 인문학'」, 『서강인문논총』 18집, 2004, 4~5쪽.

을 획득하고 비로소 주체가 된다.[30] 푸코는 근대적 주체가 이성적이고 과학적인 주체로 거듭나기 위해 어떻게 심리학과 의학을 이용해 광기를 비이성으로 규정짓고 격리해 배제했는지 보여준 바 있다.[31]

휴머니즘은 인간 개념과 마찬가지로 선험적이거나 보편적 가치로 존재해온 것이 아니라, 근대 이후 구성된 개념에 불과하다. 휴머니즘의 옹호자들은 휴머니즘의 기원을 르네상스 시대에서 찾아볼 수 있다고 주장한다. 르네상스가 중세에서 벗어나 인간을 새롭게 조명하며 휴머니즘을 기치로 내걸었고, 이로 인해 새로운 시대가 꽃필 수 있었다는 것이다. 그런데 정작 휴머니즘이라는 단어가 처음 등장한 것은, 1808년 교육학자 니트함머Friedrich Immanuel Niethammer가 사용한 'Humanismus'부터다. 게다가 이때의 휴머니즘은 그리스어와 라틴어 교육을 지칭하는 신조어였을 뿐, 근대적 휴머니즘이 내포하는 여러 속성과는 아무 상관이 없는 단어였다.[32] 휴머니즘이 그 기원으로 제시하는 인간의 존엄성과 고귀함을 내세우는 르네상스의 휴머니즘은 애초에 존재한 적이 없다. 다시 말해, 오늘날 온갖 의미와 가치가 부여되어 신성화된 휴머니즘이란 허상이자 날조에 불과하며, 원래 휴머니즘은 교양 교육을 일컫는 단어였을 뿐이다.

브라이도티에 따르면 "유일무이하고 자기 규율적이며 내재적으로 도덕적인 인간 이성의 힘에 대한 믿음"이야말로 근대적 휴머니즘의 핵심적 전제다. 이런 휴머니즘은 헤겔의 역사철학과 결합하여 유럽 중심의 휴머니즘을 이상적이고 보편적인 문명화 모델로 상정한다.[33] 근대적 휴머니즘은 제국주의 시대 유럽 열강의 비인도적인 착취와 학대, 살육의 현장에서 변명이자 당위로 이용됐다. 인간의 존엄을 위한다며 인간에게 공격

---

30. 미셸 푸코, 『임상의학의 탄생』, 홍성민 옮김, 이매진, 2006, 312~313쪽.
31. 미셸 푸코, 『광기의 역사』, 이규현 옮김, 나남, 2003.
32. 최진석, 「휴머니즘의 경계를 넘어서」, 『비교문화연구』 41권, 2015, 389~391쪽.
33. 브라이도티, 『포스트휴먼』, 24쪽.

과 파괴를 명령할 때나 소련의 강제 수용소인 굴라크Gulag에서도 휴머니즘의 기치는 높이 올려졌다.[34] 이러한 맥락에서 안티-휴머니즘은 규범적 인간의 분류에서 제외당한 타자에 주목하는 탈식민주의나 페미니즘 이론과 긴밀하게 연관된다. 이들은 유럽 중심적이고 남성 중심적인 휴머니즘적 이상에 연동된 단일한 주체성에 대해 거부한다. 탈식민주의 이론가이자 페미니즘 이론가인 스피박은 결정론적이며 단일한 주체성 개념과 맑스주의의 집단성을 거부하며, 데리다의 해체전략을 통해 다원적 주체성을 추구한다.[35]

지난 30여 년 동안 반휴머니스트들은 '휴먼'에 대한 휴머니즘적 정의에 담겨 있던 자기 재현과 사유 이미지 모두에, 특히 초월적 이성이라는 관념 및 주체가 합리적 의식과 일치한다는 개념에 문제를 제기했다. '인간'에 대한 이 자화자찬의 자아 이미지는 자기중심적 태도를 촉진한다는 점에서 편파적이며 그래서 그만큼 더 문제가 있다. 더욱이 이 휴머니스트 주체는 가치가 점점 감소되는 위계적 저울로 차이들을 조직해서, 그가 자신의 자아 재현에 포함시키는 것과 더불어 자신의 자아 재현에서 배제하는 것에 의해서도 자신을 정의했다. 이러한 접근 방식은 가치 절하된 차이의 자리에 놓여 있던 성별화된, 인종화된, 자연화된 '타자들'에 대해 폭력적이고 적대적인 관계를 정당화하곤 했다.[36]

브라이도티는 휴머니즘이 인간을 초월적 이성의 존재로 여기며, 자신을 합리적 의식과 동일시하는 "자화자찬의 자기 이미지"라고 지적한다. 이런 주체는 자기중심적으로 자신에 근거하여 차이를 조직해 위계를 만들어

---

34. 같은 책, 28쪽.
35. 스피박, 『스피박의 대담』, 15~20쪽.
36. 브라이도티, 『포스트휴먼』, 186쪽.

낸다. 또한 포함과 배제를 통해 자신을 정의하며 "타자들에 대한 폭력적이고 적대적인 관계를 정당화"한다. 에드워드 사이드Edward W. Said 역시 휴머니즘이 "매우 제한적이고 까다로운 모임"과도 같아서 대부분의 사람을 배제하고 엄격하게 규제하여 커다란 벽으로 분리하고 목가적 과거를 신성시했다고 지적한다.[37] 사이드는 휴머니즘과 인문학은 언제나 "그 시기 예술이나 사상, 문화에서 새로운 진리라 할 법한 것, 새로운 것을 구성하고 그 새로움과 관계하고 또 그것을 수용하는 중요한 경험 없이 존재하지 않았다"고 강조한다. 그러나 오늘날 미라처럼 굳은 휴머니즘과 인문학은 자신의 본모습을 잃고 단지 숭배와 억압의 도구로 전락했다.[38] 그가 보기에 다른 문명과 문화를 거부하는 현재의 휴머니즘은 그저 과도한 자기찬양에 불과하다.

종합해 볼 때 휴머니즘이 그 본래의 의도가 어땠는지와는 무관하게 인류의 역사와 현실 속에서 억압과 차별의 기제로 작동하였다는 혐의를 피할 길은 없는 듯 보인다. 휴머니즘은 타자에게 제멋대로 편견을 덧씌웠으며 거기에서 '인간'이 폭력 ─ 인식론적 측면과 물리적 폭력의 양 측면 모두에서 ─ 의 근거를 조달해왔다는 혐의에서 결코 자유로울 수 없다. 그러나 프로이트가 말했듯 억압된 것은 반드시 귀환하기 마련이다. 근대 휴머니즘에서 억압당해 왔던 구조적 타자들이 점차 되살아나고 자신의 목소리를 내며 사회문화적 변혁과 해방운동의 동력을 마련하고 있다. "여성 권리 운동, 반인종주의와 탈식민화 운동, 반핵과 친환경 운동은 모더니티의 구조적 타자들이 낸 목소리"이며, "그 목소리들은 불가피하게 과거 휴머니즘의 '중심'인 지배적인 주체 포지션의 위기를 나타낸다."[39] 우리는 과학기술의 폭주와 자본주의의 심화로 인해 위기에 빠진 고귀한 휴머니즘

---

37. 에드워드 사이드, 『저항의 인문학』, 김정하 옮김, 마티, 2012, 35~37쪽.
38. 같은 책, 44쪽.
39. 브라이도티, 『포스트휴먼』, 53쪽.

적 가치와 인간 주체를 구해야만 한다는 퇴행적 관점에서 벗어나야 한다. 휴머니즘과 인간 주체는 순진한 피해자가 아니라 원인 제공자에 가깝다는 것을 깨닫는 것이 중요하다. 현시대의 위기는 무엇보다 근대적 가치체계, 특히 규범적 인간 개념과 휴머니즘이 초래한 것이기 때문이다. 우리는 이 위기를 새로운 주체의 창조를 위한 전환점이자 동력으로 삼아야 한다. 인간의 죽음, 주체의 죽음은 위기가 아니라 인간을 포괄적이고 다양한 각도에서 바라보게 하는 계기이며, 인간이 초래한 부작용을 극복하고 적극적으로 대안을 마련할 기회다.

살아있는 시체들의 밤 : 규범적 가정의 몰락과 인종차별 비판

하지만 아직 새로운 탄생과 시작을 선언하기에는 이르다. 하이데거는 존재 망각에 빠진 현대를 일컬어 인류사에 있어 끝없는 밤의 시간이라고 표명한 바 있다. 인간과 휴머니즘이 모두 죽음에 다다르고, 아직 미래의 철학과 초인이 당도하지 않은 공백의 지점, 언제 끝날지 모르는 침묵에 빠진 시간, 그것은 한 치 앞이 보이지 않는 칠흑 같은 어둠의 시간일 것이다. 이제 캄캄한 밤의 시간에 혼수상태에 빠진 인간을 대신해서 시체들이 하나둘씩 깨어나기 시작한다. 부두교좀비가 '근대적 인간과 함께' 탄생했다면, 새로운 시체좀비는 무엇보다도 '근대적 인간의 죽음으로부터' 탄생했다. 〈살아있는 시체들의 밤〉에서 억압된 타자들의 귀환은, 알 수 없는 곳에서 갑자기 출몰한 좀비의 형태로 나타난다. 이 타자-좀비는 자기모순에 빠지고 오만한 인간을 살해해 타자로 만들며, 그 타자-인간은 다시 가족을 살해한다.

로메로 감독은 〈살아있는 시체들의 밤〉에서 "(나는) 대중매체, 종교, 제도화된 가족제도의 남용, 집단이기주의를 비판했으며 타인의 의견을 받아들이지 못하는 인간의 편견을 꼬집으려 했다"고 밝히고 있다.[40] 이

는 로메로의 의도가 보수적인
기성 체제인 미디어, 종교, 제
도, 인간의 편견 따위에 저항
하는 것이었음을 보여준다. 영
화에서 급작스럽게 등장하는
좀비는 처음에는 낯선 외부의

〈살아있는 시체들의 밤〉, 1968

위협처럼 느껴진다. 좀비들은 고립된 집을 밖에서 에워싸기도 하지만, 집
의 가장 은밀한 공간인 지하실에서도 좀비가 출몰하기 시작하면서 좀비
는 곧 내부의 위협임이 드러난다. 이 좀비는 겉으로는 완벽해 보이는 백
인 중산층 가정의 표피를 뚫고 출몰함으로써 보수적 가족제도를 해체
한다. 점차 집 안의 인간이 한 명씩 죽어 나가고 영화는 절망적인 분위기
로 치닫는다. 영화는 결말 부분에서 회복의 과정을 비추며 희망 섞인 구
원의 분위기를 내비치지만 이내 그것은 절망의 심화임이 드러난다. 회복
의 과정이 오히려 기존 이데올로기에 내재된 모순과 폭력성을 더욱 부각
하는 것이다. 미디어 역시 언제나 가공할 현실보다 한발 늦고, 그 진단은
핵심을 건드리지 못한 채 주변만을 맴돌거나 현실을 왜곡할 뿐이다.

영화의 첫 장면에서 오빠인 자니(러셀 스트레이너 분)와 여동생 바브
라(주디스 오디 분)는 돌아가신 아버지의 묘소를 방문한다. 그들은 이 무
의미한 연례행사에 별다른 관심이 없지만, 어머니의 성화에 못 이겨 억지
로 떠밀려서 수행한다. 자니는 아버지의 묘소 앞에서 조의를 표하는 대
신 괴물 흉내를 내며 바브라를 놀리기 시작한다. 지루함을 못 이긴 자니
가 거추장스러운 이벤트, 제스처만 남은 고루한 휴머니즘적 가치를 조
롱한 것이다. 그 순간 갑작스럽게 어디선가 좀비가 나타난다. 무덤가에서
출몰한 좀비는 아버지의 묘지에서 경건하게 행동하지 않는 버릇없고 경

---

40. Steve Biodrowski, "Interview", *Cinefantastique Online*, 2008. 2. 15.

박스러운 아들을 단죄한다. 다 해진 양복을 걸친 이 좀비는 부모 세대의 보수적 가치체계의 화신이자 고전적 휴머니즘의 망령과도 같은 존재지만, 동시에 온갖 안티-휴머니즘적 요소가 투사되어 있다는 점에서 모순적이다. 괴물의 신체는 이미 낡아 버린 휴머니즘처럼 닳아빠지고 무너져가는 시체이며, 여기저기 더러운 옷차림을 하고 있고, 다짜고짜 폭력성을 표출한다는 점에서 그렇다. 좀비의 정체를 모르는 자니는 바브라를 덮치려는 좀비를 떼어놓다가 정신을 잃고 물리게 되고, 간신히 도망친 바브라는 외딴 농장으로 숨어든다. 하지만 그곳까지 좀비가 떼를 지어 몰려들기 시작하고, 결국 바브라는 좀비가 되어 앞장서 온 오빠 자니에 의해 살해당한다.

한편 또 다른 문제적인 가정은 지하실에 숨어 있는 백인 가족이다. 부모는 서로 책임을 미루고 불평하면서 아픈 딸을 간호하고 있다. 딸이 언제부터 왜 아프게 되었는지는 알 수 없다. 차가운 인상의 보수적이며 가부장적인 남편 쿠퍼(칼 하드만 분)는 큰 소리로 아내 헬렌(마릴린 이스트만 분)을 윽박지르며 자신의 권위를 과시하고, 아내는 그런 남편이 마뜩잖으면서도 마지못해 맞춰주고 있다. 1층에 있는 벤(두안 존슨 분)은 다 같이 힘을 합쳐 좀비를 막아야 하며, 유사시에는 도망갈 수 있게 1층에 머물러야 한다고 주장하지만, 쿠퍼는 지하가 안전하니 혼자 지하에 숨겠다고 고집을 피운다. 아내 역시 라디오나 TV를 통해 외부와 접촉할 수 있는 1층이 낫다고 생각하지만, 남편의 고집을 꺾지 못하고 어쩔 수 없이 따른다. 이 어리석은 백인 남성이 계속해서 지하에 있어야 한다고 주장하는 것은 단지 흑인인 벤과 여성인 아내의 의견을 무시하고 반대하기 위해서다. 쿠퍼가 보기에 그들은 백인의 말에 감히 토를 달고, 신성한 가장의 권위에 도전하려는 자들이다. 따라서 그들의 의견을 순순히 따르는 것은 스스로 권위를 지키지 못하고 포기하는 행위에 불과한 것이다.

결국 영화의 후반부에 좀비로 되살아난 딸은 도망쳐온 아버지를 살해해 살점을 뜯어먹은 후, 어머니를 모종삽으로 여러 차례 내리쳐 살해한다. 영화는 딸의 어머니 살해 장면을 유난히 길게 보여주고, 또 기괴하고 신경질적인 효과음을 여러 번 배경에 깔아 관객에게 충격을 주고 싶어 한다. 이 영화에서는 남성의 죽음에 비해, 여성의 죽음이 과도하게 부각되고 있다. 예컨대 남성인 자나나 쿠퍼가 죽는 과정은 직접적으로 드러나지 않고 암시적으로 처리되며 죽은 이후의 모습이 더 강조되는 반면, 여성인 바브라나 헬렌이 죽음에 이르는 장면은 길고 자극적으로 제시된다. 이는 여성을 남성에 비해 지나치게 응징함으로써 휴머니즘과 가정의 붕괴에 대한 혐의를 여성에게 더 많이 전가하는 듯한 장면으로, 감독의 보수적 태도를 드러내는 부분처럼 보인다.

로빈 우드는 이 장면을 다음과 같이 분석한다.

> 무기력한 아버지는 욕을 하고 고함을 침으로써 실추된 권위를 계속 주장한다(영화는 계속해서 사회의 축소판에 해당하는 가부장제 가족의 붕괴를 국가의 문화적 붕괴, 개인적 층위와 정치적 층위에서의 권위에 대한 신뢰의 붕괴와 대비하여 강조한다). 어머니는 남편을 경멸하지만 여전히 지배적인 사회적 유형에 얽매여 있다. 그녀는 투덜대고 불평만 할 뿐이다. 이들은 좀비가 된 딸에 의해 죽는데 이는 그들과 그들이 구현한 규범에 대해 영화가 내린 심판이다.[41]

백인 남성과 여성, 그리고 딸로 이루어진 가정은 전형적인 미국식 핵가족의 모습이다. 우드는 이 이성애적이며 규범적 가정, 부르주아 백인 가정이 종국에 맞이하게 되는 파국을 영화가 그들과 그들의 규범에 대해 내린 심판이라고 말한다. 부모를 살해하는 딸의 모습은 미국의 보수주의

---

41. 우드, 『베트남에서 레이건까지』, 150쪽.

와 가부장제의 붕괴, 추락한 아버지의 권위를 암시한다. 영화의 초반에 등장한 좀비가 아버지의 묘소에서 버릇없는 자식 세대에게 훈계를 내렸다면, 이제 좀비는 붕괴된 가부장제하에서 억지로 제도적 관성에 떠밀려 그것을 근근이 지탱하고 있는 부모에게 심판을 내리는 괴물로 등장한다. 이 괴물은 방종한 자를 단죄하되 휴머니즘으로 회귀하지는 않는다. 존재 자체로 철저하게 안티-휴머니즘적인 좀비는, 회귀를 통해 문제와 갈등을 봉합하기보다는 상처를 더욱 크게 벌여놓고 모순을 파국의 끝까지 몰고 간다. 좀비가 수행하는 것은 단죄라기보다 차라리 숨겨두었던 정체를 드러내는 해방이며, 감추어둔 무의식적 욕망의 신체적 표출에 가깝다. 인간은 마음 깊숙이는 고리타분한 규범에 신물을 느끼고 있지만, 마지못해 몸으로는 그것을 따르는 척 시늉을 하는, 이미 좀비와 다를 바 없는 존재기 때문이다.

고립된 집에는 몇몇 사람이 더 숨어 있다. 그중 흑인 벤은 영화 전체의 주인공이라 할 수 있는 인물이다. 1960년대 당시에 영화의 주인공이 흑인이라는 것은 매우 이례적인 사례였다.[42] 혼란에 빠진 백인들이 비합리적이고 비인도적인 행태를 보이는 와중에도, 벤은 가장 이성적이며 용감하고 고결한 행동을 보이는 인물이다. 벤은 좀비와의 처절한 사투 끝에 최후까지 생존하지만, 영화의 마지막 장면에서 백인들로 구성된 좀비 토벌대에게 허무하게 살해당하고 만다. 토벌대는 혐오스러운 좀비를 손쉽게 처단하며 마치 구원의 십자군처럼 등장한다. 그러나 한 백인 토벌대는 멀리서 벤을 좀비라 여겨 총으로 쏘아 죽이고는 자신의 사격 실력을 뽐내며 만족스러운 듯 호탕하게 웃는다. 이렇듯 백인에게 흑인은 좀비와 똑같은 비인간일 뿐이다. 흑인과 좀비를 구분하지 못하고 살해하는 장면은 백인이 가지고 있던 흑인에 대한 인식을 적나라하게 폭로하며 인

---

42. 권혜경, 「좀비, 서구 문화의 전복적 자기반영성」, 『문학과영상』, 10권 3호, 2009, 543쪽.

종차별을 풍자하고 있다. 또한 정상성의 회복처럼 보이는 것이 어쩌면 비정상이며 일상적 차별과 폭력적 체제로의 퇴행적 회귀일 수도 있음을 암시한다. 당시 관객의 기대와는 달리 주인공이 흑인이었다는 점, 이 흑인이 무지하거나 힘만 앞세우는 감정적 인물이 아니라 백인보다 훨씬 이성적이며 현명하다는 점, 또한 처절한 사투 끝에 최후까지 생존한 벤이 백인 토벌대에 의해서 허무하게 살해당했다는 점은 이 영화의 문제적 지점들이다. 이 영화에서 처음에 무덤가에서 출현한 좀비가 정체를 파악할 수 없는 부랑자처럼 등장한다면, 농장으로 계속해서 몰려들며 인간과 심지어 가족마저 살해하는 좀비는 괴물이자 악처럼 보인다. 그러나 마지막에 무장한 토벌대에 의해 손쉽게 살육당하는 좀비는 무력하고 애처로워 보인다. 이는 좀비는 악이고 인간(백인)은 선이라는 이전의 익숙한 관점을 의문에 부치며, 무고하고 죄가 없는 흑인 주인공을 살해하는 결말을 통해 관객에게 불편함과 충격을 선사한다. 기존 호러영화의 관습을 철저히 배반하는 이러한 파열의 지점은 근대적 가치체계 ― 푸코의 표현을 빌리자면 근대적 에피스테메 ―, 즉 인간 주체라는 특정한 지위와 그에 기반한 휴머니즘적 이상이 이제 종말에 이르렀음을 보여준다.

시체들의 새벽 : 자본주의 비판과 가능성

전작에서의 위풍당당했던 토벌대가 좀비를 완전히 제거하는 데 실패한 것일까? 〈시체들의 새벽〉에서는 영화가 시작하면서부터 이미 좀비들이 곳곳에 퍼져 있다. 〈살아있는 시체들의 밤〉이 마음과 몸이 괴리된 무기력하고 보수적인 인간들의 파멸을 통해 종말을 그린다면, 〈시체들의 새벽〉에서 종말은 이미 편재해 있으며 일상이 되어있다. 영화의 공간적 배경 역시 무덤과 한적한 농장에서 벗어나 헬리콥터와 거대한 쇼핑센터를 보여주며 한층 커진 스케일을 자랑하고 있다. 영화는 도입부에서 여러 TV 화면을 비추며 좀비사태에 관한 각종 근거 없는 가짜 뉴스들, 사이비 종교나 유사과학에 가까운 해괴한 해석이 난무하고 있는 모습을 보여준다. 방송 매체에 대한 불신과 회의적인 태도는 로메로 영화의 일관된 특징이다. 〈시체들의 새벽〉이 개봉한 1978년은 미국 가정에 컬러텔레비전이 보급된 시기다. 전작이 흑백 화면이며, 주요한 매체로 라디오가 등장한다면, 〈시체들의 새벽〉은 컬러 화면에 적극적으로 뉴미디어를 활용하고 있다. 물론 이 뉴미디어는 이전보다 더욱 파괴적이고 신속하게 거짓 정보와 선동을 퍼다 나르는 모사꾼일 뿐이다. 위기의 순간 문명의 이기인 미디어는 사람들의 생존을 돕거나 사태의 진정을 향해 기능하기는커녕, 더욱 파국을 가속하고 혼란만을 가중하는 도구로 기능한다. 그것은 로메로의 세계에서 과학기술은 문제의 해결책이 아니라 문제의 원인에 가까우며, 위기가 곧 문명 자체에 의해 촉발되었기 때문이다.

좀비의 추격을 피해 SWAT 팀원 피터(켄 포리 분)와 로저(스콧 H. 라이니거 분), 그리고 방송국 직원 프랜(게일른 로스 분)과 스티븐(데이비드 엠지 분)이 대형 쇼핑몰로 모여든다. 쇼핑몰은 전 세계 각지에서 생산된 다양한 물품이 모여드는 장소로, 현대문명과 전 지구적 자본주의를 상징하는 공간이다. 쇼핑몰은 문을 걸어 잠그면 곧바로 폐쇄적인 공간이 되며, 고립 상태에서도 음식을 비롯해 생존을 위해 필요한 물품을 쉽게 구할 수 있다는 점에서 좀비서사에서 자주 배경으로 등장하는 장소다. 그러나 쇼핑몰은 이미 몰려든 좀비에게 점령당한 상태다. 〈시체들의 새벽〉에서 좀비는 죽은 후에도 살아있을 때의 습관을 그대로 반복하는 것으로 묘사되는데, 이들은 생전에 늘 하던 대로 쇼핑몰로 몰려온 것이다. 갖가지 광고문구와 조명 아래, 번쩍거리는 상품들의 판타스마고리아 사이를 좀비가 ─ 이제는 그런 것들을 전혀 필요로 하지 않는 존재가 되었음에도 여전히 ─ 어슬렁거린다. 어쩌면 지금과도 별로 다르지 않을, 낯설지 않은 종말의 풍광 ─ 자본주의의 극단적 말로의 풍광, 시장 시스템에 철저히 종속된 인간-좀비의 모습 ― 은 다름 아닌 자본주의와 상품경제 시스템 자체에 의해 초래된 것이다. 영화는 완전히 망가져 버린 사회와 그 안에서 추악한 괴물로 되어버린 인간의 본성을 적나라하게 보여준다. 이 영화에서 가장 무서운 괴물은 좀비가 아니다. 오히려 인간이 더욱 끔찍한 괴물 같은 존재로 등장한다. 인간은 비상사태라는 상황을 적극적으로 이용해 자신의 저열한 욕망을 마음껏 분출한다. 이들은 무법지대가 된 쇼핑몰에서 값비싼 물건을 훔치고, 눈에 보이는 것을 함부로 파괴하고 좀비를 살육하며 이전에는 꿈꾸어보지 못했던 사치와 향락을 누린다. 불안감은 이들의 퇴폐적인 쾌락 추구를 더욱 충동질한다.

그러던 쇼핑몰의 인간들 앞에 오토바이를 탄 갱단이 나타나면서 상황은 급변하기 시작한다. 갱단은 무기를 앞세워 쇼핑몰을 마음껏 약탈하여 쑥대밭으로 만들고 마치 게임을 즐기듯이 장난스럽게 좀비를 마구 폭행하고 살해한다. 행동이 굼뜨고 무장을 할 수 없는 좀비는 애초에 갱단의 상대가 되지 못한다. 갱단은 좀비를 조롱하며 음식물을 끼얹고 좀비의 몸에서 값이 나갈만한 물건을 강탈한다. 좀비라는 무기력한 약자들 위에 군림하던 쇼핑몰의 인간은 더욱 강력한 인간의 출현 앞에서 거꾸로 약자의 위치에 처하게 된다. 이처럼 아무런 생각 없이 체제에 길들여진 멍한 인간처럼 쇼핑몰로 몰려온 무기력한 좀비보다도 더욱 큰 위협과 타락으로 제시되는 것은 인간이다. 인간은 좀비보다 더욱 탐욕스럽고 잔인하며, 인간에게 함부로 살해당하는 좀비는 오히려 순진해 보이며 동정심과 연민을 자아낸다. 좀비가 더 인간답고 인간이 좀비보다 더욱 추하고 비인도적으로 보이는 이런 상황은 인간이 다른 존재보다 더 도덕적일 거라는 순진한 가정을 곧바로 폐기 처분한다. 이 시기의 오토바이족은 극우파를 상징하기도 했는데,[43] 그렇다면 영화는 이들의 잔인성을 부

---

43. 김성곤, 『처음 만나는 영화』, 223쪽.

〈시체들의 새벽〉, 1978

각함으로써 보수주의를 비판하고 있는 것으로 읽을 수도 있다.

주류 인간이 부도덕하고 황폐한 존재라면, 소수자인 흑인과 여성은 그와 대비되는 특성을 보이는 존재다. 전작과 마찬가지로 이 영화 역시 소수자를 전면에 내세우고 있다. 다만 〈살아있는 시체들의 밤〉에서 흑인 벤만이 진취적이고 용기 있는 인물이고 여성 캐릭터가 수동적이며 무기력하게 그려졌다면, 〈시체들의 새벽〉에서 가장 현명하고 용감한 인물은 여성 프랜이다. 임신 중인 프랜은 바깥이 좀비로 가득한 절망적인 상황에서도 마트 안에서 새로운 생명을 품고 있는 희망이자 생명력으로 제시된다. 프랜은 빠른 상황 판단력과 실행력으로 위급한 상황을 현명하게 타개해 내간다. 영화의 마지막 장면에서 프랜은 흑인 피터와 함께 헬리콥터를 타고 좀비로 뒤덮여 생지옥이 된 쇼핑몰에서 탈출한다. 이때 프랜은 헬기의 연료가 많이 남지 않았다고 언급함으로써, 이들의 탈출이 과연 성공할 수 있을지 여전히 불확실하다는 것이 암시된다. 하지만 주인공이 토벌대에 의해 살해당하는 충격적이고 절망적인 결말을 보여주었던 전작과는 달리, 적어도 〈시체들의 새벽〉은 탈출에 성공하는 주인공 일행의 모습을 보여주며 일말의 희망을 제시하고 있다. 그리고 살아남은 두 명의 인물이 각각 여성과 흑인이라는 점 역시 의미심장한 지점이다. 로메로는 남성 중심적이며 백인 중심적 휴머니즘에서 배제되어 온 여성과 흑인이라는 타자를 최후까지 생존시킴으로써 새로운 시대를 향한 작은 희망을 남긴다. 새로운 세계는 좀비도, 백인 남성도 아닌 여성과 흑인이 주축이 되어 시작되어야만 한다는 것이다.

인간과 휴머니즘, 그 이후

우리는 인간과 휴머니즘의 종말이라는 맥락에서 좀비영화를 살펴봤다. 〈시체들이 새벽〉의 마지막에 제한적이나마 희망의 단초를 남겼듯, 종말 자체가 최종 목적인 급진적 허무주의가 아닌 이상, 우리는 적어도 어떤 대안이 필요하다. 그 전에 먼저 내가 추구하는 안티-휴머니즘에 대한 오해를 불식시키고 노선을 명확히 하기 위해, 허무주의적이라 할 수 있는 안티-휴머니즘의 한 갈래를 살펴보고자 한다.

우리 시대에 휴머니즘과 근대적 주체에 대한 가장 과격하고 급진적인 비판자 중 하나는 존 그레이John Gray다. 현시대의 소피스트라 할 수 있는 그레이는 인간에게 '호모 라피엔스'Homo rapiens(약탈하는 자), 혹은 지푸라기 개straw dogs라는 도발적인 명칭을 부여한다. 지푸라기 개는 실체는 초라하지만, 과도하게 신성화된 존재다. 이 조악한 모형 개는 제사를 지낼 때는 잠시 신성한 존재로 여겨지지만, 제사가 끝남과 동시에 버려지고 불태워진다. 그레이가 보기에 인간 주체 역시 마찬가지여서, 인간에게는 어떠한 선험적 의미나 고귀함 따위는 존재하지 않는다. 그런 게 있다면 다만 스스로 부여한 거추장스러운 자기치장이며, 도리어 인간을 억압하고 세계를 파괴하고야 마는 것으로, 하루빨리 제거되어야 할 굴레일 뿐이다. 그레이에 따르면 "인간이란 가장 우발적인 존재"이며 "되는 대로 이리저리 진화한 산물"에 불과하기에 거기에 어떤 고상하고 그럴듯한 의미를 부과하는 것은 불필요하다.[44] 인간이 보편적 가치로 추구하는 휴머니즘, 자아의 해방, 자유의지, 도덕, 윤리, 철학, 종교 따위는 모두 미망迷妄에 불과하며, 오히려 인간을 폭력적으로 억압하고 자연에 대한 파괴를 일삼는 결과를 가져올 뿐이다. 인간이 세상이나 인류를 더 진보시키고 좋게

---

44. 그레이, 『하찮은 인간, 호모 라피엔스』, 18쪽.

만들 수 있다는 믿음은 심대한 자기기만이자 유토피아적 환각에 불과하다. 그레이는 "세상을 바꾸기 위해 분투하는 사람들은 자신이 고결하고 비극적인 인물이라고 생각"한다고 조롱하며, 그것은 나약함의 산물이며 자신의 필멸성을 부정하는 태도일 뿐이라고 주장한다.[45] 인간이 자신의 힘으로 무언가를 바꿀 수 있다는 착각이야말로 세계를 '더 빨리' 망가뜨리고 종말을 향해 직행하는 지름길이다. 그레이는 "머지않아 인간종은 멸종할 것"이며, "인간이 사라지고 나면 지구는 회복될 것"이라고 말한다.[46] 그가 보기에 인류는 세계를 이미 충분히 망가뜨려 놓아서, 복구라는 건 상상조차 할 수 없을 만큼 불가능하며, 세계의 종말은 이미 돌이킬 수 없이 확정된 진실이다. 그레이는 그러므로 '제발' 어떠한 행동도 시도하지 말고, 무언가 바꿀 수 있다는 착각에서 벗어나 그저 가만히 있을 것을 명한다.

모든 기성 가치체계를 혐오하며 극렬한 반대를 표명하는 그레이가 취할 수 있는 가능한 대안은 많지 않아 보인다. 그래서인지 그레이는 자신의 대안을 말할 때보다는 휴머니즘을 비판할 때 더 많은 걸 이야기하는 듯하다. 그레이의 휴머니즘 비판은 신랄하지만, 모든 휴머니즘적 가치를 면밀한 검토 없이 단순화하여 부당하게 폄하한다는 인상을 지울 수 없다. 마지막에 그레이는 대안으로 '관상'觀想의 자세를 제시함으로써 급작스럽게 퇴각한다. 그레이에 따르면 삶에 있어 관상의 태도를 취하는 것은 "도덕적 희망이나 신비한 환상이 아니라 어떠한 의미도 존재하지 않는 사실들"을 철저하게 깨닫는 것이며,[47] 삶 자체가 무의미임을 있는 그대로 받아들이는 자세이다. 그러나 이런 관상의 태도는 지극히 개인주의적이고 비정치적이다. 그의 말대로 세계가 온통 망가지고 잘못 굴러가고

---

45. 같은 책, 244~245쪽.
46. 같은 책, 196쪽.
47. 같은 책, 251쪽.

있다면, 거기에서 모든 걸 손을 놓아 버리고 가만히 관상한다는 것은 얼마나 비겁하고 소극적인 태도인가? 그리고 그것이 해결책이 될 수 있다는 것은 순진한 낭만주의가 아닌가?

관상이란 기존에 자연스럽고 당연시 여겨온 가치나 사고체계와 일순간 단절하여 새로운 삶의 자세를 취할 때 가능한 것인데, 아이러니한 점은 이것 역시 휴머니즘의 유산임을 부인하기 힘들다는 것이다. 모든 외부적인 체제에 대한 극도의 불신을 표현하는 그레이에게는 개인 각자의 통렬한 반성과 각성만이 유일한 대안으로 제시되는데, 문제는 그레이가 이와 동시에 개인의 능력이나 의지를 부정하고 있다는 점이다. 즉, 자유의지란 애초에 존재하지 않는 환상이라고 설파하는 그레이의 주장과 그가 '모든 악의 근원'으로 가정하는 휴머니즘에서 급작스럽게 도약하여 '관상'이라는 삶의 자세를 취해야 한다는 대안이 모순된다. '관상'의 자세가 가능하기 위해서는 인간의 이성과 자유의지, 자율적 행위성 등이 먼저 전제되어야만 하기에, 그는 도리어 휴머니즘으로 회귀하는 자가당착에 빠지고 만다. 휴머니즘을 하나의 '종교'라고 주장하는 존 그레이의 비판은 허무주의적이고 패배주의적인 비관론에 근접하며, 마지막에 슬쩍 내비치는 '관상'이라는 대안은 자유주의적 휴머니즘의 부활을 암시한 채 성급하게 퇴각하고 만다. 주체를 최후까지 제거해 버릴 때 빠지게 되는 곤경은, 어떠한 변화를 위한 행위 주체 역시 상정할 수 없다는 점이다. 주체 자체를 철저히 부정하고 해체해 버리고 나면 마지막에 남는 것은 현재의 퇴행적 반복, 몰락의 항구적 지속일 뿐이다. 결국 그레이는 나름의 대안을 제시하기 위해 '관상의 주체'라는 형태의 제한적 형태의 주체를 승인할 수밖에 없는 자기모순에 봉착하게 된다. 우리에게는 허무주의를 넘어설 수 있는 보다 정치적이고 윤리적인 주체성의 발명이 필요하다. 우리는 6장과 7장에서 본격적으로 새로운 주체성의 도식을 살펴볼 것이다.

에드워드 사이드는 유럽 백인 중심의 휴머니즘에 비판적 입장을 견지하면서도, 휴머니즘을 완전히 내버려야 할지에 관해서는 유보적인 입장을 취한다. 사이드는 휴머니즘이 가져온 수많은 폐해에도 불구하고, 제국주의 시대 이후 식민지배를 받았던 지역의 국민국가 형성 과정에 휴머니즘이 긍정적으로 기여했음을 인정한다. 사이드는 얼마든지 휴머니즘의 이름으로도 휴머니즘에 비판적일 수 있으며, 잘못 사용되고 있다고 해서 반드시 그것을 완전히 파괴하거나 해체해버려야 하는 것은 아니라고 주장한다.[48] 브라이도티 역시 휴머니즘이 여러 가지 문제점에도 불구하고 그렇게 단순하고 쉽게 내다 버릴 수 있는 종류의 것이 아니라고 말한다.

> 휴머니즘은 정치적 스펙트럼을 가로지르며 자유주의 편에서 개인주의, 자율성, 책임감과 자기결정권을 지지해왔다. 더 급진적 전선에서는 연대, 공동체 유대 맺기, 사회 정의와 평등의 원칙들을 촉진해왔다. 깊은 세속적 지향성을 가진 휴머니즘은 과학과 문화를 존중했고, 성스러운 텍스트들의 권위와 종교적 도그마에 맞섰다. 또한 휴머니즘은 모험적인 요소와 호기심에서 나오는 발견에 대한 갈망을 담고 있으며, 지극히 실용주의적인 프로젝트 중심의 접근 방식을 가지고 있다. 이런 원칙들은 우리의 사유 습관 안에 너무나 깊고 견고하게 구축되어 있어서 모두 버리고 가기가 어렵다.[49]

안티-휴머니즘의 견지에서 휴머니즘을 해체하여 긍정적인 측면과 부정적인 측면을 구분할 수는 있지만, 그것은 마치 한 쌍처럼 얽혀 있어서 거기에서 부정적인 것만을 선별적으로 제거하기란 좀처럼 간단한 일이 아니다. 브라이도티는 휴머니즘적 가치의 긍정적인 측면을 함께 옹호하면

---

48. 사이드, 『저항의 인문학』, 29~32쪽.
49. 브라이도티, 『포스트휴먼』, 44쪽.

서, 안티-휴머니즘은 휴머니즘이 가정하고 있는 이상화된 '인간'에 대해 비판하지만, 그것이 휴머니즘을 전적으로 거부해야 한다는 것을 의미하지는 않으며, 우리가 휴머니즘을 모두 버리고 가기는 어렵다는 것을 솔직하게 고백한다.

우리는 지금까지 살펴본 인간과 휴머니즘의 죽음 혹은 종말에 관한 선언이 단순히 인간의 본질이나 존재 근거, 혹은 기존의 도덕과 윤리를 사라지게 하여 허무주의나 반-사회적 성향에 빠지게 하려는 기획이 아니라는 사실을 잊지 말아야 한다. 인간의 죽음은 자신만을 보편이자 정상이라 여기며 특권적 위치에 군림하는 오만한 인간, 거기에서 억압과 배제의 권력을 휘두르고 폭력을 행사하는 배타적 인간 개념의 죽음이다. 인간의 죽음은 우리에게 이제 중심이 아닌 주변부, 정착이 아닌 유목, 동일성이 아닌 차이, 주체가 아닌 타자의 위치에 서서 사유하고 적극적으로 긍정의 주체를 마련할 것을 요청한다.

인간의 죽음은 단순히 상실이나 부정적 함의로 축소되는 것이 아니라 긍정과 생성의 가능성을 내포하기에 푸코는 이를 현대철학의 출발점으로 여긴다.

오늘날 인간의 사라짐에 의해 남겨진 공백 이외의 다른 곳에서 사유하는 것은 이제 가능하지 않다. 실제로 이 공백은 결여를 야기하지 않고, 채워져야 할 빈틈을 규정하지 않는다. 이 공백은 사유하기가 마침내 다시 가능한 공간의 전개 이상의 것도 이하의 것도 아니다.[50]

푸코는 인간이 끌어내려져 해체된 자리에서 출발하여 이제는 '새로운 주체'로 거듭나야 함을 촉구한다. 그러나 필요성에 대한 그의 역설과는 별

---

50. 푸코, 『말과 사물』, 468쪽.

개로 푸코의 연구에서 실질적으로 주체의 저항성은 잘 드러나지 않으며 주체는 언제나 권력기술과 통치에 의해 훈육되고 복종 당하여 저항성과 능동적 실천력을 상실하는 파놉티콘 속 대상일 뿐이다. 예컨대 푸코의 일련의 작업 —『광기의 역사』, 『감시와 처벌』, 『성의 역사』 — 은 병원, 감옥, 학교, 수용소 등을 분석하여 인간이 어떻게 부지불식간에 권력 장치에 의해 포획되어 규율과 통제에 순응하고 이를 내재화하여 저항성을 상실하게 되는가에 집중되어 있다. 그의 후기 작업 『생명관리정치의 탄생』은 국가권력이 이제는 가장 근본적 단위인 생명마저도 통제하게 되었음을 역설한다.[51] 고대 그리스인의 자기관리에서 새로운 주체성의 대안을 찾으려 하는 말년 푸코의 사유는 다소 사변적이고 비정치적이며 과거 회귀적이라는 인상을 지우기 힘들다. 푸코는 새로운 주체성에 대한 대안으로 신이 절대적 존재로 등장하기 이전 시대, 즉 고대 그리스인의 도덕적 성찰과 '자기 배려'의 에토스에서 대안을 모색하려 하지만,[52] 이는 다소 추상적이고 개인적 차원에 머무르고 있는 듯 보인다.

현실 정치에 적극적으로 개입하고 발언하며 실천적 사회운동에 꾸준히 참여해온 사이드는 푸코에 관해 이렇게 지적한다.

그는 굉장히 전복적인 연구를 하는 것처럼 보였습니다. 하지만 규율과 감금이 지배하는 사회에서는 저항이 거의 불가능하다고 보는 입장에 서서 권력 문제를 바라보는 쪽으로 바뀌었지요. 푸코가 거쳐온 길을 되짚어보면 정적주의와 비슷한 것들이 많이 등장합니다. 그의 생각을 따르자면 모든 것은 역사적으로 결정되어 있고, 정의나 선과 악 등의 관념들은 그 관념을 이용한 이들에 의해서 구성된 것이기 때문에 원래부터

---

51. 미셸 푸코, 『생명관리 정치의 탄생』, 심세광·전혜리·조성은 옮김, 난장, 2012.
52. 미셸 푸코, 『주체의 해석학』, 심세광 옮김, 동문선, 2007.

중요한 의미를 갖고 있는 것이 아닙니다.[53]

사이드의 주장에 따르면 푸코는 후기의 연구로 갈수록 점차 수동적인 '정적주의'quietism [54]에 가까워졌으며, 규율과 감금이 지배하는 사회 속에서 저항의 가능성을 잘 인정하지 않게 되었다. 정의나 선 등은 모두 지배 담론에 의해 구성된 것이라고 보는 푸코의 관점에서는 어떤 보편성을 상정하기 힘들다. 사이드가 보기에 푸코는 촘스키의 반대편에 있는 지식인인데, 적극적으로 정치적 발화와 논쟁에 뛰어드는 촘스키와는 달리, 푸코는 주로 냉소적인 입장을 취하며 어떠한 형태의 정치적 개입에도 흥미를 보이지 않았다.[55] 사이드는 푸코의 이런 태도가 결과적으로 지배를 용인하는 것에 가깝다고 주장한다.[56] 또한 푸코의 이론에서는 인간에 대한 인식변화에 있어 무시할 수 없는 요인인 — 최근에는 주도적으로까지 보이는 — 과학기술에 대한 고려는 거의 나타나지 않는다는 점에서 대안 주체성 마련을 주도할 수 있는 이론으로 제시하기에는 미흡하다. 푸코를 포함한 '언어적 전회'linguistic turn 이후의 포스트구조주의 철학자들은 주체/타자의 구조에 내재한 폭력과 부작용을 드러내며, 주체를 해체하고 특권적 위치에서 끌어내리는 데 힘썼다. 그러나 이들은 주체의 죽음과 해체에 집중할 뿐, 새로운 주체에 관해서는 그 가능성을 제시하는 정도에서 그치는 듯 보인다. 이들은 새로운 주체에 관한 대안이나 능동적 실천방안은 제시하지 못한 채, 비판에 머물고 있다는 한계점을 지닌다.

---

53. 에드워드 사이드, 『권력 정치 문화』, 최영석 옮김, 마티, 2012, 93쪽.
54. 정적주의란 명상을 중요시한 신비주의 기독교 종파로 인간의 능동적 행위보다 신의 은총을 기다리는 수동적인 자세를 강조했다. (사이드, 『권력 정치 문화』, 93쪽 옮긴이 주 참고.)
55. 사이드, 『권력 정치 문화』, 124쪽.
56. 같은 책, 204쪽.

좀비영화의 침체기와 좀비게임

로메로 감독의 〈살아있는 시체들의 밤〉과 〈시체들의 새벽〉이 큰 성공을 거두자 좀비장르의 잠재력을 알아본 제작사들은 1980년대 중반까지 활발히 좀비영화를 제작했다. 그러나 대부분의 작품은 로메로 영화에서 더 나아가지 못한 채 소모적인 반복에 몰두했고, 자극적인 아류작들이 생산되면서 좀비장르 자체의 생명력이 소진되었다.[57] 진부해진 좀비장르가 더 이상 새로운 이야기를 하지 못하게 되자 좀비의 인기는 점차 시들해진다. 게다가 1983년에 마이클 잭슨의 노래 〈스릴러〉Thriller의 뮤직비디오에서 좀비가 춤을 추며 코믹한 모습으로 등장하게 되면서, 좀비는 무서운 괴물이 아니라 우스꽝스러운 코믹의 이미지가 강해진다.

이런 상황 속에서 로메로 감독은 1985년 냉전 시대를 은유하는 세 번째 좀비영화 〈시체들의 낮〉을 제작하기에 이른다. 〈시체들의 낮〉에서 로메로는 전작의 무기력한 좀비, 자본주의의 노예가 된 좀비가 아닌 혁명의 주체로서 좀비를 제시하며, 좀비를 정치적으로 전유하려 했다. 그러나 이는 시대를 앞서 나간 성급한 시도로 사람들의 공감을 끌어내지 못한 채 실패하게 된다. 비숍은 〈시체들의 낮〉과 이후 좀비영화가 실패를 거듭하며 침체기에 빠지게 된 이유를 시대상의 변화와 관련지어 설명한다. 좀비영화가 성공하기에는 1980년대와 1990년대 미국 사회의 분위기가 이전만큼 불안하거나 부조리하지 않고, 안정기에 접어든 것처럼 보였다는 것이다. 1990년대에 접어들면서 미국은 전례 없는 경제성장을 이루게 되었으며, 동시에 국제 정세 역시 안정을 되찾았다. 냉전이 끝나고 베를린 장벽은 붕괴하였으며, 걸프전 역시 일단락되었다. 물론 지구 곳곳에서는 여전히 국제적인 제노사이드나 참혹한 학살이 끊임없이 자행되었지만, 마

---

57. Sills, "The good zombie", *aeon*.

침 클린턴의 성폭력 사건이 터지며 언론의 헤드라인을 휩쓸게 되면서 별다른 관심을 끌지 못하게 된다.[58] 이런 사회적 맥락 속에서 좀비영화는 더 이상 대중의 주목을 받지 못한 채, 2000년대 초반까지 자취를 감추게 된다. 이 시기에 좀비는 피터 잭슨Peter Jackson 감독의 〈데드 얼라이브〉Dead Alive, 1992에서처럼 슬랩스틱 코미디 장르로 재현되어, B급 영화나 하위장르에서나 간신히 볼 수 있는 마니아의 괴물로 전락하게 된다.

이 시기에 좀비가 역사 속으로 완전히 사라지지 않고 명맥을 이어갈 수 있었던 것은 게임장르 덕분이다. 게임장르에서 좀비가 적극적으로 등장한 것은 첫 번째로 기술적 한계 때문이었다. 당시 제작자들은 성능이 낮은 게임기에서 움직임이 역동적인 괴물을 구현하는 데 한계를 느꼈다.[59] 그렇다고 인간의 움직임을 자연스럽게 구현하기에는 아직 게임기의 성능이 충분하지 않았다. 이에 동작이 애초에 느리고 굼뜬 괴물, 움직임이 경직되고 어색해도 상관없는 좀비는 당시 게임기에서 구현하기에 적당한 최적의 괴물이었다. 두 번째로, 인간과 유사한 외형을 한 좀비는 게이머가 인간을 살해할 때 느끼는 거부감이나 죄책감을 덜어주는 역할을 했다. 좀비가 살육에 대한 도덕적 면죄부를 제공한 것이다. 인간에 가까운 모습이되 비인간 괴물인 좀비에 대한 살육은 게이머의 금기시된 욕망을 비틀어 충족시키는 기묘한 쾌락으로 작동한다. 세 번째로 게임 조작과 인터페이스의 측면에서도 좀비는 잘 맞아떨어졌는데, FPS(1인칭 슈팅 게임) 장르에서는 특정한 표적을 맞혀야 높은 점수를 획득할 수 있다. 좀비는 다른 신체 부위의 파손으로는 완전히 죽일 수 없고, 오직 머리가 파괴되어야만 죽는다는 설정에서 FPS 게임의 괴물로 등장시키기에 적절했다.

---

58. Kyle William Bishop, "Dead Man Still Walking", *Journal of Popular Film and Television*, 37(1), 2009, p. 18.

59. 후지타 나오야, 『좀비 사회학』, 선정우 옮김, 요다, 2018, 130쪽.

이 시기에 주목을 받은 좀비게임으로는 이드 소프트웨어id Software 사의 〈둠〉Doom 시리즈와 캡콤Capcom 사의 〈바이오하자드〉Biohazard 시리 즈, 그리고 세가Sega 사의 〈하우스 오브 더 데드〉The House of the Dead 시리 즈가 있다. 〈둠〉의 경우 1993년, 〈바이오하자드〉와 〈하우스 오브 더 데 드〉는 1996년에 처음 제작되었으며, 큰 성공을 거두어 현재까지 계속해 서 시리즈물로 제작되고 있다. 특히 〈바이오하자드〉는 2002년 영화 〈레 지던트 이블〉로 제작되며 새롭게 좀비장르의 유행을 견인하기도 했다.

5장

파국의 세계와 심화되는 공백

신자유주의와 밀레니엄좀비

21세기와 뛰는좀비의 등장

로메로의 〈시체들의 낮〉1985이 실패한 이후 침체기를 맞이했던 좀비 장르는, 2002년 대니 보일Danny Boyle 감독의 영화 〈28일 후〉가 큰 성공을 거두면서 새로운 국면을 맞이하게 된다. 비숍은 〈28일 후〉를 좀비사에 있어 결정적인 작품으로 언급하면서, 좀비영화의 '세 번째 물결'이 시작되는 신호탄을 쏘아 올린 영화로 분류한다. 〈28일 후〉를 기점으로 좀비는 다시 생명력을 얻어 전성기를 맞이했으며, 바야흐로 '좀비 르네상스'가 도래하게 된다.[1] 부두교좀비와 시체좀비에 이어, 좀비가 맞이한 세 번째 전성기는 그 규모에서는 제1의 전성기로 볼 수 있다.

〈28일 후〉의 좀비는 어떻게 다르기에 새로운 좀비로 분류되며 좀비의 역사를 다시 쓰게 된 것인가? 이전까지 좀비영화에서 등장하는 좀비는 느리고 아둔하며, 때로는 처량하기까지 한 괴물이었다. 영원한 노예가 되어 마음대로 죽지도 못하는 부두교좀비가 그랬고, 본능만이 남아 제 몸이 부서져 가는지도 깨닫지 못하고 달려드는 시체좀비가 그랬다. 부

---

1. Bishop, *American Zombie Gothic*, p. 222.

두교좀비는 무섭다기보다 소름 끼치는 호기심을 자극하는 신기한 존재였다. 시체좀비가 무서운 이유는 잘 죽지 않는다는 점 ─ 이미 한 번 죽었지만, 신체의 활동을 완전히 정지시킨다는 의미에서 ─ 과 끝없이 전염되어 완전한 제거가 거의 불가능해 보인다는 점이었다. 이처럼 좀비의 공포는 당장 생존을 위협하는 즉발적인 종류의 것이라기보다는 주체의 근원적 불안과 정체성의 상실이라는 관념적인 공포를 자극하는 것이었다. 그러나 〈28일 후〉나 잭 스나이더 감독의 〈새벽의 저주〉2004에 이르면 좀비는 느릿느릿 걷지 않고 인간처럼, 혹은 인간의 속도를 상회하며 빠른 속도로 뛰기 시작하면서, 좀비는 실질적인 공포를 초래하는 괴물로서 재탄생한다. 심지어 〈새벽의 저주〉에는 달리는 차를 따라잡는 좀비가 등장한다. 좀비는 완력의 측면에서도 크게 강화되는데, 과거의 무기력한 모습에서 벗어나 주먹으로 문을 부수고 높은 벽을 뛰어넘는 등 보다 강력한 힘을 획득한다. 새로운 좀비는 시체좀비와 마찬가지로 타인에게 감염되고, 이성을 상실하여 대화가 통하지 않고, 머리를 파괴해야만 죽는 등의 특성을 공유한다. 그러나 빠르게 뛰기 시작했으며 바이러스의 형태로 감염됨으로써 파괴력과 전염력의 측면에서 한층 강화된 좀비로 등장한다. 우리는 2002년 이후 등장한 새로운 형태의 좀비를 '밀레니엄좀비' 혹은 '뛰는 좀비'로 지칭할 것이다.

여기서 주목해야 할 점은 '뛰는좀비'를 탄생시킨 영화 〈28일 후〉에는 어디에도 이 괴물을 좀비라고 부르는 장면이 없다는 점이다. 이들은 죽은 '시체'가 아니라 단지 '분노 바이러스'에 감염된 환자로, 여전히 '살아있는 인간'이다. 뛰는좀비는 '좀비바이러스'라는 새로운 과학적 설정을 덧입힘으로써 이전의 좀비와는 다른 특징을 갖는다. 첫 번째로 바이러스가 원인으로 제시됨으로써 문명 비판적인 요소가 강화된다. 좀비바이러스는 주로 과학자들의 연구로 만들어지고 실험실에서 유출된다. 이는 과학기술의 무분별한 발전과 현대문명의 이기가 디스토피아적인 미래를 불러올 수 있다는 막연한 불안과 공포를 불러일으킨다. 두 번째로 미지의 과학기술을 등장시킴으로써 더욱 그럴듯하고 실제적인 공포로 좀비를 그려낼 수 있다. 부두교좀비는 초자연적이고 주술적인 힘으로 태어났으며, 시체좀비의 탄생 원인은 대개 모호하거나 암시적으로 제시되었다. 그러나 이제 바이러스라는 명확하고 과학적인 원인이 제시됨으로써 리얼리티를 확보한 좀비는 더욱 그럴듯한 현실적 위협으로 거듭난다. 세 번째로 바이러스의 감염자는 몸이 경직된 시체가 아니기에, 과거의 좀비처럼 동작이 굼뜨거나 무기력할 필요가 없다. 바이러스 감염자가 되면서, 좀비는 더 강력하고 빠른 괴물로 거듭난다. 생명력 없는 무기력한 좀비에서 활력이 넘치는 좀비로 변신한 것이다. 이는 영화의 호러나 스릴러적 요소를 극대화하는 요인이 된다. 네 번째로 좀비바이러스는 이전보다 훨씬 빠르고 강력한 전염력을 갖는다. 이전의 시체좀비가 직접적인 신체 접촉에 의해서만 전염되었다면, 이제 좀비바이러스는 타액을 통해 전염되거나 심지어는 공기를 매질로 퍼지기도 한다. 전염의 속도나 확산의 규모가 전 지구적으로 확대되며 서사는 묵시록적이며 종말론적 양상을 띠게 된다. 다섯 번째로 좀비가 과학적으로 규명 가능한 바이러스 감염 때문이라면, 그에 맞서는 치료제나 백신이 개발될 가능성이 생긴다. 영화는 묵시록적 분위기 속에서도 치료제의 개발이라는 목적을 가지고 전개되면서, 서사는 비교적 선명한 목적성을 띠고 대중성을 획득한다. 이전의 아무런 출구도 보이지 않는 절망의 연속 대신, 마치 사태의 해결이 가능할 수도 있다는 착시효과를 주게 된다. 덧붙여, 이는 이후 포스트좀비로의 전면적인 변환점을 마련하기도 한다. 좀비가 다시 인간으로 복귀할 수 있는 실마리를 제공하기 때문이다. 시체를 다시 인간으로 되살리는 건 과학의 영역을 벗어나는 일이지만, 만일 이들이 단지 바이러스에 감염된 환자라면 치료제가 개발되고 나서 좀비는 다시 인간 사회로 돌아갈 수 있다(이에 대한 상세한 분석은 다음 장에서 다루어질 것이다).

여전히 느릿느릿한 고전 좀비영화를 좋아하는 마니아들은 뛰는좀비는 진정한 좀비가 아니라고 주장하는가 하면, 로메로 감독 역시 말초적인 공포만을 자극하는 뛰는좀비를 인정하지 않는다고 언급한 바 있다. 그러나 〈28일 후〉를 보고 난 관객들은 새로운 괴물을 별 고민 없이 좀비로 지칭했다. 이 영화에서 좀비라는 단어는 언급조차 되지 않지만, 대부분의 사람은 새로운 괴물을 진화한 좀비 정도로 여긴다. 이처럼 좀비는 늘 당대의 불안과 공포를 매개로 대중의 정동을 신체화하며 변신하는 존재다. 로메로의 식인좀비가 제작 당시에는 좀비가 아니었고, 이전의 부두교좀비와 상당 부분 차이가 있음에도 당시 사회에 의해 시대의 좀비로 명명되었듯이, 대니 보일의 '뛰는좀비' 역시 현대의 관객에 의해 현시대의 좀비로 호명된 것이다. 그렇다면 이 '뛰는좀비'의 신체가 표상하는 공포와 불안의 정체는 무엇인가? 정적이던 좀비는 왜 뛰게 되었으며, 왜 사람들은 뛰는좀비에 열광하는 것인가?

공백의 심화와 과학기술

앞서 나는 주체의 죽음 이후 그 대안이 절실하다고 말한 바 있다. 포스트구조주의 철학자들의 예견보다 더욱 빠른 속도로 변하는 시대를 사는 우리에게는 능동적이고 실천적인 새로운 주체, 새로운 존재론이 시급하다. 그러나 우리는 아직 어떤 대안을 마련하지 못하고 있다. 우리 시대에 두드러지는 주체의 공백은 과학적 진보와 전 지구적 자본주의라는 두 압력의 틈바구니에서 파괴적인 방식으로 심화되며, 퇴행적이고 어두운 주체성의 양식을 마련한다. 더욱 강력해지고 파국으로 치닫는 뛰는좀비의 등장과 유행은 이런 시대적 상황과 공명한다.

과학적 진보는 인간과 다른 생물들 사이에 존재했던(혹은 존재했다고 믿어졌던) 경계선, 가장 기본적인 생물학적 근거마저도 무참히 해체해 버렸다. 인간의 존엄성과 특권의 미약한 근거는 이제 그 뿌리부터 의심받으며 흔들리고 있다. 인간의 신체는 기계와 접합되어 확장 가능하며, 인간의 정신 역시 고정된 것이 아니라 신체처럼 확장 가능한 대상으로 여겨진다. 2016년 3월에 이루어진 구글의 인공지능 알파고AlphaGo와 이세돌 9단과의 바둑 대결은 전 세계의 이목을 집중시켰다. 사람들은 인공지능이 인간 지능을 초월할 수 있을지에 관심 섞인 우려를 보내며 이세돌의 승리를 기원했다. 그러나 알파고는 예상을 상회하는 성능을 보이며 3연승을 거두어 승리를 일찌감치 확정 지었다. 이미 수십 년 전 인공지능이 인간 선수에게 승리를 거둔 체스에서와는 달리, 바둑은 무한에 가까운 경우의 수를 지녀 인공지능이 범접할 수 없는 영역으로 여겨졌기에 그 파장은 생각보다 커 보인다. 기계학습에 기반한 인공지능의 성능이 마침내 인간의 '직관'을 뛰어넘은 것이다. 이는 인류의 오래된 꿈 혹은 악몽, 즉 인간의 지능을 초월하는 인공지능의 등장이 더 이상 영화 속 상상만은 아니라는 점을 일깨워 준다. 알파고의 등장은 우리에게 인공지능의 실현이 가시화되었으며, 아마도 머지않은 시일에 마주하게 될 현실이 되었다는 사실을 새삼스럽게 상기시킨다.

한스 모라벡Hans Moravec은 2030~2040년이면 로봇이 하나의 '인공적 종'artificial species으로서 탄생하게 될 거로 예측한다. 그에 따르면 인류와 로봇의 공존이라는 유토피아는 실현 가능하며, 마땅히 나아가야 할 진화의 방향이다.[2] 레이 커즈와일Ray Kurzweil은 수십 년 내에 인간을 초월하는 인공지능이 출현할 거라고 주장한다. 그에 따르면 기술 발전은 초반에는 점진적이며 선형적인 발전의 속도를 보이며 성과와 발전이 축적되어 나간다. 그러다가 그가 '특이점'singularity이라 부르는 특정한 순간이

---

2. 김은령, 「포스트휴머니즘/포스트휴먼 관점에서 여성의 '몸' 향상 혹은 변형」, 이화인문 과학원 엮음, 『인간과 포스트휴머니즘』, 이화여자대학교출판부, 2013, 316~317쪽.

되면, 이전에는 예측할 수 없었던 폭발적 변화를 일으키며 기하급수적 속도로 진행된다. 오늘날 GNR분야(유전학genetics, 나노기술nanotechnology, 로봇공학robotics)의 발전은 빠르게 기술과 인간을 융합하고 있다. 커즈와일의 예측 모델에 따르면 2029년이면 인간에 버금가는 인공지능이 출현하고, 그가 특이점으로 제시하는 2045년에는 인간 지능을 훨씬 초월하는 인공지능이 출현하게 된다.[3] 인공지능 혹은 인간을 뛰어넘는 존재가 곧 등장할 거라는 전망은 얼마 전까지만 해도 허무맹랑한 소리나 공상과학 소설처럼 여겨졌다. 그러나 이제는 손에 잡힐 듯한 미래가 되었으며, 이런 현실은 우리에게 막연한 흥분감과 함께 불안감을 자아낸다.

21세기가 끝나기도 전에 인간은 더 이상 지구상에서 혹은 우주상에서 가장 지능이 높거나 가장 뛰어난 능력을 지닌 개체가 아니게 될 것이다. 사실상 이와 같은 증언은 우리가 어떻게 인간을 정의하는가에 따라 진실 여부를 판단할 수 있다. 따라서 21세기의 중요한 정치적이고 철학적인 화두는 우리가 누구인지를 정의하는 문제가 될 것이다.[4]

커즈와일은 철학적 안티-휴머니즘과는 다른 각도, 즉 과학기술의 견지에서 인간에 대한 다른 규정과 정의가 시급하다고 주장한다. 인간보다 뛰어난 새로운 존재의 출현을 눈앞에 두고, 인간의 개념을 재정의하는 것이 중요한 "정치적이고 철학적인 화두"가 되었기 때문이다. 다른 존재의 문제를 염두에 두지 않더라도, 과학기술의 발전이 가져오는 새로운 발견들은 이미 인간에 대한 기존의 이해를 뒤흔들고 있다. 브라이도티는 "우리 시대의 과학과 생명 기술이 생명체의 구조와 성질 자체에 영향을

3. 레이 커즈와일, 『특이점이 온다』, 장시형·김명남 옮김, 김영사, 2007.
4. 레이 커즈와일, 『21세기 호모 사피엔스』, 채윤기 옮김, 나노미디어, 1999, 2쪽.

주고 있으며 오늘날 인간에 대한 기본 참조 틀이 무엇이어야 하는지에 대한 우리의 이해를 극적으로 변화시키고 있"다고 말한다.[5] 이런 변화들은 인간과 다른 존재자들 간의 경계를 허물며, 우리의 자기인식을 근본적으로 바꾸어 놓는다. 우리는 이제 불가피하게 인간을 재정의하고 휴머니즘 이후를 생각해야 할 시점에 와 있다.

그동안 인간을 다른 존재와 구분 짓고 초월성과 우월성의 근거를 마련해 주었던 가장 큰 특성은 '이성'의 유무였다. 그러나 알파고의 승리와 인공지능의 등장은 인간이 이제 예외적인 이성적 존재가 아닐 수 있다는 사실을 깨닫게 한다. 이는 인간의 존엄성이 함께 몰락할 거라는 우려를 낳는다. 조르그너Stefan Lorenz Sorgner가 주장하듯 인간의 존엄성이란 다른 생명체와의 범주적 구별을 함축하기 때문이다. 기독교적이고 칸트적인 유산 속에서는 오직 인간만이 신의 모습대로 창조되었으며, 이성적 영혼과 비물질적 자기의식을 지닌 존재로 가정된다. 여기서 인간만이 주체이고 존엄성을 가진다는 인식이 비롯된다.[6] 이런 세계관에서는 인간만이 존엄한 존재이며 기계는 인간을 위한 도구에 불과하다. 그러나 유사 이래 처음으로 인간과 대등한, 혹은 더 우월할 수 있는 존재와 대면하게 되면 이러한 이원론적 세계관, 인간의 존엄성과 도덕, 계몽주의에 기반한 인간의 정의, 근대적 주체성은 모두 한순간에 무너져 내릴 위기에 처한다. 이러한 일련의 상황은 20세기 후반 포스트구조주의 철학자들이 '인간의 죽음'과 '탈인간중심'을 주장했을 때의 상황보다 훨씬 더 긴박하고 중대하게 우리를 새로운 주체와 윤리에 대한 사유와 실험에 나서도록 강제한다.

다른 한편으로 선진화된 자본주의 시스템은 과학기술과 적극적으로

---

5. 브라이도티, 『포스트휴먼』, 56쪽.
6. 슈테판 로렌츠 조르그너, 「견고한 인간중심주의를 넘어서」, 안소영·신상규 옮김, 이화인문과학원 엮음, 『인간과 포스트휴머니즘』, 이화여자대학교출판부, 2013, 149쪽.

공모하기도 한다. 자본의 바깥을 허락하지 않는 전 지구적 시장경제는 모든 종을 시장과 자본의 논리 속에 녹여냄으로써 그 경계를 허문다. 오늘날 모든 유기체의 신체는 게놈 지도와 유전학적 정보에 근거하여 자본화되고, 시장가치라는 평가로 획일화되어 마침내 '평등'을 이룩했다. 개인의 기체基體는 존엄과 고유성을 상실하고, 정보의 다발로 치환되어 의료시장과 신약 개발을 위한 좋은 지침이자, 개인별로 맞춤화되어 실패할 리 없는 마케팅 타깃이 된다. '탈인간중심주의'는 자본의 높이에서 비로소 달성된 듯 보인다. 세계는 벤야민의 말대로 예외상태가 일상화되어 윤리적 진공상태를 향해 나아가고 있다. 타자성과 외국인에 대한 혐오, 난민에 대한 폭력, 동물에 대한 학대 등의 폭력성과 배타성의 심화는 우리 시대의 주요한 특징이다. 비인간이 짊어졌던 취약성과 타자의 위치가 걷잡을 수 없이 확장되고 있다. 이는 아감벤이 분석했듯 '호모 사케르의 전면화'의 현상으로 볼 수도 있을 것이다. 콘라드의 끔찍한 말 "야만인을 박멸하라!"는 이제 인간종을 넘어 모든 종에까지 확장되는 '증오의 언명'이 되었다.[7] 그것은 우리의 세계가 데카르트 이후 심대한 변화를 겪었음에도 불구하고, 이상화된 근대적 주체가 지금까지도 면면히 사유의 중심에 위치해 있기 때문이다. 새로운 존재론을 마련해야 한다는 긴급한 요청에도 불구하고, 여전히 공고한 인간중심주의로의 회귀는 취약하고 위태로운 기반 위에서 부정의 유대와 종말론으로 치닫는다.

금융자본주의에서 좀비자본주의로

미국을 기준으로 1%에 해당하는 국민이 국부國富의 40%를 소유하고 있다. 30년 동안 나머지 99%의 부가 15% 성장하는 동안, 1%의 부는

---

7. 브라이도티, 『포스트휴먼』, 183쪽.

150%라는 폭발적 성장을 기록했다.[8] 1%와 99% 간의 불평등 수치는 단지 신자유주의의 첨병인 미국에만 국한되는 것이 아니라, 세계적 수준에서 파악할 때 더욱 극심해진다. 세계 인구의 1%가 전체 부의 절반에 달하는 46%를 소유하고 있으며, 세계 인구의 10%는 전체 부의 86%를 소유하고 있다. 바디우는 이들이 그 비율이나 독점의 수준에서 과거의 귀족계층에 준하는 계급에 해당하며, 마침내 과두정이 다시 재림했다고 주장한다.[9] 반면 세계 인구의 50%는 아무것도 소유하지 못한 절대 빈곤층에 해당한다. 이들은 정치적으로나 경제적으로 인구로서 고려되거나 셈해지지 않는 자들이다. 세습재산의 불평등 수준은 더욱 심각한데, 프랑스의 경우 상위 10%가 하위 10%의 920배에 달하는 재산을 소유하고 있다.[10] 피케티는 현재의 불평등 수준이 인류 역사상 불평등이 가장 극심했던 시기인 "19세기 소득 불평등 수준으로 돌아갔을 뿐만 아니라, 경제적 주도 세력이 능력 있는 개인들이 아닌 힘 있는 가문에 의해 통제되는 '세습자본주의'로 돌아가는 중"이라고 주장한다.[11]

피케티는 현시대를 2차 '도금시대'Gilded Age 혹은 '벨 에포크'Belle Époque라고 명명한다. 1차 세계대전이 일어난 1914년 이전의 수십 년을 지칭하는 용어인 '벨 에포크'는 그 이름이 의미하는 것처럼 마냥 '좋은 시절'이 아니었다. 오히려 미국의 소설가 마크 트웨인Mark Twain이 명명한 '도금시대'가 이 시기를 더 잘 설명하는 용어다. 진정한 의미에서의 황금기golden age가 아니라 겉에만 금박을 입혀 화려하게 치장했을 뿐, 실제로는 자본주의의 모순이 심화되면서 내부는 걷잡을 수 없이 곪아갔던 시기이

---

8. 마우리치오 랏자라또, 『부채 통치』, 허경 옮김, 갈무리, 2018, 38쪽.

9. 바디우, 『우리의 병은 오래전에 시작되었다』, 41쪽

10. 랏자라또, 『부채 통치』, 38쪽.

11. 폴 크루그먼, 「왜 우리는 새로운 도금시대에 살고 있나」, 『애프터 피케티』, 유엔제이 옮김, 율리시즈, 2017, 87쪽.

기 때문이다. 맑스는 벨 에포크가 본격적으로 시작되기도 전에 이미 자본주의의 모순을 간파하고 종말을 예견했는데, 과연 그의 말대로 자본주의는 그 한계로 치닫고 있었다. 20세기 초 제국주의의 착취는 그 절정으로 치달았으며 자유방임주의에 기초한 자본주의의 만개로 전례 없는 불평등이 초래되었다. 유럽의 부르주아는 전 세계에서 착취한 자원과 노동력으로 엄청난 부를 누리며 이른바 '호시절'을 즐겼지만, 대부분의 노동자와 피식민지인은 가장 '끔찍한 시절'을 겪고 있었다. 식민치하의 국민은 노예가 되어 노동력을 착취당하고 땅과 자원을 빼앗겨 인간 이하의 삶으로 내몰렸다. 유럽 노동자의 상황도 크게 다르지 않았는데, 이들은 주말도 없이 날마다 열여섯 시간에 달하는 노동에 시달려야만 했다. 이런 불평등과 모순의 심화는 결국 경제 대공황과 두 번의 세계대전이라는 끔찍한 비극으로 폭발했다.

피케티는 현재 상황이 그때와 크게 다르지 않다고 보며, 이대로라면 결국 "자본주의는 세습자본주의만 남을 것"이라고 경고한다.[12] 그 이유에 대해 피케티는 이렇게 설명한다.

> 규제 완화가 21세기 초의 금융시스템과 세습자본을 매우 나약하고, 불안정하고, 예측 불가능하게 했던 것이다. 모든 금융산업은 그 어떤 세심한 감독이나 통제 없이 그리고 이름에 걸맞은 보고서도 없이 발전했다.

피케티의 분석에 따르면, 1980년대 급속도로 성장하던 일본, 독일, 프랑스의 추월에 맞서기 위해 미국과 영국을 중심으로 복지를 약화하고 금융에 대한 규제를 완화하려는 움직임이 나타났다. 레이건Ronald Reagan 과 대처Margaret Thatcher는 기업의 자유로운 활동을 보장하고 국가는 여

---

12. 피케티, 『피케티의 新자본론』, 12쪽.

기에 개입하지 않아야 지속적인 경제성장이 가능하다고 주장했으며, 이런 사조는 곧 전 세계로 퍼져나갔다. 공산주의가 몰락하면서 자본주의의 적수가 사라지자, 사람들은 '역사의 종말'을 믿으며 자본주의가 무한히 성장할 수 있다는 믿음에 빠졌다. 그 결과 신자유주의는 의심 없이 지속되었고, 불평등은 끊임없이 축적되고 위기는 심화되었다. 피케티는 2007년 미국의 서브프라임subprime 붕괴와 2008년 리먼 브라더스Lehman Brothers의 파산이야말로 21세기 세습자본주의가 맞이한 위기를 보여준다고 주장한다.[13] 랏자라또는 한발 더 나아가 오늘날 금융산업은 어떠한 규제도 받지 않는 방임의 수준을 넘어서, "하나의 횡단적 지배장치"로 기능하고 있다고 주장한다. 이는 금융자본이 국민국가의 틀과 통제를 넘어, 전 사회적·전 지구적으로 확장되고 있음을 의미한다. 그뿐만 아니라 금융자본은 또한 "생산, 정치 시스템, 복지, 소비에 대해서도 횡단적으로 곧 전방위적으로 작용"하고 있다.[14]

2000년대 들어 월가의 금융기업과 은행가들은 주택을 담보로 무분별한 대출과 부실 채권을 발행해 주택 가치의 유례없는 폭등을 유도하고 거기에 기생했다. 그러나 그것을 마땅히 관리 감독하고 규제해야 할 국가의 기능은 작동하지 않았다. 어떠한 종류의 규제도 기업가의 활동과 시장의 원활한 작동에 훼방을 놓아서는 안 되며, 그들의 자율성을 보장해야 한다는 절대 법칙하에, 고삐 풀린 자본주의는 무한한 증식을 도모한다. 금융기업과 은행은 위험성을 알면서도 계속해서 각종 파생 금융상품을 만들어 판매했고, 이에 결탁한 신용평가사는 상품에 높은 신용등급을 부여하여 판매를 장려하고 수익을 챙겼다. 이들이 판매한 부실 채권이 갖는 위험성은, 다시 유가증권의 형태로 무한히 분할된다. 위험은

---

13. 피케티, 『피케티의 新자본론』, 10~11쪽.
14. 랏자라또, 『부채 통치』, 22쪽.

익명의 다수에게로 분산되고, 판매자는 책임에서 면피된다. 아무런 위험 부담과 책임도 지지 않을 수 있다면, 그것이 가져올 위기의 명징함에도 불구하고, 자신의 이윤을 추구하지 않을 이유가 없게 된다. 금융가는 나태와 직무유기, 사기를 일삼으며 계속해서 부동산 시장을 교란해 고평가를 지속시켰고, 서브프라임 위기는 점점 심화되며 경제는 마침내 붕괴한다. 그 결과는 2008년 금융위기라는 세계 경제의 파국으로 나타났다. 막상 예견된 위기가 닥치자 금융기업을 살리기 위해 막대한 공적 자금(세금)이 투입됨으로써, 금융가가 져야 했던 위험부담과 책임은 전적으로 국민에게 전가된다. 이들은 마땅한 책임을 지기는커녕 대부분의 처벌 − 금융적, 정치적, 법적 모든 측면의 처벌에서 − 에서 구제받고, 도리어 정부의 지원금으로 보너스 잔치를 벌였다.

랏자라또에 따르면 '위기에 책임이 없는 사람들'이 납부한 세금이 '위기에 책임이 있는 은행과 채권자들'에게로 흘러 들어가면서, 세금은 "그 자체로 작동하지 못하는 경제의 전적으로 정치적인 재생산을 보증"한다. 세금은 '주권적 성격'을 갖는 '포획 기구'로서 자본주의적 가치 증식 시스템이 더 이상 작동하지 않고 파멸에 이르렀음에도, 그것을 유지하고 재생산하며 시장과 통화를 보장하는 장치다. 금융자본주의에서 세금은 "통치의 근본적인 정치적 도구"가 되어 "채권자를 위한 분배에 봉사"하고 있다. 위기를 명목으로 국가는 대규모의 긴축 정책을 실행하는데, 이는 주로 조세 정책을 동원해 임금노동자의 소득을 강제 징수하고, 복지 지출을 대대적으로 감축하는 방식으로 이루어진다. 게다가 부채를 갚기 위해 국가는 공적 재화를 팔아넘겨 민영화한다. 이렇게 마련된 공적 자금은 다시 부자들의 재산 축적을 위해 사용된다. "금융 부문을 위한 국가의 개입은 (계급 간) 불평등을 상당한 수준으로 심화시키고, 따라서 위기의 진짜 원인을 재생산"하기에 이른다.[15]

오늘날 금융자본주의는 좀비자본주의의 단계로 나아간다. 마땅히 책임을 지고 사라져 무덤에 들어가야 했을 금융기관과 은행은 좀비처럼 끊임없이 되살아난다. 이들은 다른 무고한 사람들의 살과 피(세금)를 뜯어먹으며 생명을 유지하고, 사회·정치·문화·미디어·통계 등 모든 부문을 전방위로 감염시켜 자신에게 최적화된 체제로 바꾸어 놓는다. 이로써 좀비자본주의는 아무런 견제도 받지 않고 궁극적으로 세계를 종말을 향해 몰아간다. 어떠한 비판과 대안도 허용되지 않기에 좀비자본주의는 위기가 닥쳐도 멈추거나 쓰러지는 법이 없다. 최악의 최악까지 치달아 세계 전체가 바스러져 붕괴할 때까지 자본주의는 끝없이 확장되고 무한히 운동할 것이다. 국가는 이들에게 계속 인육을 공급해주고, 진정한 적이 누구인지 은폐하는 주술사의 역할을 한다. 2008년의 위기 이후에도 여전히 금융 부문에 대한 감독은 거의 이루어지지 않고 있으며, 국가는 문제의 진정한 원인이 불평등의 심화라는 사실을 짐짓 모르는 척하고 있다.[16] 〈레지던트 이블〉의 거대한 지하 시설에서 과학자들은 좀비바이러스를 실험하며 좀비를 잘 통제하고 있다고 믿지만, 좀비는 결국 과학자들을 잡아먹고 탈출해 세계를 망가뜨리고 파괴한다. 이처럼 현대의 좀비는 주술사나 과학자의 통제에서 벗어나는데, 마찬가지로 좀비자본주의는 스스로 재생산을 보장하며 모든 통제를 무력화할 뿐만 아니라 공권력을 압도한다. 케인스주의에서 신자유주의 체제로 넘어오면서, 국가는 언제라도 필요하면 다시 시장에 개입하고 고삐를 죌 수 있다고 믿었지만, 신자유주의자들은 다시는 그런 일이 생기지 않도록 세계를 조작하는 데 온 힘을 기울였다. 그것은 한편에서 계속해서 증가하는 국가 부채를 이용하여 국가와 국민 전체를 볼모로 잡아 공적 영역을 끝없이 사유화하는 방식 ─ 부채를 탕감해야 한다는 명목으로 공기업과 공공서비스 부문의 민

---

15. 랏자라또, 『부채 통치』, 47~52쪽.
16. 피케티, 『피케티의 新자본론』, 14쪽.

영화가 끊임없이 일어나고 있다 — 으로 이루어지고, 다른 한편으로 개개인이 미처 인지하지도 못하는 미세한 수준에서 주체성을 조작하여 신자유주의적 인간으로 예속화하는 방식으로 작동한다. 좀비자본주의는 마침내 후쿠야마가 예견했던 '역사의 종말'을 성공적으로 달성해나가고 있는 듯 보인다.

신자유주의 국가는 시장을 자유롭게 풀어두며 '최소 통치'를 하는 것이 아니라, 오히려 시장과 적극적으로 결탁하고 시장에 종속된다. 국가는 시장의 유지와 원활한 작동을 위해 적극적으로 통치에 개입한다. 그것은 위기가 닥쳤을 때 국가가 어떤 역할을 수행했는지 살펴보면 명징하게 드러난다. 위기의 시점에 국가는 첫 번째로 "은행과 금융 그리고 자유주의자들 자신을 구하기 위"해 개입했다. 국가는 두 번째로 "첫 번째 개입에 따르는 정치적·경제적 비용을 국민들에게 세금으로 부과하기 위"해 개입했다. 신자유주의 체제에서 국가는 시장만을 위해 봉사하며, 국민과 사회에 반ਊ하는 통치를 한다. 신자유주의는 흔히 믿는 대로 시장의 자율성을 주장하며 국가의 개입을 반대하는 것에서 그치지 않는다. 신자유주의는 적극적으로 "국가를 만들어 내고, 자본과 그 축적에 완벽히 들어맞도록 그것을 근본적으로 처음부터 끝까지 변형"하기에 이른다.[17]

다른 한편으로 국가와 미디어는 위기의 원인을 아무런 책임이 없는 임금노동자들의 무분별한 대출과 과소비, 사치, 해외여행 등의 도덕적 타락 때문이라고 설득하는 일에 매진한다. 그리하여 금융기관의 부채는 매끄러운 방식으로 개인에게 온전히 전가되고, 채무자가 된 개인은 씻을 수 없는 원죄 같은 죄의식으로 빠져든다. 국가는 죄의식에 사로잡힌 주체에게 우리가 모두 위기에 대한 피치 못할 책임이 있기에, 소득 감소와

---

17. 랏자라또, 『부채 통치』, 119~121쪽.

복지 지출의 지속적인 축소를 감내해야만 한다고, 이것은 다 같이 힘을 모아 부채를 탕감하고 위기를 극복하기 위한 '대승적 차원의 희생'일 뿐이라고 끊임없이 속삭인다. 이렇게 "우리는 그들의 빚을 갚아줄 뿐만 아니라, 나아가, 위기 속에서, 위기 덕분으로, 그들을 더욱더 부자로 만들어주고 있다."[18]

이처럼 신자유주의는 사회의 전 영역과 개인의 주체성마저 철저히 재구조화했다. 이제 금융자본은 어떠한 위기와 파국이 닥친다 해도, 국민과 사회 전체를 희생제물로 바쳐서라도 살아남아, 자산의 증식과 축적을 영속적으로 구가할 수 있게 되었다. 기업가들이 늘 금과옥조처럼 부르짖는 '위기가 기회다'라는 구호처럼, 그들은 실제로 위기를 기회 삼아 사적 이익을 도모하는 파렴치한 짓을 주저하지 않는다. 위기의 순간 그들은 비가시적 신체가 되어 책임의 주체 자리에서 사라지고, 미디어를 동원해 책임을 전가하여 대중 일반의 죄의식을 생산하고, 위기를 발판으로 신자유주의 통치성을 더욱 세밀한 차원까지 전방위로 확장하며, 위기를 핑계로 공적인 것과 사회의 것, 국민의 것을 수탈하여 부를 축적한다. 그리고 그 부는 다시 사회로 돌아오지 않고, 이름도 낯선 저 먼 타국 어딘가의 작은 섬, 조세 피난처에 차곡차곡 쌓여만 간다. 손쉽게 국가와 법의 경계를 벗어나는 금융자본의 흐름은, 좀비자본주의가 이제 낡은 국민국가라는 틀로는 통제 불가능한 단계에 이르렀으며, 초국가적인 차원의 협력이 아니고는 제어될 수 없게 되었음을 여실히 보여준다. 랏자라또에 따르면 부자들이 조세 피난처에 은닉해 놓은 화폐의 양은 전 세계 부채의 절반 이상을 갚을 수 있는 금액에 해당한다.[19]

---

18. 같은 책, 89쪽.
19. 랏자라또, 『부채 통치』, 50~51쪽.

문화산업과 도착적 감정의 유대

우리 시대에 전 지구적 금융자본주의와 신자유주의 체제는 인간을 소비와 욕망의 주체로만 환원·축소시키고, 생존을 위해 끊임없는 자기계발을 추구하도록 장려한다. 전복과 저항의 가능성은 주체성의 미시적인 차원에서부터 철저히 분쇄 당하고 소멸된다. 바우만Zygmunt Bauman이 예리하게 지적하고 있듯, 모든 것이 액체처럼 녹아내리는 유동적이고 불안정한 현대 자본주의에서 사회는 더 이상 존재하지 않는다고 가정되며, 모든 것은 오롯이 개인의 책임이 된다.[20] 시스템에서 낙오된 자들은 게을러 노력하지 않았거나 자기계발에 실패해 경쟁에서 도태되었기 때문이라고 치부된다. 자기계발의 중요성은 업무나 공적 영역의 능력 증진에만 국한되지 않는다. 신체의 상태는 여러 미시적 지표들, 즉 숫자, 그래프, 통곗값 등으로 환원되어 건강과 젊음이라는 가치 아래에 정렬되고 헬스 산업과 의료 산업으로 포섭된다. 신체의 젊음과 균형 잡힌 몸매, 아름다움의 유지는 곧 개인의 경제력과 경쟁력을 한눈에 드러내는 잣대가 된다. 갖가지 식이요법, 다이어트, 운동, 뷰티, 성형수술 등의 신체를 미적·기능적으로 고양하는 산업이 전례 없는 활황을 맞이하고 있다. 자신의 감정을 잘 조절하여 공동체에 피해를 주지 말아야 하는 것 또한 현대사회에서 성숙한 인간이 갖추어야 할 빠지지 않는 덕목으로 등장하며, 각종 심리치료나 정신상담이 새로운 블루오션으로 등장했다.

다른 한편으로, 이전까지 부동산이나 주식투자로 재산 증식을 도모하고, 직무능력이나 교양을 쌓고 신체를 가꾸는 등의 끝없는 자기계발을 해야만 한다고 소리 높여 주장하던 대중문화가 이번에는 거꾸로 아무것도 하지 않아도 괜찮다고 주장한다. 이제 베스트셀러 책은 세상에

---

20. 지그문트 바우만, 『액체근대』, 이일수 옮김, 강, 2009.

서 가장 중요한 것은 너의 감정이라고, 다른 사람의 시답잖은 조언이나 사회가 강요하는 가치 따위는 조금도 신경 쓰지 않아도 된다고, 다만 너만의 소소한 행복을 찾아 추구하라고 조언한다. 굳이 열심히 살 필요도, 애써 노력할 필요도 없으며, '되는대로' '대충' 살면서 그저 이대로가 다 좋고 행복하다는 것을 깨닫고 받아들여야 한다는 식의 이상한 패배주의와 회피 전략이 넘실댄다. '하마터면 열심히 살 뻔했다'고 걱정하는 이 불행한 주체는 '죽고 싶지만 떡볶이는 먹고 싶어'하며 자신이 처한 모든 문제의 귀인을 외부로 전치 시킨다. 거대한 자기계발 산업과 성공 담론의 맞은편에서 욜로와 소확행 산업, 그리고 힐링 담론이 번성한다. 한쪽에서 모든 것이 너의 능력의 부족 때문이라고 더 '노오력'하라며 꾸짖고 회초리를 든다면, 다른 한쪽에서는 너의 잘못이 아니라 너의 고유한 가치를 알아보지 못하는 '안목이 형편없는' 세상과 다른 사람들이 문제일 뿐이라고 보듬고 위로를 제공한다. 천사와 악마의 두 얼굴을 한 문화산업은 달라 보이지만 분리 불가능한 쌍둥이이며, 서로가 서로에게 양분을 제공하며 성행한다.

이런 사회 속에서 인간은 상품으로, 생산도구로, 서비스 제공자로서 최후까지 소진된다. 소진되는 것은 단지 돈과 시간만이 아니다. 모든 것이 자본으로 치환 가능한 사회에서는 육체와 감정, 그리고 잠재된 가능성마저 판매된다. 감정자본주의 사회에서 감정은 노동의 주요한 동력으로 동원될 뿐만 아니라, 감정의 종류와 크기가 시시각각 임의로 조작되고 거래 가능한 상품이 되어 판매된다. Mnet의 〈프로듀스 101〉2016-을 비롯한 서바이벌 엔터테인먼트 프로그램은 감정자본주의의 욕망을 정확히 겨냥한다. 프로그램의 제작자는 의도된 상황을 부여하고, 적당한 연출과 편집기술을 동원해 특정 시점에 특정 인물에게 특정 감정을 느끼도록 적극적으로 유도한다. 이른바 '악마의 편집'으로 조작된 가상의 현실은, 천사의 얼굴을 한 출연자와 악마의 얼굴을 한 출연자를 부단히 구분 짓고, 보는 이의 감정을 매만져 어떤 대상을 사랑할지 혹은 혐오할지를 세세히 관장하고 조종한다.

여기서 출연자가 판매하는 건 단지 신체의 외형적 이미지나 어려서부터 수없이 트레이닝 된 노래와 춤 실력만이 아니다. 그들은 시청자의 환상을 채워줄 정도의 적당한 친근함과 불편하게 느끼지 않을 만큼의 계산된 솔직함을 전시하고, 자신의 미래의 시간과 가능성을 구매해줄 것을 간청한다. 나의 투표와 구매 행위로 힘들고 가여운 내 소녀나 소년이 그동안의 역경을 잊고 조금 더 행복해질 수만 있다면, 그에 따르는 시간과 비용 지불, 노동은 기꺼이 행할 만한 가치가 있으며, 그 과정에서의 고생은 아주 사소한 일이 된다. 아니, 오히려 투입되는 자원이 많으면 많을수록 그것은 나의 소녀(소년)와 내가 공유하는 강렬한 추억이 되며, 감정적 투사는 더욱 강해진다.

후기 자본주의 문화상품으로서 아이돌 산업은 무엇보다도 대중과의 감정적 교류를 앞세우며 감정을 판매한다. 성공을 위해서는 때때로 아이돌의 실력보다 그들이 겪어온 고난과 역경, 그리고 성장 과정에서의 이목을 끌만한 스토리텔링이 더 중요하다. 서바이벌 엔터테인먼트 프로그램에서 실력이 뛰어난 연습생을 제치고, 더욱 친근하고 인성이 좋은(좋다고 여겨지는) 연습생이 선택받고 데뷔하는 건 보기 힘든 일이 아니다. 이미 완성되어 갑자기 나타난 아이돌보다는, 바닥에서부터 서서히 올라와 대중과 수많은 스토리를 공유하는 아이돌만이 살아남는다. 대체 가능한 수많은 상품이라는 선택지가 주어질 때, 특정한 선택지를 쉽게 내다버릴 수 없게 만드는 유일한 방법은 소비자와 감정적 결속을 형성하는 것이기 때문이다. 이제 감정은 이성을 능가하는 힘이자, 소비의 행동까지 추동하는 최종 심급이 된다. 스크린 속에서 나를 향해 환하게 웃음 짓고 있는 아이돌과 내가 마치 실제로 아는 사이이고 감정을 서로 주고받는다는 환각이야말로 소비자의 지갑을 열게 만드는 핵심적인 마약이다. 이런 착시효과를 일으키는 데 능숙한 아이돌은 팬을 '조련'하는 능력이 뛰어나다고 평가받으며, 팬은 기꺼이 그들에게 자발적 '조공'을 바친다.

내가 '도착적 감정의 유대'라고 부르는 기형적인 감정 산업은 새로운 미디어 환경과 조우하며 더욱 번성한다. 공식적인 미디어의 이면에서 1인 미디어가 번성하는 것은 보는 이와 방송을 진행하고 있는 사람이 감정적으로 더 쉽게 결속되기 때문이다. 방송을 보는 사람은 실시간으로 채팅을 입력하나 돈을 전송한다. 방송을 진행하는 사람은 입력된 메시지를 읽어주며 즉각적으로 반응하고, 받은 돈에 호들갑을 떨며 과격한 리액션을 선보인다. 물론 이 리액션은 금액에 따라 차등 되는데, 간단한 감사 인사부터 점차 춤이나 노래 등으로 올라가고, 많은 돈을 보낸 사람이 주문하는 미션을 수행하기도 한다. 돈과 함께 전송되지 않은 메시지는 다른 이들의 수많은 메시지와 함께 떠밀려 순식간에 사라지지만, 돈을 동봉한 메시지는 화면 위에 오래 머무르고 마치 명예의 전당처럼 번쩍거리면서 보는 이들의 시선을 사로잡는다. 무엇보다 자본의 흐름과 유행에 예민한 아이돌 산업은 역시나 1인 미디어 산업의 기류를 놓치지 않는다. 이제 아이돌은 공식적인 스케줄 이외에도 수시로 1인 미디어를 통해 방송하며 팬과의 감정적 결속을 손쉽게 강화한다. 이렇게 획득된 가상의 친밀감은 실로 강력한 위력을 갖는다. 1인 미디어를 통해 아이돌이나 방송진행자와 감정적으로 끈끈하게 결속된 시청자는 마치 그들의 유사 가족처럼 일종의 운명 공동체를 형성한다. 그들이 도덕적·법적 잘못을 저지르거나 심지어 범죄자가 되더라도 위로하고 감싸며, 마치 가족처럼 보듬고 떠나지 못하는 것이다. 그것은 이미 그 관계가 나의 일상에서 제거 불가능한 신체와 영혼의 일부가 되어버렸기 때문이다.

유튜브에는 뮤직비디오나 공연 영상을 보고 있는 자신의 얼굴을 다시 찍어 업로드하는 '리액션' 동영상이 성행한다. 여기서 소비되는 주된 콘텐츠는 뮤비나 공연이 아니다. 그것은 구석에 조그마한 창으로 축소되어 제시되며, 화면 대부분을 차지하는 것은 뮤비나 공연을 감상하는 낯선 이의 얼굴이다. 이 영상을 보는 사람들은 가수의 공연보다는 그 공연을 보고 감탄하는 낯선 이의 리액션을 보면서, 거기에 다시 더 큰 리액션을 보내며 환호한다. 그것은 내 감정이 혼자만 느끼는 고립된 감정이 아니라, 다른 사람도 비슷하게 느낀다는 사실에 어떤 결속감과 유대감을 느끼기 때문이다. 리액션 동영상을 보는 사람은 다른 사람도 나와 유사한 반응과 감정을 느꼈는가를 확인하고 싶어 하며, 그 확인을 통해 만족과 안도감을 느낀다. 다른 사람이 내가 감탄하거나 감동한 부분에서 같은 감정을 느끼고 리액션을 보이는지, 나와 같이 울거나 웃는지가 영상의 주 관람 포인트가 된다. 여기서는 보다 과장되게 크고 솔직한 감정표현을 보여주는 사람이 인기를 끌며 추천 수의 승리자가 된다.

베라르디Franco 'Bifo' Berardi에 따르면 정보 기계를 통한 원거리의 가상적 의사소통이 증가할수록 현실 세계에서의 면대면 신체접촉의 경험은 감소한다.[21] 즉, 가상적 소통의 증가는 실재적이며 신체적인 접촉의 경험을 감소시키며, 또한 역으로 신체적인 접촉의 감소는 가상적 소통을 증대시킨다. 그것은 인간이 누려야 할 마땅한 감정적 지지와 소속감이 현실에서 충족되지 못하면서, 그것을 가상적 충족으로 대치하고자 하는 욕구가 대두되기 때문이다. 현실 세계에서 획득하지 못한 감정은 가상 세계에서 비로소 도착적 충족을 달성한다. 업로드한 SNS 게시글 하단에 표시되는 '좋아요'의 숫자나 공유된 횟수는 내가 행하는 모든 행위를 정당화해주며, 더 나아가서 존재 이유와 가치마저 제공해준다. 그것은 안전장비도 없이 높은 첨탑에 오르는 자살에 가까운 황당한 행위부터 불특정 다수를 향한 대량학살 행위를 자행하는 살인마까지 공유하는 광범위한 욕망이다. 오늘날 이 가련한 감정 구걸자들은 SNS에 자신의 행

---

21. 프랑코 '비포' 베라르디, 『죽음의 스펙터클』, 송섬별 옮김, 반비, 2016, 65쪽.

위를 업로드하고 과시
함으로써, 어떤 가상
의 정당화와 인정을
획득하고 싶어 한다.

<워킹 데드 나잇>, 2016

　　좀비영화에서 사
람들은 감정적 교류를 할 수 있는 인간이 거의 사라지면 이를 대체할 대
상을 찾다가 결국 좀비에게 교류 비슷한 무엇을 시도하곤 한다. <파트너
오브 좀비>It Stains the Sands Red, 2016의 몰리(브리터니 엘렌 분)는 아무것
도 없는 황무지 한가운데 좀비와 단둘이 고립된다. 처음에 몰리는 좀비
를 쫓아내려고 온갖 시도를 하지만, 계속해서 느릿느릿 자신을 쫓아오
는 좀비에 점차 익숙해진다. 술집에서 일했던 몰리는 아무리 거부해도
따라오며 자신의 육체만을 원하는 남자들과 좀비가 어딘지 비슷하다고
여긴다. 몰리는 좀비와 동행하면서 조금씩 말을 걸고, 심지어 '스몰스'라
는 애칭을 붙여주며 애완동물처럼 느끼기 시작한다. 길에서 만난 군인
들이 좀비를 사살하려 하자 온몸을 던져 스몰스를 지켜낸다. <워킹 데
드 나잇>The Night Eats the World, 2018의 샘(앤더스 다니엘슨 리 분)은 좀비
바이러스가 퍼진 세계에서 아파트 안에 홀로 고립된다. 샘은 식량을 찾
기 위해 아파트를 순찰하던 도중 엘리베이터에 갇힌 좀비를 발견하게 되
고, 쇠창살을 사이에 두고 그와 친구가 된다. 샘의 세계에서 좀비만이 유
일하게 이야기를 들어주는 존재이기 때문이다. 여기서 이들이 정상적인
소통이 불가능한 대상에게 소통하려 시도하고 감정을 투사하는 것은,
좀비 이외에는 어떠한 소통 대상도 없다는 극도로 고립되고 외로운 상황
에 놓여 있기 때문이다. 좀비는 이들이 건네는 이야기를 이해할 수 없기
에 적절한 반응도 돌아오지 않는다. 그러나 사람들은 좀비의 눈빛 변화
나 미세한 근육의 움직임에서 어떤 반응을 보았다고 믿으며 가상의 감
정적 충족을 획득한다. 좀비와 마찬가지로 유리로 된 스크린도 나의 어

떠한 말 건넴과 표정, 제스처를 인지하지 못하지만, 우리는 밤낮 없이 유리를 문지르며 그 안의 글자와 이모티콘에서 어떤 감정적 충족을 획득한다. 지금 좀비바이러스가 퍼진다면, 좀비들은 쇼핑몰로 몰려가는 대신 온종일 꺼진 스크린을 문지르고 있을 것이다.

다른 한편으로 좀비가 소중한 친구가 되는 것은, 좀비가 나를 감정적으로 해치지 않는 존재이기 때문이다. 몰리와 샘은 모두 현실 세계에서 타인과의 왜곡된 교류로 인해 고통받는 인물이다. 몰리는 자신을 성적 대상으로만 여기는 남성에게 신물이 나 있고, 샘은 모든 교류를 차단한 채 자신만의 세계에 고립된 인물이다. 그러나 좀비는 그들의 모든 이야기를 인내심 있게 들어주고(들어 준다고 여겨지고), 또 거기에 대한 어떠한 형태의 훈계나 비난도 하지 않는다. 좀비에게 혼자만의 비밀스러운 이야기를 건넨다 해도 다른 곳으로 퍼져 나갈 위험이 없기에, 좀비는 기꺼이 마음을 터놓을 수 있는 상대다. 몰리와 샘은 누구에게도 하지 않았던 속 깊은 내밀한 이야기마저도 좀비에게 털어놓는다. 물론 좀비는 상황만 허락한다면 언제든 급작스레 나를 해치려 들 존재지만, 좀비를 제거하지 않고 지근거리에 두며 친구로 삼는 것은, 감정적 충족의 욕구가 물리적 위협마저 무릅쓸 만큼 크다는 것을 보여준다. 몰리는 군인들에게서 좀비 스몰스를 지키려다가 손가락을 물리게 된다. 몰리는 감염을 막기 위해 손가락을 돌로 끊고서는 다시 스몰스를 구해준다. 샘은 창을 열어놓은 채 시끄럽게 드럼을 연주한 뒤, 떼로 몰려든 좀비의 반응을 감상한다. 이 것이 단지 위험만을 가중시키는 무모한 행동임에도 불구하고 말이다.

베라르디는 "포스트모던 시대에 모든 것을 털어놓는 절친한 친구는 바로 미디어"라고 말한다.[22] 좀비와 절친한 친구가 되는 이유는 오늘날 정보 기계로 매개되는 가상적 접촉이 선호되는 이유와 유사하다. 정체를

---

22. 같은 책, 81쪽.

파악할 수 없는 타인에 대한 불신의 만연 속에서, 누군가와의 직접적인 대면 접촉은 나에게 신체적 혹은 정신적 피해를 주거나 상처를 입힐 수 있다는 불안감을 초래한다. 반면 원격 미디어 장치를 경유하는 원거리의 교류에서는 육체적인 공격에서 안전하고, 또 어느 때고 창을 빠져나오거나 스크린을 꺼버릴 수 있기에 감정적 공격에서도 비교적 안전하다. 첨단 미디어 장치보다 더욱 안전하고, 또 묵묵히 초인적인 인내심을 발휘하여 나의 어떠한 말도 끝까지 들어주는 좀비는 왜곡된 소통 속에서 고통받는 현대인과 함께 도착적 감정의 유대를 형성하며, 더할 나위 없이 완벽한 친구가 된다.

신체 없는 기관과 연료-좀비

최근 공식적인 미디어의 스포츠 중계방송 대신, 1인 미디어를 통해 스포츠를 감상하는 사람들이 늘어나고 있다. 1인 미디어의 스포츠 중계 진행자는 비록 공식적인 미디어의 진행자에 비해 전문적인 지식이나 공인된 권위를 가지고 있지는 않지만, 보다 극적이고 솔직하게 자신의 감정을 표출한다. 1인 미디어의 진행자는 경기나 선수에 대한 즉각적이고 솔직한 반응과 욕설마저 불사하는 적나라한 진행으로 보는 이에게 곧바로 감정적 동질감을 경험하게 해준다. 이런 경험에 익숙해진 사람들은 공식 미디어의 중계방송을 점잖 떠는 해설자의 지루하고 답답한 방송으로 느끼게 된다. 또한 공식적 미디어에서도 직설적이며 날카로운 언행을 보이는 진행자가 점차 인기를 끌게 된다. 감정을 산업화하는 사회에서는 과격하고 적나라한 언행이 '일침'이라든가 '사이다'라고 불리며 찬양받지만, 이것은 사실 무례한 막말과 크게 다르지 않으며 문제 해결에도 도움이 되지 않는 경우가 대부분이다.

감정마저 조종 가능한 대상이 되고 상품화되어 판매되는 현대사회에서 개인은 노동 과정에서도 계속해서 감정을 투사할 것을 요구받는다. 감정 노동자는 언제나 바른 몸가짐으로 예의 바르고 친절한 미소를 띠어야 하며, 상냥하고 나긋나긋한 목소리로 손님을 대하거나 전화에 응대해야 한다. 신경과학자 안토니오 다마지오Antonio Damasio에 따르면 감정이란 단순히 그때그때 드는 일시적인 기분에 불과한 것이 아니라 해당 개체의 종합적인 상태, 혹은 개체가 놓인 환경의 유·무해함을 드러내는 지표이자 표징이다. 감정이 적절하게 표출되고 그것을 올바르게 인지하는 것은 신체의 건강과 존재의 지속에 필수적이다.[23] 그러나 그 과정이 혼란에 빠지면 기본적인 생체리듬이 왜곡되고 망가져 신체가 손상되거나, 심지어 질병으로 이어져 죽음에까지 이를 수 있다. 체계적이고 지속적으로 감정을 왜곡할 것을 요구당하고 훈련받는 감정 노동자의 신체는 결국 무너져 내릴 수밖에 없다.

노동력에 더해 감정까지 모두 소진해 버린 인간에게 마지막으로 남는 것은 껍데기만 남은 신체뿐이다. 모든 걸 상실하고 최후의 최후까지 소진해 버린 껍데기 인간, 그것은 바로 좀비의 형상이다. 지젝은 늘 그렇듯 다소 이죽대지만 핵심을 건드리며, 현대인은 이미 태어나면서부터 신체를 상실한 '좀비'로서 존재한다고 주장한다.[24] 지젝이 보기에 껍데기뿐인 인간은 불구성의 신체를 타고났으며, 더 나아가 신체성이 소거된 '신체 없는 기관'organs without bodies으로 존재한다. 들뢰즈와 가타리의 '기관 없는 신체'body without organs [25]를 전유한 '신체 없는 기관'이란 가능성이 잠재된

---

23. 안토니오 다마지오, 『스피노자의 뇌』, 임지원 옮김, 사이언스북스, 2007, 318쪽.

24. 슬라보예 지젝, 『신체 없는 기관』, 김지훈·박제철·이성민 옮김, 도서출판b, 2006.

25. 들뢰즈와 가타리의 '기관 없는 신체'란 기존의 지배적 질서와 경계를 끊임없이 넘어서는 몸이다. 이는 현재의 모습과는 다르게 변화할 잠재적인 가능성을 지닌 몸으로, 모든 분화의 기본적 요소이자 바탕이 되는 '배아의 몸'을 지칭한다. 기관이 다 제거되었다는 것은 상실되거나 부재하는 불모의 몸을 뜻하는 것이 아니라, 오히려 무엇으로도 이행될 수 있는 유동적이고 충만한 몸을 의미한다.

몸이 아닌, 거꾸로 모든 가능성이 근절되고 소진되어 버린 불구의 몸을 의미한다. 우리의 신체가 없는 이유는 태어나는 순간부터 이미 국가와 자본주의라는 포획장치에 의해 불구가 되어, 선천적으로 훼손된 신체로서 존재하기 때문이다. 우리가 기관인 이유는 시스템에 종속된 노예이자 거대한 역학 속에서 그 원활한 작동을 위해 기능하는 기계 부품에 불과한 존재이기 때문이다. 영화에서 인간은 바이러스에 감염되어 추후에 좀비가 되지만, 지젝이 보기에 현대인은 그럴 필요도 없이 처음부터 '이미' 좀비다. 이 좀비는 겉으로 보기에는 멀쩡한 인간처럼 보이지만 사실은 신체가 소거되어 있다. 또한 시스템의 톱니바퀴에 껴 맞춰 돌아가는 부품이기에 그것의 부조리함에 아무런 고통과 불만도 느끼지 못하는 존재다. 마치 공장에서 일하다가 죽어 나가는 부두교좀비처럼, 현대인은 자본주의라는 거대한 공장에서 벗어나지 못한 채 평생 지루한 노동과 찰나의 소비를 반복하며 간신히 궁핍한 생활을 이어가고, 그러다 몸이 갈려 죽어 나가지만 어떤 문제의식도 느끼지 못하는 시스템의 노예다.

호주 좀비영화 〈웜우드 : 분노의 좀비 도로〉Wyrmwood, 2014는 그 부제에서도 알 수 있듯이, 매드맥스 시리즈를 다분히 염두에 둔 영화다. 이 영화의 좀비바이러스는 전염력이 극대화된 버전으로, 직접적인 접촉이 없어도 공기를 통해 바이러스가 퍼진다. 세계는 〈매드맥스 : 분노의 도로〉Mad Max : Fury Road, 2015처럼 이미 포스트 아포칼립스의 상황이다. 살아남은 건 Rh-A 혈액형을 지녀 전염에 저항이 있는 사람이거나, 커다란 방독 마스크를 쓰고 다니는 군인들뿐이다. 흥미로운 건 공기 중에 좀비바이러스가 퍼짐과 동시에 모든 화석연료에 불이 붙지 않게 된다는 점이다. 전기, 자동차, 가스레인지 등 인류가 만들어 낸 수많은 문명의 이기가 무력화되면서 인간은 더욱 무력해지고 파멸의 속도는 빨라진다. 그러던 중 우연히 좀비의 피와 그들이 뿜어대는 가스가 가연성을 갖는다는 사실이 밝혀진다. 이제 좀비는 위험한 괴물에서 걸어 다니는 휴대용 연료로 전락하여, 창살에 갇힌 채 차에 연료를 공급하는 가축이 된다.

일본영화 〈오 마이 좀비!〉Oh My Zombie!, 2016에서 좀비는 자신의 신체조차 소유하지 못하고 자본에게 강탈당하는 존재다. 영화는 좀비사태가 어느 정도 소강상태에 이른 시점을 배경으로 시작한다. 어느 날 한적한 시골 마을에 어디서 왔는지 모를 좀비가 나타난다. 최근 들어 좀처럼 보기 힘들어진 좀비를 발견한 사람들은 저마다의 꿍꿍이를 가지고 좀비에게 모여든다. 일본 정부가 새로 제정한 법에 따르면 좀비는 마치 길거리에 떨어진 주인 없는 사물과도 같아서, 먼저 발견하고 습득한 사람이 소유권을 갖게 된다. 이 좀비가 생전에 인기 많은 스타였으며 암시장에서 비싼 값에 팔 수 있음이 밝혀지자, 좀비 신체의 소유권을 두고서 사람들 간의 쟁탈전이 벌어진다. 그뿐만 아니라 변태적 욕망을 충족하기 위해서, 혹은 의학 실험을 위한다면서, 심지어 과거의 우상이던 좀비의 신체를 절단해 일부라도 소유하고 싶어 하는 사람도 등장한다. 좀비의 신체는 죽어서조차 자본에 의해 분절되고 부위별로 쓰임과 값이 할당되어 영원히 휴식을 취할 수 없는 것이다. 〈월우드 : 분노의 좀비 도로〉의 연료-좀비나 〈오 마이 좀비!〉에서 좀비의 신체를 둘러싼 소유권 싸움의 모습이야말로 현대 자본주의와 '신체 없는 기관'에 대한 더할 나위 없이 적절한 예화가 아닌가?

파국의 공포와 죽음의 유대

> 좀비가 나를 두렵게 만드는 이유는 그들에게 아무런 이성이 없다는 점이다. 절충의 여지도 없고 협상의 여지도 없다. 그것이 늘 나를 공포에 질리게 한다. 모든 종류의 무분별한 극단주의가 나를 무섭게 하는데, 오늘날 우리는 매우 극단적인 시대를 살고 있다.[26]

작가 브룩스가 보기에 현대사회의 좀비는 도처에서 발견되는 무분별한 극단주의의 표상이다. 그들과는 어떠한 종류의 절충이나 협상의 여지를 마련할 수 없기에 가장 두렵고 공포스러운 존재다. 이와 마찬가지로 바이러스에 감염된 뛰는좀비는 아무런 이성도 없고 타협과 소통이 불가능한 타자이자 공포의 대상이다. 1960년대 느린 좀비를 죽일 때 느꼈던 망설임과 일말의 죄책감은 뛰는좀비영화에 이르면 한낱 사치에 불과하다. 나를 죽이기 위해 뛰어오는 좀비와 마주쳤을 때 선택할 수 있는 것은 그들을 죽여서 잠시 나의 죽음을 유보하거나, 혹은 죽어서 그들 중 하나가 되는 것뿐이다. 이런 극단적인 형태의 괴물이 성행하는 것은 우리가 처한 환경과 세계의 정세가 극단적이기 때문이다. 오늘날 세계는 과거 핵전쟁 시대 인류의 종말이라는 공포를 넘어, 모든 종의 절멸이라는 '죽음과 파괴의 유대'를 강화하는 방향으로 나아가고 있다.[27]

〈28일 후〉에서 인간을 좀비로 만드는 분노 바이러스가 실험실의 원숭이에게서 유출된 것은 죽음의 유대의 적절한 예다. 새로운 의약품과 화장품 개발을 위해 실험실의 한편에서는 수많은 실험용 동물이 죽어간다. 실험실에서 태어나 실험실에서 생을 마감하게 되는 동물은 자본주의와 과학기술이 결탁한 제약 산업이 만들어 낸 오래된 희생양이다. 〈28일 후〉에서 실험실의 원숭이들이 겪는 고통과 분노의 정동은 종의 경계를 넘어 인간에게 전염되며, 세계를 삽시간에 파국으로 몰아넣는다. 〈부산행〉에서는 신약을 개발하는 바이오 기업에서 바이러스가 유출된 것으로 묘사되며, 고라니가 최초의 좀비로 등장한다. 〈레지던트 이블〉에서역시 바이러스는 초국적 기업 엄브렐라 사가 군수산업을 위한 불법 유전자실험을 시도해 생겨난다. 미래 사회에서 부와 권력을 독점하고 있는 엄

26. 브룩스 인터뷰. Garrett, *Entertaining Judgment*, p. 51.
27. 브라이도티, 『포스트휴먼』, 144~145쪽.

브렐라 사는 국가의 경계와 법의 통제를 초월하는 초법적 권력이며 어떠한 공권력도 이를 제어하지 못한다. 애초에 이 영화에서는 국민국가나, 혹은 세계정부가 존재하는지조차 알 수 없게 비가시적으로 지워져 있다. 이 아포칼립스 영화들은 만일 지구에 종말이 닥친다면 바로 자본의 탐욕과 순진한 기술의 결합에서 비롯되리라는 사실을 드러낸다.

우리는 현재 마주하고 있는 위기의 목록을 끊임없이 나열할 수 있다. 2001년의 9·11 테러와 이후 전 지구적 테러리즘의 심화, 국민국가 간의 무역 분쟁과 난민 수용 문제를 둘러싼 갈등, 인수공통감염병[28]의 잇따른 유행과 확산, 초미세먼지 농도의 증가, 원자력 발전소의 방사능 유출, 환경파괴와 이로 비롯되는 기후변화, 쓰나미와 지진 등의 자연재해, 신자유주의가 가져온 금융위기와 부의 양극화는 언제라도 세계가 멸망할 수 있다는 불안감과 공포를 불러일으키는 실재적 상황들이다. 세계는 종말을 향해 시시각각 치닫고 있지만, 그것을 제지하거나 제어할 수 있는 제도적 장치나 초국가적 협력은 요원해 보인다. 오늘날 정치가들과 정당은 평화를 위한 초국가적 협력이나 탈원전 등의 환경보호, 양극화를 해결할 분배 등을 언제나 경제성장의 하위 변수로 설정해 놓는다. 그것은 현대의 대의 민주제가 처한 심각한 곤경이다. 환경보호의 중요성과 불평등 심화의 심각성을 이야기하다가도 경제의 지표가 조금이라도 안 좋을 것으로 예측되면 성장에 장애가 될법한 제한은 모두 뒷전으로 밀려난다. 환경을 위한다는 국제적 협력기구와 단체들 역시 공허하고 무력하게 협약의 재확인만 반복할 뿐 실질적인 제재나 조치는 거의 이루어지지 않는다. 언제나 자본의 논리와 시장의 활성화가 최우선이고 환경과 분배는 경기가 매우 좋을 때만 한시적으로 고려되는 선택적이고 배부른 사치스

---

28. 인간과 동물 간에 종을 넘어 상호 전파되는 전염병을 말한다. 한국에서도 조류인플루엔자(Avian Influenza), 메르스(MERS), 코로나19(COVID-19) 등의 유행으로 큰 피해를 보았다.

러운 담론일 뿐이다. 정치가와 언론, 기업은 모두 위기를 담보로 자신의 입지를 공고히 하고 이익 증대를 도모한다는 점에서 끈끈한 유대를 형성한다. 이들에 따르면 경제는 언제나 위기이고 성장은 불투명하며 국가의 운명은 풍전등화의 상황이다.

일련의 파괴적인 조건은 주체의 취약한 실존을 그 토대부터 붕괴시키며 불가피하게 파국과 종말을 상상케 한다. 이것은 무엇보다도 죽음의 연대를 조장하는 정신이 번쩍 들게 하는 위기들이자 참혹한 현실이다. 우리가 사는 세계가 더 이상 안정적이거나 안전이 담보된 공간이 아니며 언제든지 무너지고 종말로 치달을 수 있음을 깨닫게 되면서, 21세기의 좀비영화는 인류문명이 멸망하는 순간을 압도적 스펙터클로 재현하기 시작한다. 이는 세계의 필연적인 몰락 혹은 임박한 종말의 상상이다. 이제 좀비영화는 묵시록적이며 비관적 분위기를 자아내고, 거기에서 좀비는 빠르고 강력하며, 호전적인 괴물로 변모한다. 우리가 잘 알지 못하는 지하 실험실이나 미지의 장소에서 별안간 좀비바이러스가 유출되고, 그 즉시 좀비는 세계화의 물결을 타고 삽시간에 전 세계로 퍼져나간다. 좀비는 급격히 전염되고 기하급수적으로 늘어나 인간을 습격해 뜯어먹거나 감염시키고, 인류문명을 끝내 절멸시키고야 만다. 좀비에 의해 철저히 파괴된 문명과 여기저기 너부러진 시체는 마치 바이러스나 전쟁으로 인한 재난 상황, 혹은 테러의 순간을 연상시킨다. 화려하고 위풍당당했던 메트로폴리스는 금세 부서지고 불타 기능을 상실하고 취약하고 추악한 속살을 드러낸다. 그 위를 내장이 삐져나오고 사지가 너덜거리며 부패해가는 신체로 어슬렁거리는 좀비의 모습은 그야말로 그로테스크하다. 이는 과거의 좀비에 비할 바 없이 괴물성이 극대화된 좀비다. 금방이라도 스크린에서 뛰어나올 것만 같은 생생한 위협으로 나타난 좀비는 보는 이로 하여금 임박한 파국을 온몸으로 체감하게 만든다.

20세기 중후반 로메로의 영화가 주로 한적한 집(《살아있는 시체들

〈레지던트 이블〉, 2002

의 밤〉의 경우), 쇼핑몰(〈시체들의 새벽〉의 경우), 지하벙커(〈시체들의 낮〉의 경우)와 같은 한정되고 고립된 밀실의 공간에서 진행됐다면, 21세기 좀비영화가 그려내는 것은 도시 전체, 국가 전체 그리고 더 나아가서 인류문명 전체가 맞이하는 파국의 풍경이다. 현대의 좀비영화에서 파국은 앞으로 '도래할 위기'나 애써서 막아야 할 고난이 아니다. 그것은 '이미 일어난 사건'이고 '성취된 파국'이며, 지나가 버린 과거라 바꿀 수 없는 현실로 제시된다. 예컨대 〈28일 후〉의 도입부에서 주인공은 교통사고로 혼수상태가 되어 병원에 한참 동안 입원해 있다 홀로 깨어나게 된다. 나와보면 이미 세계는 좀비 아포칼립스를 맞이한 이후이며 파국은 진작에 실현된 상황이다. 드라마 〈워킹 데드〉 역시 유사한 설정으로 시작되며, 〈레지던트 이블〉에서도 마찬가지로 정신을 잃었던 앨리스(밀라 요보비치 분)가 눈을 뜨자 이미 세계는 멸망해 있다. 대중문화에서 소행성 충돌이나 외계인 침공, 급작스러운 자연재해 등을 소재로 종말을 다루는 영화들은 종말의 위기가 인식되고 나서 그 진행 과정을 좇으며, 그것을 어떻게 저지하고 인류를 위기로부터 구원할 것인지에 초점을 둔다. 반면에 밀레니엄좀비영화는 그런 것에 별다른 관심이 없다. 마치 라스 폰 트리에Lars Von Trier 감독의 영화 〈멜랑콜리아〉Melancholia, 2011의 느리지만 절대로 멈추지 않는 소행성, 확실한 가시성으로 다가오는 멸망의 순간처럼, 좀비 아포칼립스는 거스를 수 없는 숙명처럼 다가오며 그것의 저지나 회복은 애초에 불가능하다. 그 속에서 인간은 그저 온 힘을 다해야만 간신히 자신의 생존만을 도모할 수 있을 뿐이다. 아니, 사실 그것조차 미지수다.

신자유주의의 팽창과 정체화의 욕망

20세기 말 냉전 시대의 종식 이후, 사람들은 국제 정세가 마침내 적대와 긴장에서 벗어나고 인류는 앞으로 평화와 번영을 향해 나아갈 거라고 기대했다. 세계화라는 새로운 조류가 등장하여 인류가 이전까지 겪어보지 못했던 환경을 조성했고, 경계를 무화하는 자본의 이동에 뒤를 이어 인종, 민족, 국민국가와 같은 근대적인 낡은 장벽과 경계는 곧 사라질 거라는 장밋빛 전망이 만연했다. 그러나 실제로 "냉전이 끝난 뒤 도래한 것은 정체화를 위한 체계적인 공격과 자살에 이르는 광기로 이루어진 혼돈의 시대"였다. 베라르디는 냉전 시대가 지금보다 오히려 안전했으며, 그 시절의 적들은 적어도 사리 분별을 할 줄 아는 이성적 존재였다고 주장한다.[29] 이제 우리는 정체불명의 적과 종교적 근본주의자들, 광신도들, 온갖 혐오론자들, 알 수 없는 이유로 과잉 분노하는 자들과 함께 살아가고 있다.

전 지구적인 세계화의 물결 속에서 동질성의 신화는 기한이 다 해버린 낡은 박제가 되었고, 우리는 일상 속에서 날마다 낯선 이와 조우하며 살아간다. 다양한 것들의 분출과 섞임은 어떤 동질성이나 보편이라는 관념을 무색하게 만든다. 보편을 대신해 모든 것이 각자 고유한 가치를 지녔음이 선언되었다. 우리가 알고 있던 도덕과 규범, 세계관, 그리고 보편적 인간상은 모두 무의미의 바다에 침습侵襲되고, 빠르게 변하는 속도만이, 끝없이 태어나는 상품만이, 그 속에서 다양한 차이들만이, 차이들로 구성되는 다원주의적 가치관만이 새로운 신이 되었다. 차이와 다양성의 논리는 곧 시장의 논리에 완벽하게 일치하며 자본주의에 부응한다. 모든 종류의 보편이나 진리 따위를 거부하고(따라서 연대와 투쟁의 가능성을

29. 베라르디, 『죽음의 스펙터클』, 165~166쪽.

무마하고), 차이와 다양성에 대한 무제한적 허용을(그것은 취향 맞춤의 무한히 다양한 상품 생산과 새로운 시장을 선도한다) 표방하는 것, 그것이야말로 포스트모더니즘 시대의 새로운 종교다. 다원주의는 문화적 관용이라는 탈을 쓰고, 다른 모든 문화를 존중하는 듯 보였지만, 실은 서구적 생활양식을 전 세계로 확산하고 전통적 생활양식을 폭력적으로 근절했다. 이 새로운 신은 우리에게 보편적이고 일반적으로 통용되는 가치나 윤리 규범이란 없다고, 불변의 진리 따위는 애초에 존재하지 않는다고 속삭이며, 그러므로 '저마다 알아서 살라'고 언명한다. 여기에서 보편적이고 일반적인 단 하나의 유일한 진리가 있다면 자본주의에 근거한 생활양식과 신자유주의적 가치관뿐이다. 무한한 경쟁 속에서 저마다 알아서 살며 삶 전체를 홀로 책임지되, 뒤따르는 결과 역시 온전히 개인이 떠맡아야만 한다. 알아서 살라는 것은 마치 뭐든지 가능한 '환상적 자유'를 누릴 수 있을 법한 착시를 주지만, 그것은 도리어 아무것도 할 수 없는 '자유라는 환상', 혹은 '자유주의적 환상'의 다른 말일 뿐이다. 개인은 가짜 자유를 받는 대가로 생존을 혼자서 도모하고 책임져야 하는 '새 시대의 미덕'을 함께 떠맡게 된다. 국가나 사회는 책임지지 않는다. 다만 결과에 대해서 추상같이 추궁하고 악착같이 책임을 물을 뿐이다.

사회적 생존이 위협받는 상황에서 타인은 모두 노동시장의 경쟁자, 영토 점유의 경쟁자가 된다. 사회적 공동체가 공격받고 사람들이 자신의 이익과 정치적 권리를 위해 스스로를 조직하지 못하는 상황, 특히 사회적 유대가 약하거나 그것이 폐기된 상황에서 정체화를 탈출하기는 쉬운 일이 아니다. 이런 상황에서 사람들이 정체성에 기반을 둔 소속감 identitarian belonging에 대한 환상 속에서 정체화가 이루어지는 지점을 필요로 하는 것은 당연하다. 그런데 이런 정체성에 기반을 둔 소속감에는 타 집단에 대한 공격성 외에는 어떤 바탕도 존재하지 않는다.[30]

이제 어떠한 선험적 가치도 부재한 세계에서 모든 사회적 유대는 폐기되었다. 베라르디의 분석대로 사회적 생존의 항구적인 위협 속에서 사람들은 어떤 안정된 소속도 갖지 못한 채 타인을 노동시장, 부동산 점유의 경쟁상대로 적대하며 살아간다. 직업은 비정규직화되고 노동시간은 다시 파트타임으로 쪼개져, 직장은 단지 잠시 머물다 떠나야 하는 일시적인 장소가 되었다. 현대인은 노동시장의 유목민이 되어 불안정한 일자리를 찾아 이 직장에서 저 직장을 떠돌고, 끝없이 오르는 집값을 감당하지 못해 이 도시에서 저 도시를 떠돈다. 궁핍한 삶의 조건에 놓인 사람들은 저마다 배타적이고 환각적인 정체성과 외부에 대한 혐오로 무장한다. 모든 공동체와 유대가 해체된 환경, 직장이나 지역, 가정 어디에도 닻을 내릴 수 없으며 모든 정체성을 무화하는 환경에서 사람들은 오히려 강박적으로 특정 정체성에 소속되어 안정을 찾으려 애쓴다. 그것은 가장 손쉽게 소속 가능한 정체성, 즉 특정 국가나 민족, 인종, 혹은 성별과 같은 지극히 일차원적이고 가시적인 정체성으로의 강박적 회귀다. 베라르디는 오늘날 '정체성에 대한 강박'identitarian obsession은 곧 '파시즘'의 핵심이라고 말한다. 한국에서 태어나고 자란 나는 '진정한 한국인'이지만 탈북자, 이주 노동자, 다문화가정 자녀인 저들은 진정한 한국인이 아니라는 것이다. 이들은 내가 낸 세금으로 호의호식하면서 소수자 배려 정책으로 무임승차하는 파렴치한이며, 그럼에도 쉽게 폭력을 행사하고 범죄를 벌이는 악한이다. 여기에서는 외부의 것, 나와 이질적이라 여겨지는 모든 것을 향한 분노와 공격성만이 존재한다. 이것은 문명 대 야만이라는 케케묵은 대립의 현대적 판본일 뿐이다. 나의 반대편에 놓인 타자는 여전히 비이성적이고 폭력적인 야만인이자, 도덕과 윤리를 모르는 뻔뻔한 비문명인에 불과하다.

---

30. 같은 책, 131쪽.

보수주의자들은 다원주의나 문화 상대주의에서 이슬람과 아시아를 비롯한 서구와 이질적인 문화들, 난민과 이주민들이 암암리에 획책하는 거대한 음모를 상상한다. 우월한 서구 문화에 맞서서 이슬람과 아시아의 반서구적 문화와 야만적인 생활양식이 침범해 들어온다는 것이다. 이에 발맞춰 오늘날 세계는 내부의 균질성을 확보하고 확고한 경계를 강화하려는 움직임으로 부산하다. 종교적 근본주의가 팽배해지고 국가와 민족적 정체성을 부르짖는 신고립주의가 유행하며 세계는 점차 항구적인 예외상태로 이행하고 있다. 세계화 이전 국민국가의 형태가 다시 강화되는 듯 보이는 현상은, 신자유주의 이래 급격히 증대한 위태롭고 취약한 생명들에게 정치가와 미디어가 끊임없이 너와 이질적인 타자가 그 원인이라고 속삭이기 때문이다. 반면 정작 부를 독식하는 자들은 비가시적 신체가 되어 시야에서 사라진다. 정치가들은 빈곤의 근본적 원인이 불평등이라는 사실을 은폐하고, 난민과 외국인에 대한 혐오를 적극적으로 조장하여 표를 획득한다. 난민은 한정된 일자리의 강탈자일 뿐만 아니라, 세금으로 온갖 혜택을 받는 불한당으로 여겨진다. 게다가 난민은 살인과 강간을 일삼으며 치안을 불안하게 만드는 범죄자 집단이며, 해괴한 종교나 미개한 문화적 이유로 별안간 대량살육을 벌이는 테러리스트와 동의어가 된다. 국경에는 거대한 장벽이 쌓여 올라가고, 공항의 입국심사대는 더욱 엄격해지며, 수많은 난민은 작은 배에 짐짝처럼 실려 바다 위를 떠돌다가 아무도 모르는 죽음을 맞이한다.

난민과 테러리즘, 그리고 자가-면역의 괴물

2001년 9월 11일 운항 중인 비행기를 납치해 미국 맨해튼의 세계무역센터 빌딩에 충돌시킨 사건은 21세기가 폭력과 전쟁으로 얼룩질 것을 예고하는 불길한 서막이었다. 테러 직후 이루어진 한 인터뷰에서 데리다는 장래에 초래될 가공할 규모의 카오스와 폭력의 가능성에 비하면 9·11 테러는 단지 "상상력에 충격을 가하려는 목적으로 구식 극장에서 상연된 폭력"일 뿐이며, 상황은 점점 더 악화되어 우리는 이를 "'좋았던' 그 옛날의 마지막 전쟁"으로 회고하게 될 거라고 경고한 바 있다.[31] 과학기술의 발달이 초래하는 원격 미디어와 첨단 무기산업의 결합, 그리고 정보 네트워크의 끝없는 확장과 연결이 이전에는 상상할 수 없는 신종 형태의 테러가 나타날 위험성을 끊임없이 증대시키기 때문이다. 새로운 테러의 위협은 전 지구의 모든 삶을 남김없이 자본주의로 포섭하려는 서구적 욕망에 비례하여 커진다. 테러의 범위는 총이나 폭탄을 이용한 구식 테러뿐만 아니라 신기술과 결합한 드론 공격, 생화학무기 테러를 넘어, 이제 연결망을 망가뜨리는 형태 – 예컨대 물류 수송망의 중단, 네트워크의 단절, 통신망의 파괴, 금융산업의 셧다운 등 – 로 확장된다. 앞으로 테러는 더욱 파괴적이고 예상치 못한 형태로 빈번하게 발생하게 될 것이다. 이를 근본적으로 해결하지 못한다면 테러는 우리의 일상에 항존하는 위협으로 자리 잡을 것이다. 그러나 우리는 이슬람교나 아랍 국가, 난민, 이민자 등에게 책임을 전가하며 진정한 원인을 회피하고 있다. 테러는 여전히 계속되고 있다.

9·11 테러가 벌어지고 불과 몇 년 후 세상을 떠난 데리다는 미처 보지 못했지만, 우리는 그의 예견이 점차 실현되는듯한 모습을 볼 수 있다. 9·11 테러 이후 부시 행정부는 이른바 '테러와의 전쟁'을 선포했고, 범죄를 주동한 테러리스트에게 보복해야 한다는 명목으로 아프간전과 이라크전을 벌였다. 미국 내부에서는 이주 노동자와 외국인에 대한 혐오와 반대 여론이 거세지고 이들에 대한 각종 인권 침해 조치와 폭력이 '합법

---

31. 지오반나 보라도리, 「데리다와의 대화」, 『테러 시대의 철학』, 손철성·김은주·김준성 옮김, 문학과지성사, 2004, 177~178쪽.

적으로' 정당화되었다. 이에 대한 반대급부로 중동 지역에서는 미국의 제국주의를 향한 증오와 적개심이 높아졌다. 이러한 갈등은 기독교 국가와 이슬람 국가 전체 간의 긴장 관계로 확대되면서 전 세계는 해소되지 않는 항구적인 테러의 위협으로 빠져들고 있다. 9·11 테러의 배후라고 알려진 이슬람 극단주의자들의 수장 빈 라덴이 죽은 이후에도, 테러는 잦아드는 것이 아니라 더욱 극단적이고 조직적인 테러 집단 ISIL이 출현했다. 이들은 서구사회에 대한 증오심에 휩싸여 신의 뜻을 따라 이교도들을 응징해야 한다는 사명감에 불타, 타인과 함께 자신의 생명을 기꺼이 불사르는 자살 테러를 저지른다. 동시에 곳곳에서 끊임없이 벌어지는 크고 작은 내전으로 삶의 터전을 빼앗긴 난민들은 살아남기 위해 죽음을 불사하고 몰래 국경을 넘는다. 어렵사리 불법 입국을 한 뒤에도 사회에서 배척당하고 삶을 박탈당한 사람들은 쉽게 극단주의나 테러의 유혹에 빠져든다.

테러의 만연과 끝없는 난민의 행렬 속에서 우리는 주변의 누구도 믿을 수 없다는 의심과 불안으로 빠져든다. 그것은 예측 불가능한 비가시적인 위험으로 상존하는 불안의 일상화다. 테러가 전쟁과 다른 점은 전선이 존재하지 않으며 적이 누구인지 파악하기 힘들다는 것이다. 오늘날 더욱 비밀스럽고 점조직화된 테러 조직은 비행기 충돌과 같은 극적인 형태의 쇼크 대신, 곳곳에서 소규모로 지속적인 테러를 일으키며 일상에서의 공포를 배가한다. 영국, 프랑스, 독일을 비롯한 유럽 국가들은 불특정 다수를 대상으로 한 자폭 테러나 총기 난사, 차량 돌진 테러로 신음하고 있다. 테러를 근절한다는 명목으로 이루어지는 전쟁이나 군사 작전은 대규모의 무고한 피해자와 난민을 발생시킨다. 테러 조직과 근본주의 사상은 이들의 고통을 양분 삼아 자라나며, 이들을 다시 테러에 뛰어들도록 만든다. 세계는 이런 끊임없는 악순환의 굴레에서 벗어나지 못하고 있다.

지젝은 미국이 자행한 이라크전이 시리아와 이라크의 수니파를 재결

집시켰고, 결국 ISIL이 등장하는 데 일조했다고 지적한다.[32] 지젝에 따르면 난민의 진정한 원인은 서구 자본주의의 침입과 무분별한 군사개입의 결과다. 서구사회가 이른바 '실패한 국가'로 지칭하고, 또 그렇게 만든 지역에서 대규모의 난민이 발생하고 있기 때문이다. 강대국들은 헐값에 천연자원을 갈취하기 위해 제3세계에 대한 강력한 경제 식민주의 정책을 펼치고 있다. 제3세계는 서구식 생활양식을 지탱하기 위한 상품 생산과 소비에 필수적인 광물자원들 — 콜탄, 코발트, 구리, 금, 다이아몬드 — 을 두고 끝없는 내전을 벌이고 있으며, 이 군벌 지도자들 뒤에는 모두 외국기업이 연루되어 있다.[33] 내전은 결코 단순히 부족 간의 분쟁이 아니라 전 지구적 자본주의의 욕망이 투사된 사태이자, 무엇보다 서구사회가 마련한 전쟁의 장이다. 바디우 역시 유사한 분석을 내놓는다. 그에 따르면 오늘날 글로벌 자본주의의 제국적 개입은 과거의 구제국주의처럼 다른 지역을 직접 식민화하거나 본국과 연결된 꼭두각시 정권을 수립하지 않는다. 식민지는 즉각적으로 도덕적인 비난의 대상이 될 뿐이며, 식민정부는 시간이 지나면 얼마든지 본국의 명령을 거부하고 독자적 노선을 걷게 될 위험성을 갖고 있기 때문이다. 역사적 경험으로 그런 통치의 위험부담을 알아챈 서구는 새로운 통치 전략을 구사한다. 현대의 제국주의는 '지역화'zonage의 방식으로 제3세계에 개입한다. 지역화란 "국가를 부패시키거나 대체하는 대신 국가를 파괴하는 새로운 제국적 형태"로, 해당 지역의 국가를 파괴한 뒤에 아무것도 세우거나 건립하지 않아 "국가가 존재하지 않는 무정부적 자유 지역"을 마련하는 방식이다.[34] 이로써 서구는 식민지를 관리하고 감독해야 하는 위험하고 번거로운 작업을 맡지 않을 수 있고, 애써 수립해 놓은 꼭두각시 정부가 독립을 외친다거나 다른 국가와 거래하게 되

32. 슬라보예 지젝, 『새로운 계급투쟁』, 김희상 옮김, 자음과모음, 2016, 58쪽.
33. 같은 책, 57~58쪽.
34. 바디우, 『우리의 병은 오래전에 시작되었다』, 35~37쪽.

는 무역상의 난관을 처리할 필요가 없어진다. 그 지역을 '무정부적 자유지역'으로 만든 뒤, 군벌 세력이 난립하는 무법 상황을 유지하는 것은 서구 자본주의가 손쉽게 자원을 갈취하기 위한 최적의 통치 전략이다.

여기에서 공통적으로 드러나는 사실은 난민의 급증과 테러리즘 유행의 원인이 곧 내부로부터 비롯되는 것이며, 데리다가 이른바 '자가-면역'이라 지칭한 현상에 해당한다는 점이다. 데리다는 생물학에서 빌려온 자가-면역 개념을 "생명체가 거의 자살적인 방식으로 '스스로' 자기 자신의 방어[체계]를 파괴하려고 애쓰는 행위, 자신의 '고유한' 면역성에 대항하여 스스로를 면역시키려고 애쓰는 낯선 행위"로 설명한다.[35] 다시 말해, 자가-면역이란 개체를 이물질이나 세균, 바이러스 등의 외부에서 침입한 항원으로부터 보호해야 하는 면역기능이 알 수 없는 어떤 이유로 자신의 신체를 적으로 인식하고 공격하는 자기 파괴 행위다. 데리다가 보기에 테러가 자가-면역에 해당하는 이유는 테러의 원인이 전 지구적 불평등을 심화시킨 서구사회에 있으며, 그들을 서구식으로 훈련하고 무기를 쥐여준 것도 자신들이기 때문이다. 이 위협은 첨단기술과 적극적으로 결합한 자살 공격으로 우리를 속수무책의 무방비 상태에 노출시킨다.

바디우 역시 오늘날 테러리즘이 번성하는 원인은 흔히 지적되듯이 종교 분쟁이나 문화적 차이, 출신 지역 따위에 있는 것이 아니라고 주장한다. 테러의 원인은 오직 글로벌 자본주의가 초래한 부의 극심한 불균등 분배에 있다. 그러나 정부는 그 귀인을 자신의 실패로 돌리는 대신 이런저런 빈곤층의 대변자 — 이주 노동자, 다문화가정과 그들의 자녀, 망명자, 게토의 주민, 무슬림 광신도 등 — 에게로 책임을 전가한다. 바디우는 마치 절대 악처럼 여겨지는 테러리스트와 난민이 사실은 정치가들에 의해 조작된 피해자에 불과하며, "오늘날의 지배자와 그들의 꼭두각시 필진들

---

35. 보라도리, 「데리다와의 대화」, 『테러 시대의 철학』, 174쪽.

이 중산층의 공포 앞에 던져놓은 희생양"일 뿐이라고 말한다. 정치가들은 일종의 '내전' 상태를 끊임없이 조장한다.[36] 테러리스트와 난민은 우리에게 공포와 불안을 유발하는 진정한 원인이거나 악이 아니라, 정치가와 미디어에 의해 만들어지고 구성된 타자에 불과하다. 데리다가 보기에 "(테러에 대항하는) 운동들이 쳐부수겠다고 나서는 괴물성이란 바로 저 스스로 생산하고 발명하고 살찌운 것 자체"다. 그들은 "오랫동안 자주, 다양한 서양식의 방법으로, 서양에 의해 양성되고 훈련되고 심지어 무장되었다".[37] 테러리스트는 사실 우리와 크게 다르지 않으며, 심지어 놀랄만큼 흡사한 인간들이다. 따라서 그들을 향해 전쟁을 선포하고 억압하려는 행위는 윤리적으로 옳지도 않고 아무런 효과도 없을뿐더러, 심지어 테러를 재생산하고 상황을 악화시킬 뿐이다. 그것은 자가-면역의 도착적효과 때문이다. 즉, "정신분석적 의미에서든 정치적 의미에서든, 또한 정치-군사적인 의미에서든, 정치-경제적 의미에서든, 억압이란 결국 자신이 무장 해제시키려고 하는 바로 그것을 재생산하고 재발시킨다."[38]

데리다는 테러가 초래하는 공포와 폭력이란 계산 불가능하고 환원 불가능한 종류의 것이라고 말하는데, 그것은 테러의 근원이 곧 안에서부터 생성되는 것이기 때문이다.

… 절대적 공포[테러]의 근원은 "안"에서 오는 것일듯하다. 즉 최악의 "바깥"이 "나"와 더불어 혹은 "내" 안에서 살아가게 되는 바로 이 "안"이라는 지대에서 말이다. 따라서 내가 공격받을 수 있는 가능성은 정의상, 구조상, 정황상, 한계가 없다. 공포[테러]는 어디서 오는가, 그것은 적어도 부분적으로는 늘 "내부"에 존재하거나 "내부"에서 생성된다.[39]

---

36. 바디우, 『우리의 병은 오래전에 시작되었다』, 57~58쪽.
37. 보라도리, 「데리다와의 대화」, 『테러 시대의 철학』, 211쪽.
38. 같은 글, 184쪽.

나와 가장 가까운 '내 곁' 혹은 '내 안'에서 생성되고 나와 더불어 살아가는 "최악의 바깥"으로서의 테러(공포)는 그 정체를 파악할 수 없는 대상이다. 따라서 공격받을 가능성 역시 그 한계를 설정할 수 없다. 테러가 초래하는 위협은 평화로운 주말 오후, 가족과의 공원 산책 중에 옆을 걸어가는 낯선 이가 총기를 난사할 테러리스트일지 모른다는 공포다. 연인과 친구와 함께 운동경기나 콘서트를 관람 도중 앞 열의 사람이 폭탄을 터뜨릴 수도 있다는 섬뜩한 불안감이다. 익숙한 퇴근길에 별안간 나를 향해 돌진하는 자동차처럼 일상에 편재하는 이유 없는 위험이며, 예상치 못한 죽음의 급습이다. 〈부산행〉에서 용석을 비롯해 칸 안에 있던 승객들이 좀비를 뚫고 온 석우 일행을 다른 칸으로 격리하려는 것은, 그들이 좀비와 접촉했기에 어떤 위험 요소를 가질지 모르는 정체불명의 존재가 되었다고 여기기 때문이다. 이때 좀비란 그저 끔찍하고 두려운 식인괴물이며, 석우 일행 역시 최대한 멀찌감치 떨어뜨려 놓고 접촉을 피해야 하는 잠재적 감염자에 불과하다. 이들은 언제 급작스레 괴물로 돌변하여 나를 해칠지 모르는 테러리스트와 같은 존재인 것이다. 그것은 무슬림이나 멕시코 이주민에 대한 미국인의 혐오와 공포이며, 예멘 난민에 대한 한국인의 막연한 불안감과 유사하다. 좀비라는 '결정 불가능자'가 불러일으키는 공포(테러)는 무엇보다도 내부와 외부, 아군과 적, 평화와 전쟁, 인간과 괴물 사이의 구분이 불가능하고 무용하다는 것에서 오는 '파악할 수 없음'에 대한 근원적 공포다. 좀비는 정체를 파악할 수 없는 내부의 적, 구분 불가능한 상존하는 위협의 상황, 예상 불가능한 순간에 별안간 닥치는 일상의 죽음이다.

좀비는 무엇보다도 내부에서 비롯되는 자가-면역적인 공포, 계산 불가능하고 정체를 파악할 수 없는 테러의 위협이 초래하는 불안의 정동

---

39. 같은 글, 174쪽.

을 그대로 반영하고 은유하는 괴물이다. 난민과 이민자에 대한 공포가 심화되고 테러가 번성할수록, 좀비에 관한 관심이 따라서 증대한다. 이는 오늘날 좀비의 신체를 구성하는 정동이 과거의 제국주의 시절과 달라진 게 없음을 보여준다. 여전히 좀비는 인간 주체가 타자화하는 괴물, 국민국가 안에 살 수 있는 자리를 할당하지 않는 대상, 죽게 내버려 두고 따라서 살해하는 존재인 것이다. 이 자가-면역의 괴물, 주체에 의해 생명에서 배제당한 비존재는 전 지구적 신자유주의와 세계화를 경유하여 더욱 강력한 괴물이 되어 돌아왔다. 분노한 테러리스트처럼 그들은 자신을 억압하고 살해해 끔찍한 괴물로 만들어 버린 인간, 그리고 세계 자체를 파괴하는 것 이외에는 다른 목적이 없는 듯 보인다. 그들은 오로지 파괴 행위 자체에만 몰두할 뿐 자신의 안위를 조금도 염두에 두지 않는다는 점에서 상징적이고 또 실제적인 의미에서 선제적 자살을 수행한 존재다.

오늘날 좀비 아포칼립스에 대한 공포는 단순히 서사적 상상이나 엔터테인먼트로만 그치는 것이 아니다. 많은 사람은 그것을 실재하는 위협이자 공포로 받아들인다. 바이러스라는 형태로 전파되는 좀비는 테러의 공포와 동시에 전염병의 공포를 함께 자극한다. 앞에서 살펴보았듯이 언론에서는 좀비가 나타났다는 뉴스를 종종 보도한다. 2012년 '마이애미 좀비' 사건 당시 언론은 '좀비 아포칼립스'가 시작된 것이 아니냐는 보도를 쏟아냈다. 게다가 뒤이어 비슷한 사건이 잇따라 발생하자, 실제로 좀비가 출현한 게 아니냐는 의혹과 공포가 계속되었다. 이에 미국 질병통제예방센터CDC는 "좀비 아포칼립스에 대비하고 있다면 당신은 어떤 위급사항에도 준비하고 있는 것입니다"라는 구호를 내세우며 "재난대비 기본수칙 101 : 좀비 아포칼립스"라는 프로그램을 진행하여 재난 상황에 어떻게 대처해야 하는지를 교육하고 홍보하기도 했다.[40] 미국에서는 "아포칼립스에서 살아남기"라는 슬로건을 내걸고 좀비 서바이벌 코스를 제공하는 주말 캠프가 열린다. 이 캠프에서 참가자는 좀비 분장을 한 가짜 좀비와 전투를 벌이고, 위험한 상황과 유해한 환경 속에서 살아남을 수 있는 기초적인 생존기술을 배우고 연습한다.[41] 요컨대 좀비가 선풍적인 인기를 끄는 건 단순히 장르적 재미나 시각적 쾌락 때문이 아니다. 실제로 세계의 종말이 닥치고 좀비가 출몰했을 때 어떻게 해야 살아남을 수 있는지, '생존 전략'에 사람들이 관심을 갖기 때문이다. 그것은 오늘날 세계가 치명적인 위기에 처해 있다는 사실을 방증한다. 나의 안전이 더 이상 보장되지 않으며 인류가 언제 멸망할지 모른다는 두려움은 세계의 종말이라는 불안감과 묵시록적 공포를 자아낸다. 이런 공포와 불안의 정동은 좀비장르에 반영되어 좀비를 뛰게 했으며, 동시에 좀비의 유행을 견인하는 원동력으로 작동한다.

봉합되지 않는 묵시록

　　리부트된 〈혹성탈출: 진화의 시작〉Rise of the Planet of the Apes, 2011은 과학기술의 발달이 초래하는 인류의 멸망이 다른 종에게는 오히려 축복이 될 수도 있음을 보여준다. 영화에서 과학자들은 뇌의 기능을 증대하여 인지 능력과 지능을 향상시키고 알츠하이머를 치료할 수 있는 약물 'ALZ-113'을 개발한다. 임상시험에서 약물을 주입받은 유인원들은 뇌 기능이 크게 향상되어 인간에 버금가는 지능을 갖게 된다. 그러나 이 약물은 정작 인간에게는 제대로 작용하지 않아 상태를 악화시키는 부작용을 일으킨다. 지능이 높아진 동물원의 유인원들은 인간을 향해 반란을 일으키며 탈출하고, 유인원 종과 인간 종간의 전쟁이 일어난다. 결국 호

---

40. 이동신, 「좀비 자유주의」, 『미국학논집』 46집 1호, 2014, 121쪽.
41. 김성곤, "Why are zombies so scary?", *The Korea Herald*.

모 사피엔스가 자멸해 사라진 자리에 유인원이 지구의 새로운 지배자가 된다. 그러나 인간을 대신해 등장한 유인원이 과연 인간보다 나은 존재인지는 의문이다. 이들은 인간처럼 집단 내부에서의 권력다툼과 서열 싸움에 몰두하며, 음모와 계략을 꾸미고 서로를 증오하여 폭력을 행사한다. 아직 세력이 미약하고 서로 잘 결집되지 않는 유인원이 멸종의 수순을 밟지 않는 것은, ALZ-113에서 비롯된 바이러스가 전 세계로 확산되면서 인류가 퇴화하고 자멸해가고 있기 때문이다. 바이러스가 유인원의 지능을 향상시킨 반면에, 인간에게는 거꾸로 지능을 퇴화시키고 말을 할 수게 만드는 부작용을 일으킨 것이다. 여기서 시저(앤디 서키스 분)는 유능하고 고결한 성품을 가진 바람직한 우두머리다. 그는 싸움보다는 평화를 선호하지만, 만일 싸움이 벌어지면 늘 앞장서서 유인원들을 이끌고 승리를 거둔다. 시저는 시리즈의 마지막인 〈혹성탈출 : 종의 전쟁〉War for the Planet of the Apes, 2017에서 인간과의 전투 끝에 유인원들을 안전하게 구하고 죽음을 맞이하며, 민족주의적 영웅과 유사한 위상을 획득한다.

〈혹성탈출〉 시리즈는 도발적 상상력으로 인류의 퇴장 과정과 이후 새로운 세계의 주인공으로 유인원을 내세우지만, 그 전개 방식과 주제는 유인원이라는 외피를 벗겨내면 크게 새롭지 않다. 시저를 비롯한 유인원들의 행적은 다분히 유대교를 연상시킨다. 핍박받던 이스라엘 민족을 이끌고 갖은 고난 끝에 출애굽 한 모세처럼 시저는 유인원을 동물원에서 꺼내어 새로운 낙원으로 이끄는 종교적 선각자처럼 묘사된다. 그러나 이후에 유인원이 지배하는 지구의 모습이 과연 이전과는 달리 보다 종 평등적이며 선의에 기반한 평화로운 세계라는 이상에 도달할 수 있을지는 회의적이다. 2010년대의 리부트 삼부작이 1960~70년대의 오리지널 〈혹성탈출〉 시리즈의 프리퀄임을 감안하면, 시간상으로 이후의 전개에서 유인원이 완전히 지구를 지배하게 되자 거꾸로 인간을 우리에 넣고 사육하고 있음을 알 수 있다. 그렇다면 〈혹성탈출〉 시리즈가 새로운 세계로 그리는 유인원의 세상은, 그저 인간과 겉모습이 다르지만 대등한 지능을 지닌 존재를 유사-인간으로서 배치해놨을 뿐이다. 이는 결과적으로 인간과 유인원 사이의 자리바꿈을 통한 인식적 충격을 줄 수는 있으나, 어떤 공존의 대안에까지는 다다르지는 못하며 보수적 휴머니즘을 갈음하는 형태의 유인원 중심주의, 즉 '에이피즘'apeism으로 회귀하는 듯 보인다.

리메이크된 〈혹성탈출〉 시리즈가 인류의 종말을 다루지만 절망적이기보다는 희망적이며 종교적 색채가 강한 휴머니즘 서사의 변형된 형태라면, 뛰는좀비영화는 이런 일말의 긍정성마저 최후까지 제거해 버리고 묵시록적 종말을 향해 치닫는다. 우드는 묵시록적 영화가 지닌 급진성, 진보성, 전복의 잠재력을 강조하지만, 그럼에도 불구하고 보수적인 지배 이데올로기로 회귀할 가능성이 있다고 지적한다.

> 묵시록적인 호러영화들은 절망과 부정론을 분명하게 표현하며 그러한 부정론이야말로 진보성이라고 주장될 수 있는 것이다. … 이들 영화는 영화의 부정론이 지배 이데올로기로 회복될 수 없는 한, 지배 이데올로기가 통합될 수 없고 유지될 수 없다는 것에 대한 인식을 구성하는 한에서만 진보적이다. 즉 지배 이데올로기가 억압해 온 모든 것이 폭발하고 파열할 때에만 진보적이라고 할 수 있다.[42]

우드가 보기에 보수적 호러영화와 그렇지 않은 호러영화를 구분하는 결정적 차이는 호러영화가 얼마나 묵시록적이고 부정론적이냐는 점이다. 보수적 호러영화에서는 결국 질서가 회복되고 지배 이데올로기로 통합되어 체제가 유지된다면, 진보적 호러영화에서는 파국적 상황이 봉합되

---

42. 우드, 『베트남에서 레이건까지』, 238~239쪽.

거나 회복되지 않고, 오히려 치명적인 상처를 벌여놓으며 모든 걸 폭발하고 파열시키는 결말로 나아간다. 우드의 논의를 적용해 보면 〈혹성탈출〉 시리즈에 비해 뛰는좀비영화는 보다 진보적인 호러영화에 가깝다.

1978년 제작된 로메로의 〈시체들의 새벽〉의 마지막 장면에서, 프랜과 피터는 좀비에게 둘러싸여 고립된 쇼핑몰을 헬리콥터를 타고 탈출하며 일말의 가능성을 암시했다. 하지만 이 영화를 리메이크한 잭 스나이더의 〈새벽의 저주〉로 오면 탈출은 무의미해진다. 〈새벽의 저주〉에서 사람들은 쇼핑몰에 계속 머물러 봐야 희망이 없다고 여기고 좀비의 포위망을 뚫을 수 있도록 차를 개조하여 밖으로 나간다. 주인공 일행은 여러 희생을 치르며 마침내 좀비들을 뚫고 쇼핑몰을 탈출해 배를 타는 데 성공한다. 일행은 성공을 자축하며 기뻐하고, 영화는 마침내 이들이 좀비가 없는 안전한 세계에 도달할 수 있을 듯한 인상을 준다. 그들의 배는 어느 섬에 닿게 되고 엔딩 크레딧이 올라가면서 나오는 쿠키 영상은 상륙한 이후의 상황을 비춘다. 이 장면은 극 중 한 인물이 소지하고 있는 카메라를 이용해 녹화된 것으로 저화질과 흔들리는 화면의 핸드헬드hand-held 카메라 기법을 동원하여 더욱 사실적인 분위기를 자아낸다. 카메라는 숲속에서 좀비를 발견하자 마구 흔들리기 시작하며, 영상은 재생되다가 멈추기를 반복한다. 결국 카메라는 바닥에 떨어진 채 끝없이 몰려드는 좀비의 모습을 비추며 영화는 막을 내린다. 이 짧은 영상은 좀비를 피해 간신히 도착한 장소도 이미 좀비로 가득함을 보여준다. 이제 안전한 장소는 어디에도 없어 보이며, 따라서 좀비와의 분투와 목숨을 건 탈출은 모두 무의미한 일이었음이 드러난다. 간신히 살아남은 소수의 인간마저 좀비가 되거나 먹혀서 죽었으리라 암시되며, 영화의 마지막 장면은 깊은 절망감을 자아낸다.

영화 〈월드워Z〉에서도 역시 좀비로부터 안전한 곳은 존재하지 않는다. 영화 속에서 이스라엘은 마치 팔레스타인 가자지구를 둘러싼 장벽이나, 혹은 트럼프가 멕시코와의 국경에 세우겠다고 주장하는 장벽을 연상시키는 거대하고 높은 장벽을 국경에 쌓아 좀비의 접근을 차단하고 있다. 사람들은 좀비에게서 안전한 고립된 장소나 단단한 벽으로 분리된 공간을 꿈꾸지만, 좀비는 언제나 그 경계를 넘어선다. 장벽 안에서 바깥 세계와 분리된 이스라엘 사람들은 자신들이 안전하다고 믿고 있지만, 끝없이 몰려드는 좀비 떼는 거대한 인산人山을 쌓아 장벽을 넘는다. 마치 보수주의자들이 지닌 이민자에 대한 공포를 시각화한 듯한 이 장면은 세계화가 급격하게 진행된 오늘날에는 어느 곳도 홀로 고립되어 존재할 수 없다는 사실을 보여준다.[43] 영화에서는 세계화를 거스르고 전근대적 왕조체제를 유지하고 있는 북한만이 전 주민의 치아를 다 뽑아서 좀비의 확산을 막은 지역으로 제시된다. 〈28주 후〉에서 사방이 바다로 가로막힌 영국 내의 바이러스가 공항을 통해 전 세계로 퍼지듯, 설사 섬이라 할지라도 항공과 선박 운송의 발달은 좀비바이러스를 실어 나르는 훌륭한 수단이 된다. 이는 과거의 좀비영화와 현대의 밀레니엄좀비영화 사이의 차이를 단적으로 보여주는 부분이다. 밀레니엄좀비영화가 더욱 묵시록적인 것은 세계화로 인해 물류와 인간, 금융자본 등의 확산이 실시간으로 일어나는 현대사회에서 좀비와 같이 치명적인 바이러스가 등장했을 때 이로부터 안전한 장소는 없기 때문이다. 전 지구적 자본주의 체제는 그 바깥을 허락하지 않으며, 여기에서 벗어날 수 있는 곳은 어디에도 존재하지 않는다. 이는 네그리의 진단대로 그 바깥이 존재하지 않는 '제국'empire의 모습이며, 포스트휴먼 곤경에서의 '부정의 유대'이다. 밀레니엄좀비영화에서 가능성이나 희망은 좀처럼 보이지 않으며, 영화는 그저 최악의 결말을 향해 끝까지 치닫는다.

---

43. 강지희, 「좀비 월드에서 응전하는 문학들」, 『세계의 문학』 149호, 민음사, 2013, 390쪽.

심화되는 가정의 붕괴

〈새벽의 저주〉에서 또 하나의 충격적 장면은 루다(안나 코로브키나 분)의 출산이다. 4장에서 보았듯 〈시체들의 새벽〉에서 탈출에 성공한 프랜은 새 생명을 품고 있는 임부였다. 마찬가지로 〈새벽의 저주〉에는 임부 루다가 등장한다. 그러나 루다는 좀비바이러스에 감염되어 점차 좀비로 변해간다. 남편 안드레(메키 파이퍼 분)는 이를 받아들이지 못하고 아내를 침대에 결박한 채 출산을 시도한다. 출산 도중 루다는 완전히 좀비가 되어버리고, 어렵게 아기가 태어나지만 아이는 이미 인간이 아니라 좀비가 되어 있다. 새로운 생명마저 좀비가 되어 탄생하는 장면은 인류에게 어떠한 미래도 없음을 시사한다. 좀비는 나이를 먹거나 자라지 않기에, 갓난아기인 좀비는 영원히 어머니의 젖 대신 그의 살과 피를 원할 것이다. 로메로 감독이 절망적인 상황 속에서도 여성과 아기의 생명력을 일말의 희망으로 제시했다면, 밀레니엄좀비영화에 이르면 이는 절망의 극한 상황을 적나라하게 부각할 뿐이다. 배 속에 아이를 가진 채 좀비가 되어버린 루다와 이를 인정하지 못한 채 광기에 사로잡혀 아이에 집착하는 남편, 그리고 그로테스크한 몰골로 탄생한 좀비 아기, 이는 로메로 영화의 주요한 테마였던 규범적 가정 – 이성애적이며 가부장적인 가정 – 의 붕괴가 더욱 비극적인 방식으로 재현되는 것이다.

규범적 가정의 붕괴라는 테마는 보다 심화된 양상으로 〈28주 후〉[28 Weeks Later..., 2007]에서도 이어진다. 로메로의 〈살아있는 시체들의 밤〉에서 가정의 파멸은 몇몇 장면에서 두드러지지만, 〈28주 후〉에서는 영화 전반에서 가정의 해체와 파멸의 테마가 늘 함께한다. 이 영화는 전작 〈28일 후〉와 마찬가지로 영국을 배경으로 하며 전작으로부터 28주가 지난 시점을 배경으로, 좀비바이러스가 그 전성기를 지나 점차 소멸해가는 상황을 그린다. 이 영화에서 좀비 감염자는 무한정 기능을 유지하는 것이 아니라, 먹을 인간을 찾지 못해 에너지원이 고갈되면 신체 기능이 저하되어 점차 둔해지다가 결국 완전히 죽는 것으로 설정되어 있다. 살아남은 소수의 사람은 좀비를 피해 한적한 시골집에 조용히 숨어 지내고 있다. 그러던 어느 날 좀비의 습격을 받게 되고 돈(로버트 칼라일 분)은 아내 앨리스(캐서린 맥코맥 분)를 버리고 배를 타고 탈출해 안전지대에 이른다. 이 안전지대는 나토군이 영국 내 좀비사태가 거의 소강상태에 이르렀다고 판단하여 일부 지역을 수복한 곳이다. 이 안전지대를 거점으로 군은 주변의 남은 좀비를 소탕하고 생존자들을 구출하며 안전지역을 확대해 나가는 복구 작전을 진행 중이다. 돈은 이곳에서 캠프에 갔다가 좀비 사태의 발발로 헤어졌던 두 아이와 재회한다. 엄마의 안부를 묻는 아이들에게 돈은 아내를 구하려 했지만, 좀비에게 물리는 바람에 구하지 못했다며 거짓말을 한다. 하지만 앨리스는 특수한 유전자를 지녀 바이러스에 감염되고도 좀비가 되지 않은 채 생존해 있었다. 군의 수색 중에 앨리스가 구출되었다는 소식을 듣게 되자, 자신이 살기 위해 아내를 버렸다는 사실과 아이들에게 거짓말을 했다는 부끄러움에 마음이 급해진 돈은 홀로 앨리스를 찾아갔다가 보균자인 앨리스에게 감염되어 좀비가 되고 만다. 돈은 그 자리에서 침대에 묶여 있던 앨리스를 처참하게 살해하고 이제는 아이들을 죽이기 위해 찾아 나선다.

한편 나토군의 의무 장교 스칼렛(로즈 번 분)과 군인 도일(제레미 레너 분)은 앨리스의 자녀들이 바이러스의 항체를 지녔을 가능성이 있는 유일한 희망이라고 판단하여, 이들을 탈출시켜 치료제를 개발하려 한다. 하지만 영화 내내 부단히 이들 일행을 쫓으며 아이들을 살해하려 하는 건 바로 아버지 돈이다. 이성이 없기에 일반적으로 가장 가까이에 있는 사람을 습격하고 먹으려고 하는 다른 좀비의 습성과는 달리 돈은 아이들만을 추격하며 영화의 마지막 순간까지 아이들을 쫓아오는데, 이는 무차별적인 다른 좀비와는 달리 특정 목적—가족의 살해—하에 움직이는 듯한 인상마저 준다. 돈의 끈질긴 추격에 아이들의 유일한 보호자였던 스칼렛마저 죽게 되고, 결국 아이들만이 살아남아 헬기를 타고 탈출하게 된다. 하지만 이제 아이의 정체 ─ 아이가 특수한 유전자를 지녀 바이러스에 감염되고도 발병되지 않는 존재이며, 이를 연구해 치료제를 개발할 수 있다는 사실 ─ 에 대해 아는 사람은 남아 있지 않다. 살아남은 아이는 좀비바이러스의 보균자이기에 바이러스 치료제를 만들 희망인 동시에 바이러스의 보균자이기도 하다. 영화의 마지막 장면은 치료제가 개발된 것이 아니라, 오히려 아이가 감염의 매개체가 되어 전 세계로 좀비가 확산되는 모습을 보여준다.

좀비지도와 속도의 지옥

주로 한적한 교외나 고립된 어둠 속, 변방에서 출몰하는 여타의 괴물과 달리, 무덤에서 막 걸어 나온 듯 썩어가는 몰골을 한 좀비는 자신과 가장 이질적인 장소 ─ 현대문명의 첨단인 메트로폴리스의 시가지, 공항, 쇼핑센터 등 ─ 를 대낮에 배회한다. 옥스퍼드에서 발표한 '좀비지도'[44]에 따르면 좀비를 많이 검색한 국가로 대부분의 서유럽과 북미 국가, 그리고 일본과 한국이 꼽혔는데, 이는 최근의 좀비영화의 경향과도 맞물린다. 밀레니엄좀비영화의 배경은 대부분 고도로 발달되고 인구가 집중된 거대 메트로폴리스로 제시된다. 이는 좀비의 발생 원인이 주로 고도로 발달한 유전과학기술에서 비롯된다는 점과 좀비바이러스의 확산이 인구밀도가 높은 곳에서 용이하다는 점에서 좀비의 발발과 확산의 두 조건을 충족시키는 장소이기 때문이다. 예컨대 〈부산행〉에서 좀비바이러스가 처음 유출된 곳으로 추정되는 장소는 첫 장면에서 트럭이 검역받는 한적한

---

44. Simon Rogers, "The Zombie map of the world", *The Guardian*, 2011. 9. 23.

좀비지도

시골이지만, 바이러스가 급속도로 확산되는 건 서울이다. 그것은 숙주가 되는 인간이 많고 밀집된 곳일수록 인구 간 접촉이 빈번하고, 서로가 서로의 감염원이 되어 바이러스가 쉽게 전파될 수 있기 때문이다. 마찬가지로 〈레지던트 이블〉 시리즈에서도 좀비는 수많은 사람이 혼잡하게 엉켜 있는 도쿄 도심에서부터 퍼져나가 걷잡을 수 없이 번진다.

브룩스는 인류문명의 발달이 지구 곳곳을 이어놓아 온갖 질병이 확산되기에 적합한 '전염성 질병의 전성기'를 마련했다고 말한다.

세계 인구는 점점 늘고 있다. 세상의 중심은 전원에서 도시로 이동했다. 각종 교통수단이 눈부신 속도로 지구 곳곳을 이어놓았다. 이 모든 변화 덕분에 온갖 전염성 질병이 다시금 전성기를 누리게 되었고, 대부분은 몇 세기 전에 이미 사라졌다고 여겨진 것들이었다. 이처럼 무르익은 환경에서 솔라눔(좀비바이러스)이 확산되리라는 추측은 지극히 논리적이다. 오늘날 우리는 전에 없이 많은 정보를 기록하고 공유하고 또 보존하고 있지만, 이와 별개로 좀비 공격이 점점 잦아지는 것은 감출 수 없

는 사실이다. 그 발생 빈도는 지구의 '발전' 속도를 그대로 반영한다.[45]

브룩스는 좀비바이러스의 발생 빈도가 교통수단의 발달, 도시화 등의 '지구의 발전 속도'를 그대로 반영하고 있음을 지적한다. 좀비가 출몰하는 곳은 무엇보다도 무한한 속도의 욕망을 향해 내달리는 지역이다. 현대사회는 점증하는 속도의 지옥이 되고 있다. 여기서 속도는 단순히 한 공간에서 다른 공간으로 이동하는 거리 나누기 시간만이 아니라, 모든 존재의 죽음과 소멸의 속도 역시 가속화되고 있음을 의미한다. 하지만 죽음의 속도는 곧 탄생의 속도에 의해 갈음된다. 매일 새로운 상품이 쏟아져 나오고, 새로운 뉴스, 새로운 정보, 새로운 이미지가 만들어 내는 신기루의 포말泡沫은 죽어가는 것들을 성공적으로 은폐한다. 죽음의 가속화는 더 이상 눈에 보이지 않는다. 죽어가는 이들의 고통스러운 신음은 새로운 상품의 탄생을 경축하는 광고의 왁자지껄함 속에 백색의 소음이 되어 의미를 이루지 못한 채 대기 속으로 녹아 사라진다. 그러나 죽음의 속도가 점차 탄생의 속도를 추월하며 걷잡을 수 없이 가속화되는 아득한 순간, 좀비가 출현한다.

밀레니엄좀비서사에서 종말의 원인으로 제시되는 과학기술의 무분별한 발전과 끝없는 세계화라는 요소는 곧 우리 시대에 주체의 죽음 이후, 그 공백을 심화시키는 요인과 일치한다.

우리와 다른 종의 멸종을 다루는 문학과 영화는 재난영화를 포함해 그 자체로 성공적인 장르로 폭넓은 대중적 인기를 누리고 있다. 나는 이렇게 편협하고 부정적인 사회적 상상력에 '기술기형적'이라는 이름을 붙였다. 다시 말해, 문화적 찬양과 탈선의 대상으로서 그렇다는 말이다. 우

---

45. 브룩스, 『좀비 서바이벌 가이드』, 352쪽.

리 시대 자본주의의 유전공학적 구조에 대한 디스토피아적 반영이 이 장르의 대중성을 설명해준다.[46]

브라이도티의 지적대로 오늘날 좀비영화는 과학기술의 발전을 디스토피아적 전망으로 바라보고 멸망의 원인으로 제시한다는 점에서 무엇보다도 '기술기형적'이다. 밀레니엄좀비영화에서 많은 경우 좀비는 바이러스로 인해 발생하는데, 이는 대부분 대기업의 유전자 조작이나 생명공학 연구 도중에 모종의 이유로 바이러스가 유출되면서 시작된다(이런 무분별하고 비윤리적인 연구가 이루어지는 이유는 그것을 가능케 한 과학기술의 발달 때문만이 아니라, 신자유주의 체제에서 기업은 어떠한 통제도 받지 않은 채 최대이윤만을 추구하는 집단이기 때문이다). 그러나 아이러니하게도 많은 좀비영화에서 과학기술은 인류를 파멸로 몰고 가는 대상이자, 동시에 유일한 구원자로 제시된다. 과학기술이 만든 바이러스가 세계를 철저히 파괴하지만, 결국 과학기술은 치료제를 만들어 세계를 구원하는 역할을 함으로써, 다시 면죄부를 획득하고 찬양의 대상이 된다. 영화 〈월드워Z〉에서 주인공 제리(브래드 피트 분)는 병에 걸린 인간이 좀비에게 공격받지 않는다는 사실을 발견한다. 제리는 이 가설을 증명하기 위해 질병관리본부에서 스스로 병원균을 주입하여 좀비에게 공격받지 않음을 확인하고, 이를 보급해 좀비들을 물리친다. 〈28주 후〉역시 특수한 유전자를 지닌 아이를 이용해 치료제를 개발하고자 시도하며, 〈나는 전설이다〉I Am Legend, 2007에서 과학자이자 군인인 네빌(윌 스미스 분) 또한 인류를 구하기 위해 좀비들을 납치하여 치료제를 개발하는 데 매진한다. 이렇듯 기술기형적 대중문화는 정체를 파악할 수 없는 새로운 과학기술에 공포증적 태도와 동시에 구원을 간구하는 이중적 태

---

46. 브라이도티, 『포스트휴먼』, 85쪽.

도를 취한다.

과학기술에 대한 이중적 태도는 포스트 아포칼립스에서 묘사되는 도시 공간의 취약성과 인간의 동물성을 통해서도 여실히 드러난다. 여기서 좀비영화는 다분히 문명 비판적이지만 또한 문명에 대한 집착과 의존의 정서를 보인다. 좀비영화에서 인류문명은 과학기술로 인해 멸망하지만, 동시에 영화는 과학기술의 도움이 없다면 인간이 얼마나 무력한지, 동물과 다를 바 없는 폭력적이고 나약한 존재인지 적나라하게 묘사한다. 전기와 수도, 쓰레기 수거, 방송과 통신 등이 차단되는 순간 첨단기술로 가득했던 메트로폴리스는 가장 불결하고 고립된 위험천만한 공간으로 뒤바뀐다. 가장 기본적인 의식주 해결조차 불가능한 상황에서 돈은 휴짓조각이 되고, 사람들은 강도로 돌변하여 살인과 강간을 일삼는다. 마트에 그득히 쌓인 식료품과 생필품은 순식간에 약탈당해 황폐해지고, 그나마 남은 것들도 전기가 차단되는 순간부터 부패하기 시작한다. 수도 공급이 중단되어 마실 물조차 사라지고 나면 사람들은 빗물을 받아먹거나, 비가 오지 않을 땐 변기의 물을 퍼먹게 된다. 먹을 것도 없고, 씻을 수도 없으며, 심지어 용변 처리조차 불가능한 현대의 대도시란 얼마나 끔찍한 공간이란 말인가. 좀비영화는 우리가 현재 당연하게 누리고 있는 과학기술과 문명의 이기란 얼마나 안락하고 달콤한 것인가를 역설적으로 드러내며 그것의 절실함을 새삼스레 일깨운다.

시스템의 폭력과 공권력의 부재

바이러스로서의 좀비는 어떠한 인과관계나 원한 따위에 얽매이지 않는 특징을 보인다. 일반적으로 인간의 잘못이나 실수로 탄생하는 괴물이나 귀신은 원한에 사로잡혀 있으며, 이를 해소하기 위해 특정한 대상을 살해하거나 위해를 가하여 복수하고자 한다. 반면, 좀비는 대상에게 한정되는 특별한 원한을 갖고 있지 않다. 좀비의 공격은 특정한 대상을 향하지 않으며, 선인과 악인, 남성과 여성, 흑인과 백인, 부자와 빈자 등 어떠한 구분도 상정하지 않는 무차별적인 공격이다. 누구도 이 공격에서 자유롭지 않다. 좀비 아포칼립스의 도래는 개인적인 복수나 선악의 차원 너머에서 발생하는 자연재해와 유사한 형태이며, 살아있는 모두에게 적용되는 보편적이며 일괄적인 파국이다. 그러나 좀비라는 재앙은 인간 스스로 초래했으며, 인간 자체의 파국이라는 점에서 자연재해와 구분된다. 좀비의 발생은 인간이 마련한 현시대의 모순에서 비롯되며, 인류 전체를 위협하는 좀비는 일종의 시스템적 취약성이자 세계 전체를 향하는 타자들의 복수다.

이런 위험에도 불구하고 신자유주의에 종속된 국가는 응당 마련해야 할 최소한의 사회 안전망과 생존기반마저 사적 영역으로 돌려놓기 급급하다. 그리고 신자유주의 이데올로기를 선전함으로써 개개인을 고립시키고 원자화해 저항을 미연에 방지하고, 사람들을 끝없는 극한 경쟁과 자기계발의 논리 속으로 밀어 넣는다. 이제 주체는 헤어나올 수 없는 무력감과 절망에 빠져, 각자의 생존만을 도모하게 된다. 〈28일 후〉에서 짐(킬리언 머피 분)은 정부에 관한 질문에 이렇게 대답한다.

짐 : 정부는 뭘 하고 있지?
셀라나 : 이제 정부는 없어.
짐 : 정부는 당연히 있어. 그들은 언제나 존재해. 단지 벙커나 비행기 속에 숨어 있을 뿐이지.

짐은 전 국민의 생존이 위협받는 극한의 상황에조차 정부는 숨어서 자신의 안위를 돌보기에 급급할 거라고 말한다. 정부는 없는 게 아니라 단지 아무것도 하지 않을 뿐이다. 브룩스는 위기의 순간에 "당신을 위해 와 줄 사람은 아무도 없다"고 단언한다.[47] 파국이 눈앞에 닥친다 해도 정부는 무력하고 사람들을 보호하지 못한다(혹은 그럴 의지가 없다).

정부는 단지 보호하지 못하는 것을 넘어서, 오히려 사람들을 착취하고 억압하는 폭력 집단이자 부정적 권력으로 제시된다. 〈28일 후〉에서 주인공 일행은 좀비를 피해 도망 다니다가 라디오 방송에서 군인들이 치료제를 개발했으며, 군부대에서 생존자에게 식량과 피난처를 제공하고 있다는 소식을 듣는다. 그들은 방송의 지시를 따라서 군부대에 도착해 안심하지만, 사실 애초에 치료제가 있다는 건 거짓말이었다. 라디오 방송은 절망감에 빠지고 성욕에 굶주린 군인들을 달래기 위해 성노예로 사용할 여성들을 모으기 위한 술책이었다. 군인들은 약자를 보호하기는커녕 폭력과 무기를 앞세우고 힘으로 여성을 ─ 심지어 미성년자까지도 ─ 윤간하려 한다. 비상의 순간 공권력은 사람들을 보호하는 것이 아니라 진실을 은폐하거나 왜곡하여 상황을 악화시키거나, 시민을 착취하는 권력으로만 기능할 뿐이다. 소설 『세계대전 Z』2008와 『하루하루가 세상의 종말』2009은 모두 좀비바이러스의 전 세계적 확산이 시작되는 국가로 중국을 제시하고 있다. 이는 미국 중심적인 관점에서 중국을 재단하고 있다는 점에서 비판의 여지가 있지만, 무엇보다도 중국 정부가 언론을 통제하며 사태를 조작할 거라고 예상되기 때문이다. 소설에서 중국 정부는 좀비의 발발에도 불구하고 모든 정보를 차단하고 공개하지 않은 채, 독단적으로 사태를 처리하려 시도하다가 상황을 악화시킨다. 그리고 이는 실제로 2003년 사스SARS가 유행할 당시 무능했던 중국 정부의 대응과도 일치한다.

〈28주 후〉에서 나토군은 좀비의 확산을 통제할 수 없게 되었다고 판단하자, 더 이상의 감염을 막아야 한다는 명목으로 아직 감염되지 않은

---

47. 브룩스, 『좀비 서바이벌 가이드』, 390쪽.

사람들까지도 무차별로 학살하기 시작한다. 뒤따라오는 좀비에게서 도망치는 와중에, 건물 위에서는 저격수가 총을 쏘고 앞에서는 보병이 기관총을 난사해대는 상황에서 사람들은 과연 누가 더 위험한 적인지 혼란에 빠진다. 거기에도 모자라 군은 좀비를 완전히 말살해야 한다는 명목으로 아직 생존자가 많이 남아 있는 지역을 전투기로 폭격하고 생화학무기까지 동원해 살아있는 모든 생명을 절멸시킨다. 폭격을 피해 아이들의 탈출을 돕던 군인은 다른 군인의 화염방사기에 의해 산채로 불에 태워진다.

신자유주의 서바이벌 가이드

로메로의 〈시체들의 새벽〉에서 힘이 없는 순진한 사람들을 약탈하고 위협하는 것은 오토바이를 타고 등장하는 갱단이었다. 그러나 밀레니엄좀비영화에서 정부는 갱단과 별로 다를 게 없는 집단으로 묘사된다. 게다가 이들은 첨단 무기와 화력으로 철저히 무장하고 사람들은 곧잘 정부를 신뢰한다는 점에서 더욱 위험하다. 이렇게 공권력이 무능하고 부패한 권력으로 묘사되는 것은 오늘날 신자유주의 정부가 규제 완화라는 미명하에 사회와 공적인 영역이 맡아야 할 역할을 대부분 개인의 책임으로 전가하기 때문이다.

베라르디는 오늘날의 전 지구적 기호 자본주의 체제를 '자본주의적 절대주의' 혹은 '절대자본주의'라고 명명한다. 그것은 이제 자본의 욕망이 어떠한 규제나 조건에도 얽매이지 않으며, 심지어 헌법을 비롯한 법 조항에조차 구속받지 않기 때문이다.

나는 오늘날의 세계적 체계를 오직 가치 축적, 이윤 증대, 경제적 경쟁의 원칙만이 효과를 발휘하는 절대자본주의의 한 종류라고 정의해야 한다고 믿는다. 이러한 원칙들이야말로 모든 것을 포괄하는 최우선적 가치이며 체계의 핵심에 놓인 압도적인 추동력이다. 지구의 존속이나 다음 세대의 미래 같은 다른 염려들은 모두 이러한 더 큰 목표 안에 흡수되고 만다.[48]

신자유주의 체제에서는 자본을 최대한 증식시키라는 정언명령이 다른 모든 가치나 목표 위에 군림하는 최상위의 절대 원칙이 된다. 경쟁의 승자가 모든 걸 홀로 차지하는 것은 위대한 역사의 법칙으로 정당화되고, 더 나아가 '장려'壯麗한 자연의 법칙으로서 '장려'奬勵된다. 승자는 '공정한 경쟁'이라는 신성한 시련과 고난을 통과한 '선택받은 자'이자, 뛰어난 능력을 갖춘 마땅한 자격의 정당한 '독식자'인 것이다. 정치와 사회, 그리고 법은 모두 무한한 자본의 증식과 금융 축적이라는 지상 목적 아래에 종속되고 만다.

오늘날의 절대 체제가 된 신자유주의는 마침내 휴머니즘의 전통을 완벽히 말살시켰다. 휴머니즘은 인간에게 해체 불가능한 어떤 선험적이고 절대적인 가치가 있음을 전제로 한다. 휴머니즘이 자연으로부터 분리되어 여타의 동물과 구분되는 인간 고유의 특성과 법칙을 정의하고 정초하려는 기획이라면, 허무주의적 안티-휴머니즘은 자본의 도움으로 비로소 소기의 목적을 달성했다. 신자유주의에서 가정되는 인간은 각자가 자신의 안위와 욕망만을 추구하는 동물과 다르지 않은 존재이며, 인간 사회는 무한경쟁 속에 놓인 무법적 자연상태와 다르지 않기 때문이다. 베라르디는 적자생존과 승자독식이라는 다윈주의의 오래된 자연법칙이, 오늘날 '사회적 다윈주의'라는 사회적 법칙의 형태로 부활하여, 그동안 문명화와 투쟁의 역사가 이룩해놓은 모든 보호장치와 안전망을 무력하

---

48. 베라르디, 『죽음의 스펙터클』, 116쪽.

시켰다고 지적한다.[49] 사회적 다원주의하에서 다원주의는 잔혹하지만 숭고한 아름다움을 갖춘 법칙으로 승격되고 신성화되며, 이 법칙은 자연뿐만 아니라 사회·정치·역사·문화 등 모든 분야와 영역에 적용되어야 마땅하다고 여겨진다.

신자유주의 체제는 탈규제 속에서 이루어진 자유로운 경쟁을 신성화하며, 이런 시스템하에서만 경제성장이 극대화될 수 있다고 선전한다. 사회는 바야흐로 '만인의 만인에 대한 투쟁'의 장이 되었으며, 개인은 다른 모든 타인과 더불어 한정된 노동시장이나 부동산 시장이라는 경쟁의 틈바구니에 놓여 있다. 모든 타인은 나의 경쟁자이자 적대자이며, 타인의 탈락은 곧 나의 성공확률을 올려준다. 우리 사회에서 타인에 대한 적개심과 분노, 공격성의 증대는 자연스러운 현상이다. 경쟁의 결과가 어떻든 책임은 전부 개인에게 돌아간다. 경쟁에서 탈락한 자들이 형편없는 몫을 분배받고 벼랑 끝으로 몰려 죽게 되더라도, 그것은 그들이 능력을 충분히 키우지 못한 탓이다. 예컨대 정규직이 비정규직보다 많은 보수를 받고 충분한 휴식과 노후를 보장받는 것은 '더 노력한' 결과이기에 당연하며 정당한 일로 여겨진다. 반면 비정규직이 정규직화되는 것은 '숭고하고 공평한' 자유 경쟁의 법칙을 깨뜨리는 것이기에 불공정하고 비난받아 마땅한 '악'이 된다.

신자유주의는 소득 불평등의 진정한 원인이 누구인지 깨닫지 못하게 만들고, 연대를 사전에 방지하기 위해 노동자를 미세한 단위로 쪼갠다. 노동시장이 마땅히 정규직, 비정규직, 파견직, 임시직, 일용직, 실업자 등의 차이로 세분되어야 하며, 이 구분에 기반한 불평등이 당연하다는 논리는 신자유주의가 추구하는 미시적 관리에 최적화되어 있다. 신자유주의는 애초에 불평등이나 차별을 근절할 생각이 없다. 오히려 신자유

---

49. 같은 책, 249쪽.

의는 "바로 차이들을 이용하고 차이들을 바탕으로 통치"하는 체제다.[50] 신자유주의는 차이들 사이에 가차 없는 경쟁의 공간을 마련하고 혐오와 적대감을 조장하여 계급 간의 끊임없는 '내전' 상황을 조직한다. 그리하여 노동조합은 지리멸렬하고 이탈된 노동자들은 고립된다. 이렇게 계급 투쟁과 봉기의 씨앗을 그 근원에서부터 틀어막는 것이야말로 신자유주의 통치성 전략의 핵심이다.

이런 사회는 소수자나 약자에 대한 혐오와 분노의 정동으로 넘실댄다. 이들은 자신의 게으름과 무능력에 알맞은 위치를 거부하고 부당하게 사회적 자원을 가로채고 있으며, 가산점을 받거나 특별 전형 등으로 '공정한 게임의 룰'을 어기고 편법으로 자신의 이득을 취하는 파렴치한으로 여겨지기 때문이다. 오직 스스로 능력을 키워서 상대방을 짓밟고 위로 올라서는 것만이 공정한 성공이자 생존을 위한 최선의 방책이 된다. 사회는 개인을 위해 아무것도 책임져줄 필요가 없다. 왜냐하면 그것은 자유로운 경쟁을 통해 받은 정당한 심판이자, 그에 따르는 합법적이고 정의로운 결과이기 때문이다. 모든 개인은 각자의 능력에 걸맞고 노력에 마땅한 처우를 받고 있을 뿐이다.

신자유주의는 특정한 형태의 주체성과 윤리 ― '기업가적 주체'와 안위를 스스로 돌보야 하는 '자기배려의 윤리' ― 를 생산한다. 자기배려의 윤리는 "권력이 주체에게 할당한 기능을 주체 스스로 책임지라는 명령"이다.[51] 그것은 또한 "자기에 대한 윤리-정치적 행위"로서, 모든 사람에게 공통적으로 내려지는 "끝없이 성장하는 복합 기업이 되라는 명령"이다. 이 명령은 모든 개인이 자유로운 경쟁 속에서 노동을 통해 즐거움, 성취감, 인정 등을 누리며 신분 상승을 도모할 수 있다는 달콤한 환상을 제공한다. 그

---

50. 마우리치오 랏자라또, 『정치 실험』, 주형일 옮김, 갈무리, 2018, 59~60쪽.
51. 랏자라또, 『기호와 기계』, 366쪽.

러나 신자유주의에 위기가 닥치자 이는 곧 "기업과 국가가 방기한 각종 리스크와 비용을 개인이 알아서 책임지라는 명령으로 전환"되었으며, "실업, 부채, 임금 및 소득의 감소, 사회복지의 축소, 세금 증가 등의 문제를 마치 기업가 입장에서 관리하라는 명령"이 되었다.[52] 이제 모든 개인은 '1인 기업'이 되어 모든 리스크를 스스로 관리하고, 부단히 단련하고 계발해야만 무한경쟁의 사회에서 살아남을 수 있다. 자유로운 경쟁만이 유일한 원리로서 추구되는 사회에서 중요해지는 단 하나의 문제는 어떻게 해야 이 살인적인 경쟁의 틈바구니에서 살아남을 수 있느냐는 것뿐이다. 국가와 사회는 개인의 생존에 관여하지 않으며, 생존은 절대적으로 개인의 통제와 책임 아래 놓여 있는 변인이기 때문이다.

『좀비 서바이벌 가이드』의 작가 브룩스는 최대한 오랫동안 살아남기 위해서 다음의 사실을 명심하라고 조언한다.

명심해야 할 키워드는 생존이다. 승리도 정복도 아니다. 오로지 생존이다.[53]

좀비의 활약은 점점 거세지는 전 지구적인 신자유주의 체제의 강화와 세계화 추세에 맞물려 더욱 곤궁해진 생존의 환경과 척박해진 세계의 모습을 그대로 반영한다. 메닝제Sylvestre Meininger의 분석대로 밀레니엄좀비의 모습은 "신자유주의적 개인주의의 최종 단계를 충격적으로 재현한다."[54] 『좀비 서바이벌 가이드』는 실제로 좀비가 출몰하고 세계의 종말이 다가왔을 때 도움이 수 있는 유용한 지침들을 적어 놓은 일종의 '생

---

52. 같은 책, 77쪽.
53. 브룩스, 『좀비 서바이벌 가이드』, 12쪽.
54. 실베스트르 메넹제, 「좀비 영화의 정치학, 텅빈 눈으로 응시한 팍스아메리카나」, 『나쁜 장르의 B급 문화』, 이진홍 옮김, 르몽드디플로마티크, 2015, 61쪽.

존 안내서'이다. 이 책을 읽어보면 '좀비 서바이벌 가이드'는 곧 '신자유주의 서바이벌 가이드'로 바꿔 쓸 수도 있음을 깨닫게 된다.

브룩스가 안내하는 생존법은 다음과 같다.

일반 규칙
1. 법을 준수하라!
2. 쉬지 말고 훈련하라.
3. 무기는 철저히 관리하라.
4. 전시용 무기에 주의하라.
5. 첫 번째 무기를 단련하라.

인간의 몸은 적절하게 관리하고 훈련하면 지상 최강의 무기가 될 수 있다. 미국인들은 형편없는 식습관, 운동 부족, 노동 절약 기술에 집착하는 기질 등으로 악명이 높아. 이들을 가리키는 별명으로는 소파에 누워 감자 칩만 퍼먹는다는 뜻의 '카우치 포테이토'couch potato가 가장 잘 알려졌지만, 실은 '가축'이야말로 가장 정확한 표현일 것이다. 뚱뚱하고, 게으르고, 무엇보다 잡아먹힐 준비가 되어 있으니 말이다. 첫 번째 무기, 즉 우리 몸이라는 생물학적 무기는 먹잇감에서 포식자로 변할 수 있고 또 반드시 그렇게 되어야만 한다. 식습관을 엄격하게 통제하고 몸을 단련하라.[55]

브룩스에 따르면 좀비가 창궐하고 예정되었던 파국이 도래했을 때 조금이라도 오래 살아남기 위해서는 "쉬지 말고 훈련"하고 "철저히 관리"하고 계속해서 "단련"해야만 한다. 자신을 엄격하게 통제하고 단련함으로써

---

55. 브룩스, 『좀비 서바이벌 가이드』, 60쪽.

인간은 타인의 "먹잇감에서 포식자로 변할 수" 있다. 브룩스의 조언은 곧 신자유주의 체제가 개인에게 요구하는 부단한 자기규율과 자기통제, 즉 '자기배려의 윤리'와 일치한다. 신자유주의 시대에 생존하기 위해서는 부단한 자기관리와 노력으로 스스로 능력 증진을 도모하고, 타인을 짓밟고 올라서 포식자가 되어야 하듯, 좀비 아포칼립스 시대의 생존법 또한 이와 다르지 않다. 경쟁의 세계에서 승자와 패자만이 존재하듯, 좀비의 세계에서는 포식자와 먹잇감만이 존재한다. 이 책은 신자유주의의 '미덕'을 실천하지 않는 사람은 인간 이하의 "가축"이라고 주장한다. 위험으로 가득한 세계에 살면서도 철저한 자기계발을 수행하지 않는 개인은 언제든 "잡아먹힐 준비가 되어 있"는 "가축"과 마찬가지기 때문이다. 신자유주의 시대에 도태되거나 낙오되는 건 더 노력하지 못한 개인의 탓이듯, 좀비 아포칼립스 시대에 좀비에게 물리는 건 자신을 충분히 단련하지 못했기 때문이다.

〈좀비랜드〉Zombieland, 2009의 콜럼버스(제시 아이젠버그 분)는 좀비로 가득한 세계에서 살아남기 위해 수많은 수칙을 정해놓고 그것을 철저히 따른다. 이 수칙은 대부분 좀비영화의 클리셰, 즉 희생자들이 좀비에게 당하는 순간들을 반전시켜 금지하는 수칙으로 정한 것들이다. 주요한 수칙은 다음과 같다. 첫 번째, 꾸준히 심폐 운동을 해 체력을 기를 것. 두 번째, 언제나 확인 사살을 할 것. 다섯 번째, 친해지지 말 것. 열일곱 번째, 쓸데없이 다른 사람을 구하는 영웅이 되려고 들지 말 것. 이외에도 늘 짐을 가볍게 하고 준비운동을 해 둘 것, 도주로를 확보해 놓는 것 등이 강조된다. 영화에서 사람들은 불필요한 친분을 쌓지 않기 위해 본명을 가르쳐주지 않고 별명으로만 서로를 부른다.[56] 과도한 친밀감을 형성하

---

56. 코미디 장르인 〈좀비랜드〉는 좀비영화 답지 않게 시종일관 가벼운 분위기로 진행되면서 의도적으로 좀비장르의 관습을 비튼다. 주인공은 수칙들 덕분에 여러 차례 위기에서 벗어나지만, 결국 다른 사람을 구하기 위해 수칙을 어긴다. 즉, 영화에서 제시되는

는 것은 위기의 순간 그들을 버리고 도망치는 데 걸림돌이 되기 때문이다. 이처럼 타인과의 모든 감정적 교류를 차단한 채 위기에 빠진 상대를 구하는 대신 각자도생을 추구하며, 체력을 기르고 무기의 사용법을 익혀놓는 등 끊임없이 단련할 것을 요구하는 등의 수칙은 브룩스가 제안하는 생존 가이드와 크게 다르지 않다. 누구도 믿지 말고 다만 부단한 규율과 통제로 최후까지 홀로 살아남으라고 조언하는 좀비장르는 신자유주의 체제와 기업가적 주체의 말로를 보여주는 듯 섬뜩하게 다가온다.

한국과 좀비장르

오늘날 한국은 세계화와 신자유주의 체제의 공고화에 가장 앞장서고 있는 국가다. 한국 사회에서 규제 완화는 절대 선의 이념이 되었다. 규제는 기업의 자유로운 경제활동과 최대한의 이윤추구를 공연히 훼방 놓아 경제성장을 둔화시키며, 시장의 자율적인 기능을 저해하는 비효율적인 악습이자 철 지난 폐단으로 취급된다. 규제 완화를 찬양하는 논리는 그동안 국가나 공기업이 담당해온 공공서비스 분야나 기간 산업의 방만함과 비효율을 과장되게 폄하하는 것과 함께 간다. 예컨대 '철밥통' 공무원은 제대로 일하지 않는 나태한 자들이며, 편법으로 근무 시간만을 늘려 부당하게 많은 월급을 받고 있다는 것이다. 심지어 공무원은 퇴직 이후에도 많은 연금을 받아쓰며, 국민의 소중한 세금을 탕진하는 존재라 여겨진다. 국가가 제공해야 할 최소한의 서비스마저 효율성의 논리에 따라 민영화되거나 제거되어야만 하고, 사회를 위해 공공서비스를 제공하는 공기업 역시 공공의 이익보다는 사기업적인 이윤추구를 극대화해야

엄격하고 세부적인 수칙들은 후반부에 위반되어 감동적인 마무리로 나아가기 위해 설정된 것이다. 영화는 일행이 유사 가족이 되어 험난한 세상을 잘 헤쳐나가리라는 희망적 분위기로 마무리된다.

만 한다는 논리가 힘을 얻게 된다. 이제 정부는 단지 시장의 소극적 조율자이자 기업의 외화벌이를 돕는 조력자의 역할에 충실해야 한다고 여겨진다.

2014년의 세월호 침몰 사고는 박근혜 정부의 안전 관리 시스템이 얼마나 형편없고, 재난 대처에 무능한지를 폭로했다. 그뿐만 아니라 사고가 일어나기까지의 세월호를 둘러싸고 수많은 각종 비리와 불법이 자행되었음에도 정부의 관리 감독 기능이 전혀 작동하지 않았음이 드러났다. 승객 수백 명의 생사가 촌각을 다투는 절체절명의 순간에도 정부는 아무것도 하지 않은 채 손 놓고 304명의 생명이 그대로 수장되는 것을 바라만 보았다. 정부는 배가 가라앉고 있는 순간에도 기본적인 정보 수집과 탑승자 집계조차 되지 않아 전원 구조라는 황당한 발표를 했으며, 언론들은 아무런 취재 없이 이를 받아 적기에만 급급했다. 또한 2015년 중동호흡기증후군MERS의 유행은 한국이 세계적 전염병에서 결코 안전지대가 아님을 일깨워 주었다. 감염 시 고열, 기침, 호흡곤란 등을 유발하는 메르스는 2015년 5월부터 12월까지 유행하며, 수백 명의 감염자를 발생시켰고 그중 38명이 사망했다. 정부는 이 낯선 질병의 발병부터 확산에 이르기까지 안일한 태도와 부적절한 대응을 보이며 은폐와 회피로만 일관했다. 급박한 재난 상황 앞에서도 정부는 불투명한 관리와 늑장 대처를 보였으며, '낙타와의 접근을 피하라'는 등 있으나 마나 한 대처 매뉴얼을 배포하여 다시 한번 무능을 드러냈다.

이런 현실 속에서 정부에 대한 불신과 각자도생의 논리는 한국판 '좀비 서바이벌 가이드'라고 할 수 있는 『좀비 제너레이션: 좀비로부터 당신이 살아남는 법』2013에서 그대로 드러난다.

좀비가 나타나는 징후들

1. 특정 지역에서 굉장히 빠르게 전염병이 전파되고 있다.

2. 해당 지역의 출입을 봉쇄하고 언론을 비롯한 사람들의 접근을 막고 있다.

3. 전문가 혹은 정치인들이 미디어에 나와서 구체적인 상황 설명 없이 안심하라고 얘기한다.

4. 전염병에 대한 정확한 명칭 없이 '신종 바이러스'라고 보도한다.

5. 신종 바이러스의 증상이 고열과 구토에 이은 갑작스러운 사망과 발병 전파가 굉장히 빠르다.

6. 정부와 언론에서 신종 바이러스에 관해 이런저런 설명을 하지만 SNS 사용자들의 얘기는 전혀 다르다.

7. 우리나라뿐만 아니라 전 세계적으로 비슷한 증상이 빠르게 전파된다.

8. 신종 바이러스가 공기 중에 전파되기 때문에 타인과의 접촉을 하지 말아야 한다는 보도가 나온다.

9. 신종 바이러스에 의한 사망자들의 시신을 구체적인 설명 없이 화장하라는 지침이 내려온다.

10. 위의 상황들이 굉장히 빠르게, 구체적으로 1주일 안에 진행된다.[57]

이 책은 한국 역시 좀비 아포칼립스의 상황에서 예외가 아니라고 주장하며, 여기서 살아남을 수 있는 나름의 생존 전략을 기술하고 있다. 이 책은 좀비가 나타났을 때 전문가나 정치인들이 정확한 설명이나 진단을 내리는 대신 언론의 출입과 접근을 통제하고 무조건 "안심하라고 얘기"할 것이며, 구체적인 지침 없이 단지 "신종 바이러스라고 보도"할 것으로 예측한다. 정부는 사태를 축소하고 숨기기에만 급급하며, 질병의 확산을 막아 국민의 안위를 지키려 하기보다 책임회피에만 골몰하는 집단이기 때문이다. 따라서 정부나 언론보다도 SNS가 더 신뢰할 수 있는 정보원

---

57. 정명섭, 『좀비 제너레이션』, 네오픽션, 2013, 25~26쪽.

으로 기능하게 된다. 이렇듯 정부와 언론을 향한 일관된 불신은 공권력과 전문가 집단의 윤리가 추락했음을 보여준다. 이런 현실에서 사람들은 공식적인 미디어 대신 1인 미디어나 SNS를 통해 정보를 얻으며, 독자적으로 판단을 내리고 각자도생을 도모하게 된다.

그동안 한국에서 좀비장르는 최근의 몇 년간을 제외한다면 하위장르에서 벗어나지 못한 상태였다. 좀비의 일부 특성만을 취해 한국적 정서에 맞게 순화하고 변형된 형태로 재현해 낸 작품이 다수를 이룬다. 사실 한국에서는 좀비뿐 아니라 장르서사의 제작 자체가 부진한 편이다. 뱀파이어 장르의 경우 최근 영화나 드라마에서 비교적 활발하게 창작이 이루어지고 있으나, 몸 여기저기가 너덜너덜하고 장기가 그대로 내비치며 썩어 벌레까지 꼬이는 그로테스크한 좀비의 신체는 뱀파이어보다 더 불편하기에 매니악한 장르로 취급되며 그 창작이 활발하지 않다. 한국의 좀비서사에서 좀비는 그 장르적 특성과는 다르게 원한이나 인간관계, 그리고 가족 담론에서 여전히 벗어나지 못하는 모습을 보이곤 한다. 예컨대 웹툰 〈좀비의 시간 2〉2010·2011는 서울에서 전학을 온 주인공 강유나가 따돌림을 당하다가 억울한 죽음을 맞이하게 되고, 20년 후에 좀비가 되어 나타나 자신을 죽인 사람들에게 복수한다는 내용을 담고 있다. 이는 기존의 전통적 귀신장르에서 크게 벗어나지 못한 것으로 이성이 없고 무차별적인 공격을 수행하는 좀비와는 차이를 보인다. 여기서 좀비는 현대사회 비판이나 절대적 타자에 대한 공포, 근대적 인간과 휴머니즘의 종말, 보수적인 주류 이데올로기의 해체에 이르지 못한다.

오히려 '한국형 좀비'는 좀비사태라는 극한의 상황에서 드러나는 신파조의 모성애나 가족의 희생 등을 대비적으로 그려내면서 이것을 급진적으로 의문시하거나 해체하기보다는, 규범적으로 강화하려는 재난영화의 변종에 가깝다. 예컨대 두 편의 공중파 좀비드라마 〈나는 살아있다〉2011나 〈드라마 스페셜 ─ 라이브 쇼크〉2015에서 등장하는 좀비는 어설픈 인간성을 지녔다든가, 특정한 원한 관계의 해소를 추구한다는 점에서 좀비장르라기보다는 좀비의 탈을 쓴 전통적 귀신이나 원혼의 모습에 가깝다. 〈드라마 스페셜 – 라이브 쇼크〉에서 성우(장세현 분)는 다국적 제약회사의 신약 임상시험 아르바이트를 하다가 좀비바이러스에 감염된다. 성우는 좀비의 발현을 완화하는 약물을 맞아가며 방송국에 침입해 자신을 감염시킨 제약회사의 만행을 폭로하려 시도한다. 이후 드라마는 다분히 인과응보적인 진행으로 이어지며, 좀비는 악행을 저지른 제약회사 직원들만을 공격할 뿐이다. 빠듯한 살림에 알바를 하는 착한 아들은 치료되어 아버지와 재회하고 규범적 가정은 파괴되지 않고 지켜진다. 좀비는 여전히 가련하고 순진한 희생자이며, 그럼에도 불구하고 윤리를 추구하는 존재로서 기존 체제의 결함을 보완하려는 '착한 괴물'인 것이다. 좀비장르의 진지한 의도가 철저한 파국적 귀결을 통해 사회의 부조리와 위선을 내파內破하는 급진성과 저항에 있다면, 한국형 좀비가 등장하는 드라마는 문제점을 폭로하는 파국적 결말보다는 급작스러운 휴머니즘으로의 귀결을 통해 문제로부터 도피하며 갈등을 일시적으로 봉합하는 데 그친다.

한국에서 좀비의 유행은 해외보다 10년가량 늦게 시작되었다. 고무적인 점은 〈부산행〉이나 〈킹덤〉과 같은 블록버스터 좀비물이 대중적 성공을 거두고, 후속편 제작도 활발히 이루어지고 있다는 사실이다. 〈창궐〉2018과 〈기묘한 가족〉2019 역시 해외의 좀비영화에서는 보기 힘든 새로운 시도를 하고 있다. 〈창궐〉은 조선 시대 사극과 좀비장르를 결합하는가 하면, 〈기묘한 가족〉은 한국에서 보기 힘들었던 좀비코미디 장르를 표방하며 가족 담론의 내부로 좀비를 포섭하려 시도한다. 한국의 좀비서사들은 사회문제에 눈을 돌리지 않은 채, 한국적 색채를 덧입혀 독특한 시각으로 좀비를 조명하고 있다는 점에서 주목받고 있다.

3부 좀비는 어떻게 저항하고 탈주하는가?

발명한다는 것, 그것은 하나의 기계가 작동할 수
있을 것처럼 자신의 사유를 작동하게 만드는 것이다.
질베르 시몽동, 『기술적 대상들의 존재 양식에 대하여』

나는 상처를 사건으로 구현하기 위해 태어났다.
질 들뢰즈·펠릭스 가타리, 『철학이란 무엇인가』

'생성'은 역사에 속하지 않는다. 오늘날에도 역사는 여전히
일련의 조건들만을 지적할 뿐이다. … 새로운 무언가를
창조하기 위해서는 그 조건들로부터 돌아설 수밖에 없다.
질 들뢰즈·펠릭스 가타리, 『철학이란 무엇인가』

분명히 그것은 전도될 것이며, 혁명의 혁명, 애도 없이
과거의 혁명을 제압하게 될 미래의 혁명이 일어날 것이다.
자크 데리다, 『마르크스의 유령들』

6장

괴물에서 벗어나는 좀비들

포스트휴먼과 포스트좀비주체

파국에서 벗어나기

지금까지의 논의를 잠시 정리해보자. 우리는 3장에서 최초의 좀비가 어떻게 탄생했는지 알아보았다. 데카르트 이후 인간은 '근대적 주체'로서 세계의 중심에 자리 잡았다. 이 규범적 '인간'은 자신을 기준으로 인간과 비인간을 구분 짓고 식민지 타자를 '노예좀비'로 배제해 괴물로 만들었다. 4장은 니체의 '신의 죽음'과 푸코의 '인간의 죽음' 선언이 '식인좀비'의 탄생과 맞닿아 있음을 살펴보았다. 식인좀비는 근대적 인간과 휴머니즘의 종말을 극단적으로 표상하는 존재다. 5장은 인간의 죽음 이후 새로운 존재론을 마련하지 못한 채 맞이한 21세기의 현실을 분석했다. 인간이 처한 위기의 상황은 전 지구적 신자유주의 체제의 심화, 과학기술의 발달, 환경파괴와 전염병의 유행 등의 여러 곤경으로 더욱 심화되고 있다. 부정의 유대가 국경과 종을 넘어 확장되고 대중문화는 묵시록적 상상력으로 치닫고 있다. '뛰는좀비'는 이에 호응해 더욱 빠르고 호전적인 형태로 바뀌어 세계는 최악까지 치달았으며, 서사는 더욱 절망적 기조로 변하였다.

이제 모든 안전망과 사회적 유대가 붕괴되어 누구도 믿을 수 없는 채로 죽음을 향한 끝도 없는 레이스를 벌여야 하는 무한경쟁과 승자독식의 사회라면, 옆 사람이 언제 갑자기 테러리스트로 돌변해 나를 죽이려 들지 모른다는 불안감 속에서 타자에 대한 혐오의 정동으로 만연한 세계라면, 환경파괴와 기후변화, 전염병의 유행, 방사능 유출 등으로 점차 생명체가 살기 열악한 환경이 되어가는 지구라면, 그 속에서 우리는 무엇을 할 수 있을까? 많은 학자는 현재를 파국의 시대로 진단하고, 좀비의 전면적 확산과 그들의 파괴로 재현되는 풍광은 그들의 진단을 입증하는 것만 같다. 실제로 우리는 쉽게 주위에서 예외상태의 증거를 찾을 수 있으며, 이는 새로운 형태의 제국주의나 파시즘이 등장하고 있다는 묵시록적 전망이 실현되고 있는 듯 보이게 한다.

그러나 무기력함과 패배의 정념에만 계속 머물러 있는 건 아무런 도움이 되지 않는다. 고대 그리스의 진정한 유물론자인 에피쿠로스Epikuros는 이 점을 잘 알고 있었다. 그저 육체적 쾌락을 추구하는 방탕하고 문란한 쾌락주의자라는 오해와는 달리 에피쿠로스는 현재의 삶과 실존을 철저히 긍정했으며, 무엇보다도 이성과 사유의 힘을 중시했다. 에피쿠로스가 말하는 쾌락이란 "몸의 고통이나 마음의 혼란으로부터의 자유"를 의미한다. 그것은 물질이나 재화의 소유에서 오는 것도("자유로운 삶은 많은 재산을 가질 수 없다"[1]), 감각적 쾌락의 일시적인 충족으로부터 오는 것도 아니며("성교는 인간에게 이득을 준 적이 없다"[2]), 오히려 '사려 깊음'phronesis의 태도로부터 비롯된다("모든 것의 시작이자 가장 큰 선은 사려 깊음이다"[3]). '사려 깊음'은 철학을 비롯한 모든 '탁월함'arete의 근원이며, 공허하고 잘못된 추측을 몰아낸다.[4] 그는 통제 불가능한 '행운'이나

---

1. 에피쿠로스, 「바티칸 소장 문헌」 LXVII, 『쾌락』, 오유석 옮김, 문학과지성사, 1998, 34쪽.
2. 에피쿠로스, 「향연」, 『쾌락』, 오유석 옮김, 문학과지성사, 1998, 39쪽.
3. 에피쿠로스, 「메노이케우스에게 보내는 편지」, 『쾌락』, 오유석 옮김, 문학과지성사, 1998, 48쪽.

'우연'적 요소에 의존하는 것을 거부하고, 대신 인간의 이성과 숙고의 힘을 강조한다. 그에 따르면 숙고에 의한 판단과 행동이 설사 좋지 않은 결과를 초래할지라도, 그것은 우연에 의해 초래된 좋은 결과보다 '더 낫다'. 에피쿠로스는 우리에게 외부적 요인에 기대는 대신 주어진 삶의 조건 위에서 '밤낮으로 생각'하며, '사려 깊고 아름답고 정의롭게' 살 것을 요청한다. 그것이야말로 삶에 있어 최고의 즐거움이자 선이다.

사려 깊은 사람은 또한 '대안 없는 절망'과 '근거 없는 낙관'으로 빠져드는 것을 경계해야 한다.

> 우리는 미래가 우리의 것도 아니며 그렇다고 해서 완전히 우리 것이 아니지도 않다는 사실을 알아야 한다. 왜냐하면 미래가 분명히 올 것이라고 생각해서도 안 되고, 미래가 올 가능성이 전혀 없다고 생각해서 완전히 기대를 버려서도 안 되기 때문이다.[5]

미래가 마치 당연한 소유물이라도 되는 양 여기며 우리의 의지에 따라 마땅히 장밋빛 미래가 올 것이라고 기대하는 것, 반대로 우리가 미래에 대한 아무런 결정권도 없다고 간주하며 무기력하게 체념에 침식되는 것, 그 양자를 모두 거부하되 사려 깊음의 태도로 미래를 온전히 마주할 때, 세계는 비로소 우리에게 가능성의 열린 지평으로 다가온다. 에피쿠로스는 사유야말로 "미래에 대한 두려움을 해소한 후, 우리에게 완전한 삶을 제공"해 준다고 말한다.[6] 사유는 미래를 두려운 미지의 대상에서 새롭게 창조 가능한 복수의 가능성들로 바꾼다. 바로 이런 의미에서 오늘날 우리에게 필요한 태도는 이중적이다. 있는 그대로의 현실을 직시하고 상황

---

4. 같은 글, 47~50쪽.
5. 같은 글, 45쪽.
6. 에피쿠로스, 「중요한 가르침」 XX, 『쾌락』, 오유석 옮김, 문학과지성사, 1998, 18쪽.

에 대한 비판적 자세를 견지하되 쉽게 절망으로 빠져들지 않는 것, 도래할 미래에 대한 희망을 간직하고 적극적으로 대안을 탐색하되 섣불리 낙관하지 않는 것. 그 위에서 우리는 긍정의 태도를 견지하며 끈질기고 사려 깊게 대안세계를 사유하고 실천해나가야 한다.

에피쿠로스는 "현자는 삶을 도피하려고 하지도 않으며, 삶의 중단을 두려워하지도 않는다"라고 말한다.[7] 우리는 삶으로부터의 도피나 삶에 대한 공포증적 태도에서 벗어나기 위해 먼저 만연한 파국 담론으로부터 거리를 두어야만 한다. 파국에의 공포와 위기 담론의 무의미한 재생산에는 어쩌면 음험한 정치적 계산마저 내포되어 있다. 네그리는 이렇게 말한다.

> … 존재의 파괴야말로 세계를 논리적 장치로 통제하려는 노력의 최종 결론일 수밖에 없다. 공허함은 더 이상 논리적 가정이 아니라 논리주의와 그것이 내세우는 부조리 윤리학의 파렴치한 가정일 뿐이다. 지배 행위를 원하는 자는 부정적 파국을 원하는 자이다.[8]

네그리가 보기에 더 이상 세계는 변화할 수 없으며, 단지 세계는 공허할 뿐이라고 반복하는 것은 논리적 가정에서 비롯된 것이 아니라 부조리한 윤리학에 불과하다. 공허하게 파국만을 이야기하는 것은, 오히려 존재를 파괴하고 세계를 논리적 장치로 통제하여 지배하기를 원하는 파렴치한 자들의 논리주의적 가정일 뿐이다. 파국을 소리 높여 경고하는 자들은 사실은 은밀히 파국을 욕망하는 자들이며, 파국을 이용해 자신의 이익을 도모하려는 자들이다. 묵시록적 비전에만 갇혀 있는 것은 오히려

---

7. 에피쿠로스, 「메노이케우스에게 보내는 편지」, 『쾌락』, 43쪽.
8. 안토니오 네그리, 『전복적 스피노자』, 이기웅 옮김, 그린비, 2005, 21쪽.

권력과 정치적으로 씨름할 수 있는 여지를 봉쇄해버린다. 실제로 우리는 주변에서 파국이 필연적인데 더 이상 무엇을 바꿀 수 있겠냐는 식의 패배주의, 이대로 그냥저냥 소소한 즐거움을 추구하며 살아가자는 체념의 자세, 혹은 분노와 두려움, 책임 전가 속에서 타인을 도구화하고 절대적 타자로 상상하는 극단주의와 분리주의의 정치를 쉽게 찾아볼 수 있다. 그러나 우리는 파국의 상태가 오히려 역설적으로 공통적인 것의 확대를 마련하고 새로운 주체 생산의 불씨를 마련할 수 있음을 깨달아야 한다.[9]

존재론적 전회

우리는 앞서 살펴본 '언어적 전회' 이후의 포스트구조주의가 수행한 비판과 통찰에 기반하면서, '존재론적 전회'ontological turn를 향해 나아가야 한다. 바디우는 "우리의 세기는 존재론적이라고 자리매김될 것"이며, 존재론으로의 회귀는 "'언어적 전회'보다 훨씬 더 본질적"이라고 주장한다. 바디우는 '언어적 전회'가 초래한 철학의 종말이라는 테제, "철학을 일종의 일반화된 문법 또는 일종의 무디어진 논리학"으로 환원하여 무력하게 만들려는 경향에 대항한다.[10] 이런 경향에 함몰된 철학은 점차 수사학적인 언어의 유희로 축소되어 그 고유한 힘을 상실한 채, 글로벌 자본주의를 위해 봉사하는 이데올로기로 전락했다. 어떠한 새로운 것도 생성하지 못하는 무능한 비판 철학은 모든 종류의 혁명을 '전체주의적 범죄'로 치부하고, "자본주의적이고 부르주아적인 민주주의를 인간을 위한 유일한 정치적 해결책"으로 치켜세운다.[11] 우리는 만연한 비판 철학(비판 철학에서 존재에 대한 사유는 불가능하거나 무의미하다)에서 벗어나 생

---

9. 안토니오 네그리·마이클 하트, 『공통체』, 정남영·윤영광 옮김, 사월의책, 2014, 25~31쪽.
10. 알랭 바디우, 『들뢰즈 ─ 존재의 함성』, 박정태 옮김, 이학사, 2001, 65~66쪽.
11. 같은 책, 25~26쪽.

성의 철학으로 나아가야 하며, 그러기 위해서 철학은 '존재론적 전회'를 경유해야 한다.

'존재론적 전회'를 위해 내가 앞으로 주요하게 참조하게 될 바디우와 들뢰즈는 오늘날 불능에 빠진 철학, 즉 철학 고유의 역할을 포기하고 그 것을 다른 데 위임해버린 철학을 새로운 존재론에 기반해 근본적으로 일신하려는 거인들이다. 바디우는 새로운 철학의 재개를 선언하며, 들뢰즈와 자신의 철학을 존재론적 선이해에 기반하여 사유를 전개해 나가는 철학으로 보고 있다(들뢰즈는 "철학은 존재론과 구분되지 않는다"고 말한다).[12] 다만 바디우가 보기에 들뢰즈의 존재론이 베르그송의 계보 안에서 '일의성'에 기반한 형이상학이면, 바디우는 말라르메와 칸토어의 집합론에 기반하는 '다수성'의 사유에서 출발하고 있다.[13] 바디우에게 사건이 진리와 관련된 것으로서 상황에 속하지 않는 '유적인 것'the generic의 드러남이라는 사태라면, 들뢰즈에게 사건은 전개체적인 역능이 우발적 계기에 의해 촉발된 사태로 사물 내에 잠재성의 형태로 드러난다. 이 지점에서 바디우는 들뢰즈가 무한을 지나치게 낭만적으로 사유한다고 비판한다. 바디우가 보기에 존재론은 곧 수학이며, 사건의 절차 역시 엄정한 수학적 법칙에 의거해 진행되는 것이기 때문이다. 그러나 나는 여기에서 바디우와 들뢰즈 사이의 논쟁과 차이점을 부각시키며 다투기보다는 두 사람 모두 현 상태에서 벗어나 새로운 세계의 가능성을 드러내는 '사건'에 대해 사유한다는 점에서 접점을 찾아보려 한다. 앞으로 나는 들뢰즈의 존재론에 기대면서, 주체성과 정치적 사유에서 바디우를 참조할 것이다.

존재론적 전회는 우리 시대에 인간을 포함하여 존재에 대한 새로운

---

12. 같은 책, 67쪽.
13. 바디우는 들뢰즈가 현대적인 사상의 '첫 번째 패러다임'에 속하는 철학자라면, 자신은 '두 번째 패러다임'을 극단까지 밀고 나간다고 주장한다. (같은 책, 38쪽.)

정의와 규정, 그리고 타자와의 새로운 관계설정을 모색하는 것이 무엇보다 긴요한 과제라는 자각과 요청에서 비롯된다. 인간 존재를 근본적으로 다시 정초하기 위해서는 주체에 대한 탐색과 성찰이 무엇보다 중요하다. 과거의 주체와 인간 개념을 비판하고 반성하는 것이 곧 주체와 인간 자체를 해체하고 공백인 채로 놓아두는 것을 의미하지는 않는다. 우리가 함께 보았듯이 그것은 오히려 사태를 악화시키며 파괴적 결과를 초래하는 일이다. 물론 인간으로서 책임을 통감하는 것은 중요한 일이지만, 인간에 대한 자기혐오와 환멸의 정동에 잠식되어 아무것도 하지 않는 무기력하고 무능한 존재로 머물러 있는 것은, 현재의 억압적 체제로부터 탈주하고 다른 세계를 발명할 어떠한 대안이나 가능성도 제시하지 않는다. 우리에게는 기존의 익숙한 체제와 허무주의 담론에 속박되지 않고 그것을 넘어서기 위한 새로운 주체의 발명이 절실하다.

에드워드 사이드에 따르면 '발명하다'invent를 의미하는 라틴어 'inventio'는 '다시 찾는다'를 의미한다. '발명한다'는 것은 "과거 경험들을 발견하여 거기에 설득력과 새로움을 더해 재배열하는 과정을 가리키는 말"이지, "아무것도 없는 곳에서 만들어 낸다는 뜻이 아니"다.[14] 시몽동 역시 발명가는 결코 무無에서 출발하는 것이 아니며, 이미 존재하는 "요소들"을 합체하며 나아가 "개체적인 것"을 만들어 내는 자라고 말한다.[15] 우리는 휴머니즘과 주체에 대한 비판에 과도하게 집착하여 모든 것을 제거하고 무에서부터 다시 시작할 필요는 없다. 새로운 존재론, 새로운 주체를 위해 우리는 휴머니즘과 안티-휴머니즘을 전면적으로 거부하는 태도, 혹은 있는 그대로 다시 실현하려는 태도를 모두 지양하고, 그것의 '요소들'을 활용하고 새롭게 재배열하여 다른 '개체적인 것', 다른 가능성을 발

---

14. 사이드, 『권력 정치 문화』, 647쪽.
15. 시몽동, 『기술적 대상들의 존재 양식에 대하여』, 112쪽.

명해야 한다.

'존재론적 전회'는 휴머니즘과 안티-휴머니즘 간의 대립을 극복하고 양자의 유산을 모두 충분히 참조하되, 안티-휴머니즘이 초래할 수 있는 허무주의에 머무르지 않는다. 동시에 근대적 휴머니즘으로의 회귀라는 손쉬운 유혹에 빠지지 않도록 유의하며, 주체의 공백이라는 자리에서 출발하여 다른 주체성 양식들을 실험하고 창안해나가고자 하는 철학적 사유양식이자 윤리적 태도다. 존재론적 전회는 과학기술이 가져다준 새로운 발견과 성과들이 이제 피할 수 없는 우리의 실존적 조건임을 적극적으로 받아들이고, 여전히 망령처럼 남아 떠돌고 있는 코기토적 인간 주체가 현재의 조건들을 포괄하기에 역부족임을 인정하며, 이를 넘어서는 대안을 찾고자 한다. 새로운 존재론은 무엇보다 보편자나 동일자로 환원되는 대신 차이와 다양성을 향해 활짝 열리고, 배타적 경계에 기반한 특권을 소유하는 위치에서 벗어난다. 그것은 우리가 타자와 마찬가지로 지구라는 같은 세계를 공유하고, 삶의 취약성 앞에 노출되어 있으며, 가장 근본적인 생명의 단위에서부터 서로 연결되고 얽혀 있는 '관계적 존재'임을 자각하는 것이다. 거기서 인간은 타자와 존재론적 평면 위에서 동등한 존재임을 깨닫고 더불어 '공존하는 존재'일 것이다. 거기서 인간은 구조적으로 배제됐던 비인간과 비생명을 경계 없이 횡단하며 위계적으로 조직되지 않는 '윤리적 존재'일 것이다. 거기서 인간은 끊임없이 인간과 비인간, 생명과 비생명, 존재와 비존재를 제멋대로 구분 지어 차별적으로 나누고, 주어질 몫과 자리를 비대칭적으로 할당하는 세계의 논리, 신자유주의의 착취에 기꺼이 맞서는 '정치적 존재'일 것이다. 거기서 인간은 몰락의 상념에 빠져 세계에 환멸을 느끼고 냉소하는 존재가 아닌, 그럼에도 불구하고 세계를 다시 한번 건설하려는 긍정의 정동과 창발적 역능으로 충만한 '생성적 존재'일 것이다. 거기서 인간은 공통의 열망으로 조직되어 삶/생명life을 앗아가는 세계에 대항하고, 지금과는 전적으로 다른 형태의 삶/생명, 다른 배치의 세계를 생산하기 위해 기꺼이 행동에 나서는 '좀비주체'일 것이다.

인간, 그 이후를 사유하기

이 미래의 인간은 지금까지의 이상으로부터 우리들뿐만 아니라, 그 이상에서 자라날 수밖에 없었던 것, 즉 커다란 구토, 무無에의 의지, 허무주의로부터 우리를 구원해 줄 것이다. 정오와 커다란 결단의 이 종소리는 다시 우리를 자유롭게 해주며, 대지에는 그 목표를, 인간에게는 그의 희망을 되돌려준다. 이 안티그리스도이자 반反허무주의자, 신과 무無를 이겨낸 자 ― 그는 언젠가 오고야 말 것이다.[16]

니체는 『도덕의 계보학』에서 초인超人의 출현을 고대한다. 초인은 우리를 무無로 향하려는 허무주의로부터 구원하며, 희망을 되돌려주는 자로 언젠가 반드시 도래할 자이다. 초인은 전통적인 휴머니즘의 이상에 결부되어 있으며 신성 불가침적 보편의 지위에 군림하는 인간과는 단절된 자유롭고 활력적인 '미래의 인간'이다. 인간 종족의 배타적인 교만함을 비웃고 있는 니체의 초인은 분명 포스트휴먼적이지만 헤어브레히터Stefan Herbrechter가 지적하듯 최근의 기술철학적 발전을 충분히 고려하지 못하고 있기에 새로운 주체성의 대안으로 갈음하기에는 미흡하다.[17] 니체의 예감을 뛰어넘는 현실 속에서 우리에게는 니체가 취했던 '고대'苦待의 태도보다 적극적인 탐색이 요구된다. 이제 우리는 기존의 인문학과 철학에서 흔히 간과되었던 과학기술을 전면적으로 사유의 중심에 함께 놓고 고

---

16. 니체, 『도덕의 계보학』, 129~130쪽.
17. 슈테판 헤어브레히터, 『포스트휴머니즘』, 김연순·김응준 옮김, 성균관대학교출판부, 2012, 11쪽.

려해야 하며, 근대적 휴머니즘과 인간 개념에 대한 애착을 떨치고 탈인간적 상황이 이제는 더 이상 피할 수 없는 현실임을 능동의 자세로 받아들여야 한다.

내가 '존재론적 전회'를 위해 첫 번째로 그릴 스케치는 포스트휴먼 posthuman 이론에 기반한다. 브라이도티는 우리 시대의 극심한 변화와 위기의 상황을 '포스트휴먼 곤경'이라고 지칭하면서도, 동시에 모두가 함께 공존할 수 있는 포스트휴먼 주체성으로 나아가기 위한 '포스트휴먼 조건'이기도 하다고 역설한다. 들뢰즈의 일부 계승자가 주체라는 개념 자체를 꺼리며, 비주체적이고 비개체적인 강도intensity적인 것, 분자적인 것, 기계적인 것에서 어떤 대안을 상상하는 것과 달리(바디우는 어떻게 주체라는 범주를 포기할 수 있는지 이해할 수 없다고 말한다. 특히 정치에서는 저항과 실천의 차원에서 주체가 요구되며, 주체라는 형상 없이 순수한 대상적인 맥락으로 환원하려는 시도는 단순한 경제주의로 갈 수밖에 없다.[18] 그것은 '역사의 종말'이라는 신자유주의와 포스트모더니즘의 욕망을 실현한다), 브라이도티는 들뢰즈를 충실히 계승하면서도 주체의 문제가 여전히 중요하다고 주장한다.

나는 주체성에 초점을 맞출 필요가 있다고 본다. 왜냐하면 현재 다양한 영역에 흩어져 있는 문제들을 함께 묶어주는 것이 주체성 개념이기 때문이다. 예를 들어, 규범과 가치, 공동체 유대 형성과 사회적 소속의 형식들, 그리고 정치적 통치 문제 같은 쟁점들은 주체의 개념을 가정하고 또 요구한다. 비판적 포스트휴먼 사유가 원하는 것은 우리 시대 포스트휴머니즘의 서로 다른 파편화된 가닥들에서 다시금 하나의 담론적인

---

18. 알랭 바디우·페터 엥겔만, 『알랭 바디우, 공산주의 복원을 말하다』, 김태옥 옮김, 숨쉬는책공장, 2015, 12~13쪽.

공동체를 만들어 내는 것이다.

브라이도티는 오늘날 우리가 맞닥뜨리고 있는 여러 곤경과 문제들을 함께 묶어주고, 그 대안을 마련하는 건 주체에서부터 출발할 때 가능하다고 말한다. 초점을 주체성에 맞춤으로써 우리는 다양한 포스트휴먼 조건과 파편화된 가능성들을 모아 새로운 주체를 발명하고, 정치적·사회적·환경적으로 첨예한 쟁점들과 현안에 대응할 수 있는 '담론적인 공동체'를 형성하며 실질적 해결방안을 모색할 수 있다. 브라이도티에 따르면 우리는 원하든 원치 않든 이미 "포스트휴먼적 역사 조건"에 속해 있다. 이는 우리가 누구인지 혹은 무엇인지에 대해 비판적으로 그리고 창조적으로 생각하도록 자극하는 조건들이다. 우리는 이 조건들 위에서 새로운 주체 형성의 도식, 새로운 사회적·윤리적·담론적 도식을 고안해야 한다.[19] 그러기 위해 먼저 우리는 인간과 주체를 곧바로 동일시하는 고루한 관념에서 벗어나, 둘을 분리하고 떨어뜨려 놓아야 한다.

> 우리는 주체라는 본질개념으로부터 우선 '인간'이라는 개념을 멀리해야만 하며, 따라서 '자아' 그리고 '자아성'이라는 개념도 멀리하지 않으면 안 된다. 인간 못지않게 식물, 동물도 주체 ─ 자체로부터 현존하는 것 ─ 다.[20]

하이데거는 인간만이 유일하고 우월한 주체라는 개념을 멀리하고, 배제된 타자인 식물과 동물도 주체로서 함께 고려할 것을 요청한다. 그들도 인간과 마찬가지로 '자체로부터 현존하는 것'이기 때문이다. 이제 주체는

---

19. 브라이도티, 『포스트휴먼』, 20~21쪽.
20. 하이데거, 『니체』 2, 130쪽.

종의 경계에 얽매이지 않고 전 지구적인 비참함의 유대를 넘어서는 활력적이고 생성적인 주체, 차이와 다양성, 균열과 혼종성을 긍정하며, 여러 주변의 타자들을 동등한 평면 위에서 사유하는 주체여야 한다.

포스트휴머니즘은 근대적 휴머니즘에서 탈피해 탈인간중심주의와 인간 이후의 환경을 탐색하며, 타자와 비생물을 아울러 포함하는 새로운 주체를 사유한다. 특히 일원론적 포스트휴먼은 이원론적인 구분에 반대하며 그동안 주체에서 배제되었던 동물, 식물, 박테리아, 기계 등 다른 존재자들을 인간과 동일선 위에 놓고 공존을 추구한다. 탈인간주의적 공백의 상황 속에서 벌어지는, 신자유주의 체제의 팽창과 과학기술의 새로운 인간 이해라는 이중의 파열은 무엇보다도 비인간의 표상이었으며 억압과 배제의 신체였던 좀비가 활약하는 전성기를 마련했다. 그렇다면 여기에서 좀비를 긍정의 포지션으로 전유하고 재배치하는 작업은, 이 정신없는 틈바구니와 파열의 과정에서 탈출하기 위한 중요한 사고실험이자 새로운 존재론과 실천적인 윤리를 발명하는 핵심이 된다. 포스트휴머니즘의 관점에서 보면 좀비는 제거해야 하는 절대적 타자가 아니라 우리와 공존해야 하는 또 다른 주체이기 때문이다. 이런 맥락에서 새롭게 등장한 포스트좀비는 주체의 종말 이후 괴물의 혐의를 벗어나 새롭게 주체가 되기를 욕망하고 있다는 점에서 내가 제안하는 새로운 주체 이론들과 공명한다. 먼저 포스트휴머니즘의 이론적 쟁투의 전장으로 들어가 보자.

휴머니즘 이후, 포스트휴머니즘

포스트휴머니즘은 지금도 그 연구와 논의가 활발히 진행 중인 이론으로 철학뿐만 아니라 인지과학, 생물학, 인공지능 연구 등 광범위한 영역에서 서로 다른 방향과 목적으로 진행되고 있다. 그 안으로 진입하는 과정에는 상이한 학문 분야와 난립하는 서로 다른 주장들의 한가운데를 뚫고 들어가야만 하는 난점이 있다. 브라이도티는 다양한 논의 사이에서 균형을 잡으며 포스트휴머니즘을 이렇게 정의 내린다.

> 포스트휴머니즘은 근대 휴머니즘과 반휴머니즘의 대립이 끝났음을 나타내고, 더 긍정적으로 새로운 대안을 지향하며 다른 담론들을 추적하는 역사적 계기다.… 포스트휴머니즘 관점은 휴머니즘의 역사적 쇠락이라는 가정에 기대고 있지만 '인간'의 위기 수사에 빠지지 않고 더 나아가 대안을 찾고자 한다. 인간 주체를 개념화하는 대안 방식을 정교하게 발전시키고자 한다.[21]

포스트휴머니즘은 근대적 휴머니즘과 안티-휴머니즘의 대립을 넘어, 우리가 포스트휴먼의 출현을 도처에서 목도하고 경험하고 있는 지금 여기의 자리에서 출발한다. 이는 곧 푸코가 말한 "인간의 사라짐에 의해 남겨진 공백"의 지점이다.[22] 포스트휴머니즘은 오늘날 주체의 공백이 초래한 위기의 상황들에 함몰되지 않고, 긍정적이고 새로운 대안을 지향하며 인간 주체를 지금과는 다른 방식으로 개념화하고자 한다. 나는 안티-휴머니즘의 유산, 즉 '신의 죽음'과 '인간의 죽음' 선언이라는 비판적 태도를 견지하되, 허무주의적 안티-휴머니즘으로 함몰되지 않도록 주의를 기울일 것이다. 또한 근대적 휴머니즘을 싸잡아 내버리거나 해체하지 않고 그 유산을 충분히 고려하면서 포스트휴머니즘으로 진입할 것이다.

먼저 지적해야 할 점은, 우리가 흔히 포스트휴먼을 단지 기계와 결합을 적극적으로 추구하는 존재라거나 사이보그, 인조인간, AI 등의 새로

---

21. 브라이도티, 『포스트휴먼』, 52~53쪽.
22. 푸코, 『말과 사물』, 428쪽.

운 존재자를 지칭하는 것만으로 오해한다는 점이다. 그러나 앞에서 강조했듯이 안티-휴머니즘이 수행하는 인간 주체에 대한 부정이 인간 혐오나 인간이라는 '특정한 종'에 대한 죽음 선언이 아니라 담론으로서의 '특정한 인간 개념'의 부정이었던 것처럼, 포스트휴먼 역시 새롭게 출현할 다른 종으로서의 인간, 즉 기계와의 결합을 통한 사이보그나 인간의 종말을 초래할 자의식을 지닌 로봇 따위를 지칭하는 것이 아니라 근대적 휴머니즘으로 회귀하지 않는 '새로운 인간 주체'를 의미한다. 포스트휴머니즘 논의를 선도한 헤일스는 1999년 『우리는 어떻게 포스트휴먼이 되었는가』*How We Became Posthuman*에서 우리는 '포스트휴먼'이 '되었다'고 선언한 바 있다. 여기서 헤일스는 '우리'가 '이미' 포스트휴먼이라는 의미에서, 의도적으로 현재가 아닌 과거형의 동사 'became'을 사용한다. 그렇다면 포스트휴먼은 다른 존재나 미지의 대상이 아니라 이미 여기에서 나와 함께, 그리고 나로서 존재하고 있는 '새로운 주체'다. 헤일스에 따르면 "포스트휴먼은 특정한 인간 개념의 종말, 개별 작인과 선택을 통해서 자신의 의지를 실행하는 자율적 존재로서 스스로를 개념화할 부와 권력, 여유를 가진 극히 소수의 인간에게만 적용될 수 있는 개념의 종말을 의미한다."[23] 포스트휴먼은 과거의 인간 개념으로부터 빠져나와 '현재의 인간'을 인식하고 파악하는 다른 사유 방식과 태도를 추구하며, 이제는 인간이 새로운 주체성들로 재구성되어야 한다는 현실을 받아들인다.

중요한 것은 포스트휴먼이 되기 위해서 주체가 반드시 말 그대로 사이보그일 필요는 없다는 점을 인식하는 것이다. 즉 신체에 대한 개입이 이루어졌든 이루어지지 않았든 인지과학이나 인공 생명 분야에서 등장한 새로운 주체성 모델에서는 생물학적 변화가 없는 호모 사피엔스도 포

---

23. 헤일스, 『우리는 어떻게 포스트휴먼이 되었는가』, 502~503쪽.

스트휴먼으로 간주될 수 있다는 뜻이다. 포스트휴먼을 판가름하는 결정적인 특징은 비생물적 요소의 존재 여부가 아니라 주체성이 구성되는 방식이다.[24]

헤일스가 지적하듯 포스트휴먼을 결정짓는 가장 중요한 요건은 생물학적 변화의 여부가 아니라 "주체성이 구성되는 방식"이기에 현재의 호모 사피엔스라 할지라도 얼마든지 포스트휴먼으로 간주될 수 있다. 자유주의적 휴머니즘은 "인간의 본질을 타인의 의지로부터의 자유"로 가정하지만, 사실은 "타인의 의지와 뚜렷하게 구분되는 자신의 의지를 정의할 수 있는 선험적 방법이 없기 때문"에 우리는 이미 '포스트'휴먼으로서 존재한다.[25]

　헤일스의 관점에서 인간 개념은 고정된 것이 아니라 계속해서 다시 쓰이는 것이기에, 기존의 '인간/휴먼'과 포스트휴먼은 엄밀한 의미에서 그리 간단하게 구분되지 않는다. 포스트휴먼은 인간으로부터의 급작스러운 단절, 혹은 완전한 변신이나 전환을 의미하지 않는다. 포스트휴먼은 '인간'과 다양한 맥락과 지형의 층위에서 부단히 상호중첩되고 '상호매개' 되며 공존하는 존재이자, 역동적인 생성의 과정 중에 있는 무엇이다. 그것은 특정한 시작점이나 기원origin을 규정할 수 없고, 원본과 복제를 구분할 수 없으며, 복수의 인과관계들에 의해서 공동 생산되고 공진화해 나가는, 실로 첨예하게 얽힌 복합적인 상호작용의 산물이다. 이런 방식으로 포스트휴머니즘을 바라보는 것은 고전적 휴머니즘의 이상에 집착하거나, 안티-휴머니즘이 수행하는 인간 주체에 대한 부정, 허무주의적 체념의 자리에서 머무르는 대신, 긍정의 포스트휴먼 포지션으로의 전

---

24. 같은 책, 26쪽.
25. 같은 곳.

환을 강조한다. 포스트휴머니즘은 이제는 도저히 무시하고 지나칠 수 없는 현대 과학의 발견과 성과들을 수용하고 인문학이 학문의 중심에서 밀려났다는 우울함이나 인간과 세계의 미래에 대한 부정적 전망에 머무르지 않는 긍정의 대안과 존재론을 모색한다.

포스트휴머니즘의 다양한 갈래

본격적인 논의를 시작하기에 앞서 포스트휴머니즘 담론 내의 각기 상이하며 화해될 수 없는 양태들에 대해 살펴봐야 할 것 같다. 오늘날 포스트휴먼에 관한 여러 전망은 매혹적이지만 동시에 불안감을 자극한다. 과학기술의 발달이 초래할 인간 향상, 육체를 초월한 탈인간의 가능성, 인간의 지능을 능가하는 인공지능의 출현에 대한 환상 혹은 염려는 포스트휴머니즘 논의를 자극하는 가장 큰 원인이다. 상반되는 관점들로 얽혀 있는 포스트휴머니즘 담론은 이런 변화의 전망에 매료되는지 아니면 불안감을 느끼는지를 기준으로 분류할 수 있다. 먼저 과학기술의 진보가 무한한 확장과 발전을 가져와 인류를 유토피아로 이끌 거라고 보는 낙관적인 기술애호적technophilia 전망이 있다. 이와는 반대로 과학기술의 발전이 도리어 불평등과 모순, 그리고 계층과 인종 간의 갈등을 심화시키고 결국 인류를 디스토피아로 몰고 갈 거라 보는 비관적인 기술공포적technophobia 전망이 있다.

기술애호적 입장에 해당하는 대표적인 인물은 앞서 살펴보았던 한스 모라벡과 레이 커즈와일, 그리고 스텔락Stelios Arcadiou Stelarc 등이 있다. 이들은 트랜스휴머니즘transhumanism 이론가로 분류되기도 한다. 교수이자 행위예술가인 스텔락은 자신의 팔에 배양된 인공 귀를 이식한다든가, 신체와 기계를 접합하여 퍼포먼스를 선보이는 등 트랜스휴머니즘 예술가로 활동한다. 트랜스휴머니스트는 과학기술을 적극적으로 받아들이며 신체와 정신 모든 측면에서 확장된 새로운 인간 존재를 꿈꾼다. 이들에 따르면 오늘날 현대 과학의 성과는 마침내 인간이 유기체적 한계를 뛰어넘어서 무한한 불멸의 존재로 나아갈 수 있는 길을 마련해주고 있다. 우리는 이를 통해 죽음, 질병, 노화 등에서 벗어나 신과 유사한 존재가 되어 영원한 삶을 누릴 수 있으며(커즈와일이 특이점으로 제시하는 2045년이 되면 기술 진보의 속도가 인간 노화의 속도를 초월하여 인간은 영생을 누릴 수 있다), 이는 인류 역사에 있어 결정적인 '최후의 진보'에 해당한다. 트랜스휴머니스트는 비천하고 결함투성이인 인간 육체를 보다 뛰어나고 완전한 기계로 대체하는 것을 적극적으로 환영한다. 이 낙관주의자들은 인간과 기계, 혹은 인간과 정보의 융합을 통해 육체를 초월한 새로운 종, 신인류로서의 '포스트휴먼'이라는 장밋빛 미래를 꿈꿀 뿐, 근대적 휴머니즘이나 인간 개념의 해체 따위에는 관심이 없다. 여기에서 '인간의 죽음'과 새로운 인간의 탄생은 푸코적 의미에서의 '인간의 죽음'이 아니다. 그것은 호모 사피엔스로서의 생물학적 인간종의 실제적인 종말, 그리고 그 이후 등장할 육체를 초월한 '슈퍼 휴먼'의 이상에 가깝다.

모라벡을 비롯한 여러 트랜스휴머니스트는 미래에는 인간의 정신을 컴퓨터 시스템에 업로드하여 영원한 삶이 가능하게 될 거라고 주장한다. 이런 가정은 근대적 휴머니즘이 전제하는 육체와 분리되어 존재하는 정신이라는 '심신이원론'에 기반한다. 트랜스휴머니즘은 근대적 인간 주체를 미래와 기계, 그리고 우주 전체에 이르기까지 극단적으로 확장하여 비대하고 과잉된 주체를 마련하려 한다. 이들은 과학과 기술에 대해 지나치게 관대한 태도를 보이며, 언젠가 다가올 거라 믿는 불확실한 장밋빛 미래를 이야기하는 것을 즐길 뿐, 그 과정에서 초래될 수 있는 전 지구적 불평등과 자본주의적 모순의 심화 가능성에 대해서는 진지하게 고려하지 않거나 침묵한다. 여기서는 끝없는 낙관적 진보를 통해 진화한 '최후의 인간'이라는 결과만이 중요할 뿐, 그 과정에서 초래될 실재적인 측면과 부작용은 간과됨으로써, 근대적 자아는 유례없이 비대해지며 근대적 휴머니즘은 도리어 강화되고 확장된다. 이는 우리가 추구하는 철학적 안티-휴머니즘을 계승한 포스트휴머니즘의 지향과는 엄밀히 반대편에 위치한다.

반면 우리 시대에 기술공포적 입장에서 포스트휴먼 기획을 공공연하게 비판하며 우려의 목소리를 높이는 대표적인 학자는 하버마스Jurgen Habermas와 후쿠야마Francis Fukuyama, 그리고 마이클 샌델Michael Sandel이다. 하버마스에 따르면 인간의 탄생에서 불가피한 우연적 요소야말로 자유의 전제조건이다. 그런데 생명공학의 발전은 인간의 유전자를 편집하고 선택하는 우생학적 시도를 통해 인간의 자율과 자유주의의 평등 원칙을 침해하게 된다. 태어날 때부터 선택된 기호들로 점철된 인간은 '자기 인생 역정의 단독 저자'로 볼 수 없는 존재다. 후쿠야마는 휴머니즘에서 인간이 각자 다른 무한한 차이와 다양성 속에서도, 공통적으로 고유하고 본질적인 존엄성이 있다고 가정하는 것은, 파악 불가능하고 해체 불가능한 어떤 요소(X-인자)[26]가 있기 때문이라고 주장한다. 그런데 만약 첨단기술이 인간에게 있는 고유한 본성(유전적 형질)을 변화시키기 시작한다면, 그것은 인간성의 본질 자체를 훼손하며 새로운 종류의 불평등을 야기하게 될 것이다. 이에 후쿠야마는 트랜스휴머니즘을 "전 세계에서 가장 위험한 발상"이라고 주장한다.[27] 샌델은 생명공학적 향상 추구는 완전성이나 정복을 향한 갈망이며, 이는 곧 삶에 대한 감사나 개방성을 훼손시키는 결과를 초래하게 될 거라고 주장한다.[28]

---

26. 인간을 다른 존재자와 구분 짓고 그 존엄성을 보장하는 이 보편적이고 고유한 어떤 요소가 통상 영혼이나 정신과 같은 비물질적 요소로 간주되는데 반해, 후쿠야마는 그 것을 DNA에 내재하는 물질적인 유전 형질로 제시한다.

27. Francis Fukuyama, *Our Posthuman Future*, Picador, New York, 2002, pp. 149~150.

28. 신상규, 「트랜스휴머니즘, 세상에서 가장 위험한 생각?」, 이화인문과학원 엮음, 『인간과 포스트휴머니즘』, 이화여자대학교출판부, 2013, 178~185쪽.

이들이 우려하는 유전공학적 인간 향상의 시도가 초래할 디스토피아의 모습은 영화 〈가타카〉Gattaca, 1997에서 잘 묘사된다. 영화의 배경인 미래 사회에는 인간 DNA의 유전적 분석이 완벽하게 완료되어, 태어날 아기의 유전 형질 조작이 가능해진다. 많은 부모는 기계나 가구를 주문 제작하듯이 인공수정으로 태어날 아기의 특성을 하나하나 선택하여, 열성적 유전자는 모두 제거하고 가장 뛰어난 유전적 형질만으로 무장한 아이들이 탄생한다. 이렇게 태어난 아이들은 부모가 가지고 있던 유전적 결함이나 선천적 질병에서 자유롭고, 강한 체력과 면역력으로 긴 기대수명을 지녔으며, 외모와 사회성마저도 뛰어난 존재가 된다. 이 아이들은 우월한 신체 능력과 지능을 바탕으로 자연스럽게 사회의 엘리트 집단으로 자리 잡아 부와 권력을 독식하는 특권층이 된다. 반면에 고전적인 방식대로 부모의 성관계를 통해 잉태되는 아이는 전적으로 우연적 결합으로 결정된 유전 형질을 타고나기에, 유전적 결함이 많으며 쉽게 폭력적 성향을 내포하거나 질병에 취약하다. 비싼 인공수정 비용을 감당할 돈이 없는 부모들에게서 이런 아이가 태어난다. 이렇게 태어난 아이들은 유전적 결함으로 일찍 죽거나 평생을 선천적 질병에 시달리며, 상대적으로 부족한 외모와 능력으로 인해 하층민의 삶을 영위하게 된다. 유전적 형질에 대한 조작이 곧 우생학적인 인종 개량의 시도로 변질되어 새로운 계급을 가르는 수단이자 불평등을 심화시키는 원인이 되어버린 것이다.

하버마스나 후쿠야마, 샌델의 주장은 과학기술의 무차별적 발전에 맹목적으로 순응하지 않고 윤리적 관점에서 비판하는 계기를 마련해주었다는 점에서 긍정적이다. 그러나 과학기술이 가져올 인간 향상의 부작용만을 전면에 제시하여 포스트휴머니즘의 실질적 의도를 다루지 못하고 있다는 한계를 지닌다.[29] 또한, 인문학자들의 회의론이 오늘날 전 지

---

29. 임석원, 「비판적 포스트휴머니즘의 기획」, 이화인문과학원 엮음, 『인간과 포스트휴머

구적인 과학기술 발전의 질주 가도에 어떤 실질적인 역할을 하며 변화를 가져올 수 있을 것인지를 고려해보면, 이는 자칫 공허하고 무의미한 그들만의 고립된 비판 담론으로만 머무를 위험이 있다. 바디우는 과학의 진보가 인간적 조건의 쇠락을 가져온다는 식의 하이데거적 담론에 동의하지 않으며, 과학은 분명 인간종의 확장 가능성을 보장한다고 주장한다. 바디우가 보기에 하이데거는 과학을 단순한 상품 소비의 관점에서 바라보고, 상품과 전통이라는 이항 대립의 구도를 설정하여 전통의 편에 서기로 결정한다. 그러나 과학이 반드시 상품으로만 귀결되어야 하는 건 아니다. 오히려 바디우에게 과학은 예술, 정치, 사랑과 함께 자율적인 '진리 절차'를 구성한다.[30] 문제가 되는 건 "과학의 실천적 귀결들 전체가 아니라, 그것이 상품으로 구성되는 것", "과학을 자본주의적 생산양식에 종속시키는 것"이다. 우리는 상품과 전통이라는 하이데거적인 환원과 양자택일로 구조화되는 것을 피하며, 둘 다 선택하지 않는 다른 가능성을 추구해야 한다.[31] 우리는 과학의 무한한 진보라는 담론을 순진한 태도로 믿으며 찬양할 필요는 없지만, 그렇다고 지나친 공포증적 태도를 보일 필요도 없다. 포스트휴머니즘은 과학을 상수常數로서 함께 고려하며, 그 부작용을 극복할 수 있는 새로운 휴머니즘을 지향한다.

비판적 포스트휴머니즘

앞선 논쟁에서 볼 수 있듯이 포스트휴먼에 대한 전망은 자칫 우리가

니즘』, 이화여자대학교출판부, 2013, 68~69쪽.

30. 들뢰즈에게도 과학은 철학, 예술과 함께 '창조자'의 지위를 부여받는다. 이들은 카오스와 대적하며, 카오스로부터 하나의 구도를 끌어낸다(들뢰즈·가타리, 『철학이란 무엇인가』, 13쪽, 285쪽).

31. 알랭 바디우·파비앙 타르비, 『철학과 사건』, 서용순 옮김, 오월의봄, 2015, 151~154쪽.

비판한 근대적 인간 주체로 회귀하거나, 심지어 이를 강화하는 방식으로 빠지기 쉽다. "열등하고 비루한 '인간'에서 벗어나 보다 나은 '포스트휴먼'으로의 이행은 필연적이고 마땅한 인류의 진보"라는 관점에서 포스트휴먼을 파악하는 것은 위험한 발상으로 이어진다. 결정적인 것은 어떤 존재론인가의 문제다. 이런 식의 포스트휴먼 관점에서 여전히 인간은 예외적이고 특권적인 존재로서 배타적 권리를 소유하고 있다. 헤일스는 "치명적인 것은 포스트휴먼이 아니라 포스트휴먼을 자아를 보는 자유주의적 휴머니즘 관점에 접합하는 것"이라고 말한다.[32] 트랜스휴머니즘이 추구하는 불완전하고 필멸하는 살덩어리 육체에서 벗어나서, 완전하고 불멸하는 기계로 정신을 옮기겠다는 꿈은 근대적 인간 주체의 과학-기형적 버전이며, 과학기술과 접합된 자아의 무한한 확장 가능성이라는 환상이다(우리는 앞으로 이런 심신이원론에 기반한 전망의 위험성과 더불어, 이것이 애초에 불가능한 상상이라는 점을 살펴볼 것이다). 또한 기술공포적 접근 역시 근대적 휴머니즘의 특성을 마치 인간의 선험적이며 보편적인 특성으로 상정함으로써 다시금 고전적인 인간 주체 개념으로 회귀하는 듯 보인다.

이런 맥락에서 '비판적 포스트휴머니즘' 담론은 어느 한쪽에 치우치지 않으려 애쓰며, 탈인간중심적 상황 속에서 새로운 존재론을 모색한다. 헤어브레히터에 따르면 이때 '비판적'은 이중적인 의미를 갖는다.

(비판적 포스트휴머니즘은) 한편으로는 급진적으로 변해가는 기술문화에 대한 개방성을 강조하고, 다른 한편으로는 휴머니즘에 대한 비판적이며 부분적으로는 휴머니즘 전통에서 발생하여 이미 오랫동안 존속하는 사고방식의 연속성을 강조한다.[33]

---

32. 헤일스, 『우리는 어떻게 포스트휴먼이 되었는가』, 503쪽.

비판적 포스트휴머니즘은 과학기술의 성과를 충분히 고려하면서, 안티-휴머니즘의 비판과 전통적 휴머니즘의 버릴 수 없는 유산들을 함께 아우르는 새로운 형태의 휴머니즘을 모색한다. 포스트휴머니즘은 광의로 볼 때 인간 이후에 관한 다양한 사유를 총칭하는 용어이기에, 트랜스휴머니즘을 포괄한다. 하지만 트랜스휴머니즘은 근대적 휴머니즘의 모순을 심화시킬 뿐이기에, 우리의 논의에서 고려 대상이 아니다. 나는 앞으로 '포스트휴머니즘'을 곧 '비판적 포스트휴머니즘'을 지칭하는 용어로 사용할 것이다.

포스트휴머니즘은 과학기술이 인간을 둘러싼 환경뿐 아니라 인간 자체를 변형시키고 있다는 위기의식과 이에 대응해야 한다는 긴급한 요청에서 비롯된다.[34] 포스트휴머니즘은 그동안의 휴머니즘에서 인간을 이루는 요소에 기술이 빠져있다는 점을 지적하며, 기술 역시 인간을 구성하는 일부로 파악한다.[35] 헤일스는 정체 모를 과학기술에 대한 막연한 공포감(기술공포적 전망) 속에서 익숙한 휴머니즘으로 회귀하려는 보수적 인문학의 불안감을 고려하면서, 이미 우리는 과학기술의 맥락에서 고립되어 살 수 없게 되었다고 조언한다. 또한, 반대편에서 과학의 진보를 위해 휴머니즘을 오용하고 확장하려는 입장(기술애호적 전망)을 고려하며, 휴머니즘의 해체가 변화나 창조적 진보를 방해할 아무런 이유가 없다고 조언한다.[36] 그의 지적대로 과학기술은 이제 인간의 삶을 구성하는 본질적인 요소가 되었으며, 우리는 과학기술을 배제한 삶을 상상하기 어

33. 헤어브레히터, 『포스트휴머니즘』, 14쪽.
34. 김재희, 「시몽동과 포스트휴먼 기술문화」, 이화인문과학원 엮음, 『포스트휴먼의 무대』, 이화여자대학교출판부, 2015, 11쪽.
35. 토마스 필벡, 「포스트휴먼 자아」, 안소영·신상규 옮김, 이화인문과학원 엮음, 『인간과 포스트휴머니즘』, 이화여자대학교출판부, 2013, 29쪽.
36. 홀거 퓌츠시·캐서린 헤일스, 「포스트휴머니즘, 기술생성, 디지털 기술」, 문강형준 옮김, 『문학동네』 87호, 2016, 3쪽.

렵다. 인간과 비인간, 인간과 기계는 서로의 자리를 침투하여 중층적이고 혼종적인 형태로 긴밀하게 얽힌 채 존재하며, 그 경계는 점차 희미해지고 있다. 우리는 과학기술에 관한 단선적인 태도 – 찬양 혹은 혐오라는 양자택일 – 를 취하기에는, 현재 상황과 환경이 매우 복잡하다는 걸 받아들여야 한다.

일원론적 포스트휴먼

내가 대안으로 제시할 포스트휴먼 주체는 스피노자의 일원론에 근거한다. 이는 인간에게 특권적 위치를 부여하는 인간중심주의의 유혹에 빠지지 않고, 유물론적 관점에서 인간과 다른 존재자들을 수평적인 위치에서 바라보려는 사유 방식이다.

3장에서 살펴본 바와 같이 데카르트는 코기토 주체를 확고한 고정불변의 주체로 가정함으로써, 인간의 정신은 선험적 초월성을 획득한다. 하지만 이와 구분되는 물질성의 영역, 즉 육체나 자연은 영혼이나 정신과 분리되어 존재하게 된다. 이는 근대철학의 요체이자 오늘날까지도 쉽게 떨쳐버리기 힘든 이원론적 세계관이다. 심신이원론은 일견 그럴듯해 보이며 인간을 고귀하며 예외적인 위치에 올려놓는 근거로 작동하는 사유 방식이기에 인간이 버리기 힘든 강력한 유혹이다. 하지만 이는 필연적인 폭력과 억압을 동반하기에 포스트구조주의 철학자들에 의해 많은 비판을 받았다.

다른 한편으로 최근 과학 분야에서의 성과들 또한 데카르트의 이원론에 치명적 공격을 수행한다. 데카르트는 4차원 시공간에 존재하는 물질적인 뇌res extensa와 1차원에만 존재하는 비물질적인 정신res cogitans 사이에 심연의 분리를 설정했다. 이로써 크기와 무게를 측정할 수 있고 분해할 수 있는 '육체'와 규모를 측정할 수 없고 분해될 수 없는 '정신' 사이에 건널 수 없는 간극이 형성된다. 신경과학자 다마지오는 이런 "마음의 가장 정교한 작동이 유기적 생물체의 구조와 작동과 분리되어 있다는 생각"이야말로 데카르트의 결정적인 오류라고 지적한다.[37] 게다가 데카르트는 정신과 육체를 다른 차원으로 분리함으로써 둘 사이의 상호작용이 어떻게 이루어질 수 있는가 라는 모순을 해결하기 위해, 뇌 속의 송과선pineal gland이 둘을 연결한다는 가설을 내세운다. 그러나 이는 이후 과학적 발견들에 의해 아무런 근거 없는 낭설로 밝혀진다.[38] 데카르트는 막연히 송과선이 뇌의 중심에 있고 점의 형태, 즉 0차원에 속하는 것처럼 보였기에 이를 통해 1차원과 4차원이 서로 소통할 수 있다고 믿었던 것이다.[39]

반면에 스피노자의 일원론적 존재론에서 "마음과 몸은 서로 평행하며 서로 연관되어 있는 절차로서 마치 한 물체의 양면처럼 모든 측면에서 서로를 모방한다"고 간주된다. 스피노자가 보기에 육체는 정신에서 유발되는 것도 아니고, 그 반대 역시 아니다. 신체와 정신은 같은 실체에서 함께 출현하며, 정신은 신체에 대한 관념이기에 몸이 없는 마음도 없다. 다마지오는 스피노자의 통찰이 그 당시에 가히 혁명적인 것이었다고 평가한다.[40] 현대 뇌과학의 발견은 정신이 신체와 따로 분리되어 존재하는 '왕국 속의 왕국'이 아니라 몸의 다른 부분의 구성과 다르지 않으며, 신경세포로부터 발생한다는 것을 밝혀낸다.[41] 헤일스는 "인간의 신체가 없는 인간의 정신은 인간의 정신이라 할 수 없다. 더욱 중요한 점은 그런 것이 존재하지 않는다"는 점이라고 말한다.[42] 다마지오 역시 "마음은

---

37. 안토니오 다마지오, 『데카르트의 오류』, 김린 옮김, 중앙문화사, 1999, 229쪽.
38. 다마지오, 『스피노자의 뇌』, 217쪽.
39. 김대식, 「신경과학의 이해」, 『과학적 사유와 인간 이해』, 민음사, 2014, 44쪽.
40. 다마지오, 『스피노자의 뇌』, 242~252쪽.
41. 같은 책, 221쪽.
42. 헤일스, 『우리는 어떻게 포스트휴먼이 되었는가』, 432~433쪽.

신체에 통합된 것embodied"이기에,[43] 신체를 떠난 마음이란 존재할 수 없고, 만일 그런 것이 존재 가능하다면 그것은 몇 가지 형태의 마음을 가질지 수 있을지 몰라도 우리가 상상하는 마음과는 전혀 다른 형태의 무엇일 거라고 주장한다.[44] 이는 오늘날 트랜스휴머니스트가 추구하는 신체와 분리된 정신, 혹은 컴퓨터에 업로드되는 인간 의식 등이 어째서 불가능한 상상인지를 보여준다. 그들은 인간의 정신이 신체에서 벗어나 단독적으로 존재할 수 있다는 잘못된 가정에서 출발하고 있으며, 정신이 신체를 떠난 후에도 현재와 같은 자아를 유지하고 마음을 갖고 있을 거라고 상상한다. 트랜스휴머니스트가 꿈꾸는 미래란 결점투성이인 신체를 극복하여 무한한 불멸의 삶을 누리는 '영혼의 유토피아'기 때문이다. 이는 데카르트의 가설을 과학기술과의 결합 속에서 완성 — 오직 정신만을 극대화하려는 — 하려는 코기토 주체가 극대화된 환상일 뿐이다.

현대의 철학과 과학은 각각 근대성의 극복과 인간에 대한 새로운 이해와 인식이라는 측면에서 데카르트의 심신이원론을 공격하고 있다. 이는 오래전 데카르트를 비판하며 독특한 일원론 철학을 전개했던 스피노자를 문제적 철학자로서 다시 소환한다. 네그리는 스피노자야말로 모든 근대적 사고의 적대자이자, 가장 현재적인 철학자라고 말한다.[45] 스피노자는 정신과 신체를 이분법적으로 나누고 이성 중심적인 근대철학의 흐름에서 벗어나 정신과 신체의 동등성을 주장한다.[46] 이원론이 정신과 신체를 둘로 나눔으로써 위계를 상정하고 폭력적 배제를 가져온다면, 스피노자의 일원론적 세계관에서 모든 물질은 정신과 신체로 나뉘지 않

---

43. 다마지오, 『데카르트의 오류』, 112쪽.
44. 같은 책, 207쪽.
45. 네그리, 『전복적 스피노자』, 19쪽.
46. 연효숙, 「들뢰즈에서 정동의 논리와 공명의 잠재력」, 『시대와 철학』 26권 4호, 2015, 196~197쪽.

는 하나이며, 자기표현의 욕망으로 추동되고 존재론적으로 자유롭다. 스피노자의 일원론에서 서로 달라 보이는 두 범주들은 실은 하나의 궁극적 실재가 자신을 드러내는 두 가지 양태에 불과하다. 이런 스피노자의 철학은 전체론적이고 비정치적이라는 오해를 받아 헤겔주의자들에게 비판의 대상이 되기도 했다. 하지만 1960년대 이후 알튀세르, 들뢰즈, 마슈레, 네그리 등의 선도적인 연구로 인해 스피노자는 헤겔과 맑스주의의 부작용을 극복하는 방편으로서 새롭게 조명된다.[47] 스피노자에게서 모든 사물은 신체이고 동시에 정신이며, 사물이고 동시에 관념이다. 바로 이런 의미에서 모든 개체들은 영혼을 갖고 있다고 간주된다.[48] 사물은 자신 안에 스스로를 파괴하거나 제거하려는 어떤 것을 소유하지 않으며 자신 안에 존재하는 한에서 자신의 존재 안에 남아있으려 한다.[49] 사물의 현실적 본질이자, 각 사물이 자신의 존재 안에서 지속하고자 하는 근본적인 경향을 스피노자는 '코나투스'conatus [50]라고 부른다.[51] 스피노자의 일원론에서 인간과 다른 생물들은 모두 코나투스를 지닌 존재로서 평등하며, 위계적 질서가 아닌 수평적 질서 위에 놓인다.

스피노자의 일원론적 구도에 영향받은 들뢰즈는 존재에 관해 다음과 같이 쓴다.

우리로서는 존재의 양식들을 비교, 선별하고, 어떤 것이 다른 것보다 우월하다고 결정할 어떤 초월적인 가치들을 필요로 한다고 생각할 하등

---

47. 브라이도티, 『포스트휴먼』, 77쪽.
48. 질 들뢰즈, 『스피노자의 철학』, 박기순 옮김, 민음사, 2001, 103쪽.
49. 스피노자, 『에티카』, 162쪽.
50. 코나투스는 라틴어 동사 'conari'(노력하다)의 명사형으로, 스피노자에게는 '자신의 존재 속에 계속 머무르려는 노력'으로 정의된다. (들뢰즈, 『스피노자의 철학』, 201~202쪽의 「옮긴이 해제」 참조.)
51. 스피노자, 『에티카』, 163쪽.

의 이유가 없다. 반대로 거기에는 오로지 내재적 기준들만이 있을 뿐이며, 삶의 어떤 가능성이란, 그것이 설정한 운동들과 내재성의 구도 위에서 창조하는 강렬함들을 통해, 스스로 평가되는 것이다.[52]

들뢰즈에 따르면 서로 다른 존재자들은 동일한 존재의 다른 양식에 불과하다. 따라서 특정한 양식이 더 우월하다고 볼 수 없으며, 어떤 종류의 초월성도 필요로 하지 않는다. 내재성의 구도 위에서 존재는 다만 내재적인 기준들에 의해 배치된다. 삶의 가능성이란 거기에서 창조되는 강렬함들을 통해 스스로 평가될 뿐이다. 들뢰즈는 자신의 일원론 철학을 '내재성의 철학'이라 명명한다. 내재성의 철학은 모든 종류의 이원론과 초월성의 철학에 맞서고자 한다. 내재성은 일종의 선先철학적인 것으로, "철학의 절대적 토양, 그것은 대지, 혹은 탈영토화, 그 토대를 이루는 것"이다.[53] 내재성은 "어떤 것 속에 있지도 않고 어떤 것에 대하여 있지도 않"는,[54] "오로지 그 자체에만 속하며, 무한의 운동들로 주파"되는 하나의 구도다.[55] 그가 세상을 떠나기 전 마지막으로 쓴 「내재성 : 생명 …」에서 코나투스라는 내재성의 구도는 순수 생명으로 제시된다. 여기에서 생명은 "내재성의 내재성이요 절대적인 내재성"으로 정의된다. 이 생명은 특정한 개체에만 국한되는 것이 아니라 선과 악을 넘어서는 중립의 생명, 순수 사건을 이끌어내는 생명이다. 순수한 내재성으로서의 생명을 설명하기 위해 들뢰즈는 디킨스Charles Dickens의 소설에 등장하는 한 악인을 예로

---

52. 들뢰즈·가타리, 『철학이란 무엇인가』, 110쪽.

53. 같은 책, 64쪽.

54. 질 들뢰즈, 『들뢰즈가 만든 철학사』, 박정태 옮김, 이학사, 2007, 512쪽.

55. 들뢰즈는 스피노자야말로 초월성과 결코 타협하지 않으며, 탁월한 내재성의 구도를 사유한 철학자라고 말한다. 스피노자에게는 어떠한 신비나 초월적인 구도도 존재하지 않으며, 스피노자의 모든 실체(substance)와 양태(mode)들은 내재성의 구도로부터 비롯된다. (들뢰즈·가타리, 『철학이란 무엇인가』, 74쪽, 90쪽)

든다. 아무리 모두가 경멸하는 고약하고 무례한 불량배라 할지라도 그가 빈사 상태에 빠져 병원에 실려 오면, 우리는 그가 원래 어떤 사람이었는 지와 상관없이 일단 그의 생명을 구하기 위해 애쓴다. 이때 관건이 되는 것은 개별자에게 국한되지 않는 내재적인 생명이다. 그것은 그의 악행이나 품성 따위와 관련되는 개별화된 고유의 생명이나 육화된 생명으로부터 해방된 생명이며, 비인격적이지만 특이한 순수 생명이다.[56] 선과 악과 같은 도덕적 차원은 순수 생명이 하나의 주체로서 육화한 이후에야 의미를 갖기에, 그가 생사의 갈림길에 있을 때 그런 것은 의미가 없다.

들뢰즈는 계속해서 이렇게 말한다.

> 따라서 우리는 개별적인 생명이 보편적인 죽음과 대치하게 되는 그런 단순한 순간 속에 생명을 가두어서는 안 된다. 실제로 하나의 어떤 생명은 도처에 존재한다. 즉 하나의 어떤 생명은 살아 활동하는 이런저런 주체가 가로지르는 모든 순간 속에, 체험되는 이런저런 대상들이 헤아리는 모든 순간 속에 존재한다.[57]

도처에 존재하며, 모든 순간 속에 존재하는 생명, 특정한 개별자나 순간에 가둘 수 없는 생명, 이는 비인칭적이며 전前개체적인(또한 전全개체적인) 내재적 생명이다. 모든 존재자는 이 내재적인 생명의 수평적 구도 위에서 어떠한 위계질서도 없이 평등한 관계로 존재한다. 여기에서는 악인과 선인이 구분되지 않고, 인간과 동물이 구분되지 않으며, 인간과 좀비는 동등한 존재론적 지위를 갖는다. 순수 역능으로서의 내재적 생명은 이 모두를 가로지르며 도도하게 흐르고 있다. 각양각색의 존재자 간의

---

56. 들뢰즈, 『들뢰즈가 만든 철학사』, 512~514쪽.
57. 같은 책, 514쪽.

차이와 특이성은 단일한 실재가 표현되는 다른 양태일 뿐이다. 요컨대, 모든 신체들, 모든 영혼들, 모든 개체들은 '내재성의 공통 평면'plan commun d'immanence 위에 존재한다.[58] 여기에서는 존재자들 간에 어떤 종류의 고정된 구분이나 불변의 간극도 없기에 존재자는 복수의 형상들 사이를 누비며 변신하고, 또한 그런 때 존재자는 강렬하며 탁월한 상태에 도달한다.

스피노자의 일원론은 현대 과학의 발견과 함께 모든 물질을 생기있고 자기조직적으로 바라보는 '생기론적 유물론'vitalist materialism 개념으로 발전된다. 생기론적 유물론에서는 "물질이 구조적으로 관계적이며 환경과 연계되어 있다"고 보며, 이는 궁극적으로 인간뿐 아니라 모든 생명 물질이 지능을 지니며 자기생성적·자기조직적이라는 존재론적 통찰까지 나아간다. 그것은 생명과 물질의 구분과 이해의 지평을 넓혀주는 현대 과학의 성과다. 생명과 물질은 엄밀히 구분되지 않으며, 생명은 곧 물질이고, 그 역도 역시 성립한다. 브라이도티는 '생명 물질'이라는 용어를 선호하는데, 생명 물질이란 인간 종이 배타적으로 소유한 특권이 아닌, "상호작용적인 과정"이며 "결말이 열린 과정"을 의미한다. 이런 구도에서 생명과 물질을 파악할 때, 우리는 새로운 관점으로 인간을 바라볼 수 있다. 인간은 부단한 상호작용과 변화의 도정 위에 놓인 '과정 중의 존재'이자, 하나의 신체로서 체현된embodiment '특정한 물질'로 여겨진다.[59]

일원론적 포스트휴먼의 관점에서 아감벤의 비오스/조에 개념은 이전과 다르게 배치된다.

나는 '삶/생명'을 지속가능한 변형의 조에 윤리로 이해하는데, 이는 아감

---

58. 들뢰즈, 『스피노자의 철학』, 182~183쪽.
59. 브라이도티, 『포스트휴먼』, 77~82쪽.

벤이 '벌거벗은 생명' 혹은 부정적 조에라고 부르는 것과 상당히 다르다. 나는 조에의 문제를 죽음의 지평 위에서 혹은 생명-아님이라는 문턱 상태의 지평에서 다루는 습관에서 벗어날 것을 요청한다.[60]

아감벤에게 있어 생명은 "생성적인 활력이 아니라 통치권이 죽일 수 있는 인간 주체를 구성하는 취약성"이며, 권력이 마음대로 쓰다 버릴 수 있는 물질로 환원 가능한 대상이다. 아감벤은 근대화 자체를 병리적으로 바라보는 리오타르의 관점과 전체주의를 비인간의 궁극으로 제시하는 아렌트의 관점을 더하여, 주체를 극단적인 취약함의 상태로 몰아간다. 브라이도티는 아감벤이 생명을 지나치게 필멸성·유한성·취약성의 측면에서만 다루고 있으며, 이는 상실과 우울을 기반으로 한 정치경제에 연료를 제공하는 역할을 할 뿐이라고 비판한다.[61] 재난이 임박해 있으며 파국은 곧 도래할 것이라는 전망, 대사건이 닥쳐올 것은 확실하며 단지 시간문제라는 음울한 예언들은 우리에게 근본적인 변화에 나서도록 촉구하는 대신, 현 체제를 유지하고 보존하며 최소한의 생존만을 선택하도록 강제한다(브라이도티는 '부정성의 초월'이야말로 '포스트휴먼 윤리의 핵심'이라고 주장한다). 이런 식의 타나토스에의 고착은 주체를 우울함과 비관적 전망으로 빠져들도록 만들 뿐만 아니라, 근대성 자체가 문제이므로 과학기술에 대해서도 부정적 태도를 고수하게 만든다(바디우는 기술성 자체를 악마화하는 이러한 일련의 경향을 '하이데거의 후예들'이라고 지칭한다).[62]

---

60. 같은 책, 156~157쪽.
61. 같은 책, 155~157쪽.
62. 이들에게는 모든 기술 문명과 근대 이후의 체제(여기에서는 '국가'라는 단위조차 지극히 의심스러운 대상이다)는 타락과 파괴의 근본적 원인으로 상정된다. 근대성 자체가 세계를 파괴하고 존재를 망각하도록 만들기에, 이들은 어떤 '사라진 기원', 즉 산업화 이전의 목가적 전원과 시장경제 이전의 소규모 공동체에 대한 애틋한 향수에 젖어

브라이도티는 죽음에 대한 과도한 집착을 보이는 사유에서 벗어나 생명을 '생기적 정치학'으로 전유할 것을 주장한다. 아감벤에게 조에란 '벌거벗은 삶'으로 대표되고 정치적 생명bios에서 추방된 부정성의 비생명에 가까운 존재다. 반면 일원론적 포스트휴먼 관점에서 조에는 유물론적이고 발생적이고 역동적인 힘, 모든 종을 가로질러 흐르는 생명력, 인간 경계의 너머에서 인간-아닌 생명을 포함하여 존재하는 전개체적인 생기적 힘vital force이다.63 일원론적 포스트휴먼 주체는 조에에 기반한 평등주의 위에서 타자와 단단하게 묶여 있으며, 인간의 형상을 하지 않은 요소들까지도 포함하는 관계적 주체다. 조에 평등주의 위에서 우리는 단일성, 총체성, 일자라는 환상에서 벗어나, 관계의 우선성을 깨닫게 된다. 그것은 인간이 복합적인 생기적 망 위에서, 복수의 타자들과 떼어놓을 수 없는 긴밀한 상호관계로 얽혀 있는 존재라는 사실을 자각하는 것이다. 브라이도티는 포스트휴먼 주체를 "인간-아닌 (동물, 식물, 바이러스) 관계들의 관계망에 완전히 잠겨 있고 내재되어 있는 횡단적 존재"로 정의한다.64 여기서 우리는 포스트휴먼의 윤리적 차원을 발견할 수 있다. 포스트휴먼 윤리는 우리가 인간-아닌 타자들 모두와 공-현존하고 있음을, 즉 이 세계를 공유하며 함께 존재한다는 사실을 인정하고, 그들과 어떻게 상호작용할 것인지 고민하는 데에서 시작된다. 포스

들고 만다(하이데거는 고대 그리스에 대한 이상화로 빠진다). 여기에서는 어떠한 긍정의 대안도 찾아볼 수 없으며, 기술성과 현대 문명 자체를 일거에 파괴하고 거기에서 벗어난 전근대적 공동체로의 회귀라는 지극히 비현실적이며 퇴행적인 주장만이 유일하게 '가능한 차악'으로서 제시된다. 이런 식의 당혹스러운 주장은 장 보드리야르(Jean Baudrillard)를 비롯한 근대성의 적대자들에게서 어렵지 않게 찾아볼 수 있다. 나는 이런 기술 혐오적 입장과 과거 회귀적 대안에 반대한다고 분명하게 밝힌 바 있다. 나는 근대성 전체와 과학기술에 대한 혐오 속에서 과거에 대한 낭만적 상념으로 빠져드는 대신, 계속해서 긍정의 가능성을 탐색해 볼 것이다.

63. 브라이도티, 『포스트휴먼』, 114~136쪽.
64. 같은 책, 246쪽.

트휴먼 윤리는 "지금까지 건드려지지 않은 자원과 비전을 동원하고 타자들과의 상호 연계를 일상에서 실천"하는 데서 비롯되며, "가능한 미래들을 창조하기 위해 힘을 다하는 노력에 의해 긍정적으로 그리고 창조적으로 생성"될 것이다.[65] 우리는 일상 속에서 타자들과 더불어 수평적이며 횡단적인 연대를 발명하고, 가능한 미래를 가로막고 취약성과 부정성의 자리를 재생산·확장하려는 권력에 대항하여 함께 정치적 실천으로 나서야 한다.

괴물에서 벗어나기 : 뛰는좀비에서 포스트좀비로

> 나는 다시 죽고 싶지 않다. 최근 들어서 더욱 명확해지고 있는 이 열망은 꽤 날카롭게 내가 그것이 내 것이라고 힘겹게 믿고 있는 것에 집중되어 있다. 나는 죽고 싶지 않다. 나는 사라지기를 원하지 않는다. 나는 머무르고 싶다.[66]

『웜 바디스』에서 좀비 R은 문득 "나는 죽고 싶지 않다"라고 생각하며, 사라지는 대신 머무르고 싶다는 생을 향한 명확하고 날카로운 열망을 느낀다. 물론 좀비인 R은 다른 인간이 보기엔 이미 죽은 상태지만, 좀비의 상태에서 다시 한번 죽어 완전하게 사라지는 것을 원하지 않는다는 것이다. 이 세계 안에서 계속해서 머물러 있기를 원하고 사라지기를 원하지 않는 그는 조에로 충만한 생명체다. 자신의 존재 안에서 지속하며 머무르고 싶어 하는 욕망, 그것은 모든 생명체가 공유하는 코나투스의 자연스러운 발현이다.

---

65. 같은 책, 244쪽.
66. 아이작 마리온, 『웜 바디스』, 박효정 옮김, 황금가지, 2011, 109쪽.

일원론적 포스트휴먼 이론을 통해 우리는 좀비를 타자에서 주체로서 고려하며, 포스트좀비주체를 사유할 수 있는 단초를 갖게 되었다. 헤일스는 포스트휴먼 사유가 우리에게 인간, 동물, 기계, 사물이라고 여기는 것들 사이의 경계를 새롭게 바라보는 데 도움을 줄 수 있다고 말한다.[67] 일원론적 포스트휴먼의 관점에서 좀비를 바라보면, 좀비는 절대적 타자나 부정성, 죽음의 은유가 아니라 오히려 조에 평등주의 위에서 인간과 동등한 존재자이며, 생기적인 생명의 힘을 지닌 주체로 볼 수 있다. 그것은 좀비에 관한 존재론적 전회이기도 하지만, 동시에 좀비서사의 전개 과정에서도 커다란 변곡점으로 작동한다. 좀비가 과거 제국주의의 노예에서 시작되어 대량 소비사회의 무기력한 시체를 거쳐, 세계를 파멸로 몰고 가는 바이러스 감염자가 된 이후에, 마침내 주체가 되는 결정적 전환점에 이른 것이다.

좀비가 주체로서 자리하는 데 결정적 계기가 된 사건은 아이러니하게도 가장 파괴적이며 타자화된 형태의 좀비인 뛰는좀비 등장이다. 이전까지 좀비의 원인이 주술이나 마법의 영역, 혹은 원인 불명으로 제시되며 다소 신비적이거나 미지의 영역에 있었다면, 뛰는좀비는 바이러스를 그 원인으로 제시함으로써 좀비서사에 과학적 설정을 끌고 들어온다. 뛰는좀비서사가 바이러스를 그 원인으로 제시한 것은 과학기술에 대한 불안감을 자극함과 동시에, 좀비의 확산속도와 파괴력을 강화함으로써 스펙터클을 한층 증폭시키기 위한 설정이었다. 그러나 이는 이후에 좀비가 인간으로 회복될 가능성을 열어두는 역할을 한다. 시체좀비영화에서 좀비는 이미 죽은 상태이기에, 다시 인간으로 복귀한다는 것은 상상하기 어렵다. 그것은 현대 과학의 범주를 넘어서는 일이다. 하지만 좀비를 시체가 아닌 바이러스의 감염자로 상상하게 되면, 좀비는 가해자에서 벗어

---

67. 헤일스, 『나의 어머니는 컴퓨터였다』, 352쪽.

나 피해자나 감염자, 혹은 치료를 필요로 하는 환자가 되며, 치료제가 개발된다면 다시 인간으로 복귀할 수 있게 된다. 그러나 뛰는좀비서사에서 이러한 가능성은 철저히 잠복되어 있으며, 뛰는좀비는 지극히 타자화되어 있다.

뛰는좀비는 활력과 힘이 넘치며 강화된 육체성을 획득함으로써 보다 공포스러운 괴물이 되지만, 이는 동시에 좀비를 인간에서 더욱 멀어지도록 만든다. 뛰는좀비에게는 어떤 동정이나 긍정적 감정을 느낄 여지가 없다. "좋은 좀비는 죽은 좀비뿐"이며 절대 타자인 좀비는 한시라도 빨리 제거되어야 할 대상이다. 뛰는좀비서사가 집중해서 묘사하는 것은 파국의 순간과 그 아비규환 속에서 살아남겠다고 서로 죽고 죽이면서 벌어지는 인간 사이 아귀다툼의 풍광이다. 〈28일 후〉2002부터 〈월드워Z〉2013와 〈부산행〉2016을 거쳐 〈블랙 썸머〉Black Summer, 2019에 이르기까지 뛰는좀비서사는 좀비가 어떻게 급속도로 확산되어 인류문명을 빠르고 효과적으로 멸망에 이르게 하는지를 압도적인 스펙터클로 그려낸다. 다양한 인간 군상은 그 속에서 어떻게든 살아남기 위해 치열하게 또 저열하게 분투하고 있다. 뛰는좀비는 사람들에게 현실의 민낯을 직시하게 만듦으로써 현실비판의 기능을 수행하지만, 이를 넘어서는 새로운 대안이나 파국 이외의 다른 상상에는 이르지 못한다. 뛰는좀비서사는 묵시록적 재앙 속에서 드러나는 인간의 추악한 본성과 시스템의 취약성을 고발함으로써 주체와 휴머니즘의 기만, 신자유주의의 부작용과 모순을 폭로하는 데서 그치는 것이다. 인간 내면의 괴물성, 시스템의 어두운 면을 포착하기 위한 도구로서 기능하는 좀비는 여전히 가장 공포스러운 타자로 제시될 뿐이다. 이기에서 좀비는 여전히 파괴적인 괴물로서, 재앙 그 차제거나 재앙의 구실로 제시될 뿐 초점은 엄연히 살아남은 인간들에게 맞추어져 있다.

반면에 포스트좀비서사는 아포칼립스 이후의 시점에서 출발하여 좀비 자체에 주목하기 시작한다. 포스트좀비서사는 좀비바이러스가 전 세계에 퍼진 이후 소강상태로 접어든 상황이거나, 혹은 치료제가 개발되어 좀비가 어느 정도 통제가 가능한 상황을 배경으로 한다. 예컨대 드라마 〈인 더 플레쉬〉In the Flesh, 2013-2014는 좀비 아포칼립스 이후 치료제가 개발되어 좀비가 인간사회로 복귀한 이후의 이야기를 그린다. 〈웜 바디스〉2013는 좀비 아포칼립스가 일어난 지 8년이 지난 시점을 배경으로, 좀비와 인간이 서로 적대하며 함께 존재하는 상황에서 시작한다. 모래인간의 웹툰 〈좀비를 위한 나라는 없다〉2012는 좀비 치료제가 개발된 이후, 인간으로 돌아온 좀비들의 죄의식과 그들이 사회에서 소외당하는 모습을 그린다.

뛰는좀비서사에서 좀비가 멸망해가는 세계의 배경으로 후경화되며 소모되는 엑스트라에 불과한 존재라면, 포스트좀비서사에서 좀비는 주인공이나 혹은 적어도 주요한 조연으로 등장하여 서사를 이끌어가는 중요 축이 된다. 포스트좀비서사는 폐허가 된 세계 위에서 어떻게든 다시 살아가려 애쓰는 좀비의 분투와 그 과정에서 벌어지는 갈등과 투쟁의 양상에 주목한다. 포스트좀비는 점차 괴물에서 인간으로, 타자에서 주체로 근접한다. 포스트좀비서사는 인간의 좀비성, 인간의 괴물성, 인간의 부정성 대신, '좀비의 인간성'에 주목하며 좀비에게 내재된 긍정적 측면과 가능성을 이야기한다. 포스트좀비는 도구를 사용하고 더듬거리지만 말을 하기 시작하고, 더 나아가 자신의 '좀비권'을 주장하며 차별과 억압에 저항하고 연대하기 시작한다. 물론 포스트좀비가 부정성에 매몰되지 않고 주체로 거듭나며 긍정의 함의를 갖기 위해서는 먼저 뛰는좀비가 가졌던 그 기괴한 에너지를 상실하고 다시 느려져야 한다. 포스트좀비는 겉으로 보기에 이전의 시체좀비처럼 느려진 형태의 좀비다 그러나 포스트좀비는 시체좀비와 달리 조에로 충만하고 생기적 힘이 넘실대며, 언제고 표출될 수 있는 역동적이고 생성적인 역능이 잠재된 존재다. 포스트

좀비는 기존의 부정성의 좀비 — 노예, 타자, 바이러스, 파국의 상상으로서의 좀비 — 에서 벗어나며 마침내 주체로서 자각하는 존재다.

정리해보면 포스트좀비서사는 일반적으로 다음과 같은 특징을 갖는다. 첫 번째로 좀비가 초래하는 파국의 풍경에 집중하는 뛰는좀비서사와 달리, 포스트좀비서사는 단순히 묵시록적 불안감과 위기를 재현하는 것에서 그치지 않고 파국 이후의 모습을 그리며 다른 대안을 찾고자 한다. 두 번째로 긴박한 액션이나 스릴러 장르이거나 절망적이며 암울한 분위기가 두드러지는 뛰는좀비서사와 달리, 포스트좀비서사는 그보다 정적이고 차분한 드라마 장르가 많다. 영화의 분위기 또한 비교적 희망적이거나 가볍고, 때로는 투쟁적인 분위기를 보이곤 한다. 세 번째로 좀비를 타협과 소통이 불가능한 바이러스에 가까운 존재로 묘사하는 뛰는좀비서사와 달리, 포스트좀비서사에서 좀비는 일정 수준 이상의 이성을 갖추었으며, 의사소통이 가능한 존재로 등장한다. 괴물이나 바이러스에서 멀어진 포스트좀비는 다시 느려졌으며 폭력이나 분노라는 특질은 줄어들거나 특정 순간에만 한정적으로 표출된다. 네 번째로 뛰는좀비서사에서 좀비가 끝없이 몰려오다 죽어 소모되는 배경에 불과하다면, 포스트좀비서사는 좀비가 사실은 부당하게 주변부로 배제되고 억압당한 타자이자 소수자라는 점을 부각시킨다. 포스트좀비서사는 좀비를 가까이에서 세밀하게 관찰하며 그들이 겪는 일상적 고통을 묘사하고 차별을 폭로한다. 다섯 번째로 뛰는좀비서사가 좀비를 단순한 괴물이자 제거의 대상으로 보는 반면에, 포스트좀비서사는 좀비를 새로운 각도에서 조명하고 긍정적 측면에 주목함으로써 좀비를 주체로서 부상시킨다. 포스트좀비서사는 박탈당한 좀비들의 권리에 문제를 제기하고 그것을 되찾기 위한 투쟁과 연대를 그림으로써, 서사의 주제는 민감한 정치적 차원으로 확장된다.

질병과 포스트좀비

우리는 앞서 괴물을 단순히 악으로, 추하며 끔찍하고 불경스러운 것으로 재현하는 것이 전형적이고 보수적인 호러영화의 특징이라면, 괴물에 변화를 가하고 문제를 제기하며 도전하거나 뒤집으려고 하는 정도에 따라 그 진보성이 평가될 수 있다는 점을 살펴보았다. 그리고 이와 관련하여 연상호 감독의 〈부산행〉과 〈서울역〉이 좀비를 통해 가출 청소년이나 노숙인과 같은 소수자 문제를 다루고 있음을 살펴보았다. 이처럼 최근의 좀비서사는 기존의 좀비에 대한 편견과 고정된 이미지를 넘어서 다양한 좀비의 모습을 그린다. 그 경향 중 하나는 좀비를 바이러스나 세균 감염에 의한 질병의 피해자로 바라보는 것이다.

손택은 역병의 사회적 의미를 다음과 같이 설명한다.

> 역병은 늘 사회에 가해지는 징벌로 간주된다. 에이즈를 둘러싼 은유도 일종의 징벌로 부풀려짐에 따라, 사람들은 에이즈가 필연적으로 전 세계에 확장될 것이라는 주장에 길들여졌다. 성관계를 통해 감염되는 질병은 전통적으로 이런 식의 대접을 받기 마련이다. 즉, 개인뿐만 아니라 집단('전반적인 방탕함')에 내려지는 징벌로서 묘사되는 것이다.[68]

역병은 흔히 개인 혹은 집단의 방종과 방탕함에 대한 일종의 징벌로 간주된다. 죄와 혼란으로 가득한 세계 전체로 역병은 순식간에 확산될 것이며, 타락한 인류는 제 죗값을 치르며 곧 멸망에 이를 거라는 묵시록적 공포감이 팽배해진다. 좀비서사에서 좀비 아포칼립스는 인류의 악행에 대한 신의 처벌이자 심판으로 묘사되곤 한다. 넷플릭스 드라마 〈블랙 썸

---

68. 수전 손택, 『은유로서의 질병』, 이재원 옮김, 이후, 2002, 189쪽.

머) 1화에서 한 남성은 좀비에게 도망치면서, "제 생각에는요. 우린 벌 받는 거 같아요. 모든 죄악에 대해서요."라고 고백한다. 이처럼 좀비사태의 발발은 인간사회가 죄악으로 가득해져 더 이상 두고 보지 못한 초월자가 내리는 온당한 처분이자 단죄로 여겨진다. 좀비 아포칼립스 상황에서 사람들이 예정된 지옥의 도래가 마침내 실현되었다고 여기거나, 이상한 종류의 환희에 사로잡혀 신의 구원을 간구하며 세계의 멸망을 가속하려는 극단적인 사이비 종교가 성행하는 것은 좀비서사에서 쉽게 볼 수 있는 장면이다. 이런 세계에서 사람들은 아무런 희망도 없이 자신의 생존만을 도모하고 타인을 거리낌 없이 이용하거나 죽이는 일에 몰두하며, 파국 그 자체가 된다.

우리는 코로나바이러스의 유행을 둘러싸고도 유사한 상황이 반복되는 걸 볼 수 있다. 이를테면 새로운 감염병의 출현은 인간이 자행한 환경파괴와 기후변화로 막심한 상처를 입은 지구와 대자연이 행하는 잔혹한 복수극이다. 또는 자학적인 생태주의 가설도 등장한다. 지구의 관점에서 인간은 코로나바이러스와 마찬가지로 숙주를 파괴하고 죽음에 이르게 하는 바이러스나 기생충에 불과하다. 따라서 코로나 팬데믹은 지나치게 많아진 지구의 기생충(인구)을 감소시키거나 아예 제거하려는 자연의 자정작용이다. 이런 자기파괴적 정동에 잠식된 관점에서는 인간 존재 자체나 인간의 선험적 본성(파괴적이며 탐욕적인 본능)이 문제가 되므로, 사태는 해결될 수 없으며 유일한 해결책은 인류의 완전한 소멸뿐이다. 결국 우리는 공포와 무력함 속에서 자포자기로 빠지고, 해결은 불가능하므로 자본주의는 이대로 지속되며 세계는 파멸을 향해 끌려간다. 이것은 현 상황을 유지하고 싶어 하는 권력이 가장 원하는 전개다(바디우는 "공포와 무기력의 혼합물보다 더 권력에 이로운 것은 없다"고 말한다).[69] 우리

---

69. 바디우·타르비, 『철학과 사건』, 61쪽.

는 코로나 팬데믹을 현재에 대한 치밀한 성찰과 비판의 계기로 삼고, 지금과는 다른 세계로 나아갈 시발점으로 만들어야 한다. 여기에서 비관주의나 체념, 혹은 공포증적 태도로 빠지는 건 어떤 긍정의 가능성도 제시하지 않는다. 권력은 이런 정동을 이용해 통제를 강화하고 초법적 조치들을 도입해 궁극적으로 자신의 이득을 도모하려 시도할 것이다. 그러나 우리는 더는 여기에 속아서는 안 된다. 나는 코로나바이러스의 위기가 과장되었다든가, 국가의 행정이나 방역 정책에 저항해야 한다는 음모론을 주장하는 것이 전혀 아니다. 오히려 코로나바이러스가 초래한 위기는 이전까지 우리가 겪은 금융 자본주의의 '만들어진 위기'와는 달리(이것은 단지 기호적 차원의 교란일 뿐이다), 지극히 '실재적인 위기'다(바이러스의 존재는 과학적 진실이다). 우리는 '만들어진 위기'의 반복이 여태껏 '실재의 위기'를 생산해왔으며, 실재의 위기가 코로나 팬데믹이라는 치명적인 사태로 터져 나오기 전까지 계속해서 은폐해왔음을 인식해야 한다(그것이 시장 위기를 제외한 모든 위기를 사소한 것으로 만드는 '위기의 통치술'의 작동 방식이다). 물론 피해를 줄이기 위해서 우리는 일상에 새로운 규율들을 도입하고 생활양식의 전면적인 변화를 수용해야 한다. 그러나 우리는 더 나아가 문제의 진정한 원인을 직시하고 자본주의 패러다임의 근본적인 변환을 요구해야 한다. 대지 위의 모든 것을 끝없이 착취하고 파괴하며, 이를 동력 삼아 작동하는 끔찍한 체제를 중단해야 한다.

종교 단체는 바이러스를 비롯한 모든 재해는 인간의 타락(예컨대 동성애자, 낙태 옹호론자, '공산주의자', 아랍의 이교도 등)에 저주를 내리고 심판하려는 신의 뜻이라고 주장한다. 여기서 이른바 '정상'과 '주류' 인간 개념이 다시 돌아온다. 정상의 관점에서 혼란을 초래하는 타락한 비정상인들은 세계를 멸망으로 몰아가는 원인이기에 제거되어야 마땅하다. 이것은 또한 우리가 앞서 보았던 문명 대 야만, 그리고 정체화 메커니즘의 종교적 판본일 뿐이다. 여기서 세계는 끊임없는 구분 짓기로 찢어져 서로 반목과 혐오로 치닫고 공멸을 향해 나아간다. 이런 관점은 사태의 근본적인 원인과 아무런 연관이 없으며, 파멸을 가속화할 뿐이다. 우리는 코로나 팬데믹을 계기로 그동안의 생활양식과 시스템을 다시 돌아보며 반성할 필요는 있지만, 지구나 바이러스에 인격을 부여하여 그들이 특정한 목적하에 행동한다는 환상에 빠질 필요는 없다. 코로나바이러스는 뛰는 좀비처럼 아무런 의도가 없으며 대상을 특정하지도 않는다. 바이러스는 그저 스스로 증식과 재생산에 몰두하는 맹목적인 기계처럼 작동할 뿐이다. 지구나 바이러스를 인간에게 어떤 징벌을 내리는 초월적 존재로 상상하는 건 사태의 원인을 직시하고 해결하는 데 아무런 도움이 되지 않는다. 어떤 종류의 초월성을 가정하는 것은 우리의 일원론적 존재론에서 가장 꺼리는 사유 방식이다(들뢰즈에 따르면 '초월성에 관한 환상'은 철학이 쉽게 빠지는 오류다).[70]

다만 우리가 깨달아야 할 점은 지구의 생기적 망 위에서 인간이 다른 존재자들과 서로 상호매개되며, 그 존재의 기층에서부터 밀접하게 연결되어 있다는 사실이다. 인간의 활동은 지구 생태계 전체에 막대한 영향을 미치고, 그 파급효과는 돌고 돌아 결국 인간에게 돌아온다. 5장에서 살펴보았듯 모든 것을 끝없이 연결하고 가속화하며, 전 지역과 영역을 남김없이 포섭하려는 글로벌 자본주의의 탐욕이야말로 사태의 핵심이다. 우리는 끝없는 심화되는 자본주의 시스템과 상품 경제가 축적된 결과물로 감염병 시대를 맞이하게 된 것이다. 코로나 팬데믹은 정확히 이 지점에서 평가되고 반성 되어야지 그 이하나 그 이상의 차원으로 넘어가서는 안 된다. 코로나바이러스의 유행은 예기치 못한 급작스러운 사건이 아니라, 분명히 과학자들과 환경론자들에 의해 여러 차례 경고되고 예견되었던 사태다. 코로나 팬데믹은 엄밀히 논리적으로 추론 가능한 사태의 발

---

70. 들뢰즈·가타리, 『철학이란 무엇인가』, 75쪽.

발이며, 우리가 지금껏
행해온 활동의 산물로
초래된 중간 결과다. 이
는 우리에게 자본주의가

〈컨트랙티드〉, 2013

이대로 지속된다면 감염병 사태는 반복될 것이며, 더욱 치명적인 최종 결과가 머지않아 드러날 것이라는 사실을 예고한다. 그러나 이는 또한 코로나 팬데믹이 어쩌면 – 우리가 생활양식과 체제를 전면적으로 바꾸었더라면 – 일어나지 않았을 수도 있던 일이며, 현재의 활동에 따라 앞으로 다른 결과가 도출될 수도 있다는 걸 의미한다. 여기에서 우리는 포스트좀비영화로부터 배울 수 있는 교훈을 발견한다. 포스트좀비영화는 코로나바이러스보다 더 심각한 바이러스로 철저하고 처참하게 망가진 세계를 묘사하지만, 동시에 이것은 필연적인 최후가 아니라 어디까지나 선택의 문제라는 걸 일깨워준다. 파국은 세계를 처음부터 다시 고쳐 쓸 수 있는 계기가 될 수 있다(이는 7장에서 다시 다루어질 것이다).

역병을 초월자의 심판이나 징벌로 여길 때 생겨나는 또 다른 문제점은 감염자에 대한 타자화가 쉽게 이루어진다는 것이다. 질병을 주제로 하는 포스트좀비영화는 감염자들이 어떻게 다른 사람들에게 오해받고 점차 사회에서 고립되어 혼자가 되는지 묘사한다. 또한 감염자의 신체가 서서히 병들고 망가져 가는 모습을 면밀하게 관찰함으로써, 사실 그들도 우리와 다를 바 없이 힘들어하고 고통받는 존재임을 일깨운다. 잉글랜드 Eric England 감독의 〈컨트랙티드〉Contracted, 2013는 질병으로서의 좀비를 정면으로 다루고 있는 영화다. 사만다(나자라 타운젠드 분)는 친구의 파티에서 낯선 남자에게 강간을 당한다. 이후 그의 신체에는 알 수 없는 이상한 變化가 감지되기 시작한다. 성폭행으로 인해 좀비바이러스에 감염된 것이다. 이는 에이즈에 걸린 환자를 연상시키는 부분이다. 손택의 지적대로 에이즈와 같이 성性과 관련된 질병은 특히나 타락이나 방탕함에 대한 징벌로 부풀려진다. 사만다의 질병 역시 성적 접촉 때문에 감염된 것으로 그려짐으로써 그는 이중의 고통에 처하게 된다. 사만다의 질병이 주변 사람들에게 문란한 성적 사생활로 인한 자업자득이자 마땅한 업보처럼 인식되는 것이다.

대상에게 타락의 징후가 분명하다고 여겨질수록 질병은 쉽게 종말이나 최후의 심판 같은 막연하고 근거 없는 두려움을 자극하는 종류의 것이 된다. 이전의 좀비영화가 전염병을 소재로 최후의 심판이라는 멸망의 스펙터클을 비추는 데 몰두한다면, 〈컨트랙티드〉는 주로 사만다의 방안이라는 작고 고립된 공간에서 진행된다. 카메라는 사만다의 신체에 밀착하여 변화하는 과정을 세세히 관찰한다. 이 영화의 좀비바이러스는 전염력이 느린 형태로, 사만다는 72시간에 걸쳐 서서히 좀비가 되어간다. 사만다는 갑작스럽게 피를 쏟거나 눈 전체가 새빨갛게 변하고, 이유 없이 치아나 손톱이 빠지는 등 온몸에 이상증세를 보이기 시작한다. 놀란 사만다는 병원에 가지만 의사는 문란한 성생활 때문에 알 수 없는 성병에 걸린 거라고 비난할 뿐, 아무런 도움이 되지 않으며 고통은 온전히 개인의 몫이다. 점차 끔찍한 몰골로 변해가는 사만다는 계속해서 주변에 도움을 요청하지만, 결국 친구나 연인에게조차 거부당한다. 사만다는 실망감과 분노에 더불어 강해져 가는 좀비의 본능으로 인해 충동적으로 그들을 살해하기에 이른다. 이 영화는 좀비라는 은유를 통해 질병 — 특히 성과 관련된 — 에 걸린 인간이 어떻게 괴물로 취급받고, 주변의 낙인과 적대 속에서 점차 소외당하고 고립되어 비인간이 되는지 그려낸다.[71]

호프만Sebastian Hofmann 감독의 〈핼리〉Halley, 2012도 좀비가 되어가는 주인공 베토(알베르토 트루질로 분)를 전면에 내세운다. 바이러스에

---

71. 감독이 교체되어 제작된 〈컨트랙티드 2〉(Contracted : Phase II, 2015)는 주인공이 좀비로 변하게 되는 과정보다 좀비가 발생하게 된 원인과 음모를 추적해 나가는 내용으로 바뀌면서 진부해지고 만다.

감염되어 몸이 점점 썩어가는 베토는 직장을 그만두고 집 안에 틀어박혀 병적으로 접시나 유리잔을 닦으며, 신체의 털 한 가닥에 이르기까지 외모를 철저하게 손질한다. 그의 깔끔함과 정리에 대한 강박적인 집착은 점차 부패하고 추해져 가는 신체와 극적인 대비를 이루며 그가 겪는 고독과 비극적 상황을 선연하게 부각한다. 우드는 호러영화의 진보성은 괴물이 어느 정도의 동정심을 유발할 수 있는가에 달려 있다고 말한 바 있다.[72] 이 영화들은 좀비를 질병의 감염자로서 전면에 제시하고, 스펙터클에 몰두하는 대신 그들의 모습을 가까이에서 차분한 시선으로 바라본다. 이로써 좀비는 증오나 혐오의 대상이 아닌 동정심과 연민을 느낄 수 있는 대상이며, 나와 크게 다르지 않은 존재가 된다. 좀비는 이제 혐오스러운 괴물이나 비인간에서 벗어나, 감정을 느끼고 고통받는 환자이자 한 명의 동등한 주체로 거듭난다.

아놀드 슈왈제네거가 주연한 영화 〈매기〉Maggie, 2015는 좀비바이러스가 퍼진 세계를 배경으로 좀비에 감염된 딸을 보호하려는 아버지의 분투를 그린다. 여기서 좀비바이러스의 확산은 어느 정도 소강상태에 접어들었지만 이미 도시는 상당 부분 파괴된 상태다. 살아남은 사람들은 커다란 재난과 상실 이후 깊은 우울함과 절망감 속에서 살아가고 있으며, 아직 남아있는 좀비에 대해서도 두려움을 느끼고 있다. 도시에는 계엄령이 선포되어 통금 시간이 정해져 있고, 좀비바이러스 감염자는 수용소로 끌려가 격리당한다. 그러나 아직 치료제나 백신이 개발되지 않아 감염자들은 그저 수용소에 갇혀서 완전히 좀비로 변할 때까지 시간을 보내다가 살해당한다. 매기(아비게일 브레스린 분)[73]는 어느 날 편지 한

---

72. 우드, 『베트남에서 레이건까지』, 239쪽.
73. 아비게일 브레스린은 〈좀비랜드〉에서 언니 위치타(엠마 스톤 분)와 함께 사람들을 속여 강도질로 살아가는 영악한 어린아이 리틀 록을 연기했던 배우다. 여기에서는 좀 더 성숙한 모습으로 좀비바이러스에 감염된 사춘기 소녀 매기를 연기하고 있다.

<매기>, 2015

통만을 남기고 가출한다. 정확한 이유는 나오지 않지만, 사춘기 소녀인 매기에게 아버지의 재혼과 새로운 가족과의 생활, 또 좀비가 되어 갑자기 사라져버린 친구들 등의 여러 문제가 감당하기 힘들게 다가왔던 것으로 추측된다. 아버지 웨이드(아놀드 슈왈제네거 분)는 가출한 딸을 백방으로 찾아다니지만, 결국 2주 만에 수용소에서 연락을 받게 된다. 매기는 이미 좀비에게 팔을 물린 후였고, 딸을 수용소에서 격리된 채 죽게 놔둘 수 없던 웨이드는 매기를 데리고 집으로 돌아온다. 여기서 좀비바이러스는 감염 후 완전한 좀비가 되기까지 평균 8주 정도가 걸리기에, 이들에게 이별까지 남은 시간은 고작 6주다. 매기는 점점 망가져 가는 신체와 정신에 힘들어하며 자해를 시도하기도 하지만 웨이드는 그런 매기를 계속해서 보듬고 또 보호한다.

그러나 점차 걷잡을 수 없이 퍼져가는 좀비바이러스에 매기는 정신을 잃고 덫에 걸린 여우를 산 채로 뜯어먹기에 이른다. 결국, 아내와 다른 아이들을 안전한 곳으로 보내고 웨이드는 매기와 단둘이 남아 마지막 순간을 보내며 이별을 준비한다. 좀비가 되어가는 매기는 정신을 잃는 시간이 잦아지고, 또 아빠를 알아보지 못하기도 한다. 아빠가 자신을 위해 가꾼 꽃들을 보며 매기는 간절히 부탁한다. "하겠다고 약속해요. 부탁이에요. 멈추게 하겠다고 약속하세요. 더는 못 견뎌요." 자신이 좀비로 변하게 되면 행여 아빠를 해치게 될지 모르니, 최후의 순간이 오면 망설이지 말고 죽여달라는 것이다. 이제 얼마 남지 않은 시간을 예감한 웨이드는 현관 앞에 총을 들고 앉은 채 밤새 매기를 지킨다. 해가 막 떠오를 새벽 무렵, 마침내 완전히 좀비가 된 매기는 인육 냄새에 이끌려 천천히 웨이드가 기대어 자고 있는 의자에 접근한다. 당장이라도 웨이드의 목덜미를 물어뜯을 것만 같던 매기는 간신히 아버지의 이마에 마지막 입맞춤을 하더니, 다시 발길을 돌려 위층을 향한다. 힘겹게 지붕 위로 올라간 매기는 아버지와의 행복했던 추억을 떠올리며 몸을 던진다. 아버지를 해치는 대신 스스로 죽음을 택한 것이다.

이 영화에서 좀비는 그리 공격적인 모습으로 나오지 않는다. 좀비바이러스에 감염된 사람들은 가족이나 친구와의 즐거웠던 시절을 추억하며 이별의 인사를 나누고 생의 마지막 순간을 준비한다. 그러나 점점 발작이 심해지고 정신을 잃게 되면서, 본의 아니게 주변에 피해를 주거나 바이러스를 퍼뜨리기도 한다. 다른 가족은 설사 좀비가 되더라도 사랑하는 가족을 쉽게 포기하지 못한다. 4살짜리 딸이 좀비에 감염되자 딸과 함께 좀비가 되는 것을 택한 아버지는 방문을 폐쇄한 채 정신을 잃기 직전까지 딸을 사랑한다고 벽에다가 쓰다가 죽는다. 매기는 좀비가 된 이후에도 타인을 해치는 대신 자살이라는 극단적 선택을 함으로써 인간으로서 최후의 존엄을 지키려는 모습을 보여준다. 좀비가 되는 사람들 역시 남을 도우려다가 물리거나, 어린 자식을 차마 죽이지 못해 감염되는 등 선의에 의한 피해자로 묘사된다. 좀비바이러스라는 예기치 못한 치명적인 질병이 유행하는 순간, 일반적인 좀비영화에서는 곧바로 피해자와 가해자가 명확히 나뉘고, 비감염자가 감염자를 사살하는 것이 정당하고 당연한 자기방어로 여겨진다. 반면 〈매기〉는 우리에게 좀비를 죽인다는 것이 실은 주저되고 심한 내적 갈등을 유발하는 일이며, 비극적 상황 속에서 모두가 피해자라는 것을 일깨운다. 질병에 의해 사랑하는 가족을 잃어야 하는 사람들이나, 원치 않게 질병에 걸려 사랑하는 사람을 알아보지 못하고 심지어 해칠 수도 있다는 공포심에 휩싸여 자해하거나 결국 자살에까지 이르는 좀비 역시 가련한 피해자인 것이다.

대개의 좀비영화에서 좀비가 된 가족에 대한 집착은 대부분 어리석은 선택으로 자신뿐 아니라 집단 전체를 위험에 빠뜨리는 행위로 묘사되곤 한다. 〈살아있는 시체들의 밤〉의 지하실에서 딸을 간호하던 부모들은 좀비가 된 딸에게 살해당했고, 〈새벽의 저주〉에서는 아기에 대한 집착으로 신생아 좀비가 태어난다. 〈킹덤〉 시즌 1에서 좀비가 된 아들을 포기하지 못한 어머니는 아들을 담은 궤짝을 배에 실어, 결국 배 안의 사람들이 몰살되고 좀비는 빠르게 다른 지역으로까지 확산되기에 이른다. 여기서 그려지는 가정은 위선적인 부르주아 가정이거나 혈육에 대한 비정상적 집착을 가진 가부장적 가정으로, 부모들은 잘못된 판단을 하여 비극적 결말로 치닫는다. 따라서 비정하게 자식을 포기하고 죽이는 것만이 유일한 방책이자 현명한 선택으로 그려진다. 그러나 포스트좀비영화에서 좀비를 죽인다는 것은 그리 간단한 문제가 아니다. 〈매기〉에서 웨이드의 친구인 의사 번은 마지막 순간 매기를 떠나보내기 위한 약물을 건네준다. 이 약물은 좀비들을 가두어 놓은 수용소에서 좀비를 죽일 때 사용되는 것과 동일한 것이다. 그러나 번은 좀비가 죽을 때 아무것도 느끼지 못할 것 같지만, 사실은 처음부터 끝까지 극심한 고통을 겪게 된다고 말하며, 약물보다는 차라리 총을 사용하는 게 더 나을 거라고 권한다. 결국 웨이드는 매기에게 약물을 주입하지 못하고, 그렇다고 총을 사용하지도 못한다. 설사 좀비바이러스에 감염되었다 해도 여전히 매기가 고통을 느끼는 인간이며, 무엇보다도 사랑하는 딸이라는 사실은 변함없기 때문이다.

소수자와 포스트좀비

좀비의 질병적 측면에 주목하는 영화들에서 좀비는 연민이나 죄책감을 느끼게 하는 존재로 묘사되지만, 여전히 좀비는 인간과 함께 공존하기 힘든 존재다. 이성이 없으며 전염되는 좀비는 포용 불가능하며, 어쨌

<미스 좀비>, 2013

든 마지막에는 눈물을 머금고서 제거되어야 하는 존재다. 그러나 좀비를 괴물이 아니라 억압된 타자거나 차별받는 소수자라는 관점에서 바라보는 영화들에서 좀비는 상당 부분 인지 능력을 회복하거나 치료를 통해 인간사회로 복귀한 존재로 그려진다. 포스트좀비영화는 좀비의 소수자성을 전면적으로 다루며, 회복된 좀비들이 받는 차별과 폭력의 양상에 주목한다.

일본영화 〈미스 좀비〉Miss Zombie, 2013는 가정부 좀비 사라(코마츠 아야카 분)의 모습을 통해 좀비를 색다른 관점에서 바라보는 영화다. 어느 날 의사인 테라모토(테즈카 토루 분)의 집에 커다란 나무상자가 도착한다. 그 안에는 좀비 사라와 함께 유사시에 사용하라는 경고가 붙은 권총이 들어있다. 이렇듯 사라는 처음 등장할 때부터 총과 함께 택배처럼 '배달'된 '사물'에 불과하며, 아무 때고 동봉된 총으로 사멸시킬 수 있는 비생명으로 존재한다. 주인집에서 바닥을 걸레질하며 자질구레한 하녀 일을 하는 좀비 사라는 처음엔 사람들에게 혐오와 약간의 두려움을 느끼게 하는 대상이다. 마을에 좀비를 들여왔다는 소식에 마을주민들은 테라모토를 찾아와 "테라모토 씨, 들리는 말에 좀비를 키운다던데. 이 마을에 그런 걸 가져오면 곤란해."라며 성토한다. 여기서도 사라는 하나의 인격체나 생명체가 아닌 '그런 것'에 불과한 사물로 지칭된다. 주민의 혐오와 경계는 곧 불온한 호기심과 멸시, 그리고 차별과 폭력으로 이어진다. 동네 아이들은 사라가 지나갈 때마다 돌을 던지고, 아무런 저항을 하지 않자 몸에 칼을 꽂아 넣는다. 동네 청년들은 남들의 시선을 피해 사라를 몰래 창고로 데려가 윤간한다.

어느 날 불의의 사고로 아이가 죽게 되자 이대로 아이를 잃을 수 없던 어머니 시즈코(토가시 마코토 분)는 사라에게 아이를 좀비로 되살려 달라고 간청한다. 그러나 좀비로 되살아난 아이는 다른 사람처럼 굴며 어머니를 외면하고 좀비인 사라만을 따른다. 사라가 그의 새로운 어머니가 된 것이다. 설상가상으로 남편인 테라모토까지 사라에게 관심을 두는 모습을 보고 걷잡을 수 없는 분노와 증오심에 휩싸인 시즈코는 총을 찾아서 사라를 쏘려 하고, 사라는 아이의 손을 잡고 도망치기 시작한다. 사라는 영화 내내 어떠한 공격과 폭력에도 반응하거나 감정을 드러내지 않으며, 수동적인 서발턴의 위치에 아무런 저항 없이 순응하는 인물처럼 보인다. 그러나 아이와 도망치는 장면에서 사라는 마침내 감정을 드러내고 주체로서 자신의 의지대로 행동하기 시작한다. 사라의 시점으로 진행되는 이 영화는 세계를 바라보는 좀비의 시선을 반영하듯 영화 내내 흑백으로 진행된다. 그러나 마지막에 아이의 손을 잡고 뛰는 장면만은 컬러로 나오며 죽어있던 사라의 내면이 다시 생동하게 되었음을 암시한다. 〈미스 좀비〉는 가정부로 일하지만 어떠한 대가도 받지 못하고, 일상적인 차별과 위협에 노출되어 있지만 저항하거나 말을 할 수 없는 서발턴으로서의 좀비를 통해 인간의 잔혹함과 편견, 폭력에 대한 문제를 제기한다.

〈ZMD:좀비 오브 매스 디스트럭션〉ZMD:Zombies of Mass Destruction, 2009은 현대사회에 만연한 소수자를 향한 차별과 편견을 통렬하게 고발하는 블랙코미디다. 이 영화는 주로 억압받는 소수자를 좀비로 표상하는 기존 좀비영화의 공식을 뒤틀어서, 오히려 그들을 차별하고 혐오하는 자들을 좀비로 그려낸다. 조용한 섬을 배경으로 하는 이 영화에서 마을 사람들은 보수적이며 왜곡된 애국주의와 청교도 정신으로 무장한 광기 어린 위선자들로 묘사된다. 목사와 정치가는 비리와 부정을 일삼고 소수자에게 폭력을 행사하지만 그럴듯한 말과 신의 뜻으로 포장하고 폭력을 정당화한다. 이런 사람들을 지도자로서 신뢰하고 따르는 마을 사람들은 낙태나 동성애를 인정하지 않고 신의 섭리대로 살지 않는다고 비난하고 저주를 퍼붓는가 하면, 아랍과 조금이라도 관련이 있는 자들은 곧 테러리스트라 치부한다. 마을 사람들이 보기에 소수자는 음험하고 불결한 '비정상인'이며, 이들이 존재한다는 사실이야말로 세계가 타락과 멸망으로 치닫고 있다는 섬뜩한 징조에 해당한다. 좀비가 생겨난 이유도 타락한 소수자에 분노한 신의 징벌이다. 그렇기에 이들은 신의 섭리에 따라 '정상인'으로 교화되거나, 그게 안 된다면 제거되어야 마땅하다.

영화에서 아랍 이민자 2세인 프리다(자넷 아맨드 분)는 공연히 붙잡혀서 테러리스트로 몰린다. 프리다는 '진정한' 미국인이 아니라고 여겨지기에, 계속해서 미국 여권의 색깔이나 성조기의 의미를 질문받고 국가를 부를 것을 강요당하며 해괴한 고문을 당한다. 한편 목사는 동성애 커플을 붙잡아 동성애는 일종의 정신병이기에 신의 뜻으로 치료할 수 있다고 주장하며, 고문 의자에 앉히고 하품이 나올 만큼 오래된 흑백 계몽영화를 보도록 강요한다. 이렇게 다른 사람들에게 부당한 폭력을 행사하는 자들은 모두 좀비에게 응징당하거나 좀비가 되어버린다. 결국 영화에서 살아남는 인간은 소수자인 게이 커플 톰(더그 팔 분)과 랜스(쿠퍼 홉킨스 분), 그리고 아랍 이주민 프리다뿐이다. 〈ZMD〉는 소수자는 아무런 잘못이 없는 평범한 인간일 뿐이며, 오히려 근거 없이 그들을 혐오하고 부당한 폭력을 가하는 편견에 가득 차고 위선적인 인간들이야말로 추악하고 맹목적인 좀비가 아니겠냐고 반문한다. 그렇다면 이런 사람들이 좀비가 되어 사라진 뒤, 남은 사람들은 과연 차이를 인정하고 서로 평화롭게 공존하게 되었는가? 영화의 마지막 장면은 좀비사태가 진정된 6개월 이후의 모습을 그린다. 톰과 랜스, 그리고 프리다는 여전히 홀로 고립된 채 누구와도 교류하지 못하는 폐쇄적 생활을 이어가고 있다. 반면에 이들을 괴롭히다가 좀비가 되어 죽은 시장은 마을을 지키기 위해 숭고한 희생을 치른 영웅으로 떠받들어진다. 게다가 언론에서는 좀비사태가 극단주의 테러리스트의 공격 때문이라고 발표되고 있다. 영화는 소수자들이 겪는 고통이 여전히 지속되고 있으며, 그들을 향한 차별은 쉽게 해소되지 않고 반복될 것임을 암시한다.

게이 포르노 감독인 브루스 라브루스Bruce LaBruce 감독의 〈엽기좀비 오토〉Otto; or Up with Dead People, 2008는 좀비라는 기표를 통해 성 소수자가 겪는 극심한 차별과 혼란, 그리고 그들을 향한 폭력을 고발한다. 이 영화는 감독 스스로 '정치적 좀비 게이 포르노 장르'라고 밝히고 있듯이 선정성과 폭력성이 두드러지지만, 그럼에도 급진적이고 중요한 정치적 메시지를 담고 있다. 또한 액자식 구성으로 극중극이 여기저기에 삽입되어 시종일관 현실과 가상의 경계를 혼란스럽게 만들지만, 이는 영화가 단지 허구가 아닐 수 있음을 일깨우며 주제를 더욱 부각시킨다. 오토(제이 크리스파 분)는 아무런 폭력성이 없는 게이 좀비다. 직업도 집도 없는 부랑자에 동성애자인 오토는 인육을 먹지 않고 동물의 사체를 뜯어먹으며 연명한다. 아이들은 그런 오토를 아무런 까닭 없이 폭행한다. 제대로 저항하지도 못한 채 무기력하게 구타당하고 방황하는 오토의 모습은 직업도 구하지 못하고 집도 없이 지내는 '죽은 것과 다름없는' 청년세대의 은유이자, 우리 주변의 하층계급, 부랑자, 동성애자이며 '정상인'이 기피하는 존재처럼 보인다.

정처 없이 떠돌던 오토는 레즈비언 영화감독 메데나(카타리나 클레빙하우스 분)를 만나게 된다. 메데나는 "좀비야말로 새로운 저항의 주체"라고 주장하며 여자친구, 그리고 게이 남동생 프란츠(마르셀 슐르트 분)와 함께 게이 좀비들이 함께 혁명을 일으킨다는 내용의 영화 〈죽은 자들과 함께 일어나다〉Up with Dead People를 찍고 있다. 이 영화 속 영화는 좀비가 성관계를 통해 전염되며 모든 좀비는 게이라는 설정으로 진행된다. 무리를 지어 생활하는 좀비들은 인간을 하나둘 감염시켜 게이 좀비로 만들며 그 수를 늘려나간다. 좀비 집단이 점점 늘어가자 위협을 느낀 인간 청년들은 좀비 무리 지도자의 애인에게 집단 린치를 가하고 불태워 살해한다. 영화는 분노에 찬 좀비들이 좀비 저항군을 창설하고 혁명을 일으키기로 결의하며, 그 전날 승리를 다짐하는 모습을 비추며 끝난다. 오토는 메데나와 영화를 찍고, 프란츠와 사랑을 나누면서 한 명의 주체로서 거듭나고 자신의 부당한 처지를 자각하게 된다. 물론 영화가 혁명의 결과를 보여주지 않고 그 직전에 멈추었듯, 현실에서 오토의 저항이 성공할 수 있을지 역시 미지수이다. 그러나 적어도 그는 프란츠의 곁에서 안주하는 것을 거부하고 자신만의 삶을 찾아 홀로 길을 나선다. 동시에 영화는 어쩌면 오토가 좀비가 아닐 수도 있음을 계속해서 암시한다. 오토는 그저 사랑하는 대상을 상실하고 우울증으로 빠져든 섭식장애자이자 정신 분열증 환자일 수도 있는 것이다. 이 영화는 앞부분에 베트남 승려 틱꽝득釋廣德 74의 소신공양燒身供養 장면을, 그리고 마지막에 오토의 분신焚身 장면을 배치하여 급진적인 저항성을 선명히 드러내고 있다. 스스로 자신의 몸을 불사르는 분신이란 어쩌면 육체로 상연 가능한 가장 격렬하고 극적인 형태의 저항일 것이다. 좀비와 성 소수자가 단지 괴물로 치부되는 현실 속에서 가능한 유일한 저항이란 철저한 자기 파괴라는 극단적 행위뿐일지도 모른다. 이 영화는 우리 사회에서 성 소수자가 마치 좀비처럼 괴물화되어 있으며, 사람들을 타락시키고 망가뜨리는 전염병 같은 취급을 받고 있음을 강력하게 고발한다.

억압받는 소수자를 등장시켜 좀비의 타자성을 전면에 드러내는 방식은 영국 드라마 〈인 더 플레쉬〉에서도 드러난다. 〈인 더 플레쉬〉는 좀비와 인간이 함께 어울려 살아가게 된 상황을 그린다. 이 드라마에서는 좀

---

74. 틱꽝득은 1963년 6월 11일 베트남 전쟁과 불교 탄압에 맞서 소신공양을 감행했다. 이 충격적인 사건은 미군 종군기자가 찍은 사진을 통해 퍼져나갔고, 베트남선의 참상과 독재정권의 압제를 전 세계에 폭로했다. 특히 미국 내에서 베트남 전쟁에 대한 근본적 회의와 그것을 자행한 정부에 대한 불신을 불러일으켰고, 반전 여론이 높아지는 데 영향을 미쳤다.

비바이러스의 치료제가 개발되어 좀비들은 이를 지속적으로 투입받으면 이성을 회복하고 인간사회로 복귀할 수 있다. 하지만 그 과정에서 좀비와 인간은 극심한 갈등과 다툼을 겪게 된다. 인간은 죽은 자들이 좀비로 부활하는 사태가 발발했을 때 겪었던 끔찍한 혼란과 상실로 좀비를 증오하고 있으며, 치료된 좀비는 인간의 차별과 멸시, 그 속에서 겪는 정체성의 혼란과 좀비일 때의 기억으로 고통받고 있다. 인간인 아버지는 좀비가 되어 돌아온 자식을 인정하지 못하고 살해하기도 한다. 이 드라마에서 좀비는 핏기 없는 얼굴에 퀭한 눈을 하고 있어 외모가 인간과 구별된다. 이를 가리지 않고 그대로 돌아다니는 좀비는 인간들에게 집단 린치를 당하거나 살해당할 수 있기에, 많은 좀비는 인간처럼 꾸미고 돌아다닌다. 좀비는 설사 다른 인간들에게 모욕과 폭행을 당하더라도 자신이 좀비일 때 저지른 살인행위 때문에 제대로 반항하지 못하며 죄책감에 고통스러워할 뿐이다. 반면 일부 좀비는 조직을 꾸려 인간에게 저항하고 심지어는 인간을 모두 제거해 좀비의 세상을 만들자며 다른 좀비들을 선동하기 시작한다. 이들은 살아있는 인간처럼 화장하거나 모습을 꾸미는 것에 반대하고 있는 그대로의 좀비로서의 모습을 긍정해야 한다고 주장한다. 와중에 좀비의 폭력성을 강화해주는 불법 약물이 유통되고 있으며, 좀비만의 새로운 극단주의 종교가 유행하기도 한다. 좀비가 인간의 폭력에 다시 폭력으로 응수하기 시작하며 갈등과 반목은 점차 증폭되고 극심해진다. 타자에 대한 혐오가 또 다른 혐오를 낳으며 결국 세계는 반복되는 폭력에 휩싸이게 된다. 좀비에게 피해를 당한 인간들이 좀비를 혐오하고, 좀비들은 다시 정체성에 기반한 집단주의를 추구하여 인간을 향한 복수를 시도하면서, 세계는 좀비사태 이후 또 다른 형태의 파국으로 치닫는다.

넷플릭스 좀비드라마 〈킹덤〉은 조선 시대를 배경으로 굶주림에 시달리는 백성을 좀비로 설정하고 있다. 오랜 기근으로 인해 아무런 먹을 것이 없는 백성들은 '생사초'라는 풀로 되살아난 왕에게 물려 죽은 자의 인육을 먹고 좀비역병에 감염된다. 이 역병은 순식간에 확산되어 나라 전체를 휩쓸기 시작한다. 궁핍하고 순진한 백성과 대비되는 것은 궁궐과 관아의 양반들이다. 그들은 백성의 처지를 외면한 채 사치와 향락을 누리며 권력다툼에만 몰두하고 있는 무능한 자들이다. 왕은 좀비가 된 채 구중궁궐 속에 갇혀 있는 꼭두각시이며, 주변의 권력자들은 왕을 좀비로 만들어서라도 자신의 권력을 유지하고자 한다. 역병이 걷잡을 수 없이 확산되는 순간에도 양반들은 제대로 대응하지 못한 채, 자신들의 안위만을 도모하거나 허둥대 사태를 악화시킬 뿐이다. 이 드라마에서 거의 유일하게 긍정적인 양반으로 나오는 것은 세자 이창(주지훈 분)뿐이다. 후궁을 어머니로 둔 이창은 처음에는 불안한 승계권으로 인해 권력다툼에 몰두하는 모습을 보이지만, 백성과 함께 고난을 겪으며 점차 그들의 고통을 이해하고 백성을 위하는 위정자로 성장하게 된다. 처음에는 백성들의 거처에서 나는 악취를 불쾌해하던 철부지 세자는, 나중에는 백성을 위해 희생하고 기꺼이 자신의 식량을 나눠주기도 한다. 〈킹덤〉 시즌 2에서 이창은 마침내 좀비사태의 핵심에 영의정 조학주(류승룡 분)와 중전 조 씨(김혜준 분)의 음모가 있음을 파악하게 된다. 좀비의 끈질긴 추격 속에서도 이창은 자신을 따르는 저항군과 함께 조학주와 중전을 제거하고, 사투 끝에 좀비로부터 궁을 지켜내기에 이른다. 반면 나머지 양반 대부분은 탐욕스럽고 파렴치한 자들일 뿐이다. 이처럼 부패하고 무능한 권력층이 백성을 돌보지 않고 권력 유지와 자리보전에만 급급할 때, 그 결과는 세계를 파멸로 몰고 갈 수 있는 것이다. 〈킹덤〉은 밀레니엄좀비서사와는 달리 계속해서 좀비의 탄생 원인과 과정을 추적하며, 그 이면에서 작동하고 있는 계급 문제를 건드린다.

그러나 우리는 여기서 여전히 해결되지 않는 의문점을 갖게 된다. 〈킹덤〉 시즌 1은 그저 '선량하고 어진 임금'(윤세웅 분)과 그 주위를 둘러싸고 있는 '간악한 탐관오리'라는 순진하고 보수적인 구도를 다시 도입하는 것은 아닌가? ('태양' 같은 군주가 문제가 아니라 그 은총을 가리는 '먹구름들', 예컨대 임금의 탁월한 식견을 흐리게 만드는 측근의 간신배나 외척, 혹은 '요녀'가 문제라는 식의 회피) 그리하여 결국 정의롭고 유능한 영웅(이창)이 등장하여 악을 일거에 처단하고 다시 지도자 ─ 게다가 그는 혈통적 정당성마저 갖추고 있다 ─ 로 회귀하는 '신화적 영웅 서사'로 만족하는 것은 아닌가? 위기의 순간 자격을 갖춘 유능한 독재자의 독단적이고 일방적인 통치를 선호하는 결론으로 나아가는 것은 아닌가?

〈킹덤〉 시즌 2로 오면 이 구도는 조금 달라지는 듯 보인다. 고난을 극복하며 진정한 왕의 덕목과 백성이 겪는 고통을 깨닫게 된 이 '신화적 영웅' 이창은 별안간 모든 지위를 버리고 스스로 어둠 속에 머무는 '다크 나이트'가 되기를 택한다. 그 대신 왕위를 이어받는 건 중전이 납치하여 선왕과 자신 사이에서 낳은 아들로 둔갑시킨 아이다. 이 아이는 왕실과 아무런 관련이 없다. 이창은 국가의 환란을 초래한 장본인을 모두 제거한 뒤, 갑작스럽게 아이가 진짜 동생이라고 거짓말을 하고, 자신은 왕위를 계승하지 않고 포기하겠다고 공언한다. 서자인 데다가 아버지인 선왕 ─ 비록 좀비였더라도 ─ 의 목을 벤 자신은 적합한 왕의 재목이 아니라는 것이다. 이에 왕위는 갓 태어난 '적자' ─ 그러나 가짜 혈통인 ─ 가 이어받게 된다.[75] 이것은 왕실의 혈연주의와 신분제 질서에 대한 소극적이고 은밀한 조롱은 될 수 있을지 몰라도, 실질적 변화를 끌어낼 진정한 해결책이 될 수 없으며 별다른 효과도 없는 기만일 뿐이다(진실을 아는 건 극

---

75. 이창은 비록 서자일지라도 중전의 가짜 아들보다는 혈통적 정당성을 갖추고 있으며, 어쨌든 나라를 환란으로부터 구해낸 '영웅'이자 통솔력과 위기 대처 능력을 갖춘 인물이라는 점에서도 보다 적합한 왕위 계승권자처럼 보인다. 이창은 왕위를 포기하면서 그런 것보다 '더 중요한 정당성'이 있음을 말하고 싶어 하는 듯하지만, 그것이 무엇인지, 또 그것이 다시 초래될 수 있는 혼란의 위험성보다도 중요한 것인지 설득력이 있게 제시되지 않고 있다.

소수의 사람뿐이다).76 새로 태어난 아이가 왕실의 혈통과는 아무런 상관이 없다는 걸 모르는 외부자가 보기에, 장성한 세자이지만 어디까지나 '서자'인 이창보다는 적통을 이은 갓난아이가 더 적합한 계승자로서(더욱이 해원 조 씨의 혈통이기도 하다) 마땅한 자리를 차지한 것이 된다. 이는 가부장적이고 봉건적인 신분 질서를 오히려 강화할 뿐이다. 반면에 진실을 아는 소수 역시 자신들이 지키고자 한 정의를 농락당하고 기만당한 처지에 놓인다. 어영 대장(민치록 분)이나 병조 판서(이양희 분) 등이 목숨을 걸고 중전을 조사하여 음모를 밝혀낸 것은, 온당치 않은 후사가 중전의 계략에 의해 왕실의 혈통으로 둔갑하여 왕위를 잇게 될 것을 걱정했기 때문이다. 그러나 이창의 선언으로 그들이 알아낸 진실은 모두 무의미한 일이 되고야 만다. 게다가 이는 또다시 국가에 초래될 커다란 불안 요소로 작용하기도 한다. 걱정하는 대신들에게 이창은 간악한 무리를 모두 제거했으며, 이제는 충직한 신하들만이 남게 되었으니 괜찮을 거라고 말한다. 그러나 과연 악은 태생적 특성이며, 악한은 본질적으로 악의 성향을 지닌 채 태어나는 것인가? 〈킹덤〉에서 국가의 운명이 파국으로 치닫고 백성이 굶주림에 시달려 역병까지 창궐하게 된 것은 통치가 제대로 이루어지지 않았기 때문이며, 그 원인의 상당 부분은 약한 왕권에 있었다. 왕권이 약한 틈을 타 세도가와 외척이 자신들의 권력과 재산 축적에만 골몰했던 것이다. 그렇다면 갓 태어난 아기만을 남기고 무책임하게 떠나는 것은 실은 다시 동일한 구도가 반복되게 만들 커다란 위험 요소가 아닌가?

〈킹덤〉은 후반부로 진행될수록 좀비 자체보다는 재난 상황 앞에서의 권력다툼이라는 정치 드라마에 집중하고 있지만, 과연 좋은 정치란

---

76. 왕실의 혈통을 잇는 일에만 집착하는 태도와 마찬가지로, 모든 위험성을 제쳐두고 오로지 혈연주의로부터 단절만을 최우선으로 중시하는 태도는 혈연주의에 대한 반전된 집착에 불과하다.

무엇인지에 관한 질문을 끝까지 물고 늘어지지 못하고 있다. 왕은 세자에게 왕으로서의 덕목이라든가 어떤 정치를 해야 하는지에 대해 조언하지 않는다. 그 대신 극 전체에서 플래시백으로 어린 이창을 세뇌하듯 반복되는 아버지의 단 하나의 명령은 그저 "살아남거라"라는 것이다. 거기에 백성을 굶기지 않는 것이야말로 최고의 선이자 궁극적 인본주의라는 메시지가 직접적으로 제시되면서, 드라마는 정치적 투쟁의 허망함과 무의미함을 드러내며 정치혐오의 분위기를 자아낸다.[77] 정치는 그저 이창과 백성의 생존을 위협하는 부정적이고 퇴폐적인 권력 놀음일 뿐이며, 정치적 대안이 제시되는 대신에 정치는 혐오의 대상이 되고 거부당한다. 그러나 우리 시대에 만연한 정치혐오의 정동은 다른 세계를 욕망하는 대신 현 세계에서의 작은 만족을 추구하는 주체로 빠져들도록 만든다("정치인은 어차피 그놈이 그놈"이라 말하며, 누가 집권하든 민초들이 사는건 똑같으니 중요한 건 오직 내 이익뿐이라는 자세). 이런 세계에서 중요해지는 건 누가 어떤 정치 이념을 갖고 실천적 대안을 제시하는지가 아니라, 단지 각자의 생존만을 추구하는 것이다. 그것은 이창에게 있어서는 권력을 독점하고 있는 외척으로부터 살아남는 것이고, 백성에게 있어서는 굶주림을 해소하여 살아남는 것이다. 이처럼 생존만이 유일한 지상명령으로 제시될 때, 우리는 사태의 본질적인 핵심을 놓치게 된다.

드라마에서 암시되듯이 '집중해야 할 것은 삶의 현장'이고 '정치는 혐오스럽고 무용無用한 것'일 뿐이기에 시즌 2의 마지막에 이창은 왕위를 계승하여 제도 정치에 뛰어드는 대신, 방랑하며 사건을 직접적인 방식으

---

77. 예컨대 이창을 따르던 영신(김성규 분)은 원하던 복수(조학주의 죽음)를 달성한 후에도 왜 나를 계속 따르냐는 이창의 질문에 이렇게 답한다. "그들이 죽었어도 사는 건 똑같습니다. 여전히 배고프고, 여전히 개판입니다. 저하라면 그래도 조금은 다르게 만들어주실 수 있겠지요." 또한 이창은 중전을 끌어내리는 이유에 대해 이렇게 주장한다. "백성은 먹을 것을 하늘로 삼고 왕은 그 백성을 하늘로 삼는다. 그 도리를 외면했기 때문이오."

로 해결하는 것을 선택한다. 이것은 제도나 행정의 개선이나 보완을 통한 사태의 해결 대신 개인적 방식의 해소로 빠져드는 것은 아닌가? 〈킹덤〉은 제도보다는 사람의 개인적 성향에서 악의 원인 ─ 소수의 탐욕스러운 악당이야말로 근본악이며, 단순히 그들이 제거되면 사태가 해결될 거라는 착시를 불러온다 ─ 을 찾고 있을 뿐만 아니라, 동시에 궁극적인 해결방안 역시 '예외적 개인' ─ 소수의 영웅이 치르는 숭고한 희생과 처절한 분투 ─ 에서 찾고 있는 듯 보인다. 요컨대 드라마 〈킹덤〉은 (적어도 시즌 2까지의 〈킹덤〉은) 비슷한 소재를 택하고 있는 〈창궐〉에 비해 좀비가 지닌 '굶주림'과 '식인'이라는 특성을 극대화한 흥미롭고 독특한 설정의 좀비를 등장시켜 계급 문제를 건드리는 듯하지만, 그것을 급진적으로 문제 삼는 데까지 나아가지 못한다. 그것은 정치적 차원으로까지 확장되는 대신 최소한의 생존만을 도모해야 한다는 신자유주의적 명령으로 축소되어 버린다. 여기에는 정치적·제도적 창안이라든가, 세계를 변화시킬 수 있는 어떠한 정치적 주체의 형상도 제시되지 않는다. 결국 드라마는 아무것도 해결하지 못한 채 마무리되고, 사회의 모순과 파열의 지점을 폭로했던 좀비사태는 성급하게 봉합된다. 재난의 진정한 원인은 '생사초'라든가 중전과 외척(조학주)과 같은 특정한 인물 따위에 있는 것이 아니라 그것이 가능하도록 놔둔 제도, 다시 말해 외척이 들끓고 굶주린 백성이 인육마저 먹게 될 때까지 아무것도 하지 않고 방관했던 불합리한 통치제도, 그리고 궁극적으로 그것을 가능케 한 불평등한 계급 자체에 있기 때문이다.

정리해 보자면 우리가 살펴본 포스트좀비서사, 특히 억압받는 타자를 전면에 등장시키고 있는 좀비서사는 소수자에 대한 혐오와 차별, 그리고 불평등이 만연한 현실을 비판하며 그들이 겪는 고통을 적나라하게 보여주고 있다. 또한 그런 사회가 계속된다면 불합리한 현실 속에서 최소한의 생존을 위협받는 무고한 자들 역시 가만히 당하고만 있지는 않을 것이며, 끝나지 않는 폭력의 상호 전염 속에서 공멸을 향해 치달을 수 있음을 강력히 경고하고 있다. 동시에 이 서사들에 내포된 한계점도 함께 살펴보았다. 우리는 특정한 정체성 정치에 사로잡히는 위험을 넘어서 공존을 향해 더 나아가야 한다. 또한 개인적 방식의 해결에 만족하거나 특정한 영웅에 의존하지 않으며 다른 세계를 창조할 역능과 욕망을 지닌 정치적 주체를 사유해야 한다.

유목적 포스트휴먼

우리는 스피노자의 일원론에 바탕을 둔 포스트휴먼 사유를 통해, 이제 좀비를 생기적 힘인 조에로 가득하며, '내재성의 공통 평면'에 위치한 동등한 존재로서 바라볼 수 있게 되었다. 그리고 최근 일련의 포스트좀비영화는 질병으로 고통받고 차별에 신음하는 좀비의 모습을 그림으로써 좀비를 새롭게 바라보게 한다. 이제 개별적 주체성의 차원을 넘어 적극적으로 현실을 재구성할 정치적 주체로서의 좀비를 사유하기 위해 유목적 포스트휴먼 주체를 살펴보도록 하자.

들뢰즈는 인간이 "자신의 행위 능력을 소유하게 될 때, 자신의 코나투스가 적합한 관념들에 의해서 결정될 때, 자유롭다"라고 말한다.[78] 인간은 스스로 자신의 코나투스를 자각하며 기쁨의 정동을 추구할 때 가장 자유롭고 큰 존재적 함량으로 충만할 수 있다. 이때 모든 특이자들의 코나투스를 자신과 세계를 생산하려는 충동으로 개념화하는 것을 떠받쳐주는 것이 바로 '역능'potentia 79이다.[80] 들뢰즈는 역능의 다양한 가능성과 변화를 제한하는 어떤 틀이나 구조에도 반대하며, 틀지어지지 않는 자유를 지향하고 운동과 변화에 주목한다.[81] 우리는 변화를 가로막

---

78. 들뢰즈, 『스피노자의 철학』, 128쪽.
79. 역능은 역량, 힘, 능력 등으로 번역되기도 한다.
80. 네그리, 『전복적 스피노자』, 37쪽.

고 현 상태로 고정하려는 모든 종류의 억압이나 제도에서 벗어나 최대한의 역능을 발휘하기 위해 '유목적nomadic 주체'로 거듭나야 한다. 이때 유목적 주체는 '정주적sedentary 주체'와 구분되는데, 정주적 주체가 사회의 지배적 질서를 내면화하는 주체라면 유목적 주체는 부단한 변화와 분열을 통해 새로운 대상과 가치를 창출하는 능동적인 주체로 나아간다.[82] 유목적 주체로의 이행은 혼종적이고 다층적인 주체들을 존중하는 윤리적 차원으로 나아가며, 궁극적으로 "모든 것들 중에서도 가장 중요한 가치인 희망을 사회적으로 건설하는 일과 관련"되어 정치적 차원으로까지 확장된다.[83]

유목적 주체는 공간을 점유하지 않고 벗어나기 위해서 끊임없이 이동하며 경계를 넘나들고 파괴하는 존재이다. 여기서 이동이란 단순히 물리적, 공간적인 이동을 뜻하는 것이 아니라 하나의 태도, 사유의 방식, 존재 양식적인 차원에서의 이동을 의미한다. 이동에서의 핵심은 무엇보다도 주체성의 문제이며 이동하는 주체성이란 곧 유목적이며 탈중심적 주체성이다.[84] 유목적 포스트휴먼은 거대하거나 단일한 중심을 상정하지 않는 주체로, 분자화되고 자유롭게 흐르고 탈주하면서 다양한 개체들의 집합과 연대를 형성한다. 우리가 앞서 보았던 근대적 주체성이 인간중심적이며 확고 불변한 보편적 주체성, 포함과 배제를 관장하고 정상과 비정상을 나누며 선과 악, 미와 추, 도덕과 윤리마저 자신에게 근거 짓는 주체성이라면, 포스트휴먼 주체는 배제되었던 구조적 타자와 환경까지도 포함하는 다양체로 구성된 유목적이며 관계적 주체다.[85] 이는 모든

---

81. 양운덕, 「스피노자에 관한 현대적 해석」, 『시대와 철학』 8권 2호, 1997, 124~125쪽.

82. 이소희, 「로지 브라이도티의 유목적 페미니스트 주체형성론에 관한 연구」, 『영미문학 페미니즘』 13권 1호, 2005, 117~118쪽.

83. 로지 브라이도티, 『유목적 주체』, 박미선 옮김, 여이연, 2004, 10쪽.

84. 서용순, 「이방인을 통해 본 새로운 주체성에 대한 고찰」, 『한국학논집』, 282~283쪽.

85. 브라이도티, 『포스트휴먼』, 68~73쪽.

종류의 배제와 차별의 정치에 저항하고, 부단히 고정된 것에서 탈피하는 유동적이며 잠재력으로 충만한 생성의 주체. 그것은 또한 "익숙한 체제의 영속이 아니라 새로운 주체성의 재발명에서 즐거움을 이끌어내는 그런 주체"다.[86]

일원론적 유물론, 유목적 주체에 기반을 둔 포스트휴먼 주체는 개별적 주체성 마련의 차원에서 머무르지 않고 연대의 중요성과 실천성을 강조한다. 하지만 현시대는 인간이 그 역능을 발휘하는 것을 불가능하게 지속적으로 그 힘을 앗아가고 부단히 부정적 정동으로 이끌고 있다. 우리는 실질적인 변화와 대안세계를 기획하기 위해 좀 더 급진적이며 정치적인 실천의 주체를 필요로 한다. 포스트휴먼 주체는 현재 만연한 부정과 파국의 전망 위에서, 철학과 기술의 논리에 종속된 탈-인간중심의 상황을 딛고 다른 세계를 욕망하는 생성적인 힘을 지닌 주체가 되어야 한다. 존재론적 전회가 철학적 사변이나 담론의 영역에 국한되지 않고 실재하는 현실을 변화시키기 위해서는, 보다 능동적이며 실천적인 정치적 대안과 윤리적 형식으로 확장되어야 한다. 인간을 '신체 없는 기관', 좀비라는 불구의 형상으로 만드는 현대의 거대한 시스템 속에서 개체로서의 인간 개개인은 어떻게 자신의 코나투스를 추구하며 역능을 발휘할 수 있을 것인가? 정치적 생명을 갖지 못하는 벌거벗은 생명들, 취약하고 처분 가능한 삶의 자리만을 할당받은 비존재들, 미디어와 정치 담론의 언어 안으로 포섭되지 않으며 자신을 표현하거나 말할 수 없는 박탈당한 자들은 어떻게 정치적 주체로서 거듭나고 저항할 수 있을 것인가?

---

86. 같은 책, 122쪽.

7장

폐허를 딛고 새로운 주체를 발명하기

좀비시위와 포스트좀비의 정치학

다중 주체

'존재론적 전회'의 두 번째 스케치로, 정치적 주체의 가능성을 사유하기 위해 또 다른 네오-스피노자적 기획을 살펴보자. 네그리Antonio Negri와 하트Michael Hardt는 맑스의 문제의식과 스피노자의 사유를 결합하고, 이를 현 상황에 맞게 전유하여 혁명적인 정치론을 구성한다. 네그리는 스피노자의 재발견이야말로 '지금의 이' 세계, 다시 말해 이른바 '이데올로기의 종말'과 '역사의 종말'과 같은 종말과 파국 담론이 횡행하는 세계를 우리가 다시 건설해야 할 세계로 바꾸어 놓는다고 주장한다.[1] 그것은 개인을 부단히 부정적인 정동으로 제한하며 현재에 고착시키려는 권력에 맞서, 긍정의 역능을 지닌 새로운 주체를 마련하는 데서 비롯된다.

데카르트의 세계관에서 정신은 외부적 표상, 즉 물질세계와 분리된 인식주체이며 명약관화한 의식의 주체였지만, 스피노자에게 정신은 육체와 분리되지 않고 함께 흐른다. 이를 잘 보여주는 것이 스피노자의 '정동'affect 개념이다. 스피노자는 『에티카』의 제3부 「정동의 기원과 본성에

---

1. 네그리, 『전복적 스피노자』, 240쪽.

대하여」에서 정동을 다음과 같이 정의한다.

> 나는 정동을 신체의 활동 능력을 증대시키거나 감소시키고, 촉진하거나 저해하는 신체의 변용인 동시에 그러한 변용의 관념으로 이해한다. 그러므로 만일 우리가 그러한 변용의 어떤 타당한 원인이 될 수 있다면, 그 경우 나는 정동을 능동으로 이해하며 그렇지 않을 경우는 수동으로 이해한다.[2 3]

스피노자는 '정동'을 외부의 자극에 의해 불러일으켜지는 우리 자신의 유동적 상태로 정의한다. 이 정동은 어떤 외부적 요인과 마주치는지에 따라 존재의 보존에 긍정적인 방향으로 흐르거나 혹은 부정적인 방향으로 흐를 수 있다. 스피노자는 이를 각각 정동의 변용에 있어서 능동과 수동, 그리고 기쁨과 슬픔의 정동으로 연결한다. 우리는 자신을 파괴하려는 것에 저항하고 존재를 보존하려는 본성인 코나투스에 따라 수동적 정동을 지양하고 능동적 정동을 추구하는 존재다. 스피노자는 기쁨과 충만의 정동으로 이끌어 존재의 상태를 고양하는 절대적 자유, 존재자에 잠재된 능동적이고 긍정적인 힘의 발현을 '역능'potentia이라 부른다. 그러나 인간이 타고난 본성대로 살며 탁월성에 이르지 못하는 것은 외부의 어떤 부정적 대상이 지속적으로 본성을 억누르고 역능의 발현을 막는 힘으로 작용하기 때문이다. 스피노자는 인간을 억압하고 부정의 정동으로 끌어내려 그 존재를 파괴하는 예속의 힘, 역능을 왜곡하고 존재자가 수동적인 노예의 상태에 머물기를 자처하게 만드는 상태를 '권력'potestas이라 부른다. 스피노자 윤리학의 핵심은 예속된 노예의 상

---

2. 스피노자, 『에티카』, 153쪽.
3. 이 책의 역자는 'affect'를 '정서'로 옮기고 있으나, 여기서는 용어의 일관성을 고려하여 '정동'으로 적는다.

태에서 해방된 자유인의 상태로 이행하는 것이며, 권력으로부터 탈주해 타고난 역능을 발휘하여 존재가 그 완전성에 도달하는 것이다.

스피노자의 '권력'과 '역능'은 네그리와 하트의 정치철학에서 각각 '제국'empire과 '다중'多衆, multitude 개념으로 변용된다. 먼저 인간을 억압하여 수동적 정동과 슬픔의 상태로 이끄는 지배체제로서의 권력은 현시대의 '제국'이다. 네그리와 하트의 분석에 따르면 현대의 자본주의 체제는 기존의 '제국주의'imperialism라는 낡은 개념 틀로는 설명될 수 없다. 현재의 전 지구적인 모순과 착취, 차별과 폭력의 상황은 과거 제국주의 시기보다 무질서하고 산발적이며, 복잡하고 다층적인 양상을 띤다. 따라서 우리는 낡은 헤게모니나 다자주의적 협력 모델 대신, 현재의 세계 질서를 근본적으로 다른 관점에서 바라보아야 한다. 그것은 "전 지구적 협치의 맥락에서 형성"되고 있는 배치와 권력체들이며, "다양한 국가적·초국가적·비국가적 힘들의 협력을 통해서만 기능할 수 있는 새로운 제국 형성체"의 출현이다.[4] 제국은 세 가지 특징을 갖는다. 첫 번째는 제국이 혼합된 구성으로 이루어져 있다는 점이다. 이는 세계은행과 같은 초국가적 실체들부터, 국민국가, NGO에 이르기까지 자율적이고 상이한 구조를 지닌 다양한 기구들이 하나의 일관된 전 지구적 구성 안에서 다 같이 함께 기능하고 있음을 뜻한다. 두 번째 특징은 제국의 권력에는 중심이 없다는 점이다. 이제 권력은 혼합된 구성과 다양한 수준으로 분배된다. 현대의 제국에는 고대 로마제국과 같이 단일한 중심점이 존재하지 않기에, 특정 국가를 그 중심으로 파악할 수 없다. 세 번째 특징은 제국의 외부가 존재하지 않는다는 점이다. 전 지구적인 자본주의 질서는 국민국가의 경계를 허물며 세계 전체로 끝없이 확장된다. 자본의 흐름에서 벗어나는 예외나 바깥은 더 이상 존재하지 않으며, 자본이 지

---

4. 네그리·하트, 『공통체』, 328~329쪽.

배와 착취는 보편적인 현상이 되었다.[5] 이런 전면적인 제국적 상황은 인간을 착취하고 억압하여 능동적인 정동의 발현을 막는 '권력'으로 작동한다.

제국이 출현하게 되는 배경은 오늘날 노동의 양상이 '비물질 노동'으로 이행했기 때문이다. 비물질 노동은 "서비스, 문화 상품, 지식, 또는 소통과 같은 비물질적 재화를 생산하는 노동"을 의미한다.[6] 산업 생산 체제는 더 이상 지배적 패러다임이 아니다. 네트워크 조직망을 통한 생산의 정보화, 서비스업의 증대, 그리고 노동에 있어서 이동의 자유와 유연성 증가는 노동의 방식과 질적인 측면에 획기적인 변화를 초래했다. 이제는 비물질 노동이 생산하는 비물질적 재화가 생산의 중심이 되었으며, 이는 사회 전체를 재구조화하고 변형시키고 있다. 제국적 지배의 전면화와 자본의 무한한 확장이라는 암울한 상황에도 불구하고, 네그리와 하트는 비물질 노동의 가장 큰 특징인 네트워크 조직망이 소통과 협동의 가능성을 증대시키기에 상황이 마냥 절망적이지는 않다고 본다. 자본의 통제가 전면적으로 심화되면서 노동의 지위는 약화되고 노동자들은 가난과 불안정한 고용상태로 내몰리고 있지만, 이는 상호 간에 소통과 연대의 가능성을 높이는 역설을 야기한다. 비물질 노동이 협동과 코뮤니즘을 위한 잠재력을 제공하는 것이다. 따라서 현실에는 오히려 긍정적 가능성이 잠재되어 있다. 제국의 통치 이면에서 저항과 혁명의 가능성은 증대되고 있다.[7]

네그리와 하트는 제국을 돌파할 '역능'이자, 지배체제에 맞서는 전복과 혁명의 주체로서 '다중 주체'를 제시한다. 이들이 다중을 새로운 주체로 제시하는 이유는, 과거 맑스가 혁명의 주체로 제시했던 '프롤레타리

5. 안토니오 네그리·마이클 하트, 『제국』, 윤수종 옮김, 이학사, 2001, 12~18쪽.
6. 같은 책, 382쪽.
7. 같은 책, 370~390쪽.

아'가 변화된 현실 속에서 그 시효를 상실했으며, 현대의 강고한 제국 질서를 돌파하기 어렵다고 보기 때문이다. 앞서 지적했듯 과거에는 산업 노동이 주류이자 지배적 형태였지만, 이제 생산의 정보화, 비물질 노동의 확산으로 인해 프롤레타리아는 그 패권적 지위를 상실했다. 오늘날 노동의 형태는 더욱 복합적이며 다양한 양상을 보인다. 그러나 단지 산업 노동자만을 지칭하는 프롤레타리아 개념은 농업 노동자, 서비스 노동자 등을 배제한다. 그 개념을 광의로 확장하더라도 프롤레타리아는 임금노동자만을 지칭하기에 가내 노동자나 여타 임금을 받지 못하는 실업자·부랑자·빈민 등을 배제한다. 따라서 이들을 모두 포괄할 수 있는 새로운 다중 개념이 요청된다. 다중은 "복수성, 특이성들의 구도, 관계들의 열린 집합"으로 이루어진 구성적 힘이다.[8] '인민'people이 국민국가의 산물이며 단일한 동일성으로 환원된다면 '다중'은 하나로 환원될 수 없는 '내적 차이'를 지닌 특이성이며, 다양한 인종, 성별, 성적 지향, 노동 형태 등의 다양한 주체를 포괄한다. 스피노자의 정치철학에서 다중은 '무한하며 지속적인 운동'으로 정의된다. 이 운동은 "총체성을 구성하지만 단지 이행적인 현재성으로서만 총체성과 동일화되는 무한한 운동"이다.[9] 다중은 자신을 폐쇄하지 않는 절대적인 열림이며 완결되지 않는 운동으로서, 끊임없이 이행하며 생산하는 창조적 과정이다.

우리는 여기에서 차이를 긍정하되 총체성으로 구성되는 무한한 운동으로서의 다중과 신자유주의가 조장하는 통치전략으로서의 '차이화'를 세심하게 구분해야 한다. 균질하고 보편적이라 가정되는 국민국가 시대의 인민은 신자유주의 통치성에 의해 미분적 차이를 강제당한다. 권력은 인민들 사이에서 "지위, 소득, 교육, 사회적 보증 등의 차이를 찾아내

---

8. 네그리·하트, 『제국』, 151쪽.
9. 네그리, 『전복적 스피노자』, 86쪽.

고 이 불평등들이 서로 적대적으로 작용하도록 효율적으로 조종"하여 이들을 철저히 분절하고 개인화한다.[10] '자본과 권력이 강제하는 차이'에 의해 예속된 '인민'과 '특이성들 간의 차이'로서의 '다중'은 전적으로 다른 것이다. 신자유주의는 외부에서 인구 간의 차이를 조직해 권력을 위계적으로 구축하고 몫을 차별적으로 할당해 통치에 활용한다. 여기서 개인은 자발적으로 신자유주의 통치성 안으로 포섭되며, 강제된 차이에 자신을 투사하고 정체화에 사로잡혀 타인에 대한 혐오와 적대로 빠져든다. 반면 내적인 이질성으로 구성되는 다중은 차이를 유지하지만, 거기에 위계나 차별을 연결하는 것을 전적으로 거부한다.

> 다중은 다름 아니라 바로 집단적 힘의 존재론적 기획으로서 주체들의 상호 엮임이다. 그와 동시에 다중의 개념은 상상으로부터 오는 애매모호함을 떨쳐버리면서 정치적 행동의 이론으로 옮겨지게 된다.[11]

다중은 하나로 통합되는 대신 주체들 간의 비대칭적인 상호 엮임의 관계로 구성되며 함께 공존한다. 이들은 내적 차이를 간직한 특이성으로서 총체화되어 권력에 저항하는 행동으로 나서는 집단적 힘이다. 다중은 결코 추상적이거나 상상적인 대상이 아니라 구체적이며 정치적인 행동력을 지닌 실재적인 주체다. 중요한 점은 다중이 자연발생적인 주체가 아니라 정치적인 구성과정으로서 부단히 발명되어야 하는 주체라는 점이다. 그러므로 우리는 '다중 만들기'를 지속적으로 기획하고 실험하며 적극적인 실천에 나서야 한다.

---

10. 랏자라또, 『정치 실험』, 29쪽.
11. 네그리, 『전복적 스피노자』, 99쪽.

포스트좀비의 전사前史 : 좀비의 정치성

포스트좀비의 본격적인 등장은 2010년대 이후의 일이지만, 그 이전에도 좀비를 새로운 정치적 주체로서 사유하려는 시도들이 있었다. 이 작품들은 좀비장르의 역사에서 자주 언급되지는 않지만, 오늘날 좀비가 정치적 주체로 자리 잡게 하는 데 많은 영향을 미쳤다. 우리가 앞에서 살펴본 일원론적 포스트휴먼 이론과 포스트좀비서사가 내재성의 평면 위에서 좀비를 우리와 동등한 존재로 바라보게 한다면, 좀비의 정치성을 다루는 작품들은 더욱 전복적이고 급진적인 함의를 지닌다.

1954년 발표된 리처드 매드슨Richard Matheson의 소설 『나는 전설이다』*I Am Legend*는 시대를 앞서간 작품이다. 동명의 영화 〈나는 전설이다〉 2007로도 개봉된 바 있는 이 작품은, 로메로 감독과 공포문학의 대가 스티븐 킹Stephen Edwin King에게 큰 영향을 끼치기도 했다. 소설의 주인공 로버트 네빌은 갑작스러운 좀비의 창궐로 가족과 친구를 모두 잃고 파괴된 도시에 홀로 살아남는다. 그는 자신만의 아지트에서 은거하며 낮에는 좀비를 학살하고 밤에는 좀비를 피해 숨어 지낸다. 여기서 등장하는 좀비는 우리가 일반적으로 아는 좀비와는 다소 다르다. 소설이 발표된건 로메로 감독의 식인좀비가 등장하기 이전이지만, 이 좀비들은 부두교 좀비로 분류될 수도 없다. 이들은 핵전쟁 이후 발생한 신종 박테리아에 감염된 인간이다. 접촉을 통해 감염되고 이성이 없어 보이며 몰려다니는 등의 특성은 좀비에 가까우나, 햇빛에 취약하고 마늘이나 거울 따위를 두려워한다는 점에서는 뱀파이어와 흡사하다.

기계적으로 매일같이 좀비를 제거하는 네빌에게 집 밖의 수많은 좀비는 그저 제거되어야 할 무생물에 불과하다. 네빌은 그들을 학살하면서 아무런 죄의식이나 거리낌을 느끼지 못하며, 좀비박테리아를 퇴치할 치료제를 만들기 위해 좀비를 산 채로 납치해 온갖 생체 실험의 도구로 사용하면서도 정당한 일을 하고 있다고 믿는다. 어느 날 네빌은 좀비 무리 우두머리의 여자친구를 납치하게 되면서, 그들이 사실은 체계적인 조직과 시스템을 갖추고 있으며 의사소통도 가능한 이성적 존재라는 사실을 알게 된다. 소설의 마지막 장면에서 네빌은 좀비가 제거되어야 할 존재가 아니라 폐허 위에서 새롭게 등장한 신인류이며, 자신이야말로 이제 '전설'로 사라져야 한다는 걸 깨닫는다. 네빌은 인류를 구원하는 '인간들의 전설'이나 '전설적 영웅'으로 존재하는 게 아니라, 좀비들을 무자비하게 학살한 '좀비들의 전설'이며 '전설적 괴물'에 불과한 것이다. '나는 전설이다'라는 독백은 다짐 섞인 자화자찬에서 조소를 자아내는 자책의 의미로 변한다. 인간을 대신해 좀비를 새로운 세계의 주체이자 신인류로 격상시키는 이 소설은 인간과 괴물, 인간과 비인간의 경계를 문제 삼는 포스트좀비서사의 주제의식과 연결된다. 반면 영화 〈나는 전설이다〉의 결말은 원작 소설과 전혀 다른 내용으로 바뀐다. 영화의 마지막에 로버트 네빌(윌 스미스 분)은 좀비들에게 붙잡히기 직전 살아남은 인류를 만나 개발한 치료제를 전달하고 자신을 희생하며 사람들을 탈출시킨다. 인류의 마지막 희망인 그들은 네빌의 치료제를 가지고 생존자 캠프에 도착한다. 이 영화에서 네빌은 원작이 의도했던 사라져야 할 '전설' 혹은 '전설적 괴물'이 아니라 인류를 구하기 위해 목숨을 희생하며 치료제를 개발한 추앙받아야 할 '전설' 혹은 '전설적 영웅'이 되면서, 원작과는 정반대의 '전설'로 남는다.

매드슨의 영향을 받은 로메로의 좀비 3부작에서도 좀비의 정치성을 살펴볼 수 있다. 〈살아있는 시체들의 밤〉이나 〈시체들의 새벽〉에서 좀비는 무기력하고 무지몽매한 대중의 은유였다. 그러나 3부작의 마지막 〈시체들의 낮〉1985으로 오면 좀비는 주변과 사물을 구별해 인식하고 도구를 사용하며 학습을 통해 점차 지성을 되찾는다. 이 영화에서 지상은 이미 좀비에게 점령당했고, 살아남은 일부의 민간인과 군인, 과학자는 지

하에 은닉처를 마련
해 놓고 좀비사태를
해결하고자 한다. 과
학자는 좀비를 길들
일 수 있다고 주장하

<시체들의 낮>, 1985

며 좀비를 해부하거나 전기자극을 가하는 등 갖은 실험을 하고, 군인들
은 이를 지원하기 위해 좀비를 생포하여 공급한다. 군인들은 권력을 독
점한 가학적인 폭력 집단이며, 과학자 역시 자신의 실험만이 중요할 뿐
좀비에게 먹이를 공급하기 위해 비윤리적 행위도 서슴지 않는 미치광이
일 뿐이다. 결국 내분으로 인해 은닉처에 좀비들이 침범하고 인간들은
끔찍하게 도륙된다. 여기서 흥미로운 캐릭터는 과학자가 실험 중인 좀비
중 가장 뛰어난 성과를 보이는 법(셔먼 하워드 분)이다. 법은 학습을 통
해 도구를 사용하는 법을 깨우치고, 클래식 음악을 들으며 감동받는 등
감정을 보이기 시작한다. 영화의 마지막에 법은 친구를 살해한 군인을
총으로 사살한다. 총의 사용법을 깨닫고 친구의 살해에 분노를 느끼며
복수하는 법의 모습은 좀비가 이성과 감정을 모두 갖춘 존재로 거듭났
음을 의미한다.[12] 이 영화에서 로메로는 이전 작품에서 볼 수 없었던 다
른 형태의 좀비를 등장시켜 좀비를 주체로 복귀시키고자 했다. 하지만 이
런 시도는 대중에게 받아들여지지 못한 채 실패하고 만다. 이후 좀비영
화는 침체기에 빠지고 한동안 좀비는 다시 괴물로만 재현되기에 이른다.

---

12. 영화 전체에서 주체성을 지닌 좀비는 법뿐이며 다른 좀비들은 여전히 본능만을 따르
고 무지몽매한 계몽의 대상이다. 반면 법은 적절한 훈육과 고전적인 예술 교육(클래식
음악)을 통해 각성하여 자신들을 억압하는 상류층(군인들)을 무찌르는 존재로 그려진
다. 이런 로메로의 혁명관은 다소 단순하며 엘리트주의적이다. 애초에 로메로가 <시체
들의 낮>과 <랜드 오브 데드>를 연결히어 히니의 영화로 민들고자 했나는 걸 고려하
면, <시체들의 낮>은 로메로의 온전한 관점이 드러나지 않은 반쪽짜리 영화라고 볼 수
있다. 이후 <랜드 오브 데드>에서 좀비는 전작보다 진일보한 주체성을 지닌 존재로 등
장한다.

로메로는 〈시체들의 낮〉의 실패 이후 20년 만에 〈랜드 오브 데드〉 Land of the Dead, 2005를 제작한다. 이 영화에는 〈시체들의 낮〉보다 한층 더 진화된 좀비들이 등장한다. 〈시체들의 낮〉에서는 법만이 유일하게 특별한 좀비였다면, 〈랜드 오브 데드〉의 좀비는 전반적으로 향상된 인지능력과 신체를 지닌 존재다. 여기서 좀비들은 칼과 총의 사용법을 익히고, 심지어 불을 이용하기도 한다. 〈랜드 오브 데드〉는 좀비가 전 세계에 퍼진 시점을 배경으로 한다. 살아남은 인간들은 섬 안의 도시에 모여 살고 있다. 이 영화에서 좀비는 물을 건너지 못하기에, 사람들은 육지와 연결되는 다리만 통제하면 좀비로부터 안전할 거라 믿는다. 대부분의 사람은 부족한 물자로 비참한 생활을 영위하지만, 무기와 자원을 독점한 특권층은 도시의 한가운데 위치한 높은 빌딩에서 호화로운 생활을 누리고 있다. 이들은 사치스러운 생활을 유지하기 위해 무장시킨 군인들에게 쓸만한 물자를 구해오게 한다. 군인들은 섬 바깥으로 나가 주기적으로 순찰하면서 물자를 확보하고, 그 과정에서 마주치는 좀비들을 마구 사냥하곤 한다.

점차 좀비들은 이유 없는 부당한 폭력과 학살에 분노를 느끼며 저항하기 시작한다. 그중 빅 대디(유진 클락 분)는 가장 뛰어난 지능과 통솔력으로 좀비들의 지도자가 된다. 빅 대디의 지휘하에 분노한 좀비들은 도시로 진격하기 시작한다. 인간들은 좀비가 물을 건널 수 없다고 여기며 육로만을 방어하지만, 좀비들은 인간들의 허를 찌르며 물을 건너 도시로 상륙한다. 좀비들은 칼과 총을 사용해 방어막을 뚫고 조직적으로 도시를 점령해 나간다. 좀비들은 차례차례 군인들을 제거하고 빌딩 안의 부자들을 응징한다. 도시를 지배하던 독재자는 마지막까지 돈을 챙겨 홀로 도망가려 하지만, 빅 대디는 그의 차에 기름을 뿌리고 불을 붙여 태워 죽인다. 좀비들의 습격에 도시는 아수라장이 되었지만, 이들은 복수가 끝나자 다른 인간을 학살하는 대신 어딘가를 향해 발길을 옮긴다. 좀비들이 분노한 대상은 자신을 이유 없이 살해한 권력자들이지 똑같이 고통받았던 평범한 사람들이 아니었기 때문이다. 좀비가 새로운 터전을 찾아 떠난 것처럼, 살아남은 사람들 역시 도시를 새롭게 건설하려는 모습을 보여주며 영화는 막을 내린다. 〈랜드 오브 데드〉는 부도덕한 소수의 강압적인 폭정과 그 속에서 신음하는 힘없는 빈자들의 구도를 묘사함으로써 이전의 영화들보다 분명한 정치적 메시지를 전달한다. 또한 부당한 폭력에 분노하고 의사소통을 통해 연대하여 조직적으로 저항하는 좀비의 모습을 보여주며, 좀비의 정치적 가능성을 전면적으로 드러낸다. 로메로 감독은 가장 하층의 비인간이었던 좀비를 추악한 괴물에서 허위의식에 사로잡힌 애처로운 대중을 거쳐, 새로운 사회를 이끌어 나갈 주체로서 제시한다. 이로써 좀비를 혁명의 주체로 만들고자 했던 그의 오랜 기획이 비로소 완성된다.

파국의 역설적 가능성

포스트좀비의 등장은 단지 스크린이나 책 속에만 국한되지 않는다. 이제 배경으로 소모되는 타자―좀비 대신, 자각한 좀비들의 투쟁이 도처에서 발발하고 있다. 좀비는 더 이상 무기력하고 나약한 존재거나 혹은 손쓸 수 없는 전염성과 파괴력으로 세계를 멸망시키는 존재가 아니다. 대중의 정동과 가장 맞닿은 괴물인 좀비는 오늘날 자본주의 체제를 전복시키며 지배체제에 저항하는 주체로서 등장하고 있다. 이 좀비들은 부정적인 의미 ― 비인간, 노예, 바이러스, 삶을 포기한 존재 ― 에 머무르는 것이 아니라, 이제 새로운 인류이자 정치적 주체로 거듭난다.[13] 2011년 '월가 점령 시위'에서 사람들은 거대자본과 세계화, 신자유주의 체제에 대항하며

---

13. 김성범, 「21세기 왜 다시 좀비 영화인가?」, 『씨네포럼』 18호, 2014, 153~154쪽.

좀비분장을 한 채 시위를 벌였다. 이는 좀비가 현실에서도 정치적 주체로서 등장했음을 시사하는 사건이었다. 하먼은 자본주의의 착취와 침투가 더욱 광범위하고 거세졌지만 이런 환경이 대중을 더욱 자기 의식적 계급이자 체제에 도전하는 잠재적 주체로 만들게 된다고 역설하며, 이미 곳곳에서 많은 저항이 발발하고 있다고 주장한다.[14]

그러나 과연 실질적인 저항이 가능하며 현실은 바뀔 수 있는가? 오늘날 전 지구적 자본주의 물결은 거스를 수 없어 보이고, 점점 촘촘하고 교묘하게 일상의 영역에까지 침투해 들어오는 신자유주의 체제의 편만함은 끝이 보이지 않는 듯하다. 지젝의 지적대로 현대사회에서 인간은 이미 태어나면서부터 불구의 좀비로 존재하지만, 대부분의 사람은 자신이 좀비로 존재함을 깨닫지 못한다. 그것은 현대사회가 제공하는 환상과 허위의식 때문이다. 자신을 주류이자 정상적인 '인간'이라 자처하는 사람들은 타자를 괴물과 악마로 상상함으로써 미약한 인간성의 근거를 강화한다. 하지만 오늘날 인간 주체의 취약함과 붕괴된 사회 시스템은 기만적인 타자화의 허위를 폭로한다. 2008년 세계 금융위기가 닥치자 사람들은 신자유주의 체제와 세계화가 실패했음을, 그들이 제시하는 자기계발 담론과 그에 기반한 성공의 신화가 온통 환상이자 허위였음을 깨닫기 시작한다. 현대 자본주의는 파국에 다다랐으며 세계가 이대로 지속된다면 남는 건 종말의 임재뿐인 것이다. 좀비영화가 그리는 파국의 풍경은 이제 단지 막연한 불안감에서 비롯된 상상이나 예감의 수준을 넘어서서 눈앞에 닥친 실재의 재현이 된다. 파국이 필연적이고 이미 현실에서 재현되고 있음을 목도한 사람들은 이제 파국, 그 이후를 상상하게 된다.

네그리는 "존재의 실제적인 파괴 가능성과 위기의 파급 효과를 감지

---

14. 하먼, 『좀비 자본주의』, 459~460쪽.

한 다음"에야 우리는 "존재가 이처럼 변형 가능한 지점에 위치한다는 사실"을 이해할 수 있다고 말한다.[15] 그것이야말로 파국의 진정한 기능이다. 파국에 대한 인식은 우리의 존재와 세계가 '파괴될 수도 있다는 사실'에 대한 철저한 수용이다. 파국은 세계를 절대적 필연성이 아닌 절대적 우연성의 영역으로 파악하는 것이다. 파국은 세계에 대한 어떤 방식의 결정론이든지, 그것을 최후까지 제거해 버린다. 세계와 존재가 파국적 상황에 다다르고 있으며 실제로 파괴될 수도 있음을 인식하는 것은, 거꾸로 그것이 온전하게 건설될 수도 있다는 걸 의미한다. 네그리는 이렇게 주장한다.

세계는 다시금 우리의 품속에 자유의 모습으로 안기고 있다. 이것이 바로 세계를, 즉 자유의 가능성과 집단적 창조의 가능성으로서의 세계를 우리에게 되돌려준 파국의 의미인 것이다.[16]

순진한 기대나 공허한 도피처로서의 판타지가 아닌 진정한 희망은 현실에 대한 철저한 인식 위에서 가능한 것과 불가능한 것을 파악하고, 그것을 위해 나의 능력을 최대한 활용할 때 비로소 그 모습을 드러낸다. 무언가를 새롭게 발명하고 시작하기 위해서는 먼저 기존의 잘못된 것들을 철저히 반성하고 또 파괴하는 일에서 출발해야 한다. 어쩌면 이것이 파국이 갖는 유일한 윤리적 가능성이 될 것이다. 다양한 파국의 모습을 재현해왔던 좀비서사는 파국을 넘어, 새로운 세계를 상상하며, 또 그 세계를 구성하고 건설하는 주체로서 좀비를 등장시킨다.

이제 좀비는 서로 연대하여 투쟁하고 지금과는 다른 세계를 욕망한

---

15. 네그리, 『전복적 스피노자』, 21쪽.
16. 같은 책, 22쪽.

다. 물론 과거의 좀비도 떼를 지어 출몰하지만, 이들 사이에 연대의 가능성은 철저히 무시된다. 이들은 식욕을 채우기 위해 인육을 탐하며 몰려든 존재들로, 그저 파편화되고 원자화된 개인들의 단순한 합집합에 불과하다. 반면 오늘날 스스로 좀비분장을 한 채 연대한 좀비들은 여기저기로 몰려다니며 행진이나 축제를 벌이고 있다. 그것은 정부에 대한 시위의 형태이기도 하고, 특정한 사회문제 해결을 위한 집회일 때도 있고, 단순히 놀이나 축제의 형태를 띠기도 한다. 분명한 건 이전에 볼 수 없었던 이러한 좀비분장의 행사나 축제가 거듭되면서, 좀비가 물리거나 감염당하는 대상에서 능동적이며 자발적인 수행성을 지닌 '좀비-되기'의 형태로 전유되어 저항과 전복의 역능이 되고 있다는 점이다.

인싸 혹은 아싸, 좀비라는 마이너리티-되기

최근 한국 사회에 이상한 구별 짓기가 성행하고 있다. 바로 청소년과 청년세대를 중심으로 유행하는 '인싸'(인사이더)와 '아싸'(아웃사이더)라는 구분이다. 이 구분법은 또래 집단에 예민하고 소속감을 중요하게 여기는 청소년과 대학생, 혹은 젊은 직장인들 사이에서 주로 사용된다. '인싸'란 특정한 무리나 집단 내에서 주류이며 분위기와 유행을 선도하고, 인기가 많아 다른 사람들과 원만한 관계를 유지하는 사람들을 일컫는다. 반면 '아싸'는 집단 내의 비주류로 최신 유행이나 패션 따위에 둔감하거나 무지해 잘 따라가지 못하고, 대인관계에 미숙해 주로 혼자 다니는 사람들을 지칭한다. 인싸/아싸 담론에서 아싸는 부단히 인싸를 선망하며 주류가 되고 싶어 하지만 그러지 못하는 자들로 상상된다. 인싸가 되려면 이른바 '인싸력'이라고 불리는 수많은 능력과 자격요건을 갖추어야 하기 때문이다. 인싸가 되기 위해서는 먼저 남들보다 뛰어난 외모와 능력을 갖추고 정보와 패션 트렌드에 민감해야 한다. 인터넷 게시판에는 '인싸가 될 수 있는 위한 옷차림'에 대한 정보들이 올라온다. 또한 인싸는 시시각각 변하는 맛집이나 핫플레이스의 유행을 파악하여 이런 곳들을 남들보다 빠르게 순회해야 한다. 성격은 유머러스하여 분위기를 주도하고 높은 친화력으로 많은 사람과 두루 친하게 지내야 한다. 이처럼 '인싸력'의 상당 부분은 단순히 개인적 노력만으로는 따라잡기 힘든 선천적 요인이나 물질적·사회적 자본의 풍요를 전제로 한다. 자본의 욕망은 이런 이분법적인 구분의 유행에 편승하여 인싸가 되는 방법을 소개하며 증식을 도모한다. 수많은 상품은 이른바 '인싸템'(인사이더의 아이템)으로 둔갑하여, 집단 내에서 주류가 되기 위해 꼭 필요한 조건으로 홍보된다. 즉 인싸가 되기 위해 포함되어in 있어야 할 곳은 집단 내 권력의 내부일 뿐 아니라, 무엇보다도 자본주의 소비 사이클의 내부다.

반면 적극적으로 소비하지 않고 혼자만의 시간을 즐기며 홀로 다니는 아싸의 행태는 곧 사회적 패배와 무능 혹은 탈락과 등치된다. 이런 이상한 구분법은 과거에 아싸가 어떻게 사용되었는가를 살펴보면 차이를 더욱 극명하게 실감할 수 있다.

더부룩한 머리에 낡은 청바지 며칠씩 굶기도 하고
검은색 가죽점퍼 입고 다녀도 손엔 하이데거의 책을 읽지
다들 같은 모양의 헤어스타일 유행 따라 옷을 입고
다른 이의 시선을 신경 쓰는 것은 개성 없어 보여 싫지…
아무도 이해 못 할 말을 하고 돌아서서 웃는 나는 아웃사이더[17]

1992년 발표된 밴드 봄여름가을겨울 3집 앨범의 〈아웃사이더〉에서 아싸는 자유분방하며 반항적인 지성인으로 그려진다. 가사에서 드러나듯 아

---

17. 봄여름가을겨울, 〈아웃사이더〉, 김종진 작곡, 김종진 작사, 1992. 1. 발표.

싸는 밥 먹을 돈도 없이 가난하지만, 하이데거의 철학 서적을 읽는다. 이들은 유행에 편승하는 것을 거부하고 남들의 시선 따위는 의식하지 않으며, 자신을 긍정하는 자발적인 형태의 아싸다. "아무도 이해 못 할 말을 하고 돌아서서 웃는" 아싸는 주류라든가 표준화된 통념을 조롱하며, 오히려 자신이 '마이너'라는 사실에 자긍심을 느낀다. 물론 90년대에 아싸가 된다는 것을 긍정할 수 있던 이유는 한국 사회에 저성장 기조와 신자유주의가 전면화되기 이전, 고성장 시대와 호황기에 가능했던 치기 어린 반항 심리였기도 하다. 이때는 주류에 포함되지 않더라도 생존에 큰 지장이 없었으며, 고성장 사회에서는 취업이 그리 중요한 문젯거리가 아니었다. 그러나 현재의 청년세대에게 주류에서 배제된다는 것은 곧 죽음을 의미한다. 청년들은 온갖 자격증과 높은 '스펙'을 요구받고, 사회활동과 봉사활동 등을 아무리 해도 취업을 장담할 수 없는 극한의 경쟁 사회를 살아간다. 이들은 대단하거나 특별한 꿈을 꾸기는커녕, 그저 평범하게 살아남을 수 있기를 희망한다. 그것은 '인싸'라는 주류에 포함되어 남들이 사는 대로만 살 수 있기를 바라 마지않는 것이다.

다른 한편으로 90년대 청년들에게는 독재정권 시기에 겪었던 폭정으로 인해 주류정치에 대한 반항 심리가 면면히 유지되고 있었다. 따라서 마이너가 된다는 것은 민주화 투쟁과 연관되어 반권위주의적인 태도를 내포했다. 그러나 오늘날 아싸는 음험하고 위험한 은둔자이자 외톨이이며, 홀로 알 수 없는 괴팍한 취미생활에 몰두하는 '히키코모리'引き籠もり의 형상에 가깝다. 이들은 정상의 노선에서 이탈된 낙오자이며, 경쟁에서 탈락한 패배자로 취급된다. 그렇다면 우리 시대에 주류에서 배제된 가장 마이너한 존재이자 '아싸'인 좀비를 자처한다는 것은 생존에 대한 자포자기이자, 자신에 대한 부정적 인식의 극단적 표출일 것이다. 대부분의 좀비서사에서 좀비가 된다는 건 영원한 노예 상태에 놓이거나 끔찍한 식육 괴물이 되어 죽음보다 못한 상태로 존재한다는 것

을 의미한다. 또는 자신의 고유한 자아와 정체성을 영구히 박탈당한다는 것을 의미해왔다. 사람들은 좀비가 되기보다는 차라리 인간인 채로 죽는 것을 원하며, 좀비에게 물리면 좀비로 변하기 전에 주위 사람들에게 자신의 머리를 쏘아 죽여 달라고 간청하기도 한다. 그것은 인간으로서 마지막 존엄을 지키겠다는 의지로 여겨진다.

그러나 우리는 이 도식을 전복해야만 한다. 이제 좀비가 된다는 것은 이전처럼 좀비에게 물려서 원치 않게 좀비로 되는 부정적 의미에 머무르지 않는다. 오늘날 사람들은 오히려 좀비임을 자처하며 '좀비-되기'를 향유한다. 영화에서 등장한 좀비-되기 장면은 에드가 라이트Edgar Wright 감독의 〈새벽의 황당한 저주〉Shaun of the Dead, 2004가 대표적이다. "로맨틱 좀비 코미디"RomZomCom라는 용어를 쓰며 새로운 좀비장르를 표방한 이 영화에서, 주인공 숀(사이먼 페그 분)은 불가피하게 좀비들과 맞닥뜨리게 된 위기상황에서 색다른 선택을 한다. 일반적으로 좀비와 마주쳤을 때 인간이 할 수 있는 행동은 그들을 죽이거나, 죽임을 당해 그들에게 먹히는 것뿐이다. 그러나 숀은 기지를 발휘해 좀비를 흉내 내며 좀비 무리에 합류하고, 아무런 피해 없이 무사히 빠져나오는 데 성공한다. 이는 코미디 장르다운 재기 넘치는 해결 방식이면서도, 좀비-되기의 행위를 통해 인간과 좀비라는 이분법적 구도를 해체하고 있다. 비슷한 방식으로 드라마 〈워킹 데드〉 시즌1에서 주인공 일행은 몸에 시체의 내장을 마구 덧발라 좀비들을 속이는 데 성공한다. 〈웜 바디스〉에서 좀비 R은 인간 줄리를 구하기 위해 줄리의 온몸에 좀비의 피를 문질러 다른 좀비들의 눈과 코를 속인다. 〈웜 바디스〉에는 좀비를 인간으로 분장시켜 속이는 장면도 나온다. 좀비 R이 인간의 마을로 찾아오자 줄리는 화장품을 사용해 창백한 R을 마치 혈색이 도는 것처럼 보이게 만들고 향수를 뿌려 퀴퀴한 냄새를 숨긴다. R은 영락없는 인간의 모습이 되어 다른 사람들은 R이 인간으로 분장한 좀비라는 사실을 알아채지 못한다. 이는 사실 좀비와 인간 사이에는 애초에 어떤 존재론적 구분이 있는 것이 아니라 쉽게 그 경계를 넘나들 수 있다는 사실을 보여준다.

좀비-되기는 단순히 인간/좀비 사이 구분의 혼란, 경계의 불명확함이나 무용함을 강조하는 차원을 넘어 능동적 수행성을 획득한다. 좀비가 된다는 것은 소수자이자 배제된 자, 억압받는 자라는 위치로의 자발적인 이동을 의미한다. 좀비-되기는 '마이너리티-되기'라는 유목적 실천이며, 생성을 향하는 구성적인 힘이자 정치적 역능으로 작동한다. 여기서 마이너리티는 단순히 양적인 소수나 권력으로부터 배제된 비주류 집단만을 지칭하지 않는다. 그것은 현 상황을 표면적으로 기술하는 마이너리티의 첫 번째 의미일 뿐이다. 들뢰즈는 마이너리티의 두 번째 의미를 강조하는데, 그것은 우리가 연루되어 있는 현 사실로서의 상태에서 벗어나 끊임없이 '무엇무엇이 되어가는' 생성 속으로 이행하는 것이다. 두 번째 의미의 마이너리티는 메이저리티보다 그 수가 훨씬 더 많다. 이 마이너리티는 모두에게 적용 가능하기 때문이다.[18]

> 마이너리티로 되기, 이것이 바로 목적, 세상 모든 사람의 목적이다. 왜냐하면 저마다 전체적인 척도의 주위에서 자신의 변이를 구성하고, 메이저리티를 만드는 권력 체계로부터 어느 쪽으로든 벗어나는 한 세상 모든 사람은 이미 이 목적 속으로, 이 생성 속으로 들어선 것이기 때문이다.[19]

바로 이런 의미에서 마이너리티-되기는 세상 모든 사람의 목적이 될 수 있는 보편성을 띤다. 예컨대 모든 사람은(남성, 심지어 여성조차) 여성-되기를 실천할 수 있고 또 실천해야 한다. 동일한 의미에서 모든 사람은 권

---

18. 질 들뢰즈·카르멜로 베네, 『중첩』, 허희정 옮김, 동문선, 2005, 164~165쪽.
19. 같은 책, 164쪽.

력 체계로부터 벗어나 좀비-되기의 변이를 실천할 수 있고, 또한 적극적으로 실천해야 한다. 들뢰즈는 '메이저리티'가 현재의 상태로서 '권력'이나 '무능'을 가리킨다면, '마이너리티'는 '생성의 힘'과 '역능'을 가리킨다고 말한다(여기에서 우리는 스피노자의 개념이 다시 출현하는 것을 볼 수 있다).[20] 우리는 메이저리티에 의해 이미 만들어진 척도나 현재의 상태, 억압적인 권력으로부터 탈주하여, 무엇무엇이 되어가는 생성 속으로, 마이너리티-되기로, 아싸-되기로, 또한 좀비-되기로 진입할 때 비로소 생성 중인 유목적 주체가 되며 자신의 역능을 온전히 발현할 수 있다.

랏자라또는 들뢰즈의 논의를 보다 현실 정치적 차원으로 확장하면서 다수자적인 주체화와 소수자적인 주체화를 구분 짓는다. 그에 따르면 다수자적인 주체화가 "이미 역사적·구조적으로 설립된 권력 모델을 향하는 과정"이라면, 소수자적 주체화는 "다수자의 척도가 정해준 전형적인 틀로부터 과잉과 결여에 의해 달아나는 과정"이다. 국가 제도나 기관·정당·노동조합·문화산업 등은 언제나 다수자의 모델을 만들며, 이를 통해 통합과 배제를 체계화하고 재생산한다. 우리는 소수자적 주체화로 나아가기 위해 다수자로의(인싸로의, 주류·정상 인간으로의) 자기 동일화에서 벗어나, "틈새를 만들고 분자를 해방"하기 위한 투쟁에 나서야 한다. 또한 무한하게 변용되는 생성변화의 과정을 향해 "경계를 거듭 돌파하고" 과감한 횡단을 시도해야 한다.[21] 그것은 권력과 다수자로부터 달아나는 해방과 투쟁에서 출발하여, 좀비-되기라는 생성변화 과정으로 진입하는 유목적 횡단이다. 거기에서 인간은 생성의 역능으로 충만한 주체가 된다.

---

20. 같은 책, 165쪽.
21. 랏자라또, 『사건의 정치』, 242~244쪽.

좀비시위의 발발 : 월가 점령 시위의 다중

좀비-되기의 수행성은 거리로 나선 사람들이 좀비분장을 한 채 신자유주의 체제와 세계화에 반대하는 시위를 벌이면서, 이전에는 상상하기 힘들었던 현실 정치적인 저항의 의미를 내포하게 된다. 영화가 아닌 현실에서 좀비-되기가 시작된 건 2000년대 초반이다. 이른바 '좀비워크'zombie walk라고 불리는 행사에서 시민들은 좀비분장을 하고 도시 중심가를 행진한다. 최초의 좀비워크는 2001년 미국 캘리포니아에서 영화 홍보의 일환으로 열린 행사다. 시민들이 자발적으로 참여하는 형태의 좀비워크는 2003년 토론토에서 시작되었는데, 첫해 7명으로 시작된 토론토 좀비워크는 7년 만에 6,000명이 참가하는 큰 축제가 되었다.[22] 이후 미국의 다른 주에서뿐만 아니라 싱가포르나 유럽, 한국에서도 비슷한 형태의 좀비워크 행사가 개최되고 있다.

이것이 단순히 엔터테인먼트나 축제의 의미를 넘어서 적극적인 저항과 전복의 이미지를 갖게 된 것은 '월가 점령 시위'부터다. 2011년 9월 17일부터 시작된 '월가 점령 시위'Occupy Wall Street는 '월가를 점령하라'라는 구호 아래 미국 전역으로 퍼져나갔고, 10월 15일에는 82개국·900여 개 도시에서 유사한 형태의 시위가 동시다발적으로 발생했다. 이들은 2008년 세계 금융위기 이후 심화된 빈부격차와 청년실업 등에 문제를 제기하며 '우리가 99%다'we are the 99%의 구호를 내세우며 거리로 나섰다. 왜 99%인가? 그것은 오늘날 유례없이 극심해진 부의 불평등에서 비롯된 구호다.

불평등 논의에 있어 피케티의 중요한 업적은 현시대가 처한 위기의 근본적 원인이 무엇인지를 선명하게 보여주었다는 점이다. 피케티는 과거

---

22. 박수진 외, 「시체들이 살아 돌아왔다」, 『빅이슈코리아』 제17호, 2011.8.9.

20%대 80%의 구도였던 불평등 논의의 초점을 1%대 99%로 옮김으로써, 위기와 불평등 심화의 주요한 원인이 초고소득 계층이라는 점을 '폭로'했다.[23] 그리고 '월가 점령 시위'는 피케티가 밝혀낸 불평등 구도를 시위 전면에 제시함으로써 계층 간의 차이를 극명하게 드러냈다.[24] 금융가와 정치가들의 심각한 도덕적 해이, 채권자와 자본에만 봉사하며 99%의 국민을 착취하는 국가를 보며, 사람들은 철저하게 망가져 버린 (혹은 착취 기계로서 너무나 효율적으로 작동하고 있는) 자본주의 체제의 진정한 민낯을 보았다. 자본주의는 언제나 자신의 증식을 도모하기 위해 대지 위의 모든 자원·생명체·인간들을 전유하여 착취하고, 파괴한 뒤 버리고 다시 전유하는 과정을 무한히 반복한다.[25] 국가 역시 그런 자본주의로부터 "사회를 보호해준 적이 없으며, 오히려 반대로 긴축·징세라는 매개를 통해 시장의 '비합리적 합리성'에 대해 지불하도록 사회에 강요" 할 뿐이다.[26]

시위대는 1%의 인구만이 부를 극단적으로 독점하며, 사상 최대의 소득 양극화가 일어나고 있는 현실에 대한 극렬한 분노를 표출한다. 이제 사람들은 자신이 좀비서사 속에서 최후까지 살아남는 1%의 인간이 아니라 이미 죽은 시체이자 비인간 — 즉, 99%에 해당하는 좀비였음을 명징하게 깨닫게 된다. '월가 점령 시위'의 좀비시위대의 등장은, 그동안 내가 좀비로 존재해왔다는 깨달음의 적극적 재현방식이다. 좀비시위대는 "엄마! 은행원의 뇌가 맛있대" Mom! Banker's brain is tasty와 "부자들을 먹어

23. 크루그먼, 「왜 우리는 새로운 도금시대에 살고 있나」, 『애프터 피케티』, 85~86쪽.
24. 아서 골드해머(Arthur Goldhammer)는 시위대가 피케티에게 직접적인 영향을 받았다는 걸 증명하기는 어렵다고 지적하면서도, 피케티의 연구에 뒤이은 그들의 시위 구호가 소득 분배에 있어 유례없는 불균등의 심화 협상을 마침내 전면화했음을 인정한다. (아서 골드해머, 「피케티 현상」, 『애프터 피케티』, 유엔제이 옮김, 율리시즈, 2017, 52쪽.)
25. 랏자라또, 『부채 통치』, 72~73쪽.
26. 같은 책, 143쪽.

치우자!" Eat the rich! 등의 팻말을 들고, 하나 된 99%들로서 월가와 지배체제에 대한 격렬한 분노와 심판의 의지를 직접적으로 표출했다.[27] 이들은 너덜너덜하고 그로테스크한 신체로 표상되는 좀비로 분장함으로써 임박한 파국을 적나라하게 시각화하며, 현 상황이 지속될 경우 세계의 파멸은 필연적이고 당신들 역시 안전하고 안락한 생활을 누릴 수만은 없다는 섬뜩한 경고를 보낸다. 이제 좀비의 신체는 파국을 맞이한 세계의 모습을 적나라하게 드러내는 상징으로서, 99%가 처한 위태롭고 취약한 삶, 궁핍한 현실을 적확하게 묘사하며, 1%의 살아있는 사람들 — 금융자본주의에 기생하는 소수의 특권층 — 을 향한 불만과 분노의 메시지를 표출하는 기표가 되었다.

『선언』에서 네그리와 하트는 1999년 시애틀에서 시작된 대항 지구화 시위부터 2011년 '월가 점령 시위'에 이르기까지 일련의 봉기 양상을 살펴보며, 어떻게 다중이 오늘날 실천적 역능의 주체로서 등장하고 있는지 분석한다. 이전의 시위가 주로 국제회의를 따라다니며 그것의 부당함과 위험성에 대한 문제를 제기하는 '유목적 방법'의 시위였다면, 2011년의 반란들은 "광장이나 공원 혹은 거리에 터를 잡고 야영하는 '정주적 방법'을 취하며 정치적 금융적 대의의 문제를 제기한다."[28] 유목에서 정주로 변화한 시위 형태는 이 시위들이 지역적이고 토착적인 문제에 뿌리내리고 있으며, 무엇보다도 자신이 발 딛고 서 있는 사회를 실질적으로 변화시키려 노력하고 있다는 사실을 보여준다. 나는 앞서 '유목적 포스트휴먼'와 '마이너리티-되기' 개념을 설명하며 주체성의 유목이 갖는 중요성을 이야기했다. 우리는 여기에서 시위 형태에서의 물리적인 신체의 유목과 정주, 그리고 주체성 차원에서의 유목과 정주를 세심하게 구분

27. 이정진, 「좀비의 교훈」, 『안과밖』, 273쪽.
28. 네그리·하트, 『선언』, 36쪽.

해서 받아들여야 한다. 신체적 측면에서 시위는 '유목에서 정주로' 향한다. 새로운 시위는 과거 세계화에 맞서는 유목적 형태의 대항시위에서, 지역사회와 결부되고 자신의 주변을 바꾸려는 열망으로 조직되는 정주의 형태로 변하였다. 반면에 주체성은 '정주에서 유목으로' 향해야 한다. 주체성은 지배체제의 통치와 주류 담론에 정주하지 않고, 거기에서 끊임없이 탈주하며 마이너리티-되기의 생성변화 과정으로 이행하는 유목을 추구해야 한다.

세계 도처에서 발발하는 시위들은 각기 다른 맥락과 배경에서 비롯되었지만, 서로 영향을 주고받으며 다중의 형태로 조직되었다.

특이성들의 탈중심화된 다중은 수평적으로 소통한다. (그리고 사회적 미디어는 그들의 조직 형식에 들어맞기 때문에 그들에게 유용하다) 오늘날 시위와 정치적 행동들은 명령을 내리는 중앙 위원회에서 나오는 것이 아니라 오히려 수많은 소규모 그룹들의 결집과 그들 사이의 토론으로부터 나온다. 시위가 끝난 후에도, 이와 유사하게, 메시지들은 이웃 지역과 다양한 대도시 회로들을 통해 바이러스처럼 확산된다.[29]

다중의 시위는 특정한 중심을 상정하거나 일방적인 지시에 따르지 않고, 수많은 소규모 그룹 간의 자유로운 결합과 토론을 통해 행동을 결정한다. 다중은 시위를 이끌고 주도할 지도자를 필요로 하거나 사령부나 중앙 위원회 따위를 형성하지 않는다. 대신 이들은 수평적 의사결정 과정과 네트워크 구조를 중요시한다. 많은 지식인과 저명인사들이 '월가 점령 시위'에 대한 지지 의사를 밝히며 현장에 나타났지만, 그중 누구도 지도자가 아니었다. 그들은 다만 '다중의 손님'이었을 뿐이다. 다중

---

29. 같은 책, 85쪽.

은 시위 과정에서 휴대전화로 페이스북이나 트위터 등의 소셜미디어에 접속하고 이를 적극적으로 이용하며 소통한다. 물론 소셜미디어나 원격 전자기기가 시위 자체를 조직했다거나 운동을 형성하는 데 결정적인 영향을 미쳤다고 볼 수는 없다. 소셜미디어나 전자기기는 다중이 사용하는 도구에 불과하지만, 이 도구들이 중요한 이유는 새로운 매체의 성격과 다중의 운동이 지니는 수평적이며 네트워크적인 특성이 서로 상응하기 때문이다.

네그리와 하트는 월가 시위가 겨냥하는 대상은 무엇보다도 우리 시대 '대의의 실패'라 주장한다. 은행가들과 금융산업은 사적 이익만을 도모할 뿐 결코 99%의 다중을 대의하는 법이 없으며, 심지어 우리를 대의해야 할 정치인들과 정당들조차 1%의 은행과 채권자들만을 대의하고 있을 뿐이다. 그들의 이익은 공유되거나 공통의 부를 창출하지 않으며, 사회나 국가 혹은 세계 전체의 이익과도 무관하다.[30] 월가를 점령한 다중의 시위는 실패한 대의제를 향한 강력한 불신과 경고를 표출하며, 당장 긴급하게 실질 민주주의를 발명하고 실험에 나설 것을 요청한다.

아타나시오우는 월가 시위부터 이집트 타흐리르 광장, 중동 및 북아프리카의 민중 봉기, 스페인 푸에르타 델 솔 광장, 아테네 신타그마 광장, 뉴욕의 주코티 공원에 이르기까지 최근 시위들의 흐름에서 신체를 통한 저항성의 발발을 읽어낸다. 위기를 진리로 만들어 어떤 대안이나 이견의 틈입을 허용하지 않고 획일적 서사만을 강요하는 거대 권력에 대항하여, 월가 시위를 비롯한 일련의 시위들은 "도시의 거리 한복판에서 자신의 신체를 무기로 맞서 저항"한다.[31]

---

30. 같은 책, 197쪽.
31. 버틀러·아타나시오우, 『박탈』, 243쪽.

그것은 … 여기 이 자리에서 사건에 대한 살아있는 표지를 구현해내는 일상적이면서도 오히려 극적이지 않은 차원의 저항의 실천입니다. 그 장소에 정지해 서 있기의 실천은 반성의 공간과 저항의 공간을 만들어내고, 또한 저항해 일어나기와 입장을 견지하기라는 정동적 차원의 처신을 창출해냅니다. 그것은 또한 정지 혹은 정체의 상태에 대한 육체적이고도 정동적인 성향의 발로로서, 비록 일시적이기는 하지만 기존의 정치조직 내에서 무엇이 공공연하게 이해 가능하며 합리적인 것으로 존재할 수 있는지에 관한 규범적인 추정들을 어긋나게 만듭니다.[32][33]

"사건에 대한 살아있는 표지"인 시위대는 임의의 장소를 점유하고 "그 장소에 정지해 서 있기"를 수행함으로써, 극적이지는 않지만 일상적인 저항을 몸으로 실천한다. 이들은 반성과 저항의 공간을 창출해내고, 기존의 권력이 다른 형태의 대안들을 불가능한 것으로 만들고 획일적인 서사만을 강요하는 데 반대한다. 시위는 육체적이고 정동적인 저항 행위로서, 기존의 이해 가능하고 실행 가능하다고 여겨지는 '이미 합의가 끝난' 체제, '합리적이고 규범적이라 여겨지는 추정들'을 어긋나게 만들며 '진정한 민주주의'의 실행을 요구한다. 물론 이들은 단일한 정치적 논리로 수렴되지 않고 실로 다양한 차원의 요구들과 소규모 집단과 단체들이 뒤섞여 있으며, 고정되거나 합치되는 정치체를 수반하지도 않는다. 그러나 이들은 기존에 구성된 정치적 합의의 범주를 넘어서, "참여와 번역, 연대와 같은 지속적인 정치 행위를 촉발하고, 또한 요구"한다.[34]

---

32. 같은 곳.
33. 이 책의 역자는 'affect'를 '감응'으로 옮기고 있으나, 여기서는 용어의 일관성을 고려하여 '정동'으로 적는다.
34. 같은 책, 247쪽.

촛불집회와 육체 정치

우리는 이 시위들의 목록에 2016~2017년 '촛불집회'를 더해볼 수 있다. 촛불집회에 좀비분장을 한 시민들이 전면적으로 등장한 것은 아니지만,[35] 우리는 여전히 이를 다중의 시위이자 좀비시위로 볼 수 있다. 일부 언론이나 인사들은 촛불집회에 나온 시민들을 '촛불좀비' 혹은 '좌좀'(좌파 좀비)이라 부르며 무시하고 조롱했다. 선동당한 무지몽매한 시민들이 마치 좀비처럼 분별력 없이 촛불을 들고나와 '좀비시위'를 벌였다는 것이다. 시민들의 시위가 좀비라고 조롱당한 건, 이 시위가 처음은 아니다. 보수 언론과 인사들은 늘 행동하는 시민들을 생각 없는 존재로 폄하하는 데 익숙했으며, '2008년 광우병 시위' 때부터 이미 좀비라는 호칭을 붙이곤 했다. 이들에 따르면 시위에 몰려나온 '좀비들'은 이성적 판단능력이 부재하기에, 정치는 이런 좀비들을 대의할 필요가 없다(시위대는 시민에서 좀비로, 인간에서 비인간으로, 정치적 생명bios에서 비생명zoe으로 추락한다). 이들은 '좀비들'을 대의한다면 그것이야말로 '파시즘'이자 '중우정치'에 해당한다고 주장한다.

대통령 직속 국가 정보기관인 국정원이 청년세대를 '좀비'로 규정하기도 했다. 2017년 폭로된 국정원 작성 내부문건에 따르면, 국정원은 이명박 정부 시절 「문화연예계 좌파 실태 및 순화 방안」을 작성하여 박찬욱, 봉준호, 김미화, 윤도현 등 수많은 인사를 이른바 "종북 세력"이자 "좌파

---

35. 『디스패치』의 보도에 따르면, 촛불집회에서 한 시민이 "영세교 주술사 최순실의 좀비 박근혜는 우리가 퇴치한다"는 문구를 들었다. (민경빈, 「[디스포토] "이게 나라입니까"… 성났다, 나왔다, 외쳤다」, 『디스패치』, 2016. 10. 29.) 이때의 좀비는 주술사에 의해 조종당하는 '부두교좀비'에 해당한다. 이 시민의 분장은 자신이 좀비였다는 자각이나 분노를 표출한 것이 아니라, 좀비처럼 타인에게 조종당한 권력자에 대한 조롱의 의미를 갖는다. 국민 전체를 대의해야 할 대통령이 특정 개인의 사익 추구를 도운 '대의의 실패'를 좀비라는 기표를 이용해 표현한 것으로 볼 수 있다. 다만 이는 다중의 좀비 시위와 그 성격이 다소 다르다.

연예인"으로 규정하였다. 그리고 광고주에게 압력을 넣거나 "방송사 경영진과 협조하여" 이들에 대한 "현업 복귀 차단 영구퇴출, 즉각퇴출"에 진력했다. 이 '좌파 연예인'들에게 내려진 혐의는 이들이 시위나 공연 활동을 통해 청년들의 "좀비화에 앞장"섰다는 것이다.[36] 국정원은 '좌파 연예인'들의 동향을 조사하고 '블랙리스트'를 만들고 관리하여 모든 종류의 정부 지원을 끊고 행사, 방송 활동 등에서 축출했다. 또한 정부에 동조하고 호의적인 '건전 연예인'들을 육성하여 청년들에게 친정부적인 성향을 고취하고자 했다. 블랙리스트와 특정 연예인에 대한 지원 배제는 박근혜 정부에서 전방위적으로 확장되어 1만 명에 가까운 사람들이 블랙리스트 명단에 올랐다. 박근혜 정부는 문화체육관광부, 콘텐츠진흥원, 영화진흥위원회 등 여러 기관을 동원하여 친정부적 성향을 띠지 않는 단체와 인사들을 분류하고, 그들의 영화나 도서들을 철저히 검열하고 배제해왔던 것으로 밝혀졌다. 여기서 우리는 당시 정부가 이른바 '청년좀비'들을 양가적으로 바라보고 있었음을 파악할 수 있다. 국정원이 청년층을 좀비라고 진단하고 이들의 주체성을 친정부적 성향으로 조작하려 한 것에는 청년들에 대한 비하의 의미뿐만 아니라, 그 이면에 그들의 힘에 대한 은밀한 두려움이 내재되어 있다. 이 정체를 파악할 수 없는 좀비들이 별안간 광장으로 몰려나와 무슨 일을 벌일지 모른다고 본 것이다. 물론 이 시기의 국정원이 두려워한 좀비들의 준동은 '2008년 촛불집회'를 염두에 둔 것이었다. 그리고 그들의 우려대로 '촛불좀비'들은 대의제가 작동하지 않자 너나 할 것 없이 촛불을 들고 다시 광장으로 모여들었다.

특별한 기적을 기다리지 마

---

36. 김완·정환봉, 「"윤도현 8월경, 김어준 10월 물갈이"…국정원 예고대로 퇴출」, 『한겨레』, 2017. 9. 29.

눈앞에 선 우리의 거친 길은 알 수 없는 미래와 벽

바꾸지 않아 포기할 수 없어 …

수많은 알 수 없는 길 속에 희미한 빛을 난 쫓아가

언제까지라도 함께 하는 거야 다시 만난 나의 세계 …

사랑해 널 이 느낌 이대로 그려왔던 헤매임의 끝

이 세상 속에서 반복되는 슬픔 이젠 안녕

널 생각만 해도 난 강해져 울지 않게 나를 도와줘[37]

2016년 7월 학교의 일방적인 평생교육 단과대학 설립 추진과 정유라의 부정 입학을 성토하며 학교를 점유한 대학생들은 "특별한 기적"의 도래를 바라며 기다리고 있기보다는, 지금 눈앞에 마주한 현실을 바꾸기를 욕망했다. 이들은 소녀시대의 노래 〈다시 만난 세계〉를 함께 부르며, 우리는 어떠한 "알 수 없는 미래와 벽"을 마주하더라도 포기하지 않을 거라고, 다만 부단히 "희미한 빛"을 쫓겠다고 말한다. 이전의 운동가와 사뭇 다른 리듬의 이 노래는 투쟁의 처절함과 비장함의 정동 대신, 이제 우리는 "헤매임의 끝"을 원하며 사랑의 정동으로 이제는 "나의 세계"를 만들어나가겠다는 공통의 열망을 표출한다. 이들은 서로가 서로의 버팀목이 되고 신체에서 신체로 정동을 주고받으며, 함께 있음으로써 더 강해진다. 이들은 부조리하고 지긋지긋하게 "반복되는 슬픔"을 끝장내고, 이제는 우리를 "울지 않게" 할 새로운 세계를 원한다고(〈다시 만난 세계〉의 영어 제목은 '새로운 세계로의 이행'을 의미한다), 그것을 위해 "언제까지라도 함께"하겠다고 선언한다. 이 작은 노래의 울림은 물리력을 동반한 공권력의 강제 앞에서도 사그라들기는커녕, 서로 공명하며 끊임없이 확산

---

37. 소녀시대, 〈다시 만난 세계〉(Into the New World), Kenzie 작곡, 김정배 작사, 2007. 8. 3. 발표.

되었다.

2016년 10월 최순실 국정농단 사건의 전말이 폭로되면서 10월 29일부터 매주 개최된 촛불집회는 2017년 3월 23차 집회까지 이어졌으며, 1,000만 명에 달하는 시민들이 촛불을 들고 광장으로 모여들었다. 우리는 지도자를 거부하고 네트워크적이며 수평적인 실천을 특징으로 하는 다중의 시위 형태를 촛불집회에서도 볼 수 있었다. 촛불집회는 무엇보다도 활력과 에너지가 넘치고, 긍정의 확신에 찬 축제적 집회였다. 그들은 어떤 중심을 두고 체계적으로 조직된 것이 아니라 분자적으로 다원화되었으며, 스스로 조직되어 점거하고 행진하며 권력자들을 두려움에 떨게 했다. 물론 과거에 반정부 시위를 주도했던 민주노총이나 한국노총을 비롯한 여러 단체, 각계각층의 주요 인사들이 촛불집회에 참여했으나 그들은 단지 다중의 손님이자 여러 시민과 단체 중 하나였을 뿐이며 결코 중심을 구성하지 않았다. 자율적으로 구성된 '촛불-다중'은 그들의 참여에 별다른 관심이 없었다. 촛불-다중은 자기 확신에 차 행동했지만, 어떤 종류의 권력이나 권위도 소유하지 않았다. '장수풍뎅이연구회', '민주묘猫총', '전견犬련' 등의 깃발을 휘날리며 시위에 참여한 시민들은 엄숙함과 침통함의 시위 대신, 공통적인 열망 속에서 와자지껄하고 소란스러운 집회를 구성했다. 그것은 단일한 주체나 목소리로 환원되지 않는, 특이성들이 난립하는 다원적인 축제였다. 촛불집회는 헌법의 수호자이자 최고 권력자이며 국민 전체를 대의해야 할 대통령이 암막 뒤에서 특정인의 지령에 따르고 있으며, 비공식적인 절차가 국정 전반을 운영하고 암암리에 장악하고 있음에 대한 분노였다. 그것은 '무엇이 옳지 않은가?', 혹은 '무엇이 정의롭지 않은가?'에 대한 폭넓은 시민적 합의와 동의 속에서 거행된, 일련의 부정의와 초법적 권력에 대한 분노의 정제된 형태의 표출이었다. 촛불집회는 대의제 자체에 대한 거부나 분노라기보다는 제대로 작동하지 않고 있는 '대의제의 실패'에 대한 분노였다. 그것은 또한 민주주의와 대의 과정이 정상적으로 작동될 것을 바라는 수많은 시민의 공유된 열망이 뜨겁게 표출된 사건이었다.

어떤 사람들(주로 '고전적 맑스주의자'이거나 '급진적 좌파'를 표방하는 자들)은 이런 일련의 시위 양상이 전적으로 새로운 것이 아닐뿐더러 충분히 급진적이지 않다고 주장한다. 한때 소동이 일어났고 세상이 잠시 시끄러웠지만 지금 우리의 현실에서 막상 바뀐 게 뭐가 있느냐는 것이다. 이들은 당장 가시적이고 실질적인 변화를 끌어내지 못한다는 이유로 애써 다중의 의의를 축소하려 들곤 한다. 이들이 보기에 바람직한 시위는 명징한 적과 목표, 실질적 대안을 설정하여 집중적으로 투쟁하고 그것을 빠르고 분명하게 달성해야 한다. 수많은 단체와 구호가 저마다 난립하면 투쟁의 동력을 상실할 뿐이며 지배 권력의 압제에 대항하기에 역부족이기에, 신속하게 중앙집권적으로 투쟁하는 것이 낫다는 것이다. 이 고전적이고 고루한 몽상가들에게는 적을 무찌르고 현실을 일거에 뒤바꾸지 못하는 시위는 단지 다소간의 소란이나 혼돈에 불과한 것으로 여겨진다. 그러나 버틀러는 오늘날의 집단 시위가 레닌주의자들의 가정처럼 상층부로부터 구성될 필요도 없으며, 이성 중심적 태도에서 비롯되는 단일한 메시지를 지닐 필요도 없다고 말한다. 거리에 모인 육체들은 그 자체의 현전으로서 메시지를 지니며 수행적 성격을 내포하기 때문이다.[38] 네그리와 하트는 당적 이념 노선이나 중앙집권적인 지도자의 부재가 아나키[anarchy], 즉 무정부적 난장판, 광적 소란, 아수라장 따위를 의미한다고 생각하는 것은 비참할 정도의 정치적 상상력의 빈곤이라고 말한다. 그 시위들은 오히려 하나로 고정되거나 요약될 수 없기에 그토록 널리 퍼져나갔으며, 거기에는 중앙집중적 구조는 없지만 대신 "종종 느리게, 정합적인 관점으로 발전하는, 매우 다양한 견해들에 열려 있는 토론들이 있다."[39]

---

38. 버틀러·아타나시오우, 『박탈』, 315쪽.

물론 이 '고전적 맑스주의자'들의 지적대로 실질적인 변화가 미진하며, 여전히 부자와 권력자들은 건재하고 가난하고 힘없는 자들은 차별과 고통 속에 있지 않으냐는 분석은 타당하다. 그것은 누구나 알고 있으며 또 염원하는 바이다. 그러나 그렇다고 해서 시위에 아무런 의미가 없으며 쓸모없는 일이었다고 여겨지게 내버려 두어서는 안 된다. 거리에 모인 수많은 시민의 행동이 실은 전혀 소용없는 짓이었다고 말하며, 그것이 무無로 환원되게 내버려 두어서는 안 된다. 그것이야말로 파국적인 일이다. 분명히 무엇인가 일어났고(사건은 '이미' 발생했다), 또 무엇인가 분명히 변하였다. 사건은 매번 절대적으로 독특하고 특수한 것으로서 일어나며(사건은 사물들의 정황과 근본적으로 구분되는 것으로서 역사를 벗어난다), 그것은 기존의 정치나 언어체계 담론들의 바깥에 존재하며 그 배치 전체를 뒤흔들고 중단한다. 사건을 기존의 익숙한 정치와 법의 관점에서 해석하고 재단하는 것은 폭력적 전유일 뿐만 아니라, 사건의 발생을 후퇴시키는 죽음과 부정성의 길이다. 사건에 언어를 명명하고 제도들 안에서 권력과 정치적으로 씨름하는 것(들뢰즈는 사건을 사물에 연루시키고 기입하는 작업을 '사건의 현실화' 혹은 '사건의 실행'이라고 부른다)[40], 그리고 그것의 의미를 새기며 물러서지 않고 사건을 지속 가능

---

39. 네그리·하트, 『선언』, 166쪽.

40. 랏자라또는 대체로 들뢰즈를 충실히 계승하고 있지만 『정치 실험』에서 '사건의 실행'과 '사건의 역실행'을 잘못 파악한 듯 보인다. 여기서 그는 "역사 안으로 사건이 다시 떨어지는 일"을 사건의 역실행이라고 쓰고 있다. 이에 따르면 사건의 역실행은 사건이 사물 속에 기입되는 것이다. 이는 세 가지 과정에서 이루어지는데, 사건과 그것을 역실행하려는 권력 장치들, 건설해야 할 동맹들과 이미 구성된 정치적 세력들, 분자단위 주체화에 맞서는 몰단위 주체화 수준이 그것이다. 세 과정에서의 사건을 둘러싼 투쟁들은 사건의 역실행이 초래하는 '여파'에 해당한다. 랏자라또는 사건의 역실행 과정에서 발생하는 이질적 관점들 사이의 충돌과 제도적 차원의 투쟁들에 주목하나, 여기에서 성치적 싸움과 행동을 요청한다(랏자라또, 『정치 실험』, 122~126쪽). 그러나 들뢰즈에게 사건의 역실행이란 정확히 이것의 반대를 의미한다. 들뢰즈는 "우리가 사건을 사물에 연루시킬 때마다, 싫건 좋건 간에 우리는 사건을 현실화하거나 실행하게 된다"고 쓰

한 것으로 열어두는 '충실성'fidélité은 우리에게 남겨진 과제이다(이것은 바디우의 요청이다). 사건을 실행하는 데 있어 주체의 충실성은 결정적으로 중요하다.[41] 충실성이란 "결과의 주체적 요소 안에 있는 것"이며, "사건을 통해 가능해지는 새로운 주체에 가담하기를 받아들인다는 것"이다.[42] 다시 말해 충실성은 우리가 사건의 발생 이후에 기꺼이 사건을 선언하고 거기에 참여하며, 진리 절차를 따라 끈질기게 그 결과를 떠맡는 주체가 되어야 한다는 것을 의미한다.[43] 거기에는 사건을 무의미한 것, 심지어 범

고 있다. 즉 사건을 사물들에 연루시키고 기입하는 것, 랏자라또가 '사건의 역실행'이라고 말하는 것은 들뢰즈에게 있어 '사건의 현실화 혹은 실행'이다. 반면 들뢰즈에게 '사건의 역실행'이란 "사건의 개념을 끌어내기 위해 사건을 사물의 상태들로부터 떼어내어 추상화"하는 작업이다. 들뢰즈에게 이 둘은 '무한운동'의 관계에 있는데, 사건의 실행이 "잠재태들로부터 현행적 사물의 상태들로 내려"온다면, 사건의 역실행은 "사물의 상태들로부터 잠재태들로 올라"간다. 들뢰즈에게 있어 사건이 발생했다는 것은 이미 사건에 의해 잠재태가 카오스에서부터 끌어내려져 내재성의 구도 위에서 견고하고 단단하게 실재화되었음을 의미한다. 즉, 사건은 발생의 순간 이미 사물 안에 잠재태를 분만한다. 이후 '사건의 실행' 과정에서 사물 안에 잠재되었던 것이 사물의 상태로 현실화되며, 이에 우리는 전혀 다른 현실을 발견하게 된다(들뢰즈·가타리, 『철학이란 무엇인가』, 227~229쪽).

41. 랏자라또는 잘못 파악한 '사건의 역실행'의 개념에서 출발하여, 사건이 현실과 제도 속에서 구현되는 것(그는 이를 '사건의 두 번째 운동'이라고 부른다)이 '또 다른 생성이자 창조'라고 주장한다. 랏자라또는 여기에서 필요한 것은 창조이지 사건에의 충실성 개념은 요청될 필요가 없다고 말한다(그는 바디우의 충실성이 회고적 개념이라고 비판한다. 그러나 여기에서 바디우의 개념들을 가져오지 않고 들뢰즈에 의존하더라도, 사건에의 충실성은 오히려 사건이 가져온 잠재태를 실현하고자 한다는 의미에서, 그것은 데리다적 의미에서 '전미래적 충실함'이다). 그러나 들뢰즈에게 사건은 발생의 순간 카오스로부터 끌어온 잠재태를 사물들 안에 현실화 가능한 것으로서 마련해 놓는다. 따라서 랏자라또가 말하듯 사건이 사물에 기입되고 연루되는 과정(들뢰즈가 말하는 '사건의 실행')에서는 '창조'가 요청되지 않는다. 필요한 것은 사건의 주체적 재전환과 제도적 창안들뿐이다. 우리는 사건을 현실화하기 위해서 또 다른 창조를 필요로 하는 것이 아니라, 사건이 가져온 사물 내의 잠재태를 최대한 실현하기 위한 참여와 선언, 그리고 투쟁이 필요할 뿐이다. 나는 이런 의미에서 '충실성' 개념을 선호하며, 바디우의 단어인 '충실성'을 사물의 잠재태와 잠재력을 최대한 끌어내고 정치와 주체성 차원에서 철저히 수용되어야 한다는 의미에서 사용하고 있다.

42. 바디우·타르비, 『철학과 사건』, 82~83쪽.

43. 바디우에게 있어 충실성이란 모든 진리 절차에 있어 필수적인 주체적 요소다. 모든 새

죄적인 것으로 몰아가려는 보수적 담론들, 기존의 배치들, 이러저러한 재현의 의견들, 소란스러운 미디어들, 억압적 권력들과 쉼 없이 지루하고 힘겨운 싸움을 해야 하는 고단함이 뒤따른다.

반면에 다른 사람들(주로 우파 '애국자'나 '합리적 보수'를 자칭하는 자들)은 이런 시위는 미성숙하고 비합리적인 시민들의 반지성주의에 불과하며, 감정적으로 선동당해 충분히 숙고하지 못한 시민들이 벌이는 비민주적 행태라고 말한다. 이에 대해 아타나시오우는 이렇게 답변한다.

> 유럽의 도시들에서 대중이 표출한 분노에 대해 여러 엘리트가 논평한 내용은 흥미롭습니다. 그들은 지금 우리에게 필요한 것은 경제 관련 요소들을 이성적이고 기술 관료적으로 관리하는 것인데, 대중의 분노는 "미성숙하고", 비정치적이고, 너무 감정적이라면서 맹렬히 공격했지요. 비이성적이고 감정적인 여성성, 문명적이지 못한 원시성, 그리고 어눌한 노동계급과의 연관성을 함축하며 정념의 가치를 정치적 차원에서 깎아내리는 것은 정치적인 것을 법률적 이성으로만 축소시키는 규범적이고도 정상화를 유도하는 움직임이라 할 수 있겠습니다.[44]

'정치 엘리트들'이 주장하는 바에 따르면, 오늘날 세계 곳곳에서 발발하는 대항시위들은 어떤 현실적인 정치성을 담지하지 못하며, 감정에 휘둘리고 성숙하지 못한 시민들의 폭거에 불과하다. 이들은 공연히 길거리로 나올 게 아니라 이성적이고 차분한 자세로 제도와 법률에 의거해 자신의 정치적 의사를 표시하고 절차에 따라 권리를 행사해야 한다고 말

로운 진리의 돌발은 사건에서 비롯되며, 진리 절차의 기원 역시 사건에 있다. 그러나 결과가 자기운동으로서 저절로 전개되는 것은 아니며, 사태가 기계적으로 이어지는 것은 아니기에, 우리에게는 사건의 절차를 밟아나가고 결과를 실행할 충실성이 요청된다.

44. 버틀러·아타나시오우, 『박탈』, 284~285쪽.

한다. 여기에서 '2008년 촛불집회'는 무엇보다도 반지성적이며 비민주적인 시위에 해당한다. 그 이유는 당시 시민들이 냉정하게 사고하지 못하고, 오직 광우병에 대한 불확실하고 비과학적인 유언비어에 반응해 감정적으로 선동되어 거리로 나왔다고 바라보기 때문이다. 그러나 분명히 이것은 핵심이 아니다. 그토록 많은 사람이 거리에서 버스벽과 물대포라는 폭력에 맞서 끝까지 촛불을 놓치지 않은 것은, 정부가 시민을 대의하지 않고 있다는 사실에 분노했기 때문이다. 시민들의 의견을 전혀 신경 쓰지 않은 채 묵살하고 제멋대로 협상을 강행하고, 이에 문제를 제기하는 시민들에게 무차별적으로 공권력을 동원하는 당시 정부의 태도에서, 시민들은 민주주의와 대의제가 올바르게 작동하지 않는 현실을 목격했다. 이에 그들은 '촛불좀비'라는 조롱 앞에서, 거대한 무기들과 경찰력의 위협 앞에서, 취약한 육체의 꿋꿋한 현전으로서 직접적인 의사와 의지를 표출했다. 아타나시오우의 지적대로 시위를 폄하하는 엘리트들의 논리는 새로운 시위의 형태에서 표출되는 요구와 정치성, 넘실대는 정동을 이미 협의된 정치 논리 속에 재단하고 끼워 맞추려는 행태이며, 기존의 익숙한 정상성과 규범성으로의 회귀를 추동하려는 움직임이다. 대의제 자체가 정상적으로 작동하지 않는 정치체제에서 이런 주장은 다분히 퇴행적이며, 현상의 유지를 원하는 기득권의 논리에 부역할 뿐이다. 기존의 정치 담론에서 일컫는 '정치적인 것', '현실적인 것', 또는 '실현 가능성이 있는 대안'이라는 말은 언제나 현 상태의 유지와 신자유주의만을 의미할 뿐이다. 노동자들은 세련되고 화려한 정치적 수사나 미디어 친화적인 발화 행위에 능숙하지 못하지만, 그들은 육체와 정동을 한데 모음으로써 적극적이고 직접적인 발화를 수행한다.

우리는 2016년~2017년 촛불집회를 둘러싼 담론에서도 유사한 논리 전개와 익숙한 비하가 여지없이 반복되는 양상을 목격할 수 있다. 예컨대 촛불집회에 나온 사람들은 자극적인 메시지에 선동당한 반지성적이며 감정적인 시민들이라든가, 이런 제멋대로의 아수라장으로는 실질적인 혁명을 끌어내기란 불가능하며 결국 아무것도 바뀌지 않을 거라는 식이다. 그것은 비단 한국의 촛불집회에서뿐만 아니라 세계의 모든 시위와 집회들이 언제나 받아왔던 익숙한 폄하다. 그러나 버틀러는 민중이 함께 거리로 나설 때 그것은 '육체 정치'라고 부를 수 있는 것을 형성한다고 말한다. 공권력 앞에 맨몸으로 거리로 나선 민중들은 좀비와 마찬가지로 가진 것이라곤 오직 몸뚱이가 전부인 자들이다. 거리로 나선 자들은 모두가 동일한 하나의 육체로서 현전한다. 거리에서 모든 육체는 권력의 고하나 직업의 종류, 나이, 성별, 인종과 관계없는 '하나의 육체'일 따름이다. 이들은 다양한 차이에도 불구하고 공통적인 열망으로 한데 뭉치고, 특이성을 유지한 채 총체성으로 구성되어 함께 권력에 대항한다. 이들은 처분 가능한 삶으로 폐기되는 것을 거부하며 자신들을 평등한 육체로 대우해줄 것을 요청한다. 그것은 육체라는 유일하고 하나뿐인 재산을 걸고 벌이는 '거리 공연'의 수행이다. 물론 거리에서 육체들은 취약하고 불안정한 상태에 노출된다. 기본적인 생리현상의 해소에서부터, 의식주 해결에 불편함을 겪고, 심지어 공권력의 무기와 무참한 폭력 앞에 맨몸으로 놓이게 된다.

그러나 그 육체들은 또한 완고하며 지속성이 있는 육체들입니다. 그들은 지속적이며 집단적인 "그곳에 있음"을 주장하며,… 서열 관계없이 스스로를 조직하고, 따라서 그들이 공공 기관에 요구하는 바로 그 평등한 대우라는 원칙의 모범을 보여줍니다. 이와 같은 방식으로 그 육체들은 메시지를 수행적인 방법으로 상연해내는 것입니다.[45]

---

45. 같은 책, 316쪽.

이 무가치하고 살 필요가 없는 삶으로 분류된 자들, 따라서 처분 가능하고 사멸 가능한 삶, 죽게 내버려 두는 삶의 자리로 할당된 자들은 외부에서의 폄하와 몰이해, 조롱과 냉소라는 정신적 고통을 무릅쓰고, 또 거리에서의 고된 노고와 피로, 폭력에의 노출이라는 육체적 고통을 기꺼이 무릅쓰고 거리에 모여서, 하나이며 또 다수인 육체로서 한데 모여 현전함으로써 사건을 만들고 새로운 정치를 구성한다. 이 완고하고 지속적인 육체들은 정치적 메시지를 수행적인 방법으로 상연한다. 나는 하나의 육체로서 지금 여기에 이렇듯 현전하고 있다고, 나는 대의되지 않는 비생명의 자리로 처분당하지 않을 것이며, 이대로 가만히 타인의 삶을 떠받치다가 조용히 사멸되지 않겠다는 강고한 의지를 표출한다.

물론 내가 여기서 모든 시위가 발발 그 자체로서 완전하다거나 이미 완성되었다고 말하려는 건 아니다. 다만 그것의 의의를 축소하거나 폄하하려는 시도에 반대하며, 발생한 사건에 대한 충실성을 견지해야 한다고 요청하는 것이다. 우리는 이제 부정의와 불합리라는 부정성에의 분노에서 촉발된 폭넓은 동의, 대의제의 실패에 대한 비판을 넘어서 진정한 변혁을 위해, '무엇이 옳은가?', '무엇이 정의로운가?'에 대한 구체적이고 새로운 동의에 기반한 정치, 새로운 민주주의와 새로운 정치적 주체성을 발명해야 한다. 네그리는 혁명을 지속시키고 그 성취를 보장하기 위해서, 그리고 혁명을 더 멀리까지 나아갈 수 있도록 혁명을 열어두기 위해서는 제헌 과정, 즉 제도적 차원으로까지 나아가야 한다고 말한다.[46] 이때 우리는 제도화의 필요성을 인식하되, 권력을 유지하고 재생산하는 억압적 제도와 거기에서 탈주하여 새로이 생산하는 제도를 세심하게 구분해서 받아들여야 한다. 랏자라또의 논의를 빌리면, 제도는 두 가지 종류로 구분될 수 있다. 첫 번째는 "이미 설립된 제도"로서 기존의 것을 동일하게

---

46. 네그리·하트, 『선언』, 93쪽.

반복하는 데 그치는 제도다. 여기서 계급과 성별은 여전히 이항 대립 구도에 갇혀 있으며, 소수자와 타자에 대한 차별과 배제는 재생산된다. 이런 닫힌 제도에서 실재는 이미 존재하는 "순수한 현실성" 이외의 것을 의미하지 않는다. 두 번째는 "투쟁 속에서 생기는 제도"로서 새로운 것의 생산이 행해지는 층위의 제도다. "차이의 캔버스"로 기능하는 이런 제도는 투쟁을 통해 발생하며, "다양체화하고, 분자화하며, 다양한 가능세계로의 길"을 열어준다. 여기에서 실재는 "현실적인 것임과 동시에 잠재적인 것"을 포괄한다.[47] 우리의 투쟁은 언제나 첫 번째 제도로부터 저항하고 탈주하며, 두 번째 의미의 제도를 창안하는 데까지 이르러야 한다. 그러나 우리는 촛불을 든 다중이 염원했던, 대의제의 취약함을 보완할 개헌안이 도무지 이해할 수 없는 이유로 국회에서 보이콧당하고, 제대로 된 논의의 시작조차 이루어지지 않았음을 잊어서는 안 된다. 우리 사회를 뜨겁게 달구었던 촛불이 일회적인 사건으로 끝나지 않기 위해서, 먼 훗날 젊은 시절의 치기로 회상되지 않기 위해서, 수많은 사람의 간절하고 공통적인 열망을 지켜나가기 위해서, 발생한 사건을 지속 가능한 실행으로 열어두기 위해서, 우리는 촛불을 넘어 대의제를 보완할 제도를 발명하고 제헌 과정으로 나아가야 한다. 모든 혁명은 사그라들고 끝났다고 생각하는 그 순간에, 비가시적인 형태의 조용한 혁명의 과업으로서 다시 시작된다. 우리는 그것을 끝까지 감시하고 실천으로 옮기는 충실성의 주체로서, 사건으로서의 혁명에 적극적으로 연루되고 참여하여 사건의 약속된(잠재된) 결과를 실행해야 하며, 필요하다면 다시금 저항에 나서야만 한다("앞서의 혁명이 배반당할 때마다 새로운 투쟁들을 다시 시작"해야만 한다).[48]

---

47. 랏자라또, 『사건의 정치』, 240쪽.
48. 들뢰즈·가타리, 『철학이란 무엇인가』, 147쪽.

이제 그 춥고 엄혹했던 겨울날을 들끓게 했던, 뜨거웠던 광장의 열기와 함성들, 간절했던 염원들은 모두 식어서 어디로 갔느냐고, 다시 우리는 하릴없이 너절하고 보잘것없는 일상으로 돌아와 여전히 힘겹게 하루하루를 살아가고 있지 않으냐고 섣불리 실망하거나 노여워 말라. 좀처럼 바뀌지 않을 것 같은 완고하고 거대한 권력 앞에 또다시 무기력하게 마주하고 있지 않으냐고 쉽게 체념하거나 낙심하지 말라. 섣부른 낙관이 공허하듯이, 때 이른 절망과 체념처럼 위험한 것도 없다. 아니, 절망과 체념은 언제나 때 이르다. 우리는 혁명의 과업이란 얼마나 지난至難하고 품이 많이 드는 과정인지, 그리고 혁명이란 과거형으로 쓰이지 않아야 하는 늘 생성 중인 현재진행형으로서 '무엇무엇으로 되기'여야만 한다는 것을 알고 있다. 혁명이 끝났다고 여기며 안주하려는 순간, 오히려 진정한 혁명의 시간이 시작된다. 사건의 영광은 찰나같이 짧지만, 우리의 충실성은 촛불이 사그라드는 그 순간, 비가시적인 더 거대한 혁명으로서 시작된다. 가장 어두운 밤을 찬란하게 빛내던 용광로와 같던 불길과 혁명의 순간의 가슴 벅찬 열망들은, 이제 쪼개져 다시 개개의 작은 반딧불이 되었다. 그것은 충만한 강도로 넘실대며 흐르는 강렬한 정동들이다.

뇌과학과 좀비의 회복

2011년은 좀비가 정치적 주체로서 변혁을 요구하며 거리로 나섰을 뿐만 아니라, 아이작 마리온Issac Marion의 소설 『웜 바디스』가 출간된 해로, 좀비사에 있어 중요한 변곡점으로 볼 수 있다. 다리우스Julian Darius는 영화 〈웜 바디스〉를 기존의 좀비영화와 구분되는 최초의 '포스트 포스트 9·11 좀비' 영화로 꼽고 있다.[49] 다리우스의 분류에서 '포스트 9·11

---

49. Julian Darius, "Loving the Other", *Sequart Organization*, 2014. 1. 6.

좀비'가 테러 이후 극단화된 좀비로 우리의 구분에서 뛰는좀비에 상응한다면, '포스트 포스트 9·11' 좀비는 내가 '포스트좀비'라고 명명하는 좀비에 상응한다. 이전에도 〈랜드 오브 데드〉를 비롯한 소수의 작품에서도 좀비에게 주체성을 부여하려는 시도가 조금씩 나타나지만 큰 주목을 받지 못하였으며 주체성은 한정적으로 묘사된다. 그러나 『웜 바디스』는 좀비와 인간의 사랑을 과감히 묘사함으로써 좀비의 주체성을 전면에 제시하고, 좀비와 인간이 동등한 존재로서 공존하는 모습을 그린다는 점에서 포스트좀비의 전면적인 출현을 시사한 작품으로 분류할 수 있다. 『웜 바디스』에 이르면 좀비들은 말을 하고, 사랑을 하고, 학교를 세워 교육을 하고, 차를 운전하고, 아이들을 기른다. 이런 존재를 우리가 계속해서 비생명이나 시체라 여길 수 있을까?

치료나 학습을 통해서 좀비가 다시 이성을 되찾고 회복될 수 있다는 건 일견 허무맹랑한 상상처럼 보일 수 있지만, 신경과학자들은 이것이 불가능한 이야기만은 아니라고 지적한다. 좀비는 스스로 신체를 움직여 먹이를 찾아 돌아다니는데, 이는 좀비가 외부의 자극을 인식하고 반응을 보일 수 있다는 것을 의미한다. 신경과학자 보이텍Bradley Voytek에 따르면 이런 모습은 좀비의 뇌가 전부 손상된 게 아니라 일부는 적절하게 기능하고 있음을 의미한다. 의학적으로 볼 때 좀비는 어떤 바이러스 감염이나 질병으로 인해 분노나 공격성을 조절하는 뇌의 특정 부분이 손상된 '뇌병변 장애 환자'에 가깝다. 좀비의 뇌가 완전히 죽은 상태가 아니라면 이 뇌는 얼마든지 변화할 수 있다. 뇌는 '가소성'可塑性(새로운 자극이 가해질 때마다 뇌에 변화가 생기고 신경이 스스로 구조를 변화시키는 성질)을 갖는데, 좀비의 뇌 역시 가소성을 지녀 특정한 외부 자극에 의해 충분히 긍정적인 방향으로 변화 가능하다. 보이텍은 좀비가 만일 영화에서 묘사되는 방식으로 현실 세계에 존재 가능하다면, 그들의 회복 역시 가능하다고 주장한다.[50] 그들은 어떤 이유로 뇌에 부분적 손상을 입어

이성과 감정을 상실했지만, 가소성은 그 손상을 완화하고 치료할 수 있다. 따라서 좀비는 점차 회복되고 공격성을 줄여나갈 수 있으며, 궁극적으로 새로운 주체로서 거듭날 수 있는 잠재성을 지닌다.

드라마 〈아이좀비〉iZombie, 2015-에서 의과 레지던트 리브 무어(로즈 맥아이버 분)는 선상 파티에 초대되었다가 좀비에게 물리게 된다. 〈아이좀비〉에서 좀비는 다른 어떤 좀비보다도 괴물성이 약화된 형태로 등장한다. 좀비에 감염된 인간은 이성을 잃거나 자아를 상실하지 않는다. 이제 좀비가 된다는 것은 단지 핏기 없는 얼굴이 되어 안색이 창백해지고, 다크서클이 좀 심해지는 사소한 외적 변화로만 드러날 뿐이다. 물론 좀비는 뇌를 섭취하려는 강렬한 식욕을 지니고 있으며, 뇌를 오랜 기간 먹지 않으면 이성을 잃고 폭주하게 된다. 그러나 주기적으로 소량의 뇌를 섭취한다면 일상생활에 별다른 지장 없이 살아갈 수 있다. 좀비가 된 리브는 의사에서 시체 검안실에서 일하는 부검의로 직업을 바꾼 채 인간들과 함께 살아간다. 시체 검안실에서 일하면서 리브는 뇌를 안정적으로 공급받을 수 있게 된다. 리브에게 좀비가 되었다는 것은 생각만큼 극적인 존재론적 변화가 아니라 자신의 혼종적인 주체성을 형성하는 수많은 구성요소 중의 하나일 뿐이다. 헤일스에 따르면 포스트휴먼 주체성 모델은—예컨대 내 수면 작인은 쉬고 싶어 하지만 음식 작인은 배가 고프니 가게에 가야 한다고 하듯—주체를 복합적인 집합체로 본다. 주체는 단일한 '나'가 아니라 독립적인 작인들이 공동으로 작용하여 자아를 만드는 복합적인 '우리'다.[51] '나'라는 주체를 이루는 작인에는 나이, 성별, 인종, 민족, 국적, 성적 지향, 취미, 기호 등 수많은 요소가 있으며 이들이 한데 모여 내가 어떤 사람인지를 결정한다. 그리고 좀비는 이러한 요소들과 마찬가지로

---

50. Sills, "The good zombie", *aeon*.
51. 헤일스, 『우리는 어떻게 포스트휴먼이 되었는가』, 30쪽.

나를 결정하는 여러 작인들 중 한 가지 요인에 불과하다. 그렇다면 우리는 좀비를 공공연히 차별하거나 절대적 타자로 배제하고, 심지어 죽이기까지 했던 행동들에 어떠한 정당한 이유나 변명이 부여될 수 없다는 사실을 깨닫게 된다.

물론 좀비가 된 후 리브는 남자 친구와 헤어지고 봉사활동을 하지 않게 된다. 삶이 여러 가지로 바뀌게 되면서 리브는 나는 과연 인간인가, 앞으로는 어떻게 살아가야 하나 등 앞으로의 인생과 자신의 정체성에 대해 계속 고민한다. 그러나 리브의 정체를 알게 된 동료 검시관은 별로 놀라지 않고, 아무렇지도 않게 "함께 해결방법을 찾아보지 뭐"라고 이야기할 뿐이다. 이 드라마는 기존의 좀비서사의 공식에서 벗어나 묵시록적이지 않고 가벼운 수사 드라마에 가까운 분위기를 풍긴다. 좀비가 되는 것은 이제 자신의 본질이나 정체성에 대한 완전한 상실을 의미하는 것이 아니라 포스트휴먼적인 주체성을 이루는 여러 작인 중 하나일 뿐이다. 리브는 다양한 레시피로 뇌를 요리해 먹고, 좀비 남자 친구를 만들어 연애하면서 자신이 처한 상황에서 나름의 삶을 충실히 살아가는 방법을 배워 나간다.

리브는 뇌를 먹으면 죽은 이의 기억을 읽을 수 있는 좀비의 능력을 활용하여, 형사와 함께 미궁에 빠졌던 살인 사건들을 해결하고 억울한 망자를 도와주는 역할을 한다. 이것은 또 다른 방식으로 리브에게 도움을 준다. 리브가 풀리지 않는 존재론적 고뇌로부터 빠져나와, 자신만의 삶을 살아갈 수 있게 된 것은, 검시관으로서 타인의 뇌를 계속해서 섭취하기 때문이다. 다른 좀비들이 뇌를 그저 살기 위한 음식으로만 소비한다면, 리브는 뇌의 주인이 죽게 된 원인을 파악하기 위해 뇌를 먹은 후 그들의 행적을 추적해가며 죽은 이의 삶을 계속해서 반추한다. 리브는 뇌의 섭취를 통해 부단히 게임 중독자, 채식주의자, 동성애자 등 수많은 다양한 사람들의 주체성으로 이행하며, 그들의 사고방식과 관점을 하나

하나 체득하게 된다. 수많은 주체성을 오가는 리브는 계속되는 마이너리티-되기를 수행하는 유목적 주체다. 리브는 타인이 겪는 고통과 직접 마주하면서, 누구나 저마다의 고민과 아픔을 안고 산다는 걸 깨닫고 그들이 죽음에까지 이르게 되는 과정을 재경험한다. 리브는 점차 자신의 위치를 객관적으로 바라보고 자신의 고민이 생각만큼 결정적인 건 아니라는 걸 알게 된다. 그리고 자신의 변화된 신체와 주어진 상황에 맞는 새로운 주체성을 발명해 나간다. 리브는 지금의 자리에서 삶을 직시하고 긍정하며, 더 나은 삶으로 이행하려는 욕망에 충실하게 살아간다. 이렇듯 새로운 주체로의 이행은 이질적인 외부와의 접촉, 타인과의 사건적인 만남에서 비롯된다.

공항을 방황하는 좀비

마리온의 소설 『웜 바디스』는 2013년 동명의 영화로도 개봉하여 성공을 거두었다. 영화 〈웜 바디스〉의 주요 인물과 서사는 소설과 동일하다.[52] 〈웜 바디스〉는 폐허가 된 포스트 아포칼립스의 세계에 정체성을 상실한 미아로 존재했던 좀비들이 타인과의 교류를 통해 점차 이성과 감정을 되찾고, 주체로 회복되는 과정을 그린다. 실스Davia Sills는 〈웜 바디스〉가 다루는 좀비와 인간 사이의 러브 스토리야말로 좀비 진화의 새로운 문턱에 해당하며, 가장 최신 단계의 좀비라고 말한다. 그에 따르면 좀비는 언제나 당대 사회를 비추는 거울로 기능하는데, 이 작품은 우리가 그동안 배제했던 절대적 타자의 포용에 관한 이야기를 다루고 있다.[53] 〈웜 바디스〉는 좀비 아포칼립스가 발발한 이후 8년이 지난 시점을

---

52. 다만 소설의 내용이 축약되면서 약간의 차이가 있다. 소설과 영화의 차이점에 관해서는 뒤에서 살펴볼 것이다.
53. Sills, "The good zombie", *aeon*.

배경으로 한다. 전 세계는 이미 좀비로 가득 찼고 남은 인간들은 폐쇄된 도시 안에서 외부의 좀비와 싸우며 살아가고 있다. 버려진 공항 활주로의 비행기 안에서 지내는 주인공 R(니콜라스 홀트 분)은 비교적 상태가 멀쩡한 좀비다. 간헐적으로 전기가 공급되는 공항에서 에스컬레이터를 타고 오르내리는 것을 좋아하며, 낡은 LP판이나 스노 글로브 따위를 수집하는 것을 좋아하는 R은 처음엔 그저 다른 좀비들보다 다소 생각이 많고 예민한 좀비로 그려진다.

나 자신을 제대로 소개할 수 없어 유감이지만, 나에게는 더 이상 이름이 없다. 우리들 대부분에게 이름이 없다. 우리는 자동차 키를 잃어버리듯이 이름을 잃었고, 기념일들을 잊어버리듯이 그것을 잊었다.[54]

좀비는 자신의 이름을 잊어버렸으며 기억도, 역사도 모두 박탈당한 채 망가진 세계의 배경처럼 '그저 있는' 존재다. 정체성을 상실하고 서로 구분되지 않는 좀비들은 어떤 행위의 주체가 될 수 없는 파편화된 다수의 합집합이다. 공항에는 살아있을 때 청소부나 보안 요원 등 공항 직원이었던 좀비가 있는가 하면, 출국하려던 사업가 좀비나 여행하려던 좀비, 혹은 별다른 이유 없이 그냥 공항에 왔다가 감염된 좀비도 있다. 다양한 상태와 이유로 어느 순간부터 좀비가 된 자들은 이제는 여기가 어디인지도, 지금이 언제인지도 모른 채 익명의 다수 존재가 되어 세계를 방황하며 시간을 보낸다. 어떤 좀비는 살아있을 때 했던 일을 무의미하게 반복하고 있으며, 다른 좀비는 무료하게 그저 공항의 여기저기를 서성거리며 배회한다. 그러다가 허기를 느끼면 인간들을 사냥해 뜯어 먹고 다시 공항을 떠돈다. 좀비는 이제 거의 끝나가는 세계에서 재만 남은 화로의 불

---

54. 마리온, 『웜 바디스』, 15쪽.

씨처럼 서서히 사그라들고 있으며, 그들의 신체는 에너지 공급이 끊긴 기계장치처럼 점점 느려져 머지않아 완전히 멈추어 버릴 처지에 놓여 있다.

이때 좀비들이 머무는 공항은 대표적인 비장소다. 공항이라는 공간의 모호성은 실화를 바탕으로 한 스필버그Steven Spielberg 감독의 영화 〈터미널〉The Terminal, 2004에서 잘 그려지고 있다. 나보스키(톰 행크스 분)는 여행을 위해 비행기를 타고 뉴욕 공항에 도착한다. 마침 그때, 본국 '크로코지아'55에 쿠데타로 내전이 발생해 유령국가가 되자, 나보스키는 국적을 상실한 국제 미아가 된다. 여권과 비자를 취소당해 어디로도 이동할 수 없게 된 것이다. 그는 돌아갈 국가가 없기에 비행기를 타고 귀국할 수 없고, 또 국적이 사라져 신원이 보증되지 않기에 공항 밖으로 나갈 수도 없다. 그가 가진 성품이나 능력 등의 개인적 특성과는 무관하게, 그는 단지 신원미상의 정체를 파악할 수 없는 난민일 뿐이다. 불확실하고 불안정한 신분인 나보스키는 언제고 판결이 나면 그 즉시 미국에서 축출되어야 하는 처지다. 그때까지 지구 위에서 그가 머물 수 있도록 허락된 공간은 오직 공항뿐이다. 여기서 공항은 어디에도 속하지 않는 비장소이자 미결의 장소이며, 언제 끝날지 모르는 무한한 기다림의 장소다.

아감벤에 따르면 정치는 처음부터 늘 예외상태와 함께해왔다. 예외상태란 법질서가 통용되지 않고 정지되는 곳, 법체계 바깥의 예외적인 시간과 공간이다. 예외상태는 원래 특정한 장소와 연관되어 존재하지 않았다. 그런데 상태가 장소성을 획득하게 되는 것은 아우슈비츠로 대표되는 수용소가 건립되면서부터다.56 시간적으로나 공간적으로 일시적이었던 예외상태는 이제 항구적이며 고정적인 장소가 된다. 우리는 오늘날 안보나 보안이라는 정치적 미명하에 예외상태가 점차 일상적인 통치술로 대

---

55. 영화상에서만 존재하는 가상의 국가다.
56. 아감벤, 『호모 사케르』, 63쪽.

체되고 있음을 발견할 수 있다.

> 탈영토적 위치 확정으로서의 수용소는 정치의 숨겨진 모형으로서, 우리
> 는 여전히 그러한 모형 속에서 살고 있으며, 또한 공항의 '대기 구역'이
> 나 우리 도시들의 일부 외곽 지역의 형태로 완전히 변신한 수용소의 이
> 러한 구조를 인식하는 법을 배워야만 한다.[57]

공항은 항구적인 예외상태가 지속되는 장소이자 호모 사케르가 격리당
하는 장소다. 난민은 고향을 잃은 채 자신을 받아 줄 국가를 찾아 이 공
항에서 저 공항으로 떠돈다. 공항은 글로벌 자본주의가 상품 생산과 자
원 갈취를 위해 자행하는 내전과 폭력으로 삶의 터전을 잃고 탈출한 이
민자와 난민들이 첫 번째로 마주치는 높은 장벽이자, 일방적인 처분이
내려지기만을 무작정 기다려야 하는 대기 구역이다. 그들은 수용판결이
내려질 때까지 대기 구역에 임시로 머물다가 받아들여지지 않으면 또 다
른 곳을 향해 떠난다. 늘 굶주린 채로 경계 공간이자 사이 공간인 공항
을 유령처럼 헤매며 배회하는 좀비는 영락없는 난민처럼 보인다. 난민과
마찬가지로 어디서도 환대받지 못하는 가련한 좀비들에게 정착할 수 있
는 장소나 고향은 존재하지 않는다. 그들은 대지 위를 부유하며 생존에
필요한 자원을 찾아 끊임없이 여기저기를 떠돈다.

R에 따르면 좀비인 '나'와 타인 사이에는 건널 수 없는 심대한 간극
이 있어 내 내면에는 수많은 느낌과 감정들이 꿈틀대지만, 그 간격을 지
나는 동안 왜곡되어 알 수 없는 신음으로만 전달된다. 좀비들은 서로 지
나치면서 얼굴을 바라보고 으르렁거리지만 아무런 교류나 의사소통을
하지 못하고 어깨를 부딪쳐도 미안한 감정을 전달할 수 없다. 그들은 자

---

57. 같은 책, 331쪽.

신이 누구인지 잊었을 뿐 아니라 서로가 누구인지도 감각할 수 없기 때문이다. R은 "내 이름이 그립고, 다른 사람들이 잊은 이름에 대해서도 애도"하고 있으며, "그들을 좋아하고 싶은데, 정작 그들이 누군지를 모르"고 있다고 말한다.[58] R은 이 지경으로 망가진 세계와 거기에서 희생된 자들을 애도하고, 다른 남은 사람들과 함께 감정적으로 소통하고 싶어 하지만 불가능하다. 그것은 '나'와 마찬가지로 '그들'의 정체성 역시 상실되었기 때문이다. R은 무엇보다도 자신의 이름을, 정확하게 말하자면 정체성을 되찾고 싶어 한다. 하지만 R과 마찬가지로 익명의 군중이 된 좀비들은 이따금 무의미한 고함만을 질러댈 뿐, 아직 외부와 소통하는 방법을 알지 못한다. 이들은 아직 어떤 미미한 변화의 가능성도 없이 세계에 그저 던져져 있다.

그렇다면 세계는 왜 몰락했으며, 좀비와 인간은 어쩌다가 이런 처지에 놓이게 되었는가? 영화는 그 과정을 생략하고 있지만, 우리는 소설의 곳곳에서 단서를 찾을 수 있다. 줄리(테레사 팔머 분)는 파국의 과정을 이렇게 설명한다.

> 아니야, 너희들(좀비들) 때문만은 아니야. 내 말은, 그래, 너희들 때문이기도 하지만, 단지 그것뿐만은 아니었다는 거야. 정말 예전에는 어땠는지 기억이 안 나는 거야? 전 세계의 정치적, 사회적 붕괴 현상은, 세계적인 대홍수는? 전쟁과 폭동과 끊임없이 터지는 폭탄들도? 이 세상은 너희들이 나타나기 전에 이미 제정신이 아니었어. 너희들은 그저 마지막 심판이었을 뿐이야.[59]

---

58. 마리온, 『웜 바디스』, 17쪽.
59. 같은 책, 119~120쪽.

즉, 사람들이 좀비로 변하기 이전에 이미 세계는 정치적·사회적으로 붕괴했으며, 각종 자연재해와 전쟁, 폭동, 테러 등으로 "제정신이 아닌" 파국을 맞이했다. 걷잡을 수 없는 타락한 인류에게 주어진 "마지막 심판"으로서 좀비는 파국의 진정한 원인이라기보다는 결과에 해당한다. 좀비는 세계의 멸망을 불러오거나 초래했다기보다는 이미 멸망한 세계를 반영하는 존재, 혹은 망가진 세계에 걸맞은 주체의 형상이다. 소설에서 줄리가 설명하고 있는 세계의 모습은 현재 우리가 놓인 상황과 크게 다르지 않은 듯 보인다. 그렇다면 우리는 하릴없이 좀비가 되어야 하는 운명인가?

포스트좀비는 그저 절망의 정동에 머무르지 않는다. 이전의 좀비서사에서 좀비가 정착하지 못하고 먹이를 찾아 영원히 떠돌아야만 하는 난민의 형상이었다면, 〈웜 바디스〉에서 좀비들은 일시적이나마 공항에 거처를 마련해 놓고 거기에 정착한다. 신체적 정주는 집 없이 유랑하는 불안정성에서부터 안정적인 반복 가능성으로의 이행이다. 그것은 또한 주체성 차원에서의 유목을 가능케 하는 바탕이다. 좀비들에게 공항은 호모 사케르적인 항구적인 예외상태가 지속되는 공간이라기보다는, '일시적인' 미정의 장소로 신체를 내맡긴 채 휴식을 취하고 머무를 수 있는 공간이다. R은 이렇게 독백한다.

우리(좀비)들 대부분은 이곳 공항에서 살고 있다. 왜인지는 모른다. 내 생각에 공항은 사람들이 기다리는 곳이다. 하지만 우리가 기다리는 게 뭔지는 모르겠다.

여기에서 좀비는 동결된 시체나 박제처럼 붙들려 정박해 있는 것이 아니라, 미결정의 상태로 잠시 거주하며(신체적 정주), 무언가를 기다리고 있다(주체성 이행의 예비단계). 그게 무엇인지도 모르고 있으면서 이들은 과연 무엇을, 왜 기다리고 있는가?

감히 욕망하라!

인지기능과 표현능력이 다소 떨어진다고 해서 좀비가 무생물이나 사물과 다름없는 존재인 건 아니다. R은 "그녀(줄리)는 살아있고, 나는 죽었다, 하지만 나는 우리 둘 다 인간이라고 믿고 싶다"고 생각한다.[60] 좀비는 자신들이 무엇을 하는지도, 어디에 있는지도, 시간의 흐름조차도 제대로 파악할 수 없지만, 여전히 무언가를 수행하며 나름대로 분투하고 있다. 좀비는 굳어버린 존재가 아니라 계속해서 고민하며 변화 가능한 존재다. 좀비들은 서로 아무런 차이도 없는 균질화된 시체나 사물이 아니라, 살아있는 사람과 마찬가지로 서로 다른 주체로서 각자의 차이를 지닌 다양체의 모임이자, 특이성의 집합이다.

우리 중 몇몇은 장례식 당시의 상태로 몇 년을 지내기도 하고, 몇 명은 몇 달 만에 뼈만 남기도 하는 등, 우리 피부의 붕괴는 마른 바다 거품 같다. 무엇 때문에 이렇게 불공평한 진행을 보이는지는 모르겠지만 아마도 우리의 몸이 마음을 따라가고 있기 때문인 것 같다. 쉽게 체념하고 받아들이는 무리가 있고, 거세게 저항하는 다른 무리들이 있는 것이다.[61]

좀비의 신체는 죽은 시점을 기점으로 시간의 경과에 비례해 부패하고 손상되는 것이 아니라, 정동에 따라 상태가 변화한다. 좀비는 정동의 긍정적 강도(스스로 얼마만큼의 희망을 품고 있으며 파괴된 세계의 잠식에

---

60. 같은 책, 74쪽.
61. 같은 책, 91쪽.

맞서 저항하는지)를 신체의 유동적 상태를 통해 드러내는 정동적 존재다. 신체는 그들의 정동을 반영하는 실재적 표징일 뿐이다.

R과 같이 "거세게 저항"하며 포기하지 않고, 끊임없이 주체성을 발명하려는 좀비는 죽은 지 오래되었다고 해도 별다른 외양의 손상이 없다. 반면 "쉽게 체념하고 받아들"이며 희망을 버린 좀비는 죽은 지 얼마 되지 않았더라도 신체가 빠르게 붕괴되어 뼈에 말라붙은 살점만 남은 존재가 된다. '보니'Boney로 불리는 이들은 스스로 피부를 모두 뜯어내고 뼈다귀만 남은 존재, 인간성을 내버리고 멸망한 세계에 적합한 진정한 괴물이 되기를 선택한 자들이다. "인간성을 포기한 그 정확한 순간에 얼어붙은 죽은 눈을 하고 찍은 증명사진"으로 묘사되는 보니는 "모든 기억과 모든 가능성이 최소의 점 하나로 찌그러져 들어가고 있"는 존재다.[62] 이들은 모든 변화 가능성을 포기한 절망 그 자체이며, 포기한 그 순간의 상태에 증명사진처럼 얼어붙은 듯 고정되어, 다른 주체로의 유목이나 상태의 변화가 불가능한 '정주하는 존재'다. 영화에서 보니는 단순히 다른 좀비들과 대비되는 괴물처럼 등장하지만, 소설에서 이들은 종교적 지도자나 장로와 유사한 지위에서 권력을 행사하는 존재로 묘사된다. 보니는 새롭게 좀비가 된 자들을 받아들일지 거부할지 판단하고, 자신들의 사상을 따르지 않는 좀비에게 처벌을 내리거나 추방한다. 또한 좀비들의 결혼을 주관하고 어린 좀비를 자녀로 배정하여 유사 가족을 형성해주기도 한다. 보니는 몰락한 세계에서도 과거의 그림자를 좇으며, 이전의 관습과 규준을 모방하려 한다. 심지어 이들은 폐기물을 쌓아 주위를 둘러싸고 단상을 만들어 마치 종교 시설과 유사한 장소를 마련해 놓고, 주기적으로 집회를 개최하여 자신들의 사상을 전파한다. 물론 언어를 상실한 이들의 연설은 구체적 메시지를 담지 못한다. 그보다 그것은 세계와 인간을 향

---

62. 같은 책, 268쪽.

한 절망과 증오의 정동을 설파하는 파국의 교설敎說이다. 대다수의 좀비는 보니의 집회에 참여하고 지시를 따르지만, 이들이 보니의 사상에 적극적으로 찬성하거나 동조하여 따르는 것 같지는 않다. 여기서 좀비는 무기력하고 삶의 방향을 상실한 존재이기에 대부분 무언가를 강력히 주장하거나 특별한 자신의 의지를 드러내는 법이 없다. 아무런 주체적 판단이나 비판을 하지 않는 좀비들은 그저 강한 정동을 표출하는 자에게 자석처럼 이끌려 따르는 경향이 있다. 보니들은 세계에 대한 절망과 인간에 대한 적개심이라는 정동에 강력하게 사로잡힌 집단이기에 좀비들은 그저 관성적으로 그들을 따를 뿐이다.

인간의 뇌를 먹은 좀비는 그 인간이 살아온 과거의 기억이나 감정의 편린들을 체험하게 된다. R은 여느 때와 다름없이 동료 좀비들과 함께 인간 무리를 사냥하던 중에, 페리(데이브 프랭코 분)라는 남자를 살해하고 그의 뇌를 먹는다. 그리고 그 과정에서 함께 있던 페리의 여자친구 줄리에게 이전까지 경험하지 못한 강렬한 느낌을 받게 되면서 처음으로 '사랑'이라는 새로운 정동을 체험한다. R은 줄리를 구하기 위해 죽은 좀비의 피와 내장을 마구 덧발라 다른 좀비들을 속인다. 그리고는 줄리를 숨겨 자신이 사는 비행기 안으로 데리고 오면서 이들의 기묘한 동거 생활은 시작된다. 줄리는 처음엔 좀비인 R을 두려워하고 받아들이지 못하지만, R과 함께 오래된 LP로 음악을 들으며 대화를 나누고 차를 운전하는 법을 가르쳐주는 등 여러 일을 함께 겪으며 점차 믿음과 호감을 느끼게 된다. R은 줄리를 사랑하게 되면서 점차 살아있음을 감각하고, 점진적이지만 불가역적인 정동과 신체적 변화를 겪는다. 네그리는 포스트모더니즘 철학자들(이들의 주장은 보니의 교설과 유사하다)의 계속되는 '냉소적 존재론'에도 불구하고, 사랑은 "가장 강렬한 정동"이며, "공통적 실존을 창조하고 권능의 세계를 부수어버리는 정동"이라고 말한다.[63]

줄리와 R은 서로가 서로에게 가장 이질적이며 위협적인 타자이다. 줄리는 좀비의 세계에서 그저 신선한 먹잇감에 불과하며 계속되는 살해 위협에 노출되어 있다. R 역시 인간의 세계에서 위험천만한 괴물에 불과하며 발각되는 즉시 사살당할 처지다. 그러나 변화가 시작되는 것 역시 바로 그 지점이다. 이질적인 두 특이성 사이의 돌발적인 마주침과 사랑의 정동('사건의 발생'), 이후의 끈질기고 집요한 노력('사건에의 충실성'), 그것은 존재를 고양시키며 더 나아가 세계를 좀 더 나은 곳으로 만들고자 하는 내재적 생명의 근원적 욕망이며 역능의 발현이다. 줄리는 좀비라는 "역병" 혹은 "저주"가 생겨난 원인이 "마법 주문이나 바이러스나 원자력 광선" 때문이 아니라 "더 깊숙한 곳에서 생겨난" 것, 즉 "우리가 이 지경까지 끌고 온 거"라고 말한다.[64] 우리가 세계를 이 지경으로 만들었다는 것은, 또한 그렇지 않을 수도 있었음을 의미한다. R과 줄리는 계속해서 우리가 세계를 더 나은 곳으로 만들 수 있다고 말하는데, 그것은 미래가 불가항력적인 필연성의 고정된 대상이 아니라 단지 선택의 문제일 수 있다는 사실을 상기시킨다.

R과 줄리의 대면과 부단한 교류, 그리고 사랑이라는 사건은 두 사람의 주체성에 심대한 변화를 가져오고 이는 점차 주변에까지 영향을 미치기 시작한다. 사건은 "감각의 변화를 일으키며", "욕망의 배치를 변화시키는 것"이다. 사건을 통해 "사람들은 우리가 사는 시대가 참기 힘들다는 것"과 "우리가 삶의 새로운 가능성을 가지고 있다는 것을 이해"하게 된다.[65] R과 줄리의 사랑은 바로 이와 같은 의미에서 정확히 '사건'이다. 그것은 다른 좀비와 인간들의 감각과 욕망의 배치를 변화시켜, 현시대를 그저 참아내는 대신 새로운 가능성을 찾아 나서도록 하는 강렬한 떨림의 운동이다. 이 강렬한 정동적 변화는 마치 죽은 듯 고요했던 수면 위

63. 네그리, 『전복적 스피노자』, 239~240쪽.
64. 마리온, 『웜 바디스』, 347쪽.
65. 랏자라또, 『사건의 정치』, 22쪽.

에 떨어진 돌멩이가 만들어내는 파문처럼 퍼져나가, 주변의 다른 좀비들에게 영향을 끼치기 시작한다. 좀비들은 처음에는 줄리를 죽이고 먹으려하지만, R의 격렬한 반대와 두 사람 사이에 흐르는 끈끈한 신뢰의 감정을 보면서 이전까지 느껴보지 못했던 내면의 알 수 없는 꿈틀거림을 경험한다. 그것은 돌처럼 굳어버려 더는 돌이킬 수 없다고 여겼던 관계가 전혀 다른 방식으로 변모하는 것을 목격한 경이의 정동이다. 좀비들은 R과 줄리를 먹어 치우라는 보니들의 지시에 따르지 않고, 처음으로 그들의 억압적 권력에 저항한다. 이 반란의 행위는 다른 좀비들에게까지 전염되듯 퍼진다. 이렇듯 사건은 서서히 꺼져가던 미약한 생명들에게 마치 섬광과도 같이 도래하여, 우리가 다른 형태의 만남과 관계를 다시 수립할수 있으며, 주체성은 얼마든지 재구성될 수 있는 것임을 일깨운다. 랏자라또는 1999년 시애틀에서의 대항시위야말로 진정한 정치적 '사건'이었다고 주장한다. 그것은 "다른 세계는 가능하다"[66]라는 시위의 슬로건이 상징적으로 드러내듯, 이 사건이 지금과는 다른 형태의 어떤 세계가 존재

---

66. 랏자라또는 시애틀 시위의 해당 구호를 중점으로 하여 세계의 다른 가능성을 탐색하고 있다. 그것은 다른 세계로의 욕망을 애초에 불가능한 것으로 만드는 신자유주의 통치성에 맞서 가능성을 폭로하는 '사건의 정치'다. 랏자라또는 여기서 들뢰즈의 사건 개념에 상당 부분 의존하고 있는데, 엄밀하게 말해서 들뢰즈에게 '가능한 것'과 '잠재된 것'은 개념적으로 구분된다. '가능한 것'은 상황 속에서 이미 우리에게 주어진 것이며, 따라서 가능한 것의 실현은 상황을 변화시키지 못한다. 반면에 '잠재된 것'은 현 상황속에서 불가능하다고 간주되는 어떤 것이다. 따라서 사건 — 사건은 언제나 (불)가능한 것과 관련해서만 존재할 수 있다 — 이 현실 속에 분만하는 것은 언제나 '가능한 세계'가 아닌 '잠재된 세계'이며, 잠재된 것의 실현이야말로 우리에게 근본적인 변화를 가져올 수 있다. 잠재된 것은 사건의 공간 속에서만 비로소 가능한 것이 될 수 있다. 랏자라또 역시 이런 구분을 알고 있으나, 철학적 용어가 아닌 현실에서의 '사건'(시위 혹은 봉기들)을 고려하기 위해, 맥락에 따라 '가능한 것'을 '잠재된 것'까지 포괄하는 개념으로 사용하고 있는 듯 보인다. 나 역시 사건의 맥락에서 불가능한 것(불가능하다고 여겨지는 것, 다시 말해 잠재된 것)을 가능하도록 도래시키는 사건, 사건이 가져오는 '다른 가능성', '다른 세계', '가능 세계' 등의 개념을 '잠재성'을 포괄하는 개념으로 사용할 것이다. 들뢰즈의 '가능한 것'과 '잠재된 것'의 차이에 관해서는 다음 책(질 들뢰즈, 『소진된 인간』, 이정하 옮김, 문학과지성사, 2013)을 참고할 것.

가능하다는 걸 천명하며, 사람들의 주체성을 변화시켰기 때문이다.[67] 사람들은 이전까지 행했던 익숙한 것, 이전까지 존재했던 그대로의 상태이기를 그치고, 근본적으로 이질적인 무언가로 이행하고자 했다. 좀비 마을에 방문한 줄리의 존재는 좀비들에게, 또 인간 마을에 방문한 R의 존재는 인간들에게 시급한 주체성의 변화와 이행을 촉구한다. 세계는 반드시 이런 모습이 아니어도 된다고, 우리는 지금과는 다른 형태의 삶을, 더 나은 세계를 욕망할 수 있다고.

욕망은 단순히 대상에 대한 충동이나 생물학적 리비도로 환원될 수 없다. 욕망은 고립된 주체 내부에서 저 홀로 돌연히 발생하는 충동이 아니라 외부의 대상과의 결합과 마주침, 배치에서 출현한다.[68] 우리는 욕망을 '욕망하는 주체'와 '욕망되는 대상'이라는 '이자二子 관계', 혹은 '주체에서 대상을 향하는' 낡은 '선형적 관계'로 파악해서는 안 된다. 욕망의 대상이나 사물은 언제나 '특정한 배치'에서 기능하고 위치하는 대상이나 사물이지, 우리는 배치에서 분리된 사물이나 대상을 욕망하지 않는다. 그런 욕망이 있다면, 그것은 마치 시체와의 사랑만큼이나 어떠한 생성으로도 나아갈 수 없는 도착적이고 무의미한 무엇이다. 대상이나 사물은 수많은 다양체로 구성된 전체의 배치 속에서 존재하기에, 욕망은 늘 하나의 새로운 배치를 향한다. 우리가 특정한 대상을 강렬하게 욕망한다고 믿을 때조차, 실은 대상과 내가 지금과는 다른 배치로 이루어진 '가능 세계'를 욕망하는 것이다. 이렇게 욕망은 언제나 세계를 향한다. 욕망은 기존의 확립된 권력 관계와 지배적 질서에 파열이 일어나는 지점에서 출현하며, 새로운 가능성을 개방하고 이질적 배치를 출현시킨다. 욕망은 불가능하다고 여겨졌던 것을 나타나게 하며 "닫힌 세계로부터 새로운 참

67. 랏자라또, 『사건의 정치』, 8~9쪽.
68. 랏자라또, 『기호와 기계』, 74~75쪽.

조의 시스템들을 발생시키는 하나의 과정을 솟아오르게 하는 장소"다.[69] 그러므로 우리는 계몽과 더 나은 세계를 위해 "감히 알고자 하라!"sapere aude고 말했던 칸트의 언명을 대신해 이렇게 말할 수 있을 것이다.[70] "감히 욕망하라!"[71]

이제 여기에 두 가지 선택지가 놓여 있다. 모든 에너지를 고갈된 기계처럼 서서히 소진되고 느려져, 완전히 멈춰 역사 속으로 사라지는 것. 이것은 죽음과 파멸로 향하는 길이자 보니들이 인식하는 세계의 필연적 운명이다. 또는 그럼에도 불구하고 잿더미 위에서 다시 한번 주어진 것들과 끝장을 보기, 불가능한 것을 과감히 욕망하고 기꺼이 감행하기. 이것은 R과 줄리가 계속해서 강력하게 희망하는 생명의 욕망을 따르는 길, 존재와 세계를 치료하고 새롭게 건설하고자 하는 역능이다. 보니와 군인들이 지배하는 지금 이대로의 세계, 즉 다른 가능성의 분기가 폐제廢除되고 가로막힌 닫힌 세계라는 보수적 배치를 거스르고, 생성을 지향하는 강렬한 욕망은 다른 좀비들을 기쁨의 방향으로 이끄는 긍정적 정동의 역능이 된다. 유목적이며 다중적인 주체성으로 이행하는 좀비들의 흐름은 급속도로 확산되기에 이른다.

가능성으로 흘러넘치는 세계

---

69. 랏자라또, 『부채 통치』, 33~34쪽.
70. 임마누엘 칸트, 「계몽이란 무엇인가에 대한 답변」, 『칸트의 역사 철학』, 이한구 옮김, 서광사, 2009, 13쪽.
71. 칸트는 타인의 지도나 인도에 의존하는 대신 자신의 이성을 올바르게 사용하여 알고 깨우친다면, 누구나 미성숙한 미망(迷妄)의 상태에서 벗어나 계몽될 수 있다고 보았다. 그러나 알고자 하는 것만으로는 부족하다. 뒤에서 살펴보게 되겠지만, 오늘날 우리가 마주하고 있는 곤경은 스스로 모든 걸 알고 간파하고 있다고 착각하는 주체들이며, 부족한 것은 세계를 바꾸고 변화시킬 수 있는 실질적인 행동의 결여다. 따라서 필요한 것은 올바르게 알아야 할 중요성에 더하여, 과감히 욕망하고 잠재된 것을 현실화하기 위해 행동으로 나서는 주체다.

다중의 수평적 의사결정 과정들은 시간적 자율을 필요로 한다. 구호들과 전투적 욕망들의 소통은 종종 작은 공동체에서, 이웃 집단들에서 느리게 시작하지만 특정한 시점에는 바이러스처럼 퍼져나간다.[72]

좀비들은 잠들지 않기에 꿈을 꾸지 않는다. 그들은 계속된 각성상태로 있다가 더 이상 버틸 수 없게 되면 무너지듯 쓰러지고, 그 상태로 몇 시간에서 몇 주까지 머무르거나 혹은 영영 깨어나지 않기도 한다. 그러나 회복되어가는 좀비들은 이제 꿈을 꾸고 기억을 되찾으며 점차 자신의 정체성을 자각하게 되고, 마침내 폭압적이며 절망뿐인 보니의 지배에 저항한다.

네그리는 모든 혁명은 정체성에 근거하며, 정체성에서부터 출발해야 한다고 말한다.[73] 변화와 생성의 정동을 앗아가고 지금의 실재하는 배제와 위계의 배치를 재생산하며 비가시적으로 만드는 지배적 권력에 대한 저항의 시작은 언제나 자신의 위치와 처지, 그리고 세계의 상태에 대한 철저한 반성과 자각에서 시작되기 때문이다. 정체성을 깨닫는 것은 단순히 특정한 권력층(보니 혹은 군인들)에 대한 반란이 아니라 부당한 폭력과 소외, 불평등과 억압을 재생산하는 사회체제와 제도 자체에 대한 거부이자 반란의 출발이다. '제국'의 지배를 거부하고 M과 함께 인간들의 마을로 모여든 좀비들은 처음에는 몇 명뿐이지만("느리게 시작하지만"), 점차 많은 좀비가 모여든다("특정한 시점에는 바이러스처럼 퍼져나간다"). 영화의 후반부에는 수많은 좀비가 공항을 떠나 R과 줄리를 찾아 몰려든다. 이 물리적이고 신체적인 '함께-있음'의 감각은 정치적 정동 구성과 행동의 바탕이 된다.[74]

---

72. 네그리·하트, 『선언』, 117쪽.
73. 네그리·하트, 『공통체』, 446쪽.
74. 네그리·하트, 『선언』, 59쪽.

공항에서의 좀비들이 정체성과 삶을 박탈당하여 서로 함께-있음을 자각하지 못하는 상태였다면, 스타디움에 모여든 좀비들은 함께 행동하며 공통적인 이상을 열망하는 '다중 주체'가 된다. 익숙한 공항에서 벗어나 가장 낯설고 적대적인 장소에 모인 좀비들은 모든 종류의 노고와 위험을 무릅쓰고, 우리가 지금 여기에 있으며 현 상태의 세계를 더는 견딜 수 없다고, 현재와는 다른 세계를 건설하고자 한다고 '육체의 현전'을 통해 발화한다(이들은 세련된 형태의 정치적 수사나 언어적 발화에 익숙지 않지만 근원적 욕망과 정동에 충실한 주체다). 자발적으로 모인 좀비-다중에게는 어떤 지도자나 중심을 찾을 수 없으며 그 구조와 확산은 수평적이고 네트워크적이다. 바이러스처럼 퍼져나가는 정동의 감염에 맞서 보니들은 그 근원인 R과 줄리를 제거하려 한다. 그리고 광장으로 모여든 좀비-다중은 보니와 군인들을 향해 봉기를 일으킨다.

보니들의 추격으로 스타디움 바깥으로 나가지 못하고, 군인들의 추격으로 마을에 머물러 있지도 못하게 된 줄리와 R은 막다른 곳에 다다른다. 그리고 그 순간 R은 "혈액과 뇌와 그녀의 핵 안에서 소용돌이치는 알 수 없는 기운과 생기, 영혼, 모든 세포를 흐르면서 수백만 개의 세포들을 하나로 합쳐 그녀를 고깃덩이 이상의 것으로 만들어주는 의지의 불같은 힘"을 온몸으로 느낀다. 여기서 묘사되고 있는 것은 생기론적이고 자기조직적이며, 모든 조에를 가로지르며 흐르고 꿈틀거리는 맹렬한 의지, 불같이 타오르는 코나투스의 강렬한 역능이다. 줄리와 입을 맞춘 R은 줄리와 자신이 존재론적이고 내재적인 평면 위에서 동등한 위치에 놓인 존재라는 걸 깨닫는다. "그리고 그 순간, 뭔가가 일어난다. 그것은 변화다. 그것은 뒤틀리고 꿈틀거리고 안팎으로 뒤집어진다. 그것은 완전히 다른 무엇인가로 변한다. 새로운 존재."[75] R의 심장은 세차게 뛰어 다

---

75. 마리온, 『웜 바디스』, 349~350쪽.

시 피를 돌리고 그
의 온몸에 생기를
공급하며, R은 기
존과는 완전히 다
른 무언가, 새로운

〈웜 바디스〉, 2013

존재로 거듭난다. 이는 단순히 로맨스 장르의 흔한 클리셰가 아닌, 둘 사
이의 관계와 줄리의 정동적 변화에 주목해서 읽어야 하는 장면이다. 처
음에 줄리는 R에 대한 사랑을 받아들이지 못하고, 받아들인 이후에도
일말의 거리낌을 버리지 못한다. 줄리는 입맞춤으로 자신이 감염될지도
모른다는 두려움에 주저한다. 줄리가 R과 입 맞추는 순간은 줄리가 비
로소 R에 대한 편견과 의구심에서 벗어났으며, R에 대한 완전한 신뢰와
사랑을 느끼게 되었음을 보여준다.

　이윽고 두 사람 간의 신뢰와 사랑의 정동은 무궁무진한 세계를 향
해 활짝 열린다. 사랑의 정동은 망가진 세계를 고칠 수 있는 치료제가 되
어 다른 좀비들과 인간들, 그리고 보니들에게 영향을 끼친다. 좀비들은
이성을 되찾고 회복되기 시작하고, 인간들은 좀비가 변화하고 있음을 인
정하고 받아들이게 되었으며, 보니들은 그 힘을 잃고 무력해진다. 치료제
는 물리적인 투약이 아니라 정동적인 감염이다. 사랑의 정동은 우리의 감
각을 새롭게 배치하고 주체를 바꾸고 공동체를 창출하며, 나아가 세계
의 변화를 촉진하는 사건이다. 잿더미였던 세계는 생산적인 가능성으로
충만한 생동하는 장소가 되며, 새로움과 차이들이 가져오는 무수한 다
양성과 활력으로 넘쳐흐르는 곳이 된다. 세계는 최악의 상태에서 벗어나
잠재되었던 최선의 가능성을 향해 개방된다.

　그러나 줄리의 아버지이자 군인인 그리지오 장군(존 말쿠비치 분)은
좀비들이 달라지고 있다는 사실을 좀처럼 받아들이지 않으며, 그들을
결코 인간으로 인정하지 않는다. 그리지오는 "죽은 자는 변하지 않아. 줄

리! 저것들은 사람이 아니야, 그냥 무생물이야."라고 말한다. 그리지오가 보기에 좀비들은 결코 변화할 수 없는 존재이며, 여기에는 어떠한 치료나 해결책 따위도 존재하지 않는다. 그것은 좀비들이 어떠한 감정적 반응을 보이지 못하기 때문이다(그러나 줄리가 보기에 그것은 비정한 아버지인 그리지오 역시 마찬가지다). 그리지오는 줄리를 철없는 아이 취급하며 아직 "우리들의 세상을 이해하지 못했"다고 훈계한다. "이제 우리의 시간도 다 되어 간다. 이 세상은 끝났어. 치료될 수도 없고, 구조될 수도 없고, 구원받을 수도 없다"고 말하는 그리지오는 보니와 다를 바 없는 방식으로 세계를 바라보며 냉소하는 자이며, 주체성의 변화와 유목을 거부하며 그 자리에 박제된 '정주하는 주체'다.[76] 보니와 그리지오는 기성의 제도와 규범을 유지하려는 억압적 권력으로서, '자신들만의 세계'에서 고립된 채 부동의 상태로 머무르기를 원하고, 다른 세계를 향한 대안이나 가능성을 인정하지 않는다. 이들은 거기에서 빠져나와 탈주선을 그리며 도주하는 모든 존재, 다른 변화에의 가능성 자체를 처단하려 든다. 줄리는 그런 아빠를 설득하려 한다.

제가 공항에 있었을 때, 뭔가가 일어났어요. 우리가 어떤 불씨를 만들어 냈고 그게 무엇이든지 간에 퍼지고 있어요. 죽은 자들이 다시 살아나고 있고, 자신들의 둥지를 떠나서 변하려고 노력하고 있다고요. 우리는 그들을 도울 방법을 찾아야 해요. 우리가 그 역병을 치료할 수 있다고 생각해 보세요, 아빠! 우리가 이 엉망인 상황을 청산하고 다시 시작할 수 있다고 상상해 보세요![77]

---

76. 그리지오나 보니와 같은 부류의 이른바 '냉소하는 주체'는 우리 시대에 특히 두드러지는 주체의 형상이다. 이에 대한 분석은 8장에서 이어질 것이다.
77. 마리온, 『월 바디스』, 313~314쪽.

줄리는 좀비들이 다시 살아나고 있고, 더 나아지고자 노력하고 있으며, 우리는 그들과 함께 "다시 시작할 수 있다"고 주장한다. 줄리는 세계가 이대로 멸망을 향해가야 한다는 "거지 같은 규칙"을 거부하며, 우리가 바쁘고, 이기적이고, 겁이 많다는 이유로 고칠 수 있는데도 "시도조차 안 했던" 것은 아니냐고 반문한다.[78] 줄리가 사건에 대한 충실성의 주체라면, 그리지오는 사건을 외면하고 무화하려는 기성의 권력이다. 그리지오는 끝까지 어떠한 변화도 인정하지 못하고 보니들과 함께 구시대의 잔재로 죽음을 맞이하게 된다.[79]

다른 군인들은 변화한 R을 보고 마음을 돌리고, 좀비들과 힘을 합쳐 남은 보니들을 무찌른다. 이제 좀비는 인간과 어울려 함께 살아가게 된다. 물론 모든 좀비가 일시에 같은 단계로 회복된 것은 아니다. 좀비는 각자 고유하며 내적인 차이로 구성되는 특이성을 간직한 존재다. 좀비는 서로 다른 속도와 과정을 거치면서, 스스로 나아가기 위해 노력한다. 줄리는 "우리는 어둠 속에서 더듬거리는 중이지만", 중요한 것은 세계를 더 나은 곳으로 만들기 위한 "커다란 계획을 가지고" "움직이고 있다"는 사실이라고 말한다. 다가올 종말이나 폐허만을 이야기하는 대신에 오히려 그것을 다시 한번 제대로 온전히 시작할 수 있는 계기로 인식하는 것, 타자와의 교류와 이질성과의 만남 속에서 부단한 실험과 발명을 통해 새로운 존재론을 구축하며 다른 주체성으로 이행하는 것, 그것이 오늘날 우리의 앞에 놓인 긴급한 과제다. 그것은 복잡하거나 거창한 일이 아니라 일상적이고 작은 일에서부터 시작될 수 있다. 줄리는 "우리는 지구가 우주를 돌고 있는 거대한 묘지의 무덤이 되도록 내버려 두지 않을 것"이며, "우리는 그 치료제가 될 것"이라고 말한다. 그것은 "우리가 그것을 원

---

78. 같은 곳.
79. 영화에서는 그리지오가 죽는 대신, 총을 맞은 R이 인간과 똑같이 피를 흘리는 모습을 보고 마음을 돌려 좀비들이 변화했음을 인정하게 된다.

하기 때문"이다.[80] 우리가 다른 세계를 강렬히 욕망하고 행동에 나설 때 비로소 잠재된 가능성은 현실로 다가온다.

정체성의 폐지 : 증오에서 사랑으로

영화 〈웜 바디스〉는 줄리와 R 사이의 로맨스를 그리는 데 집중하여, 소설의 원래 의도를 충분히 다루지 못하고 있다. 영화에서 보이는 주요한 한계점은 좀비들의 회복이 코나투스의 생기론적 열망이나 정체성의 자각이라는 중요한 주제 대신에, 남녀 간의 사랑이라는 제한적인 형태의 사랑에 과도하게 의존하며 낭만적인 방식으로 묘사하고 있다는 점이다. 또한 소설과 달리 영화에서 보니는 단순히 두 사람의 사랑을 훼방 놓는 데 몰두하는 존재들처럼 그려진다. 여기서 보니는 그저 또 다른 형태의 절대 악이며 제거 마땅한 오물 같은 존재일 뿐이다. 예컨대 영화 〈웜 바디스〉의 후반부에서 R은 이렇게 독백한다. "보니들도 사랑으로 치유됐다고 말하고 싶지만 그냥 전부 다 죽여 버렸다. 좀 너무한다 싶지만 아무도 크게 신경 쓰지 않는다." 누구도 보니의 학살에 대해 숙고하거나 죄책감을 느끼지 않는다. 이 부분에서 영화는 좀비를 인간의 범주로 편입시키기 위해 보니라는 더 추하고 악한 타자를 위계적으로 설정하여 배제하는 손쉬운 방법을 선택한다. 좀비와 인간이 공존하는 방법이 단순히 좀비가 자신들의 세계를 떠나 인간의 사회에 편입하고 동화되는 형태로 그려지고 있다는 점 역시 타자를 열등한 것으로 여기고 교화시켜야 한다는 폭력적인 방식이다. 그러나 우리는 이보다 더 나아가야 한다.

정체성은 자연적이거나 선험적으로 주어지는 것이 아니라 역사적·사회적·문화적으로 구성되는 것이다. 흑인, 여성, 혹은 노동자로서의 위치

---

80. 같은 책, 372쪽.

와 정체성을 자각하는 것은 권력에 대항할 수 있는 연대와 봉기의 힘을 마련하는 바탕이다. 탈식민주의 운동이나 페미니즘 운동에서 그랬듯이 정체성의 획득은 모든 반란과 혁명의 시발점이자 조건, 근본적 토대가 된다. 그러나 정체성은 동시에 혁명을 가로막고 닫아 놓으며, 지속 불가능하게 만드는 퇴행적 힘으로 작용하기도 하다.

> 정체성은 상호 공격성의 조건, 인종주의와 폭력, 그리고 파시즘의 조건이다. 정체성은 근원에 대한 비대한 인식에 바탕을 두고 있으며, 나아가 소속을 진리의 기준이자 선택의 기준으로 소환해낸다.[81]

베라르디는 정체성에 대한 과도한 집착이 오늘날 폭력과 차별, 파시즘을 조장하고 있다고 주장한다. 정체성은 구성된 것임에도 불구하고 소속된 자들에게 비대한 근원으로 작용하여, 소속을 진리와 선악의 근거로 만든다. 베라르디에 따르면 모든 것이 탈영토화되고 사회적 유대가 폐기되는 신자유주의 사회일수록 사람들은 쉽게 '정체화'identification의 욕망에 사로잡힌다. 집단적인 '정체성의 왕국'에서만 안정적인 소속감을 획득하는 사람들은, 민족적·국가적·종교적·인종적 정체감이란 환상에서 과도한 소속감을 느끼며 다른 집단에 대한 공격성을 표출한다. 정체성에 기반한 집단이 많아질수록 우리는 폭력의 악순환 상태에 놓이게 된다.[82]
　네그리와 하트는 정체성을 되찾고 거기에서부터 반란을 일으키는 것은 중요한 목표이지만, 그 이후에 다시 정체성에서 벗어나야만 한다고 말한다.

---

81. 베라르디, 『죽음의 스펙터클』, 154쪽.
82. 같은 책, 130~131쪽.

혁명적 정치는 정체성에서 출발해야 하지만 거기서 끝나서는 안 된다. 중요한 점은 정체성 정치와 혁명적 정치 사이에 분할선을 긋는 것이 아니라, 반대로 정체성 정치 내부에 있으면서도 역설적이게도 정체성의 폐지를 향하는, 서로 평행하게 진행되는 혁명적인 사유와 실천들의 흐름들을 따라가는 것이다.[83]

'정체성 정치'는 쉽게 소속에 기반한 위계를 만들어내고, 다시 타 집단에 대한 증오와 폭력을 불러온다. 그동안 주류 집단에게서 받아왔던 상처에 과도하게 집착하거나 원한을 품고 그것을 다시 갚아주는 일에 몰두하게 된다. 우리는 다른 좀비서사에서 회복되고 정체성을 되찾은 좀비들이 좀비들만의 폐쇄적이고 배타적인 집단을 만들고, 인간에 대한 증오에 휩싸여 분노와 공격성을 표출하는 모습을 쉽게 볼 수 있다. 정체성에 함몰된 좀비들은 좀비라는 사실에 자부심을 느껴야 하며, 더 우월한 존재인 좀비가 인간을 지배해야 한다고 주장한다. 인간들 역시 그런 좀비들을 차별하거나 증오하고, 좀비들을 학살하는 조직을 꾸려 활동하곤 한다. 이들은 서로의 원한을 반복적으로 되갚으며 '영원한 쟁투'의 상태에 놓이게 되는 것이다. 〈웜 바디스〉에서 보니들이나 그리지오는 이런 배타적 정체성 정치에 몰두하고 있는 자들이다.

정체성에 대한 집착에 얽매이면 더 이상 주체성을 생산하거나 유목하지 않고 익숙한 상태로 정주하려는 불모의 상태로 붙들린다. 물론 우리는 정체성을 기반으로 권력의 차별과 억압에 맞서 투쟁해야 하지만, 거기서 머무르지 않고 궁극적으로 정체성 자체를 폐지하는 혁명적 정치, '해방의 기획'까지 나아가야 한다. 물론 이때 정체성의 폐지는 모든 차이를 소거하여 동일자나 획일적 주체로 나아가는 것을 의미하지 않는다.

---

83. 네그리·하트, 『공통체』, 446쪽.

네그리와 하트는 "혁명적 기획은⋯ 정체성 자체의 폐지를 지향한다. 차이들은 존재할 것이다. 아니 실은 특이성들이 급증할 것"이라고 주장한다.[84] 특이성은 "내적으로는 다양한multiple 상태로 있고 오직 외적으로만 그들 자신이 타자들과의 관계 속에 있음을 발견하는 것"이다.[85] 특이성으로서의 주체는 하나의 개별자로서 특이성들을 이루는 내부적 다양성이며, 타자들과 관계하고 소통하지만 하나의 단일성이나 총체성으로 환원되지 않는다. 특이성은 합창에서의 한 성부처럼 홀로 고유하되 다른 성부와의 관계 속에서 배음을 이루며 전체 곡조를 풍성하게 해준다. 혹은 마치 돌림노래처럼 각각이 개별적인 멜로디를 구성하지만, 전체적인 조화를 이루며 켜켜이 쌓여 커다란 하모니를 만들어낸다. 그것은 다중의 수평적이고 네트워크적인 관계의 주고받음 속에서 예기치 못한 발명의 순간을 이루는 풍요로움과 같다. 우리는 혁명의 계기를 마련하고 맞서 싸우고 또 그것을 열어놓기 위해서 정체성을 구성하고, 혁명을 일으키고, 다시 정체성을 폐기해야만 한다. 정체성의 폐지는 오히려 차이들을 쏟아져 나오게 하며 특이성들로 넘실대는 세계를 마련한다.

좀비들에게 감정과 도덕성을 부여하고 다시금 심장을 뛰게 만들되, 그것이 파시즘이나 배타적 정체성 정치로 환원되지 않고 타자와 더불어 공존할 수 있게 만드는 것은 바로 '사랑'의 힘이다. 이때 사랑은 이성 간의 로맨틱한 감정이나 성적 욕망을 지칭하는 것이 아니다. 사랑은 신비로운 사건이거나, 우연적이고 수동적인 것이 아니라 자연스러운 코나투스의 발로이며 존재를 구성하는 힘이다. 스피노자는 『에티카』의 5부에서 사랑이 인간을 능동적인 존재로 구성하는 힘이라고 역설한다.[86] 존재란 불변의 것이 아니라 끊임없는 관계 속에서 새롭게 정의되고 외부적 요인과

---

84. 같은 책, 457쪽.
85. 네그리·하트, 『선언』, 84쪽.
86. 스피노자, 『에티카』, 제5부, 정리20, 주석.

연관되어 변화한다. 누군가를 사랑한다는 것은 우리가 그 대상과 관계를 맺는다는 것을 의미하고, 이는 긍정과 기쁨의 정동으로서 신체와 정신이 더 높은 활력을 지니도록 한다. 이는 계속해서 반복되고 확대되는 존재의 이행과정이다.

사랑은 철학적 의미에서도 생산적이다. 즉 존재를 생산한다. 우리가 사랑에 다름 아닌 주체성의 생산에 관여할 때, 우리는 단지 세계 안에 새로운 객체들을 창조하는 것이 아니며, 심지어는 새로운 주체들을 창조하기만 하는 것도 아니다. 우리는 새로운 세계 자체를, 새로운 사회적 삶을 생산한다.[87]

이렇게 사랑은 존재를 생산하고, 주체성을 생산하며, 그것을 넘어서 새로운 세계 자체를, 새로운 사회적 삶을 생산해내는 강력한 역능이다.

사랑은 우리에게 있어 무엇보다 중요한 욕망이며, 분연히 세계를 향해 맞설 수 있도록 주체를 변형시키고 구성하는 강력하고 끈질긴 동력이다. 랏자라또는 "사랑에 빠지는 상대는 그 인물이 아니라 그 인물이 표현하는 가능세계"라고 말한다. 사랑 안에서의 타자와의 만남은 "새로운 삶의 가능성"이자, "감각의 변이"에 의한 "새로운 배치"의 구축이다.[88] R과 줄리 간의 사랑이라는 정동, 서로를 향한 욕망은 리비도나 대상을 독점하려는 배타적 소유욕이 아니라, 나와 대상 안에 잠재된 가능세계를 향하는 욕망이며 새로운 삶의 가능성이다. 두 사람을 종적, 존재적 차이로 갈라놓고 속박하려는 낡은 세계의 사슬에 대항하여, 사랑의 정동과 행동은 그들을 존재의 사슬에서 해방하고, 세계 안에서 공통적인 것을 생

---

87. 네그리·하트, 『공통체』, 262쪽.
88. 랏자라또, 『사건의 정치』, 17쪽.

산하도록 추동하는 존재론적 힘이다.[89] 그 위에서 좀비와 인간은 서로를 존재론적 평면 위에서 아울러 포함하는 새로운 배치를 꿈꾸며, 공존하며 사랑할 수 있는 새로운 가능세계로 향한다. 이렇듯 사랑은 궁극적으로 공통적인 것을 생산하며, 기존의 존재와 단절하고 새로운 존재를 창조한다는 점에서 '존재론적 사건'이다.

그러나 모든 종류의 사랑이 그렇게 불릴 수 있는 것은 아니다. 사랑의 가장 끔찍하고 부패한 형태는 '정체성에 기반을 둔 사랑'이다. 이는 자신과 가장 가까운 사람, 가장 닮은 사람을 사랑하라는 요구이며, 그 밖의 사람들은 배제하게 만드는 배타적 정체성에 기반한다. 우리는 이런 형태가 인류의 역사 속에서 곧 정상과 표준의 기준으로 작용했으며, 좀비는 언제나 그 기준의 바깥에서 존재해왔음을 알고 있다. 우리가 추구해야 할 사랑은 "낯선 사람에 대한 사랑, 가장 먼 것에 대한 사랑, 타자성에 대한 사랑"이다.[90] 늘 배제와 혐오의 대상이며 죽음의 은유였던 '좀비'에 대한 사랑은 곧 가장 낯설고 먼 타자에 대한 사랑이다. 줄리의 친구 노라는 사람들에게 "처음에는 두렵다는 거 저도 알고 있지만, 그들의 눈을 보세요. 그들에게 당신의 이름을 말해 주고, 그들의 이름을 물어봐 주세요."라고 조언한다.[91] 〈웜 바디스〉의 한 장면에서 줄리는 루시오 풀치Lucio Fulci 감독의 영화 〈좀비 2〉Zombi 2, 1979의 끔찍한 좀비 얼굴을 R의 얼굴 옆에 가져다 대며 비교한다. 이 장면은 그동안 우리가 지녀왔던 타자에 대한 편견과 적개심이 얼마나 근거 없는 폭력에 불과했는지 일깨워준다. 실제 타자의 모습은 상상과는 전혀 달랐다.

〈웜 바디스〉의 마지막 장면은 좀비와 인간이 함께 어우러져 사는 모습을 비춘다. 좀비와 인간은 함께 야구를 하고 있다. 몸이 굼뜬 좀비는

---

89. 네그리·하트, 『공통체』, 283쪽.
90. 같은 책, 263~265쪽.
91. 마리온, 『웜 바디스』, 364쪽.

공을 잘 받아내지 못하지만, 점차 익숙해져서 공을 받아내는 데 성공한다. 좀비는 학습능력 지닌 '자기생성적' 개체이기에, 우리의 지속적인 관심과 교류로 얼마든지 바뀔 수 있다. 좀비 아이는 인간 아이들과 어울려 숨바꼭질을 하고 있고, 또 다른 좀비는 인간 의사에게 치료를 받는다. '마커스'라는 이름을 되찾은 좀비 M이 굳어서 잘 움직이지 않는 손가락으로 우산을 펼치는 데 곤란을 겪고 있자 지나가던 인간 여성이 와서 우산을 펼치는 것을 도와준다. 그들은 빗속을 나란히 함께 걷는다. 그리고 베를린 장벽을 연상시키며 좀비와 인간을 나누던 거대한 장벽은 폭파되어 무너져 내린다. 인류의 역사에서 구조적으로 배제당한 타자였던 좀비는 마침내 공포와 혐오, 편견을 넘어서 동등한 위치에서 인간과 공존할 수 있게 된다. 이 장면들은 좀비라는 타자의 은유가 멀리 있는 대상이 아니라 곧 우리 주변의 노숙인 혹은 장애인으로까지 확장될 수 있음을 보여주며, 그들에 대한 근거 없는 적개심이나 두려움을 키울 것이 아니라 화해와 공존이 필요하다는 걸 일깨운다. "공통적인 것 안에서 이루어지는 특이성들의 마주침과 실험"으로서의 사랑의 정동은 R을 변화시키고,[92] 이는 다른 좀비들에게 퍼져나가며 더욱 커다란 변화를 가져온다. 변한 좀비들은 자발적으로 모여 집단을 이루고 정치적 행동을 실천하며 현실을 바꾸고 세계를 건설한다. 이렇듯 사랑은 다양한 특이성들을 하나의 동일한 것으로 환원시키거나 차이를 무無로 만들지 않고, 이들을 인정하며 차이를 간직하고 한데 모아 공존과 관계의 네트워크로 구성한다.

포스트좀비는 우리에게 타자에 대한 사랑, 나와 동일하지 않은 것에

---

92. 네그리·하트, 『공통체』, 266~267쪽.

대한 사랑, 가장 낯설고 먼 것에 대한 사랑의 중요성을 일깨워준다. 동일성에 대한 사랑은 쉽지만, 타자를 사랑하는 일은 타자에 대한 관심과 이해, 그리고 부단한 소통의 노력이 필요한 어려운 일일 수 있다. 그러나 스피노자는 "모든 고귀한 것은 힘들 뿐만 아니라 드물다"는 사실을 우리에게 가르쳐준다.[93] 우리는 이러한 형태의 사랑을 통해 주변의 소외된 타자, 빈자, 난민, 이주 노동자, 서발턴 등 모든 형태의 비인간들에게 관심을 두고 그들과 관계를 맺을 수 있다. 그것은 수평적이고 네트워크적인 관계를 창출하며 새로운 세계를 위한 능동적이고 적극적인 주체성을 발명한다. 또한 그것이 추동하는 힘은 우리를 개인주의와 고립에서 탈출시켜 지속적으로 성장시키고 정치적 행동으로까지 이어지게 만드는 강력한 역능이다. 오늘날 세계 각지에서 새롭게 움트는 사회적이고 정치적인 대항운동들과 더불어, 포스트좀비주체는 파괴적인 권력과 황폐한 세계 속에서 절망이나 회피, 체념으로 빠져드는 대신, 그럼에도 불구하고 그것들을 직시하며 주어진 자리에 단단히 발을 딛고 서서 미래를 열린 지평으로 파악하고, 세계의 창조를 간절히 욕망한다. 욕망의 작동은 연대기적 시간에 맞서 잠재된 가능세계를 현재의 시간과 대지 위에 펼쳐낸다. 그들이 욕망하는 세계의 도래가 어떤 모습일지 혹은 언제가 될지는 아직 알 수 없지만, 그들은 가차 없는 '제국'의 권력에 대항하여 최선의 가능한 대안들을 힘껏 사유하고 실험하고, 또한 과감히 감행하며 어떤 탈주선을 그리고 있다.

---

93. 스피노자, 『에티카』, 제5부, 정리42, 주석.

8장

일상 없는 삶의 지속과 반복

지리멸렬한 파국과 냉소하는 좀비

냉소하는 좀비의 탄생

왜 좀비가 우리의 삶 속으로 확산되고 있는가? 첫 번째로 부의 양극화, 불안정 고용형태의 확산, 사회 안전망 해체 등 자본주의의 내적 모순이 심화되어 우리가 처한 삶의 조건을 근본적으로 유린하고 황폐하게 만들기 때문이다. 두 번째로 코로나바이러스나 조류 인플루엔자 등 전 지구적 규모의 전염병 창궐, 그리고 기후 변화, 방사능 유출, 미세먼지와 같은 환경·생태적인 재앙이 인류의 생존을 위협하고 우리가 멸망에 이를 수도 있다는 사실을 일깨우기 때문이다. 세 번째로 트럼프의 미국 우선주의, 영국의 브렉시트, 중국의 한한령과 같은 세계적인 신고립주의나 배타적 민족주의의 유행, 혹은 테러리즘의 만연으로 인종·종교·젠더·국가 간의 갈등이 고조되고, 타자를 향한 공포와 혐오의 정동이 급속도로 확산되고 있기 때문이다.

베라르디는 "금융자본주의는 끊임없는 탈영토화의 과정에 기반을 두고 있으며, 그것이 유발한 공포는 일상생활의 불안정성, 노동시장의 폭력을 감당할 수 없는 이들에게 전염된다"고 분석한다.[1] 그의 분석대로 끝없는 탈영토화에 기반한 금융자본주의가 초래하는 공포의 정동은 우리 삶의 내부를 잠식하고 산산이 찢어 놓는다. 이로써 일상의 불안정성은 전례 없이 증대되고 손쉽게 취약한 삶/생명들에게 전염된다. 피폐한 삶의 조건 속에서 도저히 어찌할 수 없을 것만 같은 대규모의 재앙과 거대한 참상을 목도할 때, 우리는 쉽게 무력감에 빠지고 아무리 애써도 세계는 결코 변하지 않을 것이라는 '통제 불가능성'의 감각을 체화한다. 무기력해진 인간은 세계를 바꾸려는 열망 대신, 그저 생존만을 추구하며 손에 쥔 작은 것을 잃을까 전전긍긍한다. 우리는 사소한 일에 큰 분노를 터뜨리거나, 혹은 어떤 일에도 입가에 옅은 비웃음만을 머금으며 저속한 우월감으로 무장한 '냉소하는 인간'이 되어간다. 그것은 또 다른 형태의 현대 좀비, 즉 뛰는좀비처럼 적극적으로 최악으로 향하는 대신, 모든 걸 체념한 채 수동적으로 차악을 강제당하는 주체, 거기서 소소한 즐거움의 향락으로 빠져드는 허무주의적인 좀비의 형상을 마련한다. 이것은 일순간의 폭발로 끝장을 향해 치닫는 '극적인 파국'이 아니라, 오히려 고요하게 아무런 사건이나 변화 없이 그대로 지속되는 '지리멸렬한 파국'이며(지리멸렬은 '이리저리 흩어지고 찢겨 갈피를 잡을 수 없는 상태'를 뜻한다), 영원한 미정 상태로 끝나지 않는 '연옥'이다. 쇠락해가는 세계에서 인간은 자신만의 고립된 작은 세계로 빠져들어 충족을 지연하거나 가상성의 형태로 욕망을 위임하는 형태의 좀비로서 '그저 있다'.

〈워킹 데드 나잇〉2018의 주인공 샘(앤더스 다니엘슨 리 분)은 두고 온 물건을 찾으러 헤어진 여자친구의 집에 찾아간다. 집에서는 파티가 한창이지만 그런 소란과 번잡스러움을 싫어하는 샘은 방 안에서 잠시 쉬려고 앉았다가 깜빡 잠이 든다. 눈을 떠 보니 세계는 좀비로 가득 차 있고, 어디에서도 다른 인간의 흔적은 찾아볼 수 없다. 샘은 살아남기 위해 좀비가 들어올 수 있는 모든 출입구를 막아 집을 철저하게 고립시킨다. 낮

---

1. 베라르디, 『죽음의 스펙터클』, 132쪽.

은 식량을 모두 긁어모아 세심하게 분류하고 계량하여 하루하루 아껴 먹고, 온갖 통을 옥상에 올려 빗물을 받아먹으며 생존을 도모한다. 샘은 여러 테이프를 바꾸어가며 헤드폰으로 음악을 듣고, 조깅 코스를 만들어 운동하는 등 집 안에서 홀로 이런저런 놀이를 하며 시간을 보낸다. 그러나 이 영화는 좀비에 대한 영화라기보다는 소외와 고립, 상실과 고독에 대한 영화다. 공고한 피난처로 만들어 놓은 집 안에서 샘은 나름의 안전을 확보했지만, 곧 외로움에 빠진다. 창가에 드럼을 놓고 큰 소리로 연주해 모여든 좀비들의 모습을 구경하는가 하면, 갇힌 좀비를 친구처럼 대하며 이런저런 이야기를 건넨다.

그러던 어느 날 샘은 밤을 틈타 그의 집까지 찾아온 사라(골쉬프테 파라하니 분)라는 여자와 만나게 된다. 자신이 공들여 만든 익숙한 세계를 선호하는 샘은 한곳에 머무는 게 가장 안전하다고 주장하는 반면, 사라는 계속해서 이동하는 게 더 안전하다고 주장한다. 사라는 어디에서도 일주일 이상을 머물지 않으며 계속해서 다른 건물로 옮겨 다니고 있다. 이번에도 다른 곳으로 이동하자고 주장하는 사라에게 샘은 그곳이 안전할 거라는 어떤 보장도 없다고 말하며, "아무것도 아닌 것에 모든 것을 희생할 거예요?"라고 반문한다. 사라는 "적어도 전 시도는 한 거잖아요"라고 말하지만, 샘은 거리에 그 '시도'를 했던 사람들이 모두 밖에 좀비가 되어있지 않으냐고 냉소한다. 그런데 대화 이후 사라는 갑자기 사라진다. 그를 찾아 헤맨 끝에 샘은 침대에서 죽어 있는 사라의 모습을 발견한다. 사실 사라는 샘과 처음 만난 순간, 사라를 좀비로 착각한 샘의 실수로 총에 맞아 죽었던 것이다. 샘은 그동안 자신이 상상 속에서 가상의 사라와 대화했음을 깨닫고(이것은 탈신체화된 원격 소통, 혹은 실재하지 않는 가상의 소통에 안주하며 그것이 현실이라는 환각 속에 살아가는 우리의 모습이 아닌가?), 다른 곳으로 옮겨 가기로 결심한다. 마침 좀비들이 집 안으로 침입해 들어오기 시작하고 샘은 옥상으로 올라가 다른 건물로 건너가려 시도한다. 그런데 이상하게도 그 순간부터 스크린에는 더 이상 좀비의 모습이 나타나지 않으며, 세상은 아무 일도 없었다는 듯 평화롭고 고요해 보인다.

그렇다면 여기서 좀비는 우리의 불안과 무기력함의 정동이 만들어낸 가상의 괴물이 아닌가? 우리는 실제로 있지도 않은 좀비를 상상하며 외부와의 교류나 세계를 바꾸려는 시도를 모두 포기한 채 냉소하고, 자신의 내부로만 침잠하며 그것이 나만의 행복을 추구하는 것이라고 세뇌하듯 되뇌는 것은 아닌가? 타자와 함께 있는 것이 두렵기에, 자신만의 요새와 같은 안식처를 마련해 놓고 혼자 이런저런 소소한 즐거움에 탐닉하며 이런 게 '진정한 삶'이라고 자위하는 것은 아닌가? 샘의 모습은 현대인의 일상을 잘 묘사하고 있다. 그것은 일상이 불가능해진 상황에서 추구되는 자구책으로서의 '일상화된 비일상'의 모습이다.

헤르만 브로흐Hermann Broch는 "일상생활은 현대성의 이면이고 시대정신"이라고 말한다.[2] 우리가 향유하는 매일매일의 일상이 현대성의 이면이자 시대정신이라면, 일상에 대한 분석은 한국 사회를 파악하는 결정적인 지표가 된다. 오늘날 황폐해진 일상은 병리적이며 회복 불가능한 지경에 이르렀다. 일상은 신자유주의를 떠받치는 동력으로 기능하며 사람들을 적극적인 소비의 주체로 동원한다. 우리는 애써 신나게 소비한 뒤, 지친 몸과 마음을 이끌고 다시 노동의 일상으로 복귀한다. 이렇듯 신자유주의 통치는 제도와 규범, 규준의 차원에서 작동할 뿐만 아니라 미시정치적인 차원에서도 작동한다. 그것은 삶의 양식과 품행을 미리 규정하고, 주체 내부의 미세한 층위에서부터 착취와 억압을 내면화한다. 나는 여기서 최근 인기를 누리는 특정한 유형의 예능 프로그램과 여러 삶의 양식을 살펴보며, 이들이 우리가 처한 망가진 일상의 모습을 어떻게 반영하고

---

2. 앙리 르페브르, 『현대세계의 일상성』, 박정자 옮김, 기파랑, 2005, 79쪽.

또 재생산하는지 보여주려 한다. 이를 통해 우리는 삶을 정초하는 근본적 조건인 지속과 반복의 양상과 그 리듬을 분석하고, 영속적인 억압의 통치로부터 탈주하여 다시 일상을 회복할 방법을 탐색하게 될 것이다.

예능 프로그램의 일상화와 일상의 불가능성

최근 예능의 무대는 좁은 방송국을 벗어난 듯 보인다. 스튜디오에서 대본대로 진행되던 토크쇼에서 야외 집단 토크로 변하더니 버라이어티를 거쳐, 이제 방송의 중심은 여행과 맛집 탐방 등으로 확장되었다. 스튜디오 안에서 이루어지는 토크쇼가 연예인에게 열심히 준비한 개인기를 선보이고 작위적인 에피소드를 연기할 것을 강요했다면, 이제는 일상의 모습인 결혼, 육아, 요리, 먹방(먹는 방송) 등이 주요한 테마가 되었다. 대중은 연예인의 꾸며진 화려한 모습 대신 민낯을 원하며 카메라는 집 안으로 들어가 그들의 먹고 자는 모습, 살아가는 일상을 그저 관찰한다. 스타라고 해서 무대 밖에서의 사는 모습이 별다르겠냐만 사람들은 오히려 그 평범함에 열광한다.

1990년대 후반, 공영방송 MBC의 〈이경규가 간다〉에서 시민의 양심을 준엄하게 꾸짖으며 '양심 냉장고'를 포상했던 이경규가 이제는 케이블 방송 jtbc의 〈한끼줍쇼〉에서 이 집과 저 집을 떠돌며 시민에게 냉장고 속 음식을 내어 한 끼를 대접해 달라고 간청한다. 공영방송의 교양 예능을 이끌며 공익의 수호자를 자처했던 이경규가 종편의 나그네로 변모한 모습만큼이나 급변한 예능은 이제 한없이 일상화·미시화되었다. 그렇다면 사람들이 타인의 일상에 관심을 쏟게 된 이유는 무엇인가? 여가가 증대되면서 일상을 더욱 잘 즐기고 싶은 욕망이 커졌기 때문인가?

'여가'餘暇란 '남겨진 틈'으로, 경제활동 시간 사이의 남겨진 잉여의 시간을 의미한다. 여기에서 다시 출근이나 집안일, 육아 등 생활에 필수적으로 사용해야 하는 시간을 제외하고 남은 시간이 여가다. 즉, 여가란 오롯이 나만을 위해 자유롭게 사용할 수 있는 시간이다. 일반적으로 사용될 때 여가란 휴식이나 TV 시청 등의 집안 내에서의 정적인 활동부터 레저나 스포츠, 혹은 여행 등의 야외에서 행해지는 동적인 활동을 포괄적으로 지칭하는 용어다. 산업화 시대에 여가란 단지 인간-기계의 방전된 배터리를 재충전하는 시간이었다. 휴식 없는 노동이 오히려 생산성을 떨어뜨리기에 노동자에게 최소한의 휴식을 제공하여 생산을 증대시키기 위한 시간인 셈이다. 하지만 사회가 발전하면서 여가가 단순히 잉여나 생산을 위한 충전이 아니라 오히려 주(主)가 되어야 하며, 여가를 즐기기 위해 경제활동을 하는 것이라는 의식이 확산되었다. 그러나 한국 사회에서 여가란 여전히 실낱같은 '틈'에 불과하다.

OECD에서 발표한 〈2017 고용 동향〉에 따르면 한국인의 연간 노동시간은 2,069시간으로 OECD 35개 회원국 중 두 번째로 긴 노동에 시달리고 있다. OECD 평균보다 38일을 더 일하고 있으며, 독일보다는 무려 넉 달을 더 일하는 셈이지만 소득은 독일의 절반도 채 안 된다.[3] 이런 장시간의 노동과 저임금 환경에서 제대로 된 여가를 보내기란 불가능하다. 문화체육관광부의 〈2016 국민여가활동조사〉에 따르면 2016년 한국인의 여가는 평일 3.1시간, 주말 5시간으로 10년 전보다 오히려 감소한 것으로 나타났으며, 그나마도 비용이 거의 들지 않는 TV 시청에 집중되어 있다. 긴 노동에 시달린 사람들은 집에 와서 아무 생각 없이 웃고 즐길 수 있는 TV를 선호했으며, 더 적극적인 참여가 요구되는 독서를 한다고 응답한 비율은 단지 1.2%에 불과했다. 또한 여가생활의 향유 수준은 소득수준과 정적인 상관관계를 보인다. 휴가를 다녀온 경험이 월 소득 500만원 이상 가구는 78.2%인 것에 비해, 300만 원 미만 가구는 절반 이하인

---

3. 김준영, 「'OECD타령' 그렇게 해도 … 임금 75%·노동시간 2위」, 『세계일보』, 2017. 8. 16.

41.5%에 그쳤다.[4]

이는 높은 실업률에 신음하는 청년들에게 더욱 심각한 문제로 다가온다. 부단히 심화되는 부의 편중 속에서, 수많은 청년은 최저시급만으로 근근이 생활을 이어간다. 네그리와 하트가 지적하듯 신자유주의는 부와 소득을 생성하기보다는 재분배하였으며, 그 재분배는 주로 공적인 것과 빈자들의 것을 강탈하여 부자들을 위해 축적되는 형태로 이루어졌다.[5] 토마 피케티를 비롯한 각국의 100여 명의 학자는 2017년 〈세계 불평등 보고서〉에서 1980년에서 2016년에 이르기까지 증대된 부의 27%를 상위 1%가 독식하고 있다고 발표했다. 한국 역시 상위 10%가 전체 소득에서 차지하는 비율이 1980년대에 28.2%에서, 2012년에는 44.9%로 크게 늘어 양극화가 더욱 극심해지고 있음이 드러났다.[6] 미래를 저당 잡힌 채 저임금·불안정 노동에 종사하는 '프레카리아트'precariat [7]들은 일찌감치 평범하고 '일상적인' 삶을 포기한 채 비연애, 비혼, 비출산을 받아들이더니, 이내 취업, 내 집 마련, 인간관계마저 포기하는 'n포 세대'가 되었다.

이런 청년들에게 여유롭고 풍족한 여가생활이란 TV를 통해서만 대리 체험할 수 있는 비현실적인 환상에 불과하다. 저임금은 더 많이 노동할 것을 강요하고, 불안정성은 정규직이 되기 위해 시간을 쪼개 취업을 준비할 것을 강요하며, 높은 주거비와 생활 물가는 얼마 되지 않는 가용

---

4. 안동환, 「10년새 줄어든 여가…'쉼표' 필요한 코리아」, 『서울신문』, 2017. 1. 13.

5. 네그리·하트, 『공통체』, 371쪽.

6. 조효석, 「37년간 세계 소득 증가분, 상위 0.1%가 하위 50% 몫 차지」, 『국민일보』, 2017. 12. 18.

7. 프레카리아트는 '불안정한'을 뜻하는 형용사 '프레카리어스'(precarious)와 '노동자'를 뜻하는 '프롤레타리아트'(proletariat)가 더해진 합성어로 '불안정한 노동자 계급'을 지칭한다. 이는 현대 자본주의 속에서 감소하는 일자리, 신자유주의의 전 지구화, 계급투쟁의 패배라는 세 가지 맥락 속에서 노동자가 불안과 무기력한 상태로 떠밀리고 있음을 의미한다. (이광일, 「신자유주의 지구화시대, 프레카리아트 형성과 '해방의 정치'」, 『마르크스주의 연구』 10권 3호, 2013.)

자원을 마지막까지 앗아간다. 청년들은 빚을 내지 않으면 살아남을 수 없다. 통계청의 〈2017년 가계금융·복지조사〉에 따르면 불과 1년 만에 청년 가구주의 부채가 크게 늘어났다. 30세 미만 가구주의 평균 부채는 2016년 1,681만 원에서 2017년 2,385만 원으로 41.9%나 급증했으며, 30대 가구주의 평균 부채는 2016년 5,920만 원에서 2017년 6,872만 원으로 16.1% 늘었다. 이는 전체 가구의 평균 부채 증가율인 4.5%의 10배에 달하는 수치다.[8]

앙리 르페브르Henri Lefebvre는 청년세대의 삶에 대해 "오랜 일상적 희생 뒤에 '삶'에 접하면서 오로지 삶을 꿈꾸기만 할 뿐"이며, 최선을 다해도 "기껏해야 살아남는 일만 가능"할 뿐이라고 말한다.[9] 생존을 위해 빚을 내고 미래를 저당 잡힌 청년세대는 이제 살아있다고조차 할 수 없는 어떤 상태, 내가 앞으로 '좀비적인 삶/생명', 또는 '일상 없는 삶/생명'으로 부를 형태로만 존재한다. 노동이 위대한 이성의 교사가 될 거로 생각했던 헤겔의 전망과는 달리, 오늘날 노동은 생존을 위해 어쩔 수 없이 수행해야 하는 피치 못할 고역이 되었으며, 그 생존의 자리마저 항구적인 위협 앞에 노출되어 있다. 프레카리아트 청년들은 노동시장으로의 진입조차 불가능하며, 어렵사리 진입한 이후에도 비정규직과 파견근무라는 임시 노동 형태는 이들에게 잠시간의 휴식조차 허락하지 않는다. 이제는 노동 이후에 재충전할 수 있는 시간이었던 실낱같은 여가마저 노동의 논리에 종속된다. 리쾨르Paul Ricoeur의 분석대로 노동은 최소한의 여가를 확보하기 위한 피치 못할 수단이 되었을뿐더러, 이제는 그 여가조차도 노동의 기술적인 모델에 따라 조직되고 있다.[10] 그것은 신자유주의 체제가 지극히 사적인 영역마저도 그대로 남겨두지 않고 자신의 기획을 전면적으로

---

8. 박효선, 「[빚에 포박당한 2030] '저당 잡힌 미래', 청년을 구하라」, 『머니S』, 2018. 5. 25.
9. 르페브르, 『현대세계의 일상성』, 282쪽.
10. 폴 리쾨르, 『텍스트에서 행동으로』, 박병수·남기영 옮김, 아카넷, 2002, 416쪽.

투사하기 때문이다. 무한한 경쟁의 논리 속에서 개인은 생존을 위해 여가 중에도 자기계발에 몰두해야 하고, 최소한의 휴식마저 볼모로 내맡겨야만 한다. 과거의 일상이 현재에는 판타지에 가까운 비일상이 됐으며, 병리적 형태의 비일상이 그 자리를 대신한다. 일상은 이제 '불가능하다.'

하이데거에 따르면 일상日常이란 보통 '날마다', '다른 날들과 다름없는 보통의 날'(평상平常), '늘 되풀이되는 나날들', '하루하루' 또는 '그날그날'(매일)이다.[11] 그리고 '일상성'日常性이란 현존재가 '우선 대개' 머물고 있는 '존재양식', 매일 머물고 있는 '실존함의 양식', 나날을 살아가는 방식의 '어떻게'를 의미한다.[12] 하이데거에 의존해 '일상의 불가능성'을 정의해 보면, 그것은 나날을 살아가는 방식의 '확정 불가능성', 현존재가 '우선 대개'의 방식으로는 '더 이상 머물 수 없게 되었음'을 뜻한다. 또한 매일 되풀이되는 실존함의 양식이 오히려 우리의 실존을 위협하고 있으며, 현대성이 파국에 다다랐음을 의미한다.

르페브르는 일찍이 일상의 중요성을 간파했다. 그는 맑스주의가 달성하고자 했던 혁명이 실패하게 된 이유가 이들이 혁명을 단순히 외부적으로만 사유했을 뿐, 정작 그 바탕과 기반이 되는 일상을 간과했기 때문이라고 보았다.

> 일상이란 보잘것없으면서도 견고한 것이고, 당연한 이야기지만 부분과 단편들이 하나의 일과표 속에서 서로 연결되어 있는 어떤 것이다. … 그것은 과감하며 덧없고, 자신을 주장하며 갈채 받는 모험이다.[13]

르페브르가 보기에 일상이란 무료한 것이고, 어쩌면 보잘것없고 비

---

11. 조형국, 「M. 하이데거 : 일상의 발견」, 『현대유럽철학연구』 15호, 2007, 188쪽.
12. 마르틴 하이데거, 『존재와 시간』, 이기상 옮김, 까치글방, 1997, 485~486쪽.
13. 르페브르, 『현대세계의 일상성』, 78~79쪽.

참한 반복들의 반복이며 지루한 연쇄다. 그러나 일상 속에서 차이들이 생산되고, 혁명으로 나아갈 수 있는 가능성이 잠재해 있기에, 일상은 무의미한 것이 아닐뿐더러 심지어 어떤 모험에 가까운 위상을 지닐 수 있다. 건켈David J. Gunkel은 반복이 단순히 이전의 것을 동일하게 되풀이하는 것은 아니라고 말하며, 들뢰즈의 이론에 기대 반복을 두 가지로 구분한다. 첫 번째 반복이 동일성의 반복이라면, 두 번째 반복은 자신 안에 이미 차이를 포괄하는 반복이다. 건켈은 두 번째 반복에 주목하며 이를 '반복 2.0'이라고 이름 붙인다. "반복적인 반복의 과정에서만 다른 무엇인가가 발생하고, 그렇게 반복이 반복되는 과정 속에서만 새로운 것이 가능하다."14 즉, 일상은 반복 속에서 유의미한 차이와 변화를 발생시키는 역동적이고 생산적인 과정인 것이다. 하지만 오늘날 일상이 그 불가능성과 맞닥뜨리는 이유는 철저히 망가져 버린 일상이 더 이상 반복되지 않으며, 어떠한 유의미한 차이도 생산해낼 수 없는 '불능'의 상태로만 존재하기 때문이다. 우리는 '일상 없는 삶/생명'으로 살아간다. 그것은 현대인의 삶이 더 이상 반복 불가능한 유동적이고 무정형의 상태로만 존재하게 되었음을, 더 나아가 어쩌면 살아있다고도 할 수 없는 현실과 가상 사이에서 떠다니는 유령 같은 부유물, 삶과 죽음 사이를 떠도는 영구 미결의 비생명, 존재와 비존재의 경계에 놓여 있는 살아있는 시체, 즉 좀비와 같은 어떤 것이 되었음을 의미한다. 이런 '삶/생명'들은 더 이상 삶/생명이라 부를 수 없는 기이한 상태, 즉 '좀비적인 삶/생명' 혹은 '일상 없는 삶/생명'으로만 존재할 수 있다.

관음하는 좀비와 타인의 일상

---

14. 데이비드 건켈, 『리믹솔로지에 대하여』, 문순표 외 옮김, 포스트카드, 2018, 207쪽.

뇌를 먹으면 약 30초간 나는 기억을 가질 수 있다. 퍼레이드의 반짝임, 향수, 음악…삶. 그런 것들이 희미해지면 나는 일어선다. 그리고 우리들은 모두 휘청거리며 도시를 나온다. 여전히 차갑고 잿빛이지만 기분은 조금 좋아진다. 정확하게 '좋다'거나 '행복'하다거나 하는 것도 아니고, 분명히 '살아 있음'도 아니지만…죽음에서 약간 거리를 둔 것 같은 느낌. 이것이 우리가 느낄 수 있는 최고의 기분이다.[15]

『웜 바디스』의 R은 동료 좀비들과 함께 인간을 사냥해 뇌를 꺼내어 먹는 순간을 좋아한다. 뇌를 먹으면 뇌의 주인이 가진 생전의 기억과 감정을 생생하게 경험할 수 있기 때문이다. R은 뇌를 한 번에 다 먹지 않고 잘 숨겨두었다가 혼자만의 공간에서 마치 신성한 의식을 치르듯 조금씩 꺼내 베어 물곤 하는데, 그때마다 R은 머릿속에서 폭죽이 터지는 듯한 강렬한 느낌과 함께 더할 나위 없는 쾌락을 느낀다. 그의 무료하고 무의미한 일상에서 뇌를 먹는 시간만큼은 유일한 즐거움을 선사하는 황홀경의 순간이다. 그것이 R을 비루한 현실과 일상으로부터 꺼내어 다른 사람의 일상을 관음하고 현실에 가깝게 체험하도록 해주기 때문이다. 뇌를 먹는 행위는 잠시 나의 신체를 떠나 타인의 신체로 외출하는 대리 체험이다. 그의 친구 M은 인간 사냥 때 주로 여성을 골라 죽이고 뇌를 섭취한다. 여성의 뇌를 먹을 때의 대리 체험이 M에게는 마치 포르노와 같은 만족감을 주기 때문이다. 뇌를 먹음으로써 현실에서는 경험해 볼 수 없는 타인의 삶을 가상적으로 체험하는 좀비, 그것은 예능 프로그램을 보며 타인의 일상에 탐닉하는 우리의 모습과도 같다.

한국에 서식하는 수많은 좀비는 다른 인간을 사냥해서 두개골을 열고 뇌를 한 조각씩 뜯어먹는 번거로운 행위 대신, 스크린을 통해 원격으

---

15. 마리온, 『웜 바디스』, 22쪽.

로 손쉽게 타인의 뇌를 전달받는다. 흔히 '관찰 예능'으로 분류되는 이런 형태의 프로그램은 '관음 예능'으로 불리는 것이 더 적절해 보인다. 나는 오늘날 각종 미디어에서 난립하는 타인의 일상을 중계하는 형태의 프로그램을 '일상예능'16이라고 이름 붙였다. 이제 좀비는 일상예능을 보며 자신의 욕망을 대리 충족한다. 연애와 결혼을 〈우리 결혼했어요〉2012-2017, 〈동상이몽2 − 너는 내 운명〉2017-, 〈연애의 맛〉2018-이 대리해주고, 출산과 육아를 〈슈퍼맨이 돌아왔다〉2013-, 〈아빠본색〉2016-, 〈아이를 위한 나라는 있다〉2019가 대리해주며, 편의점 도시락을 덥혀 먹는 나를 〈맛있는 녀석들〉2015-, 〈밥블레스유〉2018-, 〈수미네 반찬〉2018-이 대리해준다. 일상예능은 수없이 변주되고 다른 장르와 결합하여 나열하기 어려울 만큼 수많은 종류의 프로그램이 생겨났으며, 이제는 모든 형태의 예능에서 이런 요소를 찾아낼 수 있다고 해도 과언이 아니다. 원룸에 앉아 최소한의 인간관계마저 포기한 채 전자레인지에다 레토르트 식품을 데워 먹는 '나'는 TV 속의 달콤한 연애, 귀여운 아이들, 맛있는 음식을 보며 위안받는다. 즉, 청년좀비는 얼마 되지 않는 여가의 향유를 연예인의 일상예능을 보면서 '외주'外注한다. 과거에 TV가 일과를 마친 후 가족과 함께 거실에 편안하게 앉아 쉬면서 즐기는 '여가의 도구'였다면, 이제는 TV가 '여가의 주체'가 되어 사람을 대신해서 즐긴다. TV를 보는 사람들

---

16. '일상예능'은 최근 예능의 트렌드인 '관찰 예능'과 유사하지만 일부 차이점을 갖는다. 먼저 관찰 예능은 제작진이 프로그램의 진행에 크게 개입하지 않고 수많은 카메라를 동원해 연예인의 일거수일투족을 '관찰'하는 형태다. 관찰 예능은 "의도된 부분이나 작위적인 요소를 최대한 배재하며 … 실재하는 주제를 다루고 비교적 흔히 접할 수 있는 일상적인 내용"을 다룬다(곽경태·김은경, 「관찰예능 속에 담긴 일상, 집단적 의사소통의 장을 형성하다」, 『예술인문사회융합멀티미디어논문지』 7권 7호, 2017). 일상예능은 관찰 예능 중에서도 제작진의 개입이 더욱 최소화되며 특정한 미션을 수행하는 대신 연예인의 일상을 그저 중계하는 형태이다. 예컨대 〈나 혼자 산다〉, 〈미운 우리 새끼〉, 〈비행소녀〉와 같은 일상예능에는 어떤 목표나 지향 자체가 부재하며 그들의 일상을 드러내는 것만이 프로그램의 목적이다. 관찰 예능이 프로그램의 형식과 제작의 측면에 주목하는 용어라면, 일상예능은 그 내용에 더 중점을 둔 용어다.

은 마땅히 누려야 할 일상을 포기한 채, 찰나의 여가 동안 타인의 일상을 관음함으로써 충족은 무한히 지연되고 위임된다.

'1인 가구'[17]가 증가하자 점차 이들을 타깃으로 하는 다양한 상품들 ─ 예컨대 소량포장상품, 셀프 인테리어, 혼술, 혼밥, 여행, 소소한 취미생활 등 ─ 이 새로운 블루오션이 되었다. 광고와 미디어는 1인 가구의 삶을 주체적 인생으로서 자유롭고 풍요로운 것인 양 묘사하며, 자신을 위해 마음껏 투자하고 구매할 수 있는 적극적인 소비 주체로 호명한다. 또한 1인 가구의 주체가 다인 가구 구성에 비해 공동체 지향보다는 개인 지향적이며 독립적인 라이프스타일을 추구하는 듯 묘사한다. 그러나 청년 1인 가구에 대한 이런 인식은 대부분 근거 없는 편견에 지나지 않으며, 가정에 대한 관념이나 가치관, 추구하는 라이프스타일은 다인 가구 구성원과 크게 다르지 않은 것으로 나타났다.[18] 이는 많은 경우의 1인 가구가 스스로 원해서 선택한 자발적 형태의 구성이 아니라 경제적·사회적 요인에 의한 강제된 '비자발적인 1인 가구'이기 때문이다. 최저시급 아르바이트를 전전하는 청년 1인 가구는 지옥고(반지하, 옥탑방, 고시원) 속에서 혼밥(혼자 밥)을 먹으며 스마트기기를 이용하여 홀로 일상예능을 본다. 최소한의 교류조차 단절된 관계의 공백을 파고드는 것은 〈효리네 민박〉2017-2018과 〈한끼줍쇼〉2016- 를 비롯한 가족 일상예능이다. 많은 인기를 얻은 두 프로그램의 공통점은 다인 가구의 일상을 관찰하고 있다는 점이다. 여가활동 중에 SNS를 하는 비율이 2위인 14.4%로 나타난

---

17. 1인 가구란 혼자서 살림하는 가구로, 1인이 독립적으로 취사, 취침 등의 생계를 유지하고 있는 가구를 지칭한다. 1인 가구는 독신 개념과는 구분되는데, 독신이 법적으로 배우자가 없는 상태를 뜻한다면 1인 가구는 다양한 혼인 지위를 포괄하는 범주다. (우민희 외, 「청년세대 일인가구의 여가활동 및 가족가치관에 관한 연구」, 『한국사회』 16권 1호, 2015, 205쪽.)

18. 우민희 외, 「청년세대 일인가구의 여가활동 및 가족가치관에 관한 연구」, 『한국사회』, 224~225쪽.

건 사람들이 여전히 타인과의 관계에 굶주려 있다는 사실을 보여준다.[19] SNS와 TV 시청은 1인 가구가 저비용으로 안전하게 관계의 욕망과 일상의 결핍을 해소할 수 있는 효과적인 방편이자 간편한 도피 수단이 된다.

2000년대 후반 전성기를 맞이했던 이른바 '리얼 버라이어티'로 분류되는 〈무한도전〉2006-2018, 〈1박 2일〉2007-, 〈패밀리가 떴다〉2008-2010 등의 프로그램은 스스로 정체성이 '리얼'임을 표방했다. 그러나 리얼 버라이어티의 전성기는 〈패밀리가 떴다〉의 대본 논란을 비롯해 '진정성'에 계속해서 문제가 제기되면서 막을 내리고 만다(〈1박 2일〉은 최근 새로운 시즌으로 다시 시작되었다). MBC의 대표 예능이자 많은 화젯거리를 양산했던 〈무한도전〉은 방영된 지 13년 만인 2018년에 종영됐는데, 이는 예능의 세대교체를 상징적으로 보여주는 사건이었다. 한편 〈짝〉2011-2014의 성공 이후 연애와 리얼리티를 결합한 가상 결혼이나 동거 프로그램이 유행하기 시작한다. 가상 결혼이나 동거 프로그램이 프로그램 안에서만 작동하는 가상의 가족을 보여주었다면, 이제 예능은 실제 가족을 등장시킨다. 물론 이전의 가상 결혼 예능에서도 대중은 연예인에게 프로그램 바깥에서도 가상의 설정에 충실하기를 요구했다. 하지만 환상과 현실의 괴리는 계속해서 여러 논란과 잡음을 일으켰다. 이에 예능은 가상이 아닌 실제 부부와 가족의 일상을 중계하기에 이른다.

실제 부부를 등장시킨 구혜선, 안재현의 〈신혼일기〉2017가 달달한 연애 같은 신혼의 모습, 때로는 티격태격하지만 서로의 의견을 조율해 가는 모습으로 풋풋한 결혼생활의 환상을 보여주었다면, 〈효리네 민박〉의 이효리와 이상순은 마치 오랜 노부부 같은 편안한 관계와 여유로운 일상을 보여준다. 이 프로그램은 효리 부부가 실제로 거주하는 제주도 집을 배경으로 한다. 이들의 집을 민박집으로 운영하고, 여기에 사연을 통

---

19. 안동환, 「10년새 줄어든 여가 … '쉼표' 필요한 코리아」, 『서울신문』.

해 선정된 일반인들을 초대하여 함께 지낸다는 설정이다. 〈효리네 민박〉
은 바람직한 '착한 힐링 프로그램'이라는 평가를 받으며 큰 성공을 거두
었다. 2017년 방영한 〈효리네 민박〉은 시청률 10%를 넘기며 종편 예능
사상 최고 시청률을 기록했고, 2018년 방영한 〈효리네 민박2〉는 그 기록
을 다시 경신하며 인기를 끌었다. 이 프로그램이 착하다고 평가받는 이
유는 별다른 자극적인 장면이나 사건이 없고, 담담히 효리 부부의 일상
을 좇으며 아름다운 제주도의 자연경관을 담고 있기 때문이다. 〈효리네
민박〉이 2017년 5월에 촬영되어 늦봄부터 초여름까지의 제주도를 보여
준다면, 2018년 2월에 촬영된 〈효리네 민박2〉는 제주의 겨울과 초봄의
풍광을 담아낸다.

효리네 민박과 한끼줍쇼 : 전면화되는 비상

〈효리네 민박〉 홈페이지에는 효리 부부의 집이 다음과 같은 문구로
소개되고 있다.

3년 만에 컴백하는 가수 이효리와 남편 이상순. 제주에서 이 부부의 일
상으로 들어가 함께 살아보는 특별한 경험. 이름하여, 효리네 민박. 요가
로 하루를 시작하고, 이효리 부부가 차려주는 따뜻한 아침 식사가 있는
곳. 부지런하고 친절한 민박집 스태프 아이유가 반기는 곳. (시즌 1)
정신없는 일상을 벗어나, 잘 먹고 잘 쉴 수 있는 "효리네 민박". 언제나
그랬듯, 이효리 부부가 차려주는 따뜻한 아침 식사와 포근한 잠자리가
제공되는 곳. 민박집의 새로운 직원! 다정하고 성실한 윤아가 반기는 곳.
(시즌 2)

〈효리네 민박〉 시즌 1, 2의 소개 문구에서 '일상'은 각기 다른 내용을 가

진다. 시즌 1에서 민박집이 "일상으로 들어가"는 경험을 제공하는 공간으로 제시된다면, 시즌 2에서 민박집은 "일상을 벗어나"는 공간으로 제시된다. 동일한 민박집은 '일상'의 공간이면서 동시에 '비일상'의 공간인 것이다. 다시 말해, 효리 부부의 '일상'이 누군가에게는 '비일상'으로의 진입이며 일상을 벗어나는 일이다. 그 누군가는 "잘 먹고 잘 쉴 수" "없는", "정신 없는 일상"을 산다. 이들의 일상은 또 다른 누군가에게는 '비일상'이다. 이처럼 효리네 민박집은 일상과 비일상이 서로 교차하는 공간이 된다. 〈효리네 민박〉에서 '집'은 "잘 먹고 잘 쉴 수 있는" 충만한 공간이다. 아침이면 이슬을 머금은 상쾌한 공기 속에서 새들이 재잘거리며 지저귄다. 여유롭게 일어난 부부는 향이 좋은 커피나 차와 함께 따뜻한 아침 식사를 즐긴다. 요가로 찌뿌둥한 몸을 풀어준다. 냉장고는 늘 그득하고 1인 가구는 반려동물 한 마리도 키우기 버겁지만, 여기에는 수많은 반려견과 반려묘가 '나'를 반겨준다. 부부는 생계에 구애받지 않고 언제든 제주도의 풍광을 즐기러 외출할 수 있으며, 내킬 때는 별채에 마련된 작업실로 가서 악기를 연주하고 노래를 부른다. 겨울이면 훈훈한 벽난로와 따뜻한 노천탕이 지친 심신을 달래준다. 봄비가 오면 처마 밑에 떨어지는 빗방울을 보며 시를 읽고 콧노래를 흥얼거린다. 곰팡이가 번지는 눅눅한 반지하, 혹한과 혹서의 기온을 그대로 체감해야 하는 옥탑방 속 '나'와 너무도 동떨어져 있는 타인의 일상에 대한 관음은 곧 '힐링'이라는 이름으로 소비된다.

〈효리네 민박2〉 내내 함께한 알바생 윤아는 민박집을 떠나기 전 효리 부부와 이렇게 대화한다.

효리 : 제주 생활이 사람들은 로망을 갖고 있지만 되게 단조로워. 여름에는 지난여름처럼 똑같이 살고. 겨울에는 지난겨울처럼 똑같고. 특별히 변화무쌍한 일이 없잖아.

상순 : 우리도 여태까지는 단조로운 게 너무 심심한 건 아닌가 생각했는데, 한 5년 되니까 이런 게 진짜 안정감 있고 좋아. 마음이 편안한 게 최고인 거 같아. 무슨 일이 막 일어날 거 같고, 불안하고… (그런 게 없어). 여기 있으니까 그런 게 너무 좋아.

윤아 : 너무나도 일상적이고 평범한 것들이 저한테는 좀 더 반대로 특별한 거 같은 느낌이에요.[20]

대화에서 드러나듯 제주도에서의 생활은 어쩌면 단조롭고 반복적인 지루함의 연속이다. 그러나 그것은 예측 가능하며 안정감을 가져다준다. 윤아의 말처럼 일상 없는 삶을 사는 이들에게는 평범한 일상이 오히려 특별함이 된다. 항상 불안함과 불안정함, 예측 불가능의 삶을 사는 이들에게 효리 부부의 삶은 바라마지 않는 치유의 순간이다. 누군가가 "언제나 그랬듯" 보내는 평범한 일상이 어떤 이에게는 "특별한 경험"의 비일상이 된다. 효리 부부의 생활이 '(비일상적) 일상'이라면, 이 프로그램을 관음하는 사람들의 삶의 조건은 '(일상적) 비일상' 속에 놓여 있다. '일상예능'은 곧 '비일상예능'이 된다. 〈효리네 민박〉은 효리와 상순의 '일상'이 프로그램의 한 축을 담당하고, 민박 손님으로 들어오는 일반인 그룹의 '비일상'이 또 다른 축을 담당한다. 카메라는 민박객들의 여행과 효리 부부의 생활을 교차 편집하며 비일상과 일상의 경계를 넘나들지만, 방점은 분명 부부의 (비일상적) 일상에 찍혀있다.[21] 여기에 제작진의 개입이나 작위적 에피소드는 최소화된다. 거기서 드러나는 부부 사이의 신뢰와 애정의 관계는 지옥고 속 결핍된 '나'의 욕망을 판타지로 가득 채운다. 〈효리네 민박〉은 누구나 꿈꾸는 안락하고 평화로운 일상의 모습을 보여주지

20. 윤현준 총연출, 〈효리네 민박2〉, jtbc, 15회, 2018. 5. 13. 방영.
21. 일례로 홈페이지와 포털 사이트에서 제공되는 하이라이트 클립 대부분은 방문객이 아닌 효리 부부와 두 알바생의 모습을 담고 있다.

만, 동시에 민박집에 잠시 머물다 떠나가는 사람들이 마지막 날 되뇌듯 한바탕의 꿈과 같은 (비일상적) 일상일 뿐이며 일상이라는 이름으로 포장된 환상체험에 불과하다.

이경규와 강호동이 진행하는 〈한끼줍쇼〉는 일반 가정의 일상에 집중한다. 이 프로그램은 지속적으로 전통적 가족의 구성 형태와 그들이 보여주는 '규범적 일상'의 모습으로 회귀하며 이를 환상화한다. 〈한끼줍쇼〉에서 이경규와 강호동은 특정 동네를 게스트와 함께 집집이 돌아다니면서, 만나는 사람들에게 식사에 초대해달라고 간청한다. 성공하면 그들의 집 안으로 들어가 일반인 가족과 함께 저녁을 먹고, 실패하면 편의점에서 컵라면이나 김밥 등을 사 먹어야 한다. 이들은 부단히 '혼밥'하지 않기 위해 노력해야만 하며 혼밥은 미션에 실패했을 때 주어지는 일종의 '형벌'로서 사용된다. 집에 초대받아 함께 먹는 미션에 실패했을 때 받는 첫 번째 형벌이 편의점에서 동네 주민과 함께 식사하는 것(집밥 대신 '레토르트 식품'을 '함께' 먹는 것)이라면, 그것마저 실패했을 경우 받는 가중의 형벌이 바로 편의점에서 홀로 식사를 하는 것(레토르트 식품을 '혼자' 먹는 것)이다. 즉, 여기서 혼밥은 최악의 상태를 의미한다. 두 진행자는 동네를 돌아다니며 만나는 사람들에게 식사 여부를 묻는다. 그러면서 밥을 누구와 함께 먹었는지 묻고 만약 그중에서 밥을 혼자 먹었다는 사람이 있으면 대번에 "아이고 저런…"이라며 안타까움을 표하거나 "아니, 왜 혼자 드셨어요?"라며 그 이유를 묻는다.[22] 여기서 혼밥은 정상적인

---

22. 다만 프로그램이 오래 방영되면서 진행자들의 태도에 변화가 감지된다. 예컨대 2019년 4월 10일에 방송에서 혼자 사는 청년에게 꿈이 뭐냐고 묻는 게스트에게, 이경규는 그런 걸 물어보면 안 된다고 지적한다. 이전에 자기도 그런 질문을 했다가 혼난 적이 있다며, 꿈이 꼭 있어야 한다는 생각이 이미 기성세대의 철 지난 '꼰대적' 발상이라는 것이다. 이는 자기계발 담론에서 허무주의적 힐링 담론을 받아들인 듯한 모습이다(그러나 두 가지는 모두 신자유주의 유지에 기여하는 기만적 담론이다. 이에 관한 분석은 5장에서 다룬 바 있다).

식사가 아니라, 비상한 사태에만 일시적으로 행해져야 하는 비정상적 행태로 간주된다.

게다가 이 프로그램에 등장하는 동네는 대부분 구기동, 한남동, 청담동 등의 '부촌'이나 적어도 '한 끼를 줄' 여유가 있는 가정에 집중되어 있다. 이 가정은 대부분 다인 가구 형태다. 원룸에 사는 청년이나 쪽방촌의 독거노인 등은 애초에 대상에서 제외된다. 물론 노량진과 봉천동 등이 몇 차례 방송된 바 있으나, 한국 사회에서 24%에 달하는 1인 가구의 비율에 비하면 턱없이 모자란 숫자이다. 이경규와 강호동은 주로 현관에서 벨을 누르거나 호출기를 통해 저녁을 먹었는지 여부와 촬영 의사를 묻는데, 벨이나 호출기가 마련되지 않은 원룸에 사는 사람들에겐 초대의 권리조차 주어지지 않는다. 프로그램에서 가끔 등장하는 1인 가구 청년에게 한 끼 식사란 라면이나 냉동만두를 이용해 그저 신속하게 끼니를 때우는 시간일 뿐이며, 제대로 된 식사는 사치스럽고 거추장스러운 의례일 뿐이다. 하지만 진행자들은 이들과 함께 라면이나 냉동식품을 먹으며 오랜만에 먹어보는 잘 알고 예측되는 조미료 맛에 호들갑을 떨듯 찬사를 보낸다. 청년들은 왜 혼자 살고 있는지에 관한 적절한 변명과 그럼에도 희망이 있기에 힘들지 않다는 것을 증명하며, 나아가 현재의 곤궁한 처지를 벗어날 자신만의 원대한 꿈을 제시해야 할 처지에 놓인다. 진행자들은 이를 잘 경청한 후, 청년들의 성실함을 치하하고 열심히 살고 있으니 반드시 꿈을 이루게 될 것이라는 공허하고 기만적인 격려를 보낸다. 일상의 절망은 위선적 당의정이 입혀진 채 성급하게 봉합된다.

반면에 다인 가구는 일상의 풍요로움과 가족의 소중함이라는 '행복의 서사'를 전시하는 방식으로 그려진다. 다인 가구의 식탁에는 갓 지은 따뜻한 밥과 '엄마의 손맛'이 들어간 푸짐하고 다채로운 반찬, 그리고 아이들의 웃음소리가 함께하고 부부는 다정히 서로의 일과를 주고받는다. 진행자들은 매번 부부의 연애 시절의 이야기를 물어보곤 하는데, 부부는 과거의 행복했던 시절을 추억하고 서로의 장점을 나열하며 화기애애한 분위기 속에서 식사가 이루어진다. 그들의 평소 식사 모습을 재현하는 '한끼극장' 코너는 혼밥은 초라하고 쓸쓸하지만, 함께 하는 식사는 따뜻하다는 판타지를 강화함으로써, 재생산 가능한 '규범적 가구 형태'와 '가부장 이데올로기'는 재생산된다.[23]

두 가지의 일상예능은 모두 한국 사회의 어떤 징후를 잘 보여준다. 그것은 더 이상 일상이 가능하지 않다는 것, 이를 해결하는 대신에 타인의 비일상에 대한 관음으로 도피하려 한다는 것, 또한 그럼에도 여전히 전통적 가족상과 가치관으로의 회귀 욕망이 작동하고 있다는 사실이다.

아도르노Theodor W. Adorno와 호르크하이머Max Horkheimer는 기만적인 문화산업의 작동방식을 예리하게 분석한다.

> 문화산업은 … 고통을 숨기기보다는 고통을 남자답게 직시하는 데에 자부심을 느낀다. … 그처럼 삶은 가혹한 것이지만 그 때문에 그만큼 굉장한 것이고 건강한 것이 되는 것이다. 거짓말은 비극 앞에서도 위축되지 않는다. 사회 전체가 구성원들의 고통을 없애지는 못하지만 그 고통을 기록하고 주재하는 것과 똑같은 방식으로 대중문화는 비극을 다룬다. … 문화산업은 비극을 진부하고 판에 박힌 것으로 만들어 버린다. … 일상생활에서 관객들을 끊임없이 괴롭히는 항구화된 절망적 상황들이 영화 속에 재편되면서는 교묘한 방식에 의해 계속 살아야 한다는 약속으로 전환된다.[24]

---

23. 일례로 이들 가정에서 식사 준비는 주로 아내에 의해 이루어지며, 준비되는 동안 남편은 거실에서 진행자들과 답수를 나눈다. 가끔 남편이 준비하는 경우 "대단히 씨네요"라는 찬사를 들으며 진행자들이 이를 돕곤 한다.
24. 테오도르 아도르노·막스 호르크하이머, 『계몽의 변증법』, 김유동 옮김, 문학과지성사, 2001, 228~231쪽.

오늘날 탐닉적인 문화산업은 일상 속의 항구화된 절망과 고통을 교묘하게 재편하여 삶에 대한 약속인 양 둔갑시킨다. 관찰을 통해 욕망을 대리해주는 것이 연예인들의 일상을 관찰하는 (비)일상예능이라면, 그 충족은 두 가지 측면에서 이루어진다. 다인 가구의 행복 서사를 통해 1인 가구의 판타지를 충족하는 기능을 하는 게 〈효리네 민박〉과 〈한끼줍쇼〉라면, 오히려 파편화되고 개인화된, 일상적 비일상이 이제는 일상화되었음을 드러내는 유형의 예능이 존재한다. 〈나 혼자 산다〉2013~, 〈미운 우리 새끼〉2016~와 같은 1인 가구의 일상을 관찰하는 프로그램들은 사람들의 자조적인 공감을 유도하며 이제 '일상 없음'이 문제가 되는 것이 아니라 누구나 ─ 화려한 연예인들조차도 무대 뒤에서는 ─ 다 그렇게 비슷한 모습으로 산다는 것을 보여줌으로써 '일상 없음'은 이제 자연스럽게 일상화된다. 아도르노가 지적하듯 이런 작동은 "비극을 진부하고 판에 박힌 것"으로 만든다. 진부한 비극은 자연스럽고 당연하며 더 나아가 마땅한 것이 되고, 삶이란 비극적이기에 오히려 아름다운 '자발적인 고행'의 지위를 획득한다. 일상의 불가능성이란 절망은 일상의 가능성에 대한 가망 없는 희망, 무한히 지연되는 약속으로 전환된다. 점차 일상화되어 가는 예능의 진행은 곧 비일상의 일상화·전면화가 진행되는 어떤 경로를 보여준다.

(비)일상예능은 만연한 병리적 현실 속에서 잠시 맞닥뜨리는 하나의 비일상적이고 가상적인 삶 체험으로 작동한다. 이것은 타인의 일상으로의 예외적인 외출, 일회적인 일탈, 혹은 현실을 고착시키는 '힐링'의 이름으로 소비된다. 유린당하고 파괴된 피폐한 일상을 자연화하는 (비)일상예능은 원하든 원치 않든 우리 시대의 파국에 동참한다. 일상 없는 삶은 우리의 실존이 전면적인 '비상'非常의 상태로 치닫고 있음을 암시한다. '비상'은 일상에도 비일상에도 포함될 수 없는 퇴행과 부정의 '제3항'이다. 일상 없음의 전면화는 곧 '항구적 비상사태'로의 이행이다. 벤야민은 "사물이 '이렇게 계속' 진행된다는 것, 그것이 바로 파국"이라고 말한 바 있

다.[25] 그렇다면 진정한 파국이란 절멸의 한순간이 아니라 오히려 이대로 계속되지만, 거기에서 어떤 새로운 변화도 도출될 수 없는 '현 상태의 지속'을 의미한다.

욜로 혹은 짠내 : 탕진잼의 향락과 스튜핏의 고행 사이

이제 '일상 없는 삶'이 전면화되면서 두 가지 양극화된 형태의 삶의 양식이 등장한다. 하나가 최대한 지출을 억압하고 절약을 추구하는 '짠내라이프'라면, 다른 하나는 자신을 위해 마음껏 소비하는 '욜로라이프'[26]다.

일상을 대하는 서로 다른 두 가치관은 일상의 불가능성을 전제로 한다는 점에서 모두 비정상적 일상의 한 단면이다. 드라마 〈이번 생은 처음이라〉[2017]는 누구에게나 처음일 수밖에 없는 '이번 생'을 대하는 다양한 방식과 삶의 태도를 보여준다. 남세희(이민기 분)는 많은 대출을 받아 깨끗하고 넓은 집을 구입하고 집 안에서의 자신만의 삶에 만족하는 '하우스푸어'[27]다. 과도한 대출 빚을 갚기 위해 그의 수입과 지출 계획은 달 단

---

25. 발터 벤야민, 「중앙공원」, 『보들레르의 작품에 나타난 제2제정기의 파리 / 보들레르의 몇 가지 모티프에 관하여 외』, 김영옥·황현산 옮김, 길, 2010, 292쪽.
26. 욜로(YOLO, you only live once)란 '당신은 오직 한 번만 산다'는 뜻으로, 불확실한 미래를 대비하거나 타인을 위해 희생하는 대신 현재의 삶의 질을 높일 수 있는 취미생활, 자기계발 등에 아낌없이 소비하는 라이프스타일을 의미한다. 욜로는 2015년 오바마 미국 대통령의 건강보험 개혁안 홍보영상에 등장하며 화제가 되었다. 이후 욜로는 미국뿐 아니라 유럽에서도 크게 유행하며 전 세계를 관통하는 중요한 트렌드이자 가치관으로 자리 잡았다. 한국에서는 2016년 〈꽃보다 청춘 : 아프리카〉에 욜로가 등장하면서 주목받았다. (홍지숙·곽재현, 「욜로(YOLO)에 관한 여행 트렌드 네트워크 분석」, 『관광연구』 32권 6호, 2017, 38~39쪽.)
27. 하우스푸어(house poor)는 주택(house)과 빈곤(poor)의 합성이다. 과거에는 주택의 소유가 풍요를 의미했지만, 점차 주택을 가지고 있으나 빈곤하게 사는 사람들이 늘어나면서 2010년 이후 사회적인 문제가 되고 있다. (김준형, 「하우스푸어 문제의 진단과 대응방안」, 『국토연구』 77권, 2013, 157쪽) 일반적으로 하우스푸어는 '자산'과 '소득' 간

위로 세세하게 짜여 있으며, 계획대로라면 2048년까지 최대한 아껴 차근 차근 빚을 갚아 나아야 한다. 반면 연복남(김민규 분)은 잘살고 있던 집을 팔아 고가의 오토바이를 구입하고 마음껏 여기저기를 쏘다니며 내킬 때 일하면서, 여러 여자를 만나 사랑을 즐기는 인물이다. 그에게는 그때 그때의 매 순간을 최대한 즐기는 것만이 지상과제이며 미래는 미리 걱정할 필요가 없는 대상, 걱정해도 소용이 없는 불확실한 미지의 대상일 뿐이다. 두 사람의 맞닥뜨림은 상반된 두 가치관 사이의 몰이해와 충돌로 나타난다.

스마트폰 앱을 개발하는 프로그래머 남세희는 회사 동료들을 데리고 복남이 일하는 커피숍에 오게 된다. 회사 내 최고 연봉자인 세희에게 동료들은 맛있는 음료와 케이크를 사달라고 조르지만, 세희는 단호하게 거절하고 가장 저렴한 아메리카노만을 인원수대로 계산한다. 세희는 불평을 터뜨리는 동료들에게 이미 이번 달 계획된 지출비가 초과되었다면서 모든 빚을 다 갚는 2048년에 회식을 내겠다고 말한다. 끝까지 케이크를 사지 않는 세희는 동료들에게 눈총을 받게 되고, 이를 본 카페 아르바이트 직원 복남은 서비스라며 무료로 케이크를 제공해준다.

복남: 그때까지 살아계시겠어요? 2048년이면 31년 뒤인데, 회식도 살아있어야 쏘는 거 아니에요? …한 번 사는 인생인데, 집 대출금 따위에 낭비할 순 없잖아요. 저는 하우스푸어, 이런 사람들이 제일 한심하더라고요.
세희: 뭐, 한심할 거까지. 각자 인생의 지향점이라는 게 있는 건데.
복남: 그건 지향점이 아니죠. 자신의 인생을 소중히 하지 않는 거지. 어떻게 집 같은 거에 인생을 바쳐요? 삶을 매 순간 즐기며 살아야죠.

의 불균형에 의해 초래된다. 특히 최근의 젊은 하우스푸어들은 대출로 무리하게 주택을 구입한 경우가 많다. 앞으로 금리 인상 기조가 지속된다면 하우스푸어 문제는 더욱 심화될 위험이 있다.

세희 : 매 순간 즐긴다고 믿고 싶은 거겠죠. 욜로야말로 허무주의에서 비롯된 소비패턴이니까. 벌어봤자, 모아봤자 이룰 수 있는 게 아무것도 없으니까 순간의 소비로 도피하는 거죠.[28]

복남이 추구하는 욜로는 미래에 대한 불확실성에서 비롯된다. "그때까지 살아"있을지조차 알 수 없으니 "삶을 매 순간 즐기며" 살아야 한다. 하우스푸어와 같이 오지 않을지도 모르는 내일을 위해 오늘의 욕망 충족을 지연시키는 삶의 태도는 "자신의 인생을 소중히 하지 않는" 것이며, 한심하고 어리석은 짓이라는 것이다. 반면 세희는 욜로가 삶을 즐기는 태도가 아니라 실은 "즐긴다고 믿고 싶은" 허위라고 말한다. 욜로는 단순히 "허무주의에서 비롯된 소비패턴"일 뿐이며, 노력한다 해도 아무것도 이룰 수 없음에 지레 포기하고 "순간의 소비로 도피"하는 행위라는 것이다. 복남과 세희의 가치관과 라이프스타일은 이들의 논쟁에서 볼 수 있듯이 매우 상반된 듯 보이지만 그것은 모두 현재의 불안과 미래에 대한 불확실성에서 비롯되었다는 점에서 닮아있다.

베라르디는 "불확실성은 불안정성과 떼려야 뗄 수 없는 사이"라고 말한다.[29] 미래가 불확실한 이유는 이들이 발 딛고 있는 현재가 위태로우며, 전면적인 취약성과 불안정성에 노출되어 있기 때문이다. 복남이 미래의 불안에서 도피하기 위해 현재의 향락을 선택한다면, 세희는 미래의 불안으로부터 도피하기 위해 현재의 금욕과 고행을 선택한다. 복남이 스마트폰 앱을 통해 수많은 이성과의 인스턴트적인 만남을 추구한다면, 세희는 자신만의 공고한 안식처를 마련해 놓고 누구의 틈입도 허용하지 않는다. 복남이 꿈꾸는 미래가 있다면 그것은 하루하루를 최대한 즐겼을

---

28. 박준화 연출, 윤난중 극본, 〈이번 생은 처음이라〉, tvN, 7회, 2017.10.30. 방영.
29. 베라르디, 『죽음의 스펙터클』, 226쪽.

때 찾아오는 예기치 않는 우연과 우발성으로 가득 찬 미지의 순간이다. 반면 세희가 꿈꾸는 미래는 아무런 우발적인 사건이 일어나지 않은 채, 일상의 변화 없이 날마다 똑같은 루틴 속에서 자족하다가 마침내 자신의 집에서 홀로 고요히 세상을 떠나는 것이다.

송은이와 김숙이 진행하는 팟캐스트의 속의 한 코너에서 시작된 〈김생민의 영수증〉2017·2018은 최대한 소비지출을 줄이고 절약할 것을 장려하는 프로그램이다.[30] 이 프로그램은 세희가 추구하는 가치관과 맞닿아 있다. 여기서 김생민은 "돈은 안 쓰는 것이다"는 구호 아래 짠내라이프의 전도사이자 '통장요정'으로서 시청자와 출연자의 지출 명세를 살펴보며, 마른걸레를 쥐어짜듯 과도한 소비 품목을 지적하고 최대한 줄일 수 있는 방안을 제시한다. 이때 절약의 목적은 과거와 같은 공익의 함양이나 투자를 위한 것이 아니라, 단지 절박한 현실 속에서 어떻게든 살 방도를 찾는 생존의 몸부림이다. 김생민은 타인의 소비 행태에 대해 끊임없이 "그뤠잇!"과 "스튜핏!"을 연발하며 구분한다. 그가 보기에 불필요한 지출을 한 사람은 대번에 '어리석은' 사람이 된다. 물론 김생민은 재테크나 투자 분야의 전문가가 아니며, 사람들은 그런 정보를 기대하지 않는다. 이 프로그램이 인기를 끈 이유는 김생민의 경험에서 비롯된 생활 밀착형 팁과 그의 궁상맞음이 개그로 승화되는 데서 오는 어떤 자조적인 공감 때문이다. 예컨대 김생민은 25년 동안 무명으로 지내며 동료 연예인이나 방송국 관계자들에게 괄시받아서 행복하다고 말한다. 이제 외톨이가 되어

---

30. 이 프로그램은 팟캐스트 〈송은이 김숙의 비밀보장〉의 고민 상담 코너에서 시작되었다. 이 코너가 큰 인기를 끌자 KBS2에서는 8회에 걸쳐 파일럿 방송을 편성했고, 이후 정규 편성되어 2017년 11월 26일부터 2018년 1월 28일까지 시즌 1이 방송되었다. 2018년 3월 4일부터 시즌 2가 시작되었으나 성추행 사건이 밝혀지면서 4월 1일 종영되었다. 김생민은 10년 전 방송 스태프를 성추행한 것으로 드러났다. 그는 성실한 모습과 방송가에서 무시당하는 '을'의 이미지를 내세우며 인기를 끌었으나, 정작 연예인이라는 지위를 이용해 성추행을 저질렀다.

밥을 사지 않아도 되기 때문이다.[31] 이처럼 김생민은 화려한 연예인의 이미지보다는 지금까지 별다른 인기를 끌지 못했다는 삶의 행적이 공감을 불러일으킨다. 김생민은 단기간에 큰돈을 벌지 않고 기획사도 없이 〈연예가중계〉1984-나 〈TV 동물농장〉2001-의 리포터로 오랫동안 고정 출연하며 받아온 일정한 수입 — 마치 월급쟁이처럼 — 을 절약해 나름의 성공을 일궈냈다는 신화를 통해 소시민적 영웅이 되어 대중에게 소구한다.[32]

프로그램에서 "노동 이즈 베리 임폴턴트"를 외치며 정장을 차려입는 그는, 연예인이라기보다는 마치 출근하는 회사원처럼 보인다. 김생민은 〈짠내투어〉2017-에도 출연해 짠내라이프를 컨셉으로 돈 없는 청년들을 위해 최소의 비용으로 최대의 만족감을 줄 수 있는 이른바 '가성비 해외여행'의 기치를 내건다. 김생민이 과거 저지른 성추행 사건이 밝혀지며 모든 프로그램에서 하차했음에도, 〈짠내투어〉는 계속해서 '짠내 나는 여행'의 컨셉을 이어가며 방영 중이다. 김생민의 하차 이후에도 시청률은 별로 하락하지 않았는데, 이는 짠내라이프가 그만의 예외적 라이프스타일이 아니기 때문일 것이다. 짠내라이프의 유행은 우리가 얼마나 불안정한 삶을 살아가고 있는지를 단적으로 보여준다. 그 속에서 사람들은 현재의 지출을 극단적으로 긴축하여 미래에 다가올지 모르는 예고치 않은 지출을 대비하거나, 미래에 다가올 보다 풍요로운 세상이라는 환상을 도모하면서 현재의 고행을 기꺼이 감내한다.

짠내라이프가 미래를 위해 현재를 희생한다면, 욜로라이프에서는 거꾸로 현재만이 존재하고 미래는 안중에 두지 않는다. 그러나 욜로의 '당신은 오직 한 번만 산다'는 당연한 테제가 새삼스럽게 환기되는 현실은 오히려 많은 이들이 한 번뿐인 삶을 제대로 살지 못하고 있음을 반증한

---

31. 안상은 연출, 〈김생민의 영수증〉 시즌2, KBS2, 4회, 2018. 3. 25. 방영.
32. 김생민은 방송에서 보이는 이미지와 달리 실제로는 수십억대의 부동산을 갖고 있으며, 외제차를 소유했다는 논란이 일기도 했다.

다. '욜로주체'가 현재에 집중하는 이유는 현실을 직시하고 바꾸기 위해서 가 아니다. 욜로주체는 현실을 애초에 바꿀 수 없는 고정된 것으로 상정 하고 거기서 지극히 개인적이고 일시적인 향락으로 빠져 자족하는 태도 를 취한다. 짠내라이프가 사회 초년생부터 지속적인 교육비와 양육비 지 출을 해야 하는 젊은 부부, 은퇴를 앞두고 노후를 걱정하는 중년에 이르 기까지 폭넓은 지지를 받는다면, 욜로는 주로 청년 1인 가구를 중심으로 지지를 받고 있다. 청년세대가 받는 최저시급으로는 생활비를 제하고 나 면 별다른 저축이 불가능할뿐더러, 언제 그만두게 될지 모르는 불안정 한 고용상황에서 정기적인 저축은 남의 이야기일 뿐이다. 평생 한 푼도 쓰지 않고 모아도 서울에 변변한 집 한 채 살 수 없다. 동시에 각종 사고 나 재난, 바이러스 유행과 같은 대규모 재해의 범람은 언제 내가 사라질 지 모른다는 막연한 불안감을 불러일으킨다. 이는 곧 삶의 의미를 탐구 하거나 장기적인 인생 계획을 설계하는 대신 손쉽게 현재의 향락을 추구 하는 퇴폐적 라이프스타일로 변질된다. 즉, 욜로는 자칫 소비만능주의나 말초적인 자극에만 집착하는 저급한 쾌락주의에 머무를 수 있다.

2017년 한 해, 각종 상과 음원 차트를 휩쓸며 큰 성공을 거둔 아이 돌 그룹 '방탄소년단'은 〈고민보다 Go〉에서 미래가 볼모로 잡힌 절망적 상황에서 가능한 건 찰나적인 소비와 욕망을 추구하는 것뿐이라고 노 래한다.

티끌 모아 티끌 탕진잼 다 지불해 내버려 둬 과소비 해버려도
내일 아침 내가 미친놈처럼 내 적금을 깨버려도
내일은 없어 내 미랜 벌써 저당 잡혔어…
내 통장은 밑 빠진 독이야 난 매일같이 물 붓는 중
차라리 그냥 깨버려 걱정만 하기에 우린 꽤 젊어
오늘만은 고민보단 Go 해버려 쫄면서 아끼다간 똥이 돼버려…

YOLO YOLO YO 탕진잼 탕진잼 탕진잼[33]

방탄소년단의 노래는 "티끌 모아 티끌"이며 "밑 빠진 독"에 "매일같이 물 붓는" 것일 뿐이라 돈을 모은다는 건 애초에 불가능하니, 차라리 "미친놈처럼" 적금도 깨버리고 흥청망청 모조리 "과소비해"버리자고 말한다. 가진 돈은 없더라도 여행은 떠나고 싶고, 피로는 풀고 싶고, 맛있는 건 사먹고 싶기에 "쫄면서 아끼다간 똥"이 될 뿐이니 그냥 다 쓰고 "탕진"해버리자고 권한다. 그것은 가사에서 드러나듯 "내일은 없"으며 "내 미랜 벌써 저당 잡혔"기 때문이다. 내일에 대한 아무런 희망도 가질 수 없는 사회이기에 내가 "미친놈"처럼 행동한다 해도 그것은 어쩔 수 없는 일이다. 이 노래는 후렴 부분에서 '욜로'와 '탕진잼'[34]을 나란히 배치하여 등치하고, 두 단어를 계속해서 반복한다. 이는 청년세대에게 욜로가 어떤 의미로 소비되고 있는지를 잘 보여준다.

이는 욜로라이프를 적극적으로 마케팅 수단에 활용하는 광고를 보면 더욱 뚜렷해진다. 모텔, 호텔, 펜션 등의 숙박업소를 예약할 수 있는 모바일 앱 '야놀자'는 "인생 길어? 놀자!"라는 구호를 내세우며, 그러므로 부단히 소비하라고 언명한다.

성공한 다음에 놀아도 늦지 않다고? 인생 길어? 야! 놀자![35]
젊어서 고생은 사서 하는 거라고? 돈 많아? 그런 걸 왜 사? 야! 놀자![36]

---

33. 방탄소년단, 〈고민보다 Go〉, pdogg · 방시혁 · Supereme Bio 작곡, pdogg · 방시혁 · Supereme Bio 작사, 2017. 9. 18 발표.
34. 재물을 흥청망청 다 써버린다는 뜻의 '탕진'과 재미를 뜻하는 '잼'을 합친 말로, 탕진하는 재미를 일컫는 말이다. 경제 불황과 취업난이 계속되면서 수입이 많지 않은 젊은 세대가 적은 금액으로 최대한의 만족을 얻기 위해 사용 가능한 돈을 모두 쓰는 것을 말한다. (네이버 시사상식사전 참조.)
35. 야놀자 CF — 나를 위한 삶, 나를 위한 3(성공편), https://youtu.be/r07ivcSE56o.

2017년 하반기부터 케이블방송과 다양한 모바일 매체를 통해 집중적으로 방영된 '야놀자' 광고는 "성공한 다음"을 기약하는 것, 혹은 "젊어서 고생"은 모두 불필요한 것이라고 말하며, 다만 현재를 즐기는 것이 시급하다고 요청한다. 한 번뿐인 인생을 희생하고 아끼며 살 것이 아니라, 충분히 즐기며 하고 싶은 걸 다 해보며 살자는 것이다. '야놀자' 광고는 언제나 "삶을 즐겨!"라는 명령으로 끝나는데, 이때 화면은 여행, 노래방, 서핑, 인형 뽑기 등 모두 적극적 소비행위를 수행할 때로 제시되며, 즐기는 것은 곧 소비하는 것과 동일시된다.

그러나 즐기는 것은 곧 현실에서의 도피, 저항의식으로부터의 도피일 뿐이다. 아도르노에 따르면 "즐긴다는 것이 의미하는 것은 항상 무엇인가에 대해 더 이상 생각하지 않는 것, 고통을 목격할 때조차 고통을 잊어버리는 것이다."[37] "여러분, 무조건 놀아야 돼요"라고 호소하는 야놀자 광고는 아무리 발버둥 치며 열심히 살아봐야 현실이 달라지지 않을 것이기에 짧은 인생에 고생이나 노력 따위는 불필요함을 역설한다. 부단히 노력한다 해도 현실이, 다가올 미래가 바뀌지 않는 듯 보인다면 저항의식은 손쉽게 제거된다. 현실을 즐기라는 문화산업 테제의 기저에는 대중의 무력감이 뿌리 깊게 자리 잡고 있다. 그리고 문화산업은 마침내 대중을 이런 사유에서조차도 해방한다.

우리는 '욜로'에서 낯익은 문구를 떠올릴 수 있다. 그것은 로마의 시인 호라티우스Quintus Horatius Flaccus 시의 한 구절인 '카르페 디엠'carpe diem('오늘을 즐겨라' 혹은 '붙잡아라'를 뜻한다)이다. 알렌카 주판치치 Alenka Zupančič는 영화 〈죽은 시인의 사회〉Dead Poets Society, 1989에서 키팅(로빈 윌리암스 분) 선생님이 학생들에게 가르친 '카르페 디엠'의 정신이

---

36. 야놀자 CF − 나를 위한 삶, 나를 위한 3(젊음편), https://youtu.be/xCOq302z9aU.
37. 아도르노·호르크하이머, 『계몽의 변증법』, 218쪽.

어떻게 변질되는지 분석한다.

하지만 그것이 초자아의 정언명령의 위상을 획득하는 순간 이 명령은 그 순수성을 상실한다. 즐기라! 소년들이 직면했던 이 명령의 불가능성은 그것이 우리를 진퇴양난에 몰아넣는다는 사실에서 나온다. 우리는 결코 충분히 즐겼다고, 우리에게 제공된 모든 기회들에서 이익을 누렸다고, 우리가 진정 '오늘을 붙잡았다'고 확신할 수 없다. 우리는 무엇인가를 놓치고 있다고 끊임없이 걱정한다. 요컨대 여기서 상황은 그/그녀가 결코 모든 병리적인 충동들을 진정으로 제거했는지를 확신할 수 없기 때문에 그/그녀가 진정 도덕적 행위를 성취했는지 그렇지 않은지를 항상 걱정하는 칸트적인 주체의 궁지와 엄밀하게 상동적이다.[38]

카르페 디엠은 점점 키팅이 애초에 의도했던 자유나 저항의 정신과는 무관해진다. 학생들에게 존경받는 젊은 선생님이자 학교 선배라는 강력한 권위를 지닌 키팅의 발언은 그가 처음에 발화했을 때의 의도와는 다르게 학생들에게 초자아의 정언명령이 되어, 그들을 또 다른 자기 감시와 검열 속으로 몰아넣는다. 학생들은 기존의 권위적이고 억압적인 교장이라는 기성체제에서 벗어나자마자 곧바로 새로운 형태의 억압('키팅 선생님'이라는 초자아)으로 이행했을 뿐이다. 학생들은 키팅에게 인정받기를 갈구하며 그가 좋아할 거라 여기는 행동을 계속하고, 그것이 곧 카르페 디엠이라고 믿게 된다. 주판치치는 '카르페 디엠 주체'가 빠지는 진퇴양난의 곤경이 "칸트적인 주체의 궁지와 엄밀하게 상동적"이라고 말한다. 그것은 우리가 오늘을 충분히 즐기고 붙잡았는지에 대한 온전한 확신을

---

38. 알렌카 주판치치, 「죽기에 완벽한 장소」, 슬라보예 지젝 외, 『항상 라캉에 대해 알고 싶었지만 감히 히치콕에게 물어보지 못한 모든 것』, 김소연 옮김, 새물결, 2001, 155쪽.

가질 수 없기 때문이다. 지금보다 좀 더 나은 방법이 있을 수 있으며, 오늘을 더 많이 붙잡았을 다른 가능성은 언제나 존재하는 것이다.

라캉은 『세미나 7』에서 사드가 곧 칸트의 진리라고 말한 바 있다. 그에 따르면 도착적이고 극단적인 향락의 절대명령을 따르라고 말하는 사드의 테제와 이성에 준거한 도덕법칙을 무조건적으로 따르라는 칸트의 테제는 반대된다기보다, 오히려 서로가 서로의 은폐된 진실에 해당하며, 동전의 양면처럼 분리할 수 없다.[39] 두 가지는 모두 초자아의 정언명령이 되어 주체를 억압하고 옭아매 끝없는 죄책감에 시달리도록 만들기 때문이다. 욜로라이프 역시 무비판적인 정언명령으로 수용한다면 그것은 곧 자신을 부단히 감시하고 억죄는 대타자의 응시가 된다. '욜로주체'는 아무리 즐겨도 뭔가 미진하다고 느끼고, 스스로 충분히 욜로했는지 끊임없이 자문하게 된다. 이런 찜찜함을 해소하는 간편한 방법은 타자의 인정이라는 또 다른 키팅 선생님을 찾아내는 것이다. 욜로주체는 SNS에 자신이 공들여 수행한 '욜로미션'을 인증함으로써 과시욕을 충족함과 동시에 타인의 인정과 선망의 증표인 '좋아요'가 눌러진 숫자를 통해 존재 이유를 획득한다. 주어진 삶을 최대한 즐기고 있음을 표방하는 욜로주체의 내면에는 부단히 회의하며 외부의 승인과 인정을 갈구하는 가련하고 불안정한 주체가 자리 잡고 있다. SNS라는 대타자는 키팅 선생님보다 훨씬 변덕스러우며 가차 없이 폭압적이다. 24시간 잠들지 않으며 언제라도 접속 가능한 이 대타자는 어디에도 없지만 동시에 어디에나 있다. 시시각각 실시간으로 변화하는 SNS의 유행에 맞춰 욜로주체는 그를 만족시키기 위해 끊임없이 소비하고 자신을 변신시키며 소진되다가 신경쇠약에 걸릴 지경이다. 마치 칸트의 도덕법칙처럼 초자아의 정언명령의 위상을 획득한 욜로의 명령은 항상 즐겼는지 걱정해야 하는 주체성을 마련하고, 이

---

39. Jacques Lacan, *Le séminaire VII*, Paris, Seuil, 1986, pp. 93~96.

는 충분히 아꼈는지 늘 걱정하는 '짠내주체'와 상동적이다. 이처럼 욜로와 짠내는 두 가지 형태의 상반되지만 닮은꼴의 (비)일상이다.

소소하지만 확실한 행복, 짠내나지만 확실한 욜로

2018년 하반기에는 욜로와 짠내를 대신해 이른바 '소확행'(소소하지만 확실한 행복)이 새로운 형태의 라이프스타일로 등장했다. 소확행은 서울대 소비트렌드 분석센터가 꼽은 '2018년 소비트렌드'로 선정되며 주목받았다. 소확행의 테제는 남들의 시선을 의식하며 공연히 사치스러운 구매나 과시적 소비행위를 하보다는, 비록 소소하고 초라할지라도 자신만의 작은 행복을 추구하자는 것이다.[40] 이 용어가 처음 등장한 건 무라카미 하루키 수필집 「랑겔한스 섬의 오후」에서다. 여기서 하루키는 소확행의 예시로 가지런히 정리된 속옷을 보는 것, 갓 구운 빵을 손으로 찢어 먹는 행위, 겨울밤 이불 속으로 들어오는 고양이의 감촉 등을 제시한다. 1987년에 쓰인 수필에서 사용된 용어가 30년이 넘는 시간이 흐른 뒤 한국에서 다시 성행하는 이유는 1980년대 일본의 경제 상황이 현재 한국의 상황과 닮아있기 때문이다. 1980년대 후반 일본은 거품경제가 무너지면서 장기불황 시대를 맞이하게 되었고, 일본의 청년들은 극심한 취업난과 불안정한 삶에 시달리게 되었다. 그 와중에 하루키의 수필은 일상의 불가능성 속에서 지속 가능한 자신만의 소소한 일상을, 즉 병리적 상황 속에서 취할 수 있는 작은 자구책을 제시하려 한다.

그러나 문화산업의 소비문화 내부로 포섭된 소확행이란 욜로와 짠내의 기형적인 결합일 뿐이다. '소확행주체'는 욜로주체나 짠내주체에서

---

40. 지연진, 「[소확행 열풍①] 올해는 "작지만 확실한 행복"⋯ 소비트렌드 변천사」, 『아시아경제』, 2018. 2. 20.

그리 멀지 않은 곳에 있다. 자신의 존재 이유를 찾기 위해 욜로를 한 뒤 미션 성공의 증거를 SNS에 업로드해 인증해야 하지만, 그 비용을 감당할 수 없는 사람들은 욜로를 짠내와 하나로 묶는다. 그것은 '감당 가능한 욜로', '지속 가능한 욜로'의 형태인 소확행이다. '소소하지만 확실한 행복'이라는 새로워 보이는 라이프스타일은 곧 '짠내나지만 확실한 욜로'로 바꿔 쓸 수 있다. 소확행주체는 욜로주체에 비해 얼마간의 검소와 겸양의 외피를 쓰고 있으나("나는 사치를 즐기지 않아!", "나는 남들의 시선보다는 나만의 행복을 더 소중히 여겨!"), 많은 경우 잘 구분이 되지 않기도 한다. 화려한 호텔 레스토랑과 해외의 미슐랭 가이드 식당을 요청했던 욜로는, 이제 남들이 잘 모른다고 여겨지는(하지만 스마트폰을 들고 있는 누구라도 알고 있는) '힙한' 동네의 구석진 곳에 자리한 (허름하지만 '레트로'retro라 불리는 인테리어를 한) 소규모 맛집 탐방이라는 소확행으로 대체된다. 해외의 관광 명소를 탐방하며 마침내 '자아를 발견'하고 '인생의 진정한 의미'를 깨닫게 되었다는 욜로의 테제를 대신하여, 구옥이 즐비한 오래된 동네와 한옥 마을의 좁은 골목을 돌아다니며 '한국적 정취'를 향유하고 '주변과 일상의 소중함'을 깨닫자는 소확행의 테제가 자리한다. 소확행은 과도하다고 여겨지는 사치 대신에 이른바 '작은 사치'의 소중함을 설파하며 '소확행 아이템', '소확행 맛집', '소확행 여행' 등으로 확장되어 자본주의 상품 진열장의 한 카테고리로 당당히 편입된다. 현실이 궁핍해 짠내나는 일상을 살아가더라도, 때로는 과감히 투자하여 나만의 향락을 즐길 수 있어야 비로소 제대로 된 삶이며 행복한 삶을 즐기는 거라고 여겨진다. 소확행주체는 이런 향락이야말로 그동안 감내해온 짠내에 대한 마땅한 보상이며, 이런 걸 즐기기 위해 일상의 모욕을 감내해왔다고 주장한다. 욜로와 마찬가지로 소확행의 과정에는 늘 식사 전 경건한 감사 기도를 드리듯 공들인 사진 찍기가 함께하며, 미션을 완료한 이후에는 SNS를 통한 인증과 '좋아요'의 치열한 인정 투쟁이 뒤따른다. 이례적인 사치일수록 누군가에게 인정받고 선망의 대상이 되고 싶은 욕망이 비례해서 커지기 때문이다.

이렇듯 소확행주체는 욜로하는 향락적 주체와 짠내나는 고행적 주체를 한데 결합하여, 현재의 좀비적인 일상 속에서도 나름의 소소한 즐길 거리를 찾아내고 어떻게든 버텨낼 수 있는 방안을 제시한다. 우리는 일상에서의 항구적인 고통과 절망을 감내하고 모욕을 보상받기 위해, 적극적으로 소비자본주의의 재생산과정 내부로 포섭된다. 거기에서 작은 향락을 누리며 삶을 가능한 한 최대한 즐기고 있다고 믿고, 그 징표인 타인의 선망과 인정을 획득하고자 한다. 이런 병리적인 형태의 라이프스타일, 기형적인 삶의 양식과 품행이 유행하는 것은 신자유주의에 유린당한 일상 없는 삶 속에서 어떻게든 일상을 희구希求하려는 가련한 몸부림이다. 이처럼 만연한 불안정성을 어떤 형태로든 다소간 안정화하고 그 안에서 자족하려는 일상의 움직임은 완고하다.

이미 죽음과 다름없는 상태에서 그것을 잠시간 잊도록 해주는 것, 그리고 그것만이 가능한 최선이자 전부라고 믿게 하여 다른 가능성을 침묵시키고 불가능하다고 여기게 만드는 것, 그것이 바로 소확행라이프의 기만이다. 그리하여 신자유주의 시대의 생존법으로서 소확행주체가 마련하려는 것은 외부의 변화를 도모하는 대신, 내부의 작은 섬으로 퇴각하여 공고한 자신만의 폐쇄적인 왕국을 건설하며 자족하는 것이다. 소확행이란 적대적이며 가학적인 현실로부터의 무기력한 퇴각이자 개인적 피안으로의 도피 행위다. 이 도피는 좀비들이 느끼는 깊고 근원적인 무력감, 아무리 발버둥 쳐봤자 공고한 현실은 결코 달라질 수 없다는 인식에서 비롯된다. '소소한 행복'이란 실은 '거대한 절망'의 동의어이며, 체념의 벽돌로 쌓아 올려 스스로 만든 감옥으로의 자기 유폐다. 궁핍한 좀비들은 자신만의 소소한 놀이에 탐닉한다. 냉소적인 그들은 어떠한 종류의 의미화도 거부한 채, 무의미에 애써 의미를 부여하고 즐긴다는 그 자체가 중요하다고 말한다. 이들은 모든 실천과 행동에 환멸을 느끼고, 일말의 변화 가능성도 거부한 채 모든 것을 무의미로 가정하는 허무적인 패배주의로 빠져든다. 영화 속 좀비가 무의미한 (비)일상의 지속에서 어떠한 종류의 의미화나 차이를 산출해내지 못하듯, 현실의 좀비 역시 어디에도 닻을 내리지 못한 채 이곳과 저곳 사이를 미끄러지듯 부유하며 놀이에 몰두한다. 정박하지 못하고 부유하는 주체는 공통의 지대나 감각을 상실하며, 타인은 파악 불가능한 대상이 된다. 한없이 낯설어진 타자-좀비는 불가해한 존재이자 무한한 공포와 혐오의 대상일 뿐이다. 조우한 타자-좀비들이 쏟아내는 언어는 나를 위협하는 커다란 고함이며, 자신의 두려움을 감추는 위장막에 불과하다. 소통은 불가능하다. 나의 발화는 그저 무의미로 끙끙대며 신음한다.

우리는 여기에서 어둡고 무기력한 주체의 형상, 곧 세계에 대한 환멸의 정동과 허무주의로 무장한 '그레이적 주체'의 그림자를 다시 발견할 수 있다. 앞서 보았듯 그레이에게 기존의 철학이나 진리, 선, 도덕, 윤리 따위는 '기만'이자 '소설', 더 나아가 '질병'에 불과하다. 삶이란 애초에 무의미 그 자체이기에, 거기에 임의로 의미를 부여한다거나 변화를 위한 시도를 감행하는 것은 도리어 상황을 악화시킬 뿐이다("더 나은 세상을 만든다는 희망이 자라면서, 대규모 살해도 증가했다").[41] 허무주의의 지독한 악취로 가득한 이 책에서 그레이는 세계를 바꾸려는 모든 행동과 시도에 침을 뱉고 경멸을 보내며 이렇게 말한다.

세상을 바꾸기 위해 분투하는 사람들은 자신이 고결하고 비극적인 인물이라고 생각한다. 하지만 좀 더 나은 세상을 만들기 위해 노력한다는 사람들 대부분은 세상의 질서에 맞서 저항하고 있는 게 아니다. 너무

---

41. 그레이, 『하찮은 인간, 호모 라피엔스』, 129쪽.

나약해서 자신으로서는 도저히 받아들일 수 없는 진실 앞에서 위로를 구하는 것이다. 인간의 의지에 의해 세상이 바뀔 수 있다는 믿음의 근저에는 자신의 필멸성을 부정하려는 마음이 깔려 있다.[42]

그레이는 더 나은 세상을 추구하거나, 도덕이나 선을 지키기 위해 분투하기보다는 — 그것은 자신의 필멸성을 인정하지 못하는 나약함의 징표이자 파멸을 가속화(속도의 차이가 있을 뿐, 세상은 '어차피' 멸망할 것이기에)하는 '악'일 뿐이다 — 차라리 그냥 아무것도 하지 말라고 명령한다. 그에 따르면 이제 인간은 세상이 나아질 수 있다는 헛된 환상을 추구하며 아무짝에도 쓸모없는 '행동'으로 자위하는 삶으로부터 벗어나, 세상이 애초에 무의미하고 불변한다는 진리를 철저히 자각해야 한다.

다만 우리가 삶에서 추구할 수 있는 유일한 것, 깨달아야 하는 전부는 "좋은 삶은 동물적 미덕을 갈고 닦는 삶"이란 사실이다.[43] 그레이가 보기에 동물을 '자동기계'로 본 데카르트는 핵심을 찔렀다. 그러나 데카르트가 놓친 것이 있다면 인간 역시 동물과 마찬가지로 자동기계에 불과하다는 점이다. 인간이 동물과는 다른 어떤 의지나 의식 따위를 지녔다는 생각, 그걸 이용해 무언가를 바꿔보겠다는 분투는 끔찍한 교만이며 그동안 인류와 세상을 망가뜨려 온 '질병'일 뿐이다. 이른바 '동물적 미덕'을 추구하는 그레이적 주체에게 '좋은 삶'이란 모든 형태의 이념이나 이데올로기 따위를 버리고 다가올 미래에 대한 어떠한 긍정적 믿음이나 희망도 품지 않은 채, 다만 현재의 과학과 기술을 활용해 주어진 오늘을 최대한 향유하는 삶이다. 그리하여 그레이적 주체가 추구하는 궁극적 삶의 태도, 즉 '관상'은 '인간적' 열망에서 벗어나 "되돌아오지 않는 순간들에 기

---

42. 같은 책, 244쪽.
43. 같은 책, 154쪽.

꺼이 복종하는 것"으로 나아간다. 관상은 진보를 추구하는 대신 그저 세상의 이치를 따라 흐름에 몸을 싣고 비극적 우연성을 헤쳐나가며, 지금의 순간에 복종하며 삶을 한껏 즐기는 것이다.[44]

오직 한 번뿐인 인생, 과학과 기술이 가져다주는 열매에만 탐닉하는 태도, 돌아오지 않는 오늘을 최대한 즐기는 삶의 자세, 미래를 가정하지 않는 현재의 향락에의 추구, 세계를 바꾸려는 아무런 행동도 하지 않고 자족하는 주체, 이것은 이미 우리에게 친숙한 욜로와 소확행주체의 모습이 아닌가? 이들은 타인의 열정을 냉소하며 개인주의로 퇴각하고, 그저 주어진 것에 애써 만족하며 현 체제를 떠받들고, 미래에 대한 아무런 희망도 없이 단지 오늘의 삶을 마음껏 즐기며, 이미 그레이의 대안에 충실한 삶을 살고 있지 않은가? 이처럼 세계와 삶을 대하는 무력함의 태도가 그 극단으로 치달을 때, 그레이적 주체는 자연스럽게 출몰한다.

냉소하는 주체 : 모든 행동의 경멸

현재의 좀비적 삶은 다양한 형태의 비정상적 삶의 양식으로 나타나는데, 다양한 삶 속에서 모두가 광범위하게 공유하고 있는 세계에 대한 태도가 있다면 그것은 '냉소'와 '회의주의'다. 매일매일 쏟아지는 초현실적인 뉴스에서, 또한 삶을 장악하지 못하고 내 통제를 벗어나는 일상의 지속 속에서 주체는 이제 웬만한 일에는 좀처럼 놀라거나 움직이지 않는 '냉소하는 주체'가 되어간다. 일상 없는 삶의 조건들에서, 개인은 삶을 통제하는 주체가 아니라 사회에 종속된 통제 불가능한 삶의 노예가 되기 때문이다. 이런 세계에서 개인은 태어나면서부터 자신의 삶과 주변을 도저히 바꿀 수 없음을 직감하며 비극적 삶에 대한 무기력한 체념과 유아

---

44. 같은 책, 245~251쪽.

적인 나약함을 체득한다. 그리고 재빠르게 이 무력감을 스스로 선택한 판단의 보류이자 숙고를 위한 완충지대로 둔갑시킨다. 그리하여 이들은 어떠한 구호라든가 변화를 향한 열정 따위를 비이성적인 감상주의이자 선동적인 광신으로 여겨 혐오하며, 모든 사건에 대해 일정한 거리를 두며 감정에 휘둘리지 않은 채 냉철한 시장 논리와 자유 경쟁의 법칙을 적용하는 것만이 이성적인 현대 시민으로서 자질을 확보할 수 있는 유일한 수단이라 여긴다. 이것에 문제를 제기하는 건 비이성적 행위이자 그저 '감정을 동원해 선동'하려는 가소로운 '좌파 논리'에 해당한다. 이들에게 사회보장제도나 복지 정책은 '감성팔이 포퓰리즘'으로 치부된다.

냉소하는 주체는 어떠한 '대의'大義라든가, 모든 종류의 행동을 경멸한다. 여기서 인권 운동, 노동 운동, 여성 운동, 환경 운동 등을 실천하는 모든 '세계에 대항하려는 주체'는 가장 신랄한 냉소의 대상이 된다. 냉소의 범위는 '대항 주체'의 행동을 성급하게 무능력하다고 매도하기("그래서 도대체 지금 달라진 게 뭐가 있는데?", "네가 정말 뭔가 바꿀 수 있다고 생각해?"), 행동과 논리가 다르다고 딴지 걸기("입으로는 정의를 외치더니 실생활은 그다지 정의롭지 않던데?", "남들을 준엄하게 꾸짖더니 정작 본인도 위선자였네?"), 논리와 상황을 극단화하기("환경보호를 위해서는 너부터 죽는 게 제일 빠를 텐데?" "난민을 받아들일 거면 네 집 안방에서 데리고 살지 그래?"), 어떻게든 다소간의 윤리적 결함을 발굴하기("과거에, 혹은 가족에게 이러저러한 혐의가 있던데 뭐가 잘났다고 주제넘게 나서는 거지?") 등을 가리지 않고 전방위로 훑는다. 학력이라든가 외모, 출신 지역, 사생활 문제 등의 신변잡기 요소들도 빠지지 않고 애용되는 조롱거리다. 이 끝없는 냉소의 연쇄 사슬에서는 모든 측면에서 전적으로 완전무결한 신神적인 존재가 아니라면 벗어날 수 없다(설사 신적인 존재가 있다고 해도 이들은 이른바 '당사자성'[45]을 결여하고 있기에 또 다른 냉소의 대상이 될 것이다).

각자 알아서 삶을 떠받쳐야 하는 신자유주의 사회와 모든 상대성을 신봉하는 포스트모더니즘 논리로 점철된 다원주의와 다양성의 사회에서는 모든 종류의 차이가 권장될 뿐만 아니라, 강제되고 더 나아가 신성화된다. 이런 사회에서는 어떤 종류의 '보편적' 선이라든가 윤리관이 자리 잡을 수 없다(앞서 살펴보았듯 이 '강제된 차이'는 우리가 추구하는 '마이너리티-되기'로서의 자발적이고 내적인 차이와는 전혀 다른 것이다. 차이를 강제하며 미분화·최적화하는 것은 신자유주의 시대의 주요한 통치술이다. 이는 차이들 간의 끊임없는 내전을 부추긴다). 모든 개개의 윤리를 존중하는 '차이의 윤리학'에서는 그저 의사소통을 통한 (그러나 기존에 합의된 범주를 벗어나지 않는) 시시한 타협과 소소한 변경만이 가능할 뿐이다. 여기에서 사람들은 거대한 변혁에 앞장서거나 사건을 마련하는 대신, 보수적 체제에 안주하면서 세계를 그저 방치해 둔다. 이런 세계에서 누군가가 무언가를 바꾸어 보겠다고 새로운 주장을 하고 행동에 나설 때, 그것에 관한 판단을 내릴 기준이 될 수 있는 어떠한 윤리적 규범도 부재한다. 대신 자유 경쟁이라는 시장 논리와 타인의 삶에 무관심한 '관용'을 베풀라는 상대주의가 일차적 판단규범이 되어 여기에서 벗어나는 것은 비난의 대상으로 만든다. 그 이후 곧바로 도입되는 판단규범은 해당 대항 주체가 보인 과거의 행적을 들쑤시는 것이다. '과거의 나'가 망령처럼 출몰하여 '현재의 나'를 부단히 심판하고, '미래의 나'가 품고 있는 이상과 대안세계라는 잠재태를 앗아간다. 이것이 이른바 '내로남불'(내가 하면 로맨스 남이 하면 불륜)이라는 조롱의 논리다. 이것은 해당 대항 주체의 '과거'와 '현재' 사이의 불일치를 공격하는 수법이다. 과거의 말과 현재의 말, 과거의 행동과 현재의 행동, 과거의 말과 현재의 행동,

---

45. 신이 인간이 겪는 고통을 직접 체험하고 이해하기 위해 예수라는 인간의 몸을 빌려 지상에 강림했다는 기독교의 교리는 무엇보다도 이 '당사자성'을 충족시키는 요소가 아니던가?

과거의 행동과 현재의 말 등 모든 종류의 '불일치'는 혹독한 비난의 대상이다. 여기에서는 대항 주체가 품고 있는 이상이나 그가 주장하는 대안이 윤리적으로 올바른 것인지, 혹은 과연 세계를 더 나은 곳으로 만들수 있을 것인지에 대해서는 아무런 관심이 없다. 그저 그가 일관되지 못하다는 것이 가장 중요한 윤리적 판단기준이 된다. 이 냉소로 만연한 사회에서는 누군가 학대받는 동물들의 고통을 호소하며 '동물권'을 주장하기 위해서는 그가 태어나면서부터 철저한 채식주의자였어야만 한다('가축'은 고통을 느끼지 않느냐는 조롱, 여기에 '식물'도 고통을 느낄 수있으니 아무것도 먹지 말라는 극단적 논리도 등장한다). 만일 그가 과거에 고기를 먹는 걸 즐겼다는 게 밝혀지는 순간 그의 추구하는 모든 대의나 행동은 위선이자 자기모순이 되어버린다. 그러나 우리는 인간은 언제나 생성 중인 '무엇무엇 되기'를 추구하는 존재로서, 언제나 변화하는 과정의 존재이지 완전한 일관성을 가질 수 없으며, 그래서도 안 된다는 사실을 알고 있다(그것은 정주하는 불모의 삶이다). 설사 과거의 행적에 비일관된 점이 있더라도 그것이 현재 대항 주체가 추구하는 이상이나 행동을 평가하는 규준이 될 수 없다(아마도 가장 극명한 비일관성을 보여주는 건 사도 바울일 것이다. 그러나 그는 실로 거대한 사건을 우리에게 돌려주었으며, 또한 사건 앞에서 물러서지 않는 누구보다 충실한 투사였다).[46] 대항 주체는 하나의 특이성으로서 주체성 차원의 '사건'을 겪고 난후에야 탄생하며, 이제 다른 세계를 욕망하며 그것을 달성하려 분투하고 있을 뿐이다("사건은 체험을 초월적 주체=자아와 관련짓는 것이 아니라, 사건이 오히려 주체가 없는 장의 내재적 조감과 관련된다"[47]). 사건은 발생 이후 내재성으로 반환되며, 거기에서 주체는 사건에 충실한 여러 특

---

46. 사건에 충실한 투사로서의 바울에 대한 상세한 논의는 바디우의 다음 책(알랭 바디우, 『사도 바울』, 현성환 옮김, 새물결, 2008)을 참조할 것.
47. 들뢰즈·가타리, 『철학이란 무엇인가』, 73쪽.

이성들 중의 하나에 불과하다. 대항 주체는 타자와 세계를 그 내재성의 조감을 향해 돌려놓고자 분투할 뿐이다.

우리의 관심사는 '사건의 돌발'과 그 이후 사건에 참여하고, '사건을 실행'하며 세계를 바꿔나가는 '충실성'이어야지, 사건을 개체의 개인적 특성에 관련짓는 데 그쳐서는 안 된다. 대항 주체들은 사건을 선언하고 자신의 관심 분야와 영역에서 무언가를 바꾸어 보겠다는 적극적이고 자발적인 열망으로 조직되었을 뿐이다. 대항 주체들은 우리와 같은 세계를 공유하며 별다르지 않은 환경에서 자랐고, 여느 사람과 마찬가지로 부족하고 실수투성이이며 욕구와 충동을 지닌 평범한 인간일 뿐이다. 그들은 단지 더 나은 세계를 추구하기 위해 노력하려는 '과정 중의 존재'일 뿐이지, 하늘에서 별안간 내려온 완벽하고 무결한 신적인 존재일 수 없다.[48] 그것이 불가능에 가까움을 알고 있으면서도, 세계의 완고한 질서에 대항하려는 자에게 유독 엄격한 자격요건, 즉 윤리적·도덕적 순결성, 흠 없는 완전함을 강박적으로 요구하는 것은, 대항 주체가 맞서는 것이 마치 나 자신인 듯한 위협을 느끼기 때문이다. 대항 주체가 행하는 세계에 대한 비판이 그런 세계에 적응하고 힘겹게 살아가고 있는 나 자신을 마치 기득권처럼 매도하고 비판한다는 불쾌감을 느끼기 때문이다(이들이 느끼는 감정은 이런 식이다. "나도 하루하루 사는 게 힘들고 간신히 버티고 있는데 왜 너만 가장 피해자인 척, 가장 정의로운 척하는 거지?"). 특정 상황과 특정인 앞에서 유난히 까다로운 이 냉소하는 주체는 애초부터 대항 주체와 그들에게 잠재된 세계의 가능성을 인정하거나 받아들일 생각이 없다. 대항 주체가 사회를 바꾸어 보겠다고, 지금과는 다른 대안

---

48. 그러나 과연 '탁월한 주체'의 고견(高見)이나 극적이고 숭고한 희생만이 세계를 변화시킬 자격을 얻을 수 있는가? 세계를 바꿔온 것은 오히려 사소하고 우발적인 계기들로 촉발된 예측 불가능한 사건들, 그리고 발생한 사건에 충실한 평범한 사람들의 일상적인 저항행위의 실천에서 비롯된다는 것을 잊어서는 안 된다.

세계, 더 중요한 가치가 분명히 있다고 주장하며 섣불리 나서는 순간, 냉소의 시퍼런 칼날은 이 '위선 떠는' '시건방진 주체'를 말 그대로 세포 단위까지 낱낱이 분해하고 철저히 짓밟아 버린다. 그리하여 냉소는 기존의 체계를 떠받들고 재생산하는 데 자발적으로 봉사한다. 변화가 애초에 불가능하다고 여기며, "세상이 원래 다 그렇지"라고, "다들 그렇게 살아"라고 말하며 냉소하는 주체에게는 아무것도 하지 않고 시류를 따라 가만히 있는 것만이 최선의 선택지이자 최고의 생존법이 된다.

냉소하는 주체는 또한 모든 것을 회의懷疑하는데, 이는 데카르트적인 방법론적 회의가 아닌 목적론적 회의에 그친다. 회의 자체가 목적인 이유는 그것만이 일상 없는 삶/생명으로 '그저-있기' 위한 가장 손쉬운 방책이기 때문이다. 모든 것에 대한 냉소와 회의의 태도를 깊숙이 내면화한 주체는 외부의 대상뿐만이 아니라 자신의 내면을 향해서도 부단히 회의한다. 이들은 자신이 어떤 대상을 즐기고 그것에 열정을 느낄 때조차 그것이 과연 올바르고 '이성적 시민으로서 할 만한 일'인지, 혹시 누군가가 그것을 냉소한다면 무어라고 변명해야 할지를 계속해서 고민한다. 자신의 활동이 SNS나 온라인 커뮤니티에서 타인의 선망과 인정의 징표('좋아요', '추천', '우호적인 댓글' 따위)를 획득한다면 그것은 더할 나위 없이 행복한 일이지만, 그 반대의 경우는 존재 자체를 부정당하는 것과 같은 우울함과 공포감에 빠져드는 것이다. 이들은 누군가에게 냉소의 대상이 되는 것을 두려워하기에, 어떤 형태로든 자신의 취미나 취향이 밝혀지는 것을 꺼린다. 이들은 항상 현실에서 한 발 떨어진 초월적 위치에서 마치 평론가적 태도를 취하며, 사건과 대상의 '비이성적'이고 '감정적'이며 '모순적'이라 여겨지는 행태를 준엄하게 꾸짖고 '일침'을 놓으며, 자신의 지적 우월성을 뽐내기를 즐긴다. 여기서 냉소이 대상이 되지 않을 수 있는 가장 좋은 방법은 대다수가 동의하는 주류의 의견에 편승하여, 마치 그것이 처음부터 자신의 의견이었던 양 으스대는 것뿐이다. 사회를 바꾸겠다고 어쭙잖게 노력해봐야 어차피 아무것도 바뀌지 않을뿐더러, 단지 조롱의 대상이 될 뿐이기에 무가치한 일일 뿐이다. 고통스러운 실패를 경험하거나 조롱의 대상이 되지 않기 위해서는 애초에 변화 따위를 욕망하지 않으며, 그 무엇도 시도조차 하지 않는 것이 최선이다.

냉소하는 주체가 찬양을 보내는 대상은 오직 신자유주의의 치열한 경쟁을 뚫고 부를 일궈내 개인적 단위의 성공을 이룬 인물, 가장 '세속적 영웅'일 뿐이며, 쓸모없는 데에 공연히 감정을 투사하며 힘과 정력을 쏟아붓는 대항 주체들은 '가련한 바보들'이자 '착한 척'하는 '교만하고 가증스러운 인간'에 불과하다. 이 '유난 떠는 위선자들'은 자꾸 아무 소용도 없는 행동을 하라고 강요하고, 자신들이 마치 도덕적·지적으로 우월한 위치에서 있다고 착각하며 나를 가르치려 드는 고까운 대상이다. 이 '바보들'처럼 무언가를 바꾸겠다고 괜한 데에다 힘을 빼고 돈을 쓸 바에야, 차라리 집 안에 누워 TV로 타인의 일상을 관음하면서 '국밥'을 사 먹고 '치킨'을 시켜 먹는 게 더 현명한 처사가 된다. 냉소하는 주체는 모든 사안에 드는 비용을 '치킨 n 마리'와 '국밥 n 그릇' 따위로 치환하여, 그 돈이면 차라리 치킨이나 국밥을 선택하는 편이 훨씬 낫다며 아무것도 하지 않은 자신들의 정당성을 주장한다. 이들은 노력과 열정으로 무한한 성취가 가능하다는 자기계발 담론을 대체로 혐오하지만(물론 이들은 세계의 변화보다는 개인적 차원에서의 변화 — 세계에 적극적으로 순응하여 최대의 성공을 구가할 것 — 를 이야기하기에, 대항 주체들보다는 덜 조롱당한다), 힐링 담론은 일부 승인한다. 힐링 산업의 멘토들은 어떤 변화를 요구하는 대신, 현 상황을 무제한적으로 승인하고 무조건 보듬으며 위로를 제공하기 때문이다(이들은 이렇게 말한다. "나는 너의 슬픔과 고통을 전적으로 이해한단다. 원래 세상이 이 모양으로 생겨먹은 탓이지 너에게는 아무런 잘못이 없단다"). 이런 기만적인 위안으로 다소 회복된 냉소하는 주체는 또다시 기형적인 일터, 무한한 경쟁의 장으로 하릴없이 돌아가 일상적 모욕과 고통을 힘겹게 감내하면서 서서히 분쇄된다.

여기서 우리는 실로 거대하고 음험한 동맹이 체결되고 있음을 목격할 수 있다. 그것은 실질적으로 바꿀 수 있는 것은 아무것도 없으리라는 체념과 포기의 정동을 마음 깊이 내면화한 '냉소의 동맹'이다. 욜로·짠내·소확행주체에 더해, 우리가 앞에서 살펴본 자기계발과 힐링 산업은 모두 "다른 세계는 불가능하다"는 기치 아래 강고한 연합전선을 구축한다. 세계가 도저히 바꿀 수 없는 선험적이며 고정불변의 것이라고 여기며 살아가는 주체에게 ─ 신자유주의는 이런 태도를 주체에게 내면화하기 위해 갖은 노력을 기울인다. 다시 한번 강조하자면 신자유주의는 단지 '방임'하는 것이 아니라 거시와 미시, 제도와 주체의 양 측면에서 적극적으로 '통치'한다 ─ 다른 대안이나 가능성에 대한 사유는 시대착오적이며 세상 물정 모르는 아둔한 '바보들'의 고집스러운 만용, 혹은 순진하고 어수룩한 '이상주의자들'이 함부로 내뱉는 무책임한 유토피아적 망상에 불과하거나, 심지어 위험천만한 '범죄자들'의 '파시즘'이라든가 '테러 모의' 따위로 치부된다.

스스로 '냉철한 비판능력'을 갖춘 '이성적 시민'이라 자처하는(그러나 이들의 '이성적 비판'은 언제나 체제에 대항하는 자들을 향할 뿐, 현 세계는 결코 근본적으로 문제 삼아지지 않는다) 냉소하는 주체는 비록 세계가 '조금' 잘못 굴러가고 있고 '다소' 제정신이 아니란 건 알고 있지만, 그것은 어쩔 수 없는 눈앞의 현실이며, 현 상태를 유지하는 것이 그나마 가능한 최선이라고 말한다. 이런 주체에게 가능한 삶은 타인의 일상을 관음하고 작은 향락에 온갖 의미를 부여하며, 홀로 낄낄대며 자족하는 삶뿐이다. 이렇게 말할 수도 있을 것이다. 회의와 냉소라는 세계와 삶을 향한 태도를 내면화한 주체는 그럼에도 도저히 포기할 수 없는 삶의 지속을 위해 욜로와 짠내, 소확행, 관음이라는 형태의 삶의 양식을 선택한 것이라고. 이 모든 것들이 우리에게 다른 세계를 향한 어떠한 긍정의 전망이나 생성의 대안도 가져다줄 수 없는 이유는 명백하다. 이들은 모두 다소간 정도의 차이만이 있을 뿐 현 세계의 법칙 내에 거주하며 그 밖으로 벗어날 생각이 조금도 없다. 이들은 게임에 적극적으로 참여하여 승자가 되기를 꿈꾸거나(자기계발 산업과 욜로주체), 혹은 소극적으로 참여하여 최소한의 생존만을 도모하거나(힐링 산업과 짠내주체), 혹은 그저 손을 놓고 사태를 관망하는 방식(소확행주체, 종말과 파국 담론)으로 현실에 순응한다. 그들은 결국 현 상태를 지지하고 유지할 뿐 아니라, 심지어 '더 잘 작동하도록' 힘껏 부역하고 헌신한다. 이렇게 신자유주의 통치는 시도해보기도 전에 잠재된 모든 가능성을 미리 제거함으로써 봉기를 미연에 방지하는 데 성공했다. 다른 세계와 다른 삶을 욕망하는 대신, 이대로 정주하며 그저 소비의 소소한 향락만이 가능한 전부라는 현실을 받아들인 주체 — 그들이 자신의 삶과 세계에 어떤 부정적 감정을 품는 병리적 주체가 되든 그것은 사회가 알 바가 아니다 —, 그것은 신자유주의가 그토록 바라 마지않던 주체의 형상이다. 그리하여 어떠한 변화도 도출되지 않는 파국, 즉 '항구적 비상의 지속'에 최적화된 주체, 이 정신 분열적인 삶/생명은 아무런 변화 없이, 끝없이 지속된다.

신자유주의와 파국의 지속

> 반복은 차이를 생산한다. 반복은 언젠가는 도래하는 혹은, 반복적으로 생산되는 연속과 연쇄 속에서 돌발적으로 발생하는 사건과 맞닥뜨린다. 그 사건의 다른 이름이 차이다.[49]

르페브르에 따르면 일상은 지루하고 나른한 반복이지만 그 반복은 차이를 생산한다. 절대적이고 동일한 반복은 존재할 수 없다("절대적인

---

49. 앙리 르페브르, 『리듬분석』, 정기헌 옮김, 갈무리, 2013, 63쪽.

반복이란 허구에 불과하다"). 반복은 언제나 이전과의 차이를 생산하고
("이 반복 속에서 곧 차이가 출현한다"),[50] 그 차이들은 궁극적으로 다른
존재, 다른 상태로의 이행, 곧 의미심장한 순간, 생성을 마련한다("생성의
이론은 반복의 수수께끼와 만난다"[51]). 일상 속에서 혁명의 단초를 찾으
려 했던 — 르페브르에 따르면 혁명은 "일상의 종식"으로 정의될 수 있다[52] — 르
페브르가 목도했던 시대의 일상은 자극적이고 퇴폐적이되, 적어도 무료
하게 반복되는 것으로 여겨졌다. 그러나 과거의 테일러주의조차 불안정
노동이 일반화된 오늘날엔 향수鄉愁에 가까운 것이 되고 말았다. 반복되
는 일상 자체가 (불)가능하다면, 언제나 불안정하며 유동적인 일상 속에
서 매일 궁핍한 실존과 죽음과의 대면 속에서 산다면, 그것은 작은 차이
조차 생산할 수 없게 만드는 유폐된 지옥과 다름없다. 오늘날 신자유주
의의 통치는 공적 영역뿐만 아니라 사적 영역에서도 그 발톱을 숨기지 않
는다. 이로써 일상은 철저히 식민지로서 유린당하고, 병리화된 비참한 일
상은 세계를 위한 동력으로 자신을 내어준다. '고용의 유연화'라는 미명
하에 일상은 기업들의 편익에 껴 맞춰져 무작위의 형태로 쪼개지고 반복
불가능한 어떤 것이 된다. 유연성은 곧 유동성이자 불안정성, 불확실성의
동의어가 된다. 불안정한 고용시장으로 내몰린 주체들은 시장의 요구에
맞춰 자신의 일상을 망가뜨리고, 항구적인 불안감 속에서 손에 쥐고 있
는 작은 것마저 언제 잃을지 몰라 불안감에 떤다. 일상 없는 삶/생명의 궁
핍한 좀비주체는 현실에 정박하지 못한 채 파편화된 무정형의 삶을 부
유한다.

　여기서 나는 좀비적 삶의 '일상 없음'과 '일상의 (불)가능성'을 말하면
서 얼마간의 '정상적'인 일상을 전제하며 일상과 비일상을 구분하고 있

50. 같은 책, 63쪽.
51. 르페브르, 『현대세계의 일상성』, 69쪽.
52. 같은 책, 96쪽.

다. 그러나 내가 획일화된 보편적 일상이 필요함을 주장하려는 것은 아니다. 다만 우리가 살아가기 위해서는 최소한의 전제되어야 할 일상이 필요하며, 거기에 얼마간의 비일상이 있어야 한다고 말하려는 것뿐이다. 어디에서든, 어떤 시기든, 다양한 형태로 일상은 대개 향유되기 마련이다. 그러나 유동성과 불안정성, 예측 불가능성이 만연한 사회는 이러한 일상의 정상적인 맞아들임, 자리 잡음의 운동을 불가능하게 만든다. 어쩌면 이렇게 반문하는 사람도 있을 것이다. 욜로든 짠내든 소확행의 삶이든, 세계를 냉소하든 회의하든 어쨌든 그것 또한 개인의 선택일 따름이고, 그 안에서 만족하고 나름의 행복한 삶을 영위한다면 그것 또한 의미가 있는 것 아니냐고. 나의 대답은 이렇다.

『웜 바디스』의 좀비 R은 타인의 뇌를 먹을 때마다 "여전히 차갑고 잿빛이지만 기분은 조금 좋아진다"고 느낀다. 그의 소확행 행위는 그의 차가운 육체 상태를 바꿔주지도 잿더미가 되어 버린 세계를 되돌리지도 못하지만, 적어도 잠깐의 기분 전환은 해준다. R의 설명에 따르면 그것은 "정확하게 '좋다'거나 '행복'하다거나 하는 것도 아니고, 분명히 '살아있음'도 아니지만", 그저 "죽음에서 약간 거리를 둔 것 같은 느낌"을 갖게 해준다. 그리고 그것이야말로 "우리가 느낄 수 있는 최고의 기분"이라는 것이다. R은 우리가 왜 다른 사람들을 사냥하고 죽이는지, 그걸로 무엇을 성취하는지 전혀 알 수 없으며, 또 전혀 무의미한 일이라고 말하기도 한다. 하지만 그러면서도 "우리는 여기에 존재하고, 이것이 존재하는 방식이다. 우리는 불평하지 않는다. 의문도 갖지 않는다"고 고백한다.[53] 이것은 신자유주의 속의 좀비적인 삶/생명의 모습, 즉 현실에 아무런 의심과 불만도 품지 않은 채, 단지 어떻게든 살아남기 위해 서로 죽고 죽이다가, 다시 홀로 자신만의 향락에 몰두하며 위안받는 우리의 감정구조를 섬뜩하리

---

53. 마리온, 『웜 바디스』, 22~24쪽.

만큼 정확하게 묘사하고 있다.

〈워킹 데드 나잇〉의 샘은 홀로 고립된 채 밖에는 좀비가 넘실대는 극한의 상황 속에서도, 집 안에서 자신만의 라이프스타일을 마련해내는 소확행의 귀재다. 그는 먼저 외부로부터 안전한 폐쇄적인 자신만의 공간을 마련한다. 어떠한 외부적 규율이나 규제도 없지만, 그는 자율적으로 시간을 쪼개어 규칙적인 생활을 하고, 그 와중에도 틈틈이 음악을 듣고 악기를 연습하며, 운동을 통해 신체를 단련하는 것 역시 잊지 않는다. 남은 식량을 정확히 계산하고 분배하여 낭비하지 않도록 철저히 관리한다. 식량이 얼마 남지 않으면 아직 탐사하지 않은 아파트 구역을 돌며 식량을 획득한다. 이것은 최악의 상황 속에서도 나름의 욜로를 추구하며 짠내나는 생활을 근근이 버텨내는 '소확행주체'의 모습이 아닌가? 어쩌면 상상과는 달리 밖에 전혀 다른 세계가 기다리고 있을 수도, 다른 대안이 존재할 수도 있다는 사라의 생각을 조롱하는 샘은 무엇보다 '냉소하는 주체'가 아닌가? 그는 좀비를 말벗으로 두고도 이따금 참을 수 없는 외로움에 괴로워하곤 하지만, 그럭저럭 안정적인 생활을 영위하고 있다. 그렇다면 과연 이대로도 괜찮은가? 하지만 이것은 분명 단지 예정된 파국을 잠시 유예하는 것에 불과하다. 샘은 자기규율과 관리로 신체와 정신적 건강을 도모하고 철저히 계산된 식량 배분 덕분에 몇 주, 혹은 몇 달을 그 안에서 더 생존할 수 있을 것이다. 그러나 결국 식량과 물도, 그의 육체와 정신도 전부 메마르고 고갈되어 버릴 것이다. 우리는 더 늦기 전에 보다 근본적인 대답을 찾아 나서야 한다.

오늘날 지배 담론이 우리에게 끊임없이 선전하는 것은 철학의 종말, 형이상학의 종말, 이데올로기의 종말, 거대 서사의 종말, 역사의 종말, 혁명의 종말 등 온갖 종류의 잡다한 '종말의 테제'들이며, 또한 거기에서 제각기 알아서 만족을 추구하며 살라는 명령이다. 그것은 다음과 같은 협잡들이다. "지금보다 더 나은 대안이란 존재하지 않으며 다른 세계는 가능하지 않다. 그런 걸 추구했던 사회들은 파국적인 결과를 초래했을 뿐이며, 지난 20세기를 끝으로 모두 망해서 사라지지 않았는가? 결국 자본주의만이 가능한 유일한 체제로 증명되었으며 살아남은 최후의 승자다. 그러므로 헛되이 저항하지 말고 현실에 만족하며 그냥 삶을 즐겨라!" 이 것은 다른 세계, 다른 배치, 다른 가능성의 완전한 종말을 전제한다. 그렇다면 '현 세계'의 도래할 종말을 고대하며 음울한 예언을 설파하는 — 우리 시대의 '파트모스의 요한' 혹은 '보니'의 계승자라 부를 수 있을 — 종말론자들과 파국의 신봉자들은 어떠한가? 그들은 우리 세계의 황량함과 황폐함, 철저한 무능을 재확인해줌으로써 '즐기는 삶'이라는 속류적이고 허황된 테제를 배가하고, 냉소주의의 정교하고 아카데믹한 판본으로 작동한다. 앞서 살펴보았듯이, 파국 담론이 갖는 유일한 긍정의 기능이 있다면, 그것은 '다른 세계로의 이행'의 중요성과 시급성을 충격적인 방식으로 우리에게 제안하고 상기시키는 데에 있다. 따라서 우리는 모든 종류의 종말의 테제와 냉소주의를 단호하게 거부하며 다른 세계는 얼마든지 가능하다고 선언해야 한다.

반복으로서의 일상의 리듬

로메로의 〈시체들의 새벽〉에서 좀비들은 죽은 후에 너나 할 것 없이 쇼핑몰로 몰려든다. 그것은 그들이 살아있을 때 가장 많이 행했던 무의미한 소비행위라는 습관이 죽은 후에도 신체에 각인되어 있기 때문이다. 마치 프로그래밍된 자동기계처럼 무의미한 제스처만을 반복하는 좀비들의 모습은, 죽기 이전부터 이들이 사실 좀비와 다를 바가 없었음을 암시한다. 이 좀비들은 대량소비 시대의 균질화된 대중이며, 대중매체의 광고에 포섭되어 넋이 나가 상품을 찾아 떠도는 익명의 다수 존재들이다. 아무런 불평이나 불만 없이 쇼핑몰에 떼로 몰려와 소비를 반복하는 영혼 없는 존재, 그것은 인간을 무한히 반복되는 행동을 하는 자동기계로 상상하려 했던 포디즘 사회의 가련한 주체이며, 자본주의에서 가장 환영받는 인간의 형상이다.

베르그손Henri Bergson에 따르면 지속은 삶의 근본적인 조건이다. 지속은 과거에서부터 미래를 개방하는 흐름이며, 의식은 지속을 통해서만 살고 현전할 수 있다. '지속을 사는 의식'과 대비되는 것은 '지속이 결여된 사물'인데, 사물들은 현현顯現하지만 과거에서 벗어나지 못한 채 과거를 끊임없이 반복하는 데 그친다. 사물들은 반복하되 그 반복에는 지속이 결여되어 있다. 반면 의식은 '미래를 향한 도약'이 가능케 하며 그러는 한에서 지속된다고 말할 수 있다.[54] 즉, 사물들은 '지속 없는 반복' 위에 놓여 있기에 미래로 흐르지 못하며, 무한히 과거로 회귀하며 반복할 뿐이다. 좀비들 역시 행동을 반복하되 거기에는 지속이 결여되어 있다. 따라서 좀비는 미래로 개방되는 삶을 살지 못하는 자동기계이자 사물에 가까운 상태로 존재할 따름이다.

그렇다면 이들은 변화할 수 없는 주체들인가? 랏자라또는 반복하는 자동기계와 발명하는 천재의 행동을 비교한다. 자동기계적 주체의 행동은 주어진 목적을 실현하는 데에만 완전히 집중되어 있다. 이들의 행동은 "새겨진 습관"이며, "운동을 받아 전달하는 행동"을 수행할 뿐이다. 반면 천재적 주체는 목적에만 묶여 있는 대신, 행위와 반응 사이에 "불확정성과 선택의 공간"을 창조하여 다른 가능성을 만들어낸다. 다시 말해 자동기계의 행동이 그저 주어진 운동만을 반복하는 무의미한 노동으로 그친다면, 천재의 활동은 그 반복 사이에 "지연과 지속"을, 즉 이질적인 것들을 삽입하고 한데 그러모음으로써 발명의 순간을 마련한다. 그러나 랏자라또는 자동기계의 행동과 천재의 행동 사이에 어떤 근본적인 차이가

---

54. 조현수, 「베르그손 〈지속〉이론의 근본적인 변화」, 『철학연구』 95호, 2011.

있는 건 아니라고 강조한다. 그것은 "자동기계든 천재적 인물이든, 양쪽 모두에 행사되고 있는 것은 자신의 기억과 코나투스"이기 때문이다.[55] 자동기계의 무의미해 보이는 반복적인 행동은 사건의 발생을 마련하는 바탕이 된다. 그렇다면 좀비들의 행동은 반복 속에서의 변용을 통해 점차 확장된 행동으로 나아가고 발명의 순간을 마련하며, 다른 주체성으로 이행할 수 있는 잠재성을 지닌다(우리는 이런 좀비의 모습을 로메로 감독의 〈랜드 오브 데드〉에서 볼 수 있었다).

그러나 오늘날의 '관음하는 좀비', 즉 일상 없는 삶의 좀비들이 마주하고 있는 상황은 이보다 열악하다. 이들의 삶은 반복조차 결여된 양태를 띤다. 반복이 없다는 것은 삶이 불확정성과 이질적인 것들로 가득하며, 따라서 발명을 위한 가능성의 공간을 마련할 수 없다는 걸 의미한다. 베르그손의 용어를 사용하자면 일상은 반복되고 삶은 지속된다. 일상 없는 삶의 좀비들은 '반복 없는 지속'의 도정 위에 존재한다. '반복 없는 지속'이란 일련의 흐름(지속 혹은 시간) 속에 놓여 있지만, 단순히 내던져 있는 상태, 그것의 어떠한 의미화도 거부하는 삶, 즉 차이를 생산하지 않는 일상 없는 삶과 상동적이다. 그것은 흐름이되 흐름을 인지할 수 없을 만큼 무질서하게 단절되거나 짧은 연속들로 파편화된 상태, 의식과 사물의 경계에 놓인 어떤 것이다.

'반복 없는 지속'은 베르그손의 '지속' 개념에 더해 르페브르의 '리듬' 개념과 함께 설명하는 것이 적절해 보인다. 베르그손이 '지속'(시간) 개념을 중심으로 철학을 전개했다면, 르페브르는 니체에게서 빌려온 '순간' 개념을 중요하게 본다.

일과는 하루를 분리하고 단편들로 조각낸다. 이 단편들을 세밀하게 묘

---

55. 랏자라또, 『사건의 정치』, 166~167쪽.

사하는 사실주의가 존재한다. 이런 사실주의는 음식, 옷, 청소, 이동 등과 관련된 활동들을 연구하며, 그 과정에 어떤 생산물들이 사용되는지 언급한다. 이런 종류의 묘사는 과학적으로 보이지만 사실은 사물 자체를 비껴 지나간다. 이 사물은 이처럼 그냥 연속적으로 지나가 버리는 순간들 속에 있는 게 아니라, 시간 속에서 연관을 맺는 순간들의 연쇄, 즉 리듬 속에 있는 것이다.[56]

단절된 순간들이 모여서 어떤 패턴을 이루고 하나의 흐름을 구성하는데, 중요한 것은 순간들의 연쇄, 즉 리듬이다. 리듬은 모든 존재자가 현전하면서 드러나는 존재의 필연적 양태다. 심지어 복잡한 전자기계조차 고유한 리듬을 지닌다. 전문 기술자가 아닌 이상 우리가 그것을 해부하여 존재의 양식과 작동원리를 알아낼 수는 없지만, 적어도 그것들이 밖으로 드러내는 리듬은 관찰할 수 있다. 이처럼 르페브르가 보기에 유기체에서부터 사회현상 전반에 이르기까지 모든 것은 특정한 고유의 리듬을 가진다. 심장 박동 소리부터, 자연의 소리들, 도시의 소음 등 그들의 리듬을 통해 우리는 세계를 관찰하고 마치 청진기를 든 의사와 같이 세계를 진단할 수 있다. 단순히 단편만으로, 지속만으로, 혹은 외양에 대한 묘사만으로는 대상을 온전히 파악할 수 없다. 사물들의, 세계의, 존재의 리듬에 고요히 귀 기울일 때, 리듬은 대상의 상태를 알려주는 중요한 지표가 된다. 리듬의 측정은 지속되는 시간 속에서 가만히 순간들의 연쇄를 파악할 때 이루어진다. 이것은 지속 속에서 파악되는 반복의 양태들이다. 르페브르는 "리듬이 존재하려면, 일정한 규칙 혹은 법칙 — 인지 가능한 방식으로 반복되는 긴 시간과 짧은 시간들 — 에 따라, 휴지, 침묵, 공백, 반복, 간격의 규칙성에 따라, 운동 속에 강박temps fort과 약박temps faible이 나타

56. 르페브르, 『리듬분석』, 209쪽.

나야 한다"고 말한다.[57] 즉, 리듬을 구성하는 중요한 요소는 일정한 규칙 혹은 법칙이다. 그 법칙은 지속과 휴지의 시간적 규칙성, 운동에서 드러나는 강박과 약박의 강도적 규칙성이다.

일상은 무엇보다도 우선 반복이다.

> 일상은 그 사소한 것들 속에서의 반복이다. 즉 노동 안에서나 노동 밖에서의 행동들, 기계적인 운동들(손놀림이나 몸의 움직임, 신체의 일부분이나 기관의 움직임, 순환 또는 왕복 동작) 시간·나날·주·달·해 등, 선적線的인 반복 또는 순환적인 반복, 자연의 시간 혹은 합리성의 시간 등등이다.[58]

일상은 그 자체로 고유한 리듬을 갖기 마련이다. 일상은 우선 하루 단위로 순환된다. 이 순환은 일주일 단위로, 달 단위로, 계절 단위로 점차 큰 단위로 순환한다. 순환하는 동시에 삶은 앞으로 점점 나아간다. 일상이 순환적인 원운동이라면 삶은 일회적인 직선운동이다. 자신만의 고유한 리듬을 가지고 지속하며 나아갈 때 그것은 반복과 지속이 조화된 안정적인 삶/생명, 또한 차이를 발생시키고 발명의 순간을 마련하는 생성의 삶/생명이 된다. 그러나 르페브르는 리듬이 뒤틀리거나, 탈구되거나, 멈출 경우 대상이 불안정한 병리 상태에 놓여 있다고 본다.

> 리듬의 모든 흐트러짐(혹은 모든 '불규칙.' 공식적으로 이 말은 '규제 완화'를 의미하게 되었지만)은 갈등적 결과를 야기한다. 즉, '고장을 일으키고' 방해한다. 이는 더 이상 기능을 수행할 수 없는, 상해를 입은 상

---

57. 같은 책, 211쪽.
58. 르페브르, 『현대세계의 일상성』, 68쪽.

태, 일반적으로 심각한 장애 상태를 암시한다.[59]

르페브르는 일상에 있어서 리듬의 흐트러짐은 곧 '규제 완화'의 동의어라고 말한다. 신자유주의는 최소한의 사회 안전망을 비롯한 모든 종류의 규제를 철폐함으로써 노동시간과 여가시간 사이의 리듬을 파괴했으며, 공적 공간과 사적 공간의 경계를 허물어뜨리고, 정규직과 비정규직을 하나로 묶어 죽음이라는 필연적인 파국을 향해 경쟁하듯 내달리게 만들었다. 승자는 달콤한 열매를 독식할 수 있다는 환상이 경쟁을 주도하지만, 이 진퇴양난의 아포리아에서는 누구도 승자가 아니다. 경쟁에서 뒤떨어진 삶에는 최소한의 생존마저 위태로워지는 물질적 비참함과 생물학적 고통이 있고, 경쟁에서 앞서 나가는 자에게는 정신병리학적 장애와 비인간적인 냉혹한 쓴웃음만이 있을 뿐이다. 이런 "리듬의 불일치는 기존에는 조화리듬적이던 조직에 치명적인 무질서를 초래한다."[60] 현재 일상의 리듬을 잘 설명하는 단어는 '지리멸렬'인데, 이것은 일상이 마구 흩뜨려지고 찢기고 헝클어져 도무지 갈피를 잡을 수 없이 무질서하며 제멋대로인 상태, 어떤 형태의 일말의 규칙성이나 리듬을 찾을 수 없는 혼돈의 상태를 의미한다. 우리 삶에서 반복적인 리듬이 없거나 뒤틀려져 있음은, 일상이 더 이상 존재할 수 없으며, 삶이 병리적이며 회복 불가능한 심각한 장애 상태에 놓여 있다는 사실을 드러낸다. 신자유주의는 리듬을 파괴하고 일상을 불구로 만들어 삶에 있어 저항의 공간, 창조의 분기점이 마련될 가능성을 그 기저부터 말살했다. 그리하여 신자유주의는 마침내 자신이 오래전부터 꿈꿔왔던 '영구 통치'permanent government의 달성에 근접한다.

---

59. 르페브르, 『리듬분석』, 143쪽.
60. 같은 책, 81쪽.

일상의 회복을 위하여

일상과 비일상은 부단히 꼬리에 꼬리를 무는 자리바꿈, 포함하는 동시에 배제하는 이중의 운동이다. 회사원에게는 매일 같은 시간 지하철을 타고 출근하는 것이 일상이라면, 여행가에게는 비정기적으로 세계 여기저기를 다니는 것이 일상이다. 회사원에게는 여행이 비일상이지만 여행가에게는 한곳에 오래 머무는 것이 오히려 비일상적 행태가 된다. 하지만 그가 여행을 그만두기로 결심한 순간, 직장인이 일하지 않겠다고 선언하는 순간 일상과 비일상은 전복된다. 비일상은 일상으로부터 절대적으로 단절되거나 격리된 예외의 순간이 아니다. 그것은 오히려 일상과 함께 삶을 이루는 근본적인 요소이며, 반복 속에서 이따금 돌출하는 엇박자의 순간, 그럼에도 전체의 리듬을 헤치지 않는 보완물이다. 같은 멜로디와 박자가 끊임없이 반복될 때 그 음악은 지루하고 예측 가능한 프로그래밍의 실행일 뿐 우리에게 어떤 긴장감과 새로운 감동도 불러일으키지 못한다. 반면 간단한 돌림노래는 단순하고 반복적이지만 반복될 때마다 멜로디들은 서로 얽히며 대위법에 따라 화성을 이루는 풍성한 다성음악을 이룬다. 비일상은 일상 속에서 의도적으로나 비의도적으로 맞닥뜨리고 출몰하는 화성 속 불협화음에 가까운 것이며, 이 텐션은 오히려 일상을 풍요롭게 만든다. 단조로운 으뜸화음 위에 텐션7과 텐션9 음이 얹어질 때, 얼핏 안 어울리는 듯하지만 묘한 긴장 관계로 배치되는 배음들은 서로가 서로를 새롭게 탄생시킨다.

일상만이 득세할 때, 삶은 변화하지 않고 좀처럼 벗어나기 힘든 구심력을 가진 거대하고 깊은 수렁과 같은 것이 된다. 과거 농경시대 때의 일상은 늘 반복적이었으며 삶은 현대에 비하면 매우 느린 속도로 변하였다. 그러나 이것은 적어도 비일상만이 득세하는 현재보다는 낫다. 비일상만이 득세할 때, 우리 삶은 흐름을 인지할 수 없는 파편들로 짧게 끊어지며, 여기저기로 마구 뻗쳐나가는 산발적인 작은 폭발들만이 있게 된다. 이 폭발은 지극히 개인적이고 위험하며 파괴적 형태의 퇴행적 힘이다. 우리는 오늘날 세계 곳곳에서 표출되는 자살 테러에서 이 폭발의 위력을 목격할 수 있다. 이런 삶이 득세하는 사회에는 원심력만이 존재하며 작은 폭발들을 모으고 수렴하여 거대한 변화와 혁명으로 이끌 수 있는 중력이 부재한다. 사람들은 저마다 살아남기 위해 개인적인 향락만을 추구하며 이는 커다란 계열을 변화시킬 폭발로 수렴되지 못한다. 비일상은 일상을 파괴한다거나 일상과 대립하는 것이 아니라, 오히려 일상의 필수적인 요소이며 일상을 보충한다. 즉, 일상과 비일상은 부단히 벗어나고 다시 중첩되면서 서로를 지지하고 의미를 부여하는 상보적 관계이다. 일상과 비일상이 적절한 리듬을 이루며 앙상블로 진입할 때 우리의 삶은 생산적인 풍요로움으로 새로운 의미를 도출하는 지속이 된다. 즉 차이를 산출하며 흐른다.

차이는 반복 속에서 출현하며, 마찬가지로 혁명은 일상 속에서 돌발적으로 출현하는 사건이다. 우리는 그동안 '반복'보다는 '차이'에, '일상'보다는 '혁명'에 주목해왔다. 그러나 차이는 반복에 의해 산출되는 효과이며 혁명은 일상의 뒤를 따르는 가시적 결과일 뿐이다. 차이만을 강조하는 건 차이의 바탕이 되는 반복을 간과하는 것이다. 일상의 중요성을 충분히 반성하지 않는 것은 실현 가능한 한 발자국도 내딛지 못한 채, 혁명적 이상의 유토피아적 차원으로 도약하는 것이다. 그것은 높은 산의 봉우리만을 바라볼 뿐, 봉우리를 이루고 있는 웅장한 산등성이는 보지 않는 것이며, 발명의 위대한 순간만을 찬양할 뿐, 발명을 가능케 한 앙상블의 조화로움은 노래하지 않는 것과 같다. 일상을 고려하지 않는 혁명은 정치력이나 실천력이 없는 공허한 외침에 불과하다. 거대한 도약과 해방의 순간은 언제나 충분히 지속되고 숙고된 반복 — 그것이 리듬을 구성하는 한 — 속에서 마련된다("리듬이 존재하려면 운동 속에서의 반복이 있어야 하지만, 아무 반복이나 다 괜찮은 것은 아니다. 자기 동일적인 소음의 단조로운 반복은, 가령 떨어지는 돌처럼 임의의 운동체가 그 궤적 속에서 그리는 리듬 이상의 것을 만들어 내지 못한다").[61] 그러나 또한 반복만으로는 충분하지 않다. 반복 속에서 차이를 산출하면서 지속되는 운동이 필요하다. 일상의 평화로운 반복 속에서 비일상이 한데 어울려 지속될 때, 즉 일상과 비일상이 더불어 하나의 패턴을 이루면서 지속될 때, 비로소 의미심장한 순간으로 도약 가능한 잠재적 에너지가 축적된다.

내가 여기서 '일상 없음'을 선언하는 데에는 전략적인 이유가 포함된다. 단순히 현재의 일상이 과거와는 다른 형태로 변화되었다고 말하는 것은 자칫 지금의 좀비적인 삶을 당연하게 받아들일 위험성을 내포한다. 매 시대의 맥락 속에서 다양한 형태의 일상이 존재한다는 것은 자명한 사실이다. 해당 시기의 노동 형태와 생산 관계, 생활양식, 개개인의 직업, 지역, 국가와 민족, 젠더 등 수많은 요인에 따라 일상의 모습은 조금씩 다르다. 하지만 그렇다고 리듬 없는 무정형의 일상마저 그 다양성 속에 포함될 수 있는 것은 아니다. 반복과 리듬은 삶과 일상을 정초하는 매우 근본적인 구성 요건이기 때문이다. 이것이 부재한 일상은 삶을 구성하지 않는, 일상이라 할 수 없는 무엇이다.

지금의 이대로의 현실이 ― 뒤죽박죽 혼재되어있고 앞도 뒤도 없으며 밤과 낮이 섞여 제멋대로인 상태가 ― 어찌 되었든 오늘날의 일상이 아니냐고 한다면, 이대로가 나름의 일상이라고 한다면, 그것은 차를 폐차장에서 형체를 알아볼 수 없을 만큼 찌그러뜨리고 나서 "어쨌든 여전히 저것은 차다"라고 말하는 것만큼 의미가 없는 이야기다. 그것은 마치 어떤 음악이 온갖 종류의 엇박자가 제멋대로 혼재하고, 무작위로 음량이 증폭되

---

61. 같은 책, 210쪽.

고, 다른 소리들과 온통 뒤섞이고, 어떠한 리듬이나 패턴을 찾을 수 없이 찌그러져 심지어 마치 소음과 구분되지 않음에도 불구하고, "그것이 그 음악의 리듬이고 박자다"라고 이야기하는 것만큼이나 무의미하다. 그것은 배음들이 서로 긴장 관계를 이루지 못하고, 마치 피아노를 주먹으로 마구 내리치는 것과 같은 소리를 두고, "그것이 그 음악의 화성이다"라고 말하는 것만큼이나 폭력적이다. 무작위의 리듬을 가진 일상은 일상이라고 부를 수 없는 끔찍한 무정형의 무엇이다. 일상은 반복이다. 삶은 반복과 때때로의 이탈, 즉 주된 일상과 이따금의 비일상이 규칙적인 패턴(리듬)을 이루며 지속될 때, 비로소 온전한 삶이라 부를 수 있는 것이 된다. '일상 없음'에서 '없음'이 의미하는 것은 일상 자체가 부재하다는 것이 아니라, 일상이 그것을 이루는 반복과 순환에서 탈구되어 있다는 것이며, 일상에 어떠한 고유한 리듬이 부재한다는 뜻이다. '일상 없음'의 일상은 일상이라고 할 수 없을 만큼 부적절하고 어떤 생산도 불가능한 불모의 나날들의 의미 없는 연쇄일 뿐이다.

우리는 병리적인 세계의 리듬, 회복 불가능한 불구의 일상, 퇴폐적이고 향락적인 자기폐쇄라는 삶의 양식으로부터 어떻게 회복될 수 있는가? 우리에게 필요한 것은 일상 없는 삶으로부터의 과감하고 급진적인 단절이다. 단절된 시간은 자본과 권력에 의해 이미 포획된 삶, 그 삶을 떠받드는 일상의 시간성으로부터 탈피된 비규정성의 시간이며, 새로운 주체성이 발명될 수 있는 출발점으로의 진입이다. "일상적 경험의 단절은 경험의 새로운 차원을 향해, 시간과 공간을 넘어선 미로를 향해, 다시 말해 생성의 시간을 향해, 가능태들의 증식을 향해 열린다."[62] 우리가 일상 없는 삶으로부터 적극적인 단절, 중지, 중단을 수행할 때, 우리는 기존의 리듬과 도시에서 벗어난 절대적 자유의 시공간과 마주한다. 거기서 일상은

---

62. 랏자라또, 『정치 실험』, 231쪽.

생성의 시간을 향해 열리고, 주체성은 변이와 변화의 도정 위에 서 있을 수 있다. 그것은 새로운 주체의 출현지이자 삶을 복수의 창조적 과정으로 추동하는 힘이다. 르페브르는 이 시간을 "전유된 시간" 혹은 "시간을 잊어버린 시간"이라고 명명한다. 그에 따르면 "이 시간 동안 시간은 중요하지 않으며, 계산되지도 않는다. 어떤 활동이 … 우리에게 충만함을 가져다줄 때 이런 시간이 도래하거나 돌출된다." 이런 활동 속에서 개인은 비로소 "세계와 일치를 이루며, 외부에서 부과된 강요나 의무가 아닌 자기 창조"를 수행한다. 이는 시간 속에 있으며, 분명히 하나의 시간이지만, 또한 "시간을 반영하지는 않는" 활동이다.[63] 자기 창조의 활동은 예측 불가능한 가능태들을 증식시키며 분기점들을 생성하고, 세계를 미결정된 미지의 것으로 변모시킨다.

그러나 모든 종류의 충만함과 잠재성을 상실한 불모의 일상 없는 삶에서는 내적 모순의 변증법적 종합이나 반복을 통한 차이의 산출이라는 단절의 시간이 단순히 '자연 발생'하지 않는다. 그렇다면 단절은 어떻게 가능한가? 우리에게는 강제적인 단절과 중단, 즉 일상과 비일상의 도식을 일거에 폭발시킬 수 있는 '일상-정립적 폭력'이 필요한 듯 보인다. 일상이 전복되는 순간은 '결단'의 시간이다. 하이데거에 따르면 일상적 삶이 한계상황에 다다랐을 때 현존재는 결단을 통해 새롭게 삶을 재구성해야 한다. 이때 결단성은 그때마다의 형편과 우발적 사건에서 열어 밝혀지는 것이기에, 우리는 각자의 자리에서 저마다의 결단을 내려야만 한다. 우발성의 사건은 결단을 내린 이후에야 비로소 실존이 된다. 하이데거는 "결단을 내린 현존재는 … 자기 자신을 자기의 세계로 자유롭게 내어준다. 자기 자신에로의 결단성이 현존재를, 비로소 함께 존재하는 타인들을 그들의 가장 고유한 존재가능에서 존재하도록" 한다고 말한다.[64] 모든 현

---

63. 르페브르, 『리듬분석』, 208~209쪽.

존재는 결단을 내린 이후에야 세계에 그저 내던져진 상태에서 벗어나, 타인과 함께할 수 있다. 카자 실버만Kaja Silverman은 '결단'을 "오직 나 자신만의 유익을 위해 스스로를 뛰어넘는 것이 아니라 세계를 향해 나 자신을 즐거이 확장시키는 행위"로 규정한다.[65] 실버만은 하이데거의 '결단' 개념을 개인적 차원에서의 변화나 안위를 위한 인지적 깨달음을 넘어서, 세계를 향해 자신을 열어젖히고 타인과 함께 더불어 염려하는 사회적인 차원으로 확장한다.

물론 지금 이대로가 아닌 다른 상태로 이행하겠다는 결단은 정체를 알 수 없는 이질적 외부와의 접촉이며 미지에 대한 두려움을 동반한다. 그것은 편안함과 익숙함의 자리에서 별안간 낯선 공간으로 도약하는 위험천만한 순간이다. 그러나 그것은 또한 새로움과 설렘의 예측 불가능한 순간이며 가능성으로 충만한 변화의 순간이다. 우리는 얼마간의 위험을 무릅쓰지 않고서는 아무것도 바꿀 수 없다. 〈워킹 데드 나잇〉에서 샘이 자신만의 안식처에, 스스로는 안전하다고 여기지만 감옥과도 같이 유폐되고 고착된 삶에서부터 변화하는 주체로 이행하는 것은 그곳을 벗어나 밖으로 나가겠다는 '결단'을 내리는 순간부터이다. 우리는 또한 『웜 바디스』의 R이 타인을 관음하는 좀비의 삶에서 벗어나 다시 삶을 회복할 수 있게 된 것은, 그가 줄리라는 가장 이질적인 존재와 가상이 아닌 '실제로' 만나고 신체적으로 '함께-있음'을 경험하며, 궁극적으로 자신과 주변을 변화시키겠다는 '결단'을 내리는 순간부터 시작되었다는 걸 보았다. 개개인의 결단은 나와 내 주변으로 확산되어 공동체를 변화시키며, 또한 변화는 멈추지 않고 계속 운동하며 커진다. 그것은 더 나아가 지배 권력의 위압과 착취 너머에서, 가능한 사회와 세계를 건설하고 더 나은 상태로

---

64. 하이데거, 『존재와 시간』, 397쪽.
65. 카자 실버만, 『월드 스펙테이터』, 전영백과 현대미술연구회 옮김, 예경, 2010, 103쪽.

이끄는 힘이 된다. 거기에서 고정된 권력은 무참한 생성변화의 도정에 놓이며, '연대기적 시간'은 예외적인 '사건의 시간'으로 이행한다.

다양한 형편들과 일상들이 모여 사회적 일상을 이루고, 비상사태가 계속되는 사회는 개개의 일상을 착취하고, 균열을 내 병리화하여 불안과 공포의 정동을 축적한다. 정동이 축적되고 일정 시점이 지난다고 해서 저절로 사건의 순간이 도래하는 것은 아니다. 일상 없는 삶에서 불안과 공포는 오히려 주변과 나 자신을 향하고, 타자에 대한 혐오를 조장하며 내부에서부터 일상을 파괴하기도 한다. 사건을 마련하기 위해 우리에게 가장 절실히 요구되는 건 기성체제로부터의 과감하고 거침없는 '탈주'다. 우리는 프로그래밍 된 도식에 따르기를 중단하고 예상된 회로를 거침없이 폭파해야만 한다. 오늘날 모든 형태의 탈주나 돌발상황은 확률로서 포집되어 기업가나 국가 차원의 '리스크 관리'에서 미미한 숫자의 증감, 그래프의 상승과 하강으로 환원되었다. 그러나 우리는 자연발생적인 '돌연변이'의 평균적 수치, 자본주의의 생산과 유통 과정에서의 사전에 예상 가능하고 관리 가능한 다소간의 '사고'나 '오류'를 넘어서는, 진정한 돌발 상황이자 결정적인 위험으로서 도래해야 한다. 그것은 비루한 일상의 내부에서 이루어지는, 가장 부자연스럽고 예측 불가능한 절대적 외부로의 돌출이며 파격적이고 전격적인 결단이다.

'개개의 결단'(미시정치적 차원)은 다른 일상으로 퍼져나가고 이것이 '사회적 결단'(거시정치적 차원)이라는 사건의 폭발로 수렴될 때 비로소 우리의 일상은 불가역적인 변화와 이행의 가능성을 확보한다. 사회적 차원에서의 사건은 제헌적·제도적 변혁 안으로 수용되며, 그때 사건은 퇴행하지 않고 개별자들 각각의 일상을 바꿀 수 있는 가용 가능하고 쉼 없는 원동력이 된다("혁명은 단순히 국가나 재산 관계만 변혁시키는 것이 아니라 우리의 삶을 개조한다").[66] 혁명은 언제나 이와 같은 미시와 거시 사이에서의 상승과 하강의 끊임없는 순환과 함께, 일상적 차원과 제도적 차원 각각에서의 수평적 확산이라는 이중의 운동 속에서 자신의 이상에 근접하며 촘촘하게 직조된다. 그러나 이것은 언제나 최종적인 완결점이나 마침표, 혹은 꿈꾸던 유토피아나 천년왕국의 도래를 의미하는 것은 아니다. 그것은 단지 또 다른 사건으로 향하는 이행과정이며 구성적 역능을 마련하는 하나의 계기일 뿐이다. 우리는 배치된 직조물에 다시 구멍을 뚫고 그것을 찢어내며, 새로운 창조과 배치로 다른 직조물을 짜내야 한다. 그 직조물은 다시 찢긴 구멍 위를 섬세하게 덮고 알맞게 기워져야 한다. 그러므로 우리에게 주어진 과업이란 쉼 없이 미리 규정된 세계에 구멍을 내고, 다시 그 구멍을 다른 배치의 천으로 깁고 누벼나가는 부단한 '패치워크'patchwork 작업과도 같다. 혁명의 섬광 같은 축제의 순간이 지나면 성좌는 식어버린 돌무더기가 되고, 사건은 역사로 떨어져 다시 권태로운 일과와 완고한 일상이 찾아올 테지만 분명히 그것은 이전과 같지 않다. 사건은 일상과 비일상의 구분 너머에 있으며 그것을 초과하는 경악의 순간이다. 일상과 비일상은 사건 이후에 비로소 새롭게 정초되고 제자리를 찾는다. 사건은 특이성들의 일상 속으로 확산되어 일상을 근본적으로 재규정하고, 변화시키며, 삶의 새로운 리듬을 발명한다. 사건에의 충실성 속에서 주체는 다른 형태 변화의 과정 속으로 이행하고, 이미 규정된 세계는 무참히 깨어져 새로운 배치로 구성되며, 사건은 또 다른 결단의 순간을 향해 열린다.

21세기는 무엇보다도 좀비의 세기가 될 것이다. 그것은 몰락한 세계에 최적화된 주체, 즉 '역사의 종말'을 살아가며 모든 걸 냉소하고 소소한 향락에 빠져드는 낡고 '속박된 좀비'의 형상일 수도, 혹은 도래할 새로운 존재로서 세계와 끊임없이 불협화음을 내며, 일상 없는 삶으로부터 과감히 탈주해 다른 리듬과 배치를 발명하는 '해방된 좀비'일 수도 있지만,

---

66. 르페브르, 『현대세계의 일상성』, 355쪽.

분명한 것은 우리에게 주어진 시간이 그리 많지는 않다는 점이다. 〈효리네 민박2〉 10회에서 평소에 누려보지 못했던 충만한 일상을 만끽한 한 손님, 효리와 상순의 뇌 부스러기 조각을 한 입 베어 물고, 타인의 일상으로의 외출이라는 잠시간의 꿈같은 달콤한 행복(가상체험이자 관음이라는 향락)을 즐긴 한 청년좀비는 민박집을 떠나면서 이렇게 독백한다. "현실행 급행열차 출발합니다. 내리실 문은 없습니다." 이 출구 없는 (비)일상으로의 신속한 복귀, 취약한 삶으로의 중단 불가능한 내몰림, 박탈의 자리로 강제 환송되는 신체의 언어, 할당된 삶에 대한 체념과 냉소의 정동. 그러나 나에게 이 말은 또한 긴급하고 절박한 어떤 요청처럼 들린다. 전 지구적 자본의 욕망이라는 무한동력으로 달리는 "현실행 급행열차"는 좀처럼 스스로 멈추는 법을 알지 못한다. 지금은 예감할 수만 있는 그 종착지에 열차가 다다르기 전에, 우리는 그저 무기력하게 좀비적 일상, 일상 없는 삶/생명의 자리로 회귀하는 대신 폭주하는 열차를 세워야만 한다.

좀비가 욕망하는 세계

가는 건 쉽습니다. 제가 넘어질 때 저는 행복해서 울 겁니다.
사무엘 베케트, 『막판』

나는 불굴의 낙관주의자입니다. 그렇지 않습니까?
그렇기에 나는 그런 날이 오리라 믿습니다.
허나 시간이 촉박합니다. 시간이 촉박해요…
알랭 바디우, 『우리의 병은 오래전에 시작되었다』

밤이 최고로 깊어진 시간에야 우리는 최소의 미광까지
포착할 수 있고, 빛의 꼬리가 아무리 가늘어도
그것을 통해 여전히 빛의 날숨 그 자체를 볼 수가 있다.
조르주 디디-위베르만, 『반딧불의 잔존』

좀비와 인간

찰스 다윈Charles Robert Darwin은 1871년 발간된 기념비적인 저서 『인간의 유래』의 결론에서 이렇게 말한다.

인간은 비록 자기 자신의 힘만으로 된 것은 아니지만 생물계의 가장 높은 정상에 오르게 되었다는 자부심을 버려야 할 것 같다. … 그렇지만 우리가 인정해야만 할 것이 있다고 생각한다. 인간은 고귀한 자질, 가장 비천한 대상에게 느끼는 연민, 다른 사람뿐만 아니라 가장 보잘것없는 하등동물에게까지 확장될 수 있는 자비심, 태양계의 운동과 구성을 통찰하고 있는 존엄한 지성 같은 모든 고귀한 능력을 갖추고 있지만 그의 신체 구조 속에는 비천한 기원에 대한 지워지지 않는 흔적이 여전히 남아 있다는 것이다.[1]

다윈은 인류가 오랫동안 지녀왔던 공고한 믿음, 즉 인간은 신의 모사물로서 다른 생물들과 범주적으로 구분되는 우월하고 예외적인 존재라는 자부심과 확신을 송두리째 뒤흔들었다. 이분법적 존재론에 기반해 자신에게 특권적인 지위를 부여하고 세계의 정점에서 오만하게 군림했던 인간의 형상은 모두 허물어져 내릴 위기에 처한다. 이는 근대적 주체의 근원과 인간의 자기 이해에 심대한 변화를 가져왔으며, 과학, 의학, 철학 등 모든 학문 분야 전반에 코페르니쿠스적인 전환을 초래했다.

한편 우리가 보았듯 신자유주의 통치술은 다윈의 이론을 '사회적 다원주의'의 형태로 왜곡하고, 이를 절대적인 법칙으로 만들었다. 최대 효율을 명목으로 '적자생존'과 '승자독식'의 냉혹한 법칙이 사회의 모든 영

---

1. 찰스 다윈, 『인간의 유래』 2, 김관선 옮김, 한길사, 2006, 571~572쪽.

역에 전면적으로 적용되고, 죽음을 향한 끝없는 경쟁의 장이 무한히 확장되고 있다. 거기에서 다윈의 이론은 '인간 따위'가 감히 거스를 수 없는 위대하고 초월적인 '자연의 법칙'이 되어 신자유주의 이데올로기를 장려하는 근거로 사용된다. 그러나 다윈은 무법적 자연 상태를 무제한적으로 옹호하거나 인간 사회에까지 확장되어야 한다고 보지 않았다. 물론 다윈은 우리가 그동안 비천하고 열등하다고 여겨왔던 다른 생물들과 인간이 근본적으로 다르지 않으며, 동일한 기원을 갖는다는 사실을 밝혀냈다. 그러나 그것은 인간이 동물과 마찬가지로 보잘것없는 존재에 불과하며, 그에 걸맞은 상태로 회귀해야 한다는 걸 의미하지 않는다. '사회의 법' 위에 '자연의 법칙'을 최종 심급으로 설정하고, 거기에서 우리가 서로 물어뜯는 살인적인 경쟁을 벌여야 한다는 의미가 아니다. 그것은 인간이 내재적 공통 평면 위에서 다른 생물들과 수평적이며 동등한 존재론적 지위를 갖는다는 사실을 말해줄 뿐이다. 다윈은 이를 인정하는 것이 인간의 존엄을 모욕한다거나, 고유한 가치를 떨어뜨린다고 보지 않았다. 다윈은 '비천한 기원의 지워지지 않는 흔적'에도 불구하고, 인간이 에토스와 로고스의 '고귀한 능력과 자질'을 지닌 존재라는 점을 긍정한다.

다윈의 이론은 150여 년이 지난 지금까지도 우리에게 많은 시사점을 제공한다. 다윈의 수평적 존재론에 기반하여 우리는 다양한 생명들과의 관계 위에서 자신의 위치와 역할을 전면적으로 재설정하고, 이로부터 새로운 정치와 윤리적 양식들을 마련해야 한다. 우리가 추구하는 일원론적 존재론에서 인간은 생기적 관계망에 완전히 잠겨 있으며, 모두를 가로지르며 흐르는 전개체적인 생명력으로 서로 단단히 얽혀 있다. 거기서 인간은 타자들과 더불어 하나의 행성을 공유하며 살아가야 하며, 모두와 함께 거주하는 세계를 지금보다 더 나은 곳으로 만들 수 있는 잠재력을 지닌다.

우리 시대에 가장 대중적인 괴물인 좀비는 다른 어떤 괴물들보다도 다채롭고 다양한 모습으로 변용되어왔다. 좀비는 매 시대의 불안과 공포를 흡수하고 반영하며 부단히 변신하는 존재다. 우리가 좀비에 주목해야 하는 이유는, 좀비가 단지 불온한 호기심을 자아내는 그로테스크한 괴물이거나, 최근 들어 큰 인기를 끄는 유행의 아이콘이기 때문만은 아니다. 좀비는 우리가 처한 위기의 상황을 극적인 방식으로 드러내는 알레고리이자, 사회의 모순과 문제점들을 적나라하게 폭로하는 거울이다. 우리는 좀비를 살펴봄으로써 현 사회를 적확하게 분석하고 진단 내리며, 이를 통해 도래할 미래를 예비할 수 있다. 좀비는 자신만이 보편이며 정상이라고 믿었던 주류 '인간'에 의해 부당하게 대상화되고 주변부로 밀려나 살해당한 타자다. 좀비학은 오랫동안 반복되어 온 폭력적이고 차별적인 구도에 문제를 제기하며, 우리 시대에 가장 근원적이며 '혐오스러운' 타자를 사유의 중심에 두고, 인간학을 그 토대부터 전복하려는 사유 양식이자 태도다. 좀비학은 인간학의 안티테제로서 인간학과 긴밀하게 연관되며, 특히 주체성 변화의 도정과 불가분의 관계를 지니며 전개된다. 우리에게 시급한 것은 새로운 존재론과 이에 기반한 인간 개념의 재정립이다. 좀비학은 인간이 해체된 자리에서 출발해 우리 시대의 새로운 사유와 발견들을 자원으로 활용하여, 현재의 지배적인 담론, 억압적인 권력, 파국적인 세계에 대항하는 긍정의 존재론, 정치적인 주체, 제도적 배치들을 창안하고, 궁극적으로 지금과는 다른 삶과 세계를 발명하려는 집요하고 줄기찬 노력이며 운동이다.

　데카르트 이래 근대철학은 인간을 유일하고 우월한 이성적 존재, 생각하는 존재로 내세우고 이로부터 모든 사유를 전개했다. 인간은 선험적이며 확고부동한 주체, 보편적이고 균질한 주체로서 당당히 세계 질서의 중심에 자리 잡는다. 이 '구성된 보편'에서 벗어난다고 여겨지는 이질적인 존재들은 인간의 범주에서 배제되고 주체의 지위를 박탈당한다. 근대 담론이 규범적 혹은 정상적(으로 여겨지는) 인간의 형상을 구축한 이래 여성, 유색인종, 노동자 등의 소수자는 인간의 범주로부터 배제당했다. 이들은 좀비라는 존재 ─ 삶/생명에서 추방당했지만 여전히 노동해야만 하는 노예, 이성적 판단 능력이 없는 인간 이하의 존재 ─ 로 형상화되었다. 비극적인 인류 역사에서 어떤 이들은 생生에서 추방당한 좀비라는 형태의 비인간으로 존재해야만 했고, 또 여전히 좀비로서 살아간다. 제국주의 시대에 인간으로 존재하지 못했던 피식민지 주민들(혹은 노예들)은 1930년대 '부두교좀비'라는 괴물로 재현되었다. 부두교좀비는 타오르는 태양 밑에서 끝없이 노동하다가 사그라져 가는 비참한 비생명이다. 이들은 특정인(백인 혹은 주술사)의 의지에 종속되고 명령에 조종당하는 꼭두각시다. '인간'의 지배에서 벗어날 수 없는 영원한 노예이며, 독립적인 개인이나 저항이나 반란의 주체로서 고려되지 않는다.

현대철학은 근대 담론에 의해 부당하게 억압되고 침묵당해야 했던 타자와 소수자에 대한 조명, 그리고 근대성이 초래한 부작용을 극복하려는 시도로 요약될 수 있다. 현대철학은 인간이 주체의 자리에 오른 것이 고작 수백 년에 불과하다는 사실을 지적하며 근대적 주체 개념을 비판한다. 니체는 '신'의 절대성에 근거한 인간 개념의 해체를 위해 '신의 죽음'을 선언했으며, 뒤를 이어 푸코는 '인간의 죽음'을 선언했다. 구성된 담론이자 관습적 의미에서의 근대적 인간 주체는 이제 종말을 맞이했다. 1960년대 로메로 감독은 인간의 죽음과 휴머니즘의 종말을 온몸으로 표상하는 철저한 반근대적 괴물 '식인좀비'를 탄생시켰다. 죽음에서 돌아온 식인좀비는 부모와 가족을 살해하며 낡은 근대적 가치체계에 징벌을 내린다. 이후 식인좀비는 소비 자본주의 체제를 신체 깊숙이 내면화한 영혼 없는 노예가 되어 대지 위를 이리저리 떠돈다.

21세기 들어 더욱 심화된 주체의 공백은 우리 시대의 여러 위기의 양상으로 나타난다. 과학기술의 급격한 발달은 인간의 자기 이해와 인식에 심대한 변화를 초래했다. 다른 한편에서 전 지구적 자본주의는 대지 위의 모든 종과 모든 지역을 시장 논리 안으로 예외 없이 포섭했다. 이로써 인간 주체의 취약성은 심화되고, 인간에 관한 기존의 담론과 휴머니즘은 그 토대부터 붕괴되고 있다. 근본주의 종교가 유행하고 국가·인종·민족·젠더 등에 근거한 배타적인 '정체성 정치'는 점차 극단으로 치닫고 있다. 알카에다가 사라진 자리에 ISIL이라는 또 다른 근본주의 집단이 등장했으며, 국제 사회의 대규모 군사 작전에도 테러리즘은 여전히 세계를 위협하고 있다. 유럽과 미국, 중국, 러시아 등 여러 강대국은 자국 우선주의를 추구하며 크고 작은 분쟁을 벌이고 무역전쟁에 휩싸여 있다. 아무것도 책임지지 않고 개인 간의 무한경쟁만을 조장하는 신자유주의 체제에서 인간은 시스템의 부품이 되어 갈려 나가고 사회와 공동체는 사라지며, 연대와 저항의 자리는 흔적도 없이 해체된다. 대신 우리 사회의 내부는 온갖 종류의 혐오와 갈등으로 만연한다. 게다가 팬데믹과 방사능 유출, 기후변화와 자연재해 등의 위협은 끊이지 않는다. 일련의 위기 상황들은 정신이 번쩍 들 만큼 인류의 생존을 위협하는 실재적인 공포다. 이는 우리의 의식적·무의식적 차원에 영향을 미치며 주체의 감각과 정동에 부정적인 변화를 초래한다. 우리는 쉽게 '도착적 감정의 유대'나 과도한 '정체화'와 같은 기형적 형태의 결속을 추구하며, 저마다 구분 짓기와 분리주의, 배제의 정치에 몰두한다. 이런 '파국의 유대'는 좀비서사에 그대로 반영되며 좀비를 더욱 끔찍한 괴물로 변신시키는 동력으로 작동한다. 세계 종말에 대한 묵시록적 공포와 불안은 '뛰는좀비'의 형태로 재현된다. 21세기 들어 세계적인 열풍을 불러일으킨 뛰는좀비는 기괴한 생명력을 지닌 채 전 세계를 질주하는 괴물이 되어 부활했다. 괴물성과 타자성이 극대화된 뛰는좀비는 인류 문명의 임박한 파국의 위기를 적나라하게 시각화한다.

망가진 세계와 잔존하는 희망

근래 좀비가 급격하게 현현하며 사회와 문화의 전 영역에서 유행하는 것은 우리가 처한 상황과 대중의 정동이 좀비라는 시대적 기표와 잘 맞아떨어지기 때문이다. 좀비는 특정 집단에 대한 은유를 넘어서 국가, 종교, 인종, 계층 등을 초월하는 그야말로 '현시대의 괴물'이 되었다. 최근까지도 〈워킹 데드〉 시리즈나 〈킹덤〉 등에서 뛰는좀비는 더욱 파괴적인 형태로 계속 등장하고 있다. 이는 우리 사회의 도처에 공포와 불안감의 정동이 여전히 만연해 있으며, 어쩌면 더욱 심화되었을 수도 있다는 우울한 사실을 암시한다. 예외상태가 상례가 되었다는 아감벤의 분석처럼 좀비의 범주 역시 끝없이 확장되어, 이제는 '우리 모두가 좀비다'라고 말할 수 있게 되었다. 오늘날 우리가 처한 '좀비적인 삶'의 조건은 몹시 위태롭고 위험하다. 신자유주의는 '신체 없는 기관'인 현대판 좀비를 끊임없이 양산해낸다. 이 좀비들은 생존을 위한 최소한의 보호나 안전망도 보장받지 못하고, 무한경쟁과 승자독식의 야만적인 전장으로 내몰려 타자를 혐오하는 동시에 두려워한다.

척박하고 적대적인 세계에 가장 예민하게 반응하는 건 취약하고 위태로운 청년세대의 삶이다. 부채로 미래를 저당 잡힌 채 저임금·불안정 노동에 종사하는 청년들은 생존을 위해 일찌감치 '평범'하고 '일상적인' 삶을 포기했다. 늘 굶주려 있고 어디에도 정착하지 못한 채 먹이를 찾아 정처 없이 떠도는 좀비처럼, 몸을 편히 누일 번듯한 집도, 일정한 소득이나 안정적인 직장도 없이 여기저기 떠돌며 살아남기 위해 온몸이 소진되도록 분투해야 하는 가련한 생명들, 그것이 바로 오늘날 한국 사회를 살아가는 좀비들의 형상이다. 이들은 과거에 '일상'이었던 것들을 누리지 못한 채, '지옥고'에 누워 레토르트 식품을 덥혀 먹으며 화면 속 타인의 일상에 탐닉함으로써 환상의 차원으로 도피한다. 좀비가 타인의 뇌를 뜯어먹으며 환각에 빠지고 쾌락을 느끼듯, '관음하는 좀비'들은 타인의 일상을 가상 체험하며 자신의 감각을 마비시킨다. 최근 유행하는 '(비)

'일상예능'은 좀비들이 처한 궁핍함, 만연한 '일상 없는 삶'을 폭로하는 병리적인 징후다. 이런 좀비들에게 욜로나 소확행 따위의 그럴듯한 마케팅 용어가 달라붙고, 너의 행복을 위해서라면 없는 돈이라도 짜내어 최대한 지출하라는 무한한 소비의 망령이 부단히 출몰하여 정언명령을 내린다. 이들은 '냉소하는 주체'가 되어 모든 대안과 행동을 경멸하고 자신만의 향락으로 침잠하며 현재 질서를 유지하는 데 동참한다.

우리는 한국을 '헬조선'이나 '지옥불 반도'라고 조롱하는 글을 어렵지 않게 발견할 수 있다. '조선' 혹은 '반도'라는 특정 지역의 상태 전체를 '지옥'이라 선언한 데에는 어떤 예외가 존재하지 않는다. 한국에 거주하는 모든 인간과 다른 생물들에까지 확장된 이 용어에서는 한국이란 국가 자체가 곧 '지옥'으로 표상된다. 이 지옥에는 세대나 지역, 직업의 편차도 존재하지 않는다. 이 지옥은 벗어날 수 없다. 벗어나는 유일한 방법은 한국을 버리고 떠나는 것일 테지만, 전 세계의 보편적인 현실로 자리 잡은 금융자본주의와 신자유주의 체제로부터 달아날 곳은 달리 없는 듯하다. 여전히 몰락의 징후는 명징하고, 대안이나 희망을 이야기하는 것은 철없는 사람들의 순진한 이상주의처럼 보인다. 다중의 역능은 칠흑 같은 어둠 속에서 미약한 반딧불처럼 위태롭게 깜빡이며, 이내 무기력하게 사라질 듯 보인다. 체제의 억압은 공고하고 아무리 애써도 변하는 것은 없으며, 세계는 침몰하는 난파선처럼 영원히 깨지 않을 최후의 밤을 향해 걷잡을 수 없이 치닫는 듯 보인다. 우리의 시대는 점철된 폭력과 모순, 차별과 혐오로 만연하여 더 이상 고쳐 쓸 수 없는 묵시록처럼 보인다.

그렇다면 현실은 돌이킬 수 없는 파국인가? 상황을 반전시켜볼 수는 없는가? 그럼에도 불구하고 삶은 여전히 계속된다. 우리는 절망과 체념의 정동에 잠식된 채 아무것도 하지 않는 것이야말로 지배 권력이 가장 바라 마지않는 태도이며, 신자유주의 정치·경제에 연료를 제공하여 세계가 현 상태로 지속되는 데 일조한다는 사실을 깨달아야 한다. 조르주 디디-위베르만은 암울하다고 생각되는 순간일수록 "반딧불의 살아있는 춤은 바로 어둠의 한복판에서 이루어진다"는 걸 잊지 말라고 조언한다.[2]

그러나 무수한 민중이 가장자리를 따라, 말하자면 무한히 더욱 확장된 영토를 가로지르며 힘겹게 나아가고 있다. 우리는 그들에 대해 거의 알지 못한다. 따라서 그들에 대한 대항정보가 언제나 더욱 절실한 것으로 드러난다. 그들은 반딧불-민중이다.[3]

우리는 아무리 캄캄하고 앞이 보이지 않는다고 여겨질 때도, 그렇게 느껴지면 느껴질수록, 여전히 무수한 민중이 힘겹게 나아가고 있다는 사실을 잊어서는 안 된다. 아직 우리는 그들에 대해 속속들이 파악하고 있지 못하며, 아는 게 거의 없다. 이들은 모든 정치에서 배제되어 고려되거나 셈해지지 않는 자들이며, '이름이 없는 자들'이기 때문이다. 그러나 알려진 바가 거의 없으며 거의 드러나지 않는다는 사실이 존재하지 않음을 의미하는 것은 결코 아니다. 반딧불은 일시적으로 밤으로 후퇴하거나 도주할 수는 있지만, 그들은 소멸되거나 고립되지 않은 채 생동하는 미광微光을 발산하고, 예기치 못한 순간, 예기치 못한 장소에서 별안간 솟아오르며 지배로부터 탈주하는 '대각선의 힘'으로 표출된다. 그것은 경험이 결코 파괴될 수 없는 것이기 때문이다.

역사의 그 어떤 순간에서도 경험이 '파괴되었다'라고 말해서는 안 된다. 이와는 반대로 - 왕국과 그 영광의 역량도 상관없고, '스펙터클의 사회'의 보편적 효력도 상관없다 -, 경험은 파괴될 수 없는 것임을 긍정해야 한

---

2. 조르주 디디-위베르만, 『반딧불의 잔존』, 김홍기 옮김, 길, 2012, 54쪽.
3. 같은 책, 151쪽.

다. 심지어 경험이 밤의 단순한 미광의 잔존과 은밀함으로 환원된다 해도 마찬가지이다.[4]

우리의 경험은 "왕국"의 위압과 "스펙터클의 사회"의 효력 앞에서도 파괴되거나 지워지지 않는 역능으로 작동한다. 그것은 무엇보다도 신체적 '함께-있음'의 경험이다. 사건의 순간 모든 주체는 공통적인 열망을 공유하며 서로 정동을 주고받는다. 거기에서 주체들은 육체적 발화 행위로 권력에 저항하고, 함께-있음의 역능이 어떻게 역사를 초과하는 사건으로 표출되는지 온몸으로 체득했다. 우리는 한 공간에 모여 하나의 신체에서 다른 신체로 온기를 나누며 가장 추운 겨울을 함께 지새웠다. 가장 어두운 순간에조차 "경험은 전혀 다른 질서에 속하는 역능puissance"으로서 여전히 잔존하며, 은밀하고 산발적으로 그러나 멈추지 않으며 우리에게 어떤 말과 이미지들을 전달한다.[5] 2016년 우리가 겪었던 광장에서의 촛불의 경험은 일순간 형성된 것이 아니라, 소멸되지 않는 ─ 신체적 함께-있음의 경험에서 각인된 ─ 과거의 광장에서의 경험이 전달해주는 미광으로부터 촉발된 것이다. 2016년의 사건은 또한 하나의 새로운 경험으로 감각되며, 주체의 내부에 지워질 수 없는 각인으로 육화된다. 파괴될 수 없는 경험은 미광 ─ 잔존하는 말과 이미지들 ─ 을 끊임없이 발산한다. "그들은 그들의 욕망을 긍정하며, 그들의 고유한 미광을 발산하며, 그 미광을 다른 이들에게 보낸다."[6] 그들의 욕망은 가능성과 불가능성을 미리 규정짓고 고정하려는 고루한 배치에 맞서, 체제의 작동을 중단시키고 새로운 배치, 새로운 리듬을 펼쳐낸다. 자신의 욕망을 긍정하는 반딧불이(반딧불-민중, 반딧불-좀비)는 서로에게 미광(정동)을 보내 감염되고 감염시키며,

---

4. 같은 책, 145쪽.
5. 같은 책, 140쪽.
6. 같은 책, 151쪽.

다른 이들과 함께 다수지만 하나의 신체로서 어울려 공명한다. 이는 다시 새로운 '반딧불-사건'의 바탕을 마련하며 생성의 가능성을 개방하고, 특이성들의 잠재력으로 충만한 세계를 우리에게 되돌려준다. 반딧불-사건은 후퇴한 반딧불이들의 연대 ─ 어둠의 한복판에서 벌어지는 반딧불들의 공동체적 춤 ─ 속에서 촉발되는 다중의 역능이며, 또 다른 '불가능한 것'을 '기꺼이 감행'하도록 만드는 동력이 된다.

포스트좀비의 역능

나는 우리 시대의 급격한 인식 변화와 새로운 인간 이해에 적합한 존재론과 주체성의 양식을 마련해야 한다고 주장했고, 이와 관련된 여러 도식과 개념들을 제시했다. 새로운 존재론에서 우리는 더 이상 단일하거나 균질하다고 가정되는 근대적 주체가 아니라, 수많은 요소가 복합적으로 중첩된 혼종성의 주체다. 위계적으로 구성되고 배타적인 특권을 소유하는 것이 아니라, 모든 타자들과 함께 상호매개되며 상호의존적 관계로 공존하는 일원론적 포스트휴먼이다. 현 상태에 머물며 안주하는 것이 아니라, 부단히 주체성을 창안하고 발명하며 다른 상태로 이행하는 유목적인 포스트휴먼이다. 삶을 파괴하고 변화를 가로막는 전 지구적 자본주의 체제의 억압에 맞서 다른 세계를 발명할 역능이 잠재된 다중이다. 나는 이러한 일련의 변화 양상을 관통하는 대표적인 비인간이자 괴물의 형상으로 좀비를 제시했다. 또한 새로운 존재론에 기반하여 좀비를 새로운 세계의 주체로서 정초하고, 지배 질서로부터 탈주하는 다른 삶의 양식과 윤리적 형식들을 정향하고자 했다.

우리는 좀비를 단순히 타자에 대한 공포를 자극하는 괴물이나, 정체성에 기반한 내부의 단결을 공고히 하는 도구로 사용하는 방식에서 벗어나야 한다. 좀비를 삶과 세계를 향한 직극적인 투쟁의 주체로 탈바꿈시키는 것은 지금 여기의 우리에게 주어진 시급한 과제다. 그것은 어떤 관점으로 좀비를 바라보며 새롭게 호명하는가의 문제이다. 오늘날 무기력, 이성의 상실, 반지성적 집단행동 따위의 상징이 되어버린 좀비는 아이러니하게도 애초에 혁명의 동인이었다. 로메로 감독은 바꿀 수 없는 현실에서 모든 힘을 상실한 무력한 좀비를 상상한 것이 아니라, 좀비들이야말로 이 사회를 뒤바꿀 수 있는 전복적 주체이자 역동적인 변혁의 힘이 잠재된 존재라고 보았다. 〈시체들의 낮〉에서 로메로의 전망이 어리석고 미망에 빠진 좀비가 고전 예술(클래식 음악)을 교육받아 이성을 되찾고 부패한 상류층을 무찌를 거라는 다소 순진하고 엘리트주의적 관점이었다면, 오늘날 좀비는 적극적으로 과학기술와 결합하여 정치적 의사를 직접 표출하는 다중으로 등장했다. 이들은 실시간으로 전파되고 기존의 미디어를 넘어서는 파급력을 지닌 SNS를 통해 이합집산하며 예상 불가능한 계기로 표출되는 역능을 지닌다.

포스트좀비서사는 좀비를 주체로서 전면에 내세우고 대안적 관점에서 좀비를 조명하며, 그들이 차별받고 배제당하는 현실에 문제를 제기한다. 포스트좀비서사는 파국에서 그치지 않고, 이후에도 삶이 이어짐을 보여주며 폐허 위에서도 긍정의 대안을 찾으려는 도발적 상상이다. 포스트좀비는 자신의 정체성을 끊임없이 고민하지만 정체성의 내부로 폐쇄되지 않는 특이성으로서, 배제되었던 타자들과의 공존을 모색한다. 모두를 가로지르는 횡단적 연대를 지향하며, 세계를 발명 가능한 공간으로 파악하고자 한다. 포스트좀비가 궁극적으로 우리에게 일깨워주는 것은 가장 낯설고 다른 타자에 대한 사랑의 중요성이다. 포스트좀비는 가장 먼 타자마저도 기어이 끌어안고, 끈질긴 소통과 교류를 시도하여 화해하고 공존하려는 주체다. 유사성에 기반하지 않는 사랑은 우리를 독선과 고립으로부터 탈출시키고, 문명과 야만이라는 낡은 대립 구도를 무참히 깨뜨린다. 타자와의 사랑을 통해 우리는 지속적으로 성장하고 생성하는 긍정의 주체로 나아간다. 사랑의 정동은 대상에 대한 소유욕이 아닌 잠재된 가능세계를 향한 강렬한 욕망으로서, 주체의 내부로부터 주변을 변화시키고 정치적 행동을 추동하며, 지금과는 다른 배치의 세계를 건설하려는 끈질긴 역능이다.

좀비들의 혁명은 잠재된 가능성으로 머무는 것이 아니라 실질적으로 세계를 변화시키고자 한다. 정부는 언제나 위기의 논리를 설파하면서, '사정이 이러이러하니 어쩔 수 없다'라며 긴축을 강요하고 최소 임금, 최소 복지를 추구한다. 대신 이런저런 명목으로 강탈해간 세금은 사회나 빈자들을 위해 쓰이는 대신, 파산의 위기를 초래한 은행과 대기업에 쏟아 부어지면서 종말을 맞이해야 할 '좀비자본주의'는 끊임없이 재생산되고 되살아난다. 이제 좀비는 피케티가 '1대 99'라고 불렀던 새로운 착취 구도 속에서 99%를 대표하는 상징이 되었다. 좀비는 다중의 분노와 저항을 표현하는 아이콘으로 전유되며, 소수가 부를 독식하는 현실과 신자유주의 체제를 비판하고 새로운 사회를 욕망한다. 월가 시위의 분노한 다중은 "우리가 99%다"라는 구호 아래 자신을 좀비라 선포하고 기꺼이 좀비로 분장했다. 좀비-다중은 부의 불균등한 분배를 심화시키는 자본주의의 구조적 모순과 국민을 대변하지 않는 왜곡된 대의 정치를 비판한다. '좀비-되기'의 수행은 '마이너리티-되기'의 적극적인 실천이다. 좀비는 사회적으로 강제당하는 대상의 위치에서 벗어나 스스로 선택한 능동적 주체가 되고, 자포자기와 절망에서 벗어나 자발적으로 저항하는 '유목하는 주체'로서 거듭난다. 마침내 좀비는 과거에 수없이 반복되던 부정적인 괴물이나 노예의 모습에서 벗어나 '좀비주체'가 되었다.

항상 '지금은 그럴 시기가 아니다'라고 주장하는 지배 권력은 우리에게 욕망의 항구적인 유보를 요청한다. 기다리다 보면 '언젠가' 좋은 시기, '적당한 때'가 올 수도 있겠지만 애석하게도 지금은 '좋지 않은 상황'이라고 선전한다. 그러나 우리는 혁명을 실행할 '적기適期'란 결코 도래하지 않는다는 사실을 알고 있다. 그것은 실행을 위한 최선의 시기가 존재할 수 없기 때문이 아니라, 오히려 최선의 시기는 언제나 주어진 매 순간, '바로 지금'이라는 현재의 시간으로서 늘 '이미' 존재하기 때문이다. 네그리와 하트는 절망의 한복판에서조차도 우리의 역사 곳곳에서 예기치 않을 때, 예측 불가능한 사건들이 도래한다는 것을 잊지 말라고 강조한다.[7] 이들이 '다중'이라 부른 새로운 집단의 봉기는 월가 시위뿐만 아니라, 스페인과 시애틀을 비롯한 전 세계 곳곳에서 발발하는 대항시위들에서, 그리고 한국의 촛불집회에서 그 위력과 가능성을 드러낸 바 있다. 국정원의 '좀비화' 표현을 고려해 볼 때, 2017년 3월 박근혜 정권의 퇴진과 새로운 대통령 선거를 이끈 '촛불집회'는 무엇보다도 좀비-다중의 힘을 보여준 '좀비혁명'이었다. 억압당한 좀비들의 행동은 기존 세계의 관점에서는 무질서와 광란, 사회불안 조장 따위로 쉽게 폄하당하고, 공권력의 폭력과 탄압의 대상이 되지만, 이를 비웃기라도 하듯 미약한 좀비-다중의 연대는 역사를 다시 쓰는 사건을 촉발했다. 사건은 언제나 역사의 총합을 초과하며 주어진 조건들을 무참히 넘어선다. 좀비주체는 이전의 시위에서는 상상할 수 없는 형태로, 즉 중앙집권적이거나 폭력적이지 않은 형태의 시위, 새로운 원격 미디어를 통해 소통하고 모여들어 공간을 점유하되 점령하지 않는 시위, 각자의 다양한 메시지로 정동을 표출하는 다원적이고 축제적인 시위를 시도하며, 모든 가능성을 무참히 앗아가는 현 세계에 맞서 지금과는 다른 배치와 관계, 보다 나은 삶이 얼마든지 가능하다고 선언한다. 우리는 실행할 '더 좋은' 시기를 기다린다는 핑계로 더 이상 자신의 욕망 앞에서 물러서지 않는다. 우리는 이대로의 세계를 더는 견딜 수 없다고, 우리는 지금 여기에서 당장 새로운 세계의 실현을 욕망한다고, "세계의 가능성을 고지하는 사건은 이미 발생했다"고 선포하며, 잠

---

7. 네그리·하트, 『선언』, 158~160쪽.

재된 가능성을 현실화하기 위한 행동의 절차에 돌입한다.

좀비 선언

나는 박제처럼 굳어버린 무기력하고 위선적인 인간이기보다, 차라리 역동적이고 활력적이며 솔직한 좀비이기를 원한다. 좀비는 스스로의 욕망에 충실하며 그것을 가로막는 모든 것에 분노하고, 원하는 것을 얻을 때까지 멈추는 법이 없다. 좀비는 어떠한 종류의 지배 권력potestas이나 완고한 규율 앞에서도 순응하거나 훈육되지 않는 야성적 역능potentia이다. 좀비는 '적당히'라든가 절충안 따위를 알지 못하며, 무엇과도 타협하지 않는 불굴의 투사다. 좀비는 거대한 장애물 앞에서도 절망하지 않고 끝끝내 돌파하여 무용지물로 만들고, 자신을 감금하고 옭아매는 억압적 체제를 일거에 망가뜨리고 중단시키면서, 타고난 본성에 따라 삶을 향해 움직인다. 그것은 자신의 안에 머무르고 존재하기를 지속하려는 끈질긴 노력conatus이며 절대적 자유로서, 다른 좀비들과 함께할수록 자유는 점차 고양되며, 삶을 파괴하려는 부정적 압제에 맞서서 더 큰 위력으로 폭발하는 섬광이 된다.

우리 시대에 '내가 바로 좀비'라는 사실을 인식하는 것은 우리의 현실이 곧 지옥과도 같음을 선언하는 것이다. 그것은 전 지구적 신자유주의 체제 자체가 곧 재앙이며, 비인간과 무정형의 '취약한 삶/생명'을 양산해내는 괴물 같은 체제임을 자각하는 것이다. 이대로라면 예외상태는 끝나지 않을 것이며, 일상은 회복되지 않을 것이라는 사실에 분개하는 것이다. 이것은 항구화된 '일상 없는 삶'에 대한 적극적인 도발이자 분노다. 침묵의 상태를 선호하는 것은 현상을 유지하려는 소수의 권력자와 냉소하는 방관자들뿐이다. 분노한 좀비들은 침묵하지 않고 한껏 웅성거리며, 소동과 소란스러움을 몰고 다닌다.

좀비가 된다는 것은 인간으로부터의 박탈이나 상실을 의미하는 것이 아니라, 오히려 인간이라는 특정한 지위가 텅 비어 있는 기만이었으며, 애초에 주어진 적이 없음을 깨닫는 것이다. 좀비가 된다는 것은 그동안 받아온 차별과 착취, 불평등을 묵인하고 내재화하는 것이 아니라, 오히려 그것이 부당하며 이대로 내버려 두지 않겠다는 의지를 온몸으로 선포하며 경고하는 것이다. 좀비들의 목소리는 고통에 찬 신음이자 성난 고함이며, 그들의 굼뜬 행동은 더 이상 시스템의 노예로 존재하지 않겠다는 단호한 의지의 태업이자, 멈춤이라는 형태의 탈주하는 응답이다. 거리로 몰려나와 장소를 점유한 그들은 사멸 가능하며 살 가치가 없는 생명, 처분 가능한 위태로운 삶이라는 박탈의 자리에 저항하고, 그럼에도 나는 이렇듯 여기에 서 있다고 말한다. '육체의 현전'으로서의 좀비는, 우리는 이대로 죽게 내버려진 채 잠자코 처분당하지만은 않겠다고, 우리는 지금과는 다른 새로운 세계를 원한다고 소리 높여 선언한다.

충만한 비정상으로서의 좀비는 화석처럼 낡아 버린 '정상 인간'과 몰락한 불모의 세계를 풍요로운 생성의 가능성을 향해서 활짝 열어젖힌다. 좀비는 결핍된 존재거나 불구의 시체가 아닌 유동하는 잠재력으로 그득한 생동하는 '배아적 신체'이며, 조에^{zoe}의 전개체적인 생명력으로 넘쳐흐르는 '일원론적 포스트휴먼 주체'다. 좀비는 한곳에 정체된 죽음과도 같은 고립과 정주의 상태에서 머무르기를 거부하고, 계속해서 저항하고 탈주하며 이행하는 '유목적 포스트휴먼 주체'다. 좀비는 고유한 역능을 발산하며 타인과 더불어 주변을 염려하고, 긍정의 정동이 갖는 창조적인 힘으로 공동체와 사회를 다른 무엇으로 변모시킬 수 있는 '다중 주체'다. '좀비-되기'는 '마이너리티-되기'의 능동적 실천으로서, 평균화되고 균질적인 보편자로 환원되지 않고 다양한 차이와 특이성으로 넘실대는 다중 주체가 되는 것이다. 좀비-되기는 전격적이고 수행적인 결단으로서, 타인과 더불어 공통의 사유와 행동, 윤리적인 삶의 양식을 발명하며, 세계를 운명적 묵시록이 아닌 가능성의 열린 지평으로 파악한다. 그들은 폐허 위에 단단히 발을 디딘 채 힘껏 사유하고 실험하며 세계를 창조한다.

이제 우리는 무기력하게 시스템에 순응하며 억압을 내면화하는 순진한 인간, 타자에 대한 망상 속에서 분노하고 혐오의 정동을 배가하는 교만하고 배타적 인간, 혹은 자신만의 조그마한 세계에 침잠한 채 모든 형태의 열정과 시도를 조롱하며 입가에 쓴웃음을 머금는 냉소적 인간으로부터의 과감한 단절과 탈주를 감행해야 한다. 폭력적 체제를 재생산하고 유지하는 모든 굴레와 정체화, 그리고 체념을 넘어서기 위해 시끌벅적한 소동과 봉기로서, 진정한 위험으로서 도래해야 한다. 우리는 불평등과 부조리에 저항하고 새로운 주체성을 발명하며, 사회와 세계를 건설하는 '좀비주체'가 되어야 한다. 인간이라는 허약하고 기만적인 가면을 쓴 채, 그 알량한 지위에 안주하여 타자를 배제하고 시스템을 굴러가게 하는 기계 부품이 되기보다는, 적극적으로 분리되고 망가뜨려 기계의 작동을 멈추게 하는 좀비주체가 되어야 한다. 우리는 예전에도 그러했듯 좀비였고 좀비이며, 앞으로도 여전히 좀비일 것이다. 좀비들의 투쟁은 언제나 지배 권력과 현 상태의 세계를 향할 뿐, 아무리 굶주려도 좀처럼 서로를 공격하거나 위해를 가하는 법이 없다. 좀비주체인 우리는 한데 모여 눈부신 하나의 사건을 마련했지만, 그것은 다만 첫걸음일 뿐이다. 우리는 사건에 대한 충실성을 견지하는 주체로서, 사건을 선언하고, 사건에 기꺼이 가담하고 연루되며, 사건의 초래한 결과와 그에 대한 책임을 떠맡아야 한다. 사건이 마련한 잠재된 가능성을 세계 내에 실현하며, 동시에 부단히 새로운 사건을 예비해야 한다.

좀비가 원하는 것은 다른 사람의 살이 아닌 다른 형태의 삶이다. 세계의 파괴나 종말이 아니라 다른 세계를 건설하고 삶을 창조하려는 열린 가능성이다.

좀비는 혁명을 욕망한다.

1. 좀비에 관한 책을 써야겠다고 마음먹은 건 4년 전의 일이다. 2016년
에 석사 논문을 마치고 미처 다하지 못했던 이야기들을 좀 더 자유로운
형식으로 써보고 싶었다. 마침 그해 여름에 〈부산행〉이 개봉하고 큰 성공
을 거두면서 좀비가 유행하게 되었고, 좀비장르의 지형도를 뒤바꾸어 놓
았다. 마침내 한국에서도 좀비가 대중성을 확보하기 시작한 것이다. 사회
적으로는 박근혜 정부가 초유의 국정농단으로 촛불집회를 거쳐 탄핵당
하고 새로운 정부가 시작되었다. 미국에서는 트럼프가 대통령으로 당선
되었고, 국제 사회는 무역전쟁과 난민, 테러 문제로 신음하게 되었다. 여
러 가지 달라진 상황을 고려하다 보니 쓰는 건 늦어지고 수정할 부분은
점점 늘어났다. 결국 책을 처음부터 다시 쓰게 되었다. 먼저 학위논문[1]을
중심으로 다른 글들을 모았다. 1장은 『대중서사연구』의 논문[2]을, 8장은
『문화/과학』의 글[3]을 바탕으로 한다. 귀한 지면을 허락해주신 분들께 다
시 한번 감사의 인사를 드린다. 학위논문은 책 곳곳에 배치했다. 모든 글
은 논지를 보강하고 새로운 텍스트와 사회현상을 반영하여 전면적으로
수정했다. 절반 이상의 분량은 온전히 새로 썼다. 미처 다루지 못했던 여
러 중요한 작품과 최근의 작품을 추가하였고, 이론적 논의와 사례를 보
강했다. 특히 한국 사회의 맥락에서 시의적 측면을 충분히 고려하며 정

---

1. 김형식, 「'포스트-밀레니엄좀비' 서사에 나타난 주체성 연구」, 중앙대 문화연구학과 석
   사학위논문, 2016.
2. 김형식, 「한국사회의 예외상태의 지속과 회복되지 않는 일상」, 『대중서사연구』 23권 2
   호, 2017.
3. 김형식, 「일상-없는 삶과 대중문화의 징후」, 『문화/과학』 94호, 2018.

치·사회·문화적 사례를 충실히 다루고자 했다.

2. 개인적으로 도중에 예기치 못한 일도 있었고, 여러 우여곡절 끝에 예상보다 늦은 시점에 책을 완성하게 되었다. 그럼에도 불구하고 포기하지 않고 쓸 수 있었던 건 여러 감사한 분들 덕택이다. 박명진 교수님은 교육자로서 늘 따뜻한 마음으로 제자의 작은 일에도 관심을 기울이고, 모든 말을 편견 없이 기꺼이 경청하신다. 시간이 지나 뒤돌아볼수록 그것이 얼마나 어렵고 힘든 일인지를 새삼 깨닫게 된다. 또한 한 사람의 연구자로서 어떤 자세와 태도로 연구해야 하는지 모범을 보여주셨다. 그의 지칠 줄 모르는 공부에 대한 열정은 제자들을 긴장케 하고 정동적으로 '감염'시킨다. 김누리 교수님은 촌철살인의 통찰력으로 다양한 사회현상의 폐부를 찌르는 날카로운 분석과 더불어 비판 정신의 중요성을 일깨워주셨다. 오성균 교수님은 대중문화 현장 전반에 대한 폭넓은 이해와 함께, 시간이 지나도 변치 않는 고전의 가치를 알려주셨다. 주은우 교수님은 지나친 사변의 세계로 빠져들지 않도록, 이론의 엄정한 적용과 더불어 정치·사회적 관점을 견지하게 도와주셨다. 강내희, 신광영, 육영수, 최영진 교수님의 따뜻한 격려와 조언은 논의를 발전시키는 데 많은 도움이 되었다. 흑석동에서 함께 공부하는 선후배들은 공부하는 즐거움과 동시에 공부의 무게감을 일깨워주었다.

여러 가지 어려운 출판 시장의 여건 속에서도 조정환 대표님은 기꺼이 책의 출판을 결심해주셨다. 김정연 편집자님은 초보 저자를 데리고 책을 만드느라 애써주셨다. 김예나 프리뷰어와 황지은 프리뷰어는 꼼꼼한 조언으로 도움을 주셨다. 갈무리 출판사의 직원분들과 여러 관계자분의 노고 덕에 그럭저럭 읽을 수 있는 책이 되었다. 이외에도 미처 언급하지 못한 여러 고마운 분들이 있다. 다양한 이유와 계기로 만난 모든 분께 마음 깊이 감사를 전한다. 그분들과의 즐거운 대화와 토론, 삶의 엮임이 아니었다면 이 책은 나오지 못했을 것이다. 마지막으로 가족에게 고마움과 사랑의 말을 전한다. 그들의 지지와 사랑이야말로 마르지 않는 샘물처럼 힘들 때마다 나를 다시 일으켜 세우는 동력이다. 공부를 핑계로 가까운 이들에게 소홀했던 것을 반성하며, 앞으로는 좀 더 주변에 신경 쓰고 마음을 전하리라 다짐해본다.

3. 그는 수줍지만 따뜻한 사람이었다. 말하기보다 듣는 걸 좋아하고, 웃기기보다 웃는 걸 좋아하는 사람이었다. 나는 어린아이와 같은 그의 천진한 웃음을 좋아했다. 그가 웃을 때면 주변이 잠시 환하게 밝아지는 듯했고, 그의 곁에 있으면 나까지도 덩달아 모든 근심과 걱정이 사라지는 것만 같았다. 그런 그가 조금 더 오래 머무를 줄만 알았다. 이런저런 소소한 이야기를 나누고 세상 투정을 부리며 함께 나이 들어갈 줄 알았다. 이렇게 빨리 헤어지게 될 줄 알았더라면, "다음에"라는 말이 다시는 할 수 없는 말이 되어 버릴 줄 알았더라면, 만사를 제쳐두고 그를 만나러 달려갈 걸 그랬다. "자주 연락해", "보고 싶어"라는 말을 예사로 넘기지 말 걸 그랬다. 그때가 마지막이라는 걸 알았더라면, 많이 말하지 말고 더 들을 걸 그랬다. 단어 하나하나와 숨소리에 귀 기울이면서, 그의 말투와 자주 하는 습관, 세세한 모습과 몸짓 하나라도 더 눈과 귀에 담아둘 걸 그랬다.

이제 나는 말하기 전에 귀 기울이고, 비난하기 전에 이해하려 노력하며, 성내기 전에 먼저 자신을 돌아보는 사람이 되어야겠다. 내 것에 욕심 내기 전에 다른 사람을 살피고, 의심하기보다는 믿음을 갖고 따뜻하게 보듬는 사람이 되어야겠다. 이루지 못한 일을 후회하기보다는 앞으로 이룰 수 있는 일을 생각하며, 지나가 버린 시간을 아쉬워하기보다는 남아 있는 시간에 감사하는 사람이 되어야겠다. 떠난 그가 나에게 전해준 따뜻한 마음과 환한 웃음을 늘 소중하게 기억하고 간직하며, 다른 사람을 향해 더 웃어줘야겠다.

:: 참고문헌

영상 자료

가랜드, 알렉스, 감독. 〈엑스 마키나〉. 2015.

고다드, 드류, 감독. 〈캐빈 인 더 우즈〉. 2012.

김동휘, 연출. 김미정 · 김효진 극본. 〈드라마 스페셜 – 라이브 쇼크〉. KBS2, 2015.

김성훈(1971), 연출. 김은희 극본. 〈킹덤〉. Netflix, 2019~현재.

김성훈(1974), 감독. 〈창궐〉. 2018.

니콜, 앤드류, 감독. 〈가타카〉. 1997.

다라본트, 프랭크, 총연출. 〈워킹 데드〉. AMC, 2010~현재.

라브루스, 브루스, 감독. 〈엽기좀비 오토〉. 2008.

라이트, 에드가, 감독. 〈새벽의 황당한 저주〉. 2004.

레빈, 조나단, 감독. 〈웜 바디스〉. 2013.

로렌스, 프란시스, 감독. 〈나는 전설이다〉. 2007.

로메로, 조지, 감독. 〈랜드 오브 데드〉. 2005.

_____, 감독. 〈살아있는 시체들의 밤〉. 1968.

_____, 감독. 〈시체들의 낮〉. 1985.

_____, 감독. 〈시체들의 새벽〉. 1978.

로쉐, 토미니크, 감독. 〈워킹 데드 나잇〉. 2018.

로취 터너, 키아, 감독. 〈웜우드 : 분노의 좀비 도로〉. 2014.

루지에로라이트, 다이앤 · 롭 토마스, 연출. 〈아이좀비〉. The CW, 2015~현재.

리브스, 맷, 감독. 〈혹성탈출 : 종의 전쟁〉. 2017.

맥페일, 존, 감독. 〈안나와 종말의 날〉. 2017.

모스토우, 조나단, 감독. 〈터미네이터 3 : 라이즈 오브 더머신〉. 2003.

미니한, 콜린, 감독. 〈파트너 오브 좀비〉. 2016.

미첼, 도미닉, 연출. 〈인 더 플레쉬〉. BBC three, 2013~2014.

밀러, 조지, 감독. 〈매드맥스 : 분노의 도로〉. 2015.

박준화, 연출. 윤난중 극본. 〈이번 생은 처음이라〉. tvN, 2017.

베이, 마이클, 감독. 〈아일랜드〉. 2005.

보일, 대니, 감독. 〈28일 후〉. 2002.

본, 매튜, 감독. 〈킹스맨 : 시크릿 에이전트〉. 2015.

브라우닝, 토드, 감독. 〈드라큐라〉. 1931.

블랙, 셰인, 감독. 〈아이언맨 3〉. 2013.

블롬캠프, 닐, 감독. 〈채피〉. 2015.

사부, 감독. 〈미스 좀비〉. 2013.

셰이퍼, 칼 · 존 하이엄스, 연출. 〈블랙 썸머〉. Netflix, 2019~현재.

손창우 · 안제민 · 김효연, 연출. 〈짠내투어〉. tvN, 2017~현재.

스나이더, 잭, 감독. 〈새벽의 저주〉. 2004.

스콧, 리들리, 감독. 〈프로메테우스〉. 2012.
_____, 감독. 〈블레이드 러너〉. 1982.
스필버그, 스티븐, 감독. 〈에이 아이〉. 2001.
_____, 감독. 〈터미널〉. 2004.
안상은, 연출. 〈김생민의 영수증〉. KBS2, 2017~2018.
앤더슨, 폴, 감독. 〈레지던트 이블〉. 2002.
에릭슨, 데이브, 총연출. 〈피어 더 워킹 데드〉. AMC, 2015~현재.
여인준, 연출. 조규원 극본. 〈나는 살아있다〉. MBC, 2011.
연상호, 감독. 〈돼지의 왕〉. 2011.
_____, 감독. 〈부산행〉. 2016.
_____, 감독. 〈사이비〉. 2013.
_____, 감독. 〈서울역〉. 2016.
_____, 감독. 〈창〉. 2012.
와이어트, 루퍼트, 감독. 〈혹성탈출: 진화의 시작〉. 2011.
와이즈먼, 렌, 감독 외. 〈언더월드〉 시리즈. 2003, 2006, 2009, 2012, 2016.
워쇼스키, 릴리 · 라나 워쇼스키, 감독. 〈매트릭스〉 시리즈. 1999, 2003, 2003.
웨던, 조스, 감독. 〈어벤져스〉. 2012.
웨이츠, 크리스, 감독 외. 〈트와일라잇〉 시리즈. 2008, 2009, 2010, 2011.
위머, 커트, 감독. 〈이퀼리브리엄〉. 2002.
위어, 피터, 감독. 〈죽은 시인의 사회〉. 1989.
윤현준, 총연출. 〈효리네 민박〉. jtbc, 2017~2018.
이민재, 감독. 〈기묘한 가족〉. 2019.
잉글랜드, 에릭, 감독. 〈컨트랙티드〉. 2013.
자무쉬, 짐, 감독. 〈오직 사랑하는 이들만이 살아남는다〉. 2013.
잭슨, 피터, 감독. 〈데드 얼라이브〉. 1992.
카메론, 제임스, 감독. 〈터미네이터〉. 1984.
_____, 감독. 〈터미네이터2: 심판의 날〉. 1991.
카미모토 요시히로, 감독. 〈오 마이 좀비!〉. 2016.
콜럼버스, 크리스, 감독. 〈바이센테니얼 맨〉. 1999.
투르뇌, 자크, 감독. 〈나는 좀비와 함께 걸었다〉. 1943.
파딜라, 호세, 감독. 〈로보캅〉. 2014.
포브스, 조쉬, 감독. 〈컨트랙티드 2〉. 2015.
포스터, 마크, 감독. 〈월드워Z〉. 2013.
폰 트리에, 라스, 감독. 〈멜랑콜리아〉. 2011.
프레스나딜로, 후안 카를로스, 감독. 〈28주 후〉. 2007.
프로야스, 알렉스, 감독. 〈아이, 로봇〉. 2004.
플레셔, 루벤, 감독. 〈좀비랜드〉. 2009.
핼퍼린, 빅터, 감독. 〈화이트 좀비〉. 1932.
헤임다니, 케빈, 감독. 〈ZMD: 좀비 오브 매스디스트럭션〉. 2009.
호프만, 세바스찬, 감독. 〈핼리〉. 2012.

홉슨, 헨리, 감독. 〈매기〉. 2015.

황교진, 총연출. 〈한끼줍쇼〉. tvN, 2016~현재.

국내 자료 및 번역서

강내희.「문화연구와 '새 인문학'」.『서강인문논총』18집, 2004.

_____.「인문학과 향연:시학과 발명학으로서의 인문학」.『영미문화』10권 3호, 2010.

강미라.「'휴머니즘이란 무엇인가?'에 대한 사르트르와 푸코의 대답」.『현대유럽철학연구』38호, 2015.

강지희.「좀비 월드에서 응전하는 문학들:정유정과 김영하의 근작 장편들을 통해」.『세계의 문학』149호, 민음사, 2013.

건켈, 데이비드.『리믹솔로지에 대하여 – 디지털 시대의 새로운 사유와 미학』. 문순표 · 박동수 · 최봉실 옮김. 포스트카드, 2018.

골드해머, 아서.「피케티 현상」. 토마 피케티 외.『애프터 피케티 – 〈21세기 자본〉 이후 3년』. 유엔제이 옮김. 율리시즈, 2017.

곽경태 · 김은경.「관찰예능 속에 담긴 일상, 집단적 의사소통의 장을 형성하다」.『예술인문사회융합멀티미디어논문지』7권 7호, 2017.

권혜경.「좀비, 서구 문화의 전복적 자기반영성:조지 로메로의 〈살아있는 시체들의 밤〉과 〈시체들의 새벽〉을 중심으로」.『문학과영상』10권 3호, 2009.

그레이, 존.『하찮은 인간, 호모 라피엔스』. 김승진 옮김. 이후, 2010.

김대식.「신경과학의 이해 – 뇌, 현실, 기계 지능」. 윤정로 외.『과학적 사유와 인간 이해 – 시대와 새로운 과학』. 민음사, 2014.

김성곤.「처음 만나는 영화 – 내 영혼을 울린 문학텍스트로서의 영화』. RHK, 2017.

김성범.「21세기 왜 다시 좀비 영화인가?:잠재태와 현실태의 현현(顯現) 개념을 중심으로」.『씨네포럼』18호, 2014.

김은령.「포스트휴머니즘/포스트휴먼 관점에서 여성의 '몸' 향상 혹은 변형:에이미 멀린스의 패싱passing을 중심으로」. 이화인문학원 엮음.『인간과 포스트휴머니즘』. 이화여자대학교출판부, 2013.

김재희.「시몽동과 포스트휴먼 기술문화」.『포스트휴먼의 무대』. 이화여자대학교출판부, 2015.

김종갑.「철학적 스캔들로서의 괴물」. 몸문화연구소.『그로테스크의 몸』. 쿠북, 2010.

김준형.「하우스푸어 문제의 진단과 대응방안」.『국토연구』77권, 2013.

김희봉.「탈근대적 주체와 기연적 사고:라캉과 푸코를 중심으로」.『해석학연구』26집, 2010.

네그리, 안토니오.『전복적 스피노자』. 이기웅 옮김. 그린비, 2005.

네그리, 안토니오 · 마이클 하트.『제국』. 윤수종 옮김. 이학사, 2001.

_____.『선언』. 조정환 옮김. 유충현 · 김정연 협동번역. 갈무리, 2012.

_____.『공통체 – 자본과 국가 너머의 세상』. 정남영 · 윤영광 옮김. 사월의책, 2014.

니체, 프리드리히.『도덕의 계보학』. 홍성광 옮김. 연암서가, 2011.

_____.『차라투스트라는 이렇게 말했다』. 홍성광 옮김. 펭귄클래식코디아, 2015.

다마지오, 안토니오.『데카르트의 오류 – 감정, 이성 그리고 인간의 뇌』. 김린 옮김. 중앙문화사, 1999.

_____.『스피노자의 뇌 – 기쁨, 슬픔, 느낌의 뇌과학』. 임지원 옮김. 사이언스북스, 2007.

다윈, 찰스. 『인간의 유래』 2. 김관선 옮김. 한길사, 2006.

데리다, 자크. 『환대에 대하여』. 남수인 옮김. 동문선, 2004.

_____. 『그라마톨로지』. 김성도 옮김. 민음사, 2010.

_____. 『마르크스의 유령들』. 진태원 옮김. 그린비, 2014.

_____. 『아듀 레비나스』. 문성원 옮김. 문학과지성사, 2016.

데이비스, 웨이드. 『나는 좀비를 만났다 ─ TED 과학자의 800일 추적기』. 김학영 옮김. 메디치미디어, 2013.

데카르트, 르네. 『성찰 ─ 자연의 빛에 의한 진리탐구 프로그램에 대한 주석』. 이현복 옮김. 문예출판사, 1997.

_____. 『방법서설 ─ 정신지도규칙』. 이현복 옮김. 문예출판사, 2019.

되링만토이펠, 자비네. 『오컬티즘 ─ 이성과 계몽의 시대를 거역한 이단의 문화사』. 김희상 옮김. 갤리온, 2008.

드레이퍼스, 휴버트 · 션 켈리. 『모든 것은 빛난다 ─ 허무와 무기력의 시대, 서양고전에서 삶의 의미 되찾기』. 김동규 옮김. 사월의책, 2013.

드브레, 레지스. 『이미지의 삶과 죽음 ─ 서구적 시선의 역사』. 정진국 옮김. 글항아리, 2011.

들뢰즈, 질. 『소진된 인간 ─ 베케트의 텔레비전 단편극에 대한 철학적 에세이』. 이정하 옮김. 문학과지성사, 2013.

_____. 『들뢰즈가 만든 철학사』. 박정태 옮김. 이학사, 2007.

_____. 『스피노자의 철학』. 박기순 옮김. 민음사, 2001.

들뢰즈, 질 · 카르멜로 베네. 『중첩』. 허희정 옮김. 동문선, 2005.

들뢰즈, 질 · 펠릭스 가타리. 『철학이란 무엇인가』. 이정임 · 윤정임 옮김. 현대미학사, 1995.

디디-위베르만, 조르주. 『반딧불의 잔존 ─ 이미지의 정치학』. 김홍기 옮김. 길, 2012.

랏자라또, 마우리치오. 『기호와 기계 ─ 기계적 예속 시대의 자본주의와 비기표적 기호계 주체성의 생산』. 신병헌 · 심성보 옮김. 갈무리, 2017.

_____. 『사건의 정치 ─ 재생산을 넘어 발명으로』. 이성혁 옮김. 갈무리, 2017.

_____. 『부채 통치 ─ 현대 자본주의의 공리계』. 허경 옮김. 갈무리, 2018.

_____. 『정치 실험 ─ 신자유주의 시대 권력관계들의 군도와 정치적인 것의 실험적 재구성』. 주형일 옮김. 갈무리, 2018.

레비나스, 엠마누엘. 『윤리와 무한』. 양명수 옮김. 다산글방, 2000.

르페브르, 앙리. 『현대세계의 일상성』. 박정자 옮김. 기파랑, 2005.

_____. 『리듬분석 ─ 공간, 시간, 그리고 도시의 일상생활』. 정기헌 옮김. 갈무리, 2013.

리쾨르, 폴. 『텍스트에서 행동으로』. 박병수 · 남기영 옮김. 아카넷, 2002.

마리온, 아이작. 『웜 바디스』. 박효정 옮김. 황금가지, 2011.

매드슨, 리처드. 『나는 전설이다』. 조영학 옮김. 황금가지, 2005.

메넹제, 실베스트르. 「좀비 영화의 정치학, 텅빈 눈으로 응시한 팍스아메리카나」. 슬라보예 지젝 외. 『나쁜 장르의 B급 문화 ─ 길들여지길 거부하는 자들을 위한 불온성』. 이진홍 옮김. 르몽드디플로마티크, 2015.

밀스, 사라. 『현재의 역사가 미셸 푸코』. 임경규 옮김. 앨피, 2008.

바디우, 알랭. 『들뢰즈 ─ 존재의 함성』. 박정태 옮김. 이학사, 2001.

_____. 『사도 바울 ─ '제국'에 맞서는 보편주의 윤리를 찾아서』. 현성환 옮김. 새물결, 2008.

_____. 『우리의 병은 오래전에 시작되었다 − 11월 13일 참극에 대한 고찰』. 이승재 옮김. 자음과
모음, 2016.

바디우, 알랭 · 파비앙 타르비. 『철학과 사건』. 서용순 옮김. 오월의봄, 2015.

바디우, 알랭 · 페터 엥겔만. 『알랭 바디우, 공산주의 복원을 말하다』. 김태옥 옮김. 숨쉬는책공장,
2015.

바우만, 지그문트. 『액체근대』. 이일수 옮김. 강, 2009.

박명진. 『한국 전후희곡의 담론과 주체 구성』. 월인, 1999.

박병규. 「아이티의 종교적 혼종성」. 『국제지역연구』 10권 1호, 2006.

버틀러, 주디스. 『안티고네의 주장』. 조현순 옮김. 동문선, 2005.

버틀러, 주디스 · 아테나 아타나시오우. 『박탈 − 정치적인 것에 있어서의 수행성에 관한 대화』. 김
응산 옮김. 자음과모음, 2016.

베라르디, 프랑코 '비포'. 『죽음의 스펙터클 − 금융자본주의 시대의 범죄, 자살, 광기』. 송섬별 옮김.
반비, 2016.

베케트, 사무엘. 『막판』. 최경룡 · 김용성 옮김. 동인, 2008.

벤야민, 발터. 「역사의 개념에 대하여」. 『역사의 개념에 대하여／폭력비판을 위하여／초현실주의
외』. 최성만 옮김. 길, 2008.

_____. 「중앙공원 − 보들레르에 대한 단장」. 『보들레르의 작품에 나타난 제2제정기의 파리／보들
레르의 몇 가지 모티프에 관하여 외』. 김영옥 · 황현산 옮김. 길, 2010.

보들레르, 샤를. 『악의 꽃』. 윤영애 옮김. 문학과지성사, 2003.

보라도리, 지오반나. 「데리다와의 대화 : 자가−면역, 실재적이고 상징적인 자살」. 『테러 시대의 철
학 − 하버마스, 데리다와의 대화』. 손철성 · 김은주 · 김준성 옮김. 문학과지성사, 2004.

본, J. L.. 『하루하루가 세상의 종말』. 김지현 옮김. 황금가지, 2009.

브라이도티, 로지. 『유목적 주체』. 박미선 옮김. 여이연, 2004.

_____. 『포스트휴먼』. 이경란 옮김. 아카넷, 2015.

브룩스, 맥스. 『세계 대전 Z』. 박산호 옮김. 황금가지, 2008

_____. 『좀비 서바이벌 가이드 − 살아있는 시체들 속에서 살아남기 완벽 공략』. 장성주 옮김. 황
금가지, 2011.

사이드, 에드워드. 『권력 정치 문화』. 최영석 옮김. 마티, 2012.

_____. 『저항의 인문학 − 인문주의와 민주적 비판』. 김정하 옮김. 마티, 2012.

서성철. 「보두신앙과 정치 : 18세기 아이티 노예해방 운동을 중심으로」. 『이베로아메리카』 15권 2호,
2013.

서용순. 「이방인을 통해 본 새로운 주체성에 대한 고찰」. 『한국학논집』 50집, 2013.

셰익스피어, 윌리엄. 『햄릿』. 설준규 옮김. 창비, 2016.

손택, 수전. 『은유로서의 질병』. 이재원 옮김. 이후, 2002.

_____. 『타인의 고통』. 이재원 옮김. 이후, 2004.

스피노사, 비뤼흐. 『에티카』. 강영계 옮김. 서광사, 2007.

스피박, 가야트리. 『스피박의 대담 − 인도 캘커타에서 씌인 소인』. 이경순 옮김. 갈무리, 2006.

시몽동, 질베르. 『기술적 대상들의 존재 양식에 대하여』. 김재희 옮김. 그린비, 2011.

시브룩, 윌리엄 뷸러. 「마법의 섬」. 로버트 E. 하워드 외. 『좀비 연대기』. 정진영 옮김. 책세상, 2017.

신상규. 「트랜스휴머니즘, 세상에서 가장 위험한 생각?」. 이화인문과학원 엮음. 『인간과 포스트휴

머니즘』. 이화여자대학교출판부, 2013.

실버만, 카자. 『월드 스펙테이터 - 하이데거와 라캉의 시각철학』. 전영백과 현대미술연구회 옮김. 예경, 2010.

아감벤, 조르조. 『호모 사케르 - 주권 권력과 벌거벗은 생명』. 박진우 옮김. 새물결, 2008.

_____. 『예외상태』. 김항 옮김. 새물결, 2009.

아도르노, 테오도르 · 막스 호르크하이머. 『계몽의 변증법 - 철학적 단상』. 김유동 옮김. 문학과지성사, 2001.

아렌트, 한나. 『예루살렘의 아이히만 - 악의 평범성에 대한 보고서』. 김선욱 옮김. 한길사, 2006.

양운덕. 「스피노자에 관한 현대적 해석 : 들뢰즈의 새로운 독해 - 능력 potentia 원리로 본 기쁨과 긍정의 철학」. 『시대와 철학』 8권 2호, 1997.

_____. 「푸코의 권력계보학 : 서구의 근대적 주체는 어떻게 만들어지는가?」. 『경제와 사회』 35권, 1997.

에피쿠로스. 『쾌락』. 오유석 옮김. 문학과지성사, 1998.

연효숙. 「들뢰즈에서 정동의 논리와 공명의 잠재력」. 『시대와 철학』 26권 4호, 2015.

오타비아니, 디디에 · 이자벨 브와노. 『미셸 푸코의 휴머니즘』. 심세광 옮김. 열린책들, 2010.

우드, 로빈. 『베트남에서 레이건까지 - 할리우드 영화읽기 : 성의 정치학』. 이순진 옮김. 시각과언어, 1995.

우민희 외. 「청년세대 일인가구의 여가활동 및 가족가치관에 관한 연구 : 청년세대 다인 가구와 비교를 중심으로」. 『한국사회』 16권 1호, 2015.

윤대선. 「데카르트 이후 탈(脫)코기토의 주체성과 소통 중심의 주체윤리」. 『철학논총』 75집, 2014.

이광일. 「신자유주의 지구화시대, 프레카리아트의 형성과 '해방의 정치'」. 『마르크스주의 연구』 10권 3호, 2013.

이동성. 「권력과 지식 그리고 주체 - 푸코의 주체사상을 중심으로」. 『정치커뮤니케이션 연구』 통권 15호, 2009.

이동신. 「좀비 자유주의 : 좀비를 통해 자유주의 되살리기」. 『미국학논집』 46집 1호, 2014.

이소희. 「로지 브라이도티의 유목적 페미니스트 주체형성론에 관한 연구 : 전지구화와 초국가주의의 관점에서」. 『영미문학페미니즘』 13권 1호, 2005.

이우창. 「헬조선 담론의 기원」. 『사회와 철학』 32호, 2016.

이정진. 「좀비의 교훈 : 새로운 정치적 주체에 대한 이론적 논의에 부쳐」. 『안과밖』 34호, 2013.

이창우. 『그로테스크의 정치학』. 커뮤니케이션북스, 2015.

임석원. 「비판적 포스트휴머니즘의 기획 : 배타적인 인간중심주의 극복」. 이화인문과학원 엮음. 『인간과 포스트휴머니즘』. 이화여자대학교출판부, 2013.

정명섭. 『좀비 제너레이션 - 좀비로부터 당신이 살아남는 법』. 네오픽션, 2013.

조르그너, 슈테판 로렌츠. 「견고한 인간중심주의를 넘어서 : 인간, 유인원, 그리고 컴퓨터의 도덕적 지위에 관하여」. 안소영 · 신상규 옮김. 이화인문과학원 엮음. 『인간과 포스트휴머니즘』. 이화여자대학교출판부, 2013.

조현수. 「베르그손 〈지속〉 이론의 근본적인 변화 : 시간 구성에 있어서 미래의 주도적 역할」. 『철학연구』 95호, 2011.

조형국. 「M. 하이데거 : 일상의 발견 : 〈존재와 시간〉에 나타난 현존재의 일상성과 결단성에 관한 숙고를 바탕으로」. 『현대유럽철학연구』 15호, 2007.

주판치치, 알렌카. 「죽기에 완벽한 장소 : 히치콕 영화들에서의 극장」. 슬라보예 지젝 외. 『항상 라캉에 대해 알고 싶었지만 감히 히치콕에게 물어보지 못한 모든 것』. 김소연 옮김. 새물결, 2001.

지젝, 슬라보예. 『신체 없는 기관 — 들뢰즈와 결과들』. 김지훈 · 박제철 · 이성민 옮김. 도서출판b, 2006.

———. 『새로운 계급투쟁 — 난민과 테러의 진정한 원인』. 김희상 옮김. 자음과모음, 2016.

천선영. 「미셸 푸코의 근대적 죽음론 — '인간의 탄생'과 그의 '죽음', 그리고 '인간적 죽음', 그 사회 이론적 함의」. 『담론 201』 9권 3호, 2006.

최진석. 「휴머니즘의 경계를 넘어서 — 근대 인간학의 종언과 인간의 새로운 변형」. 『비교문화연구』 41권, 2015.

카이저, 볼프강. 『미술과 문학에 나타난 그로테스크』. 이지혜 옮김. 아모르문디, 2019.

칸트, 임마누엘. 「계몽이란 무엇인가에 대한 답변」. 『칸트의 역사 철학』. 이한구 옮김. 서광사, 2009.

커니, 리처드. 『이방인, 신, 괴물 — 타자성 개념에 대한 도전적 고찰』. 이지영 옮김. 개마고원, 2004.

커즈와일, 레이. 『21세기 호모 사피엔스 — 인공지능의 가속적 발전과 인류의 미래』. 채윤기 옮김. 나노미디어, 1999.

———. 『특이점이 온다 — 기술이 인간을 초월하는 순간』. 장시형 · 김명남 옮김. 김영사, 2007.

쿤데라, 밀란. 『참을 수 없는 존재의 가벼움』. 이재룡 옮김. 민음사, 1999.

크루그먼, 폴. 「왜 우리는 새로운 도금시대에 살고 있나」. 토마 피케티 외. 『애프터 피케티 — 〈21세기 자본〉 이후 3년』. 유엔제이 옮김. 율리시즈, 2017.

키벅, 마이클. 『황인종의 탄생 — 인종적 사유의 역사』. 이효석 옮김. 현암사, 2016.

푀츠시, 홀거 · 캐서린 헤일스. 「포스트휴머니즘, 기술생성, 디지털 기술 — 캐서린 헤일스와의 대담」. 문강형준 옮김. 『문학동네』 87호, 2016.

푸코, 미셸. 『지식의 고고학』. 이정우 옮김. 민음사, 1997.

———. 『광기의 역사』. 이규현 옮김. 나남, 2003.

———. 『임상의학의 탄생 — 의학적 시선의 고고학』. 홍성민 옮김. 이매진, 2006.

———. 『주체의 해석학 — 1981~1982, 콜레주 드 프랑스에서의 강의』. 심세광 옮김. 동문선, 2007.

———. 『말과 사물』. 이규현 옮김. 민음사, 2012.

———. 『생명관리 정치의 탄생 — 콜레주드프랑스 강의 1978~79년』. 심세광 · 전혜리 · 조성은 옮김. 난장, 2012.

피케티, 토마. 『피케티의 新자본론 — 지난 10년 피케티가 비판하고 대안을 제시한 자본주의 문제들』. 박상은 · 노만수 옮김. 글항아리, 2015.

필벡, 토마스. 「포스트휴먼 자아 : 혼합체로의 도전」. 안소영 · 신상규 옮김. 이화인문과학원 엮음. 『인간과 포스트휴머니즘』. 이화여자대학교출판부, 2013.

하먼, 크리스. 『좀비 자본주의 — 세계경제 위기와 마르크스주의』. 이정구 · 최용찬 옮김. 책갈피, 2012.

하이데거, 마르틴. 『존재와 시간』. 이기상 옮김. 까치글방, 1997.

———. 『니체』 2, 박찬국 옮김. 길, 2012.

허다트, 데이비드. 『호미 바바의 탈식민적 정체성』. 조만성 옮김. 앨피, 2011.

헤어브레히터, 슈테판. 『포스트휴머니즘 — 인간 이후의 인간에 관한 문화철학적 담론』. 김연순 · 김응준 옮김. 성균관대학교출판부, 2012.

헤일스, 캐서린. 『우리는 어떻게 포스트휴먼이 되었는가 — 사이버네틱스와 문학, 정보 과학의 신체들』. 허진 옮김. 플래닛, 2013.

_____.『나의 어머니는 컴퓨터였다 － 디지털 주체와 문학 텍스트』. 이경란 · 송은주 옮김. 아카넷, 2016.

홍지숙 · 곽재현.「욜로(YOLO)에 관한 여행 트렌드 네트워크 분석:소셜미디어를 중심으로」.『관광연구』 32권 6호, 2017.

홍진혁.「연상호 〈사이비〉의 내레이션 분석」.『씨네포럼』 22호, 2015.

후지타 나오야.『좀비 사회학 － 현대인은 왜 좀비가 되었는가』. 선정우 옮김. 요다, 2018.

외국어 자료

Bishop, Kyle William. "Raising the Dead : Unearthing the Non-Literary Origins of Zombie Cinema." *Journal of Popular Film and Television*, 33(4), 2006.

_____. "Dead Man Still Walking : Explaining the Zombie Renaissance." *Journal of Popular Film and Television*, 37(1), 2009.

_____. *American Zombie Gothic : The Rise and Fall (and Rise) of the Walking Dead in Popular Culture*. North Carolina, McFarland & Co., 2010.

Dendle, Peter. "Zombie Movies and the "Millennial Generation" ." *Better off Dead*. New York, Fordham Uniersity Press, 2011.

_____. *The Zombie Movie Encyclopedia*. Jefferson, McFarland & Co., 2001.

Fukuyama, Francis. *Our Posthuman Future : Consequences of the Biotechnology Revolution*. New York, Picador, 2002.

Garrett, Greg. *Entertaining Judgment : The Afterlife in Popular Imagination*. New York, Oxford University Press, 2015.

Kavadlo, Jesse. *American Popular Culture in the Era of Terror : Falling Skies, Dark Knights Rising, and Collapsing Cultures*. Westport, ABC-CLIO, 2015.

Kee, Chera. "Good Girls Don' t Date Dead Boys : Toying with Miscegenation in Zombie Films." *Journal of Popular Film and Television*, 42(4), 2014.

Kristeva, Julia. *Strangers to Ourselves*. trans. L. S. Roudiez. London, Harvester Wheatsheaf, 1991.

Lacan, Jacques. *Le séminaire VII. L'éthique de la psychanalyse : 1959-1960*. Paris, Seuil, 1986.

기사 및 칼럼

김민상.「"영화 '부산행' 보는 듯" 좀비처럼 주택 침입해 물어 뜯어」.『중앙일보』. 2017. 11. 11.

김민주.「베트남 여행객 '좀비' 행각, 서울 가정집 침입해 목덜미 깨물어」.『국제신문』. 2017. 10. 29.

김성곤. "Why are zombies so scary?." *The Korea Herald*, 2014. 3. 25.

김완 · 정환봉.「"윤도현 8월경, 김어준 10월 물갈이"…국정원 예고대로 퇴출」.『한겨레신문』. 2017. 9. 29.

김준영.「<OECD타령> 그렇게 해도…임금 75% · 노동시간 2위」.『세계일보』. 2017. 8. 16.

민경빈.「[디스포토] "이게 나라입니까"…성났다, 나왔다, 외쳤다」.『디스패치』. 2016. 10. 29.

박수진 외.「시체들이 살아 돌아왔다」.『빅이슈코리아』 제17호, 2011. 8. 9.

박효선.「[빚에 포박당한 2030]'저당 잡힌 미래', 청년을 구하라」.『머니S』. 2018. 5. 25.

안동환.「10년새 줄어든 여가…'쉼표' 필요한 코리아」.『서울신문』. 2017. 1. 13.

온라인뉴스부. 「'좀비 마약' 섬뜩 … 얼굴 물어뜯고, 사람 심장 · 뇌 일부 먹었다?」. 『서울신문』. 2017.
11. 13.

조효석. 「37년간 세계 소득 증가분, 상위 0.1%가 하위 50% 몫 차지」. 『국민일보』. 2017. 12. 18.

지연진. 「[소확행 열풍①] 올해는 "작지만 확실한 행복" … 소비트렌드 변천사」. 『아시아경제』. 2018.
2. 20.

Bibel, Sara. " 'The Walking Dead' Season 5 Premiere Hits Series High Ratings, Delivering 11 Mil-
lion Adults 18-49 & 17.3 Million Viewers." *TV by the Numbers*. 2014. 10. 13.

Biodrowski, Steve. "Interview : George Romero documents the Dead." *Cinefantastique Online*.
2008. 2. 15.

Darius, Julian. "Loving the Other : Warm Bodies as Post-Post-9/11 Zombie Movie." *Sequart Orga-
nization*. 2014. 1. 6.

Phillips, Erica E. "Zombie Studies Gain Ground on College Campuses." *The Wall Street Journal*.
2014. 3. 3.

Rogers, Simon. "The Zombie map of the world." *The Guardian*. 2011. 9. 23.

Sills, Davia. "The good zombie : The new zombie still eats brains, but it can think, emote and even
fall in love. Why zombies with heart are on the rise." *aeon*. 2014. 11. 24.

웹 자료

www.maxbrookszombieworld.com
zomblogofficial.blogspot.com
www.zombiescience.org.uk
야놀자 CF — 나를 위한 삶, 나를 위한 3(성공편) (www.youtube.com/watch?v=9k3yh3fZ0BI)
야놀자 CF — 나를 위한 삶, 나를 위한 3(젊음편) (www.youtube.com/watch?v=xCOq302z9aU)

:: 인명 찾아보기

:: 용어 찾아보기